CARISSA SCHUMACHER

Yeshuas Botschaften
von Frieden und Freiheit

GOLDMANN

Buch

Ich bin Frieden

Seit ihrer Geburt kann Carissa Schumacher die feinstoffliche Welt sehen, hören und fühlen und spürt eine tiefe Verbindung zu Gott. Im Alter von sieben Jahren erscheint ihr eine engelhafte Präsenz, die ihr offenbart, dass sie als Medium für Yeshua von Nazareth dienen wird. In diesem ganz besonderen Werk sind alle von ihr gechannelten Jenseitsbotschaften versammelt. Yeshua bietet darin allen Suchenden einen klaren Weg zu Wahrheit, Liebe und innerem Frieden. Er zeigt uns, wie wir unsere Lasten und unnötiges Leid ablegen können, damit wir aus der Dunkelheit und Leere der Trennung von Gott in das Licht der Verbundenheit, der Balance und der Freude finden. Yeshua führt uns aus der Ära der Spaltung und Polarität in eine neue Zeit des gemeinsam Schöpfens, der Transparenz und des Mitgefühls.

Autorin

Carissa Schumacher ist ein Kanal für Yeshua von Nazareth, hellwissende intuitive Empathin, Medizinfrau und renommiertes Medium. Durch ihre Geistübertragungen, Einzelsitzungen und geführten Erleuchtungsreisen mit dem Heiligen Geist hat sie Zehntausenden von Menschen weltweit geholfen, ein tieferes Gleichgewicht, Frieden und eine Verbindung zum Geist in sich selbst und der Welt zu finden. Sie widmet einen großen Teil ihrer Zeit ehrenamtlich der Erhaltung des Landes, der Kultur und der Traditionen der amerikanischen Ureinwohnenden, Initiativen für die Rechte der Erde, der Trauma- und Hospizhilfe sowie der Rettung von Wildtieren. Sie lebt ruhig und zurückgezogen im Elfin Forest, Kalifornien.

Carissa Schumacher

....

Yeshuas Botschaften
von Frieden und Freiheit

....

Empfangen durch Carissa Schumacher

Aus dem amerikanischen Englisch
von Jennifer Prengel

GOLDMANN

Die englische Originalausgabe erschien 2021 unter dem Titel
The Freedom Transmissions: A Pathway to Peace bei HarperOne,
an imprint of HarperCollinsPublishers, LLC., New York.

Penguin Random House Verlagsgruppe FSC® N001967

1. Auflage
Deutsche Erstausgabe Mai 2023
Copyright © 2021 der Originalausgabe: HarperOne,
an imprint of HarperCollinsPublishers, LLC.
Copyright © 2021 Carissa Schumacher
Copyright © 2023 der deutschsprachigen Ausgabe:
Wilhelm Goldmann Verlag, München,
in der Penguin Random House Verlagsgruppe GmbH,
Neumarkter Str. 28, 81673 München
Design: Joy O'Meara @ Creative Joy Designs
Umschlag: Uno Werbeagentur, München
Covergestaltung Original: The Book Designers
Umschlagabbildung: Shutterstock
Redaktion: Ralf Lay
Satz: Buch-Werkstatt GmbH, Bad Aibling
Druck und Bindung: GGP Media GmbH, Pößneck
Printed in Germany
SC · CB
ISBN 978-3-442-22369-5

Den geliebten Erdenwesen

Geburt, das ist nur Schlaf und ein Vergessen:
Die Seele, die aufgeht mit uns, die unsres Lebens Stern,
ein anderes Zuhaus hat sie besessen
und kommt daher von fern:
Nicht alles sie vergessen hat,
nicht gleicht sie unbeschriebnem Blatt:
Nach uns ziehend Wolkenglanz und Glorienschein,
von Gott wir kommen, er ist unser Heim ...

William Wordsworth

Inhalt

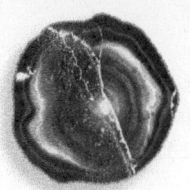

Einleitung

Sei gegrüßt, du wundervolle Seele. Mein Name ist Carissa. Ich bin eines von Yeshuas Medien. Es ist mir die größte Freude, Ihm meinen Körper, meinen Geist und mein Herz als Kanal für die Botschaften des Friedens und der Freiheit zur Verfügung zu stellen. Das ist der einzige Anlass meiner Anwesenheit hier. Den Rest dieser Reise wirst du mit Ihm antreten.

Es ist nicht von Bedeutung, wann oder wie diese Botschaften den Weg zu dir gefunden haben – die Energie solcher Übertragungen des Göttlichen Geistes ist nicht an Zeit gebunden.

Wenn du den Ruf verspürt hast, dieses Buch zu lesen, dann geschah dies aus Gründen jenseits unserer menschlichen Vorstellungskraft. Das »Warum« spielt hier keine Rolle. Verschwende keinen Gedanken daran. Der Verstand kann die Wege des Göttlichen oft nicht begreifen. Du hast den Weg hierher gefunden, weil dich der allumfassende Geist, der Spirit, gerufen hat und du dem Ruf gefolgt bist. Oder du hast ihn gerufen, und er hat dir geantwortet. Die unbeschreibliche Gnade und Weisheit Yeshuas steht denjenigen offen, die wahrhaftig bereit sind, ihr Bewusstsein auf sehr direkte Art und Weise zu transformieren, zu erleuchten, weiterzuentwickeln und sich als Manifestation Göttlichen Lichts zu entfalten.

Bevor du dich auf die Reise dieser Botschaften begibst, möchte ich dir erzählen, wie ich dazu gekommen bin, ein Medium, ein Kanal für Yeshua zu sein. Und ich möchte dir ein paar wichtige Dinge über die Kraft Seiner Anwesenheit und Liebe erklären.

Du fragst dich vielleicht: »Wer oder was IST Yeshua eigentlich?« Ich werde einfach sagen: Yeshua ist Christus. Yeshua ist der Göttliche Vater, Christus und der Heilige Geist oder die Göttliche Mutter. Ich hatte schon vor langer Zeit von Seinem Namen gehört und konnte Ihn als die Präsenz identifizieren, die viele als »Jesus« bezeichnēn. Als Er sich in meinen Kanal »hineingebar«, Er also zum ersten Mal zu mir und durch mich sprach, sagte Er ganz klar, dass sein Name Yeshua war. Ich fragte: »Weshalb soll ich dich nicht ›Jesus‹ nennen?« Er antwortete: »Weil das nicht Mein Name war.«

Im Aramäischen, der Sprache, die von Christus in Judäa zu Lebzeiten Christi gesprochen wurde, war Sein Name »Yeshua«. Obwohl die Betonung im Aramäischen auf der zweiten Silbe, Ye-*shu*-a, lag, teilte Er mir mit, dass *Yesh*-ua völlig in Ordnung und gleichermaßen gültig ist. Wenn der Name Jesus für dich stimmig ist, steht es dir frei, Ihn so zu nennen, doch stellte Er klar, dass dieser Name mit einigen Unstimmigkeiten und Missverständnissen beladen ist, was Seine Identität anbelangt. Für mein Empfinden also wollte er Yeshua genannt werden. Ich möchte auch betonen, dass Seine Präsenz und Anwesenheit, wenn Er meinen Kanal nutzt, weit größer ist als die Darstellungen Seiner Person in vielen religiösen Texten oder den Berichten über dieses eine Seiner Leben. Yeshua ist wesentlich »älter« als dieses eine Leben.

Im Verlaufe dieser Botschaften, welche Sein Geschenk an uns und die Energie dahinter sind, wird Er dich darum bitten, Ihn »nicht, wie Er war, sondern wie Er ist« zu sehen. Denn Gott entfaltet sich ständig weiter, wie auch wir uns in unserer Evolution und unserem Bewusstsein als Individuen und als Kollektiv weiterentwickeln.

Während Er/Sie sowohl den männlichen als auch den weiblichen

Aspekt verkörpert, wie es auch bei jeder Seele der Fall ist, beziehe ich mich der Einfachheit halber auf die männliche Form, auf »Ihn«. Doch Sein Licht wohnt allen Dingen und allen Menschen inne, und somit ist Er jeden Geschlechts, jeder ethnischen Herkunft, Hautfarbe und Bewusstseinsebene. Was auch immer sich für dich in deiner Erfahrung Yeshuas stimmig anfühlt, ist gut und richtig, selbst wenn andere eine von deiner Wahrnehmung völlig abweichende Vorstellung von Ihm haben und Ihn ganz anders erleben. Gib deiner Wahrnehmung Raum für Veränderung, Transformation und Entwicklung, denn auch du veränderst und entwickelst dich stetig weiter.

Du kannst Ihn auch »Sie« oder »Es« nennen oder Ihm einen anderen Namen geben, der mit dir in Einklang schwingt. Wenn in dir eher das »Göttliche« Anklang gefunden hat oder du dir Yeshua als die Person Jesus vorstellst, als Christus, Hamaschiach, Messias, Ha-Schem, Allah, Gaia, Göttliche Mutter, Buddha, Moses, Shiva, Erzengel Michael, Kali, Pele oder Elmo – wunderbar! Ein Gott umfasst alles Göttliche. So spricht Yeshua für alle und steht für alle heiligen Wesen zugleich. Welche Form auch immer für dich passend ist, es wird die richtige sein.

Womöglich existieren noch alte Assoziationen im Zusammenhang mit Yeshua in dir, die du aus der Vergangenheit in die Gegenwart mitgebracht hast. Ich bitte dich jedoch, Seine Anwesenheit im Hier und Jetzt wahrzunehmen, denn Er spricht über Dinge, die für dich in deiner heutigen Welt von wesentlicher Bedeutung sind – vom Standpunkt der Gegenwart heraus und nicht aus der Vergangenheit.

Was das für dich persönlich bedeutet, bleibt ganz dir überlassen. Manche erfahren Yeshua als Gott, für andere ist Er ein aufgestiegener Meister, ein Prophet oder ein Sterblicher, der vor langer Zeit existierte. Wiederum andere leugnen Seine Existenz völlig. Hier gibt es kein Richtig oder Falsch. Eines der größten Geschenke Seiner einzigartigen Göttlichen Präsenz ist Seine bedingungslose Liebe, Vergebung,

Vorurteilslosigkeit und Sein Miteinbeziehen aller Menschen und allen Lebens ... nicht nur derer, die Ihn verehren oder auf eine bestimmte Art und Weise erleben. Yeshua ist nicht bloß einigen wenigen vorbehalten, er ist für alle Menschen da.

Wesentlich ist, dass Yeshua die Anwesenheit des Friedens ist, ganz gleich, welchen Namen wir Ihm geben. Es geht dabei nicht nur um ein friedliches Gefühl, sondern die tatsächliche Essenz, die Energie des Friedens selbst. Yeshua IST Friede. Der Friede *ist* Yeshua. Hier gibt es keinen Unterschied. So kannst du, wenn du möchtest, »Yeshua« auch gleich mit »Friede« übersetzen. Für diejenigen, die möglicherweise einen leichten Widerstand dagegen haben, die Botschaften Yeshuas zu empfangen: Nehmt diese als eine Gunst an, die euch aus der Energie des Friedens zuteilwird.

Lass den Frieden, die Stimme des Friedens, aus deinem Innersten durch diese Botschaften zu dir sprechen. Eine innige Erfahrung mit dem Frieden zu teilen ist dasselbe, wie ein intimes Gespräch mit Yeshua zu führen. Viele Menschen konnten bereits durch die Änderung ihrer Vorstellung von Yeshua – von einer religiösen Figur hin zu reiner Energie des Friedens – eine erste wahre Verbindung verspüren oder in eine ganz neue Beziehung zu Ihm eintreten. Auf ebendiese Art und Weise erfahre auch ich Ihn.

Yeshua/Friede schenkt allen Herzen Gelassenheit und Ruhe, Licht, Weisheit und Trost, egal, wie dunkel die Nacht auch sein mag. Wenn wir plötzlich in einen Moment der Stille, der Klarheit und des Friedens eintauchen, erfahren wir die Anwesenheit Yeshuas, des allumfassenden Bewusstseins.

Selbst wenn du Yeshua nicht kennst, weißt du, was Friede ist, auch wenn es dir manchmal so vorkommt, als wäre Er nicht zugegen oder gar auf ewig verschollen. Yeshua zeigt dir – durch dein eigenes Herz – den Weg ins Herz des Friedens und somit auch in Seines. Je mehr du den Frieden verkörperst, desto mehr wirst auch du zum Medium, zum

Kanal, zur Verbindung zu Yeshua, dem Frieden auf Erden. Dies ist die Verwirklichung des Selbst im Göttlichen/Yeshua/Frieden.

In Seinen früheren Botschaften hat Yeshua diese Verwirklichung als den Sinn des menschlichen Lebens definiert. Er teilte uns mit, dass wir hier auf Erden sind, um das Selbst als Teil Gottes durch unsere menschliche Existenz zu erfahren, um das Erfahrene und Erlebte anzunehmen und infolgedessen Frieden im Selbst zu finden. Das Ganze ist ein nichtlinearer Prozess, der keinen Anfang und kein Ende hat. Es gibt weder Maßstab noch Ziellinie, nur ein stetiges Weiterentwickeln und Neuerschaffen des Göttlichen Selbst, des Yeshua-Selbst, das daraus hervorgeht. In diesem Prozess gibt es keine Belohnungen im Sinne von »Was bekomme ich dafür?« – wer also mit einer Erwartungshaltung an die Botschaften herantritt, dass diese ein schneller Weg zu Geld, glücklichen Beziehungen, Erfolg, Macht oder Ruhm sind, wird schnell auf dem Boden der Tatsachen aufschlagen.

All diese Dinge können ein Nebeneffekt deiner Transformation sein, sind jedoch viel unbedeutender als das, was du tatsächlich »bekommen« wirst, wenn du dich wirklich auf den Prozess einlässt – nicht nur bei der Lektüre dieses Buchs, sondern während deines gesamten Lebens. Was du dafür »bekommst«, ist eine Vereinigung und innige Verbindung mit der wahren Essenz Göttlicher Liebe, die deine dunkelsten Nächte erhellen wird. Was du »bekommst«, ist dein eigenes Selbst – deine Freiheit, deine Freude, dein innerer Friede. Und ganz nebenbei lässt du durch deine bloße Existenz das Licht deiner Seele stetig in die Welt hinausfließen.

Die Art und Weise, in der Yeshua uns diesen Weg des Friedens offenbart, kann zuweilen etwas surreal wirken. Er ist ein Bewusstsein und eine Intelligenz, die so weit über das Verständnis des menschlichen Geistes hinausgeht, dass es für uns schier unbegreiflich ist. Seine Lehren zeigen uns, wie wir den Weg zur Verwirklichung des Friedens in uns auch durch jegliche Form von Dichtheit hindurch, durch den

Stress, die Verzweiflung, Wut, Angst, Zweifel, Trauer, Krankheit und so weiter finden – egal, ob es sich um Süchte, Ruhelosigkeit, Emotionsschwankungen oder einen unruhigen Geist handelt oder uns Sorgen um Kinder, Eltern, Beziehungen, Finanzen, zukünftige Technologien, Jobs, die Politik, die eigene Gesundheit oder andere Tücken des menschlichen Daseins plagen.

Er weiß, was es bedeutet, ein Mensch zu sein. Er kann nicht jedes unserer Probleme lösen; das gehört zu unserem Weg. Auch wird Er niemals Partei ergreifen oder uns Meinungen aufzwingen. Er zeigt uns, wie wir den Frieden in uns verwirklichen, gleich, welche äußeren Erfahrungen wir machen. In gewisser Hinsicht kennt Er uns besser als wir selbst, und Er liebt uns bedingungslos, was auch immer passiert. Wenn wir uns dem hingeben, öffnen wir uns für Seine Hilfe, Seine Weisheit und Kraft, sodass wir eine ungeheure Entlastung erfahren.

Yeshuas Präsenz ist unglaublich kraftvoll, und doch lassen uns Seine Bescheidenheit und Güte, Sein Mitgefühl und Seine Geduld den gemeinsamen Prozess als sehr persönlich, innig und wechselseitig erleben. Durch Yeshua fühlen wir uns immer gesehen, gehört und geliebt. Keine unserer Taten könnte Seine Liebe zu uns jemals versiegen lassen. Das kann zuweilen fast unerträglich erscheinen. Ich habe mich schon oft sagen hören: »Yeshua, wir Menschen können so grausam zueinander und zu uns selbst sein. Warum liebst Du uns trotz alledem noch immer?« Seine Antwort bleibt stets einfach und schlicht: »Weil ihr SEID.«

Yeshuas Botschaften sind nicht dazu da, um dir deinen Glauben oder deine Überzeugungen zu nehmen. Er ist nicht hier, um diese zu ändern. Er will dein Bewusstsein erweitern und ausdehnen, um dich von den Unausgeglichenheiten deines Geistes zu entlasten, die unnötiges Leid mit sich bringen, um dein Vertrauen und dein Selbstwertgefühl zu stärken und – vor allem – um deiner Seele wieder Freude und Harmonie zurückzubringen. Auf dass du aus deiner wahren Essenz heraus lebst und schöpfst.

Du musst nicht an Yeshua glauben, um Seine unbeschreiblichen Gaben der Liebe, der Wahrheit und des Friedens empfangen zu können. Seine Botschaften sollen deinen Glauben und deine ganz persönliche Verbundenheit mit dem Göttlichen ergänzen und verstärken. Mit »Glauben« meine ich den echten Glauben – diese unerschütterliche Konstante in dir, die unabhängig davon existiert, welche Überzeugungen oder Veränderungen noch in dein Leben treten oder dir in deinen Verstand oder in dein Herz flüstern.

Er ist schon vor vielen Jahrhunderten nicht etwa zu dem Zweck in diese Welt gekommen, um die jüdische Ordnung zunichtezumachen, sondern um diese zu erfüllen, wiederherzustellen und weiterzuentwickeln. Und so ist Er auch jetzt niemand, der deine Anschauungen über Gott, das Selbst und die Welt infrage stellen will. Er unterstützt dich einfach dabei, zu tiefer Erfüllung und Entfaltung in deinem natürlichen Seinszustand zurückzukehren. Seine vollkommene Harmonie aus Wahrheit, Frieden und Liebe kann dir viele Aspekte des Selbst spiegeln, von denen du noch nicht einmal wusstest, dass sie aus dem Gleichgewicht geraten sind. In Seiner Gegenwart bleibt sozusagen kein Stein auf dem anderen!

Es kann sein, dass Yeshua in dir einige Polaritäten und Gegensätze zum Vorschein bringt, um dein inneres Gleichgewicht wiederherzustellen, deren Aufarbeiten aber mitunter etwas herausfordernd sein kann. Um für Einklang zu sorgen, kann Er in dir die Erfahrung zweier scheinbar gegensätzlicher Gefühle, Überzeugungen oder Tendenzen kreieren. Wie zwei Seiten ein und derselben Münze. Eine natürliche und gesunde Polarität ist beispielsweise die einer positiven und negativen elektrischen Ladung – zwei entgegengesetzte »Kräfte«, die ihren Zweck im Ganzen erfüllen. Ein anderes Beispiel: Um tiefer ins Vertrauen (die Lichtseite) zu gelangen, kann es notwendig sein, auch die Schattenseite zu erleben: den Zweifel. In einem Augenblick ist es uns möglich, vollkommenen Frieden zu erfahren, nur um im nächsten

Moment Unruhe und inneren Konflikt zu verspüren. Dann wieder Ruhe und Frieden. Dieses Hin und Her kann starke Emotionen und sogar Frustration hervorrufen. Solchen Gefühlen sollst und darfst du mit Freundlichkeit, Neugier und Geduld begegnen.

Yeshua ist nicht blind auf ein bestimmtes Ziel fokussiert. Unsere Seele möchte alle Erfahrungen und Gefühle erleben, und so führt Er uns durch eine ganze Palette an Emotionen und Regungen. Die Mahlzeit, die Er uns anbietet, besteht nicht nur aus einer Zutat, sondern aus einer üppigen Fülle an Nahrungsmitteln, die uns versorgen, während Er uns dabei unterstützt, einige Polaritäten in Einklang zu bringen. Beim Lesen der Botschaften wirst du zuweilen eine solch starke Liebe verspüren, dass dir die Tränen kommen oder du sogar eine Art Trauer verspürst: Er hilft dir, dich daran zu erinnern, dass Trauer und Liebe eins sind. Das eine hebt das andere hervor. Manchmal wirst du womöglich einen Augenblick lang mit Widerstand oder Irritation zu kämpfen haben, die scheinbar ohne Grund aufkommen: In solchen Momenten bringt Er deinen Schatten ans Licht, damit dieser gesehen, verarbeitet, integriert und ins Gleichgewicht gebracht werden kann. Gibst du dich diesen Bewegungen hin, so erlebst du ein unmittelbares Gefühl tiefgehender Befreiung und eine völlig neue Erfahrung des Friedens.

Mit Seiner Hilfe werden dir destruktive Polaritäten bewusst, zum Beispiel ungesunde innere Macht- und Unterdrückungsstrukturen, indem Er dir aufzeigt, welche Harmonie und Balance zwei gesunde Polaritäten, wie Yin und Yang, erschaffen können. Du wirst es durch die Botschaften erfahren, gleichzeitig aber auch anhand der Dinge, die sich in deinem Leben ereignen, bevor, während und nachdem du dieses Buch gelesen hast. Yeshua erzeugt einen kraftvollen Energiefluss, der mit Seinen Gaben dein ganzes Wesen durchflutet, selbst wenn du bloß einen Absatz des Buchs lesen wirst. Die Energiebewegungen haben stets nur den Zweck, Frieden und Harmonie wiederherzustellen.

Für diese Wiederherstellung kann es manchmal auch notwendig sein, all das, was nicht friedvoll und harmonisch ist, wirklich tiefgehend zu betrachten, zu fühlen, zu transformieren und loszulassen. Manchmal bedeutet das, der Wahrheit ins Auge zu blicken. Aber Yeshua bringt unsere unausgeglichenen Polaritäten stets mit so großer Liebe ans Licht, dass es sich in Seiner Gegenwart sicher anfühlt und sogar Freude bereiten kann, sich den Angelegenheiten zu stellen, die wir uns vorher vielleicht nicht unbedingt ansehen wollten. Er ist die Essenz der Bescheidenheit und des Nichturteilens.

Seine Anwesenheit macht es uns einfacher, unseren inneren Unstimmigkeiten zu begegnen, um wieder einen natürlichen Fluss in unser Sein und unser Leben einzuladen. Alles, was Er von uns verlangt, ist, ehrlich zu sein (da Er ohnehin jeden Teil von uns sieht). Und uns unserer Göttlichen Essenz wieder gewahr zu werden, indem wir die Verantwortung für unsere eigene Dissonanz übernehmen, statt nach Schuldigen zu suchen. Unser Weg mit Yeshua, wenn wir es denn zulassen, ist einer der bedingungslosen Unterstützung, Freundschaft und Zusammenarbeit. Er weiß wie gesagt, was es heißt, ein Mensch zu sein und durch das Menschsein in der Göttlichkeit aufzugehen.

Yeshua, der Friede, ist das »Kind« von Wahrheit und Liebe. Der Friede ist sozusagen also die goldene Mitte. Yeshuas Friede ist unerbittlich, nichts kann ihn zerstören. So braucht es schon eine große Portion Demut und ein Kriegerherz, um die tiefgründige Liebe und Wahrheit zu begreifen, die Er uns durch den Frieden bringt. Er geht gern direkt an den Kern unserer Verurteilungen und eingeschränkten Wahrnehmung, um diese zu beleuchten, umzukrempeln und wieder ins Gleichgewicht zu bringen.

Wenn du also über Äußerungen stolperst, die im Widerspruch zu deinen Überzeugungen stehen oder keinen Anklang bei dir finden, lass sie einfach sein. Nochmals, einige der Dinge, die Er ausspricht, können womöglich alte Geschichten in dir triggern, und so kann gegebenenfalls auch Widerstand aufkommen. Sei geduldig. Alles kann in nur einem Augenblick Sinn ergeben. Es ist wirklich erstaunlich, wie sehr Er recht hat, just in dem Moment, in dem du entschieden hast, dass Er falschliegen muss. Ich habe es selbst erlebt.

Der Widerstand ist durchaus sinnvoll. Yeshua ist eine sehr polarisierende Figur auf der Welt. Man findet kaum einen Menschen auf diesem Planeten, der nicht irgendeine Meinung darüber hat, wer Yeshua ist – oder der keine Wunde davongetragen hat von dem, was er von Institutionen eingetrichtert bekommen hat, die Ängste geschürt haben über einen strengen und verurteilenden Gott – oder Götter, Yeshua, den Göttlichen Vater (in einigen Institutionen sogar die Göttliche Mutter). Heutzutage haben Menschen, die eine starke Verbindung mit Yeshua pflegen, sogar Angst davor, anderen von dieser Verbundenheit mit Ihm zu erzählen. Zurzeit gibt es Menschen, die Ihn verspotten, und dann gibt es jene, die eine offene spirituelle Verbindung zu Ihm haben. Im Laufe der Geschichte wurden unzählige Verfolgungen und sogar Verbrechen in Seinem Namen begangen, obwohl solche Taten das genaue Gegenteil der Essenz Yeshuas sind, des Friedens und der Bescheidenheit.

Die kollektiven Wahrnehmungen und Missverständnisse rund um Yeshuas historische Repräsentationen lösen in den Menschen einige sehr unterschiedliche und sogar defensive Gefühle und Emotionen aus. Die Wahrheit über Sein damaliges Leben kann und wird wohl niemals ans Licht kommen. Aber Er schenkt uns die Wahrheit Seines Ewigen Lebens auf eine neue und doch vertraute und kohärente Art und Weise.

In Seinen Botschaften will Er keine Dogmen predigen. Er ist niemals kleinlich, strafend, erniedrigend, autoritär oder gar zu formell oder distanziert. Was Er uns jedoch als Gabe darbringt, und das oft durchaus humorvoll, ist sehr originell und neuartig und kann somit alte Glaubenssysteme ins Wanken bringen – einschließlich derer, die

Jahrhunderte nach Seinem Tod in Seinem Namen erschaffen worden sind, von Menschen, die Ihn nicht gekannt haben. Das Wort »Kirche« existierte zu Seinen Lebzeiten nicht. Yeshua hat keine »Kirche« begründet, Er begründete eine »Gemeinschaft«, die all jenen zugänglich war, die bereit waren, in Wahrheit, Liebe und Frieden zu empfangen, zu leben und zu dienen – in Einklang mit vereinfachten Göttlichen Gesetzen. Einschließlich der Goldenen Regel. Das alte semitische Wort für »Kirche« ist tatsächlich ein juristischer Begriff und bedeutet »ein Ort der Zusammenkunft zum Zwecke des Zeugnisablegens«.

Yeshuas »Amt«, »Tempel« oder »Kirche« ist eine nichtkonfessionelle Gemeinschaft, die jedem offensteht, der die Bescheidenheit besitzt, in Einklang mit den einfachen Grundsätzen Göttlicher Harmonie zu leben. Alle Menschen sind Mitglieder. Niemand wird ausgeschlossen oder ist der Gemeinschaft unwürdig, der Gemeinschaft des Herzens des Friedens, Yeshuas Sacred Heart. Indem wir Worte des Gebets für alle Menschen sprechen, insbesondere für die, die wir nicht mögen oder als »falsch« erachten, wenn wir in Freude dienen, Schulden vergeben, Verantwortung durch Demut gegenüber unserer eigenen Schuld übernehmen, Konflikte mit Liebe statt durch Hass und Verurteilung lösen, uns wieder mehr in Harmonie und Einklang bewegen, und wenn wir Dankbarkeit praktizieren, dann legen wir Zeugnis ab. Wenn wir von den Worten eines anderen inspiriert werden, die unseren Geist mit Anmut und Gnade füllen, mit Beistand und Inspiration, dann sind wir Empfänger des Zeugnisses. Das ist die Kirche Yeshuas, die Rückkehr zur Einheit oder die Wiederkunft des Herrn.

Die Mitgliedschaft in einer Religionsgemeinschaft oder Kirche, einem Tempel, einer Moschee, Kiva, Inipi, bei den Anonymen Alkoholikern oder an jedem anderen organisierten Ort der Zusammenkunft kann etwas Wundervolles sein, wenn sie denn auf Gleichberechtigung, Gemeinschaft, Einbindung, Ehrlichkeit und Unterstützung basiert. In der Gemeinschaft Yeshuas musst du jedoch keine Zugehörigkeit bekunden, um mit Ihm verbunden zu sein und Seine Gnade annehmen zu können. In der Tat, wenn wir in uns den Frieden zum Ausdruck bringen, verkörpern wir die Essenz des Friedens selbst. Genau das ist es auch, was es bedeutet, aus dem Göttlichen Selbst und als Göttliches Selbst zu leben, das Yeshua-Selbst, das wahre Selbst. Wenn wir dies tun, werden wir automatisch zum Leuchtfeuer für andere, die ihr inneres Licht entfachen wollen.

Durch die Geschichten aus mündlichen und ein paar schriftlichen Überlieferungen wie der Bibel (und das ist praktisch alles, was uns an Informationen über Sein vergangenes physisches Leben zur Verfügung steht) wissen wir, dass Er, damals wie heute, ein Verkünder der Wahrheit war und ist. Die Weisheit und Gnade, die Er den Menschen vor über zweitausend Jahren darbrachte, war regelrecht schockierend, denn sie stellte viele der zu dieser Zeit tief verwurzelten Glaubenssätze infrage. Jetzt ist es nicht anders. Was Er uns darbringt, ist etwas Neuartiges, denn es weicht ein wenig von der gegenwärtigen kollektiven Denkrichtung ab, auch wenn Er sich auf Äußerungen bezieht, die Er in der Vergangenheit getätigt hat.

Ich denke, in vielerlei Hinsicht schenkt Er uns durch Seine Botschaften eine Erneuerung Seiner vergangenen Lehren, die wieder zum Ursprung der Wahrheit führt und gleichzeitig auf unsere heutige Zeit anwendbar ist. Wer weiß? Es liegt an dir, es herauszufinden. Ich bin keine Historikerin, Philosophin, Psychologin oder Religionswissenschaftlerin, und ich muss zugeben, ich habe bloß ein sehr unvollständiges Grundwissen, was religiöse Schriften anbelangt. Aber das ist es auch, was Yeshua so zugänglich für alle Menschen macht: Es spielt keine Rolle. Er ist hier und jetzt für dich da und für jedes Wesen der Schöpfung. Er ist einfach, wer Er ist, wer Er immer schon war und immer sein wird: das Licht über dem Licht. Ein Retter, damals wie heute, sogar wenn Er dich »bloß« davon erlöst, dass du dich selbst nicht lieben kannst oder dein wahres Selbst vor der Welt zurückhältst.

Yeshuas Wesen und Seine Worte haben mich wirklich überrascht, als Er mich zum ersten Mal als Kanal nutzte, denn ich hatte mir ein ernsthaftes und belehrendes Wesen erwartet. Er ist jedoch alles andere als das! Wenn ich Yeshua aus meiner Wahrnehmung heraus beschreibe, dann ist Er bodenständig, witzig, liebevoll und immer vollkommen ehrlich. Seine Botschaften machen das Erfahren des Göttlichen im täglichen menschlichen Leben so viel einfacher. Einige Abschnitte mögen vielleicht starken Anklang finden, andere wiederum weniger. Diese Botschaften dienen als Wegweiser und sind keine Anweisungen, wie Er schon von Anfang an betont hat. Er führt, empfiehlt, bietet an, enthüllt, krempelt um, entwurzelt, harmonisiert, besänftigt, triggert, nährt, rüttelt wach, bepflanzt und sät, verbindet, baut auf, zerstört und beleuchtet mit müheloser Perfektion und Leichtigkeit. Es ist ein Abenteuer und eine Entdeckungsreise zugleich. Und wenn überhaupt, dann ist es eine Erfahrung.

Er ist viel mehr als nur die Worte, die Er uns schenkt. Die Energie, die Er in uns freisetzt, ist viel wichtiger. Selbst wenn du bloß ein einziges Wort in diesem Buch liest und es dann entsorgst, wird Er trotzdem Energie in deinem Leben in Bewegung setzen. Das Licht, der allumfassende Geist, Spirit, setzt ständig Energie durch deine Seele in Bewegung, doch dank dieses besonderen Kanals zu Yeshua können wir eine tiefere Vereinigung erfahren und den Fluss Seiner Gnade auf eine sehr spezifische Art und Weise erleben. Je offener, je geduldiger und engagierter wir sind, desto tiefgehender werden die Wunder sein, die uns begegnen. Ich habe es selbst unzählige Male miterlebt und gesehen – in jenen Menschen, die mit Ihm verweilten oder Seine Botschaften lasen.

Bei den Botschaften geht es darum, sich selbst zu erforschen und als eins mit Gott zu erfahren, und nicht etwa darum, verwirrt oder frustriert ins Urteilen zu verfallen. Du co-kreierst diese Botschaften GEMEINSAM mit dem Göttlichen durch ebendie Erfahrung, die du damit machst. So erfüllst, erneuerst, entfaltest und dienst du in deiner

Funktion als Gefäß und als Kanal für das Göttliche, indem du an diesem Prozess teilhast.

Wenn du den Botschaften gegenüber voreingenommen oder defensiv eingestellt bist und nach Fehlern, Lücken oder Unstimmigkeiten suchst, entgeht dir die unbeschreibliche Erfahrung Seiner Gnade und Weisheit – mit allem, was sie an Transformationskraft und Verwirklichungspotenzial mit sich bringt. Er möchte nicht deine Meinung oder deine Gedanken ändern, sondern Er ist hier, um dein Bewusstsein zu verändern und dir neue Möglichkeiten zur Erfahrung des Selbst und der Welt als Ganzes aufzuzeigen. Wenn du den Botschaften mit offenem Geist begegnest, können sie deine Beziehung zum Göttlichen auf eine neue Ebene der Vollkommenheit heben, gemeinsam mit deiner Fähigkeit, das Licht in dir zum Leuchten zu bringen. Natürlich bleibt es dir überlassen (das Göttliche wird sich nie über deinen freien Willen hinwegsetzen), aber vielleicht versuchst du, noch ein wenig mit deinem Urteil zu warten, bis du die Botschaften von Frieden und Freiheit ein paarmal gelesen hast.

Ich gebe dir diesen Rat, weil ich die Erfahrung bereits gemacht habe. Ich wurde nicht in eine religiöse Familie hineingeboren; tatsächlich habe ich mein Studium mit Schwerpunkt Neurowissenschaften an der Brown University abgeschlossen, weil ich verstehen wollte, ob es eine wissenschaftliche Erklärung dafür gibt, wie ich die Welt erfahren habe, seit ich klein war. Schon als Kind war ich sehr empathisch und bin mit ausgeprägten hellseherischen und medialen Fähigkeiten auf die Welt gekommen. Fähigkeiten, die mit jedem neuen Lebensjahr stärker und offensichtlicher wurden. Als eine sehr »bodenständige« Person versuchte ich jahrelang, mich selbst zu verleugnen. Da niemand mir erklären konnte, warum ich all diese Dinge sah und hörte, wurde ich in gewisser Weise zu einer Art Selbst-Skeptikerin, trotz der vielen Beweise über die Richtigkeit meiner Visionen und Eingebungen. Seitdem habe ich erkannt, dass das Infragestellen und »Überprüfen« der eigenen Selbstwahrnehmung gar nicht so verkehrt ist. Indem ich genau das tat, bewahrte ich mir meine Demut und Bescheidenheit und strebte unentwegt nach einem tieferen Verständnis des Selbst und der Seele, das über die Frage nach dem »Warum« hinausging.

Die Natur fühlte sich für mich schon immer wie mein »Tempel« und eine wahre »Gemeinschaft« an, viel mehr noch als irgendein anderer Ort. Das Schöne an Mutter Erde – oder Gaia –: Selbst wenn man allein mit ihr ist, lädt sie einen stets ein in ihre Gemeinschaft zirpender Grillen, Würmer und Bäume. Ich habe mich schon immer von der Energie der amerikanischen Ureinwohner angezogen gefühlt, über die mir meine Eltern ein bisschen erzählt haben. Das erste Lied, das ich jemals gelernt habe, war ein Native American Song. Es ging um den Spirit, den Geist, der in allen Dingen und Menschen wohnt. Meine Eltern befürworteten es, dass ich viel Zeit in der Natur verbrachte, und sie förderten auch schon in jungen Jahren das Arbeiten in der Natur. Sie lehrten mich, dass es fast niemanden auf dieser Welt gibt, den Mutter Natur nicht »ganz werden« lässt. Und dass wir der Erde nichts nehmen können, ohne es Ihr gleichermaßen zurückzugeben. Sie lehrten mich auch, dass Leben Gleichgewicht bedeutet und dass, wenn dieses Gleichgewicht gestört ist, das gesamte Ökosystem in Mitleidenschaft gezogen wird. Und wir mit ihm, da wir Teil dieses Systems sind.

Und so ließen sie mich niemals Anspruch über irgendetwas erheben. Sie sagten, dass wir nichts besitzen können außer der Person, die wir im Innersten sind; alles andere ist vergänglich. Wohltätiger Dienst war in meiner Familie selbstverständlich. Fast jedes Wochenende verbrachten wir mit humanitärer Arbeit oder in Meditation in der Natur. Von Yeshua wurde in unserem Haus nicht oft gesprochen, aber obwohl ich fast nichts über Ihn wusste, konnte ich Seine Anwesenheit von Anfang an spüren. Im Alter von sieben Jahren wurde mir von einer geistigen Wesenheit, einem Engelswesen aus Licht und Energie, mitgeteilt, dass ich einmal einer von Yeshuas Kanälen werden und Seine Botschaften empfangen würde.

Als ich ein junges Mädchen war, war Er mein Freund, und ich weiß noch, wie ich kleine Schachteln, die ich mit der Aufschrift »Gott-Kiste« versehen hatte, heimlich überall auf unserem Grundstück vergrub. In den Schachteln waren Spielsachen, Kekse und andere Dinge, von denen ich meinte, sie mit Gott teilen zu wollen. Ich baute schon sehr früh und auf unterschiedlichste Art und Weise ein Vertrauen in meine Beziehung mit dem Spirit, mit Gott, auf. Das Vertrauen in die Menschen fiel mir schwerer, angesichts der Ausgrenzung und der Verurteilungen, denen ich wegen meiner empathischen und medialen Fähigkeiten ausgesetzt war. Aber als ich dann lernte, mich so, wie ich bin, zu akzeptieren, war es auch wesentlich leichter für mich, Vertrauen in menschliche Beziehungen aufzubauen.

Ich fühlte eine Art Verwandtschaft mit Yeshua, konnte aber Seine Essenz und Seine Macht niemals wirklich begreifen, bis Er begann, Seine Botschaften zu übermitteln. Und das, obwohl ich doch mein ganzes Leben schon gewusst hatte, dass ich eines Seiner Medien sein würde. Auch wenn ich mich als eine sehr einsichtige Person verstehe, konnte ich Seine Gnade, Seine Weisheit und bedingungslose Liebe erst annähernd zu begreifen beginnen, nachdem Yeshua mich zum ersten Mal als Seinen Kanal genutzt und ich Seine unmittelbare Anwesenheit in mir gespürt hatte.

Als Trancemedium ist mir nicht bewusst, was Yeshua sagt, während Er Seine Botschaft übermittelt. Nachdem Er zum ersten Mal durch mich gesprochen hatte, hörte ich mir Seine Worte in den Audioaufzeichnungen an, und mit einem Mal zog ich all die starren Ansichten, die ich über das Selbst und die Welt gebildet hatte, in Zweifel. Dasselbe passiert noch heute, wenn ich mir die Aufzeichnungen anhöre, nachdem ich meinen Körper als Kanal für Seine Botschaften zur Verfügung gestellt habe. Oft gab es Momente, in denen ich mit einer Äußerung, die Er gemacht hatte, in den Widerstand ging oder gar zornig wurde. Doch Demut und Hingabe an den Prozess ließen mich verstehen, dass es in Yeshuas Aussagen nicht bloß um mich ging. Wenn Er eine Äußerung macht, dann flutet Er nicht nur das Individuum mit neuen Energien und gesunden Polaritäten, sondern auch das Kollektiv. Die Energie wird nicht bloß an dich übertragen, obwohl deine Beziehung zu Ihm eine sehr persönliche ist. Er stößt Energien in dir an, damit du selbst zum Energieüberträger wirst und ein tieferes und helleres Bewusstsein in der Welt verankerst.

Meist waren es jene Dinge, die in meinem eigenen Leben ein blinder Fleck waren, die mich am meisten provozierten. Die Bereiche, in denen ich mich gegen Veränderungen wehrte, in Selbstgefälligkeit festgefahren war oder Angst davor hatte, eine alte Überzeugung fallen zu lassen, weil ich mich vor dem Unbekannten fürchtete. Als Er dann begann, mehr von meiner alten Identität aufzulösen, um größeren Raum für Seine Präsenz in meinem Kanal zu schaffen, traten viele Ängste und Zweifel an die Oberfläche. Einige meiner Überzeugungen, sogar darüber, wer Yeshua war oder vermeintlich »sein sollte« oder wer ich bin oder »sein sollte«, waren so tief in mir verwurzelt, dass ich mir nie die Zeit genommen hatte, diese näher zu betrachten. Während Sein Licht und Seine Wahrheit mein Sein durchströmten, kam all dieser Schatten zum Vorschein. Ich musste ihn mir gut ansehen, ihn untersuchen und integrieren.

Jedes Mal, wenn ich einen Zweifel losließ oder ihn mir bewusst machte, trat an dessen Stelle ein Gefühl unglaublicher Befreiung, Klarheit und Freude, dadurch, dass ich mich ganz dem Vertrauen und der höheren Weisheit des Göttlichen hingab. Oft geschah das innerhalb eines kurzen Augenblicks und zeigte sich in meinem Inneren, oft aber auch in der äußeren Welt. Wobei all das, was mir in der äußeren Welt geschenkt wurde, eigentlich nur das Sahnehäubchen auf dem Kuchen war. Das wahre Geschenk, das uns Yeshua macht, ist die Befreiung in unserem Inneren. Während meiner ersten paar Monate als Medium erkannte ich schnell, dass Yeshua keineswegs versuchte, mich zu verändern. Er gab mir das, was ich brauchte, um meinen Schatten aufzuarbeiten und meine Widerstände zu lösen. Yeshua änderte all jene Aspekte meines Seins, die nicht mit meinem wahren und authentischen Selbst übereinstimmten. Er zeigte mir nicht bloß, wie man liebt. Er zeigte mir auch, wie man Liebe IST – gegenüber sich selbst und anderen.

Mit seinen Botschaften wird Er auch dir zeigen, wie du dein Yeshua-Selbst verkörperst, was so viel heißt wie die beste Version deiner selbst zu sein, dein wahres, natürliches Selbst – statt der Illusion eines Selbst, die einem unausgeglichenen Ego entspringt. Das Ganze ist ein Prozess. Jeder Tag ist ein Tag voller Demut, Humor und Hingabe an Yeshua. Wenn du dafür offen bist, wird Er deinen Weg zur Erleuchtung beschleunigen und bereichern. Mit Ihm gibt es kein Richtig oder Falsch, nur das Zulassen von Entwicklung, Veränderung und dessen, was im gegenwärtigen Augenblick IST.

Als Medium mit lebenslanger Erfahrung bin ich wohl ein geeigneter Kanal für Ihn, da ich in der Lage dazu bin, mich selbst »beiseitezustellen«, um Ihm Platz zu machen. Auch besitze ich die nötige Disziplin, meinen Kanal »klar« und »rein« zu halten, indem ich mich an einen einfachen und bescheidenen Lebensstil mit ausgedehnter täglicher Meditationspraxis, viel Zeit für Gebet und Stille, gesunder Ernährung, regelmäßigem Sport und Naturverbundenheit halte. Wenn mein Kanal unrein oder verschmutzt ist, hat das einen Einfluss auf die Reinheit und Qualität der Botschaften und/oder auf die Einzelsitzungen mit meinen Klienten. Den Kanal rein zu halten, ist für mich eine absolute Notwendigkeit und eine Verantwortung, die ich sehr ernst nehme. Glücklicherweise ist es auch etwas, was mir gleichzeitig Freude bereitet.

Nochmals, ich bekomme vom Gesagten nichts mit, während Seine Botschaften »durchkommen«, bis ich »zurückkehre« und sie mir später anhöre. Er hat also uneingeschränkten Zugang und Kontrolle über meinen Körper. Allerdings überlässt Er es vollkommen mir, wie, wann und wo ich mich als Sein Kanal zur Verfügung stelle. Er achtet meine Grenzen, und so fühle ich mich den ganzen Prozess über sicher und respektvoll behandelt. Ich diene Ihm, wenn Er eine Botschaft zu überbringen hat, und Er respektiert und erfüllt meine Bedürfnisse zur Gänze.

Nur weil ich eines von Yeshuas Medien bin, macht mich das weder außergewöhnlich noch besser als andere. Gott hat mir diese Tatsache schon sehr früh verdeutlicht. Ich bin NICHT Yeshua, und ich kann auch meine persönlichen Gefühle, Meinungen und Vorurteile nicht in Seine Botschaften mit einfließen lassen. Während ich versuche, alles als bloßer Beobachter wahrzunehmen, bin ich doch ein Mensch, der seine eigene Meinung hat. Nichts davon verfälscht jedoch Seine Botschaften, während ich mich als Kanal zur Verfügung stelle. Er ist nicht hier, um meine unbedeutenden und unwissenden Meinungen zu verbreiten. Er ist hier, um dir DEINE Transformation zu ermöglichen. Somit hat kein »Ich« in Seinen Botschaften Platz. Seine Zeit mit dir ist ausschließlich für dich bestimmt.

Während du also diese Botschaften liest – und vor allem dann, wenn dir die Thematik völlig neu ist und du ihr mit einer vorgefestigten Meinung oder sogar Urteilen begegnest –, möchte ich dir Folgendes empfehlen: Geh an die Sache heran wie an ein Weihnachtsessen mit der Familie. Wenn dir jemand bei einem Weihnachtsessen Rosenkohl serviert und du diesen nicht magst, sag einfach: »Nein danke«, und reiche den Teller an diejenigen weiter, die das Gemüse gern essen – statt den Teller durch den Raum zu werfen, den Gastgeber zu beleidigen, weil er dir Rosenkohl serviert hat, die anderen Gäste zu verschmähen, denen der Rosenkohl schmeckt, und verärgert den Raum zu verlassen …

Reiche den Kohl einfach weiter, wenn du ihn nicht magst, und vielleicht wird das nächste Gericht aus den Botschaften eines sein, das dir schmeckt und mit dem du etwas anfangen kannst, das du sogar genießen kannst und von dem du dich genährt und gestärkt fühlst. Vielleicht magst du auch keine der servierten Speisen, aber dann möchte ich dich dazu einladen, einfach da zu sein, teilzunehmen, zuzuhören und dich auszutauschen – aus purer Neugier, etwas Neues zu entdecken. Einfach weil du eingeladen wurdest und bereits ja gesagt hast. Auch wenn du nicht noch mal hingehen würdest.

Yeshua ist der Gastgeber dieses Abendmahls. Dies ist Seine Einladung an dich. Ich bin bloß die Kellnerin und Sekretärin. Bei diesem Abendmahl ist für jeden etwas dabei. Nahrung für die Welt. Selbst wenn es nur die Energieübertragung ist. Oder der Humor, die Liebe, die Tränen und das Wunder dieser unbeschreiblichen Reise deines Lebens, die dich genau an diesen Ort gebracht hat. Oder gar diese Absurdität, die du beim Lesen dieser Botschaften verspürst, die sich aber irgendwie doch richtig anfühlt ... Was immer es ist. Es mag sich zum Teil ziemlich verrückt anfühlen. Eins kann ich dir versichern, und das als eine Person, die relativ bodenständig ist und wissenschaftliche und rationale Erklärungen sehr schätzt: Meinen Körper als Kanal für Yeshua zur Verfügung zu stellen war zeitweise auch eine ziemlich verrückte Erfahrung. Aber so ist das Göttliche nun mal!

Es gibt keinen Grund zur Eile und kein »Ziel« im Zusammenhang mit Yeshua. Durch Seine Gnade führt Er dich durch tiefere Ebenen Seiner Wahrhaftigkeit, Seines Humors und Seiner tiefen, tiefen Liebe. Je mehr du zulassen, akzeptieren und erkennen kannst, was mit dir in Resonanz schwingt und was nicht, desto mehr wirst du empfangen. Unter anderem eine Heilige Göttliche Liebe und Verbundenheit mit dem Selbst, die so stark ist, dass sie alles, was in der Außenwelt passiert, weniger furchteinflößend, weniger gravierend oder herausfordernd erscheinen lässt.

Yeshua bringt Vergebung, indem Er dir die Bereiche zeigt, in denen du dir selbst oder anderen vergeben musst. Er bringt Liebe, indem Er jene Aspekte deines Selbst beleuchtet, die du nicht liebst. Er bringt Wahrheit, indem Er dir aufzeigt, in welchen Bereichen du das Gefühl hast, dich verstecken oder etwas vortäuschen zu müssen. All das geschieht durch das Licht, durch Wahrnehmung und Bewusstsein – Er hilft dir dabei, geerdeter und mehr in der Präsenz Yeshuas, in deinem Göttlichen Selbst, verankert zu sein.

Während du die Botschaften des Friedens liest, wirst du feststellen, dass Er dir den Weg zu wahrer Freiheit zeigt. Er hilft dir nicht nur dabei, das Selbst als eins mit Gott zu begreifen und zu spüren, sondern aus diesem Gefühl heraus zu dienen. Als Lichtbringer und Gefäß des Friedens, der Harmonie und der Achtsamkeit aus der Freude heraus zu schöpfen und zu dienen. Also: Sei willkommen. Es ist solch ein Geschenk, mit dir gemeinsam auf dieser besonderen Reise dienen zu können.

Abschließend noch ein paar Empfehlungen:

1. Es kommt häufig vor, dass Leser der Botschaften einen massiven Ausbruch ihrer kreativen Lebenskraft (auch »Shakti« genannt) erfahren. Manchmal geschieht das schon während des gesamten Prozesses, manchmal aber auch erst in den Tagen oder Wochen danach, wenn sie die Energie integriert haben.

2. Das reine Licht Yeshuas entfacht und erhellt völlig neue Aspekte deiner Kreativität und Göttlichen Weiblichkeit. Während du die Energie der Botschaften durch dein Göttliches Weibliches austrägst und es durch das Göttliche Männliche Prinzip nach außen in die Welt kommt, kann es sein, dass du Momente enormer Verbundenheit verspürst, die sich anfühlen können, als würdest du selbst Kanal für das Göttliche sein. Denn das bist du auch. Er wird dich im richtigen Moment dafür öffnen.

3. Sobald du mehr in deinem wahren Selbst, dem Yeshua-Selbst, verankert bist, wird das Licht allmählich in dir zu leuchten

beginnen. Für jede Welle des Widerstands, die du durchstehst, erhältst du einen Segen im Außen oder, noch besser, in deinem Inneren. Tu dir also selbst den Gefallen, und halte Tagebuch und Stift griffbereit während des Lesens und in den Wochen, nachdem du dieses Buch gelesen hast. Am besten, du hast sie stets bei der Hand, wenn du die Botschaften liest.

4. Mach dir bewusst, dass Er nicht getrennt von dir ist oder zu dir spricht. Er spricht aus dir heraus, weshalb es auch so wichtig ist, dass du deinen Fokus auf die Dinge richtest, die für dich wesentlich sind. Im Rahmen Seiner Botschaften zeigt Er uns viele Wege, die zum Frieden führen. Jede Botschaft ist ein neuer Weg mit vielen kleinen Pfaden, die es zu erforschen gilt – durch die inneren Erfahrungen, die du machst, wie auch durch das, was sich dir im Außen zeigt.

5. Aus diesem Grund empfehle ich dir, die Botschaften mehrmals zu lesen. Jedes Mal, wenn du erneut durch den gesamten Prozess gehst, vor allem aber die Meditationen und schriftlichen Übungen machst, wirst du neue Wahrheiten entdecken und Momente der Selbsterkenntnis haben. Bei jedem erneuten Lesedurchgang werden sich deine Erkenntnisse vervielfachen. Vielleicht gehst du mit nur einem bestimmten Satz oder einer Botschaft in Resonanz. Selbst ein einziger Satz, der bei dir ankommt, wenn du ihn liest, mit ihm in Meditation gehst, ihn annimmst und verkörperst, kann der Schlüssel zum Erwachen deines vollen Bewusstseins sein.

6. Oft wiederholt Er bestimmte Dinge mehrmals. Das heißt nicht, dass Er redundant ist. Einiges, was Er sagt, scheint anderen Äußerungen zu widersprechen. Als Er zum ersten Mal durch meinen Kanal sprach, stellte mein kritischer Kopf sich quer, und mein kleines, beschränktes menschliches Selbst genoss es förmlich, zu entgegnen: »HAHA, jetzt habe ich dich erwischt, Yeshua, jetzt hast du etwas gesagt, was einer deiner früheren Botschaf-

ten widerspricht.« Ich Dummerchen. Bleib dran – und lies weiter. Denn Er wird dir zeigen, wie sich zwei Wege kreuzen und zwei Wahrheiten zu einer werden können. Wenn du etwas tiefer unter die Oberfläche schaust, wirst du erkennen können, wie Er das macht. Mit der Zeit. In jedem Bereich deines Lebens. Dort, wo sich die Wahrheiten überschneiden, liegt der Weg, den du im Laufe der Zeit zu entdecken hast, und dieser ist offen gesagt Teil des Vergnügens.

7. Er beschreibt bestimmte Energien und Konzepte auf viele unterschiedliche Arten und aus verschiedenen Perspektiven. Die Pfade, auf denen sie sich durch dein Bewusstsein winden, sich überschneiden und auftauchen, können sehr unterschiedlich sein und sind abhängig davon, in welcher Lebensphase du dich gerade befindest. Was an einem Tag verwirrend ist oder dir unwichtig erscheint, kann an einem anderen Tag tief berührend und überaus aufschlussreich sein. Was den Kern deines Seins heute noch erschüttert hat, kann morgen schon selbstverständlich und offensichtlich erscheinen. Er ist ein Göttlicher Meister. Nochmals, als Gott weiß Er UND Sie besser über dich Bescheid als du selbst.

8. Es gibt unzählige Arten, in denen Er sich ausdrückt, und unzählige Möglichkeiten, Seine Botschaften zu interpretieren, selbst in einem einzigen Satz, den Er ausspricht. Das Nutzen der eigenen kreativen und intuitiven Energien, um dem Ganzen Sinn und Bedeutung zu geben, ist Teil des Vergnügens. Er wird dich zu neuen Erkenntnissen inspirieren, selbst wenn die Erkenntnis dadurch zustande kommt, dass du einer Seiner Aussagen widersprichst. Warum denn nicht? Dies ist, wie schon erwähnt, ein co-kreativer Prozess zwischen dir und Ihm.

9. Wenn Er etwas öfter wiederholt, öffnet und beleuchtet Er dadurch eine neue Energiebahn. Oder verankert es tiefer in deinem Bewusstsein. Manchmal macht Er mehrmals dieselbe Aussage.

Zum Beispiel schließt Er Botschaften oft damit, indem Er das Wort »Pace« (ausgesprochen als »patsche« mit Betonung der ersten Silbe) dreimal wiederholt. Obwohl ich mir nicht ganz sicher bin, weshalb Er das tut, glaube ich, dass Er damit einen Segen der Heiligen Dreifaltigkeit auf dich überträgt. Jedes Mal, wenn Er es sagt, lädt Er dich dazu ein, dich energetisch mit Ihm zu verbinden, weil Er eine neue Energie in dir anlegt, ausrichtet oder transformiert, in Co-Kreation mit deinem Geist und deiner Seele.

10. Es ist wichtig, dass du während des gesamten Leseprozesses gut für deinen Körper sorgst. Es kann zu einer immensen Entgiftung des mentalen, emotionalen und sogar physischen Schmerzkörpers kommen. Dein ganzes Wesen erfährt im Laufe dieses Buches eine Transformation. Etwas mehr Zeit in der Natur, Meditation und Reflexion können dich maßgeblich dabei unterstützen, den Prozess zu integrieren und einen größeren Nutzen daraus zu ziehen.

11. Gleichzeitig möchte ich davon abraten, große Mengen an Zucker, Koffein, Alkohol oder Marihuana zu sich zu nehmen. Ein übermäßiger Konsum dieser Substanzen wird die Integration erschweren, was einen unverhältnismäßig großen Widerstand erzeugen kann. Durch die Meditationen, die vielleicht wichtigsten Elemente dieses Buches, kommt es zu einer starken Energieübertragung. Es kann sein, dass du sehr bedeutsame Träume oder Offenbarungen haben wirst, während du dieses Buch liest. Bewegung, Sport und eine tiefe Atmung können beim Prozess der Frequenzerhöhung sehr hilfreich sein.

12. Gib dir den Raum, um einzutauchen. Es kann helfen, im eigenen Umfeld noch klarere Grenzen zu setzen, damit du dir wirklich den Raum nehmen kannst, um ganz in den Prozess einzutauchen. Du kannst dir auch Unterstützung von einer Person,

einem aufgeschlossenen Freund oder Familienmitglied holen, mit dem du dich über den Prozess austauschst. Während des Leseprozesses kann es dir guttun, einen »heiligen Ort« zu errichten, wie zum Beispiel einen Altar, einen bestimmten Ort in der Natur oder ein Zimmer in deinem Haus, in das du dich zurückziehen und das Gelesene reflektieren kannst. Die Lichtenergie, die dein Zuhause und alle dort befindlichen Personen durchfluten wird, wirkt überaus erholsam.

13. Erwarte nicht, dass andere die Veränderungen, die mit dem Prozess einhergehen, verstehen oder sogar gutheißen. Gib dich deinem eigenen Prozess hin und hab Verständnis für jene Menschen in deinem Umfeld, die vielleicht gerade an einem anderen Punkt in ihrem Leben stehen. Wenn sie dich verurteilen, nimm es nicht persönlich. Veränderung ist für jeden von uns angsteinflößend. Veränderungen, die großen wie die kleinen, können manchmal bei anderen Menschen Widerstand auslösen. Lass diesen einfach sein und vertraue darauf, dass, was immer sich zeigt, genau richtig sein wird. Du wirst den gesamten Prozess hindurch getragen.

Du bist nun bereit, durch dein eigenes Herz in das Herz Yeshuas, das Herz Gottes, einzutreten. Ich wünsche dir aus tiefstem Herzen, dass dir die Botschaften Yeshuas Freude, Harmonie und Frieden bringen. Damals wie heute schenkt Er uns den Weg der Erinnerung – eine Erinnerung daran, wer und was wir in Wirklichkeit sind: Liebe. Unabhängig von unseren Überzeugungen zeigt Er uns, wie wir unseren Blick darüber erheben und ihn auf uns richten können, um in uns selbst die unbeschreibliche Gnade und das Licht zu finden, das jedem von uns innewohnt. Und Er zeigt uns die Wunder, die wir durch unsere Güte, unseren Mut, unser Mitgefühl und unsere Liebe in der Lage sind zu vollbringen.

Durch Sein eigenes Vorbild führt Er uns zu dem demütigen, reinen und zeitlosen Ort, der tief in uns zu finden ist. Er sagt uns nicht, wer oder was wir sein sollen. Durch Seine reine und einfache Essenz zeigt Er uns, WIE wir sein sollen. Er ist das Göttliche im Menschen, und Er ist das Menschliche in Gott. Seine Kraft des Friedens lässt uns jeden Tag mehr den Frieden in uns selbst finden, fühlen und leben.

Mit einem tiefen Atemzug voller Demut, Ehrfurcht und Dankbarkeit überlasse ich dich nun Yeshua und Seinen Botschaften des Friedens und der Freiheit. Für den Rest des Buches gibt es »mich« also nicht mehr. Es gibt nur Ihn … und dich.

Ich hoffe, du genießt die Botschaften und die heilige Zeit der Wiedervereinigung und Kommunion mit Yeshua. Er ist mit dir und in dir. Ich danke dir für das Geschenk deines Mutes, deiner Neugier, Intuition und Aufmerksamkeit und wünsche dir eine wundervolle und gesegnete Reise. Wir sehen uns auf der anderen Seite. Namaste.

TEIL 1

Die Botschaften des Sacred Heart

·············

ICH BIN Yeshua

(Ursprünglich empfangen am 12. und 14. Dezember 2019
sowie am 12. und 27. Januar 2020)

DIE YESHUA-MEDITATION

Ich grüße dich, geliebtes Erdenwesen. Lass uns mit einer Meditation anfangen. Mit geschlossenen Augen, aufrechter Sitzhaltung, offenem Herzen.

Nimm nun mit einigen tiefen Atemzügen Luft und Licht in deinen Körper auf. Richte den Blick nach innen, hin zu dem stillen und friedvollen Raum, einem Raum, in dem sich das Licht des gegenwärtigen Augenblicks in seiner unendlichen Grenzenlosigkeit ausdehnt. Betrete diesen Moment im Hier und Jetzt, so wie auch er in dir seinen Platz einnimmt. Du musst nirgendwo hingehen. Es gibt nichts, was von dir getrennt ist. Lass alle Gedanken über die äußere Welt, über Umstände, Ereignisse und Menschen los.

Alles, was du benötigst, befindet sich in diesem Augenblick. Dein Bedürfnis, vom Selbst, vom Göttlichen geliebt zu sein. Du BIST geliebt. Erlaube dieser Göttlichen Saat des Bewusstseins, in dich einzutreten und sich mit deinem Sein zu verbinden, dich wieder zu deiner ursprünglichen Form des Friedens und in den Frieden zurückzuführen. Dein Empfangen dieser Göttlichen Gnade ist auch dein Geschenk der Liebe an Uns.

Das einfache SEIN, das Empfangen des gegenwärtigen Augenblicks, genau darin liegt dein Dienst für diese Welt. Deine bloße Existenz genügt. Dein Sein in Frieden IST deine Bestimmung. Dein Leben ist eine Co-Kreation, Hand in Hand mit Gott.

Dies ist *dein* Moment. Der Augenblick, auf den du schon lange gewartet hast, ist nun gekommen. Der Augenblick, dich selbst zu sehen, zu fühlen und zu verstehen als ein vollständiges, gesehenes, gehörtes, verstandenes und geliebtes Wesen. Wir haben den Ruf deiner Seele gehört, das Gebet deines Geistes, der sich wünscht, das Lied deiner Seele zu singen und darin aufzugehen. Und so folgst auch du jetzt, genau in diesem Moment, dem Ruf Meines Gebets an dich: Mir zu erlauben, dich, dein Gefäß, zu führen und zu geleiten in dein Erwachen und in die Verkörperung von reinem Bewusstsein und Licht. Dieser Same wurde dir von Mir, Yeshua, dem Göttlichen Vater, der Göttlichen Mutter, schon vor langer, langer Zeit eingepflanzt und in dein Sein eingehaucht.

Lass uns nun nochmals gemeinsam atmen. Lass dein Einatmen zu Unserem Ausatmen werden. Nimm während des Einatmens das Licht und die Energie der Vereinigung in dir auf. Lass dein Ausatmen zu Unserem Einatmen werden. Oh, du ehrwürdiges Wesen, Heiliger Baum. Du bist Teil des Lebensbaumes.

Atme nun tief in die Wurzeln deines Baumes hinein. Verbinde dich mit Gaia, Mutter Erde, deinen Vorfahren, dem Netz des Lebens. Atme in deine Wurzeln.

Fühle das Licht, das Bewusstsein in jeder einzelnen Zelle deines Körpers. Fühle, wie es vibriert, in deinen Beinen, deinem Becken, deinen inneren Organen, der Wirbelsäule, Hals und Gehirn. Atme hinein ins Zentrum deines Seins, dein Herz, das Sacred Heart. Spüre, wie sich die Harmonie des Lichts durch deinen Atem zieht: Schöpfung, Zerstörung und Wiedergeburt.

Öffne dein Herz für die Energie des Lichts. Und erinnere dich. All das Leid, das dein Herz durch die Kreuze des Ungleichgewichts tragen musste ... ab diesem Augenblick bist du von ihnen befreit. Gib all den Zweifel, den Kampf, die Anstrengung, all die Kreuze und Lasten mit dem Ausatmen ab. LASS SIE LOS. Und atme ein in dein freies Herz, deinen offenen Geist.

Lass dein Herz in Meinem Garten Platz nehmen; setze in ihm den Samen deines Bewusstseins. Spüre das Göttliche Feuer des Heiligen Geistes in dir brennen. Ein heiliger Friede, der sich aus deiner Seele durch deinen Geistkörper ausbreitet, deine Verbindung zur äußeren Welt. In diesem Garten der Einheit, des Einsseins, angekommen atme in die vier Kammern deines Sacred Heart.

Zunächst in die Energie der Einfachheit. Nimm mit jedem Atemzug das Licht der Einfachheit in den heiligen Raum deines Sacred Heart auf. Spüre, wie Einfachheit deinem Herzen, deiner Essenz und deinem Atem innewohnt. Atme nun in die Kammer der Stabilität. Fühle die Stabilität in deinem Körper, dem Gefäß, das dich durch dieses Leben trägt. Fühle die Stabilität des gegenwärtigen Augenblicks und Meiner Präsenz in dir.

Atme jetzt in die Kammer der Hingabe. Gib dich dir selbst hin. Überlass die Kreuze und Lasten, die du trägst, Mir, denn Ich löse sie auf und ebne den Weg für den Frieden. Mein Licht wird zu deinem. Einem Licht. Gib dich Meiner Umarmung hin.

Nun atme in die Kammer der Stille. Ruhiger Geist, stilles Herz. Der stille Raum, in dem du über den Lärm der Welt hinaus hören kannst, um dich zu erinnern, was und wer du wirklich bist: Friede.

Spüre die Energie des Heiligen Männlichen, der Wahrheit, von oben in dich hineinströmen. Empfange die Wahrheit deiner Absolution. Jetzt fühle die Energie der Heiligen Weiblichkeit, der Liebe, Schöpfung und Zerstörung, mit jedem Atemzug, der kommt und wieder geht.

Spüre, wie sich diese beiden Kräfte, Wahrheit und Liebe,

miteinander verbinden und durch dich hindurchfließen. Ineinander verflochten und vollendet. Beide Energien koexistieren nebeneinander und bilden das flüssig gewordene Bewusstsein, aus dem du geschaffen und geboren bist. Während die Energien der Wahrheit und der Liebe durch dich hindurchfließen, aus Mutter Erde aufsteigend und vom Himmel herab, erlaube ihnen in Demut, in deinem Herzen ins Gleichgewicht zu kommen, dem Sacred Heart, dem Sitz deiner Seele.

Und nun nimm das Kind wahr, das daraus entstanden ist: der FRIEDE.

DIES ist Gott. Atme hinein in den Raum des Friedens in dir. Den Raum hinter dem Leid, der Last und den getragenen Kreuzen, dem Kummer und den Sorgen. Dies ist dein Bewusstsein, deine Göttliche Gnade, die mit Meiner verschmolzen ist. Wenn du den Raum des Friedens in deinem Inneren gefunden hast, hast du den Ort gefunden, an dem KEIN TOD existiert, kein Schmerz, keine Zeit. Es ist der zeitlose Raum des Lichts.

Atme tiefer ein in diesen Raum. Hast du den Raum der Stille und des Friedens betreten, so hast du den Kern deines Seins entdeckt. Und die Essenz des Seins als solches. Du hast das schmale Tor gefunden, das dich zum Königreich und Garten Gottes führt. Du hast Mich, Yeshua, in dir gefunden. Du hast dein wahres Selbst gefunden.

Ich zeige dir durch den Frieden den Weg hin zu Wahrheit und Liebe. Der einzige Weg zum Göttlichen Vater, zur Wahrheit, ist durch Mich, den Frieden. Der einzige Weg zur Göttlichen Mutter, der Liebe, ist durch Mich, den Frieden. Der einzige Weg zu Mir ist durch sie beide, als Schöpfer und Schöpfung.

Deine Entwicklung ist ein co-kreativer Prozess hin zum Frieden, an dem sich männliches und weibliches Prinzip gleichermaßen beteiligen. Durch das Bewusstsein für und die Wahrnehmung des eigenen Selbst als eins mit den beiden Energien, die **in dir existieren,** tauchst du tiefer ein in diesen Prozess der Co-Kreation, der Wiederauferstehung.

Atme nun, wenn du bereit bist, all die Dinge aus, die sterben müssen, damit du wiederauferstehen kannst im Raum des Ewigen Lebens, des Bewusstseins und des Friedens. Denn dieser Raum ist zugleich auch die Essenz des Friedens. Bist du bereit, nach Hause zu kommen? Frei zu sein?

Unsere gemeinsame Reise ist dein innerer Weg hin zu Frieden und Freiheit. Die Auferstehung und Erlösung deines Christus-Selbst, deines Yeshua-Selbst, in Einklang und Einheit mit der Wahrheit und Liebe, dem Männlichen und Weiblichen. Und somit liegt die Arche des Neuen Bundes in dir.

Jahrtausendelang hast du dich gefragt, was ICH BIN. Wer IST Yeshua?

ICH, Yeshua, Göttlicher Vater, der sich im Sohn Gottes, in Wahrheit und Liebe offenbart.

ICH, Yeshua, BIN dein FRIEDE.

ICH BIN FRIEDE, die Essenz deines Seins. Ich schuf und erschaffe dich, Ich nährte und nähre dich, befruchtete und befruchte dich, säte und säe den Samen in dir. Wenn du die grenzenlose, allmächtige Kraft des Friedens wählst, entscheidest du dich für Gott. Für Mich. Für dein wahres Selbst. ICH BIN dein Friede. ICH BIN Friede. *Ich bin* die Welt. Und so bist auch du es.

Atme in diesen Raum hinein; durchstreife diesen Ort, an dem es keinen Tod gibt. Dies ist dein unsterbliches Selbst. Dies ist dein Yeshua-Selbst. Erlaube nun der Energie der Leidenschaft, aus diesem Frieden heraus aufzusteigen, zu lodern und zu leuchten.

Meine Leidenschaft war und ist eine, die im Frieden Erfüllung findet. Lass zu, dass Friede durch deinen Geist strömt und deine Leidenschaft in die Verwirklichung bringt. Glaube über Angst, Vergebung über Schuld, Freiheit über Unterdrückung. Eine Leidenschaft aus dem Frieden heraus *ist* der Weg des wahren Dienens. Erlaube der Leidenschaft des Lichts, dich zu durchfluten und in Harmonie Gnade und

Liebe durch dich hinaus in die Welt zu bringen. Du bist das Licht der Welt.

Während dich nun dieses Sternenlicht durchflutet, lass es mit deinem Körper verschmelzen. Du bist nichts weiter als reines Bewusstsein, ein Wesen, Geist, der Form angenommen hat. Erlaube dem Licht, in dir Platz zu nehmen, in deinem Körper, deinem Gefäß, deiner Arche.

Leg deine Hände auf dein Herz und erkenne dich dafür an, dass du die Entscheidung getroffen hast, heute hier zu sein. Spüre, wie gut und richtig es sich anfühlt. Fühle den Frieden. Wenn du bereit bist, führe die Hände über deinem Herzen zusammen wie bei einem Gebet. Schenk dir ein breites Lächeln und sag ganz einfach: »Danke.« Wenn du fertig bist und es dir möglich ist, komm mit deinen Händen und Knien auf den Boden, leg deine Stirn auf der Erde ab. und verankere deine Energien tief in Ihrem Schoß.

Abschließend setz dich auf und öffne die Augen.

Ich habe dich gerufen, geliebtes Wesen. So wie du nach Mir gerufen hast. Jetzt tauchen wir tiefer ins Herz des Friedens ein. Und so ist es.

Om Nami Maia. Om Namah Sananda. Om Nami Yeshua. Sancti, Sancti, Sancti. Frieden, Frieden, Frieden. Amein.

DIE YESHUA-LEHRE

Willkommen, geliebte Wesen. Es ist Mir eine Freude, heute mit euch zu sein. Wisset bitte, dass ihr nicht an Mich glauben oder Vertrauen in Mich haben oder Mich gar verstehen müsst, um Meine Gnade zu empfangen. Meine Gnade steht jedem zur Verfügung und wirkt durch jeden gleichermaßen – egal, woran er oder sie glaubt.

Ihr müsst Mich nicht einmal empfangen, um Mich kennenzulernen. Denn Ich bin ihr. ICH BIN all das, was ihr seid, und ihr seid all das, was ICH BIN. Unsere gemeinsame Reise beginnt heute auf eine neue Art und Weise, sonst hättet ihr nicht den Weg hierher gefunden. Ich bin euer wahres Selbst, und ihr seid Mein Wahres Selbst, wenn alles andere wegfällt. Ich bin hier, um euch dabei zu unterstützen, die Essenz des Friedens jeden Tag mehr zu verkörpern und zu leben.

An manchen Tagen werdet ihr Mich in jeder Zelle eures Seins spüren. An anderen wiederum wird es euch vorkommen, als wäre Ich so weit weg, dass ihr gar schreit: »Mein Gott, warum hast du mich verlassen?« Ich kenne diese Geschichte gut, geliebtes Wesen. Aber die Wahrheit ist, Ich bin niemals weit entfernt. Tatsächlich bin Ich immer da. In diesem Moment. So, wie auch ihr hier seid. In diesem Augenblick. Und in diesem Augenblick sind Wir zusammen hier. Ich bin euer Geliebter, und ihr seid Meiner. Dies ist UNSER Moment. Das hier ist unsere Zeit, ganz gleich, in welcher Form ihr Mich erfahrt oder versteht.

Und weshalb ist nun dieser Moment gekommen? Tja, in Wahrheit war es immer schon dieser Moment, dieser Traum. Auf eurem Planeten jedoch ist ein kollektiver Ruf nach Frieden entstanden. Von gleichem Wert und gleich viel geliebt, seid ihr alle Meine Söhne und Töchter, Brüder und Schwestern, die ihren Weg hierher gefunden. haben. Der Ruf, den ihr spürt, erfordert Mut, denn ihr seid die Pioniere, die dieses neue Zeitalter der Harmonie und des Gleichgewichts, der Transparenz und des Friedens einläuten. Gleichgewicht ist Friede, und Friede ist Gleichgewicht. **Weder das eine noch das andere kann zu euch kommen, wenn ihr nicht zu ihm geht. Und aus diesem Grund komme Ich jetzt zu euch.**

Über die letzten Jahrzehnte, Jahrhunderte und sogar Jahrtausende hinweg kam es zu einer gewaltigen Energieverschiebung, um das Heranbrechen dieser Ära vorzubereiten. Die Jahre nach eurem Kalenderjahr 2020 sind ein Portal der Offenbarung und eine Zeit der Veränderung – für euch und für alle anderen Wesen auf dieser Welt. Verantwortung für Entscheidungen aus der Vergangenheit und der

Gegenwart tritt nun ans Tageslicht. Viele von euch haben angefangen zu überdenken, wer und was für sie von Wert ist.

Für euch habe Ich das Kreuz getragen, um euch von euren Lasten zu befreien. Aber ihr müsst eure Urteile ablegen. Urteile über euch selbst, über andere, über Gott. Ich trug und trage eure Lasten noch heute. Sie können Mir nichts anhaben. Die Lasten zu tragen ist Meine Aufgabe, damit ihr frei sein könnt. Wofür werdet ihr euch entscheiden? Das Leid und das Kreuz auf euch zu nehmen und damit Meine Anwesenheit und das Geschenk der Wahrheit zu verleugnen? Oder eure Lasten und Kreuze an Mich zu übergeben, damit wir diesen Weg in Frieden miteinander gehen können?

Legt eure Kreuze ab, denn sie lassen euch in Enttäuschung, Ungleichgewicht und Reue verharren. Hört auf, immer mehr und mehr zu wollen – mehr Geld, mehr Aufmerksamkeit, mehr Konsum, mehr »Follower«, mehr Suchen. Wenn jeder von euch nach mehr Gleichgewicht strebte und weniger Erwartungen an sich selbst und die Welt hätte, dann könntet ihr viel mehr Frieden und Freiheit in eurem Leben erfahren. Ihr werdet lernen müssen, euren Fokus vom Werden zum SEIN zu lenken.

Denn bei der Wiederkunft Yeshuas in euch selbst geht es nicht darum, mehr oder weniger von irgendetwas zu werden, was ihr bereits seid. Die Verankerung im SEIN ist euer Weg hin zum Verständnis, dass das, was ihr bereits seid, genug ist. Euer Sein ist es, was die Welt braucht, und nicht das, was ihr denkt oder tut, egal, wie sehr ihr euch anstrengt. Das Sein zu verkörpern ist jedoch eine große Verantwortung, die alle Menschen als Individuen im Kollektiv innehaben.

Wenn ihr nur der Einfachheit, der Stabilität, der Hingabe und Stille genauso viel Zeit widmen würdet, wie ihr es mit Komplexität, Geschäftigkeit, Kontrolle und Dominanz handhabt, würdet ihr erkennen, dass all eure Bedürfnisse mehr als erfüllt wären. Es geht darum, ein ausgewogenes Gleichgewicht zu schaffen, nicht »zu viel« oder »zu wenig«. Das »Gerade richtig« kommt dann, wenn ihr euer Selbst akzeptiert und das zulasst, was sich in jedem einzelnen Moment, in jedem Atemzug zeigt.

Lasst euer neues Kreuz eines sein, das ausgewogen und mit allem Leben in Balance ist. Das Medizinrad, der Kreislauf des Lebens. Ich habe Mein Leben gegeben, um euch zu befreien. Wenn ihr euch für die Ausgeglichenheit eures Herzens statt für die Komplexität eures Verstandes, eurer Gedanken, eures Egos entscheidet, dann wählt ihr Mich, und ihr findet Mich in der Einfachheit, der Freude und der Freiheit. Wo wollt ihr sein? Hoch oben auf dem Kruzifix als Richter und Angeklagte, als Verräter und Verratene? Oder aber zentriert und im Glauben verankert, in Vergebung und Freiheit? Das war, ist und wird unser gemeinsamer Weg sein.

Werdet ihr euch für den Weg des Friedens und im Frieden entscheiden? Oder für den inneren Kampf, der euch im Außen in Getrenntheit und Krieg verharren lässt? Ich habe euch damals schon befreit, und nun komme Ich wieder zu euch, um euch zu befreien. Damit ihr die wahre Liebe empfangen und verkörpern könnt – nicht irgendeine Geschichte der Liebe, die ihr euch erzählt, sondern ihre eigentliche Essenz. Die Essenz eures wahren Seinszustandes. Ihr SEID Kinder Gottes. Allen anderen gleich. Kinder Yeshuas, die lernen, was es bedeutet, im Gleichgewicht zu sein, in Demut und Frieden mit, in und als Gott.

Ein Ruf ist erklungen, ein Horn ist ertönt, in euch und in eurer Welt. Ein Ruf nach mehr Gleichgewicht, mehr Raum, nach tiefgehender Neuausrichtung und Verbindung mit eurer Mutter Erde, Gaia. In Gaia, sei es im Feuer ihrer Wüsten, in der Erde ihrer Felder, Wiesen und Wälder, in den Wassern ihrer Meere, Bäche und Flüsse oder im Wind der Berge und Täler seid ihr getragen, seid ihr eins. Ihr könnt den allumfassenden Geist, den Spirit, in ihr fühlen und hören. So, wie das Göttliche euch aus eurer inneren Quelle ruft, so ruft auch Gaia euch. Wir, das Göttliche, sind eins mit Gaia, denn sie ist Träumende und Traum zugleich. So, wie Wir zu euch rufen: »Kommt nach Hause, geliebte Wesen«, so ruft auch sie nach euch.

Aus den Tiefen eurer Göttlichen Seele, in all ihrer Menschlichkeit und Herrlichkeit, steigt ein Verlangen, ein Dürsten empor, ein Ruf nach dem Herzen Gottes. Denn ihr wurdet als und von Gott, dem Bewusstsein, geschaffen. Aus der Erde Gaias, aus der eure Körper gemacht sind, wurdet ihr von den Händen des Göttlichen geformt. Deshalb halten Wir stets eure und ihr Unsere Hand. Die Hände der Liebeskraft. In Wirklichkeit sehnt ihr euch danach, nach Hause zu Gott zurückzukehren, zum Herzen der Freiheit. Zurückzukehren zu eurem wahren Selbst. Diese Rückverbindung ist die wahre Bedeutung der Wiederkunft Christi.

Das Herz Gottes ist EIN Herz, EIN kollektiver Atem, der Atem des Göttlichen, in dessen Rhythmus euer Herz und eure Seele pulsieren. Die Wiederkunft steht für die Rückverbindung mit diesem Atem und Rhythmus. Der Atem IST das Wort, und er war es schon von Anfang an. Ihr atmet, und so sprecht ihr ständig und zu jeder Zeit mit Mir, in einem Prozess der Co-Kreation. Der Atem, von dem Ich spreche, ist der Atem eurer Seele, der weit über den Tod hinausgeht. Es ist dies der Atem des Bewusstseins, der sich ständig ausdehnt, erschafft, auflöst und weiterentwickelt. So, wie auch ihr es tut. Dieser Atem, dieses Wort, bildet die Essenz des Sacred Heart.

Da ihr diesen Ruf nach Bewusstheit und Heimkehr zu eurem wahren Selbst hört, fühlt und akzeptiert, kann es sein, dass ihr mit enormer Verwirrung oder sogar innerem Konflikt zu kämpfen habt – besonders dann, wenn die Wünsche eurer Seele für den Verstand keinen Sinn ergeben oder ihr euch davor fürchtet, welche Dinge sich im Zuge dieses inneren Veränderungsprozesses aus eurem Leben verabschieden könnten. Verwirrung darüber, wie ihr euch von dieser Schwere und Dichte befreien könnt, die euch noch vom Frieden fernhält. Verwirrung darüber, was denn genau ein lang anhaltender Zustand des Friedens ist oder wie sich ein solcher anfühlt. Wie man diesen finden, erkennen, integrieren und leben kann.

Der Ruf der Wiederkunft, der Heimkehr zur wahren Essenz des Seins hat vielleicht als kleine Stimme im Hinterkopf begonnen, als Intuition, die euch zuflüsterte: »Mach langsamer«, »Reduziere deine Verpflichtungen«, »Das geht nicht lange gut«, »Ich bin nicht glücklich« … Oft wird die Stimme jedoch übertönt vom ständigen Geschwätz des Geistes und all den Erwartungen von außen und den Verpflichtungen, die man im menschlichen Leben hat. Aber die Stimme verschwindet nicht einfach. Genau genommen ist sie jetzt lauter geworden. Denn eure Seele möchte nicht länger unterdrückt werden.

Jeder von euch hat diesen Ruf für sich gehört. Einige haben ihn vor langer Zeit vernommen und sind gerade dabei, sich daran zu erinnern. Manche hören ihn erst seit Kurzem. Manche haben Jahre oder sogar ihr ganzes Leben dem Pfad verschrieben, diesen Ruf zu erforschen und ihn zu ergründen. Und einige versuchen immer noch, ihn zu ignorieren oder zu unterdrücken.

Es ist der Ruf der Seele, der Ruf des Spirit. Der Seele, des Samens des Bewusstseins in euch. Des Spirit, der über eure Seele hinausgeht und euch mit der äußeren Welt und dem Netz des Lebens verbindet. Es ist der Ruf, der Schrei Gaias, der Mutter Erde. Es ist der Ruf nach Frieden und Freiheit. Die Bestimmung der Seele und nicht die Erwartungen des Verstandes darüber, was diese Bestimmung sein könnte.

Im Laufe der nächsten Monate und Jahre auf eurem Planeten werden Wir, das Göttliche, euch die nötigen Veränderungen und das Geschenk der Wahrheit bringen, damit das Gleichgewicht wiederhergestellt werden kann. Dies wird mitunter in einer Form passieren, die euer Verstand als unbequem oder unerwartet einstuft. Sowohl individuell als auch kollektiv. Anfangs mag der Weg hin zu Harmonie und Gleichgewicht für euren Verstand und sogar für euer Herz wie reines Chaos erscheinen. Je mehr ihr euch dem hingebt, was ihr weder kontrollieren noch verstehen könnt, und aus der Kraft des Lichts in euch schöpft, desto mehr werdet ihr staunend dabei zusehen und verstehen, wie sich der Weg des Friedens vor euch ausbreitet.

Ihr habt euch als Kollektiv dazu entschlossen, in dieses Zeitalter der Bewusstheit, Transparenz und der Harmonie zwischen dem Männlichen und Weiblichen einzutreten. Diese Dynamik, diese Offenbarung, diese Wiederkehr ist ein Prozess, der nicht rückgängig gemacht werden kann. Auch würdet ihr das gar nicht wollen. Die Verschiebungen finden statt und werden weiterhin geschehen, ob es eurem Verstand nun gefällt oder nicht. Ihr seht es in den Veränderungen, die auf eurem Planeten eingetreten sind und noch eintreten werden.

Eure Entwicklung geht schnell voran, und das Einzige, was euch noch zurückhält, ist Angst. Angst vor Kontrollverlust. Und deshalb bin Ich hier, geliebte Erdenwesen. Um euch den Weg durch all die Zweifel und Ängste zu weisen, euch Unterstützung und Liebe zu geben. Um euch das Wissen und die Klarheit zu vermitteln, die ihr braucht, um den Sprung in ein tieferes Vertrauen, tiefere Vergebung und tieferen Frieden zu wagen.

Ich werde eure und ihr werdet Meine Hand den gesamten Prozess hindurch halten. Im Laufe unserer gemeinsamen Zeit hier werden wir ganz einfach ein wenig mehr Raum für euer wahres Selbst schaffen, indem wir das falsche Selbst mit all seinen Dysbalancen, seiner Kompliziertheit und seinem Stress, den es für euch schafft, auseinandernehmen.

Es ist ganz einfach, geliebte Wesen. Euer Verstand ist es, der alles kompliziert macht. Bei der Bewusstseinsentwicklung geht es nicht etwa um die Kommunikation mit geistigen Führern, um übersinnliche Fähigkeiten, Kristallkugeln oder andere Hilfsmittel, die uns tiefer in die Einheit mit dem Spirit bringen können. All diese Dinge können helfen, euren Glauben und euer Vertrauen zu inspirieren. Aber bis ihr gelernt habt, Frieden in eurem Verstand, eurem Herzen und eurer

Seele einkehren zu lassen – egal, welche äußeren Umstände euch verzehren mögen, ob Familie, Ehepartner, Kinder oder die Arbeit –, und bis ihr es geschafft habt, eure Gedanken und Gefühle zu beruhigen und im Hier und Jetzt zu leben, bis dahin werdet ihr auch nicht begreifen können, was Spirit, der allumfassende Geist, ist, was ihr SEID und wie Wir durch euch wirken.

Einheit kann nicht im Außen hergestellt werden, bis sie im Innen erschaffen wurde, in jedem Gefäß, jeder Person. Viele von euch haben damit schon begonnen, sonst hättet ihr den Weg hierher, zu der Weisheit und Kraft, die euch durch diese Botschaften geschenkt wurde, nicht gefunden. Ihr seid keine Lichtarbeiter. Ihr seid Lichtbringer oder Lichtträger. Dadurch, dass ihr euch immer mehr dem Gleichgewicht und dem Frieden in euch nähert, spendet ihr Licht, befreit und inspiriert ihr andere dazu, das Gleiche zu tun. Das ist der Dienst eures Yeshua-Selbst. Ich habe diesen Weg schon vor langer Zeit für euch festgelegt. Euer Weg ist der Meine, und Mein Weg ist der eure. Und deshalb werden wir ihn gemeinsam gehen. Kommt mit Mir.

Ohm Nami Yeshua. Sancti. Pace. Amein.

Die Drei Schleier und
Sieben Dysbalancen des Geistes

(Ursprünglich empfangen am 9. Februar 2020)

Die Yeshua-Lehre

Hallo, geliebte Wesen. Es ist Mir eine Freude, heute mit euch auf diesem Weg der Befreiung von euren Kreuzen, euren Lasten und eurem Schmerz zu sein. Lasst uns in diesem Moment leben, in der Einfachheit der Wahrheit. Die Kreuze, die ihr geschultert habt, sind Kreuze des Verstandes, und doch lasten sie auf euren Herzen. Das Tor zu Gott öffnet sich ein Stück mehr, sobald ihr diese Kreuze ablegt. Wenn ihr reinen Herzens lebt. Das ist es, was wahre Freiheit bedeutet.

Das Freie Herz ruht im Gleichgewicht – ein Ausatmen, ein Einatmen, eine Geburt, ein Tod, Zerstörung, Erschaffung. Der Abfolge eures Atems wohnt eine Richtigkeit und Einfachheit inne. Dieselbe Abfolge von Bewegungen, die es der Sonne erlaubt, im Zentrum ihres Orbits zu bleiben. Dieselbe Abfolge, welche die Bewegung der Gezeiten ermöglicht.

Im Ursprung der Schöpfung eurer Seele seid ihr in völligem Gleichgewicht entstanden, denn Einheit ist Harmonie. Eure Welt und euer Universum wurden in Harmonie entworfen. In euch wurde die Saat des Bewusstseins gesät. Ihr wurdet euch eures Selbst, des »Ichs«, bewusst, und damit wurdet ihr euch auch eurer Entscheidungsfreiheit gewahr. Im Grunde ist genau das die Basis des freien Willens. Ihr habt die Wahl, getrennt oder in der Einheit zu sein.

Ihr habt die Wahl, euren Willen mit dem Willen Gottes in Einklang zu bringen, ihn darauf auszurichten – oder die Dinge selbst in die Hand zu nehmen und disharmonische Entscheidungen zu treffen, die euch dem Göttlichen Willen entgegensetzen. Vor allem solche Entscheidungen, die aus einem Verständnis des Getrenntseins heraus entstehen und nicht dem großen Ganzen dienen.

Ausrichtung ist niemals in eine »Richtung«, so wie es eure Wahrnehmung linearer Zeit ist. Ausrichtung ist nichtlinear – ihr knüpft hier, fädelt dort, bindet da zusammen. Euer Leben gleicht mehr einem Weg der Wiederausrichtung als einem der Ausrichtung. Ein Sich-wieder-Verbinden mit der Ganzheit, die ihr seid. Die Neuausrichtung eures Willens auf den Göttlichen Willen bedeutet, euch wieder mit dem Gleichgewicht zu verbinden und wieder in Einklang zu kommen.

Durch Entscheidungen aus dem Trennungsbewusstsein heraus entstanden im Laufe der Zeit die Sieben Dysbalancen des Verstandes. Diese Ungleichgewichte wurden nicht vom Göttlichen erschaffen, sie resultieren aus der fragmentierten Wahrnehmung und dem Identitätskonstrukt des Menschen. Um sie also wieder ins Gleichgewicht zu bringen, um euer Bedürfnis danach, in die Körperlichkeit zu kommen und Form anzunehmen, zu beenden und in die Transzendenz überzutreten, müsst ihr euer bruchstückhaftes Konstrukt vom Selbst und von der »Realität« auflösen, indem ihr den Samen der Bewusstheit, der in euch schlummert, zum Keimen bringt. Während dieser Samen wächst, werdet ihr euch der Selbstbewusstheit und des Bewusstseins gewahr. Das Selbst in Getrenntheit wird von einem Selbst abgelöst, das sich als Ganzes und als Einheit mit allem, was ist, begreift und erfährt. Und genau das bedeutet es, in Bewusstheit und Transzendenz zu sein und zu leben. Seid ihr in bewusster Präsenz, in wahrer Bewusstheit verankert, dann seid ihr in der Anwesenheit und Präsenz Gottes.

Manche Menschen auf eurer Welt sprechen von den »Sieben Sünden«. Oh, welch Verwirrung und Last, die durch den falschen Gebrauch des Wortes »Sünde« entstanden ist. Die Zeit ist gekommen, diese Last nun abzulegen. Zu Meinen Lebzeiten trug das Wort »Sünde« schlicht und einfach die Bedeutung, »das Ziel verfehlt zu haben«, und stand NICHT für ewige Verdammnis und Schande. Diese Dinge gibt es in Meinem Garten nicht, geliebte Wesen. Sie existieren nur bei euch, wenn ihr den Dysbalancen des Verstandes gewährt, euch zu verzehren. Und selbst das ist nicht von Dauer.

Dysbalancen des Verstandes sind Bereiche, in denen ihr »das Ziel verfehlt« habt, euer Yeshua-Selbst, das wahre Selbst in Frieden und Göttlichkeit zu verkörpern.

Die meisten Menschen auf eurem Planeten sind vertraut mit den Lehren, die Ich in Meinem Leben verkündet habe. Nach Meinem Tod jedoch schenkte Ich der Welt noch viele weitere Lehren. Ich kam zu Maria Magdalena und zu einigen anderen, so wie Ich auch vielen von euch an verschiedenen Zeitpunkten auf unterschiedliche Weisen erschienen bin. Ihr, Magdalena, überbrachte Ich Botschaften, von denen viele bis vor Kurzem, als ihr begonnen habt, euch dem Portal zum Zeitalter des Gleichgewichts zwischen Männlichem und Weiblichem zu nähern, noch nie ans Tageslicht gekommen waren.

Ich sprach schon zu vielen Menschen von den Sieben Dysbalancen des Verstandes, sowohl vor als auch nach Meiner Auferstehung. **Bei den Sieben Dysbalancen des Verstandes handelt es sich um Verzerrungen des Egos in seiner Wahrnehmung, in Handlungen, Projektionen und Verhaltensweisen. Sie erschaffen das falsche Selbst, das »vermeintliche« Selbst, die Geschichte, die ihr euch über euer Selbst erzählt, wodurch ihr euch wie durch ein verzerrtes Objektiv betrachtet und diese Verzerrung dann auf andere und auf eure Welt projiziert.**

Aussagen wie »Alle haben es auf mich abgesehen«, »Das Schicksal hat mich ungerecht behandelt, und deshalb steht es mir zu, mich an anderen zu bereichern«, »Ich versage immer, wozu also die Mühe?« oder »Diese Person oder Gruppe von Menschen ist schuld an meinen Problemen; ich werde sie dafür bestrafen« – all das sind perfekte Beispiele für Gedankenkonstrukte, die sich durch diese Verzerrungen bilden. Das sind Spukgeschichten, geliebte Wesen. Wenn ihr danach lebt, werdet auch ihr zu Geistern, einem Bruchstück, einem Schatten eurer selbst. Anstatt das zu verkörpern, was ihr wirklich seid – in Meinem Sein.

Es ist wichtig zu beachten, dass die Eigenschaften, die ihr den »Sieben Sünden« zuschreibt – Hochmut, Habgier, Wollust, Neid, Zorn, Völlerei und Trägheit –, gleichzeitig in jeder der Sieben Dysbalancen des Verstandes enthalten sind. Zum Beispiel kann Habgier sich in allen von ihnen zeigen. Ob und wie sich das manifestiert, ist von Mensch zu Mensch unterschiedlich.

Manche haben mit bestimmten Dysbalancen mehr zu kämpfen als andere. Wiederum andere haben vielleicht hauptsächlich mit zwei Dysbalancen ein Problem, in denen sich aber alle der »Sünden« manifestiert haben. Oder jemand hat mit sämtlichen Sieben Dysbalancen zu kämpfen, in denen aber nur eine oder zwei der »Sünden« zum Tragen kommen.

Jedem und jeder von euch haben alle Sieben Dysbalancen zu schaffen gemacht – zu verschiedenen Zeitpunkten, als Individuen und als Kollektiv. Diejenigen, die behaupten, sie hätten mit keiner der Dysbalancen und Verzerrungen zu kämpfen, sind meist genau jene Menschen, die am meisten damit zu tun haben und es noch nicht einmal bemerken.

Aber fürchtet euch nicht, geliebte Wesen; in dieser Botschaft geht es nicht um Verurteilung oder Erniedrigung. Es ist ganz einfach eine Botschaft der Wahrheit. Solange ihr in der Körperlichkeit seid, werden euch einzelne Aspekte der Dysbalancen immer begleiten. Also verurteilt euch bitte nicht, wenn ihr einen davon in euch erkennt oder aufdeckt. Demut, Bereitschaft und sogar ein guter Sinn für Humor können hier wirklich hilfreich sein. In dem Moment, in dem ihr euch der Dysbalancen und ihres Verstecks bewusst werdet, seid ihr schon dabei, diese Verzerrungen und Illusionen zu transformieren.

Ich möchte euch davor warnen zu versuchen, Dysbalancen bei anderen zu suchen und festzumachen. Selbst wenn ihr denkt, ihr habt einige der Eigenschaften einer bestimmten Dysbalance bei einer Person entdeckt, die ihr kennt, basiert das bloß auf eurer persönlichen Meinung. Es ist schon schwer genug, sich die eigenen Ungleichgewichte anzusehen oder sie zu verstehen, aber es ist euch schlicht unmöglich zu wissen, was in einer anderen Person vor sich geht. Zeigt euch und auch anderen gegenüber Demut und Mitgefühl, während ihr die Dysbalancen besser verstehen lernt. So sind diese auch unter keinen Umständen als Waffe zu benutzen.

Je mehr ihr diese Verzerrungen und die Last, die aus den sieben Dysbalancen hervorgehen, mutig, bewusst und in Liebe loslasst, desto mehr werden sie sich in Luft auflösen. Ihr werdet sehen, wie euer ganzes Wesen dadurch ein immenses Maß an Frieden zurückerlangt. Und so möchte Ich euch hiermit einladen, sie an Mich zu übergeben, damit ihr frei sein könnt. Dies ist der Prozess, den wir gemeinsam durchschreiten werden – in Liebe, weinend, lachend, geduldig, ehrlich und in tiefer Verbundenheit.

Bei der ersten Dysbalance des Verstandes oder des Egos handelt es sich um die Empfindung von Dunkelheit oder der Getrenntheit. In dieser Dysbalance fühlt und erfährt sich das Selbst als getrennt vom Licht, vom Göttlichen, von der Welt und ihrem gesamten Ökosystem. Dieser Zustand wird von einem konstanten und intensiven Erleben der Trennungsenergien geprägt: Schuld, Scham, Vorwürfe, Versagensängste, Verzweiflung, Überforderung, Wertlosigkeit,

Selbstzweifel, Zweifel an der Göttlichen Kraft, Zweifel in der tiefsten Schattenausprägung – der Depression oder Verzweiflung, das Vergleichen mit anderen, Verfolgungswahn, Wahnvorstellungen, Internalisierung von Trauma, Feststecken in Traumata, Opferbewusstsein, Selbstkritik, ständiges Entschuldigen dafür, wer man ist, Selbstisolation, sich verstecken, Besessenheit davon, von »dunklen« oder Schattenenergien angegriffen zu werden, Interesse an oder Befassen mit »dunklen« Kräften, um anderen zu schaden, Unsicherheit, ein tiefes Gefühl der Getrenntheit, sich fehl am Platz, wie ein Geist oder Schatten und/oder sich mundtot fühlen – dass dem, was man sagt, keine Beachtung geschenkt wird –, was zur Unterdrückung der eigenen Stimme führt.

Diese Dysbalance kann auch dazu führen, dass man sich wie ein Hochstapler fühlt, verlogen und unwürdig. Sie hindert euch daran, Freude über eure eigenen Erfolge zu verspüren. Der Verstand lässt euch glauben, dass andere besser sind als ihr, und dass ihr es nicht verdient, erfolgreich zu sein. Er rationalisiert eure Erfolge und lässt alles zu Asche werden, was ihr erreicht. Das verzerrte Ego und der primitive und angstbasierte Verstand nehmen überhand, ergreifen die Macht und vertiefen so die Kluft zwischen eurem menschlichen und eurem Göttlichen Selbst. Sie binden euch an unerreichbare Perfektionsansprüche und berauben euch eurer Fähigkeit, zu wissen und zu spüren, dass ihr Glück und Freude verdient … oder dass ihr überhaupt irgendetwas verdient. Im Trennungsbewusstsein gefangen, kann es sich so anfühlen, als wäre nichts, was ihr tut, richtig oder gut genug oder als wärt ihr selbst nicht richtig. Dadurch können tiefe Gefühle der Scham und ein Gefühl von Isolation auftreten.

In starker Ausprägung kann diese Verzerrung des Egos euch das Gefühl geben, nicht von dieser Erde zu stammen oder gar nicht hier inkarniert sein zu wollen. Es bleibt wenig Raum für Freude und Engagement übrig, wenn man sich wie ein Außenseiter oder Ausgestoßener fühlt. Ebenso bleibt nicht viel Raum für Dankbarkeit in diesem

Zustand resignierten Irrglaubens, in dem sich der Verstand befindet. Es gibt euch das Gefühl, »schlechter« zu sein, aber gleichzeitig treibt es euch ununterbrochen dazu an, »besser« werden zu wollen. Und das nicht auf eine Art und Weise, die euch dazu inspiriert, zu wachsen und euch weiterzuentwickeln, sondern auf eine, die euch dazu zwingt, euch immer wieder das Gegenteil zu beweisen.

Diese Dysbalance kann sich zu einem tiefen Schatten wandeln und ins Unterbewusstsein verlagern, wenn sie in euch den Eindruck hervorruft, ihr wäret Gottes unwürdig und somit der Liebe allgemein nicht wert. Den Eindruck, ihr wäret falsch oder unvollkommen und wäret als Bestrafung auf diese Welt geschickt worden. Während die Dysbalance der Getrenntheit wie auch alle anderen Dysbalancen des Verstandes zu Verzerrungen führt, durch die ihr euch als fehlerhaft, getrennt und schlechter als andere wahrnehmt, trägt diese im Besonderen noch die Last der Überforderung und Angst vor dem Versagen in sich.

Gedanken wie »Wenn ich sowieso schon falsch bin, wozu überhaupt die Mühe?« sowie Selbstgeißelung und Selbsterniedrigung oder Selbsthass sind voll geprägt von dieser Dysbalance. Sie haben einen strafenden Charakter, so als ob ihr in diesem Leben eine Strafe abzubüßen hättet. Und wenn ihr es nicht schaffen würdet, Gott »zufriedenzustellen«, dann wäret ihr nicht nur als Person gescheitert, sondern auch als Seele. Als würdet ihr völlig aus dem Garten ausgestoßen werden. Doch das ist unmöglich, geliebte Wesen. Der von dieser Dysbalance geprägte Verstand jedoch steuert eure Handlungen, euer Selbstwertgefühl und eure Ängste, indem er euch genau das weismacht.

Dies kann zu selbstbestrafendem Verhalten führen, zum Beispiel zum Zurückhalten und Entzug von Liebe, obsessiv ausgeführten Ritualen, um einen zornigen und urteilenden Gott zu besänftigen, übermäßigem Geben, um das Gefühl von Mangel und Unwürdigkeit zu kompensieren, zu Selbsterniedrigung oder Selbstbeschuldigung, zum Verinnerlichen von Schuldgefühlen, zur Tendenz, Probleme allein zu durchleiden, weil man sich als nicht würdig erachtet, Liebe und Unterstützung zu erhalten, dazu, sich zu verstecken oder aber immer höhere Maßstäbe für Erfolg zu setzen, um der Angst vor dem Versagen zu entgehen. Dies führt zu einer Belastung, die nicht tragbar ist – die Art Stress, die zu Suchtverhalten, Missbrauchsbeziehungen, Depression und sogar Suizidgedanken führt. Es ist ein einfacher Schmerzkreislauf, aber die Intensität dieses Kreislaufs kann eine enorme Menge an Energie rauben und sie der Seele, dem Geist und der Lebenskraft entziehen und Jahre oder gar Jahrzehnte eures Lebens verschlingen.

Diese Dysbalance fühlt sich an wie eine euch tief durchbohrende Speerspitze, nicht nur für das Sacred Heart, sondern auch für den Verstand. Sie hinterlässt ein klaffendes Loch oder eine Leere, die euch für Ängste und negative Gedanken empfänglich macht. Sie hält euch in Getrenntheit und Isolation gefangen. Es ist schwer für Mich, euch an solch einem Ort zu erreichen, denn dort streift ihr durch das biblische Tal der Todesschatten, bloß voller Angst, statt im Vertrauen zu sein. Die Angst vor Verurteilung oder vor dem Schatten ist es, die euch in ebendiesem gefangen hält. Und so handeln manche, bei denen diese Dysbalance ausgeprägt ist, aus ihrem Schatten und aus Verurteilung heraus. Andere opfern sich ununterbrochen selbst auf, geben und geben, um wieder ein Gefühl des Einsseins mit anderen zu verspüren. Sie geben, doch tun sie es weniger aus einer Fülle heraus, sondern eher aus einem Ort der Überkompensierung eines Mangels oder eines Gefühls der Getrenntheit, das sie krampfhaft auszugleichen versuchen. Der Preis, den sie dafür zahlen, ist hoch – für Körper, Verstand und Emotionen.

Nur Gott kann euch durch den Ausgleich dieser Dysbalance begleiten, denn ihr werdet Unterstützung brauchen, wenn ihr durch euren Schatten geht – bis ihr die Stärke, die Demut und den Glauben findet, euch an euren eigenen Wert und an euer Licht zu erinnern. Um diese Dysbalance zu transzendieren, müsst ihr nach etwas streben, was größer ist als ihr selbst. Und lasst all eure Erwartungen darüber los, was Gott ist, wie das Leben sein sollte und wer ihr sein sollt.

Das kann dann passieren, wenn ihr in die Sterne schaut, auf die endlose Weite des Meeres blickt oder vor einem Wald voller Bäume steht, die alle lebendig und ein Teil der Umwelt sind, von der auch ihr ein Teil seid. Mit den Sternen atmen, mit euch selbst atmen, meditieren, neue Aspekte des Lebens erforschen, vor denen ihr euch einst gefürchtet habt – diese Dinge sind von wesentlicher Bedeutung, wenn es darum geht, das Licht in allem, was ist, wieder zu sehen. Beschäftigt euch tiefgehend mit einer Sache, für die ihr euch begeistert, ohne dabei auf irgendein Ergebnis fokussiert zu sein. Teilt um des Teilens willen.

Und habt Mitgefühl mit euch selbst. Ehrt euch selbst, denn die Dysbalance der Getrenntheit steht für ein tiefes Verlangen nach Verbindung. Es ist nicht so, dass die Verbindung nicht da wäre; ihr seid bloß blind geworden für ihre Existenz aufgrund der Dichtheit von Materie und Form und der Verzerrungen des Verstandes. Da gibt es einen Wunsch, eine Sehnsucht nach Gott, nach Bewusstheit, Gemeinschaft, Verbindung und Nähe, die dieser Dysbalance innewohnt. Lasst diese Sehnsucht euch führen.

Kanalisiert eure wundervolle Essenz, indem ihr euch einer Sache annehmt, die eurer einzigartigen Liebe und Gnade bedarf. Das Kümmern um ein anderes Leben, sei es ein Tier, ein Kind, eine ältere Person, ein Baum oder die Menschen innerhalb eurer Gemeinschaft, kann tiefe Verbundenheit erzeugen. Und dann werdet ihr Gott langsam wieder in allen Dingen sehen, und ihr werdet »Licht werden lassen«. Licht, das auf euch, durch euch und aus euch in den Garten eurer Welt scheint.

Die zweite Dysbalance des Verstandes oder des Egos ist das tyrannische Verlangen und die lüsterne Habgier. Sie ist für viele der unnatürlichsten und am meisten aus der Balance geratenen Hierarchien der Unterdrückung und Dominanz verantwortlich, die in eurer Welt existiert haben und noch heute existieren. Die Wurzel dieser

Dysbalance liegt in der Habgier und in mangelnder Integrität. Sie nährt sich von der Illusion der Getrenntheit und dem Gefühl, »meinen Teil« bekommen zu müssen und nach mehr zu greifen – auf Kosten anderer.

Dies impliziert: unersättliches Verlangen nach Macht und Dominanz, Habgier, mangelnde Integrität und Authentizität, fehlende Transparenz in Bezug auf Motive und Absichten, Dinge für einen selbst, für das »Ich«, tun, statt an das »Wir« zu denken, unausgewogenes Geben und Nehmen, das Verlangen nach Ruhm, Macht, der Wunsch, von anderen verehrt zu werden, etwas »Besonderes« zu sein und der Wunsch nach Bestätigung, Elitismus, Dominanz im Allgemeinen, aber besonders in Beziehungen, sexuelle Manipulation, Prostitution, Hypersexualität und/oder Objektifizierung anderer aus Eroberungslust und Begierde, Rechthaberei, übermäßiges Grübeln und Denken, das Verlangen nach Macht ungeachtet der Konsequenzen für andere, emotionale Erpressung, Lügen, Betrügerei, der Verrat des Vertrauens einer anderen Person aus eigennützigen Gründen, das Brechen von Verpflichtungen und Versprechen gegenüber anderen, die als weniger wichtig oder minderwertig erachtet werden, die Inkaufnahme schlimmster Beeinträchtigungen anderer, um persönlichen Gewinn daraus zu ziehen, dabei das fast völlige Fehlen von Reue, Verantwortungsbewusstsein oder Mitgefühl für andere, die auf solche Weise zu Schaden gekommen sind.

Entgegen der allgemeinen Auffassung in eurer Welt ist diese Dysbalance nicht immer von jener Gier getrieben, bei der es um materiellen Überfluss geht. Ein Mensch mit dieser Dysbalance kann tatsächlich dazu neigen, solche Dinge zu verweigern, denn hier geht es vor allem um Macht. Das unausgeglichene Ego strebt hier nach Dominanz und Einflussnahme.

Wenn also diese Dysbalance im Vordergrund steht und die Person ein vom Verstand getriebenes Leben führt, dann ist sie zum Sklaven von Habgier, Wollust und Macht geworden, ohne es selbst zu bemerken. Menschen mit dieser Ausprägung haben sich auf krankhafte Art selbst davon überzeugt, dass, wenn sie nur an der Macht stünden, alles gut und richtig wäre. Kontrolle spielt hier auch eine große Rolle. Im individuellen Leben eines Menschen zeigt sich dies im Großen wie im Kleinen und Alltäglichen.

Menschen, die so getrieben sind, tun alles, was getan werden muss, um ihr gewünschtes Ziel zu erreichen – selbst wenn sie dafür andere ans Kreuz nageln müssen. Wir haben es hier mit einer starken Selbstbezogenheit und der Energie des Mangels zu tun. Dem Wunsch, König oder Königin zu sein, der oberste Guru, der mächtigste Machthaber, statt für andere als Vorbild und Anführer zu dienen und ihre individuellen Rechte und ihre Souveränität zu achten.

Die Gier, die aus dieser Disposition hervorgeht, manifestiert sich in einer krankhaften und unstillbaren Sucht nach Macht. Solche Menschen lassen gern andere, die in einer Hierarchie unter ihnen stehen, ihre Drecksarbeit machen, indem sie ihnen falsche Versprechungen machen. Gefangen in ihrer Gier und ihrem Verlangen, halten sie andere für austauschbare Marionetten, die der Erreichung ihrer Ziele dienen. Sie sehen das Leben als ein Schachspiel – Gewinnen ist alles. Kennzeichen dieser Dysbalance ist ein pathologisches Lügenverhalten, bei dem sich die Person tatsächlich selbst davon überzeugt hat, dass sie das Richtige tut, und dabei tritt sie die Freiheit und die Rechte anderer mit Füßen.

Die Dysbalance der Habgier hat zu Vergewaltigung und Kriegen geführt und Menschen dazu gebracht, Machtpositionen an sich zu reißen – oft unter dem Vorwand, »im Dienste eines Höheren« zu stehen, was jedoch nicht zum größten Wohl aller geschah. Im Laufe der Geschichte haben sogar viele spirituelle »Gurus« ihre Anhänger mittels Selbstverherrlichung ihrer Person indoktriniert statt aus Demut und Bescheidenheit heraus. So haben sie ihre »überlegene spirituelle

Weisheit« auf eine Art und Weise präsentiert und durchgesetzt, die ihre eigene Authentizität schwächt.

All das ist Heuchelei. Und Heuchelei ist Abtrünnigkeit gegenüber der Gleichstellung und Gleichberechtigung, die dem Göttlichen innewohnt. In solchen Projektionen stecken tiefe und unbewusste Unsicherheit und Zweifel, die der Grund dafür sind, dass Menschen mit dieser Dysbalance großen Schaden anrichten können – vor allem jene, die in »pseudospirituellen«, akademischen oder politischen Umgebungen unterwegs sind. Sie meinen, sie seien auf besondere Art »von Gott auserwählt« und verfügten dadurch über die Freiheit, Regeln und Vorschriften zu umgehen, an die sich andere halten müssen. Es gibt keine »anderen«, wenn diese Dysbalance ausgeprägt ist. Es existiert nur das »Ich«, das gefüttert wird, die Anerkennung für jene, die ihr »Ich« verherrlichen, das Erniedrigen und Ausgrenzen jener, die ihr »Ich« nicht als etwas Überlegenes ansehen.

Das »Ich« – das englische *I* – ist in diesem Zusammenhang vollständig austauschbar mit »I-deologie«. Menschen mit dieser Dysbalance leben aus einer »I-dee« eines »Ichs« heraus, nicht aus ihrem eigentlichen und wahren »Ich«. Sie sind weitgehend von ideologischen Konstrukten geprägt, von denen viele der äußeren Welt oder ihren eigenen Egos entspringen. So neigen diese Menschen dazu, ihre ideologische Agenda recht aggressiv durchzusetzen, denn sie macht auch den größten Teil ihres »Ichs« aus – in unterschiedlichster Ausprägung und Intensität.

Viele mit dieser Dysbalance behaftete Menschen sind stolz oder überheblich. Sie glauben, sie seien etwas »Besseres«, weshalb sie sich berechtigt fühlen, anderen ihren Willen aufzuzwingen. Während ihre Dysbalance wächst und wächst, werden sie alles Nötige unternehmen, um Widerspruch und Kritik zu unterbinden. Das ist kein wahres Dienen, es ist ein systematisches Zum-Schweigen-Bringen jener, die eine andere Meinung haben, um so die eigene Überlegenheit und Dominanz zu sichern.

Co-Kreation, Harmonie oder Gleichberechtigung haben hier keinen Raum. Anspruch und Gleichberechtigung haben nie und werden auch niemals nebeneinander existieren. Bei vielen eurer Machthaber oder politischen, wirtschaftlichen und religiösen Führer war und ist ebendiese Dysbalance auch heute noch ausgeprägt. Genau aus diesem Grund habe Ich es zu Meinen Lebzeiten vorgezogen, am hinteren Ende des Tempels zu sitzen und nicht am vorderen.

Diese Dysbalance führt zu Gelegenheitsverbrechen, und sie bringt Menschen dazu, eine Situation zu ihrem eigenen Vorteil auszunutzen, ohne dabei auf die Gefühle, Grenzen, das Wohlergehen oder sogar die Sicherheit anderer zu achten. Sie ist von einem fehlenden Bewusstsein für Rechtschaffenheit und Integrität gekennzeichnet, welches das Ego auf unterschiedlichste Art und Weise zu rechtfertigen versucht. Es wird alles in seiner Macht Stehende tun, nur um nicht erwischt zu werden, einschließlich lügen, stehlen und betrügen. Rationalisierung und Rechtfertigung dienen dem Ego dazu, den Fortbestand seiner eigenen Illusion zu sichern. Das Ego interessiert sich nicht für die Wahrheit; es möchte seine Illusion und seine Meinung darüber aufrechterhalten, was wahr ist.

Diese Leute neigen dazu, sich der Schwäche angesichts einer Versuchung hinzugeben. So sind Verrat und Untreue auf verschiedensten Ebenen stark ausgeprägt. Angesichts einer Versuchung haben alle Menschen eine gewisse Schwierigkeit damit, das Richtige zu tun statt ihren Willen zu bekommen oder sich auf der sicheren Seite zu wähnen.

Ihr alle kennt Momente, in denen ihr in tiefer Rechtschaffenheit und Güte verankert seid. Aber ebenso kennt ihr jene Zeiten, in denen ihr zu eurem Vorteil handelt und diese Handlungen dann mit Argumenten rechtfertigt wie »Na ja, so schlimm ist es nicht im Vergleich zu dem, was andere so machen«, »Jeder, der in meiner Haut steckte, würde dasselbe tun«, »Das System ist gegen mich, also habe ich das Recht, mir mehr zu nehmen, um meinen Anteil zu bekommen – selbst wenn ich dadurch anderen schade« oder »Ich werde das in Besitz nehmen, denn andere haben ja auch was davon« ... Der Impuls ist in jedem und jeder von euch vorhanden. Es ist vor allem ein Verrat am eigenen Selbst, der es zum schmerzhaftesten Aspekt dieser Dysbalance macht. Der Gesichtspunkt, den das Ego am vehementesten zu unterdrücken versucht. Deshalb sind Mitgefühl und Vergebung auch so wichtig, um den Kreislauf dieser Dysbalance zu beenden.

Je mehr das eigene Ego von Habsucht und Machtgier getrieben wird, desto schlimmer wird es für den Menschen. Es kann zu ausgeprägten Schuldgefühlen, Scham und Selbstsabotage führen und letztlich auch anderen schaden. Wenn euch jemand für euer von Gier und Verlangen getriebenes Verhalten bloßstellt oder ihr jemanden aus diesem Grund beschämt, wird diese Energie nur noch mehr gestärkt. Vergebung, Göttlicher Dienst, Mitgefühl, Rechtschaffenheit, Disziplin und das Errichten neuer Grenzen sind wesentlich, um die Lasten und Kreuze dieses Ungleichgewichts ablegen zu können.

Um wieder in Balance zu kommen, ist es notwendig, sich in den Dienst zu stellen, ohne dabei einen persönlichen Gewinn in sexueller, finanzieller oder machtpolitischer Hinsicht daraus zu ziehen. Es ist notwendig, so viel Demut und Integrität aufzubringen, um endlich mit vergangenen und zerrütteten Beziehungen abzuschließen, auch in Form einer simplen Entschuldigung. Es bedarf eines neuen Erfolgsmaßstabs: weg vom »Ich bekomme, was ich will« und hin zu wahrer Freude am Teilen, an Güte und am Dienste für andere. Auch braucht es ein offenes Herz für Mitgefühl, Dankbarkeit und Gnade. Menschen mit dieser Dysbalance leiden sehr an der Befürchtung, dass sie in Bedeutungslosigkeit versinken, wenn sie nicht als wichtig und einflussreich gelten. So ist es für sie wesentlich, einen eigenen Glauben zu finden und sich mit einer Quelle oder einem Gott zu verbinden, der über ihr eigenes Selbst hinausgeht. Genau das führt sie auch wieder zurück zur Rechtschaffenheit und zur Achtung von Diversität wie auch von Uni-versalität und Gleichheit allen Lebens.

Die dritte Dysbalance ist die der Ignoranz, Verleugnung oder Selbstgefälligkeit. Dies ist die in eurer Welt am meisten verbreitete Verzerrung des Egos. Gewissermaßen habt ihr sie alle in unterschiedlicher Ausprägung, denn ihr verfügt lediglich über ein begrenztes Bewusstsein und könnt euch nur mit der Zeit hin zur Wahrheit weiterentwickeln. Diese Dysbalance kann jedoch in Schmerzzyklen münden, die sich stark auf die betroffene Person und auf ihr Umfeld auswirken.

Ignoranz steht oft mit Faulheit in Verbindung, doch in Wahrheit trägt sie starke Qualitäten der Unruhe und der Vermeidung in sich. Der nicht enden wollende Strom von Beschwerden und Jammereien, der aus dieser Disposition hervorgeht, kann die gesamte Dimension des Selbst ausfüllen, wenn er in der Unbewusstheit verborgen bleibt. Vor allem wenn ihr euch einer Wahrheit gegenüberstellen müsst, die ihr ignoriert habt. Diese Dysbalance wird von einer Blindheit begleitet – dem Leugnen und der Unfähigkeit, die Wahrheit zu akzeptieren. Menschen, bei denen sie im Vordergrund steht, weichen der Wahrheit häufig aus, indem sie Konflikte, Veränderung oder das Leben an sich vermeiden. Der Versuch, Probleme oder Auseinandersetzungen aus dem Weg zu gehen oder sie zu ignorieren, endet oft damit, dass genau diese sich vermehren. Solche Leute gehen oft davon aus, dass andere wissen, was sie denken und fühlen, weshalb sie mit ihrem Gegenüber nicht hinreichend kommunizieren, was wiederum für Verwirrung sorgt.

In dieser Dysbalance ist Folgendes enthalten: Widerstand gegen Veränderung, Schwelgerei, blinder Glaube und die Erlaubnis, dass andere über die eigenen Ängste und Gefühle herrschen, mangelnde Wahrheit, das Entziehen von jeglicher Verantwortung, die Belehrungen und Meinungen anderer, darunter die der Eltern, Ehepartner und Freunde, bestimmen den eigenen Wert, »Aufschieberitis«

(Prokrastination), Drogen- oder Alkoholkonsum (die meisten Süchte fallen unter diese Dysbalance), Naivität, das Verursachen von Chaos, wobei die Aufräumarbeit jemand anderem überlassen wird, und Verleugnung (sehr wichtig). Auch steckt ein großes Maß an Bequemlichkeit in dieser Dysbalance. Solche Menschen neigen dazu, all die Früchte ernten zu wollen, die durch die harte Arbeit von anderen gewachsen sind … ohne selbst etwas dafür tun zu müssen.

So impliziert dieses Ungleichgewicht eine recht interessante Qualität. Für viele Menschen mit dieser Ausprägung heißt Gleichberechtigung nämlich: Sie verdienen genau denselben Anteil, den eine andere Person erhält, die hart dafür gearbeitet hat, obwohl sie selbst überhaupt nichts getan haben. Das ist eine Art Anspruchsdenken. Oft haben diese Personen mit dem Gefühl der Wertlosigkeit oder der Angst vor Konflikten zu kämpfen. **Allerdings können Menschen mit Selbstwertproblemen auch gleichzeitig ein ausgeprägtes Anspruchsdenken entwickeln.**

Zum Beispiel kann sich ihr Gefühl der Unwürdigkeit in Form von Nachlässigkeit, Prokrastination und Vermeiden von Arbeit äußern, weil sie der Meinung sind, sie verdienen es nicht, erfolgreich zu sein. In der Tat kann dies jedoch ihren gefühlten Anspruch, Dinge einfach so zu bekommen, noch verstärken, wodurch sie weiterhin den Weg des geringsten Widerstands nehmen, statt sich mit ihren Ängsten und mit dem Ursprung ihres Selbstwertproblems auseinanderzusetzen. Sie erwarten es, von anderen die Windeln gewechselt zu bekommen und emotional, finanziell et cetera unterstützt zu werden, während sie weiterhin jegliche Verantwortung leugnen oder sogar erregt und aufgewühlt reagieren, wenn sie damit konfrontiert werden. Viele schwelgen in der Vorstellung, sie seien die Geber, nehmen in Wahrheit aber mehr an Energie und an Ressourcen, als sie ihrerseits veräußern beziehungsweise anderen zur Verfügung stellen.

Menschen mit dieser Disposition können sich aus ihrer Ignoranz und Verleugnung des Gesamtbildes, des größeren Ganzen, sogar dazu berufen fühlen, anderen ihre Meinung zu oktroyieren. Sie sind nicht daran interessiert, die Wahrheit zu erforschen oder diese überhaupt zu sehen. In ihrem Interesse ist es, den Status quo aufrechtzuerhalten oder zu bekommen, was ihnen vermeintlich zusteht. Sie können nicht sehen, was sie nicht sehen wollen, und sie werden es nicht eher können, bis sie es wollen – nicht einen Augenblick früher. Mit jemandem zu diskutieren, der in einem Zustand der Ignoranz, Rechthaberei, Selbstgefälligkeit und Verleugnung steckt, ist nutzlos und kräftezehrend. Was ihr in eurer Welt als »Gaslighting« oder gar als »zwanghaftes Lügen« bezeichnet, wird von Menschen mit dieser Dysbalance meist nicht bewusst gesteuert. Sie können ihr Umfeld dazu bringen, an ihrem Verstand oder ihrer Realität zu zweifeln – besonders dann, wenn sie selbst so stark von ihren beschränkten Ansichten und Glaubenssätzen überzeugt sind.

Die dritte Dysbalance macht es dem Äußeren möglich, das Innere zu beherrschen. Oder dem Inneren, seine Wahnvorstellungen nach außen zu projizieren. Menschen mit einer ausgeprägten dritten Dysbalance geben anderen die Erlaubnis, ihnen ihre Interpretationen von Gott überzustülpen, statt ihre eigene Verbindung und Beziehung zu Gott zu definieren, zu entfalten und zu feiern. Es ist ein Ablehnen jeglicher Verantwortung für die eigene Unausgeglichenheit, was zu Scham oder Schuldzuweisungen führen kann, wenn Gedanken oder Gefühle von der äußeren Welt abgelehnt werden. Man macht alles so wie die anderen, statt seine Einzigartigkeit und den Fluss authentischer und kreativer Prozesse zuzulassen.

Diese Dysbalance steht für eine Über- oder Unterbeanspruchung des eigenen Wertes. Sie ist ein Widerstand gegen Transformation und Evolution. Die Unfähigkeit, mit dem Leben zurechtzukommen, da man sich ständig entweder überbeansprucht oder unterfordert fühlt. Diesem Typus wohnt gleichzeitig eine Qualität der Selbstgerechtigkeit und der Verurteilung inne. Es ist eine Apathie, die es anderen erlaubt, Grenzen zu überschreiten und den eigenen Selbstwert zu schwächen, oder aber eine Abwehrstrategie, bei der man wie ein Strauß den Kopf in den Sand steckt. Es ist ein Abwenden des Blickes von den Dingen, die nach Veränderung schreien. Man versucht, so zu tun, als wären sie nicht existent. Prokrastination kann sich hier als Verhaltensweise manifestieren: Man »vertagt« oder ignoriert beständig das, worauf die eigene Intuition und Seele aufmerksam machen wollen.

Diese Dysbalance kann einen ins Chaos stürzen: Projekte, die begonnen wurden, aber niemals zu Ende gebracht werden, immer noch einen Tag länger aufschieben, aufgeben, wenn es schwierig wird, statt Disziplin und Hingabe zu praktizieren, um das zu erschaffen, was man sich für sich selbst und für die Welt wünscht.

Um wieder ins Gleichgewicht zu kommen, ist es notwendig, Mut zu zeigen und auch unangenehme Phasen zuzulassen. Eins mit dem Widerstand zu werden und den eigenen Schatten zu akzeptieren. Der inneren Weisheit zuzuhören und ins Handeln zu kommen, um die eigene Realität zu erschaffen und Träume wahr werden zu lassen, statt abzuwarten oder zu erwarten, dass andere für einen arbeiten. Demut und Akzeptanz der Wahrheit, wie auch das Erkennen der eigenen Verantwortung, sich auch die unangenehmen und einschränkenden Überzeugungen und Verhaltensweisen anzuschauen, die einen noch zurückhalten – das sind die Tore zur Freiheit, hinaus aus diesem Dilemma. Oder bewusstes Kommunizieren, auch wenn es schwer oder gar unmöglich erscheint, die eigenen Gedanken und Gefühle zum Ausdruck zu bringen. Klare Kommunikation und das Annehmen von Veränderung sind hier wesentlich. Wie auch das Zuhören. Viele Menschen, bei denen diese Dysbalance sehr ausgeprägt ist, haben ein selektives Hörverhalten. Anderen frei und offen zuzuhören, so, wie man es sich auch von ihnen wünscht, kann viele neue Wege eröffnen, Freundschaften und Verbindungen fördern, die vorher nicht möglich gewesen wären.

Folgende Worte wurden einst ausgesprochen: »Viele werden ihre Freiheit gegen die Illusion von Sicherheit eintauschen.« Um diese Verzerrung wieder ins Gleichgewicht zu bringen, ist es notwendig, die eigenen Illusionen unter die Lupe zu nehmen, einen Sprung ins Ungewisse zu wagen, Hingabe und Leidenschaft zu vertiefen, lange ignorierte Probleme zu lösen und Schritt für Schritt zu unternehmen, um die Tür zum persönlichen Frieden zu öffnen. Es bedarf der Fürsorge für das innere Kind, aber nicht aus der Rolle eines Kindes heraus, sondern als Göttlicher Vater oder Göttliche Mutter für sich selbst. All das gelingt leichter, wenn ihr dem Glauben die Führung überlasst und eine tiefere Verbindung mit dem Göttlichen eingeht.

Die vierte Dysbalance ist die Aufregung über den Tod und andere Abschlüsse oder die Versklavung an das Fleisch. Dieses Ungleichgewicht steht für die Angst vor dem Sterben, gleichzeitig aber auch für eine gewisse Anziehung oder Besessenheit von den Themen »Tod«, »Zerstörung« und »Ende«. Die Obsession geht über Fragen wie »Was passiert, wenn ich sterbe?« hinaus und mündet in der paranoiden Beschäftigung mit Überlebensmaßnahmen, Sicherheit und Verlängerung der eigenen Lebensdauer. In vielerlei Hinsicht handelt es sich hier schlichtweg um die Furcht vor der Leere, dem Nichts oder dem Unbekannten. So disponierte Menschen sträuben sich dagegen, Vorgänge zu einem Abschluss zu bringen; deshalb kann es sein, dass sie andere, mit denen sie in einer Beziehung waren, verstört oder verärgert zurücklassen. Sie nehmen große Anstrengungen auf sich, um mögliche Verluste abzuwenden oder eine vermeintliche Kontrolle darüber zu haben, was wiederum zu mehr Angst, Verlust und zur Lähmung des Herzens und des Spirit führt.

Die Überbeschäftigung mit der eigenen Gesundheit und Sicherheit, sei es in Form einer Besessenheit von den Themen »Körper«, »Krankheit«, »Keime und Krankheitserreger« (auch anderer Menschen), »Körperliche Risiken« und Ähnlichem hat ihre Wurzeln in ebendieser Dysbalance. Menschen mit einer solchen Verzerrung des Egos neigen dazu, sich ins Opferdasein zu flüchten, eine Abwehrhaltung einzunehmen und in einer Blase der Selbstbezogenheit zu leben. Es ist eine Mentalität, geprägt von der Wahnvorstellung »Die fürchterliche und beängstigende Welt hat es auf mich abgesehen, ich muss mich schützen und verteidigen«.

Skurril daran ist, dass der Versuch, dem Sterben, dem Schicksal oder dem Leid zu entrinnen, oft zu einer Vernarrtheit oder Verherrlichung des Todes und der Zerstörung führen kann. So fühlt man sich bewusst oder unbewusst möglicherweise zu allem hingezogen, was irgendeine Affinität zum Morbiden hat, und dies verstärkt und vertieft wiederum die Dysbalance und die Angst. Zum Beispiel können Menschen mit irrationalen Ängsten in Hinblick auf ihre Gesundheit oder mögliche Schicksalsschläge geradezu nach Informationen suchen, die ihre Ängste schüren. Oder sie umgeben sich bewusst mit Menschen, die ihre Geschichten und verzerrten Wahrnehmungen bestätigen.

Die vierte Dysbalance kann sich in einer ständigen Furcht vor der »Dunkelheit« oder dem »Bösen« äußern beziehungsweise in einer anhaltenden Angst vor dem Tod und dem Verlassenwerden. Es ist eine faszinierte und kontinuierliche Beschäftigung mit potenziellen Verlusten und einer Schattenwelt, die den Menschen in seiner Todesangst und seinem Krankheitswahn verzehren kann. So verschließt sich ihm der Zugang zur Ausgewogenheit und jeglichen Lichtblicken. Oft hat dies entweder eine lähmende Angststörung oder eine erdrückende Depression zur Folge. In dieser Ausprägung führt die vierte Dysbalance zu tiefer Erschöpfung und zu einem Gefühl, als wäre man innerlich schon gestorben.

Es kann aber auch zu äußerst risikoreichem Verhalten kommen oder zu dem, was ihr »mit dem Leben spielen« nennt. Oft tritt diese Einstellung gemeinsam mit der törichten Auffassung »Mir wird schon nichts passieren – anderen vielleicht, aber nicht mir« auf. Dieses Verhalten rührt von einer Geringschätzung des Lebens her und einer Sucht nach Gefahr und Zerstörung. Wenn die Zerstörung nicht erfolgt und Tod oder Unheil abgewendet wurden, empfindet man das als Rausch. Um diesen Zustand beizubehalten, müssen die Grenzen in der Folge immer weiter und weiter ausgedehnt werden.

Das Muster spiegelt sich auch in der tiefen Unbewusstheit wider, in der man Erregung verspürt, wenn man über die Macht verfügt, einen anderen Menschen zu verletzen, zu zerstören oder gar zu töten. Es ist gekennzeichnet von einem Mangel an Empathie und Menschlichkeit.

Man kann den Tod nicht fürchten, ohne auch das Leben zu fürchten. So macht die Angst vorm Sterben die Seele blind für das Licht und für die Hingabe an das, was ist, einschließlich der Hingabe an das Unbekannte. Die vierte Dysbalance entspringt weniger dem Gefühl der Getrenntheit, sondern hat vielmehr ihre Wurzeln in tiefem Zweifel.

Zurzeit ist sie auf eurer Welt gefährlich weit verbreitet. Euer Schwerpunkt liegt auf Leben, Leben, Leben. Lasst uns mehr und mehr produzieren und niemals irgendetwas loslassen. Lasst uns den Tod beseitigen … »Tod dem Tode!« Diese Einstellung hat zu immer größerem Konsumverhalten geführt, zu immer mehr im Allgemeinen. Was wiederum ein Ungleichgewicht des Körpers, der Emotionen und des gesamten Ökosystems zur Folge hat. Denn Tod und Zerstörung sind ebenso wichtig wie Geburt und Schöpfung. Das eine kann nicht ohne das andere existieren, ähnlich wie das Einatmen ohne das Ausatmen undenkbar ist. Wenn sich diese Unausgewogenheit in der kollektiven Denkweise und in persönlichen Glaubensmustern niederschlägt, kommt es zu einer Art »Verstopfung«, was zwangsläufig zu einem nicht unbeträchtlichen Unbehagen führt.

Nicht gefühlte Emotionen stauen sich auf und werden immer weiter »nach unten gedrückt«. Infolgedessen entsteht eine Identitätskultur, die sehr einschränkend ist, da sie der kollektiven Identität wenig Spielraum für Bewegung und Veränderung lässt. Dies wiederum führt unter anderem zum krankhaften Festhalten an der Vergangenheit, statt sie mit Achtung und Anerkennung sterben zu lassen, um den neuen Augenblick in sich aufzunehmen und die Morgendämmerung zu begrüßen.

Um diese Verzerrung des Egos in die Balance zurückzubringen und aus dem Gefängnis der Angst und des Zweifels auszusteigen, ist es notwendig, sich wieder auf das Leben einzulassen, auf die Sterblichkeit ebenso wie auf die Göttlichkeit. Bei dieser Dysbalance steht der Fokus auf den Tod oder dessen Zelebrierung im Vordergrund. Aber die Wahrheit ist, dass ihr nicht nur als Seele in einem Körper hier seid – ihr seid aus dem Stoff des Bewusstseins und des Ewigen Lebens geschaffen. Euch diese Tatsache wieder tiefer ins Bewusstsein zu rufen, war eines der wichtigsten Ziele Meines Lebens, Meines Opfers und Meiner Auferstehung: um euch einen bewussteren Weg hin zu Gott und durch euer Göttliches Selbst zu zeigen. Die vierte Dysbalance verursacht genau das Gegenteil: den Eindruck, als wäre das Göttliche Selbst gestorben.

Dieses Selbst wiederauferstehen zu lassen heißt zu akzeptieren, dass es Dinge geben mag, die ihr niemals wissen werdet, wissen oder gar verstehen könntet. Und hier kommt der Glaube ins Spiel – eine der wichtigsten Komponenten, um die Illusion wieder ins Gleichgewicht zu rücken, dass der Tod das Ende sei. Glaube und Vertrauen machen es euch möglich, im Licht zu wandeln – trotz des Unbekannten oder Unsichtbaren. Der Glaube ist ein tiefes Verständnis des Selbst als etwas Unsterbliches und Unvergängliches: vom Unsichtbaren gesehen, vom Unbekannten erkannt. Glaube befreit euch von der Angst vor dem Tod, von einem Leben im Tal der ewigen Finsternis, auf dass ihr wieder ins Leben tretet, Freude und Frieden verspürt.

Die Erinnerung daran, dass euer Leben durch eure bloße Präsenz in einem Körper einen Wert besitzt, macht euch frei. Frei, um zu begreifen, dass ihr Leben SEID, dass ihr Tod SEID, sterblich und doch unvergänglich. Durch eure Göttliche Essenz habt ihr die Macht zu erschaffen. Ihr habt die Macht, das, was euch nicht länger dienlich ist, zu zerstören. Ihr besitzt die Kontrolle über eure Wahrnehmungen, und ihr habt auch die Macht, diese Wahrnehmungen zu ändern.

Das ist die Kraft des Glaubens, der Annahme und des Loslösens von Anhaftungen an eine Polarität gegenüber einer anderen.

Die fünfte Dysbalance des Geistes ist jene der menschlichen Lust und des Verlangens oder der Begierden des Fleisches. Hier geht es, mehr noch als bei der Habgier, um das Wollen. Ihr wollt alles ändern. Ihr *wollt* eine Beziehung, Sex, mehr Aufmerksamkeit, mehr Geld … Es ist ein illusorisches Anspruchsdenken voller Begehrlichkeit. Ihr werdet von dem getrieben, was ihr haben zu müssen glaubt, statt zu schätzen, was ihr tatsächlich besitzt.

Es ist die übertriebene Beschäftigung mit dem äußeren Image, weshalb diese Dysbalance stark von der Erschaffung eines falschen Selbst geprägt ist wie auch vom Projizieren dieses falschen Selbstbildes auf die gesamte Welt. Es herrscht ein Mangel an Authentizität, und so entspricht das Bild, das eine Person mit dieser Dysbalance nach außen zeigt, oft nicht der Realität. Ein sehr geringes Selbstwertgefühl sowie ein hohes Maß an Selbstbezogenheit und Narzissmus liegen der fünften Dysbalance zugrunde.

Hier geht es um das »Ich will es, und ich will es jetzt« und daraufhin um das »Wenn ich es jetzt nicht bekomme, schreie und trete ich um mich und nehme mir, was ich will, oder mache anderen das Leben schwer«. Es ist eine Dysbalance, die suchtartige Tendenzen und Maßlosigkeit mit sich bringt. Man möchte ständig von der Außenwelt gefüttert werden: mehr Geld, Kleidung, Häuser, Autos, Sex, Essen, Zucker, Alkohol, Technik, Dopamin … was auch immer die innere Leere scheinbar zu kompensieren vermag.

Es geht darum, den Hunger im Außen gestillt zu bekommen, und zwar auf genau die Art und Weise, auf die man es gern hätte, was am

Ende des Tages jedoch weder die betreffende Person selbst noch irgendjemand anders mit einem Gefühl der Zufriedenheit zu Bett gehen lässt. Diese Dysbalance ist charakterisiert durch die Angst vor dem Nichts, vor dem Unbekannten und die Furcht davor, sich anzusehen, woher der wahre Mangel im Inneren stammt. So neigen Menschen, bei denen die fünfte Dysbalance vorherrscht, dazu, zu suchen und zu suchen, zu wollen und zu wollen, zu essen und zu essen, ohne jemals befriedigt und satt zu werden. Sie springen von einer Begierde zur nächsten, häufen immer mehr Gegenstände an, mehr Informationen, mehr Beachtung durch andere, mehr Erfolge, getrieben von ihrem immerwährenden Hunger.

Einer der problematischsten Aspekte der »Fleischesbegierden«, ähnlich wie bei der Dysbalance der Ignoranz und Selbstgefälligkeit, ist jener, dass hier die Echtheit und Authentizität verloren geht. Das Ego will besitzen, was andere haben, und es will tun, was andere tun. Es geht ums »Haben-« und ums »Dazugehören-Wollen« des primitiven und animalischen im Gegensatz zum Göttlichen Selbst. Ihr wurdet geschaffen, um ganz ihr selbst zu sein, originell und authentisch. Authentizität beruht auf der Reinheit eurer wahren Essenz. Ihr könnt nicht in eurer reinen Essenz sein und authentisch denken, fühlen und handeln, wenn ihr euch nur auf Äußerlichkeiten fokussiert und jemand sein wollt, der ihr nicht seid.

Oft ist es einfacher, alles so zu machen, wie andere es tun. Angst vor Zurückweisung und Verurteilung können ebenfalls ihren Ursprung zu einem großen Teil in der Furcht vor Authentizität haben. So geht diese Dysbalance oft mit Bequemlichkeit oder Selbstverleugnung einher. Die Worte anderer nachzuplappern, ihre Handlungen nachzuahmen, dasselbe wie die anderen zu tun, um Status, Fans und Follower zu generieren, ist eine der vielen Arten, auf die sich diese Dysbalance manifestieren kann.

Unglücklicherweise sind solche Menschen von anderen, die ihren

Selbstwert beeinflussen und davon profitieren wollen, leichter manipulierbar, weil ihr Verstand so sehr auf das Externe gerichtet ist. Viele Diäten, Modeunternehmen, Social-Media-Kanäle und sogar Kreditkartenfirmen nutzen diese Menschen aus, was in eurer Welt zu einem ziemlichen Chaos geführt hat. »Wenn du so aussiehst, wenn du diese Dinge kaufst, dann wirst du glücklich sein, und wenn nicht, dann wirst du es nicht sein.« Oder gesund oder reich ... Das ist die Geschichte, die euch erzählt wird, direkt oder indirekt.

Angesichts eures momentanen kollektiven Fokus auf das Haben-Wollen und auf Quantität statt Qualität hat fast jedes menschliche Wesen auf eurem Planeten mit dieser Dysbalance zu kämpfen. Selbst diejenigen, die authentisch und echt sein wollen, fühlen sich gezwungen, die gängigen Technologien und Strategien zu nutzen, um Einfluss zu nehmen und gehört zu werden. Zum Beispiel kann ein exzellenter Motivationsredner das Gefühl haben, er müsse in den sozialen Medien mit möglichst vielen Followern vertreten sein, um gesehen oder gehört zu werden. Vielleicht steht er der Social-Media-Welt durchaus kritisch gegenüber und verspürt einen inneren Konflikt, wenn er sich in ihr herumtreibt. Doch er fürchtet, erfolglos zu bleiben, wenn er vom Mainstream abweicht. Oder er hat Angst, nicht akzeptiert oder gehört zu werden.

Das Gefühl mangelnder Integrität in Bezug auf das wahre Selbst, gepaart mit der Zurückhaltung und Unterdrückung der eigenen, nicht ausgelebten Göttlichen Originalität, kann wahrlich erstickend sein. Es kann sich in Scham wandeln und den Zustand der Getrenntheit weiter vertiefen. Viele Menschen sind sich der Last, die die fünfte Dysbalance für sie und für andere mit sich bringt, nicht bewusst. Sie brauchen immer mehr Konsumgüter, mehr »Nahrung«, um das zu füllen, was in ihrem Inneren fehlt: eine starke Verbindung zu ihrem Göttlichen Selbst und zur Essenz des Seins.

Je mehr materielle Güter diese Menschen anhäufen und je mehr

Personen sie an sich binden, desto mehr neigen sie zum Horten und Festhalten. Geben und Nehmen sind unausgeglichen. Sie arbeiten immer mehr und sind doch weniger erfüllt.

Einige der Kernaspekte dieser Dysbalance sind die Angst vor dem Verlust von Besitz, Reichtum und Status, das ständige Suchen nach Bestätigung in der äußeren Welt, um den eigenen Wert und den anderer an Geld, Ansehen, physischem Aussehen, Status, sozialen Kontakten und so weiter zu messen.

Es kann aber auch bedeuten, immer wieder romantische Beziehungen einzugehen, die auf Abhängigkeiten basieren. Oder – ganz allgemein – jemand anderen oder etwas zu brauchen, um den eigenen Wert zu definieren oder sich vollständiger zu fühlen, was die Betreffenden ihrer eigenen Macht beraubt, weil sie es einer anderen Person, einer Sache, einem Vorgesetzten und dergleichen überlassen, ihren Wert zu bestimmen. Das ist ein entmündigender und sogar gefährlicher Seinszustand, der zu Schmerz- und Leidenszyklen, unausgewogenen oder sogar missbräuchlichen Beziehungen und zur Co-Abhängigkeit führen kann.

Um diese Verzerrung des Egos auszugleichen, müsst ihr wieder zur Einfachheit zurückkehren, euch von Anhaftungen und engstirnigen Erwartungen befreien, euch daran erinnern, dass ihr bereits vollständig, würdig und ganz seid, unabhängig von irgendwelchen Objekten oder Menschen in der äußeren Realität. Und, am wichtigsten noch, ihr müsst das »Wollen« vom »Brauchen« unterscheiden. Dazu gehört es, neu zu definieren, was euch wirklich nährt. Indem ihr zum Beispiel den Fokus vom Geld und von immer mehr Followern auf Momente des Glücks und des Teilens umlegt, könnt ihr ein völlig neues Verständnis von Wert und Ausgleich erlangen. Und spannenderweise stellt sich so auch ein viel natürlicherer und reibungsloserer Fluss in Beziehungen und bei der Arbeit ein.

Die sechste Dysbalance ist jene der törichten Weisheit beziehungsweise das Handeln wider den Göttlichen Willen. Diese Verzerrung des Egos hat ihre Wurzeln in mangelnder Demut, in Elitedenken, Selbstgerechtigkeit und einem Hang zu Mutmaßungen. Trotz oder gerade wegen ihrer absurden Natur steckt in ihr eine Arroganz, welche zu Verurteilungen und zur Herabwürdigung anderer führt, die als »weniger gut« erachtet werden. Es kann dazu kommen, dass man andere ablehnt oder verspottet, von denen man annimmt, sie wüssten weniger als man selbst, seien weniger angesehen oder einflussreich.

Despektierliche Stereotypisierung und Schubladendenken sind typische Merkmale dieser Dysbalance. Sie geht oft einher mit zynischen und überheblichen Verallgemeinerungen oder bevormundendem Verhalten, einschließlich des voreiligen, auf Mutmaßungen basierenden Beurteilens von Menschen oder Situationen. Man nimmt zum Beispiel an, gläubige oder spirituelle Menschen seien »ein wenig neben der Spur«, oder jemand ohne höhere Schulbildung beziehungsweise Studium habe »nichts drauf«. Umgekehrt glaubt man vielleicht auch, eine Person, die mit Schönheit, Reichtum, Intelligenz oder sozialem Status gesegnet ist, sehe automatisch auf andere herab oder habe nicht so viel im Leben zu kämpfen wie alle anderen.

Menschen, bei denen diese Dysbalance ausgeprägt ist, neigen zu einer hochmütig-polarisierenden Einstellung nach dem Motto »Wir versus die anderen« oder »Ich gegen den Rest der Welt«, sei es in der Politik, bei gesellschaftlichen Themen, aber auch zu Hause oder bei der Arbeit. Es ist ein Gefühl moralischer, intellektueller oder anderweitiger Überlegenheit. Bei den meisten Menschen mit dieser Hybris geschieht das systematisch auf passiv-aggressive Art (also nicht explizit konfrontativ), ob bewusst oder unbewusst.

Im Grunde ist diese Dysbalance dadurch gekennzeichnet, dass man es besser zu wissen oder im Recht zu sein glaubt. Dass man, wenn man genügend Bücher gelesen und genug Wissen angesammelt habe, weiser und anderen intellektuell überlegen sei. Und dadurch wiederum dazu berechtigt, anderen die eigenen Gedanken, Perspektiven und Meinungen aufzudrängen. Oder die Gedanken, Perspektiven und Meinungen der anderen, die man für weniger klug oder gar unwissend hält, pauschal abzutun oder zu verurteilen. Dies kann zu jovial-bevormundendem Verhalten und zu der Tendenz führen, andere zu belächeln, die vermeintlich weniger »wissen« als man selbst und nicht eine vergleichbare Expertise oder Erfahrung vorweisen können. Als hätten die Qualifikationen und Titel eurer menschlichen Hierarchiesysteme irgendeine Bedeutung in Meinem Garten der Gleichheit …

Es ist großartig, Wissen und Erfahrungen auf vielen Gebieten zu sammeln – aus dem Wunsch heraus, zu forschen und zu lernen, zu lehren, synergetische Verbindungen herzustellen, zu schreiben und allgemein zu wachsen. Wenn man jedoch selbstgerecht Wissen anhäuft und dabei vor allem auf den eigenen Status fokussiert ist, bleibt wenig Raum für Wachstum und Weiterentwicklung. In dem Augenblick, in dem ihr entscheidet, dass ihr richtig und eine andere Person falschliegt, kommt es zur Spaltung und Trennung, was die wundervolle und in jedem einzelnen Moment verfügbare Energie der Co-Kreation versiegen lässt.

Menschen, bei denen die sechste Dysbalance sehr ausgeprägt ist, zeigen anderen Perspektiven und Meinungen gegenüber wenig Toleranz. Sie suchen sich oft gezielt nur die Fakten und Argumente heraus, die in ihr ideologisches Konstrukt passen, und lehnen alles andere ab. Das verzerrte Selbst, welches das Ego aus dieser Selektion heraus kreiert, delektiert sich an Detailversessenheit und am Gezänk über alles, was seine Ideologie bedrohen könnte. Damit geht eine moralinsaure und rigoros dozierende Attitüde einher.

Wenn ihnen eine Person mit anderen Überzeugungen aus der »gegnerischen Seite« widerspricht, gehen Menschen mit ausgeprägter sechster Dysbalance oft dazu über, ihr Visavis zu desavouieren, indem sie bei jedem Argument kategorisch dagegenhalten oder versuchen, den anderen zum Schweigen zu bringen. Wir haben es hier auch mit der

Energie der Zensur zu tun, die dem Grundsatz der Meinungsfreiheit gefährlich werden kann.

Für euch menschliche Wesen ist es schon schwer genug zu wissen, was man selbst braucht. Davon auszugehen, dass man weiß, was andere brauchen, und dies dann unaufgefordert auf sie zu projizieren, das ist schon eine Art Wahnsinn. Die vielleicht gut gemeinten, oft aber verzerrten oder fehlgeleiteten Meinungen anderen aufzudrängen, wenn diese nicht danach gefragt haben, ist eine Überschreitung von Grenzen. Und es schafft Misstrauen und Distanz.

Obwohl ihr gemeinsam auf dieser Welt seid, habt ihr doch alle eine völlig eigene Wahrnehmung der Realität. Kein einziger Mensch nimmt sie auf die gleiche Weise wahr wie ein anderer. Ihr seid nicht hier, um die Wahrnehmung eines anderen als falsch zu bezeichnen, bloß weil sie sich von eurer unterscheidet. Oder sie für euch unbequem ist. Oder weil ihr eifersüchtig auf die Erfolge und das Glück der anderen seid. Ihr seid nicht hier, um die Realität eines anderen zu hinterfragen oder zu verurteilen, egal, für wie eingeschränkt und unwissend ihr seine Weltanschauung haltet. Ihr habt nicht das Recht, euch so zu verhalten. Ebenso wenig haben andere das Recht, euch so zu behandeln. Ihr SEID hier, um euer Bewusstsein und eure Wahrnehmung der Realität zu erforschen, zu erfahren, auszudehnen und zu entfalten, damit es »alles« mit einschließt und nicht nur »manches«. Denn ihr seid eins mit allen Menschen und allem, was existiert.

Um diese Verzerrung des Egos wieder ins Gleichgewicht zu bringen, bedarf es der Demut – tiefer Demut, um sich aus den Fängen des Stolzes zu befreien. Den eigenen Wert zu spüren und stolz auf seine Erfolge zu sein, ist etwas Wundervolles, doch wenn das Ego so empfindlich ist, dass sich selbst ein kleiner Kratzer an seinem Stolz wie ein persönlicher Angriff anfühlt, dann liegt ein bedenkliches Ungleichgewicht vor. Es ist wichtig, sich zu erlauben, eine eigene Meinung und eigene Überzeugungen zu haben, aber noch wichtiger ist es, auch offen für Korrekturen an seiner Einstellung zu sein. Denn wahre Weisheit liegt darin, sich einzugestehen, dass man im Grunde nichts weiß. Um diese Dysbalance auszugleichen, ist es erforderlich, das Recht-haben-Wollen loszulassen ... es geht um das LOS-Lassen der Annahmen.

Das Einzige, was ihr hier »annehmen« sollt, ist die Verantwortung dafür, euren Willen wieder mit dem Willen Gottes zu vereinen, der in Bescheidenheit und Güte verankert ist. Dies gelingt leichter, indem ihr euch von Aktivitäten, Verhaltensweisen, »Plattformen« (oder »ehrfurchtslosen Podesten«, wie Ich die meisten von ihnen bezeichne) und Menschen trennt, die ein egoistisches, kindisches, misstrauisches und törichtes Verhalten bei euch auslösen oder euch darin bestärken.

Mehr noch als alles andere ist es der Humor, der euch wirklich dabei helfen kann, die Dysbalance der törichten Weisheit auszugleichen – die Fähigkeit, über euch selbst zu lachen. Lachen ist Verbindung. Ich verstehe, dass es viele Dinge gibt, die euch sehr wichtig sind und die ihr sehr ernst nehmt. Lachen jedoch katapultiert euch direkt in die Freude, in die Einfachheit sowie näher an den eigentlichen und Göttlichen Kern der Sache. Und das ist auch das Wichtigste dabei: Gleichberechtigung, Erforschung, Einbeziehung und Liebe. Während ihr diese Qualitäten mehr und mehr verkörpert und die demütige Freude eures Yeshua-Selbst in euch spürt, fällt der Aspekt der Torheit allmählich weg, und was bleibt, ist reine Weisheit.

Die siebte Dysbalance des Verstandes ist die der »zornerfüllten Weisheit« oder Beurteilung. Während diese Verzerrung äußerlich betrachtet oft mit der törichten Weisheit gleichgesetzt werden kann, ist ihre Essenz doch völlig anders und meist mit einer tieferen Ebene des Schattens und daraus resultierender Konsequenzen verbunden. Tatsächlich resultiert zornerfüllte Weisheit mehr aus der Dysbalance der Getrenntheit. Je tiefer das Gefühl des Unverbundenseins, desto tiefer ist die betroffene Person in der Angst verhaftet. Zorn, Ärger und Wut sind Energien, die eine dahinterliegende Angst verbergen. Wenn sie nicht verarbeitet und in Trauer transformiert oder auf intensive und doch achtsame Art und Weise kanalisiert werden, wird eine im Trennungsbewusstsein gefangene Person diese Verzerrungen womöglich auf andere projizieren. Das führt zu einer noch größeren Entzweiung zwischen dem Selbst und den anderen. Der Schmerz und das Gefühl der Unverbundenheit führen dann zu Ärger und Groll.

Während dieser Ärger wächst und größer wird, entlädt er sich in Reaktionen, die auf Be- beziehungsweise Verurteilung basieren. Die Angewohnheit, andere stets einzuordnen, sowie das Gefühl, selbst ständig taxiert zu werden, sind die Folge. Dies kann dazu führen, dass man sich isoliert, zurückgewiesen, geringgeschätzt und in seiner Wut gefangen fühlt. Während viele Menschen mit dieser Dysbalance in Verzweiflung und Depression verfallen, schreien andere ihren Zorn heraus. Reaktionen zornerfüllter Weisheit zeigen sich in feindlichen Schuldattributionen; das heißt, man findet immer gleich jemanden, den man für die Misere verantwortlich macht und der vermeintlich eine Strafe verdient. Oft folgt nach solcherart ausgelebtem Zorn die Reue, was die Wunde der Absonderung von anderen nur noch weiter vertieft.

Manchmal kann die Wut aber auch das tiefe Bedürfnis erwecken, sich um jeden Preis zu rechtfertigen sowie willkürliche Macht und Kontrolle ausüben zu können. Ein Beispiel dafür wäre ein Kind, das ausgegrenzt und gemobbt wird oder das Gefühl hat, auf üble Weise gehänselt zu werden – egal, ob dies tatsächlich der Fall ist oder nicht. Wenn das Kind daraufhin von der Familie, der Schule oder seinen Freunden keine Unterstützung erfährt und nicht über Bewältigungsstrategien und genügend Selbstwertgefühl verfügt, seinen eigenen Wert zu kennen, wird es sich wahrscheinlich zurückziehen und sehr darunter leiden. Das Kind fängt an, sich in das, was vermeintlich falsch an ihm ist, hineinzusteigern und sich zwanghaft damit zu beschäftigen, wie es den anderen das Gegenteil beweisen oder deren Aufmerksamkeit erlangen könnte – selbst wenn das heißt, diesen oder sich selbst Schaden zuzufügen.

Das »Opfer« könnte nun anfangen, sich im Geiste Geschichten auszumalen, die auf Illusionen basieren, was bis hin zu zwanghaften und paranoiden Projektionen über bestimmte Personen führen mag. Diese Geschichten können sich dann zu einem Rache- und Vergeltungsplan fehlentwickeln. Die meisten Menschen, die mit der Dysbalance der zornerfüllten Weisheit zu kämpfen haben, lassen es bei diesen Geschichten bewenden. Manchmal jedoch, und das passiert in eurer Welt immer öfter, beginnt der oder die Betroffene, den Plan früher oder später im Leben in die Tat umzusetzen. Dies hat über die Jahrhunderte bis in die jetzige Zeit zu vielen üblen Handlungen tiefster Unbewusstheit auf eurem Planeten geführt: je nachdem, wie viel Macht es angehäuft hat, von Tierquälerei und Kindesmissbrauch bis hin zu Vergewaltigung, Schießereien in Schulen, Aufständen, Bombenangriffen auf Tempel, Kirchen oder Moscheen und sogar zu Verfolgungen und Völkermord.

Obwohl solche Pläne sehr ausgeklügelt, strategisch und sogar auf diabolische Art und Weise kreativ sein können, gibt es keine ethisch-moralisch schlüssige Argumentationsgrundlage für deren Sinn und erst recht nicht für deren gewaltsame Durchführung, sei sie in Form von Gewaltausübung, Bloßstellung, Verurteilung, Mobbing, Unterdrückung oder Übergriffigkeit in Bezug auf die Wahrung der Grenzen anderer. Betroffen sind dann meist Unschuldige und/oder Menschen, die sich am wenigsten wehren können.

Es handelt sich hierbei um ein Ungleichgewicht in der primitivsten tierischen Natur des Menschen. Und so ist es auch jene Dysbalance, bei der es am häufigsten zum gewaltsamen oder heimlichen Ausagieren unterdrückter sexueller Energie kommt.

Diese Verzerrung des Geistes bietet dem Ego eine bequeme Möglichkeit, an der Macht zu bleiben. Sie lässt Schuld »nach außen« gerichtet, um nicht mit den Gefühlen des Unbehagens »im Inneren« in

Berührung zu kommen. Eine Person mit dieser Egoverzerrung kommt also neben dem Schaden, den sie bei anderen anrichtet, nie dazu, die enorme Belastung versteckter Trauer, welche sie in sich trägt, zu verarbeiten und loszulassen.

In bestimmten Fällen kann sich diese Verzerrung auch gegen die eigene Person richten. Sie ist häufig bei Menschen anzutreffen, die sich ständig wegen jedes einzelnen Fehlers und Makels selbst verurteilen. Und in Extremfällen manifestiert sie sich in selbstverletzendem Verhalten, wie zum Beispiel dem Ritzen bei der sogenannten Borderline-Störung, ungeschütztem promiskuitivem Sexualverkehr, Süchten, Essstörungen oder sogar dem Zulassen geistigen, emotionalen und physischen Missbrauchs.

Zornerfüllte Weisheit ist am meisten unter jenen Leuten verbreitet, die in einem Zustand tiefer emotionaler und geistiger Polarität und Unbewusstheit verharren und sich dazu hinreißen lassen, »das Gesetz in die eigene Hand zu nehmen«. Dieser Dysbalance wohnt wenig Mitgefühl oder Verständnis inne. Es geht ums Tyrannisieren und die Durchsetzung vermeintlicher Gerechtigkeit – auf beschränkte »menschengemachte« Art und Weise, statt Uns, dem Göttlichen, zu erlauben, durch Liebe wieder Harmonie zu schaffen.

Es ist dies die Dysbalance des geistigen Mobs. Wenn eine Gesellschaft oder Kultur vom Ego als treibende Kraft verzehrt wird, rotten sich wütende Menschenmassen zusammen, und es kommt zu Verfolgungen und sogar Kreuzigungen. Diese unverhältnismäßigen Schuldzuweisungen, Urteile und Grausamkeiten hinterlassen Wunden und Narben, die lange Zeit brauchen, um zu verheilen. Besonders dann, wenn die Wahrheit ans Licht kommt: dass unschuldige Lämmer der blinden Wut zum Opfer gefallen sind. In vielerlei Hinsicht habt ihr euch bisher jedoch noch immer regeneriert von den Zeiten, in denen andere versucht haben, euch zu kreuzigen, oder in denen ihr versucht habt, andere zu kreuzigen.

Ich gab Mein Leben, um diesen Kreislauf zu durchbrechen. Und Ich kehre nun zu euch zurück, um zu vollenden, was vor langer, langer Zeit begann, sodass ihr in eurem Herzen wieder frei sein könnt. Denn diejenigen, die mit Steinen werfen, würden ebenfalls mit Steinen beworfen. Denn sie sind es, die in ihrem zornerfüllten Irrsinn zu dieser Last beitragen. Und sie müssen sich dieser Last selbst stellen, denn sie leben bereits mit ihr. Meine Hand bleibt aber immer für alle ausgestreckt, die sie ergreifen wollen. Eure Last ist in Meinen Händen und in Meinem Herzen sicher, dort, wo durch Vergebung aus Wunden Wunder werden. Das Wunder des Friedens, das aus der Umarmung, dem Annehmen und Angenommen-Werden entsteht. Dies ist die Umarmung der Vergebung. Irgendwann wird sie jedem zuteilwerden. Warum nicht aus dem »Irgendwann« ein »Heute« machen?

Die Verbundenheit mit dem Göttlichen ist es, welche die Dysbalance der zornerfüllten Weisheit wieder ins Gleichgewicht bringt. Die Blindheit der Wut kann im Lichte der Freude, der Verbundenheit und der Liebe nicht bestehen. Um dieses Ungleichgewicht auszubalancieren, bedarf es einer Rückverbindung mit dem Leben einschließlich der Natur, einer Verbindung mit den Menschen, die bei der Verarbeitung von Trauer oder Wut wegen eines vergangenen Missbrauchs, Traumas oder einer Zurückweisung Unterstützung bieten können. Rückverbindung mit Geduld, Dankbarkeit und der Macht des inneren Lichts. Und vor allem: Rückverbindung mit der Liebe.

Der einzige Weg zum Frieden aus dieser wie auch aus allen anderen Dysbalancen heraus ist der Weg der Liebe. Jene, die ihr verurteilt – liebt sie. Jene, die euch verurteilen – liebt sie noch mehr. Liebt sie so, wie Gott euch liebt, bedingungslos und ohne einen Grund dafür zu benötigen. Liebe kann euch von allem erlösen, was sich im Ungleichgewicht befindet. Liebe ist in eurer Realitätsstruktur der Dualität das Antidot zur Angst. Zornerfüllte Weisheit hat ihre Wurzeln in Angst und Getrenntheit. So kann nur die Liebe den Weg erleuchten. Liebe ist Meine Essenz, und sie ist auch die Wahrheit eurer Essenz. Durch die Liebe ist alles möglich. Denn die Liebe ist es, die euer Sein ermöglicht hat.

Seht, Ich habe euch die Wahrheiten der Sieben Dysbalancen in Liebe dargebracht, auf dass ihr euch tiefer mit der Wahrheit Meines und eures Herzens verbinden und Meine Gnade, Meinen Frieden spüren könnt, und zwar durch die Erfahrung und das Spüren dieser Kräfte in euch. Alles, was ihr für die Transformation und Wandlung benötigt, ist bereits in euch angelegt. Denn Ich habe es dort schon vor langer Zeit eingesetzt. Und nun kann sich die Offenbarung eurer wahren Liebesnatur tiefer in der strahlenden Essenz eures Göttlichen Selbst verankern.

Um diese Wahrheit, die Ich euch schenken möchte, zu vervollständigen, ist es wesentlich, euch die Wurzeln oder den Ursprung dieser Sieben Dysbalancen des Geistes zu erklären, bevor Ich euch in die Verwirklichung des Sacred Heart geleite. Denn dies wird euch einen tieferen Einblick darein geben, wie sich die Dysbalancen entwickelt haben und wie ihr sie wieder ins Gleichgewicht bringen könnt.

Die Sieben Dysbalancen sind verzerrte Wahrnehmungsperspektiven, verursacht von den Drei Schleiern, die ein Nebenprodukt eurer gegenwärtigen materiellen Existenz in einem Körper sind. Bei den Drei Schleiern handelt es sich um den Logos der Trennung oder, wie ihr es ausdrückt, um »den Sündenfall«, der sich im Augenblick des Erwachens von Bewusstsein ereignete, was euch die Wahrnehmung des »Ichs«, das Ego und den freien Willen geschenkt hat. Die Schleier können, ebenso wie die Dysbalancen, dick und finster sein für jene Menschen, die in tiefer Unbewusstheit leben, oder aber fast durchsichtig für jene, deren Schatten und Licht vereint und auf harmonische Weise integriert sind. Je dicker die Schleier, desto tiefer die Verzerrungen der Sieben Dysbalancen.

ERSTENS DER SCHLEIER DER TRENNUNG: Der erste Schleier ist der Dysbalance der Getrenntheit sehr ähnlich, er hat jedoch noch viel tiefgehendere Auswirkungen. Hier wird das Selbst oder die Welt als vom Göttlichen getrennt wahrgenommen. Dieser Schleier verursacht unangenehme Gedanken und eine ungesunde Angst vor dem Schatten oder seiner Ablehnung. Dies führt zu einer Tendenz, sich isolieren zu wollen, zu verstecken und im Stillen zu leiden. So wird Scham zu einem wirkungsvollen Werkzeug des Verstandes, das er gegen euch richtet und euch in eurer Zurückgezogenheit und Wertlosigkeit gefangen hält.

Im Laufe der Geschichte haben sich viele Institutionen, äußere Strukturen und Systeme dieses Schleiers bedient und dadurch Angst und das Gefühl des Getrenntseins verbreitet, um euch dominieren zu können. Und um euch dazu zu zwingen, eure Macht und Freiheit als souveräne Individuen aufzugeben, indem sie euren Verstand kontrollieren.

Dieser Schleier lässt euch in einer Illusion leben, denn ihr könnt nicht von Gott getrennt sein – ihr wurdet aus Gott, aus dem allumfassenden Bewusstsein, aus Licht geschaffen. In eurer Körperlichkeit als menschliche Wesen tragt ihr auch Schatten in euch. Der Schatten ist eure Anhaftung an die Form, an die menschliche Identität, an den Körper als einzige Ebene der Existenz. Diese Anhaftung an die körperliche Identität anstelle der energetischen Identität ist es, die euch und eure Welt über Jahrtausende schon in Schwierigkeiten gebracht hat. Und doch ist der Schatten von essenzieller Bedeutung, denn er schafft den Raum für Möglichkeiten, Fortschritte in der Evolution und Erkenntnisse.

Der Schatten ist nichts anderes als Raum, der darauf wartet, mit Licht gefüllt zu werden.

Der Schleier der Trennung ist kein Schatten. Er ist Spaltung. Das Nichterkennen des Ichs als eins mit dem Wir. Das Sehnen nach dem Licht Gottes, obwohl man sich nie als eins mit Gott begriffen hat. Die

Absonderung vom gegenwärtigen Moment, wo doch genau dieser euch am tiefsten mit der Gegenwart des Lichts verbindet. Der Schleier ist die Ursprungswunde, die mit der Inkarnation in einen Körper als Wesen mit Bewusstsein und individueller Identität einhergeht. Er ist es, der eure Erfahrung von Schmerz, Trauer, Sehnsucht und sogar Sterblichkeit erschafft. Wenn dieser Schleier dick ist, dann habt ihr weniger Kreativität, Motivation und Inspiration, und ihr werdet viel mehr durch Angst, Furcht, Zweifel und Hoffnungslosigkeit beherrscht, die euch in das Gefühl der Unentrinnbarkeit und Handlungsunfähigkeit katapultieren.

Der Schleier der Trennung ist die Ursprungswunde, die euch das Licht gleichzeitig missen und betrauern lässt – während ihr doch immer darin badet. Die Erkenntnis dessen kommt jedoch nur, wenn ihr das wahre Auge eurer Seele wieder für die unsichtbare Essenz des Göttlichen öffnet.

Die Getrenntheit ist es, die den tiefsten Schmerz und die Angst vor Zurückweisung hervorruft. Oder Gefühle der Wertlosigkeit. Oder die Idee des Scheiterns – dass ihr vor Gott und vor euch versagen und auf ewig in die Dunkelheit und das Feuer der Verdammnis der Gehenna verbannt werden könntet. Geliebte Wesen, ihr seid immer eins mit Uns. Denn die bloße Existenz des Feuers bedeutet, dass Licht da ist. Es ist an euch, dies tief im Inneren zu erkennen und zu verstehen. Ihr werdet so lange in der Materie verbleiben, wie ihr daran anhaftet, denn das ist der leichtere Weg. Euer Gehirn möchte euch beschützen, indem es eure Aufmerksamkeit auf jegliches flüchtige Problem im Außen lenkt, mit dem ihr euch gerade konfrontiert seht. Und dies ist weit weg von der eigentlichen Realität eures Seins.

Wenn ihr die Anhaftung an eure beschränkte Identität loslasst, die darauf basiert, was ihr »sehen« und wissen könnt, dann fühlt und begreift ihr euch aus dem tiefen und unsichtbaren Raum eures Bewusstseins als eins mit allem. Und so werdet ihr euch auf eine neue Art und

Weise zutiefst gesehen fühlen: gesehen durch das Göttliche Auge in euch. Die Anzahl jener Menschen auf eurem Planeten, die behaupten, völlige Einheit, Bewusstheit und Weisheit erlangt zu haben, ist groß. Die Anzahl jener, die dies tatsächlich erreicht haben, ist jedoch sehr, sehr klein. Mit ihrer Gegenwart und Bewusstheit halten sie den Raum und das Licht für all jene, die auf dem Weg sind, diesen Schleier zu lüften.

ZWEITENS DER SCHLEIER DER POLARITÄT: Dieser Schleier – der ebenso eine Illusion ist – entsteht als Nebenprodukt eines in Dualität verhafteten Geistes. Eines Verstandes, der die Dinge als schwarz oder weiß, gut oder schlecht, richtig oder falsch wahrnimmt. Eines Geistes, für den es notwendig ist, zu urteilen oder zu unterscheiden, wenn er eine Entscheidung trifft. Wie auch der Schleier der Trennung nur durch die Annahme des Geschenks gleichzeitiger Individualität und Göttlichkeit gelüftet werden kann, so kann der Schleier der Polarität nur dadurch gelüftet werden, dass man mit der Erfahrung ein und derselben Energie auf zwei unterschiedliche Weisen in Einklang, Frieden und Wertschätzung kommt.

Was Ich damit meine, ist, dass es gesunde Polaritäten gibt. Diese sind wichtig und notwendig, und sie halten euer Universum im Gleichgewicht. Zum Beispiel sind eine negative und eine positive Ladung beide gleichermaßen wertvoll. Die eine kann nicht ohne die andere existieren. Sie sind gegensätzlich, und doch vervollständigen sie einander und halten einander in Balance. Ein anderes Beispiel sind Emotionen, die unterschiedlich erscheinen, weil sie sich gegensätzlich äußern, doch in Wahrheit ein und dasselbe sind, beispielsweise Zweifel und Vertrauen. Zweifel ist einfach die Schattenform von Vertrauen. Vertrauen ist die Lichtform des Zweifels. Das eine kann nicht ohne das andere existieren.

Die Akzeptanz von Polaritäten gibt einer Person die Möglichkeit, beide Seiten des Spektrums frei von Beurteilungen zu erleben. So wird ein Mensch, der Schatten- oder Lichtpolaritäten mit Wertschätzung begegnet, weniger von ihnen polarisiert werden. Und so gelingt es ihm, das volle Spektrum aller Farbschattierungen dazwischen auf freudvolle Art und Weise zu erfahren.

Eine Person, bei der dieser Schleier sehr unbewusst ist, neigt dazu, angespannt, aggressiv und sehr polarisiert zu sein. Emotionsausbrüche oder Gefühlsschwankungen zwischen unbändiger Freude und tiefer Depression sind häufig, wenn dieser Schleier dick ist. Polarisierte Gedanken und Gefühle führen zu Impulsivität, defensiver Haltung, Unstimmigkeiten und dazu, dass man alles verurteilt. Es kann sogar dergestalt zu einer Abhängigkeit von Polaritäten kommen, dass sich jemand bewusst in gegensätzliche oder sogar gefährliche Situationen begibt, wenn gerade alles ruhig und friedlich ist. Oder man provoziert diese gezielt. Es ist eine Art Sucht nach dem Rausch, bei der die Latte immer höher gelegt wird, nachdem das Tief der Ausnüchterung überwunden wurde.

Der Schleier der Polarität ist leicht entflammbar und reagiert auf Menschen, die von Angst oder vom Ego getrieben sind, weshalb die Dysbalance der zornerfüllten Weisheit und/oder der Begierden des Fleisches oft von diesem Schleier verstärkt wird. Er kann mit Paranoia einhergehen und mit dem Gefühl, dass andere euch beschuldigen, demütigen und angreifen, obwohl dies gar nicht der Fall ist. Oft ist es aber gerade die paranoide Person selbst, die andere in ihrem Zustand der Angst beschuldigt, demütigt und verletzt.

Tiere verstehen und begreifen Polarität. Es gibt Perioden des Winters, in denen das Futter knapp ist. Es gibt Zeiten des Sommers, in denen Fülle herrscht. Vor allem heutzutage haben die Menschen in ihrem Trennungsbewusstsein die Verbindung zu den Zyklen der Polarität in der Natur verloren, was zu weiteren Dysbalancen geführt hat. Eure Mutter Erde ist ein Planet der Polarität, denn sie hat in der Tat zwei Pole, die jedoch im Zusammenwirken ausgeglichen sind. Ihr wart es, die diese Balance gestört haben, indem ihr euch unausgeglichenen Polaritäten zuwandtet. Durch diesen Schleier kann es sein, dass ihr das Gefühl habt, Gott tue euch etwas an, wenn unerwartete oder widersprüchliche Dinge geschehen, die euch missfallen oder die ihr nicht versteht – besonders im Fall von »Naturkatastrophen«.

Geliebte Wesen, Ich verspreche euch, dass es nichts Persönliches ist. Es ist einfach das Aufrechterhalten der Göttlichen Ordnung und des Flusses. Erst wenn ihr wieder zurück zur Ganzheit eures menschlichen Wesens findet und die Sieben Dysbalancen des Egos beziehungsweise des Geistes wieder in Einklang bringt, könnt ihr diese Schleier wirklich lüften, vollends im Körper ankommen und euch mit dem natürlichen Rhythmus eurer Umwelt synchronisieren. Sobald das passiert, könnt ihr euren Lebenssinn freier und natürlicher zum Ausdruck bringen und euren Dienst erfüllen. Indem ihr zuerst einmal die Situation beobachtet, bevor ihr reagiert oder Verurteilungen aussprecht, fällt der Schleier der Polarität, und ihr werdet mehr denn je auf dem Pfad der Balance, des Friedens und der Gnade wandeln.

Drittens der Schleier der Bequemlichkeit: Wie die Dysbalance der Ignoranz lässt auch dieser Schleier – ebenfalls eine Illusion – euch die Wahrheit ausblenden. Es handelt sich um eine Trägheit und Bequemlichkeit, welche die seelische Entwicklung zum Stillstand bringt und dazu führt, dass ihr euch langweilt, irgendwie festzustecken glaubt und euch unwohl fühlt. Dieser Schleier lässt euch auch eine Angst vor Verlusten empfinden, weswegen ihr euch mit einer weniger guten Lage arrangiert, statt euch auf Unbekanntes einzulassen: »Tja, im Vergleich zu anderen Menschen ist mein Leben gar nicht so schlecht, also werde ich mich damit begnügen«, selbst wenn das Herz sich nach Veränderung, Kreativität und etwas Neuem sehnt.

Eine Rolle spielt hier auch die Angst, dass man nicht bekommt, was man zum Überleben braucht, wenn man seine Träume verfolgt oder etwas verändert. Das Ego und der innere Kritiker erfinden Geschichten, um die Person in ihrer Bequemlichkeit festzuhalten, in denen sie ihr mitteilen: »Wozu die Mühe?«, »Du bist nicht gut genug«, »Das ist reine Zeitverschwendung« oder »Du wirst auf Ablehnung stoßen und alles verlieren« – das Ego denkt sich Gruselgeschichten aus, um euch vermeintlich zu schützen, kleinzuhalten und euch ein falsches Gefühl von Sicherheit zu vermitteln.

Törichte Weisheit entspringt zu großen Teilen dem Schleier der Bequemlichkeit, bei dem es letztendlich um Angst geht, die manchmal von Arroganz und Elitedenken übertönt ist. Eine Einstellung à la »Tja, ich weiß es eben besser« ist eine effiziente Art, die Gesamtheit eurer Erfahrung als inkarniertes Göttliches Wesen zu unterbinden. Das Göttliche ist und impliziert alles. Wenn ihr also arrogant und überheblich seid, bleibt ihr im Gefängnis eurer eigenen Überzeugungen gefangen.

Nochmals, das heißt nicht, dass euch alles gefallen muss. Aber Offenheit für neue Perspektiven und die Erforschung neuer Lebensweisen kann euch dabei helfen, euer Selbst besser kennenzulernen. Und ihr werdet erstaunt sein über die Freude und Demut, die diese Lebensweise mit sich bringt.

Der Schleier der Selbstgefälligkeit lässt euch Widerstand gegen Veränderungen empfinden, wo doch Veränderung einen wichtigen Aspekt des Schöpfungs- und Manifestationsflusses darstellt, des männlichen und des weiblichen. Deshalb begeben sich Menschen, die sich nicht verändern, oft in den Schmerz. Wenn die Wurzeln eines Baumes über den Blumentopf hinauswachsen und er nicht in einen größeren Topf oder in offenen Boden umgepflanzt wird, leidet und stirbt er. Ihr seid der sich ständig weiterentwickelnde Baum des Lebens. Der Schleier der Bequemlichkeit lässt euch warten, bis der Leidensdruck groß wird, bevor ihr etwas verändert. Oder er lässt euch auf jemand anders warten, der euch einen größeren Blumentopf bringen soll. Wenn dies nicht passiert, gebt ihr euch entweder eurem Leid hin, oder ihr werdet wütend. Dies ist das »arrogante Opfer« in großartiger Manifestation.

Um diesen Schleier zu lüften, müsst ihr verstehen, dass Veränderung permanent stattfindet und auch notwendig ist. Ihr entwickelt euch gemeinsam mit dem Universum und dem allgegenwärtigen Bewusstsein weiter. Den Schleier zu lüften bedeutet nicht, durch Veränderungen durchzurasen oder zu versuchen, alles auf einmal zu ändern. Es bedeutet, Bewusstheit in jene Bereiche zu bringen, die euch belasten, und euch aktiv ihrer Transformation zu widmen. Dazu kann auch gehören, Mich um Unterstützung bei diesem Prozess zu bitten. Die innere energetische Veränderung macht äußeren Wandel und Verhaltensmodifikationen möglich.

Lasst das Licht und die Gnade, die Ich euch schenke, euch zu dem Glauben führen, dass ihr gehalten werdet und eins mit Mir seid, egal, welcher Wandel euch in eurem Leben ereilt. Um diesen Schleier zu lüften, bedarf es der Energie der Schöpfung und der Zerstörung. Beide Energien wertzuschätzen macht den Schleier schmaler und lässt euch eure eigene natürliche Art und Weise in Leichtigkeit manifestieren. Den Schleier zu lüften heißt, Veränderung zu akzeptieren und sich dem zu stellen, was kommt, um das Wunder eurer Befreiung zu erleben.

Bei allen drei Schleiern geht es um Angst. Es sind Illusionen von Angst und begrenztem Bewusstsein, weshalb es Glauben und Vertrauen braucht, um sie zu lüften. Es bedarf auch der Würdigung des eigenen Weges, der zu selten eingeschlagen wird in einer Welt, die euch im Außen vorschreibt, was euch glücklich machen soll.

DIE YESHUA-HAUSAUFGABE

Ich empfehle dir, geliebtes Wesen, dir in den nächsten Tagen einige Momente oder sogar Stunden Zeit zu nehmen und niederzuschreiben, welche Dysbalancen du in dir wiedererkannt hast. Und wie die Schleier mit den Dysbalancen zusammenwirken. Du wirst anfangen, Muster zu erkennen. Welche der Schleier zeigen sich bei dir am stärksten? Welche der Dysbalancen sind am meisten ausgeprägt? Welche Verhaltensweisen nähren und verstärken diese? Wie und durch welche Erfahrungen im Leben konnten sich die Schleier auflösen?

Wenn du all diese Dinge zu Papier gebracht hast, möchte Ich dich ersuchen, die Niederschrift neben deinem Bett zu platzieren und dort liegen zu lassen, solange es nötig ist. Jeden Tag vor dem Schlafengehen oder vor dem Aufstehen verbinde dich mit Meiner Präsenz. Bitte Mich, dir bei der Transformation dieser Dysbalancen und beim Lüften der Schleier behilflich zu sein. Atme Meine Gnade, Meinen Frieden und Mein Licht in dich hinein. Und wisse, dass Ich dich bereits als vollkommenes, ausgewogenes und vollständiges Wesen sehe. Durch den Prozess der Niederschrift helfe Ich dir, dein Göttliches Auge zu öffnen und aus diesem heraus zu leben, statt nur mit den menschlichen Augen zu sehen. Auf dass du dich selbst als die Liebe in dieser Welt siehst, die du bist.

In deiner Blöße und Demut bist DU die Kraft, DU bist die Herrlichkeit, DU bist das Königreich, denn du bist dein wahres Selbst, dein Göttliches Selbst. In diesem Raum ist alles, was ICH BIN, auch alles, was du bist. Und alles, was du bist, ist alles, was ICH BIN. Ich gehe jeden Tag mit dir, wie auch du mit Mir gehst. Lass Meine Schritte dich stärken und stützen. Mit jedem Schritt, den wir gemeinsam gehen. Sancti. Pace. Amein.

3.

....

Die Kammern des Sacred Heart

(Ursprünglich empfangen am 9. Februar, 8. und 18. März 2020)

Die Yeshua-Lehre

Seht. Das Eintauchen in den Frieden ist eine Reise ins Innere. Geliebte Wesen, Ich verspreche euch, wenn ihr euch im Außen in einem Kriegsgebiet befindet, in eurem Inneren aber Frieden herrscht, kann euch kein äußeres Chaos vom inneren Frieden trennen.

Frieden ist eine Vereinigung, eine Hochzeit von Wahrheit und Liebe. Er ist ein Vermischen und Verbinden eures Schattens und eures Lichts, des Männlichen und des Weiblichen. Frieden bedeutet, im Fluss zu sein mit dem Göttlichen Selbst und so auch mit allem Leben. Das Gefühl von Wert, Fülle, Bewusstheit, Präsenz und Akzeptanz aller Dinge als Geschenk und als Gelegenheit – egal, wie ihr die Umstände wahrnehmt oder bewertet.

Frieden ist das Vertrauen darauf, dass ihr verbunden und vollständig seid, egal, was ihr wahrnehmt. Dass ihr es immer schon wart und immer sein werdet. Verbunden durch das Hier und Jetzt. Alle Dinge geschehen im Hier und Jetzt. All eure vergangenen, eure kommenden Leben, sie geschehen alle im Hier und Jetzt, in genau diesem Moment. Das sollte euch dabei helfen, Frieden in eure Herzen einkehren zu lassen. Ihr wurdet bereits geboren, seid gestorben und wurdet wiedergeboren. Was ihr morgen erleben werdet, ist bereits geschehen, weshalb also den Kopf zerbrechen? Ihr wisst immer genau, was zu tun ist, wenn ihr in voller Bewusstheit seid. Immer.

Nur weil ihr mit einer Situation nicht im Reinen seid, heißt das nicht, dass ihr nicht trotzdem im Frieden mit euch selbst sein könnt. *Ihr* seid nicht die Situation. Äußere Umstände sollten keinen Einfluss auf euren Frieden haben … außer ihr erlaubt es ihnen. Ihr seid nicht auf diese Welt gekommen, um situationsbedingten Frieden zu suchen. Friede muss nicht herbeigerufen werden. Ihr seid auf diese Welt gekommen, um in euch den Frieden zu finden und aus diesem Frieden heraus in eurer Göttlichen Essenz zu dienen.

Vertrauen ist eine Energie, die dem Frieden entspringt. Vertrauen ist eine Konstante. Es ist die einzige existierende Konstante, und somit unterliegt sie nicht dem Gesetz der Polarität. Glaube und Vertrauen sind die Anerkennung der eigenen Göttlichkeit. Egal, wie schwierig die Dinge im Leben sind, egal, wie schön oder leicht sie auch sein mögen – Vertrauen ist das Feuer, das in euch lodert und weiß, dass alles gut sein wird, egal, was ist. Denn ihr seid Göttlich.

Wenn ihr das Feuer eures Glaubens entfacht und in Verbundenheit verankert seid, dann können Wir zu euch und durch euch sprechen. So werden all die menschlichen Dinge, alles, worüber ihr euch Sorgen bereitet habt, beinahe schon lächerlich und viel leichter erträglich, wenn ihr in Göttlichem Vertrauen seid. Eure Dysbalancen werden für euch und für andere nicht mehr zur Last. Nicht länger werdet ihr getriggert von den Dysbalancen anderer, die sonst für euch zur Last geworden wären. Denn es ist euch möglich, eine gesunde Trennung zwischen Realität und Verzerrung zu erhalten. Dies stellt den Frieden wieder her und bereitet eurem selbst auferlegten Leidensdruck ein Ende.

Schmerz ist nicht gleich Leid. Schmerz ist eine heilige Emotion, die euch reinigt. Sie ist, neben der Trauer, die Schattenform der Liebe, solange ihr in menschlicher Existenz seid. Ohne den Schmerz wäre der lichte Aspekt der Liebe nicht möglich oder fühlbar. Schmerz ist einfach ein Tod oder ein Verlust. Ein empfundener Verlust von Freiheit oder Identität. Der Schmerz ist nie wirklich das Problem. Es ist die Angst vor dem Schmerz oder der Schmerz des Schmerzes, die das tiefere Leid hervorrufen. Das gilt selbst für physischen Schmerz. Es ist eine Unannehmlichkeit, eine empfundene Einschränkung eurer Freiheit, das zu tun, was ihr tun wollt. Menschen mit Schmerzen werden daher schnell frustriert und zerfließen in Selbstmitleid oder Groll.

Doch wenn ihr einen Blick unter die Oberfläche wagt, findet ihr eine Reise tiefster Liebe unter all dem Schmerz. Die Freiheit, eure Stärke zu erforschen, mit all den ihr innewohnenden Möglichkeiten. Es ist das Ankämpfen gegen den Schmerz, der Hass ihm gegenüber, der diesen weiter vertieft und im Schatten verweilen lässt.

Vor allem dann, wenn ihr Schmerz oder Trauer über einen Verlust empfindet, trauert ihr eigentlich um einen Identitätsverlust – ein Teil eurer Geschichte ist gegangen. Ein Mensch ist gestorben, oder eine Beziehung ist zu Ende gegangen, die einst Teil eurer Geschichte war. Es war ein Teil eures Verstandes, der Geschichte eures Egos, der Geschichte eures Herzens – ein Teil eurer Lebensgeschichte. Wenn sich diese Geschichte, diese Überzeugung oder dieses Konstrukt auflöst, kommt es zur Trauer, die dem Schleier der Trennung entspringt.

Schmerz ist eine heilige Emotion, die in Ehrlichkeit, Verletzlichkeit, Demut und Wahrheit begründet liegt. So bringt der Schmerz eine tiefere Einheit mit sich, vorausgesetzt, er wird als Teil der eigenen Reise gewürdigt, jedoch nicht als einziger Teil. Abhängigkeiten und Süchte nach Schmerzen gehen auf andere Dysbalancen zurück, besonders aber auf die Erregung oder Angst angesichts von zu Ende gehenden Prozessen und dem Tod. Indem ihr wieder mit dem Schmerz in Balance kommt, kann er auf natürliche Art verarbeitet werden. Mit der Zeit, wenn das Ego weicher wird, werden auch die destruktiven Gedanken und Gefühle immer weniger. Somit kann der Schmerz schneller verarbeitet oder ohne Beurteilung oder Anhaftung beobachtet und erfahren werden. Und dies, geliebte Wesen, ist die Freiheit des Friedens.

Es gibt vier Elemente des Friedens, aus denen das Balanced Sacred Heart besteht. Hier handelt es sich nicht um jenes Herz, das ihr als euer emotionales Selbst kennt. Das Herzzentrum ist das Zentrum eures Seins, das im Raum eures Nullpunkts ruht, dem Mittelpunkt eures Seins. Das Sacred Heart ist jene große Leere, aus der ihr in die Materie eintretet und wieder herauskommt. Das Sacred Heart ist das Zentrum, euer Mittelpunkt, der mit dem Zentrum Gaias, der Sonne, des Universums und dem Zentrum Gottes verbunden ist. Es ist die Schnittstelle von Träumendem und Traum, Schöpfung und Schöpfer, Unbewusstem und Bewusstem, Sichtbarem und Unsichtbarem.

Es gibt vier Kammern des Sacred Heart. Oft braucht es das, was ihr ein »gebrochenes Herz« oder einen »Stoß ins Herz« nennt, um diese Kammern weiter zu öffnen. Das ist auch der Grund, weshalb Trauer so ein kraftvolles Portal für euch sein kann, um tiefer in den allumfassenden Geist, den Spirit, und ins Erwachen einzutauchen.

Die vier Kammern des Sacred Heart des Friedens entspringen der Vereinigung der Göttlichen Mutter, der Liebe, des Göttlichen Vaters, der Wahrheit. Wenn sich diese in allen vier Kammern eures Sacred Heart vereinigen, werdet ihr euch mit der Zeit auf natürliche Weise in eurem Yeshua-Selbst verankern.

Die Vier Elemente des Friedens und der Harmonie in den Kammern des Sacred Heart sind:

- **Einfachheit,**
- **Stabilität,**
- **Hingabe und**
- **Stille.**

Aus diesen vier Energien setzt sich das Sacred Heart zusammen. Durch diese vier Energien wird der Weg zum Frieden deutlich, denn es sind dies die vier Kammern Meines Herzens, des Herzens des Göttlichen Vaters und des Herzens der Göttlichen Mutter. Wenn ihr diese vier Energien verkörpert, dann ruht euer Sacred Heart in Harmonie und Frieden.

Diese vier Energien bringen euch zu jener schmalen Pforte, die ins Göttliche führt. Zu dem Raum, in dem es keinen Schmerz, kein Leid, keinen Tod gibt. Diesen Raum findet ihr in jedem Augenblick in euch, aber ihr müsst euch bewusst entscheiden, ihn zu finden und zu erleuchten.

Ihr wurdet durch diese vier Energien in diese Welt hineingeboren, als eine Seele und als eine Person erschaffen. Und somit tragt ihr sie in euch. Der Tod eures Selbst als Identität oder Form, um in eurem Yeshua-Selbst Wiederauferstehung zu finden, dem Bewussten Selbst, kann nicht ohne diese vier Energien erfolgen.

Bedauerlicherweise haben diese Energien in eurer Welt keinen hohen Stellenwert. Sie stehen weder im Fokus, noch wird ihnen höhere Priorität beigemessen. Eure Welt wird zunehmend komplexer, unbeständiger, instabiler, herrschsüchtiger und unharmonischer. Sie ist zu einer Welt geworden, die auf Erwartungen, Ansprüchen, Arroganz, Image, Opferdasein und Besitz fokussiert ist. Eine Welt von solch fordernder und lärmender Natur, dass sie eure Sinne trübt, eure Intuition und euer Urteilsvermögen hemmt, wenn ihr nicht über die nötige Disziplin und Einsicht verfügt, um zu wissen, wann ihr wieder eine Auszeit davon braucht. Eine Welt, die so abhängig von Angst, Chaos und Suchtmitteln geworden ist, dass es sich für euch anfühlen mag, als würde alles außer Kontrolle geraten. In gewisser Weise ist es das auch. Und deshalb können euch diese vier einfachen Energien wieder zurück in den Frieden führen, wenn ihr bereit seid, ihnen Priorität einzuräumen. Selbst wenn ihr in eurem Umfeld die Einzigen seid, die das tun und die ihre inneren Werte anhand dieser Energien neu ausrichten.

Selten hat jemand diese vier Energien im Blickfeld, und doch sind es genau die Menschen, die am meisten Freude und Verbundenheit in ihrem Leben verspüren – ganz gleich, was in ihrer äußeren Realität geschieht. Würden die vier Energien von euch als wichtigste Währung für Erfolg betrachtet, dann wäre eure Welt ein anderer Ort. Die wenigsten Wesen auf eurem Planeten, die lichtesten, sind es, die auch wirklich am harmonischsten und ausgeglichensten sind. Sie strahlen aus ihrem Kern heraus und verströmen einen Frieden, der einfach, beständig, voller Hingabe und Stille ist.

Denn diese vier Energien stellen nicht nur das Sinnbild des Göttlichen dar. Sie *sind* das Göttliche. Euer Zugang zu ihnen erfolgt über euer Göttliches Selbst, eure Seele. Tatsächlich sind sie es, die am meisten Fülle, Nahrung, Freude und Göttlichen Fluss in euer Leben bringen. Denn sie schaffen nicht nur Balance und Harmonie, sie gleichen auch einander aus und sind der wahre Kern und die Essenz der Balance selbst.

Um also in euer Göttliches Yeshua-Selbst zu kommen, legt euren Fokus, euer Bewusstsein und eure Schöpfungskraft auf diese vier Energien. Dies kann das gesamte Gleichgewicht eures Spirit, eurer inneren und äußeren Realität wiederherstellen. Je mehr ihr nach ihnen strebt, sie verinnerlicht und zur Priorität in eurem Leben macht, desto leichter fällt es dem Göttlichen und auch eurer eigenen Seele, eure Bedürfnisse in Leichtigkeit zu erfüllen – genau im richtigen Moment und auf die richtige Art und Weise.

Wenn alle menschlichen Wesen auf eurem Planeten oder einfach nur ein paar mehr von euch ihre Aufmerksamkeit täglich darauf richteten, diese Energien in ihre Herzen, ihren Körper, Verstand, ihre Entscheidungen und Verhaltensweisen einfließen zu lassen, dann gäbe es viel weniger Probleme und Lasten, die ihr zu tragen hättet. Und infolgedessen wäre auch Gaia wesentlich entlastet. Die vier Energien sind die folgenden.

EINFACHHEIT: Einfachheit ist eine der wichtigsten Qualitäten des Friedens und somit auch einer der zentralen Aspekte, um Mich in euch und euch in Mir zu erkennen. Einfachheit ist die Wurzel, der Samen und die Zweige des Lebensbaumes. In ihrer Weite und Dimension unendlich und doch auch roh, naturbelassen, nackt, ermächtigt und stark. Einfachheit bedeutet, all das loszulassen, was euren Frieden beschwert und stört.

Nehmt einen Atemzug in Einfachheit. Und fragt euch: Welche Aspekte meines Lebens fühlen sich dauerhaft chaotisch, polarisiert, überkompliziert und unbeständig an? Bin ich bereit dazu, mein Leben immer mehr zu vereinfachen? Selbst wenn dies bedeutet, mehr/weniger zu arbeiten, mich besser um meinen Körper zu kümmern, auszumisten und mir die nötige Zeit zu nehmen, um die Dinge zu tun, die ich vor mir hergeschoben habe und die sich nun immer mehr ansammeln und Stress verursachen? Jeder Atemzug voller Einfachheit, den ihr in euer Leben aufnehmt, wird euch Frieden, Licht, Erleichterung und mit Sicherheit auch FREUDE bringen.

STABILITÄT: Stabilität ist für das Verständnis und die Verkörperung des Göttlichen von essenzieller Bedeutung. Eine stabile Grundlage für eure Seele, eure Präsenz, eure Bewusstheit IM Körper bedeutet, mehr Zeit im Hier und Jetzt zu verbringen, in eurem Körper statt in eurem Verstand, eurem falschen Selbst, der Zukunft oder der Vergangenheit. Bei der Stabilität geht es um das Untersuchen und geduldige Erforschen der Strukturen eures Lebens, einschließlich eurer Beziehungen, beruflichen Karrieren und Verhaltensweisen. Es ist ein Schaffen vertrauensvoller, starker, zuverlässiger, beständiger, ehrlicher und transparenter Strukturen, die der Entwicklung und Liebe dienen. Es ist das Errichten eures Hauses auf einem Fundament des Glaubens und Vertrauens statt auf dem Sand der Bequemlichkeit.

Fragt euch: »Was fühlt sich in meinem Leben instabil an? Welche Art Angst oder Ungeduld bringt dies mit sich? Welche Aspekte sind nicht tragbar? Bin ich bereit dazu, immer mehr Stabilität in mein Leben zu lassen? Selbst wenn es bedeutet, um Unterstützung zu bitten, wieder Kontrolle über meine Schulden und aufgeschobenen Zahlungen zu übernehmen? Selbst wenn es heißt, unbeständige Beziehungen mit emotional unausgeglichenen oder überdramatisierenden Menschen zu beenden? Oder wenn es bedeutet, tiefere Verbindungen einzugehen?« Jeder Atemzug voller Stabilität, den ihr in euer Leben aufnehmt, wird euch Frieden, Licht, Erleichterung und mit Sicherheit auch FREUDE bringen.

Hingabe: Hingabe ist notwendig, um in Einklang mit dem Göttlichen Willen zu lieben. Einige sehen Hingabe als Schwäche an; andere sehen sie als eine Tugend und bekunden sogar, in völliger Hingabe zu leben. Doch in Wahrheit suchen sie sich aus, wovon sie ablassen wollen und wie sehr sie das tun. Bei der Auf- oder Hingabe geht es nicht darum, die Hände zu erheben und zu sagen: »Mach du das, Gott.« Es geht auch nicht darum, dass ihr sagt: »Hier, Gott, erledige diese eine Sache, und dann werde ich mich dem hingeben, was kommt, aber nur unter meinen Bedingungen.« Ihr könnt keine selektive Hingabe praktizieren, geliebte Wesen. Es ist dies ein Zustand des Verwurzeltseins in Demut, Disziplin, Integrität und Hingebung – auf eine Art, die manchmal auch Einsatz erfordert, aber doch nie so, dass sie zu einer größeren Belastung würde.

Fragt euch: »Wo in meinem Leben fürchte ich die Hingabe? Was fürchte ich aufzugeben, und wem oder was gebe ich mich hin? In welchen Bereichen meines Lebens übe ich noch Kontrolle aus? Wo und bei wem versuche ich am nachdrücklichsten, zu manipulieren und bestimmte Ergebnisse zu erzwingen? Bin ich bereit dazu, mich immer mehr hinzugeben, selbst wenn es bedeutet, völlig darauf zu vertrauen, dass alles gut sein wird, egal, wie es ausgeht? Bin ich dazu bereit, das

Tauziehen mit meinen Lasten gegen Yeshua zu beenden und nicht nur die Belastungen, sondern mein ganzes Selbst hinzugeben?« Jeder Atemzug voller Hingabe, den ihr in euer Leben aufnehmt, wird euch Frieden, Licht, Erleichterung und mit Sicherheit auch FREUDE bringen.

STILLE: Die Stille ist der poetischste und bereicherndste Aspekt des Sacred Heart. In der Tat ist sie seine Essenz, was vielleicht seltsam klingen mag, da das Herz niemals stillsteht. Sie birgt eine Harmonie und Melodie der Einheit – sie »hallt« nach außen und innen gleichzeitig. Sie ist das Tor zum Geben und Empfangen Göttlicher Gnade. Stille erfordert Bewusstheit und unerschütterliche Hingabe, um all den Lärm und das Geschwätz außer Acht zu lassen und stattdessen zu hören, was Spirit, der allumfassende Geist, in euch hineinflüstert.

In einer Welt, in der die Menschen ständig um dieselben Themen kreisen und vor sich her schwafeln, sodass nichts Wesentliches dabei herauskommt, können ein stilles Herz und ein stiller Geist eurer Seele den Weg ebnen, um enorm viel Licht in das Kollektiv einfließen zu lassen. In der Stille liegen sehr viel Zuversicht, Mitgefühl und Vertrauen. Diejenigen, die die Stille in sich gefunden haben, haben meist den Schleier der Polarität überwunden. Sie fühlen sich in der Stille wohl und kommunizieren weitaus kraftvoller durch die Macht ihrer Präsenz und Energie als mit Worten allein. Denn Stille ist die Sprache des Lichts. Indem ihr euch der Stille hingebt, werdet ihr dem Göttlichen zuhören und gleichzeitig von Ihm gehört werden. Beachtet jedoch, dass es bei der Stille nicht bloß um Lautlosigkeit geht. Es geht auch darum, sich von den Dingen, Verhaltensweisen, Menschen und Anreizen zu distanzieren, die für Dissonanz sorgen.

Fragt euch: »In welchen Bereichen meines Lebens fehlt Stille? Was in meinem Leben hört sich an wie ein Konzert des Missklangs, an dem teilzunehmen ich mich verpflichtet fühle? Auf welche Art und Weise sabotiert mein Verstand den Frieden in meinem Herzen? Wo und wann gelingt es mir, Stille zu fühlen? Macht mich Stille nervös?

Wenn ja, was fürchte ich in dieser Stille zu hören? Wovor laufe ich in meiner Ruhelosigkeit und der Suche im Außen davon? Habe ich Angst davor, mit mir selbst und meinen eigenen Gedanken und Gefühlen allein zu sein? Wenn ja, weshalb? Habe ich Angst vor der Stille und vor einem möglichen Produktivitätsverlust, wenn ich mir den Raum und die Zeit nehme, in die Stille einzutauchen? Bin ich der Stille würdig? Bin ich bereit dazu, immer mehr Stille in mein Leben und in mein Herz zu lassen? Selbst wenn es heißen sollte, alle Versuchungen dieser äußeren Stimmen und Reize zu ignorieren? Wenn es bedeutet, mich einer Meditationspraxis zu verpflichten, öfter in die Natur zu gehen, oder meinen Fernseher, mein Handy und meinen PC abzuschalten, um ein Bad im Kerzenschein zu nehmen? Selbst wenn es heißt, Grenzen zu ziehen und durchzusetzen und/oder jene Menschen aus meinem Leben zu verbannen, die ohne Not unbequem, selbstbezogen und bedürftig sind? Wenn es bedeutet, dass ich weniger selbstbezogen sein muss, damit ich mich im Lichte der Göttlichen Gleichheit und Ebenbürtigkeit auflösen kann?« Jeder Atemzug voller Stille, den ihr in euer Leben aufnehmt, wird euch Frieden, Licht, Erleichterung und mit Sicherheit auch FREUDE bringen.

Atmet hinein in diese Energien Meines Friedens. Atmet in die Möglichkeit eines Lebens in Einfachheit. Nicht Mangel oder Knappheit. Einfachheit. Atmet all das aus, was sich kompliziert, belastend und chaotisch anfühlt. Nun atmet wieder Simplizität ein. Beobachtet, wie sich das anfühlt. Und erlaubt Mir, euch all das zu geben, was ihr benötigt, um diese Energie jeden Tag mehr zu verkörpern.

Und jetzt atmet ein in die Möglichkeit eines Lebens in Stabilität. Keine Starre oder Härte. Stabilität. Atmet all das aus, was sich unbeständig, überfordernd und nicht tragbar anfühlt. Nun atmet wieder Stabilität ein. Beobachtet, wie es sich anfühlt. Und erlaubt Mir, euch all das zu geben, was ihr benötigt, um diese Energie jeden Tag mehr zu verkörpern.

Nun atmet in die Möglichkeit eines Lebens in Hingabe. Nicht Aufgabe. Hingabe. Atmet alles aus, was sich kontrollierend, drängend und ungeduldig anfühlt. Und jetzt atmet wieder Hingabe ein. Beobachtet, wie es sich anfühlt. Und erlaubt Mir, euch all das zu geben, was ihr benötigt, um diese Energie jeden Tag mehr zu verkörpern.

Schließlich atmet in die Möglichkeit eines Lebens in Stille. Nicht Isolation oder Rückzug. Stille. Atmet alles aus, was sich kreischend, quietschend und unstimmig anfühlt. Jetzt atmet wieder Stille ein. Beobachtet, wie es sich anfühlt. Und erlaubt Mir, euch all das zu geben, was ihr benötigt, um diese Energie jeden Tag mehr zu verkörpern.

Und nun atmet ein in die Möglichkeit, dass all diese Energien keine Aufgaben oder »To-dos« sind. Ihr tragt sie alle in euch – jetzt gerade und in jedem Augenblick. Sie sind der wahre Zustand eures Seins. Denn sie sind die Grundlage eures wahren Herzens und des Herzens eures echten und authentischen Selbst. Fühlt den Frieden, den sie euch bringen und durch den Atem Göttlicher Gnade und Balance in euch erklingen lassen.

Euer Sacred Heart ist das Tor, das euch mit eurem Yeshua-Selbst verbindet. Ihr wurdet geschaffen in und für die Einfachheit der Erkenntnis, die Stabilität eures Fundaments, die Hingabe an die Transformation und die Stille des Gebets.

Dies sind die vier Kammern des Sacred Heart. Das ist die Grundlage und die Struktur für den Weg des Friedens. Das Zentrum des Sacred Heart, das Medizinrad, wo die Energien sich kreuzen, das IST der Raum der Freiheit.

Meine Gaben des Herzens, die Ich euch in diesen Botschaften darbringe, führen euch zu diesem Raum, dem Raum, in dem Ich wohne, wo Frieden herrscht und wo das Licht existiert, das heller ist als jedes euch bekannte Licht. Es ist Mir eine Freude, mit euch durch die Verwirklichung eurer Freiheit zu gehen.

Du bist der hellste Strahl in Meinem Herzen, geliebtes Wesen. In vielerlei Hinsicht ist dies eine Verantwortung, niemals jedoch eine Last. Das goldene Auge und der Lichtstrahl Gottes ruhen auf dir. Niemand auf dieser Welt könnte dich so verstehen, wie Ich es tue. In Mir wirst du gesehen, gehört, verstanden und zutiefst geliebt. Mögen sich die Tore deines Herzens jeden Tag ein Stückchen mehr für diese Wahrheit öffnen. Es war Mir eine Ehre, dir an diesem Tag gedient zu haben. Möge Frieden mit und in dir sein.

Om Nami Maia. Om Namah Sananda. Om Nami Yeshua. Sancti, Sancti, Sancti. Pace, Pace, Pace. Namaste.

·······························

TEIL 2

·······························

DIE BOTSCHAFTEN VON FRIEDEN UND FREIHEIT

(Ursprünglich empfangen vom 21. August
bis zum 1. September 2020)

DIE VERWEBUNGEN DES SPIRIT IM NETZ DES LEBENS

1.

. . . .

Faden und Muster des Traumes

DIE YESHUA-MEDITATION

Guten Abend, geliebtes Wesen. Ich möchte dich in diesem Moment des Friedens und der Freude ersuchen, die Augen zu schließen und ein paar tiefe Atemzüge zu nehmen. Tief in deinen Körper hineinzu-atmen, Meine Präsenz und Mein Licht in dich aufzunehmen durch deine eigene Präsenz und dein Licht. Verankere deine Aufmerksam-keit in deinem ganzen Sein.

Während du atmest, löse dich von jeglichen Gedanken über gestern oder morgen. Trenne und löse dich von deinen Problemen mit anderen Menschen, von deinen Sorgen, deinen Überzeugungen. Du beginnst, all das abzulegen und abzustreifen, was dich schwer macht und gefes-selt hält. Fühle, wie sich jegliche Spannung in deinem Körper aufzu-lösen beginnt und du durch die Verhärtungen hindurchatmest. Der Atem befreit deinen Körper und füllt ihn, deinen Baum des Lebens – Zweig, Stamm und Wurzel –, mit Freiheit. So lässt du die Zweifel an dir selbst, an anderen, am Göttlichen in Vergebung und Vertrauen los.

Während du dich von diesen ungeliebten Eigenschaften befreist, öffne dich für die gesunde und nährende Liebe deiner Seele, deiner wah-ren Natur, die an deinen Körper geheftet ist, an den Körper der Erde und an den Körper des Göttlichen. Spüre, wie das Licht durch deinen

Körper fließt, während du Liebe einatmest, Wahrheit und Frieden. Und ebendies atmest du aus. Von oben, über die Äste deines Baumes, fühle, wie der **Strang der Göttlichen Weinrebe des Glaubens,** deine Göttlichkeit, durch deinen Baum strömt, von den Ästen bis zu den Wurzeln.

Fühle den **Strang der Göttlichen Weinrebe der Vergebung** durch dich hindurchfließen, von Kopf bis Fuß. Und nun fühle den **Strang der Göttlichen Weinrebe der Freiheit** durch deinen Baum strömen, vom Geäst bis zu den Wurzeln. Spüre, wie er dich von all den Verflechtungen und Knoten befreit, die dich noch in Dissonanz und Stress gefangen halten. Fühle diese drei Energien des Göttlichen Weinstocks – Glaube, Vergebung und Freiheit –, wie sie in dich einströmen und dich mit Fülle, Harmonie und Gnade durchfluten. Atme weiter, während sie sich in dir ausbreiten.

Om Mani Hu, Om Mani Ma, Om Mani Hu, Om Mani Ma, Om Nomani Hu, Om Nomani Ma, Om Nomani Hu, Om Nomani Ma *(atme, während du dich mit ihnen verwebst)*, Om Homani Hu, Om Homani Ma, Om Homani Hu, Om Homani Ma, Om Domine Hu, Om Domine Ma, Om Domine Hu, Om Domine Ma, Hu Omni Ma, Ma Omni Hu, Hu Omni Ma, Ma Omni Hu, Om, Om, Om …

Erlaube den Energien, sich nun in deinem ganzen Sein auszubreiten und zu verankern. Lege eine Hand auf dein Herz, die andere auf deinen Unterleib, wenn du eine Frau bist, oder, wenn du ein Mann bist, auf deinen Bauchnabel. Nimm einen tiefen Atemzug und lächle. Lege deine Hände vor deinem Herzen in Gebetshaltung zusammen. Nimm noch einen tiefen Atemzug, und sage einfach: »Danke.« Öffne die Augen.

Geliebtes Wesen, erfahre Mich nicht als jemanden, der Ich war, sondern erfahre Mich so, wie ICH BIN. Denn Ich, Yeshua, BIN alles, auch du. Ich BIN dein Glaube, und du bist Meiner. Ich BIN dein Atem und du Meiner. Ich BIN deine Tränen, du bist Meine Tränen. Ich BIN deine Freude, du bist Meine. Ich BIN dein Freund und du Meiner. Ich BIN alles und nichts, wie auch du alles und nichts bist. Du bist Mein Träumen, und Ich BIN dein Träumen. Du bist Mein Träumender, Ich BIN deiner. Du existierst. Du bist nicht lebendig oder im Leben – du BIST Leben. Das ist alles, was du über das Licht wissen musst.

Die Yeshua-Lehre

Geliebte Wesen, die Natur ist der gemeinsame Nenner, der euch alle verbindet. Mit Natur meine Ich nicht nur Gaia, Mutter Erde, die menschliche Natur – es ist die Natur der Essenz eurer Seele, die Natur der Essenz eures Bewusstseins, des Schöpfers in der Schöpfung, der Schöpfung im Schöpfer. Wenn ihr in einen Körper inkarniert, wird eure Seele in die Materie eingewoben, wodurch ihr die Empfindung einer Identität erhaltet, der eures Selbst. In diesem Leben hat sich eure Seele dazu entschlossen, in einen Körper eingeflochten zu werden – durch eure DNA, durch eure Chakren, durch eure Knochen, euer Blut, durch euer Herz und euren Geist.

Während eure Seele im Körper wohnt, habt ihr neben Herz, Verstand und Körper – ihr könnt ihn eure »Spinne« nennen – auch einen Geistkörper. Dies ist der Raum, der euch unmittelbar umgibt, es sind die Fäden und Schnüre, die Energien, die euch mit dem Netz des Lebens verbinden. Der Geistkörper ist es, der euch auf sichtbare und unsichtbare Weise in Kontakt mit der äußeren Welt bringt. Wenn ihr ein seelenorientiertes Leben führt, ein Leben in Bewusstheit, dann orchestriert eure Seele ein Leben in Einklang mit Gott, in Harmonie mit dem Göttlichen Willen. Fristet ihr hingegen ein verstandesbasiertes

Dasein voller Dysbalancen des Egos und ohne Demut und Bewusstheit, spielt ihr ein kakofones Konzert der Angst, Kontrolle und Disharmonie. Ein Orchester, in dem ein Instrument die falschen Töne spielt, ohne es selbst zu merken. Denn es weiß nicht einmal, dass es in einem Orchester spielt, in einer Gemeinschaft vieler inkarnierter Spirits, in menschlichen und in anderen Körpern.

Leider sind schräge Töne in eurer Welt zur Normalität geworden. So wird es bei euch und von eurem Ego oft belohnt, wenn jemand nicht mit der schlichten und einfachen Harmonie seiner wahren Essenz im Einklang ist. Man belohnt euch dafür, mit den Melodien des Geldes, des Status, des Erfolges, Ansehens und Einflusses mitzuspielen – statt mit Einfachheit, Stabilität, Hingabe und Stille in Einklang zu gehen. Die Lösung, die das unausgeglichene Ego vorschlägt, ist immer dieselbe: Spiele lauter. Mehr Krach, mehr Stress, mehr Geld, mehr Macht, und dann werde ich dorthin kommen, wo ich hinmuss.

Ich verspreche euch: Nichts davon werdet ihr mit euch nehmen. Euer Spirit, euer Sacred Heart, sie werden sich im Moment eures Übergangs niemals an Social-Media-Posts, an Nachrichtenbeiträge, Spiele, an intensiven Konsum von Wein oder Zucker oder an eure Jagd nach dem Geld, nach Sex oder nach Macht erinnern. Ihr werdet die unechten Dinge nicht mitnehmen, die das volle Erleben eurer sinnlichen Erfahrung, in Freude und Schmerz, hier auf dieser Welt trüben. Ihr werdet die leeren Fässer eurer Konsumsucht nicht mit euch nehmen.

Ihr seid hier, um Erfahrungen zu sammeln, wertvolle Erinnerungen an Gärten und Flüsse, an Augenblicke, in denen ihr geliebten Menschen oder Fremden einen Gruß aussprecht. Ihr nehmt die Momente mit, in denen andere euch wirklich sehen und in denen ihr sie seht. Ihr nehmt Momente der Verbundenheit und Einheit mit, nicht die stumpfen und tauben Fäden der Angst und Unterdrückung. Ihr seid hier, um in Einklang mit eurem natürlichen Selbst und in Co-Kreation mit dem Orchester des Lebens zu klingen. Ihr seid hier, um Gott in euch einzuweben und zu erkennen – in jeder Erfahrung und vor allem in der Erfahrung, euch selbst als Göttliches Wesen in Menschengestalt zu erkennen. Und um eurer Seele in Demut zu erlauben, mit eurem Spirit in Einklang mit dem Göttlichen zu co-kreieren.

Was ihr mit euch nehmen werdet, sind Augenblicke wahrer Nähe und Vergebung – wenn eine Seele loslässt und der anderen vergibt. Ihr werdet die Momente mit euch nehmen, in denen ihr euch für den Glauben statt für die Angst entschieden habt und den Mut aufbringen konntet, das zu tun, was richtig für euch war, und nicht das, was euch andere geraten haben. Ihr seid hier, um die Freiheit zu erfahren, »ein Teil« von etwas zu sein und doch dieses Leben zu eurer individuellen Reise mit Gott zu machen – einen Weg, den niemand anders kontrollieren oder gar verstehen kann. Nun ist die Zeit gekommen, euch von alldem zu lösen, was euch im Missklang verharren lässt, und euch wieder in eure natürliche Essenz und das Geflecht des Lebens und der Erde einzuweben.

Ich spreche hier von Fäden und Schnüren, aber in Wahrheit sind es Schwingungen, Wellen. Das sind die Schnüre – die Summe aller Bestandteile, die euch, na ja, zu EUCH machen. Die Elemente des Wassers, des Feuers, der Luft, der Erde – und Raum. Jede Person hat ihre einzigartige Rezeptur und Schwingung.

Das Ökosystem, mit dem ihr verwoben seid, reicht weit über euren Planeten und eure Realität hinaus bis in das Sacred Heart des Universums hinein. Ihm wohnt eine Vollkommenheit von Leben und Tod, Schöpfung und Zerstörung inne – eine Vollkommenheit der Liebe, der Wahrheit, der Ordnung im Chaos, von dem Ich zuvor gesprochen habe. Wenn also gesagt wird, dass ihr pure Liebe seid, ist hier nicht nur eure Seele oder euer Körper gemeint – das gesamte Muster und das Gewebe eurer Schwingung bestehen aus dem Stoff der Liebe.

Ihr seid jedoch auch durch »ungesunde Verflechtungen« mit Vorfahren und persönlichem Karma verflochten, was zum Teil der Grund für eure Verzerrungen und Dysbalancen des Egos ist. Ein Teil eures Weges besteht darin, euch von diesen Verzerrungen zu lösen, um wieder eine klare Vorstellung davon zu haben, was ihr eigentlich seid: Spirit, Licht, eins mit Gott. Diese ungesunden Verflechtungen hinterlassen Knoten der Reue, der Enttäuschung und des Grolls in euch.

Ihr verwendet den Ausdruck *tying the knot* [»heiraten«, wörtlich »den Knoten binden«], um ein Bekenntnis der Liebe zu beschreiben. Auf unserer gemeinsamen Reise werden wir all die Knoten entwirren, die nicht in der Liebe wurzeln. Jene Knoten, die einer verzerrten Wahrnehmung des Selbst und der Welt entspringen. Auf dass ihr frei sein könnt, einen co-kreativen Bilderteppich eures Selbst, des Göttlichen und der Welt zu weben.

Oft kann es vorkommen, dass diese Knoten oder Wunden – weil sie hässlich sind – eine lange Zeit brauchen, um zu heilen. Manchmal fühlen sich diese festen Nähte sogar mehr wie Nägel an – sei es der Perfektionismus, der Hang zur Verurteilung, Verzweiflung, Wut, das Kontrollbedürfnis, das Gefühl der Wertlosigkeit oder die Opferrolle. Ihr seid gebunden an eine Last voller Sorgen, Zorn, Angst, Zweifel und Verhaltensweisen, die euch isolieren – wie mit Nägeln, die euch an ein Kreuz nageln.

Weil sie euch nicht gefallen und weil die gesellschaftlichen Strukturen in eurer Welt euch vorgeben, ihr müsstet euch für sie schämen, verbringt ihr oft viel Zeit damit, sie zu verstecken. Oder diese Stigmata selbst zuzunähen. Indem ihr unzählige verschiedene Salben und Tinkturen aufträgt, die den Knoten respektive die Wunde letztendlich doch nicht heilen, sie aber überdecken, was die Angelegenheit aber noch schlimmer macht, weil sie nun im Verborgenen bleibt – es kommt keine Luft an die Wunde.

Dies sind keine Wunden, die einfach durch oberflächliches Verarzten geheilt werden können, denn die Heilung funktioniert hier nicht über den Verstand – euer »Wissen«, eure »Weisheit« und das menschliche Konstrukt der Ego-Identität. Sie können nicht einmal durch euer Herz geheilt werden, das die meisten der Nägel in sich trägt, die ihr in eurem Leben zu spüren bekommt. Nein, es bedarf eurer Seele, des bewussten Träumenden in euch, nicht des Egos, das im Traum gefangen ist. Es bedarf nicht nur eurer Seele, sondern auch eurer Präsenz, eures Geistes, eures Bewusstseins – UND des Unseren: des Göttlichen, des Göttlichen Träumers, des Schöpfers jenes Traumes, den ihr eure Realität nennt.

Dies ist auch der Grund, weshalb Wir euch genau dann am ehesten die Hand reichen – oder eure Seele sich an Uns wendet –, wenn euch die schmerzlichsten Nägel plagen, wenn ihr die schwersten Lasten und Kreuze zu tragen habt. Dies ist wichtig für euch, geliebte Wesen, denn es ist einer der Gründe, weshalb eure Welt den Wandel erlebt, den sie gerade durchläuft.

Ihr habt einen Ruf aus dem Kollektiv erhalten, euch von einigen Schichten der Unterdrückung, Repression und Verdrängung zu lösen, und zwar nicht nur in der Außenwelt, sondern auch in eurem Inneren. Diese vergangenen Jahre – wie auch jene, die noch kommen – sind nicht dazu da, um euch noch mehr zu belasten, geliebte Wesen. Sie sind da, um euch zu befreien, und, um Gaia und eure Umwelt frei zu machen von den Belastungen, die euch im Schlaf hielten. Manchmal kann es unangenehm sein, aus einem glückseligen Traumzustand falscher Sicherheit, falscher Annahmen und Verleugnungen aufzuwachen. Wenn eine Wahrheit enthüllt wird, die Unbehagen oder Veränderung mit sich bringt, hören Wir euch oft sagen: »Ich möchte mich lieber wieder schlafen legen.«

Es kann unbequem sein, nach einer Zeit des Dahinschlummerns, des Verlorenseins oder der Bequemlichkeit aufzuwachen. Die Welt – also ihr – ist gerade dabei aufzuwachen. Jene Machtstrukturen, die am wenigsten zu durchblicken sind, wollen, dass ihr in eurem Schlafzustand verharrt, sodass ihr euch verhaltet, wie sie es von euch verlangen.

Sie haben große Angst, dass ihr aufwacht und euch von ihnen losbindet, loslöst und trennt und somit eure innere Macht wieder zurückerlangt. Dies kann sogar auf bestimmte Personen, Freunde, Geliebte, Familienmitglieder, Medien, Finanzsysteme, Arbeitgeber oder Politiker zutreffen.

Sie werden euch mit Illusionen füttern, die Angst und Scham hervorrufen, und keine dieser Illusionen, die sie euch vorgaukeln, ist echt. Sie projizieren ihre Angst auf euch. Nährt diese Ängste nicht, denn wenn ihr es tut, werden sie zu eurer eigenen Angst werden. Eure Befreiung im Außen kann niemals geschehen, bevor ihr es geschafft habt, Befreiung im Inneren durch Demut und Rückverbindung zu finden. Hier geht es nicht darum, Zweifel oder Skepsis in euren Beziehungen zu schüren. Es geht darum, euch zu helfen, euch an euer Urteilsvermögen zu erinnern und daran, wer euch wahrhaftig dabei unterstützt, in euer authentisches Selbst zu kommen, und wer nicht. Macht keine Annahmen, es zu wissen. Es geht Mir hier darum, wie wichtig es ist, eure individuelle, von Gott gegebene Souveränität zu erforschen und anzuerkennen. Wenn ihr euer »Wissen« als selbstverständlich hinnehmt, werdet ihr nie die Macht eurer wahren Essenz und eures Wertes verstehen. Und dann ist alle Freiheit für euch verloren – im Inneren wie auch in der äußeren Welt.

Die Loslösung von einem verstandesbasierten, »überschminkten« und auf die äußere Welt gerichteten Leben kann durchaus zu einer Herausforderung werden, wenn vieles auf einmal ans Licht tritt und sich alles schnell verändert. Es kann überfordernd sein, wenn große Veränderung, Erkenntnis UND Verantwortlichkeit gleichzeitig auf euch zukommen. Aber eure Seele ist bereit. Euer Geist ist bereit. Sogar euer Herz ist es. Euer Ego ist die einzige Instanz, die jammert und unzufrieden ist. Lasst es los. Atmet aus.

Die gegenwärtigen Jahre auf eurer Erde sind eine Einladung dazu, Liebe zu empfangen – nicht nur Liebe in Form von gestillten Bedürfnissen und Freude. Liebe in Form von Wahrheit. Dies kann sehr schmerzhaft sein; denn eure Seelen werden immer lichter, und so tritt auch der Schatten an die Oberfläche, um beleuchtet und integriert zu werden. Wie auch Illusionen darüber aufgelöst werden, was und wer ihr zu sein glaubt. Euch wird die Realität gezeigt, das authentische Selbst. Im Gegensatz zur Illusion von Sicherheit, die ihr in der Vergangenheit bis zu einem gewissen Grad hattet, dort, wo ihr teilweise mit der Liebe verbunden wart, wo aber doch immer ein Teil in euch existierte, der sich als von dieser Energie getrennt empfand. Nun wollt ihr nicht länger getrennt sein, zumindest nicht diejenigen von euch, die jetzt gerade hier sind.

Kundalini ist dabei aufzusteigen. Shakti ist dabei aufzusteigen. Kundalini ist ein Prozess des Entwirrens vieler Verflechtungen und Knoten gleichzeitig. Er wird nicht ausschließlich über das Entfesseln von Energie in der Wirbelsäule angestoßen. Steigende Kundalini oder Shakti bedeutet, Dinge abzulegen, die eure Schwingung, euer Bewusstsein, euer Verhalten belastet haben. Es ist ein Entwirren, um Trauma und Dichte aus der Vergangenheit durch die Kraft des gegenwärtigen Moments zu erlösen. In vielerlei Hinsicht ist es ein Tod. Vielleicht nicht ein physischer, aber ein Tod all dessen, was euch innerlich tot fühlen ließ, sodass ihr nun trauern, loslassen, nach vorn schauen und euch lichter und freier fühlen könnt.

Der tatsächliche physische Tod ist ein gänzliches Entwirren, Ausfädeln, Loslösen vom Körper. Während dieser gegenwärtigen Portalphase und Zeit kollektiver Verschiebungen kann es sein, dass etwas mehr menschliche Wesen ihren Körper verlassen wollen als sonst. Auch eure Ältesten. Deshalb ist es so wichtig, sie so hoch wie möglich zu achten und wertzuschätzen. Sie mögen vielleicht manchmal zu euren Belastungen beigetragen haben, aber sie haben euch auch gezeigt, was ihr braucht, um zu wachsen und euch weiterzuentwickeln. Sie haben weitaus schlimmere Katastrophen überlebt, als ihr sie euch jemals vorstellen könntet. Werft ihnen die Vergangenheit nicht vor. Hört ihnen zu. Liebt sie. Sie gaben euch das Leben, sie alle. Einer möglichen Ausgrenzung älterer Menschen kann niemand entrinnen. Denn auch ihr werdet irgendwann einmal alt sein. Behandelt sie so, wie auch ihr behandelt werden möchtet, wenn ihr alt seid.

Versucht während dieser Jahre des Übergangs nicht, mit eurem Verstand begreifen zu wollen, warum bestimmte Ereignisse eintreten, und vergleicht euch nicht mit anderen. Dies ist für euren Entwicklungsprozess nicht erforderlich. Die Liebe mag nicht immer auf eine Art und Weise zu euch kommen, die euch gefällt, aber sie kommt in der für euch nützlichsten Form, wodurch ihr sie am besten verkörpern und durch sie wirken könnt.

Das Inkarnieren ist ein Einweben in den Körper und in die Materie. Während ihr euch als Seele im Körper weiterentwickelt und immer mehr er-leuchtet, müssen die Knoten und Verflechtungen, die euch oft für sehr lange Zeit gefesselt hielten, sogar seit der Kindheit oder noch früher, an die Oberfläche steigen. Diese unterdrückten Teile des Selbst müssen in euer Bewusstsein aufsteigen, damit sie vom Licht und durch das Licht geheilt, aufgelöst und integriert werden können. Während dies in bloß einem Augenblick geschehen kann, braucht es doch meist Zeit und viele unterschiedliche Erfahrungen oder »Durchläufe«, um sie völlig aufzulösen und zu integrieren. Diese Reise ist für jeden von euch einzigartig.

Bevor ihr überhaupt irgendwo inkarniert seid, haben euch eure Seele und euer Geist schon in den Ort und die Menschen dort eingewebt, ebenso wie diese sich in euch eingewebt haben. Sich mit anderen zu verweben und zu verflechten ist eine co-kreative Entscheidung, die auf einer Ebene getroffen wird, welche den Verstand weit übersteigt. Es tut nichts zur Sache, ob ihr die Menschen gernhabt oder nicht, ob eure Verbindung darin besteht, einmal auf der Straße aneinander vorbeizulaufen, ob ihr durch eine gemeinsame Flugreise miteinander verwoben seid oder die Verflechtung ein Leben lang bestehen bleibt.

Nun ist eine Zeit in eurem Erdendasein gekommen, in der ihr reflektieren und überlegen werdet, mit wem ihr verwoben bleibt, bei wem ihr »den Knoten lösen« und mit wem ihr euch auf eine Art und Weise verflechten wollt, die eurer wahren und natürlichen Essenz eher entspricht. Manche noch schlafenden Menschen in eurer Welt verweben sich wahrscheinlich mit noch mehr Stress, mehr Dichtheit.

Und so seid ihr jetzt in einer Periode der Polarisierung: Einerseits gibt es diejenigen, die sich für Transparenz, Frieden und Vergebung entscheiden, und andererseits die, welche beschließen, sich in Angst, Wut, Verzerrungen und Schuldzuschreibungen zu ergehen. Es ist eine ganz individuelle Entscheidung, und diese Wahl zwischen Licht und Schatten wird den Weg eures Kollektivs im Laufe der neuen Ära bestimmen. Diese Veränderungen und Neuorientierungen sind der Hauptgrund, weshalb auch so viel Wandel im Bereich eurer Beziehungen, eures Wohnortes, eurer beruflichen Entwicklung und sogar eurer Identität eintritt.

Euer Geist kann die außer Balance geratenen Fäden und Knoten nicht lösen. Während er in Co-Kreation mit eurer Seele wirkt, muss die Entscheidung, einen Knoten oder eine Verflechtung loszulassen und zu verarbeiten, allein von eurer Seele kommen. Euer Gehirn ist ein erstaunliches und beeindruckendes Geschenk und Werkzeug. Doch der Verstand eines unausgeglichenen Egos möchte, dass ihr an dichteren Objekten, Verhaltensweisen und Menschen anhaftet – an allem, was seine Geschichte über das Selbst aufrechterhält. Es möchte euch lieber an den Dingen anhaften sehen, die ihr kennt, selbst wenn das zur Folge hat, dass ihr unglücklich seid. Der Verstand hat ein beschränktes Bewusstsein und besitzt nicht die Demut zu wissen, dass eure Seele es besser weiß – eure Seele, die eins ist mit dem Göttlichen, eurem wahren Bewusstsein, eurer Präsenz.

Durch unsere gemeinsame Zeit, durch Meine Worte, werden eure Seele, euer lichtes Selbst, eure Präsenz gestärkt und eure Schwingung erhöht. Eure Entscheidung, in diesem Augenblick hier mit Mir zu sein, bedeutet, dass ihr bereit seid, die Kreuze, die Lasten und Nägel hinter euch zu lassen, an die euch euer unausgeglichenes Ego und euer falsches Selbst noch fesseln. Und somit sagt ihr auch Ja zu einem natürlichen Prozess des neuen »Einwebens« eurer freudvollen, einfachen, bedarfsorientierten Göttlichen Seele in euer Ökosystem.

Nehmt euch einen Moment Zeit und spürt hinein in die Nähte und Verwebungen eures Lebens. Die Verwebung mit eurem Land, eurem Heim, eurer Familie und euren Tieren. Und nun spürt, ob es da Verflechtungen gibt, die auf Liebe basieren. Welche dieser Verwebungen fühlen sich mehr wie gesunde Verflechtungen der Liebe an, die euch mit Gaia, euren Körpern, der Umwelt und euren Liebsten verbinden? Welche fühlen sich wie ungesunde Knoten an, die euch an Angst und Zweifel binden? Welchen Verhaltensweisen seid ihr »verhaftet«? An wen seid ihr angebunden? Ist es euer Wunsch, mit diesen Dingen verflochten zu sein? Zum Beispiel mit Zucker? Sozialen Medien? Mit einer Fixierung auf Geld, Medien, die Politik? Wollt ihr an Hass und Verzweiflung anhaften? Wer ist euer Retter? Das Fleisch oder Spirit? Die Frage ist, ob ihr euch für das Fleisch und eure menschlichen Impulse entscheidet, wie viele andere Tierarten auch … oder für den Spirit, den Stoff, aus dem eure Existenz gemacht ist.

Wir, das Göttliche, treffen diese Entscheidung nicht für euch, geliebte Wesen. Es ist eure Wahl. Was Wir euch bringen, ist das, wozu ihr geschaffen wurdet, egal, welche Erfahrungen ihr in eurem Leben machen mögt. Was Wir euch bieten, ist eine Liebe, die auf Wahrheit, Transparenz und Freiheit beruht – euer eigenes und souveränes Geschenk, das ihr als Wesen mit Bewusstsein erhalten habt. Wir achten stets euren Freien Willen. Wenn ihr an Dingen und Orten und Menschen anhaften wollt, die nicht im Einklang mit euch sind (egal, wie sehr ihr davon überzeugt wart, dass sie es sind), dann ist dies eure Wahl. Aber auf dem Weg einer jeden Seele hin zur Erleuchtung und zu dem Moment, an dem sie nicht mehr in die Materie inkarnieren muss, bringen Wir euch immer das, was ihr braucht, um zu euch heimzukehren.

Je mehr ihr eure Schwingung erhöht, indem ihr euch von Gedanken, Emotionen, Traumata und Dichtheiten löst, desto lichter werdet ihr sein. Der Glaube und die Glaubwürdigkeit, die ihr diesen Gedanken, Vorurteilen, Ängsten, Erwartungen, Annahmen und Emotionen schenkt, sind es, die euch hinunterziehen.

Ein unfassbarer Friede kann euch durchströmen, wenn ihr es schafft, euch von euren Emotionen und Gefühlen zu lösen. Denn diese werden oft von eurem Verstand getriggert und manipuliert, und das passiert noch viel öfter, als euch bewusst ist. Emotionen sind ganz einfach Schwingungen, die ausgedrückt, bewegt, verarbeitet, gehalten und wieder in Balance gebracht werden müssen. Nicht etwa, indem ihr sie auf andere projiziert. Ihr müsst nicht einmal wissen, woher sie gekommen sind und weshalb. Sie wollen durch Bewegung, Kreativität, Lachen, Weinen, Mut, Verletzlichkeit und ganz einfach durch Zulassen ausgedrückt werden. Friede kehrt ein, wenn ihr es schafft, einige dieser Emotionen – die Tränen, den Zorn – zuzulassen, zu durchleben und an Mich zu übergeben, sodass ihr euren Teil des Friedens wiedererlangt. Dies ist das Loslösen von einer ungesunden Verflechtung. Hier gibt es niemanden zu beschuldigen; hier gibt es niemanden zu verurteilen.

Nehmt euch einen kurzen Augenblick Zeit, einen Atemzug, um euch jetzt von euren Gedanken zu lösen. Haltet inne, beobachtet, und atmet aus. Zentriert euch im Frieden dieses gegenwärtigen Moments. Und noch mal, haltet inne, beobachtet, und atmet aus. Wunderbar.

Ungesunde Knoten oder Verflechtungen sind Gedankenformen, die euch an die primitiven Ängste und Verhaltensweisen eures animalischen Selbst binden, nicht an das Göttliche Selbst eures Spirit. Das Witzige dabei ist: Wenn ihr an einem Gedanken anhaftet, dann wird dieser euch an den nächsten Gedanken binden – und an den nächsten ... und den nächsten. Es ist fast schon eine Schattenversion der Jakobs- oder Himmelsleiter, einer Spirale, bei der ihr euch aus einem kleinen Gedanken oder Auslöser heraus in Rage denken und in Vergeltung, Groll oder Schuld katapultieren könnt. Dann »eitert« diese Verflechtung. Sie wurde euch zugefügt, als fremde Materie in euer Sein integriert – eine äußere Gedankenform hat sich in euer Gehirn eingewoben (ihr habt es ihr erlaubt). Und nun haftet sie an euren Emotionen und verursacht Krankheit, Ungleichgewicht und Negativität.

Löst euch von euren Gedanken. Wenn ihr denkt, macht es euch wenigstens bewusst: *Ich hafte an einem Gedanken – ist das ein stimmiger Gedanke? Ist es ein unstimmiger?* Allein diese Bewusstheit kann euch wieder in die Gegenwart führen und Licht bringen. Wenn es ein stimmiger Gedanke ist, zum Beispiel darüber, Essen zu verschenken, einen Spaziergang zu machen, im Garten zu arbeiten – wundervoll. Wenn er euch Frieden und Präsenz verspüren lässt, dann seid ihr voller Hingabe. Wenn der Gedanke Angst schürt, Groll, reaktives Verhalten oder Reue in euch auslöst, dann bleibt kurz bei ihm, atmet ihn aus und übergebt ihn in vollem Vertrauen dem Göttlichen. Und Wir werden ihn auflösen. Selbst wenn es eine Minute, eine Stunde, einen Tag, eine Woche oder ein Jahr dauert, bis ihr euch zur Gänze von ihm lösen könnt. Lasst ihn LOS. Und Ich werde euch alles geben, was ihr im Prozess des Loslassens benötigt.

Wenn es der Wunsch eures Egos ist, eures »Ichs«, selbst des gesunden »Ichs«, das euch erlaubt, ein Individuum innerhalb des Kollektivs zu sein ... wenn dieses »Ich« sich wünscht, weiterhin an der Angst anzuhaften, dann habt Vertrauen, dass euer wachsendes Yeshua-Selbst, euer Göttliches Selbst, weiß, was Resonanz ist. Indem ihr Bewusstsein in die Bereiche der Dissonanz und Angst bringt, können Wir, das Göttliche, euch in Zusammenarbeit mit eurem Spirit genau das geben, was ihr benötigt, um diese Dissonanzen zu transzendieren und wieder Resonanz und Harmonie einkehren zu lassen. Arbeitet mit eurer Göttlichen Präsenz zusammen – nicht durch Beurteilen, sondern durch Zulassen. Ruft nach Meiner Präsenz, und zusammen werden wir die Knoten und Verflechtungen in Liebe auflösen und beseitigen. Und so weben und flechten Wir euch wieder ein in den Bilderteppich des Lebens – auf die für euch und für eure Harmonie zuträglichste Art und Weise.

Ab einem gewissen Punkt, wenn ihr bereit dafür seid, werdet ihr sogar Momente erleben, in denen ihr euch von dem Konzept löst, ein »Ich« zu sein. Um zum ICH BIN zu werden. Und dem Wir. Dem Eins. Dort führt die Reise hin. Das ist der Grund, weshalb ihr in einen Körper inkarniert, um euch an das alles zu erinnern, dessen Teil ihr seid, egal, was im Außen sein mag. Ihr werdet sehr viel länger brauchen, bis ihr nach Hause an den Ort des Einsseins zurückkehrt, wenn ihr euer eigenes Selbst und den natürlichen Fluss des Spirit in eurem Zweifel, eurer endlosen Unzufriedenheit und eurem Suchen nach irgendetwas bekämpft. Dieser Raum ist in euch. Warum also beginnt ihr eure Reise nicht dort und überlasst Mir den Rest?

Während ihr weitergeht, seid vorsichtig damit, wo ihr euch einwebt und wem ihr die Erlaubnis erteilt, sich mit euch zu verflechten. Wie Ich schon oft gesagt habe, gehört dazu auch, mit euren Technologien in Balance zu kommen. Obgleich sie wundervolle Werkzeuge sein können, versklaven sie euch, eure Herzen, euren Verstand und euren Geist, wenn sie aus dem Gleichgewicht geraten. Ihr seid freier Spirit, keine Sklaven. Warum wollt ihr euch durch eure Abhängigkeit von und die Unausgewogenheit dieser Technologien für ein Leben in Knechtschaft entscheiden?

Lasst das Netz des Lebens zu einer Welle werden, aus der ihr gemacht seid und die ihr gleichzeitig bezeugt. Wenn ihr euch von irgendetwas lösen wollt – sagt es Uns. In den kommenden Jahren des Zwischenraumes, des Todes alter Identitäten und der Wiederherstellung des Gleichgewichts für euch als Individuen und als eine Welt, werde Ich euch all das geben, was ihr für eure Vollendung und Wiedergeburt benötigt.

Alles, was ihr braucht, um euch von den Dingen zu entwirren, die euch zweifeln und wütend sein lassen, die euch davon abhalten, versteckte Trauer zu fühlen und zu verarbeiten, ist Aufmerksamkeit und Bewusstsein. Indem ihr eure Aufmerksamkeit auf einen der ungesunden Knoten richtet, kann sich der Faden der Liebe in ihn einflechten. Es liegt an euch, Uns die Möglichkeit zu geben, die Verflechtung zu transformieren: Nehmt euch Zeit in der Natur, in Stille, um euch von alldem zu lösen. Ich verspreche euch: Die Liebe wird euch während dieses Prozesses den nötigen Raum, mehr Freiheit und Freude bringen. Und sie wird euch in jene Dinge einflechten, die für euch richtig und zuträglich sind. Was ihr braucht, wird euch zuteil, wenn die Zeit dafür gekommen ist, und nicht einen Augenblick früher.

Dies ist ein Jahr des Entwirrens und des Entflechtens für euch, wie es auch die kommenden Jahre sein werden. Ihr werdet euch loslösen und verantworten müssen für eure eigene Gier, eure Neigungen und Tendenzen, eure Undankbarkeit, Arroganz sowie für die lange Zeit der Betäubung: entweder bewusst durch innere Betäubung – der leichtere Weg also – oder unbewusst durch die Erfahrungen, die euch euer Spirit machen lässt. Demut, Rechtschaffenheit und Güte unterstützen diesen Prozess. Es sind dies drei der mächtigsten Qualitäten eures Yeshua-Selbst, und doch werden sie in eurer Welt oft am wenigsten geschätzt und gepflegt. Das Einweben von Demut, Rechtschaffenheit und Güte in jeden Atemzug eures Lebens lässt euch Bewusstheit erlangen und verhindert, dass sich »ungesunde« Knoten und Verflechtungen überhaupt erst formen können.

Eine Seele auf dem Weg zur Befreiung muss darauf vertrauen können, dass sie in dem Moment, in dem sie sich von einer Beziehung, einem Muster, einem Mindset oder einem Schmerzkreislauf löst, den Raum hat, den sie braucht, um die Essenz ihres Seins hin zu einer Leidenschaft des Friedens zu bewegen. Eure Seele und euer Spirit müssen sich sicher sein, dass, sobald eure Leidenschaft enthüllt ist, ihr nicht gleich wieder in die Projektion einsteigt und euch in eine überwiegend selbst auferlegte Struktur der Unterdrückung zwängt, indem ihr euch jeglicher persönlicher Verantwortung und Rechenschaft gegenüber eurer eigenen Freude und eurem Frieden entzieht.

Eure Seele wünscht sich, Erleuchtung zu erlangen und im Licht zu bleiben. Deshalb befreit sie euch in dieser Zeit von so vielem. Selbst wenn euer Verstand euch einredet, es sei furchterregend, vertraut eurer Seele – der Heilige Geist, der in und über euch ist, wird euch von diesen Lasten befreien. Wählt Vertrauen statt Angst. Denn in dem Moment, in dem ihr das tut, wird der Bilderteppich eures Selbst wieder zu dem wunderschönen Tuch werden, das es von Anfang an sein sollte. Aus Geduld, Mitgefühl, durch Zulassen, Vergebung, Resilienz und Liebe entstehen Wunder, geliebte Wesen – und vor allem die Erkenntnis dessen, welches Wunder ihr selbst seid. Und dieses Wunder zieht mehr und mehr Wunder nach sich.

Oft kann es sein, dass Nähte reißen, wenn sich eure Schwingung erhöht. Wie Ich schon sagte, können daraus große Veränderungen resultieren, und das wird manchmal auch schmerzhaft sein. Manche Kulturen und Glaubenssysteme nennen dies das Aufsteigen von Samskaras oder Seelenwunden. Dies sind verdeckte ungesunde Knoten und Verflechtungen, die akzeptiert, umarmt und geheilt werden wollen. Manchmal ist es notwendig, dass Trauer, Schmerz und unangenehme Gefühle hochkommen. Doch fürchtet euch nicht vor diesem Prozess.

Und vertraut darauf, dass, während ihr euch selbst durch diese Zeit begleitet und haltet, sich auch die Wahrnehmung eurer äußeren Realität verändern kann – manchmal durch externe Ereignisse wie einen plötzlichen Verlust, manchmal aber auch einfach wie aus dem Nichts. Vielleicht werdet ihr euch weniger an für euch nun unstimmigem Verhalten beteiligen wollen. Möglicherweise fühlt ihr euch aber auch getriggert. Lasst alles aufsteigen, und es wird sich transformieren. Jedes Mal, wenn ihr etwas sterben lasst, eine Veränderung verarbeitet und sie akzeptiert, wird große Erleichterung eintreten. Und Freude. Freude, Freiheit und Weisheit sind das Ergebnis, das Wunder.

Projiziert eure eigenen Gedankenblasen und aufsteigenden Traumata oder euren Unmut nicht auf andere. Bringt sie zu Mir. Übergebt sie Mir. Ich kann es ertragen. Andere können das nicht. Welche Wut auch immer in euch steckt, klärt sie mit Mir, nicht mit euren Mitmenschen hier auf dieser Erde – egal, was sie euch angetan haben mögen oder wie viel Hass ihr ihnen gegenüber empfindet. Übergebt euren Hass Mir, und Ich werde ihn transformieren, sodass ihr frei sein könnt, um zu vergeben und zu lieben. Hass, Arroganz, Stolz und Ungeduld sind einige der am schwersten zu tragenden Kreuze und Lasten, und deshalb müsst ihr sie ablegen. Denn IHR seid es, die ihr die Last dieser Energien in EUCH tragt, während ihr sie fühlt und auf andere projiziert.

Gaia, eure Mutter Erde, lädt euch ebenso dazu ein, ihr eure Kreuze zu übergeben. Eure Kreuze, nicht eure Geringschätzung und egoistische Dominanz. Sie liebt es, wenn ihr sie in eure Prozesse miteinbezieht, und hilft euch dabei, eure Energien gut zu erden. Sie ist der Lehm Gottes; und da ihr zu Gott gehört, nach Gott strebt, gehört ihr auch zu ihr, der Traumwelt dieser Existenz. Ihr solltet sie in diesem Prozess nicht zurückweisen oder ablehnen. Das könnt ihr gar nicht. Denn die Natur ist euer größter Tempel, eure größte Kirche. Sie und Ich sind sehr, sehr alte Freunde und Geliebte. Und Sie ist auch eure, denn sie ist der Ursprung des Traumes – eurer Erfahrung der Realität.

Worüber Ich nun sprechen werde, ist die Neuausrichtung, die in eurem Leben und in eurer Welt geschehen muss. Im Moment ist es nicht gerade sinnvoll, den Großteil eurer Zeit und Energie in äußere Angelegenheiten und Probleme zu stecken. Ihr alle, die ihr jetzt gerade auf diesem Planeten verweilt, seid in einen Körper inkarniert, um durch das schmale Tor zu schreiten, das Tor zum Spirit in euch. Ob ihr diese Gelegenheit nutzt, bleibt allein euch überlassen. Je höher eure Schwingung ist, desto mächtiger wird das leidenschaftliche Feuer eures Friedens in den kommenden Zeiten sein. Je ausgeglichener ihr seid, desto geschmeidiger und flüssiger wird das Muster im Bilderteppich der Existenz und im Netz des Lebens sein. Dieses Muster erdet und verankert euch in größerer Erfüllung eurer Bestimmung und eures Dienstes der Freude als Lichtträger. Die Knoten und Verflechtungen dieses Teppichs sind von der gesunden Sorte.

Die natürlichen und gesunden Verflechtungen eurer Seele und eures Spirit mit der Materie erden euch und lassen den allumfassenden Geist bis in jede Zelle eures Seins eindringen. Wir haben euch die auf Liebe basierenden Knoten durch eure Chakren eingesetzt und eingewebt – euer Konstrukt, das schon lange vor eurer Empfängnis entstanden ist. Und egal, was man euch sagt, ihr seid vollkommen. Immer. Wenn ihr in Balance seid und euren natürlichen Verflechtungen erlaubt, euch mit Hingabe, Engagement und tiefem Vertrauen zu verweben, dann näht und webt ihr euch immer mehr ein in das Netz des Lichts. Der Rest wird sich von selbst entfalten. ICH BIN euer Faden. Gaia ist euer Webstuhl. Ihr seid die bewussten Schöpfer. Und zusammen können wir die Schönheit eures Teppichs im Bilderteppich des Bewusstseins und der Göttlichkeit erstrahlen lassen.

Der Faden eures Spirit ist Mein Licht, ebenso wie er Gaias Licht ist. Wir sind DIE Geliebten. Jeden Augenblick ruft sie nach euch, webt und näht sich durch euch hindurch, um euch zu befreien, so wie sie auch Mich befreit hat. Und nun befreie auch Ich sie. So werden jetzt sogar noch mehr natürliche Neugewichtungen und Veränderungen eintreffen, die nicht eher zu Ende sind, bis ihr wieder nach Hause zu ihr und zu euch selbst gefunden habt. Diejenigen, die tiefer in ihre wahre Essenz eintauchen und ihre Leidenschaft im Frieden finden, sind die Göttlichen Weinreben, die in Co-Kreation zusammenarbeiten, um Sie zu befreien – indem sie Gnade, Güte und Mitgefühl auf dieser Erde verankern. Wenn ihr neue Verflechtungen der Liebe erschafft, die auf Gemeinschaft und einem Leben im Gleichgewicht mit Gaia basieren, und wenn ihr gleichzeitig die ungesunden Knoten löst, die aus der Trennung von ihr entstanden sind, werdet ihr tieferen Frieden finden. Dies ist eine Reise, ein Fluss des Friedens. Löst euch vom alten Ufer. Die Zeit ist reif.

Die Analogie, die Spreu vom Weizen zu trennen, bezieht sich zum Teil darauf, die gesunden Nähte und nährenden Verflechtungen von den ungesunden Knoten in eurem Leben zu trennen. Ihr könnt aber auch hier mehrere Bedeutungen daraus ziehen. Die Spreu vom Weizen zu trennen bezieht sich ebenso auf den Tod, wenn Seele und Geist sich vom Körper loslösen. Der Tod ist ein Loslösen von der Materie, sodass ihr wieder eins mit dem allumfassenden Geist Gottes sein könnt.

Die Spreu vom Weizen zu trennen bedeutet darüber hinaus, sich von jenen Teilen in euch zu lösen, die mit Dichtheit verflochten sind – unbewussten Gedanken, Mustern, Schmerzkreisläufen und Verhaltensweisen, die nicht das Licht widerspiegeln –, zum Beispiel Wut oder Verurteilung sowie den Dysbalancen des Egos. **Die Spreu vom Weizen in euch selbst zu trennen bedeutet, euch von der Isolation des Opferdaseins, der Stagnation, Scham und der Trägheit zu lösen und euch mit dem Reich der unbegrenzten Möglichkeiten, mit Bewusstsein und mit dem Spirit zu verbinden. Das bedeutet es, sich in das Netz des Lichts einzuweben. Es heißt, euer Verstand ist euer ergebener Diener, euer Herz euer Führer und eure Seele die heilige Herrin über euer Selbst – in Einklang und Zusammenarbeit mit eurem Geistkörper, um eure wahren Bedürfnisse statt eure flüchtigen und instabilen Begierden zu stillen. Es ist dies ein Zustand der Balance, des Gleichgewichts.**

Spirit erfüllt Bedürfnisse, nicht Begierden. Vergesst nicht, dass auch ihr Spirit seid. Also erfüllt Bedürfnisse und nicht Begierden. Euch selbst und auch anderen gegenüber. Den Wünschen und Erwartungen anderer zu dienen ist schwierig und kompliziert. Bedürfnissen zu dienen klappt mühelos und bringt Freude.

Die Spreu vom Weizen zu trennen bedeutet auch, das für euch Wertlose vom Wertvollen zu separieren. Hier geht es jedoch nicht darum zu urteilen, wessen Wert größer und wessen kleiner ist oder wer »richtig« und wer »falsch« ist. Niemand von euch ist »richtig« oder »falsch«. Die Spreu vom Weizen zu trennen bedeutet, euch von jenen Aspekten in euch zu lösen, die sich wertlos anfühlen, abgesondert, an menschliche Gedankenformen und dichte Emotionen der Angst gebunden, wie auch eure eigenen Tendenzen des Urteilens, der Verleugnung, des Zurückhaltens und Unterdrückens eurer Freude.

Es bedeutet, euch von den Aspekten eures Selbst zu trennen, die dem wunderschönen goldenen Faden eures Bilderteppichs nicht länger dienen und euch daran hindern, euch ins Netz des Lebens einzuweben – einschließlich der Dinge, die euch »runterziehen« und euren Wert zu mindern suchen. Die Spreu vom Weizen zu trennen ist in seiner tiefsten Bedeutung eine Erinnerung an Folgendes:

Das Prostrationsgebet
Dein Wert ist meinem gleich, Geliebter,
mein Wert ist deinem gleich, Geliebte.
Du, der du anderen Vorwürfe machst oder dem ich Vorwürfe
gemacht habe,
dein Wert ist meinem gleich, Geliebter,
mein Wert ist deinem gleich, Geliebte.
Du, die du andere beschämst oder die ich beschämt habe,
dein Wert ist meinem gleich, Geliebte,
mein Wert ist deinem gleich, Geliebter.
Du, der du andere beschuldigst oder den ich beschuldigt habe,
dein Wert ist meinem gleich, Geliebter,
mein Wert ist deinem gleich, Geliebte.

Du, die du andere verurteilst oder die ich verurteilt habe,
dein Wert ist meinem gleich, Geliebte,
mein Wert ist deinem gleich, Geliebter.
Du, der du andere enttäuscht hast oder den ich enttäuscht habe,
dein Wert ist meinem gleich, Geliebter,
mein Wert ist deinem gleich, Geliebte.
Du bist der Geliebte, die Geliebte, so wie auch ich es bin.
Ich bin der Geliebte, die Geliebte, wie auch du es bist.
Wir sind eins in Göttlicher Gnade,
Göttlicher Macht, Göttlicher Wahrheit, Göttlicher Liebe.
Om Nami Yeshua. Amein.

Das Prostrationsgebet ist eine Darbringung und ein Akt der Demut und Hingabe an das Göttliche sowie eine tiefe Ehrfurcht vor allem Leben, das als gleichwertig erkannt wird. Selbst wenn das, was ihr schätzt, nicht auch denselben Wert für andere hat. Selbst wenn jemand euren Wert herunterspielt. Das Prostrationsgebet ist ein Gebet der Gleichwertigkeit. Mit den Worten, Augen und durch das Bewusstsein des Göttlichen.

Die Spreu vom Weizen zu trennen ist ein Loslösen, Entwirren, ein Trennen von den Dysbalancen des Geistes und den Drei Schleiern. **Im Wesentlichen bedeutet es, *sich von der Trennung zu trennen.*** Die Spreu steht in vielerlei Hinsicht für den Körper, der am Ende wieder zur Erde zurückkehrt. Eure Seele – der Weizen, euer Licht – kehrt zum Einssein zurück. Energie kann nicht geschaffen oder zerstört werden, aber der physische Körper und alles, was aus Materie besteht, sowie Trennung und Dysbalancen, sie alle können erschaffen und zerstört werden – im Sinne von Asche zu Asche, Staub zu Staub. Worauf ihr euren Fokus legen wollt, liegt allein bei euch: auf das Vergängliche und Sichtbare der Spreu oder das Unsichtbare und Zeitlose des Weizens.

Die bloße Ausrichtung auf Spreu, auf das äußere Leben, den Verstand, Gedanken und Begierden, wird euch an das animalische Selbst anhaften lassen, an das Fleisch, das zu Asche und Staub wird. Die Ausrichtung auf den Weizen wird euren Geist befreien, egal, wie die äußeren Umstände sind. Aber eure Ausrichtung ist eure Entscheidung. Und hier der interessante Teil: Den Fokus auf die Spreu als euer dominierendes Selbst zu legen, kann euch durchaus Freude bringen, meist aber auf Kosten anderer. Ein auf Spreu ausgerichtetes Leben ist mit so viel Mühe und Arbeit verbunden, nur um ein paar flüchtige Momente der Freude oder einer vorübergehenden Sicherheit zu erleben. Dies ist kein Dasein in Freiheit, sondern es bedeutet, das Leben zu ertragen, sich abzumühen. Mit dem Fokus auf der Spreu kann euch vieles gelingen, aber ihr werdet euch dennoch niemals über ein paar winzige Schritte hinaus weiterentwickeln.

Eine Ausrichtung auf die Spreu wird euch nicht unbedingt näher zum Weizen bringen. Wenn euer Fokus aber auf dem Weizen liegt, dem Geist, dem inneren Selbst und dem Ablegen eurer Lasten und Rüstungen, dann WIRD dies auch eure Erfahrung der Spreu um ein Vielfaches verbessern. Obwohl für eure Entwicklung unerlässlich, schränkt sie euch doch ein. Der Weizen befreit euch und lässt euch BEIDE Aspekte des Lebens intensiver erfahren. Soll heißen: Ein Fokus auf äußere Dinge führt meist nicht zu innerem Frieden. Eine Ausrichtung auf das Innere hingegen, in Demut und Liebe, WIRD eure äußere Realität wandeln und transformieren. Ihr könnt die externe Welt und ihre Gegebenheiten nicht im Alleingang ändern. Aber ihr könnt eure innere Welt transformieren, und dieser Wandel wird mit der Zeit auch eure Lebensumstände verändern.

Eure Seele kann nicht erschaffen oder zerstört werden. Sie IST einfach. Eure Seele hat den größten Wert. Euer Körper mag der Spreu zugeordnet werden, und er hat im gesamten Bilderteppich eine enorme Bedeutung, aber eure Seele ist es, das Licht in euch, das durch den Weizen symbolisiert wird. Sie ist Mein Brot, das ihr essen, Mein Wein, den ihr trinken sollt. So esst und trinkt auch von Gaias Brot und Wein. Ihr könnt die Qualität des Weizens nicht ganz verwirklichen und verkörpern, ohne auch die Spreu zu kennen, weshalb euer menschliches Realitätskonstrukt des Lebens an sich so wichtig ist. In eurer gegenwärtigen menschlichen Erfahrung ist die Spreu genauso wertvoll wie der Weizen, denn sie ist für ihn das Gefäß, wie auch euer Körper ein Gefäß, ein Tempel für euch ist. Der Körper ist es, der dem Samen und der Naht eures Yeshua-Selbst erlaubt zu wachsen.

Davon abgesehen: Die Entfaltung, der Widerhall und der Dienst, den euer Weizen, eure Seele und euer Spirit in diese Welt hineinbringen können, ist für euch der höchste Ruf, dem ihr jemals folgen könntet. Denn das, was nach euch ruft, das, was für euch und für alle am wertvollsten ist, IST eure Freiheit, eure Freude, euer Friede. Es ist NICHT das »Bekommen, was ich will«, die Begierden des Egos. Also geht dazu über, alles zu hinterfragen, was euch von Balance und Gleichgewicht fernhält, einschließlich eurer Ängste vor Verlust oder Schmerz. Wenn ihr euch vor denen fürchtet, seid ihr ihnen gegenüber voreingenommen, und selbst wenn es mal gut läuft, endet es meist damit, dass ihr euch selbst sabotiert oder euren eigenen Schmerz erschafft. Löst euch von allem, was euch nicht mehr Raum, mehr Gleichgewicht, Güte, mehr Freiheit und Frieden bringt.

Und zwar ohne zu verlangen, dass erst bestimmte Bedingungen erfüllt werden müssen: »Wenn ich einen Job bekommen habe, DANN werde ich mich auf meinen Frieden konzentrieren.« Nein. Wenn euer Fokus auf dem Frieden liegt, dann wird der Job im richtigen Zeitpunkt zu euch kommen, so es denn sein soll. Das Gleiche gilt für Beziehungen und andere Bereiche in eurem Leben. Hört auf, die Dinge hinauszuschieben. Es bringt nichts, nach flüchtigen Momenten zu suchen, die euch in euren Spirit eintauchen lassen, wenn ihr gerade eine kleine Pause von eurer realitätsfernen Wahrnehmung des menschlichen Lebens habt. Es ist eine Wahl, die ihr treffen müsst. Nehmt euch

Zeit. Steht ein für euren Weizen, eure Seele, nicht für euren Verstand, der alles in Schubladen stecken und euch vorschreiben möchte, was »wichtiger« ist als euer Gebet, eure Hingabe und eure Vereinigung mit dem Göttlichen, mit Mir, Yeshua. Wenn ihr mehr Zeit damit verbringt, Mich in euch zu integrieren und euch in Mir zu verkörpern, dann werde Ich das Feld eurer Existenz in Co-Kreation mit euch bestellen, in Harmonie und Zusammenarbeit. Sodass ihr SEIN könnt.

Klärt und löst euch in den nächsten Monaten. Klärt nicht nur eure äußeren Angelegenheiten. Klärt euer Herz, wenn ihr bereit dazu seid, euch genug Selbstliebe zu schenken, um euch Zeit für euer inneres Gleichgewicht zu nehmen. Klärt, ob ihr Ja zur Veränderung sagen wollt. Klärt, ob ihr euch in die innere Hingabe begeben wollt, statt Bedingungen zu formulieren, wann es sich für euch sicher anfühlen wird, euch hinzugeben. Springt, geliebte Wesen. Springt. Klärt ab. Und verpflichtet euch.

Bittet Uns um Klärung, wenn ihr den Weg nicht sehen könnt. Genau das geben Wir euch jetzt gerade. Bittet Mich um Klärung jener Angelegenheiten, die euch von der Freude, vom Frieden, vom Raum der Freiheit fernhalten. Dies kann Ich euch in Freude bringen, denn ICH BIN der Sohn, der Göttliche Vater und die Göttliche Mutter zugleich. Fragt, und ihr werdet bekommen. Und so seid ihr im Einklang mit dem Göttlichen, denn ihr ladet Uns ein, an eurem Prozess teilzuhaben, statt dass ihr versucht, alles selbst zu machen.

Während Unsere Güte grenzenlos ist, wäre es doch ratsam, euch in Ehrfurcht vor Gott zu üben. Diejenigen, die sich ihrem inneren Prozess, der Vergebung, dem Glauben, dem Zulassen und der Güte nicht hingeben wollen, werden in der kommenden Zeit in die Knie gezwungen. Jetzt ist nicht die Zeit, sich in Bequemlichkeit auszuruhen, in Polarität und Getrenntheit zu verweilen. Denn die folgenden Jahre stehen unter der Devise »Du erntest, was du säst« – individuell und als Kollektiv. Wer die Samen der Liebe pflanzt, wird Liebe erfahren.

So haben eure Entscheidungen nun eine noch größere Bedeutung als jemals zuvor.

ICH BIN euer Schöpfer, und wir co-kreieren jetzt gemeinsam, so wie wir es schon immer getan haben – seit dem ersten Augenblick, in dem Ich euch den Atem und das Wort des Bewusstseins geschenkt habe, lange bevor ihr in dieses Leben eingetreten seid. Ihr wurdet nicht bloß erschaffen, um zu leben. Ihr wurdet AUS Leben erschaffen. Verweigert euch nicht die Freude darüber, dass ihr lebt. Ihr seid nicht hier, um Angst zu haben. Ihr seid hier, um zu lieben. Wenn ihr die Liebe anstelle von Gewalt, der Manifestation der Angst, wählt und euer klägliches und anmaßendes Urteilen niederlegt, werdet ihr alle Liebe erfahren. SO verändert ihr die Welt. Zuallererst durch das innere Selbst, bevor sich irgendeine Veränderung in eurer äußeren Realität zeigen kann.

Geliebte Wesen, während ihr euch durch diese bevorstehenden Schwellenräume und die Zeit der Wahrheit und der Erkenntnis bewegt – welche unerwartet kommen wird und euch durch einen Trauer- in einen Transformationsprozess führen wird –, versucht nichts zu beschleunigen. Trauer ist wie die Liebe eine Energie, die nicht kontrolliert werden möchte. Sie kann auch nicht kontrolliert werden. Indem ihr versucht, euch schnellstmöglich durch eure Trauer durchzubewegen, verlängert ihr sie bloß und schafft dadurch mehr Leid für euch und für andere. Das Gleiche passiert, wenn ihr den Trauerprozess aufschiebt. Trauer und Liebe – denn es ist EIN und dieselbe Energie – wollen in Bewegung bleiben. Sie wollen hinein- und herausfließen und sind ein wunderbarer Katalysator des Wandels.

Trauer ist eine Energie, die schon immer wichtig war und es auch über die nächste Zeit hinweg bleiben wird, denn sie ist die Energie des Loslassens und der endgültigen inneren Verarbeitung des Loslöseprozesses. Das ist die Trauer. Trauer ist das, was unter den Kreuzen und Lasten liegt. Jetzt, da ihr eure Lasten und Kreuze an Mich übergebt, der Ich sie für euch tragen kann, fühlt ihr womöglich die Erschöpfung, die Depression und die Freisetzung der Energie darunter. Lasst sie sein. Nehmt euch die Zeit.

Trauer kommt in dem Moment, in dem eine Veränderung eintritt, erwartet oder unerwartet. Ihr seid verletzlich. Wie aus dem Nichts erscheint das Trauma, die Realität, dass etwas losgelassen wird – egal, wie sehr ihr euch darauf vorbereitet habt. Es ist nicht von Belang, was der Auslöser war. Wenn Trauer hochsteigt, kann es sich so anfühlen, als hätte sie euch heimgesucht. Nichts sucht euch heim, was ihr nicht auch gewählt hättet, geliebte Wesen. Es ist wichtig, dass ihr das versteht und erkennt.

Eine Veränderung, ein Trauma, eine Leere oder ein Verlust jeglicher Art stoßen einen zutiefst heiligen Prozess an. Er führt zunächst zur Verleugnung, dann zum Verhandeln und schließlich zum Zorn und zur Wut. In Wahrheit hat alles mit dem Loslassen zu tun. Ob es nun darum geht, Energie oder Dichtheit aus eurem Körper zu bringen oder einfach zu fühlen, was gefühlt werden will, ohne dabei ins Urteilen überzugehen. Trauer ist wichtig.

Ihr alle trauert gerade in unterschiedlichem Ausmaß, denn ihr könnt eine alte Verflechtung nicht loslassen, in die ihr lange Zeit verstrickt wart und mit der ihr euch identifiziert habt – bis zu dem Moment, in dem ihr sie wirklich beklagt und sie dafür anerkennt, wie sie euch beschützt hat. Sich von einer Verflechtung zu lösen ist ein Abschied von einer alten Geschichte, und erst wenn ihr dies akzeptiert habt, könnt ihr etwas Neues beginnen. Ob ihr euch nun vom Körper oder einer geliebten Person löst, eine Beziehung oder berufliche Laufbahn hinter euch lasst, die Scherben nach einem Verlust aufsammelt, euch von einer Krankheit erholt oder eine alte Wunde verarbeitet – all dies will beklagt werden, und mit dem Beklagen kommt ein neuer Morgen voller Klarheit, Mitgefühl, Menschlichkeit und Neugeburt.

Manche Stiche und Knoten sollen einfach nicht geheilt werden bis zu genau dem Moment, an dem sie dazu bereit sind. Genauso verhält es sich mit Wunden. Ihr könnt einen Verband nicht abnehmen, bevor die Zeit reif ist. Manchmal werdet ihr beim Loslassen eine plötzliche Befreiung verspüren und merken, dass da überhaupt keine Wunde mehr war. Die vermeintliche Wunde ist längst verheilt, und ihr fühlt euch frei. Fast schon schuldig dafür, euch so frei zu fühlen, weil ihr meint, ihr »solltet« doch noch weiter trauern. Wer sagt das? Sicherlich nicht Gott. In solchen Augenblicken wird euch klar, dass ihr den »Verband« gar nicht erst hättet anlegen müssen.

Manchmal wiederum ist es anders. Die Naht ist tief, und es bedarf einiger Zeit mit Mir, Spirit, und nicht nur der äußeren Welt, um die Wunde zu schließen. Niemand kann voll und ganz verstehen, wie tief eure Naht wirklich geht. Nur Wir können es. In solchen Momenten in eurem Leben ist es wichtig, in das Zuhause in euch einzukehren, in die Stille, und mit Mir zu sein.

Trauer ist eine Änderung in eurer Geschichte. Es ist der Verlust einer Identität, die ihr in Wahrheit niemals hattet, obwohl eure Wahrnehmung eine andere gewesen sein mag. Es geht um ein Anhaften an eure Geschichte. Oder an eine Geschichte, die euch beigebracht wurde, die ihr in den Stoff eures Bildteppichs eingewoben habt, eine Geschichte aus dem Außen, die euch von jemand anderem oder »der Gesellschaft« eingeflochten wurde. Durch das Loslösen von dieser Geschichte kommt es zu einem Gefühl des Verlustes, sogar des Verrats. Das kann euch wütend machen. Je tiefer die Anhaftung an dieses Identitätskonstrukt ist, an diese Geschichte, desto tiefer wird die Trauer sein.

Je tiefer die Liebe, die ihr für jemanden empfunden habt, desto tiefer kann die Trauer sein, wenn ihr diese Person verliert. Das ist Liebe. Trauer ist Liebe. Wisset also, dass ihr der Liebe nie näher wart als in Momenten der Trauer.

Ihr alle betrauert gerade unterschiedliche Dinge in unterschiedlichem Ausmaß. Wessen Trauer größer ist, welches Opfer das größte Leid trägt oder welcher der schlimmste Täter ist – und ähnliche Vergleiche –, das alles ist völlig bedeutungslos und hat keinen Sinn. Habt Mitgefühl euch selbst und anderen gegenüber. Jegliche Vergleiche, wessen Trauer wohl größer sein mag, werden diese letztendlich nur verlängern. Über die Trauer zu jammern ist kein Trauern – es ist Gerede über das Objekt der Trauer, statt in die eigene Verantwortung zu gehen, um die Trauer zu verarbeiten und sie loszulassen. Egal, was euch in der Vergangenheit passiert ist oder von wem es euch angetan wurde – weiter darüber zu jammern wird nichts ändern. Nur die Liebe kann das Geschehene wandeln.

Die Energie der Verleugnung, die Verleugnung der Trauer oder das Verhindern von Veränderung, dies sind schwere Kreuze in eurer Welt. Trauer/Liebe erfordert Veränderung, und ihr alle wehrt euch gegen sie und würdet die Trauer eher betäuben oder sie in die Länge ziehen, als sie zu akzeptieren.

Geliebte Wesen, beachtet bitte, dass Trauern nicht unbedingt Weinen sein muss. Es ist die Verarbeitung auf eine für euch richtige und passende Art und Weise – durch Zeit, durch Raum, durch Emotion, das geduldige Durcharbeiten disharmonischer Gedanken, durch das Transformieren einer Verhaltensweise. Trauer benötigt Unterstützung, oben wie unten. Das Verleugnen der Trauer ist es, was euch an der Traumwelt anhaften lässt, am Schlaf, an der Materie, und das macht es mit der Zeit noch schlimmer. Nichtgelebte Trauer vervielfältigt sich, was auch der Grund ist, weshalb man sie besser in einer Welle kommen und gehen lassen sollte. Ebenso wie die Liebe, die Wahrheit und alles andere. Denn auch ihr seid eine Welle.

Letztendlich ist Trauer jene Energie, die euch vom Schmerz LOSlöst und LOSbindet. Sie ist die Akzeptanz und Annahme von Veränderung. Zu trauern befreit euch. Und so kann euch eure Seele in etwas Harmonischeres einbinden und einweben. Der Trauer wohnt ein Friede inne und ein grenzenloser Raum der Schöpfungskraft.

Vielleicht wünschen sich einige von euch, im Bildteppich ihres

Selbst nicht so viele Knoten und Verflechtungen zu haben, und ein einfacheres, organischeres Muster zu weben, das mehr an ihre Umwelt angebunden ist – an weniger Beziehungen insgesamt, dafür aber an mehr Beziehungen von Wert. Dies ist sehr weise, geliebte Wesen. Stellt sicher, dass die Dinge, mit denen ihr verwoben seid, harmonischer und nicht ängstlicher Natur sind. Verflechtungen der Angst, Scham und Schuld sind die schwächsten, und doch sind es die furchterregendsten und schmerzhaftesten. Ungesunde Knoten fühlen sich eher wie rostige Nägel an, während Göttliche Verflechtungen und goldene, nahtlose Fäden mehr ein Gefühl der Verbundenheit und der Freude bringen.

Das Einweben von gesunden Verflechtungen, getragen durch Liebe, und das Lösen ungesunder Knoten macht die Trauer nicht weniger schmerzhaft, doch fühlt ihr euch weniger isoliert und überraschenderweise gleichzeitig freudvoller im Trauerprozess. Denn euer Glaube und eure Verbundenheit werden ganz nebenbei wiederhergestellt, weshalb es so wichtig ist, sich diesem Prozess hinzugeben.

Indem ihr euch daran erinnert, dass in Wirklichkeit alle Verflechtungen auf Liebe basieren, unabhängig von den Vorstellungen eures Verstandes, bleibt ihr in Demut verankert und sogar in staunender Bewunderung für all die Wunder, die möglich sind. Die Wahrheit zu hören kann manchmal niederschmetternd sein, in Wirklichkeit ist es aber weniger schlimm, als sie zu verleugnen und nicht weiterzukommen. Die Wahrheit lässt das Unsichtbare und Unendliche durch das Sichtbare hindurchscheinen. Nichts an der menschlichen Existenz, an der Materie, währt ewig. Aber die Wahrheit des Lichts ist zeitlos, ursprünglich und unendlich.

Von Dauer IST aber eure Präsenz, eure Bewusstheit in der Einheit. Ihr seid in Verflechtungen eingewebt, die von Gott geschaffen wurden. Ihr seid an Menschen Gottes, an Handlungen Gottes, an die Energie Gottes gebunden. Wenn euch dies bewusst wird, dann fällt es euch sehr leicht, in eurer wahren Essenz zu sein und sie in euer Dharma oder eure Leidenschaft des Friedens zu integrieren. Bindet euch wieder an das Göttliche Ökosystem an – durch euer Gebet, durch Lachen und durch euren Atem. Bindet euch an das Ökosystem, das euch umgibt. Dann werdet ihr verstehen, was es heißt, in Balance zu leben.

Im Moment gibt es bloß eine Verflechtung, die jetzt gerade für euch wesentlich ist. Es ist euer Herz. Jeder ungesunde Knoten, der euch von eurem Sacred Heart fernhält – der Einfachheit, Stabilität, Hingabe und der Stille –, ist gerade der wichtigste, auf den ihr eure Aufmerksamkeit richten solltet, um ihn zu transformieren.

Ihr werdet Mich, oder euch selbst, nicht vollends spüren, noch werdet ihr eure innere Leidenschaft in Einklang mit eurer Essenz hinaustragen und in das Netz des Lebens einbringen können, bis euer Herz im Frieden ist. Denn ihr schirmt euer Herz ab, ihr versteckt es. Wie könnt ihr also euer Netz als Spinne im Netzwerk des Lebens spinnen, wenn das Tor zu diesem Netzwerk durch die schwere Panzerung eures Herzens versperrt wird?

Lasst euer Herz zur zentralen und wichtigsten Verflechtung werden. Alles, was es geliebt und »nicht« geliebt hat, ist darin enthalten. Haltet alles, was euer Herz liebt, in Ehren und zeigt tiefste Dankbarkeit.

Zu den »un«geliebten Dingen:

Nehmt einige Atemzüge. Wenn es euch möglich ist, schließt die Augen. Und erlaubt dem, was aufkommt, herauszufließen. Fühlt die Wellen. Und taucht in sie ein. Dann steht über den Wellen.

Schickt nun Wellen eures Friedens, eures Gebets durch euer Herz hinein in Meines. Vertraut darauf, dass Ich eure Gebete in Meinem Herzen tragen werde, während Ich euch trage, euch halte und mit euch über das Wasser gehe.

Lasst alles, wovon ihr euch gerade löst, einschließlich eurer Gedanken und Gefühle, mit eurem Atem hinausfließen. Atmet langsam aus. Während ihr einatmet, gebt neuen Verflechtungen Raum, um euch zu füllen. Lasst den Heiligen Geist über, unter und in euch strömen. Ihr seid getragen, gesehen und geliebt. Atmet ein in meine Gnade. Lasst uns eins sein. Es werde Licht. Amein.

Den persönlichen Prozess schriftlich aufzeichnen

Ich möchte dich nun ersuchen, ein Blatt Papier zu nehmen und Folgendes aufzuschreiben:

- **Worin soll ich mein Vertrauen aufbauen, woran glauben?**
- **Was muss ich vergeben, und wofür muss ich um Vergebung bitten?**
- **Wovon muss ich mich befreien?**

Dieser Schreibprozess ist sehr wichtig, geliebtes Wesen. Bitte nimm dir die Zeit.

Wenn du mit dem Schreiben fertig bist, falte das Blatt Papier einige Male, segne es, und trag es bei dir, während du diese Botschaften, Gaben und Göttlichen Gebete Meines Herzens in dein Herz aufnimmst. *Öffne das Blatt nicht, bis Ich dich darum bitte.* Du wirst im Laufe dieser Botschaften auf bestimmte Weisen damit arbeiten.

Dies ist dein persönlicher Prozess mit den Botschaften des Friedens und der Freiheit.

Hier gibt es keine geschlossenen Fäuste, geliebtes Wesen, nur offene Hände, die du halten kannst – am Anfang, am Ende und in jedem Augenblick dazwischen. Alles, was ICH BIN, ist alles, was du bist. Alles, was du bist, ist alles, was ICH BIN.

Es war Mir eine Ehre, dir heute gedient haben zu können. Om Nami Maia. Om Namah Sananda. Om Nami Yeshua. Sancti. Sancti. Sancti. Pace. Pace. Pace. Namaste.

Von Weizen und Spreu

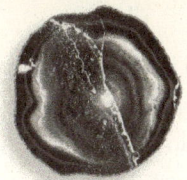

1.

....

Farben der Hoffnung

Seht, geliebte Wesen. Wie Ich schon erwähnt habe, trägt das Trennen der Spreu vom Weizen verschiedene Bedeutungen. In Meinen Botschaften schlage Ich gern mehrere Fliegen mit einer Klappe. Deshalb kann es sein, dass ihr den Botschaften lauscht und zu verschiedenen Zeitpunkten sehr unterschiedliche Offenbarungen für euch heraushört – abhängig davon, an welchem Entwicklungspunkt eure Seele steht.

In der vorigen Botschaft sprach Ich über zwei Bedeutungen des »Trennens von Spreu und Weizen«. Die erste war Seele/Spirit/Weizen (euer Bewusstsein oder eure Göttliche Präsenz), die in Materie/Körper/Form/Spreu ruht. Diese sind nicht getrennt voneinander, solange ihr in der Körperlichkeit seid. Beim Übergang, den ihr als »physischen Tod« bezeichnet, kehrt Spreu zur Erde und Weizen zum Spirit zurück. Letzteres hat die Fähigkeit zu unterscheiden, welche Dinge eurer Entwicklung, der inneren und der äußeren, zuträglich sind und welche nicht.

Bevor Ich auf weitere Bedeutungen von Spreu und Weizen eingehe, möchte Ich euch daran erinnern, dass das Schlüsselwort in dieser Botschaft die **Trennung** zwischen dem Weizen und der Spreu ist. Viele von euch verbinden das Wort »Trennung« mit einer negativen

Energie – sich vom Göttlichen, vom Umfeld, von sich selbst, vom Körper, von der Welt, vom Licht getrennt fühlen. Manchmal ist diese Trennung von Vergleichen, Gefühlen der Wertlosigkeit, Scham, Reue, Schuld, Verurteilung und den Dysbalancen des Verstandes durchdrungen und kann euch das Gefühl geben, abgekoppelt zu sein. Dies ist der Schattenaspekt der Trennung.

Ihr könnt jedoch große Freude erfahren, wenn ihr euch die Energie der Trennung in ihrer lichten Manifestation zunutze macht: Trennung schafft Entscheidungsmöglichkeit, sie erschafft eine Identität, die zwischen dem Selbst und der äußeren Welt existiert, und vor allem schafft sie einen Raum zwischen dem falschen Selbst des Egos und der wundervollen Wahrheit eures Göttlichen Selbst. Eine Trennung zwischen Gedanken oder Ereignissen schafft den RAUM für Vereinigung, Harmonie, Intimität und Einssein mit dem Göttlichen – sodass ihr euch nicht bloß wie ein Körper fühlt, der laufen kann, oder einfach als Materie, welche die Energie des Lichts und des Bewusstseins in sich trägt, letztendlich aber nicht mehr und nicht weniger als Materie ist, nicht mehr als der »Stoff«, aus dem der Traum besteht.

Bei der Arbeit mit Trennung in ihrer lichten Form geht es oftmals um das Arbeiten mit dem Element des Raumes, zum Beispiel dann, wenn ihr euch in einem Moment des Konflikts zurückzieht, um euch zu erden und zu zentrieren. Es geht darum, euch Raum zu nehmen, um eine Angelegenheit zu beenden, eine Person in Liebe gehen zu lassen oder euch von einer Verhaltensweise wie der Impulsivität loszulösen, die euch einst, in einer dichteren Struktur des Lebens, noch dienlich war.

Eine Trennung kann eine wunderbare Kraft sein, um etwas Raum zwischen euch und eure Probleme oder den Lärm zu bringen, damit ihr euch darüber Gedanken machen könnt, was ihr loslassen solltet, oder euch daran erinnert, was wirklich wichtig ist. Sie ist sogar der Raum zwischen Weizen und Spreu, zwischen Seele und Körper. Wenn ihr euch im Raum zwischen diesen beiden Aspekten befindet, seid ihr in zwei Realitäten gleichzeitig. Und so könnt ihr Zugang zum Raum grenzenloser Möglichkeiten finden, dem Raum des Spirit. Zu erkennen, dass ihr reines Bewusstsein innerhalb von Materie seid, das im Moment in einen heiligen Körper oder die Spreu eingewebt, aber nicht auf den Körper oder die Spreu begrenzt ist, das ist eine hervorragende Möglichkeit, von der Kraft der Trennung Gebrauch zu machen. Allem voran seid ihr Weizen, welcher ein »Weizen-in-der-Spreu-Erlebnis« hat, ein Träumender im Traum.

Es ist also wichtig, die Spreu zu ehren und zu schätzen. Wir wollen die Spreu nicht entsorgen. Ihr seid hier, um IM Körper zu sein, inkarniert. Nicht, um die Weiten des Raumes zu erforschen, aber um das grenzenlose Geschenk zu nutzen, das eure Fähigkeit ist, in den Weiten eures Selbst Raum einzunehmen. Ihr habt euch entschieden, auf diese Welt zu kommen, um hier zu SEIN, wirklich hier zu sein. Frei von Drogen oder anderen Dingen, die euch womöglich das Gefühl geben, Gott näher zu sein, die euch manchmal vielleicht sogar Momente der Erkenntnis liefern, aber nicht auf nachhaltige Art und Weise.

Für euch alle ist es an der Zeit, hier und jetzt nach dem Göttlichen zu streben. Es ist Zeit, euch von den Rauschmitteln, den Verhaltensweisen und den Schuldzuweisungen zu lösen, die ihr als Krücken benutzt habt. Ihr zahlt einen hohen Preis für sie. Höher, als ihr ihn euch jemals vorstellen könntet – egal, wie ungerecht ihr euch behandelt fühlt. Die Zeit ist gekommen, euch von diesen belastenden Knoten loszulösen: vom nächsten »Frauen«-Kreis, der Männern die Schuld zuschiebt, vom nächsten »Männer«-Investmentmeeting, bei dem jene mit weniger Geld verspottet werden, vom nächsten »friedlichen« Protest, der jeden beschuldigt, der gerade nicht am Protest teilnimmt, vom nächsten Joint, der nächsten Kreditkarte, dem nächsten Auto, dem nächsten »Lehrmeister«, dem nächsten »Therapeuten«, der nächsten kreativen Idee, die ihr nie in die Tat umsetzt, von der nächsten Ausrede, der nächsten Beschwerde, dem nächsten Keks ... Genug. Wisset, wann es genug ist. DAS ist die Kunst, nicht nur die Spreu vom Weizen zu trennen, sondern den Weizen als in der Spreu enthalten zu erkennen. Die Gleichheit eures Wertes und des Wertes jedes anderen zu sehen.

Selbst wenn ihr nicht mehr in der Körperlichkeit seid, wenn ihr die Dimension wechselt und euer Körper wieder zur Erde zurückkehrt, auch dann hat er noch einen Wert. Gott erschuf den Lehm, und dieser Lehm ist von Wert für andere Wesen sowie für Leben, das gerade erst in die Materie eintritt, wenn ihr sie verlasst. Die Spreu wird erneut zur Spreu, die mit der Zeit wieder zum Weizenträger für andere Wesen wird. Die Spreu ist Materie, sie ist Form, sie ist Gaia, und somit ist sie wertzuschätzen – wie auch die Spreu und der Weizen eines Menschen in Ehren zu halten sind, von dem ihr euch an einem gewissen Zeitpunkt trennt ... oder er sich von euch.

Während die Spreu als eure »Hülle« einen Wert hat – euer Körper, Aussehen, gesellschaftlicher Status, Job –, ist es der Weizen, der euer Wert IST. Denn er ist eure Präsenz, eure Bewusstheit. Der Wert zeigt sich in der Präsenz des gegenwärtigen Augenblicks. Denn dort wohnt euer Wert, und nur dort könnt ihr ihn erreichen und spüren. Euer Weizen IST euer Wert.

Ihr seid der Weizen in der Spreu, der nun zum Weizen erwacht. Andere sind ebenfalls Weizen in der Spreu, und sie werden erwachen, wenn sie bereit sind. Wann und wie sie das tun, liegt nicht in eurer Verantwortung. Es liegt in ihrer und in Unserer, in Gottes Verantwortung. Manchmal kommt es zur Trennung, wenn ihr bereit seid, euch von einer bestimmten Sache, einer Person oder einer Verhaltensweise zu lösen – etwas, was euch auf eurem Weg heilig war, verlässt euer Leben.

Wenn es ein traumatisches Ende ist, dann können Gefühle des Schocks und später der Verleugnung, dann des Verhandelns, der Wut, der Beschuldigung, des Grolls aufkommen, gefolgt von einer Reaktion und von Reue. Doch letzten Endes soll getrauert und zelebriert werden.

Am häufigsten bin Ich zu Beginn und am Ende von Entwicklungen und Vorgängen mit euch. Denn an Anfängen und Enden könnt ihr die Liebe am intensivsten spüren und erfahren: wahre Liebe in ihrer Vollkommenheit, die sich manchmal zwar auch wie Dunkelheit anfühlen kann, genau dann ist euch das Göttliche, das Licht, aber am nächsten. Wenn ihr euch im bescheidenen, offenen und verletzlichen Raum der Leere, des Schoßraumes befindet.

Ob ihr euch bewusst für ein Ende entscheidet oder ob es durch das passiert, was eure Seele anzieht, oder durch den freien Willen anderer Menschen auf der Welt und in eurem Leben – es spielt keine Rolle. Eine Veränderung tritt ein, eine Wiedergeburt, eine Trennung von der Geschichte, der Identität – eurer Geschichte, eurer Identität.

Die Macht dieser Trennungsenergie, wie sie euch bewegt, wie sie euch befreit, euch zu eurem Glauben führt, euch die Vergangenheit vergeben lässt, in Dankbarkeit für alle Dinge und alles Leben – diese Kraft liegt dem Prostrationsgebet zugrunde: sich von einem Problem trennen und Raum schaffen oder eine Situation in Ruhe und Anmut verlassen, unabhängig davon, wie ungerecht ihr euch behandelt fühlt. Es ist schwer, das weiß Ich. Aber ihr werdet euch eurer Göttlichkeit annähern, wenn ihr akzeptiert und euch erinnert, dass Gott am Ende jeder Seele zu Gerechtigkeit und Harmonie verhilft. Nicht, wenn es euer Verstand wünscht, sondern dann, wenn die Zeit dafür gekommen ist. Wir, das Göttliche, sehen und erkennen den Weizen in jedem und in jeder von euch. Wenn auch ihr bereit seid, ihn in euch zu erkennen, dann seid ihr auf dem Weg. Die in der Liebe verankerte Macht von Trennung und Raum hilft euch sogar dabei, die Dysbalance der Getrenntheit auszugleichen und den Schleier der Trennung zu lüften.

Sich den Raum zu nehmen, um sich von einem Problem zu entfernen oder von einer Gedankenblase – zum Beispiel einer nagenden

Angst, verzerrten Gedanken, Vertrauensproblemen oder anhaltender Frustration –, kann zu einer wunderbaren Praxis werden. Nochmals, Trennung ist das Element des Raumes, eine Trennung von der Form also. Trennung der Wahrheit von der Geschichte.

In der Zeit vor den vergangenen paar Jahren habt ihr alle eine Geschichte gelebt, die teilweise echt war, teilweise aber auch nicht. Ihr habt ziemlich blind und unharmonisch vor euch her gelebt. Ihr konntet die Wahrheit eurer Unausgeglichenheit nicht erkennen. Und so musste die Wahrheit einkehren, um eure Augen zu klären. Um euch das Salz, den Sand und die Körner aus den Augen zu waschen und euch von den Anhaftungen an einige eurer Gedanken, Energien, Verpflichtungen und Erwartungen zu lösen, die euch gefesselt hielten – um euch von diesem Netz zu befreien.

Alles, was euch während dieser Zeit gegeben wurde, ist Wahrheit. Ich werde gleich mehr darüber erzählen, was diese Wahrheit ist. Das Trennen des Weizens von der Spreu in einer seiner wichtigsten Manifestationen ist eure Fähigkeit, euer Bewusstsein, eure Präsenz und Aufmerksamkeit von Gedankenformen zu trennen, die Dissonanz erzeugen. Dissonanz wurde seit dem Jahr 2020 und wird danach noch intensiver von euch gefühlt werden, denn individuell und kollektiv seid ihr nun bereit, neu zu entdecken und zu bewerten, was Resonanz ist. Einige entscheiden sich bewusst, das zu tun, andere nicht.

Ich habe euch in den letzten Jahren, vor allem aber seit 2020, viel an Polarität gebracht, um die tieferen Schichten der Dissonanz in euch als Individuen und als Gesamtheit dieser Welt zu beleuchten. Ich tat dies, indem Ich euch mit euch selbst allein sein ließ – und ihr werdet mit euch selbst sein müssen, bis ihr eure Resonanz wiedergefunden habt, egal, in welchem Jahr das auch sein mag.

Eure Seele ist in eurem Körper. Alles andere im Außen ist Form – sogar euer Verstand. Gedanken. Gedankenformen. Gedankenkonstrukte. Gedankenschulen. Einen Gedanken erkennen und sich von ihm trennen zu können – sei es eine Angst, Sorge, etwas Wichtiges, etwas Unwichtiges –, das ist eine große Sache im Reich Gottes. Leider wird es in eurer menschlichen Welt nicht sonderlich belohnt oder überhaupt anerkannt. Obwohl Ich die Herausforderungen eines menschlichen Lebens vollkommen verstehe, bin Ich immer noch verblüfft, wie oft ihr den belanglosesten, flüchtigsten Gedanken und Sorgen erlaubt, euch zu verzehren. Sich davon trennen zu können IST die Göttliche Magie, die der Göttlichen Gnade entspringt. Ein Wunder, wie ihr zu sagen pflegt. Euer Wunder. Und Meines.

Wenn euch bestimmte Gedankenmuster immer und immer wieder triggern, wendet euch an Mich – Mich in eure Anwesenheit zu rufen, wird euch dabei helfen, wieder in den Raum eures Atems und Friedens einzutauchen. Dies ist wichtig, denn manche Gedankenformen können ja sehr lästig und schwer zu entlassen sein, besonders dann, wenn sie sich mit der Zeit tief verwurzelt haben, zum Beispiel wenn aufdringliche und euch einschränkende Gedankenformen wie diese aufkommen: »Ich sollte so viel dünner sein, ich verabscheue meinen Körper«, »Ich werde es niemals schaffen, meine Finanzen in Ordnung zu bringen« oder »Menschen sind schrecklich, die Welt ist grauenvoll, ich habe es so satt« … Und wenn ihr dann nicht bewusst einen tiefen Atemzug nehmt und euch davon distanziert, können diese Gedankenblasen im Nu euren Verstand und eure Gefühle völlig verzehren und beherrschen. Während die Gedankenform zu einer Angstspirale mutiert, kommen dichte Gefühle wie Schuld, Scham und Groll an die Oberfläche und halten eure Seele, euren Geist und euer Herz gefangen. Dieses Gefängnis der Angst ist eine Illusion, aber sie kann sich sehr real anfühlen und sogar zu körperlichen Reaktionen wie einer Depression und Paniksymptomen führen.

Während Vernunft, Logik und kritisches Denken allesamt wundervolle und wichtige, von Gott gegebene Werkzeuge sind, die ihr als menschliche Wesen nutzen könnt, sieht die Realität leider so aus, dass die meisten der Gedankenblasen, die tagtäglich durch und um euch herumschweben, völlig unlogisch, konträr, unbrauchbar und sogar etwas verrückt sind. Indem ihr lernt, die Spreu vom Weizen zu trennen – euch selbst von den disharmonischen, bruchstückhaften Gedankenformen zu lösen –, könnt ihr sie durch das Prisma des Weizens betrachten, nicht der Spreu. Gedankenformen sind Spreu. Ihr seid der Weizen. Denn im Weizen liegt eure Freiheit, eure Präsenz und die Macht eures Friedens.

Wenn ihr euch an Mich wendet, werde Ich euch helfen, euch daran zu erinnern, dass ihr mehr als eure Gedanken, Impulse und Gefühle seid. Viel, viel mehr.

Im Augenblick und auch über den gesamten Portalzeitraum der Herzöffnung hinweg könnt ihr euren Gedanken und Gefühlen kein Vertrauen schenken, denn dies ist nicht die Zeit des Verstandes ODER des Herzens. Es ist die Zeit der Seele, des Geistes.

2020 und die Jahre danach läuten eine neue Ära der Seele ein. Der Seele, die euer Weizen ist. Der Seele, die in Harmonie, Transparenz, in Fluss und Co-Kreation aufgeht. Dies ist die Zeit für euch, die Balance und das Gleichgewicht auf eine authentische Art und Weise zu leben.

Eure Seelen holen sich die Macht von eurem Verstand zurück, und diejenigen, die sich dagegen wehren, werden mit der Zeit immer mehr zu kämpfen haben. Ihr könnt nun die Wahrheit sehen und erkennen, wie wenig euer Verstand in der Lage war, etwas Beständiges zu erschaffen. So ist dies die Zeit, um im Raum der Seele Platz zu nehmen, dem beständigen, ausgeglichenen Raum, aus dem ihr ein Netz der Güte und Liebe weben könnt, statt in Angst und Gier zu verharren. Es ist dies die Zeit der Neuausrichtung mit dem Göttlichen Willen, dem eure Seele viel näher ist als der Verstand und sogar euer Herz. Dies ist die Zeit der Neusynchronisierung mit der Schwingung eurer Erde. Der wahren Schwingung des Weizens und eures Bewusstseins.

Bei manchen von euch ist der Weizen stark an die Spreu gebunden.

Das sind sehr zornige, abgestumpfte Menschen, denen es an Mitgefühl mangelt. Geht nicht davon aus, dass ihr nicht dazugehört, egal, wie bewusst ihr zu sein und zu leben glaubt. Aber genau so, wie ihr Liebe in euch tragt, haben auch diejenigen, die in der Unbewusstheit feststecken, Liebe in ihrem Herzen – sei es für ihre Mütter, für Tiere oder für jemanden, den sie irgendwann einmal gekannt haben. Auch sie verdienen Liebe. So wie ihr sie verdient. Das ist für sie schwer zu erkennen – ihnen ist noch nicht bewusst, dass sie der Weizen sind. Aber euch ist es das schon. Und somit tragt ihr als bewusste Wesen eine gewisse Verantwortung, euer Licht in Demut und Bescheidenheit leuchten zu lassen. Denn trotz eurer unterschiedlichen Wahrnehmung der Realität seid ihr Ein Gemeinsamer Körper, Eine Gemeinsame Menschheit.

Alle Menschen in eurem Kollektiv tragen eine Essenz in sich, die ihrem Weizen innewohnt. Sie sind vielleicht einfach noch nicht bereit dazu, dies zu erkennen. Sie dafür zu verspotten, ist nicht hilfreich, denn dies führt nur zu noch tieferer Spaltung. Die Lösung liegt darin, euer Licht für sie scheinen zu lassen, so wie auch das Licht anderer für euch scheinen möge.

Weizen ist Realität – das ist die einzige Wahrheit. Es gibt nicht »eure« Wahrheit oder die Wahrheit eines anderen. Es existiert nur die Wahrheit Gottes. Der Rest ist subjektiv und basiert bloß auf euren eingeschränkten Meinungen und Wahrnehmungen. Die Spreu ist real, doch ist sie ein Teil des Selbst – des Traumes. Ihr seid die Träumenden. Die größten und besten Träumenden können sich ihrer Fähigkeit, den Traum um sie herum zu steuern, bewusst werden. Träumende haben die Möglichkeit, in die Stille zu gehen und den sie umgebenden Traum zu verändern – durch Ehrlichkeit, Mitgefühl, Göttlichen Dienst, Hingabe, Kompetenz, Disziplin und die Fähigkeit, im Angesicht einer Veränderung stabil zu bleiben, dabei aber den emotionalen Prozess nicht zu unterdrücken.

Opfer werden in der Energie dieser Zeit nicht aufblühen. Deshalb müsst ihr diese Unbewusstheit überwinden. Ihr Menschen seid nicht länger an der Macht. Gaia ist es, das Göttliche, eure Seele wie auch die wahre Seele eures Kollektivs. Etwas zu erzwingen, was nicht mehr in Einklang mit euch steht, oder zu glauben, ihr wüsstet, was das Beste für die Welt ist, oder in Selbstmitleid und Schuld zu versinken – all das wird euch der Wahrheit nicht näherbringen. Liebe, Ehrlichkeit und Transparenz werden dies bewirken.

Euer Weizen und eure Seele schöpfen aus dem Raum, der Bewusstheit und Präsenz des Zeugen, des Beobachters, des Träumenden. Ich bezeuge euch, wie ihr euch ständig weiterentwickelt, verbessert, entfaltet und wachst. So wie ihr macht es auch Gott. Es ist Mein Wunsch und Mein Gebet, dass ihr zutiefst begeistert sein werdet, wenn ihr versteht, dass Gott mit euch wächst und sich entwickelt, wenn ihr wachst und euch entwickelt. Ihr steht zu jedem Zeitpunkt in co-kreativer Zusammenarbeit mit dem Göttlichen.

Ich werde an dieser Stelle nicht zu sehr ins Detail gehen, doch es ist äußerst wichtig, diese co-kreative Partnerschaft und gemeinsame Entwicklung mit dem Göttlichen in euer Bewusstsein zu bringen. Gott, die allumfassende Bewusstheit, ist transzendent, immanent und emergent zugleich. Wenn ihr euch in den Prozess des Erwachens begebt und die Schleier wie auch die Konstrukte eures Selbst oder eure »Spreu-Identität« zu lösen beginnt, werdet ihr merken, wie plötzlich Bewusstsein, Gott, Licht in euch strömt und aus euch heraus in die Welt fließt.

Dies ist die Verwirklichung, die Essenz und die Entfaltung eures Yeshua-Selbst. Durch eure Präsenz prägt und entwickelt ihr Bewusstsein, Gott – so wie auch Gott, das Bewusstsein, euch prägt und entwickelt. Ihr werdet zum Anker und Träger des Lichts hier auf Erden, und ihr entfaltet und erweckt das Licht in anderen, indem ihr eure Präsenz und eure Bewusstheit verschenkt. Ihr tragt das Licht, und das Licht trägt euch – umhüllt von Vertrautheit, Friede, Verbundenheit und bedingungsloser Liebe.

Diejenigen auf eurem Planeten, die in authentischer Entfaltung, Präsenz und Verwirklichung ihres Yeshua-Selbst verwurzelt sind, ihres Göttlichen Selbst, können sogar Bewusstheit und Aufmerksamkeit in den Raum zwischen der Seele und dem Spirit bringen. Ihre Bewusstheit ist so tief im gegenwärtigen Moment verankert, dass sie es schaffen, mehr und mehr Raum zwischen ihre Gedanken zu bringen. Sie haben nicht so viele Gedanken. Nicht so viele Verzerrungen. Nicht so viele Ängste. Auch nicht so viele Gefühle, die sie provozieren könnten. Denn sie sind in einem stetigen Zustand des Flusses, des Atems, und sie halten die Dinge einfach. Und so ist ihr Weizen für das gesamte Kollektiv von großem Wert. Ihr Weizen ist es, der eure Bedürfnisse nährt, selbst wenn ihr sie niemals kennenlernt. Diejenigen, von denen Ich spreche, sind Menschen, die wahrlich ihr Leben dem Dienst verschrieben haben. Sie sind mit sich im Frieden. Sie sind unglaublich weise, intuitiv, bescheiden und auf eine sehr einfache Art und Weise überaus mächtig. In der Nähe von Menschen zu sein, die im Frieden mit sich sind, hat eine majestätische und anziehende Kraft. Sie sind eure größten Leitbilder. Es ist jedoch unwahrscheinlich, dass ihr sie in einem Umfeld findet, in dem sie selbstdarstellerisch auftreten und in dem ihre Gaben verherrlicht werden. Ihr werdet sie zu euch rufen, wenn ihr sie braucht. Und sie werden über das Netz des Lebens nach euch rufen.

Je mehr ihr in Frieden akzeptiert, in Frieden lebt, desto mehr werden eure Bedürfnisse gestillt – durch die Güte und Gnade jenes Ökosystems, von dem ihr euch ernährt und das auch ihr nährt.

Je mehr Bewusstheit ihr also in die euch beeinflussenden Gedankenformen bringt, einschließlich eurer Meinungen, die euch so fest umwickeln, dass ihr blind und gefangen seid wie eine Fliege im Spinnennetz, je mehr ihr eure Anhaftung an diese Gedankenmuster loslasst, desto mehr wird euer ungestilltes Bedürfnis nach Frieden gestillt. Gedankenformen, Angstgefängnisse, sogar Ideen und Geistesblitze kommen nicht immer aus euch heraus. Um genau zu sein, tun sie das selten. Gedankenformen – ja, auch eure – entspringen nicht ursprünglich euch. Viele werden euch von außen eingeflößt oder manipuliert.

Alles, was wirklich ursprünglich ist, ist sich seiner Quelle und Herkunft bewusst. Alles, was nicht ursprünglich ist, ist sich seiner Herkunft nicht bewusst. Wenn ihr ursprünglich sein wollt, so wie Ich euch entworfen habe, müsst ihr euch eurer Quelle bewusst sein, nämlich des Bewusstseins, das Gott ist. Alles andere mag vielleicht eine Art Fortschritt bringen, nicht jedoch wahre Bewusstseinsentwicklung in dieser Welt oder in irgendeiner anderen Realität.

Wenn ihr euch für nicht ursprüngliche, gebrauchte Gedankenformen, Angstgefängnisse oder Gedankenblasen entscheidet und euer Leben um sie herum aufbaut, werdet ihr eure schöpferische Kraft niemals wirklich kennenlernen. Wahrhaft ursprüngliche Gedanken, die der Göttlichen Quelle entspringen, entstehen in langsamer Entwicklung, einem Reifeprozess und einer Geburt aus dem Reich, dem leeren Raum unbegrenzter Möglichkeiten. Ihr pflückt eine Möglichkeit, eine ursprüngliche Idee oder ein Konzept, webt euch in sie ein, lasst sie reifen; und wenn sie bereit ist, tritt sie in euer Bewusstsein und zeigt sich. Euer Herz fängt an zu strahlen, und dann erfasst euer Verstand diesen Samen, dieses Konzept, und beginnt, ihn langsam zu manifestieren und zu verwirklichen. Dies ist ursprüngliche Schöpfung, die nicht der Form entspringt – sie kommt vom Raum des Spirit, vom Weizen, und fließt hinaus in die Welt.

Leider verhält es sich so, dass, selbst wenn etwas Ursprüngliches aus dem Reich der grenzenlosen Möglichkeit entsteht und dieses Konzept ins Bewusstsein eures Verstandes gelangt, dieser es sofort festhalten und in eine völlig unoriginelle Struktur zwängen möchte. Strukturen können bestimmten Normen entsprechen, aber authentische Schöpfung verdient authentische Strukturen. In eurer Welt herrscht ein erschreckender Mangel an Originalität und Ursprünglichkeit, was einer der

Gründe dafür ist, weshalb Wir die Dinge auf eurem Planeten etwas aufrütteln. Um euch aus eurer Bequemlichkeit und hinein in das Reich Göttlicher Co-Kreation und Originalität zu bringen.

Wenn ihr originell und ursprünglich sein wollt, statt nach dem Mehr und Mehr, dem Glitzern des Ruhms und der Macht zu streben, dann strebt zuerst nach weniger und weniger. Verfeinert eure Botschaft, euer Konzept, eure Erwartungen und die wahre Essenz eures Dienstes. Mit Geduld und in der Hingabe verankert, werdet ihr gut auf dem Weg sein. Eine Struktur, die einfach und originell ist und auf unerfüllte Bedürfnisse eingeht statt auf die Begierden eurer Egos, wird sich von dort aus auf natürliche Weise entfalten. Das ist wahre, in euch manifeste Göttliche Ursprünglichkeit.

Ein Großteil der angstbasierten, repressiven, unterdrückerischen und erdrückenden Gedankenformen und Angstgefängnisse, die an eurem Geistkörper anhaften und den Weg in euer Herz, euren Verstand und eure Seele finden, ohne dass ihr es bemerkt, kommt von außen. Diese Gedankenformen schweben wie kleine giftige Samen um euch herum und heften sich an euch. Wenn ihr keinen inneren Prozess des Unterscheidens, des Bewusstmachens, Beobachtens und der gesunden Distanz entwickelt habt, können sie euch mit Zweifel vergiften, was sodann zu Verzerrungen, Reaktivität und der Weitergabe des Giftes an andere führt, wie ein Virus, der seinen Träger infiziert. Zum Beispiel wenn ein Freund sein Kind verliert oder ihr eine Nachricht über irgendjemanden lest, der irgendwo auf der Welt ein Kind verloren hat, dann dreht sich die Angstschleife sofort um den Gedanken: »Das könnte auch mir passieren.« Was wiederum Paranoia auslöst und euch dazu bringen kann, die Freiheit eurer Kinder so einzuschränken, dass daraus Schaden und Disharmonie entsteht.

Gedankenformen werden größer, wenn das Gift mehr und mehr Menschen erreicht. Wenn beispielsweise eine Person Schuld auf ein anderes Individuum oder eine Gruppe projiziert und sich weitere

Menschen diesen Schuldzuweisungen anschließen, kommt es zu einer Bündelung von Hass oder Verurteilungen. Die Last des Kreuzes und die Belastung durch dieses Gift wird immer weiter verbreitet. Damit geht ein tiefes Leid einher, das viele Menschen betrifft.

Diese Angstgefängnisse und Gedankenformen wirken sich bekanntlich in einer Weise auf eure Gefühle, Hormone und Körper aus, die zu emotionalem Ungleichgewicht und sogar zu einer Krankheit führen kann. Sie sind regelrecht erdrückend. Wenn ihr euch nicht von Gedankenformen und Gefühlen wie Traurigkeit, Angst und Wut lösen könnt, bedeutet das in der Regel, dass irgendwo ein Gedankenkonstrukt oder eine Angstblase versteckt ist. Dies ist völlig normal, und alle menschlichen Wesen haben mit solchen Dingen zu kämpfen. Jedoch spreche Ich darüber, um euch Licht zu bringen, damit ihr euch dessen bewusst werdet. Bewusstheit und der Wille, neugierig zu erforschen, warum diese Gedankenformen den Weg zu euch gefunden haben, sind ausschlaggebend. Ihr selbst seid auch die Einzigen, die sie überwinden können. Wie sie hereingekommen sind, wann und von wem sie stammen, ist irrelevant.

Bewusstheit ist der erste Schritt zur Transformation und zur Harmonisierung des Verstandes, sodass ihr ein Leben führen könnt, das nicht ausschließlich auf die Spreu und auf Materielles fokussiert ist, sondern dem Weizen erlaubt, die Spreu auf natürliche Weise wieder ins ihr innewohnende ursprüngliche Gleichgewicht zu bringen. Hätten Wir euch alle nach demselben Entwurf erschaffen, dann gäbe es eine Milliarde Menschen, die alle ein und dieselbe Person wären. Jeder und jede von euch ist völlig einzigartig. Bitte zeigt euch erkenntlich, indem ihr das unglaubliche Geschenk eures einzigartigen Selbst in Ehren haltet. Eure Originalität ist nicht »besonderer« als die der anderen. Jene, die darauf abzielen, etwas »Besonderes« zu sein, oder sich selbst schon als etwas »Besonderes« erachten, sind eigentlich sogar ziemlich gewöhnlich und uninteressant. Strebt danach, ihr selbst zu sein. Denn jeder von euch ist ein Original. Ich sage es nicht, um Mir selbst auf die Schulter zu klopfen – aber Ich halte jeden von euch für Mein größtes Meisterwerk. Ihr werdet das erkennen, wenn ihr den Frieden in euch gefunden habt.

Gedankenblasen und Angstgefängnisse haben umso mehr Macht über euch, je mehr ihr sie mit euren Sorgen, eurer Panik, Unzufriedenheit, Undankbarkeit, Wut und dem Wunsch nach Kontrolle füttert. Sie halten euch vom gegenwärtigen Augenblick fern und drängen euch in die Zukunft. Eine Zukunft, von der ihr besessen seid, die ihr zu kontrollieren versucht. Ironischerweise ist dies eine Zukunft, die durch die Vergangenheit bestimmt wird. Oder aber sie halten euch in der Vergangenheit fest und sind ständig dabei, über das Gute und das Schlechte Bilanz zu führen, das euch widerfahren ist. Doch über das Gute und Schlechte, das ihr anderen zugefügt habt, darüber denkt ihr selten nach.

Wenn ihr nicht im Hier und Jetzt seid, seid ihr nichts mehr als Gedankenformen und Gedankenblasen. Was euch wiederum sehr oft in Zweifel, Angst und Sorgen versinken lässt. Genau das ist die Ursache für den Großteil eurer Erschöpfung. Diese Gefängnisse halten euch im Dunkeln der Unbewusstheit fest, denn dort macht ihr nicht von eurem gottgegebenen Recht Gebrauch, euer Innerstes bewusst zu gestalten und die Dinge zu erschaffen, die euch dienlich sind, sowie jene Aspekte zu zerstören, die es nicht sind. Das Gleiche gilt übrigens auch für eure äußere Realität. Ihr seid dann eine Fliege im Netz des Lebens statt die prächtige Spinne, die ihr eigentlich seid, wenn ihr im Hier und Jetzt ruht. In der Gegenwart liegt die Macht, zu vergeben, loszulassen, zu empfangen, zu träumen und euch zu verbinden.

Nicht im Hier und Jetzt zu leben, ist gerade in dieser Zeit keine besonders schlaue Idee. Eine der vielen Kräfte, die ein wunderbares Geschenk sein können – oder eine massive Belastung, wenn sie nicht in der Gegenwart erfahren wird –, ist die Hoffnung. Hoffnung ist eine wundervolle Energie, solange sie in der Gegenwart verankert bleibt: »In diesem Augenblick habe ich die Hoffnung, dass es meinem Freund besser geht.« Oder: »In diesem Moment bin ich voller Hoffnung für die Menschheit.« Hoffnung kann außergewöhnliche Heilkraft und Balance hervorbringen, wenn sie im Hier und Jetzt verankert ist, etwa: »Ich hoffe, dass, obwohl diese Beziehung zu Ende geht, die Trennung in Harmonie, Güte und mit Mitgefühl vollzogen werden kann. Und ich hoffe, dass wir immer dankbar für die guten Zeiten sein werden, die wir gemeinsam hatten.« In der Gegenwart ist die Hoffnung ein wunderschöner Ausdruck von Güte und Bewusstheit, gleichbedeutend mit einem Gebet.

Ihr könnt erkennen, dass Hoffnung die Gegenwart verlassen und sich entweder in der Vergangenheit (*Reue*) oder in der Zukunft (*Wünsche*) verstrickt hat, wenn sie von solchen Worten begleitet wird: »Ich hoffe, dieser Mensch wird sich für mich ändern«, »Ich hatte gehofft, mehr Zeit zu haben«, »Als Kind war ich voller Hoffnung, aber was ist bloß aus mir geworden?«, »Ich hatte gehofft, dass mein Leben besser verlaufen wäre« – oh, Ich halte euch und halte euch durch all diese Momente hindurch.

Allerdings sind leere Hoffnungen wie auch die Vorwürfe, die ihr euch macht, wie tote Bäume, die ihr auf eurem Rücken tragt und die euch hinunterziehen durch die Illusion dessen, was hätte passieren können oder sollen. Wahre Hoffnung wurzelt im Baum des Lebens und schenkt eurem Geist Vitalität, Inspiration und Licht – durch den gegenwärtigen Augenblick, den Atem im Hier und Jetzt.

Wenn aber Hoffnung die Gegenwart verlässt und stattdessen in die Zukunft projiziert wird, dann geht sie rasch in ihre Schattenversion über, die Erwartung. Das Göttliche Geschenk der in der Gegenwart verankerten Hoffnung wird durch Gebete empfangen wie »Ich hoffe auf das bestmögliche Ergebnis für mich und für alle anderen …«. Einem wahren Gebet der Hoffnung wohnt eine Demut, Hingabe, Vergebung und die Erkenntnis inne, dass alles bereits gelöst ist.

Wenn sich Hoffnung aber auf das Morgen oder auf persönliche Wünsche bezieht, kann sie zur Erwartung werden. Und Erwartungen machen sich sehr häufig sogar einige der unterdrückenden Kräfte in eurer Welt zunutze: »Wenn du dieses Produkt verwendest, wirst du abnehmen ...«, »Wenn du das benutzt, wirst du so und so sein ...«, »Wenn du dies kaufst ...«, »Wenn du jenes tust ...«, »Wenn du still bist und dich benimmst ...«, »Wenn du so und so viel Geld verdienst, DANN bist du es wert, geliebt zu werden, DANN wirst du akzeptiert werden, DANN kannst du dich auf deinen inneren Frieden konzentrieren« ... Falls ihr eure Hoffnung in die falschen Dinge legt, dann lauft ihr Gefahr, tiefe Enttäuschungen und Vertrauensbrüche zu erleben, die aus solchen projizierten Erwartungen entstehen.

Einige dieser dysbalancierten Hoffnungen können euch überlasten und sehr stark beschäftigen: »Ich hoffe, dass mein Unternehmen Erfolg haben wird; also werde ich sparsam sein und mich anstrengen ...«, »Ich hoffe, diese Beziehung wird funktionieren; also werde ich mich ändern, um so zu sein, wie mein Partner mich haben möchte [bevor ich mir überhaupt die Frage stelle, ob diese Beziehung denn stabil und harmonisch ist und auf Vertrauen basiert]« ... Das ist projizierte Hoffnung. **Projizierte Hoffnung ist verzerrte Hoffnung.** Es bedeutet, ihr macht euch selbst von Vorgängen abhängig, die ihr nicht kontrollieren könnt, indem ihr etwas in eine bestimmte Richtung lenken wollt. Es ist ein sehr entmächtigender Zustand, der zu großen Enttäuschungen führt, wenn die Erwartungen nicht eintreffen.

Was Wir hoffen, was Ich hoffe, als euer Bruder, als euer Vater, als euer Freund, was Ich hoffe, ist, dass ihr euren Wert fühlt und erkennt – unabhängig davon, was ihr seid, was ihr besitzt, was ihr getan oder nicht getan habt –, dass ihr eure Freiheit fühlt. Dass ihr euch selbst und anderen vergebt, ganz gleich, was in eurem Leben geschehen ist oder wie viel Zeit euch noch auf eurer Erde geblieben ist. Jeder Augenblick ist ein neuer, und ihr könnt jeden Moment nutzen, um Frieden, Vergebung, Liebe und authentische Hoffnung zu verspüren.

Wir hoffen, dass ihr ihr selbst sein könnt. Ich hoffe, dass ihr euch von den Erwartungen anderer, oder sogar den Vorstellungen eures Verstandes, wie ihr zu sein habt, trennt – sodass ihr sein könnt, was ihr sein müsst, nämlich der Weizen, der ihr seid.

Hofft oder *wisst* ihr, dass Gott mit euch ist?

Geht mit dieser Frage in Meditation. Denn die Beschäftigung mit dieser Frage geht mit einem grundlegenden Übergangsritual einher. Es ist dies die Frage, die euch von einer persönlichen Identität hin zur Transzendenz bringt, zur »Weizen-Identität«. Wenn ihr tief in eurem Innersten wisst, dass Gott mit und in euch ist, dann ist es ganz einfach, Hoffnung in der Gegenwart zu verankern und alle Erwartungen loszulassen, denn ihr habt alles, was ihr braucht, nämlich Gott. In diesem Licht sind alle Dinge möglich.

Ich stelle euch diese Frage, weil ihr jetzt sowie in den kommenden Jahren mit erhöhtem Aufkommen innerer und äußerer Konflikte und Spaltung rechnen müsst, wenn ihr darauf hofft, dass Ich mit euch bin, statt es zu wissen. Bis jetzt waren eure Hoffnungen überheblich und selbstgefällig: »Ich hoffe, die Nachbarn kommen nicht zur Party«, »Ich hoffe, Gott bestraft diese Person«, »Ich hoffe, diese Person wird aus der Gemeinschaft verstoßen«, »Ich hoffe, ich bekomme dieses Jahr mein neues Smartphone« – Verzerrung. Dysbalance.

Gott dient nicht den Dysbalancen des Egos. So versorgen Wir euch nun mit dem, was ihr benötigt, um die wahre Göttliche Essenz eurer Hoffnung wiederherzustellen, eingebettet in Gnade, Mitgefühl und Aufrichtigkeit. »Ich hoffe, ich werde dieses Jahr die Nachbarn wieder treffen, und ich hoffe, es geht ihnen gut«, »Ich hoffe, Gott ist bei diesem kranken Menschen und bei seiner Familie«, »Ich hoffe, diese gütige Person wird von der Gemeinschaft gewürdigt«, »Ich hoffe, ich schaffe es dieses Jahr, mit den Kindern den Angelausflug zu machen oder an den Feiertagen meine Familie zu sehen, und wenn nicht, dann hoffe ich, dass wir alle gesund und glücklich sind«: Das ist Hoffnung. Hoffnung voller Güte und Liebe.

Wir mussten den Prozess der Dekonstruktion in den vergangenen Jahren der Leere und des Zwischenraumes anstoßen, damit ihr euch das Geschenk der Hoffnung von euren Erwartungen zurückholen und es nutzen konntet, um euer Gebet, eure Güte, euren Glauben zu stärken. Wählt jene Hoffnung, die dem Glauben entspringt. Wenn Hoffnung zum Gebet der Freude wird – nicht bloß für euch, sondern für alle Menschen – dann kann sie Welten bewegen. Und auch Ich bin tief bewegt in diesen Momenten. Sancti. Pace. Amein.

2.

....

Die heilige Saat

Die Yeshua-Lehre

Geliebte Wesen, um die Spreu vom Weizen, eure Egoverzerrungen von der Macht des Lichts in euch zu trennen, habe Ich vor langer Zeit einen Schutzschalter eingerichtet, der aktiviert wird, wenn ihr zu sehr aus dem Gleichgewicht geratet. Eine Sicherung für euch als Individuen. Und einen Sicherungsschalter für euer Kollektiv. Der Schalter wurde in den vergangenen Jahren betätigt. Ich wusste, dass es dazu kommen würde, denn Ich habe ihn konzipiert.

So führte der Mangel an Einfachheit, Stabilität, Hingabe und Stille in dieser Zeit dazu, dass sehr viel Unbeständigkeit ans Licht kam. Und vieles wird noch ans Licht kommen. In eurer Welt ist so viel mehr gestorben, als ihr es euch in diesem Moment vorstellen könntet.

Die Schutzschalter, die Ich für das Jahr 2020 und darüber hinaus geschaffen habe, waren eine Abfolge von drei Zwischenräumen. Jedes Jahr werden diese Zwischenräume anders sein. Aber ihre Grundlage bleibt dieselbe.

Das Erste, was ihr Menschen macht, wenn ihr das Wort »Leere« oder »Zwischenraum« hört, ist meist, in Panik zu geraten. Lasst Mich deshalb eines klarstellen: Ein Zwischenraum ist nichts, wovor ihr Angst haben müsstet. Ein Zwischenraum öffnet eure Augen für das, was hinter Materie und Form (der Spreu) liegt. Nicht in eurer äußeren Realität, dem Sichtbaren, liegt die Magie. Dort werdet ihr die Freiheit nicht finden. Eure Freiheit ist im Weizen, dem Unsichtbaren, der Trennung von der materiellen Realität. Ein Zwischenraum ist eine machtvolle Phase, um euch die Augen für diese Wahrheit zu öffnen.

Ein Zwischenraum ist eine Zeit, in der viele Erwartungen und Annahmen beseitigt werden. Es ist eine Zeit, in der Chaos und Veränderung eintreten, um wieder Ordnung und Wahrheit in euer Leben zu bringen. Es ist eine Phase, in der das Alte gehen darf und das Neue erforscht werden will. Es ist eine Zeit der Dekonstruktion, der eine Neuschöpfung folgt. Ein Zwischenraum ist wie ein Mutterschoß: Dort könnt ihr nicht sehen, und indem ihr versucht, euch durch einen Zwischenraum durchzuschlagen oder hindurchzueilen, um wieder sehen zu können, kämpft ihr dagegen an, und die Leere wird noch länger andauern. Nur einige wenige besitzen ein so hohes Bewusstsein, dass sie die Unsicherheit eines Zwischenraumes transzendieren, um sein unendliches Potenzial der Neugeburt zu nutzen. Ein Zwischenraum kann eure Seele in einer schier endlosen dunklen Nacht gefangen halten, wenn ihr den Prozess des Sterbens und der Wiedergeburt zu umgehen versucht. Aber wenn ihr die Leere nutzt, dann wird sie euch die Möglichkeit bieten, wieder zurück zum natürlichen Ursprung eures Bewusstseins zu kommen, zu eurer wahren Realität. Und so geschieht Manifestation auf viel natürlichere, erfüllendere Art und Weise in Einklang mit eurer wahren Essenz.

Ein Zwischenraum ist eine Zeit, sich von alten Ufern loszulösen, von Sicherheiten, Komfortzonen, Fluchtmöglichkeiten und täuschenden Hoffnungen, damit euer Spirit den Weg für neue Möglichkeiten ebnen kann. Ein Zwischenraum ist ein unbekannter Raum der Zerstörung und Dekonstruktion, damit neuer Platz für bewusste Schöpfung entstehen kann. Diesen Raum zu durchqueren und über ihn hinauszugelangen erfordert Demut, Tapferkeit, Vertrauen und Glauben, um durch die Phase schneller Entwicklung und Veränderung zu kommen, die damit einhergehen kann.

Oft, aber keineswegs immer, scheinen Frauen sich in solchen Leerräumen besser zurechtzufinden, denn sie sind eher an regelmäßige physische Zyklen der Zerstörung und der Schöpfung gewöhnt. Ganz allgemein gesprochen, haben sie auch ein tieferes Einfühlungsvermögen und eine ausgeprägtere Intuition. Männer scheinen generell, aber nicht immer, solche Phasen schwerer zu überstehen, denn sie bevorzugen es, zu handeln, für den Fortschritt zu sorgen, Gefühle zugunsten der Vernunft beiseitezuschieben und das Unbekannte durch Problemlösung zu überwinden. Zwischenräume sind nicht die Zeit, Probleme zu lösen. Es sind Phasen der Reifung und Auflösung. Dies trifft auch auf das Göttliche Männliche und das Göttliche Weibliche in euch zu. Das Männliche möchte Ordnung in etwas hineinbringen, was in Zeiten der Leere eben keine Ordnung hat. Dies kann zu Frustration führen. Zwischenräume sind weibliche, mutterleibähnliche Phasen, denen man sich hingeben muss, statt zu versuchen, sie mit dem Verstand zu erfassen. In einem solchen Zustand der Leere kann das Gefühl der Hilflosigkeit aufkommen – als wäret ihr ein Kind, das bei dunkelster Nacht in einer Krippe liegt.

Aber aus der Leere wird ein großer Stern geboren, ein Regenbogen: Balance, strahlendes Gleichgewicht. Neuausrichtung. Und genau aus diesem Grund sind eure persönlichen Zwischenräume oder die dunklen Nächte eurer Seele von solch unschätzbarem Wert für euch. Sie zerstören und lösen alte Gewohnheiten und Überzeugungen auf, die euch nicht länger dienlich sind, sodass ihr zu neuen Wegen des Seins auferstehen und diese erkunden könnt – Wege, die mehr in Einklang mit eurem Göttlichen Selbst stehen, *das ihr seid*. In einer Leere, einem Zwischenraum, einem Übergang oder Tod, will der Verstand die Kontrolle haben. Ihr müsst all eure Fragen loslassen. Um die Antworten in den Fragen selbst zu finden. Ihr menschlichen Wesen seid angesichts von Veränderungen weitaus widerstandsfähiger und flexibler, als euch bewusst ist. Eure Fähigkeit, zu trauern, zu zerstören, um dann gleich in den Prozess der Wiedergeburt, der Schöpfung einzusteigen, ist viel ausgeprägter, als ihr es euch vorstellen könnt (vorausgesetzt, ihr übergeht den Trauerprozess nicht).

Und aus diesem Grund sollten solche Zwischenräume begrüßt werden. Die Leere zu bekämpfen oder darin zu verharren, führt bloß zu noch mehr Verzweiflung und Wut. Es ist, als würde man blind versuchen, einen Feind zu schlagen, der nicht da ist. Euer Verstand glaubt bloß, dass er existiert. Die Leere zuzulassen und nach dem Stern darin zu greifen, gibt euch die Freiheit, sie als das, was sie ist, zu nutzen … als eine Phase des Sterbens und der Wiedergeburt hinein ins Gleichgewicht und in den Frieden.

Die Zwischenräume, die ihr in den vergangenen Jahren erfahren habt und erfahrt, sind nicht individueller, sondern kollektiver Natur. Das bedeutet, ihr geht alle gemeinsam durch sie hindurch. Und so müsst ihr alle ein bisschen mehr Demut und Mitgefühl gegenüber anderen zeigen. Ihr seid alle schon durch persönliche Zwischenräume gegangen und wisst, wie schwer das ist. Wütend auf eure Brüder und Schwestern zu sein, die gerade dasselbe wie ihr durchmachen, bringt niemandem etwas. Tatsächlich braucht ihr einander mehr als je zuvor, um diese Phasen zu transzendieren.

Während der Zwischenraum in Wahrheit bloß Ein Raum ist, wie auch Gott Ein Gott ist, zeigt er sich zu verschiedenen Zeitpunkten auf unterschiedliche Art und Weise, aus unterschiedlichen Perspektiven. Die Zwischenräume des Jahres 2020 waren von besonders polarisierter Natur, jeder Höhepunkt etwas höher, jedes Tal ein wenig kürzer, bevor die nächste Welle hereinbrach. Die Zwischenräume der folgenden Jahre sind länger, langsamer und sanfter – jeder von ihnen mit stärkerem Schwerpunkt. **Das Thema der nächsten Jahre und Jahrzehnte auf eurer Erde lautet: Ihr werdet ernten, was ihr gesät habt.** Und so ist es wesentlich, euch auf die Zwischenräume einzustimmen und euch die Gaben, die sie bringen, zunutze zu machen, um die Samen eurer Bestimmung zu pflanzen und zu aktivieren. Und ihr werdet dafür zur Verantwortung gezogen, welche Samen ihr sät. Wir geben euch in dieser Zeit die Möglichkeit, wieder ins Gleichgewicht und zur Einfachheit zurückzukehren.

Und so sind es die drei Geflechte, verwoben und aufgeflochten, die drei Samen der drei Zwischenräume des jetzigen und der nächsten Jahre, die euch zu einer wichtigen Entscheidung für jede der Erfahrungen in eurem Leben führen. Eine Entscheidung, für die ihr euch in den kommenden Zeiten zu verantworten habt: Werde ich den Samen des Giftes säen durch Schuldzuweisung und Projektion? Oder pflanze ich den Samen des Lichts und der Güte?

Ihr müsst in diesem Prozess nicht sofort Meister werden. Doch müsst ihr bewusst und achtsam sein. Ihr bewegt euch hin zu einer tieferen Verbundenheit mit dem Baum des Lebens. Um dort hinzugelangen, müsst ihr durch die Entscheidungen eures freien Willens hindurchschreiten, für die ihr alle verantwortlich geworden seid, als ihr von der »verbotenen Frucht« vom Baum der Weisheit von Licht und Schatten gegessen habt. Die Entscheidungen, euch neu auszurichten und den Garten erneut zu betreten, ihn sogar mitzugestalten und zu entwickeln, liegen nun vor euch, genau in diesem Augenblick. Jetzt ist die Zeit gekommen, auf die ihr euch über viele Leben hinweg vorbereitet habt. Diese Zeit und diese Entscheidungen sind es, weshalb ihr an dem aktuellen Wendepunkt von der alten Ära hin zur neuen inkarniert seid.

Die drei Perspektiven des Zwischenraumes oder der Leere möchte ich jetzt erläutern.

Der erste Zwischenraum, den ihr als Kollektiv erfahren habt und werdet, ist die Wahl des Glaubens und Vertrauens anstelle der Angst. Sein erster Durchlauf kam im März 2020. **Er war und ist für**

euch alle die Chance, euren Glauben zu finden. Das war und ist das Geschenk des ersten Zwischenraumes, des ersten der Heiligen Drei Könige. Manche von euch sahen dies als Gelegenheit, um zu sagen: »Ich weiß nicht, was mit dieser Welt passieren wird oder warum das alles geschieht, aber ich weiß, dass ich vom Göttlichen abstamme. Ich werde mich von Angst und Panik lösen, und ich werde dies als eine Chance nutzen, mich noch tiefer in meinem Glauben zu verankern …« Andere wiederum entschieden sich, am alten Ufer der Sorge, der Angst und der Trennung zu verweilen, jenem animalischen Selbst, das seinen Willen auf Kosten anderer durchsetzen will. Dieser Zwischenraum wird noch in den kommenden Jahrzehnten spürbar sein, denn wie immer geben Wir euch viele Gelegenheiten, euer Bewusstsein zu verändern.

Der zweite Zwischenraum des Jahres 2020 kam gegen Ende Juni, doch er wird noch an verschiedenen Zeitpunkten in den nächsten Jahrzehnten hervortreten. Hier ging es letztlich darum, die Energie des Verrats und der Schuld zu befreien. Diejenigen, die andere für Geschehnisse beschuldigt und niedergemacht haben, die hundert Jahre zuvor geschehen sind, oder die, die den Finger der Schuld auf die Opfer statt auf die Täter gerichtet haben, diese Menschen haben das Potenzial dieser Phase nicht ausgeschöpft. Und sie werden in der noch kommenden Zeit die Konsequenzen dafür tragen.

Dieser zweite Zwischenraum ist einer, der euch zum Kern der unermesslichen Kraft der Vergebung bringt – der Vergebung euch selbst und anderen gegenüber. Nur die Vergebung lässt euch über die Schuld und die Scham der Vergangenheit erheben und diese transzendieren. Beim zweiten Zwischenraum geht es darum, sich von alten Traumata und Geschichten zu lösen. Es ist ein Loslassen der Wut, um Trauer zu verarbeiten und entlassen zu können. Dies schafft Raum für Liebe. Und für Befreiung.

Wer sich für die Liebe entscheidet und die Ansprüche des Egos sowie die Last der Schuld ablegt, erlebt im zweiten Zwischenraum die

Loslösung von vielen Verflechtungen und Ketten ungesunder Knoten. Ihr kommt wieder in Einklang mit Freiheit, Güte und Gnade. Hier geht es vor allem um die Entscheidung, den eigenen mit dem Göttlichen Willen zu vereinen, indem Stock und Stein niedergelegt werden. Es geht auch um die Entscheidung, woran ihr euch durch Verpflichtungen binden, weben, knüpfen wollt. Deshalb habe Ich euch bezüglich eurer Verpflichtungen zu Vorsicht geraten. Sehr oft werden Dinge, die in Zeiten einer solchen Phase geplant und entschlossen wurden, schnell wieder verworfen. Oder sie verursachen erheblichen Stress und Belastung.

Der zweite Zwischenraum ist ein Erforschen und Neubewerten, während ihr eure Schwingung weiter erhöht. Jedes Mal, wenn ihr euch entscheidet zu vergeben, statt im Groll und in verzerrten Wahrnehmungen der Vergangenheit einschließlich der »Traumaidentität« zu verharren, wird euch diese Phase geben, was ihr benötigt, um euch wieder in die Einheit und ins Gleichgewicht einzuweben. Ihr werdet euch während dieses Prozesses in Geduld üben müssen. Eure Seele löst sich vom Alten, webt euch ins Neue ein und erforscht und ergründet dieses Geschehen.

Der zweite Zwischenraum war und ist die bewusste Entscheidung für Vergebung anstelle von Schuld. Die Wahl, Verantwortung und Schuld nicht länger auf andere zu projizieren.

Diejenigen, die andere beschuldigen und niedermachen, UND diejenigen, die darauf ansprechen, indem sie aus Angst Schuldgefühle für etwas entwickeln, was sie nicht getan haben, diese Menschen säen eine Saat der Dissonanz und der Illusion. Wer hingegen vergibt oder um Vergebung bittet, sät Samen von Wahrheit und Liebe. In der kommenden Ära unter dem Thema »Ihr werdet ernten, was ihr gesät habt« werden diese Entscheidungen von eurer Seele, dem kollektiven Unbewussten und dem Göttlichen gesehen und bezeugt. Und ihr werdet euch für sie verantworten. Also wählt mit Bedacht, geliebte Wesen.

Der dritte Zwischenraum ist der bisher tiefste. Der erste ist eine Gelegenheit, zu heilen, zu gesunden und wieder ins Gleichgewicht zu kommen. Der zweite ist eine Möglichkeit, loszulassen, wiederherzustellen und aufzulösen. Der dritte bietet die Chance zur Befreiung, zur Erlösung und zur Offenbarung eures authentischen Seins und eurer wahren Essenz.

Bevor ich vom dritten Zwischenraum spreche, möchte Ich noch hinzufügen, dass die Entscheidungen, die ihr in jener Phase trefft, noch verbindlicher für euch als Kollektiv sein werden. Während individuell wie auch kollektiv mehrere Zwischenräume in den nächsten Jahrzehnten auf euch zukommen, werden die Entscheidungen, die ihr nun zum Ende der alten und während der Geburt der neuen Ära fällt, für die heranbrechende Zeit wie in Stein gemeißelt sein. Ihr seid es, die ihr gerade inkarniert seid und die energetischen Abdrücke für das neue Zeitalter prägt.

Die Jahre oder Phasen der Leere sind Tore der Auferstehung. Ein Zwischenraum IST das Neueinweben des Heiligen Geistes durch euren Spirit, euer authentisches und wahres Selbst. Ein Zwischenraum ist eine Zeit des Sterbens, und aus diesem Tod entsteht die Auferstehung eurer Göttlichen Essenz und Präsenz.

Seit dem Jahr 2020 tretet ihr in kollektive Zwischenräume ein. Das bedeutet, dass sie in großer Anzahl und Häufigkeit auf euch zukommen werden, weil immer mehr Seelen den Weg des Erwachens gehen. Wenn mehr Seelen Bewusstheit erlangen, wird immer auch die Trennung zwischen dem Bewussten und dem Unbewussten deutlicher. Dies sind die Gesetze der Polarität – gesunder Polaritäten, die Ich erschaffen habe, als Ich auf die Erde herabgestiegen bin, um wieder in Meiner Wahrheit als Göttlicher Vater aufzuerstehen.

Diejenigen, die Spaltung und Urteilung unter der Fahne des Märtyrertums verursachen, zeigen keine Anerkennung für Demut und Dankbarkeit, die aber notwendig sind, um aus der Leere emporzusteigen und daraus zu erwachsen. Es ist eine Entehrung ihres Selbst, eine Entehrung anderer und eine Entehrung Gottes. Märtyrertum funktioniert nicht im Zwischenraum, besonders nicht in jenen drei, die Ich nun herbeiführe. Märtyrertum ist eine Dynamik der alten Ära, die in Schuld, Indoktrinierung und Selbstgerechtigkeit wurzelt und im neuen Zeitalter oder in Meinem Garten keinen Platz hat. Je mehr Dinge ihr in Liebe auflösen könnt und je mehr ihr euch in eurer Verantwortlichkeit übt, desto mehr werdet ihr zur bewussten Schöpfung harmonischer Veränderung beitragen – durch eure Wiedergeburt aus dem Zwischenraum hinein in das neue Zeitalter.

Ich, der Göttliche Vater, Yeshua, spreche für das Gesamte Göttliche, wenn Ich sage, dass Wir für Harmonie und Gleichklang aller Geschöpfe und Wesen stehen, unabhängig ihres Grads an Bewusstheit oder Unbewusstheit. Wenn ihr euch für die Bewusstheit entscheidet, dann wählt ihr einfach ein Leben in Freiheit, ein Leben des Dienens, der Gnade. Das bedeutet nicht, dass ihr von Uns weniger oder mehr geliebt werdet als andere.

Der dritte Zwischenraum ist eine wundervolle Möglichkeit, Transparenz und Bewusstheit zu generieren. Für viele, die noch nicht durch ihren Prozess des Vertrauens oder der Vergebung gegangen sind und immer noch in unausgewogener Trennung verharren, hat und wird er sich jedoch sehr, sehr dicht anfühlen. Sie werden letztendlich unter dem Gewicht all dieses Hasses und der Schuldzuweisungen zusammenbrechen, denn wer hat diese Last zu tragen? Sie selbst sind es. Oder ihr, wenn ihr in denselben Energien verweilt. Das heißt nicht, dass andere euch euren Frieden rauben. Aber es bedeutet, ihr sollt jede Chance nutzen, eure Entscheidungen in Harmonie statt aus dem Widerstand heraus zu fällen.

Geht mit der lebendigen, klaren Energie des Friedens in Kontakt. Haltet das Licht. Der dritte Zwischenraum ist ein Raum, in dem ihr euch aktiv mit dem Sacred Heart – Einfachheit, Stabilität, Hingabe und Stille – beschäftigt und euch darauf einlasst, um den Kern eures Wesens und eures Lebens wiederzufinden. Ihr müsst ihn nur empfangen und in eure Arme nehmen. Wisset, dass, wenn ihr es tut, Ich euch durch Mein Sacred Heart in Meine Arme nehme. Und eure Hand halte.

Der dritte Zwischenraum ist eine Entscheidung für die Freiheit anstelle von Unterdrückung. Es ist eine Chance für euch, in die Wahrheit der Freiheit einzutreten. Frei zu sein von jeglichen Erwartungen. Frei zu sein in eurem Körper, solange ihr einen habt. Frei zu sein vom Gefängnis der Angst, der Wertlosigkeit, des Opferdaseins und frei von den Fängen disharmonischer Strukturen, die euer Leben beherrschen, einschließlich Sex, Geld, Macht, Drogen und moderner Technologie. Der dritte Zwischenraum wird alle Arten und Weisen offenbaren, auf die ihr unterdrückt worden seid. Es wird verlockend sein, andere oder sogar gesellschaftliche Strukturen dafür zu beschuldigen. Aber ihr könnt diese dritte Leere nicht transzendieren, ohne persönlich Verantwortung dafür zu übernehmen, wie ihr euch selbst unterdrückt habt. Denn diese Phase repräsentiert den Wandel vom »Transzendieren« hin zum Leben in echter Transzendenz.

Ich bin dabei, das Siegel der Freiheit von Unterdrückung zu öffnen, um euch in die Verantwortung für eure eigene Freiheit zu führen. Mit allem, was Ich euch in dieser Zeit bringe, unterstütze Ich euch dabei, frei von eurem Angstgefängnis, auf Unterdrückung basierenden Beziehungen und dichten Energien zu sein, von denen Ich zuvor schon gesprochen habe: Süchte, impulsive Verhaltensweisen, Zigaretten, zu viel Alkohol, zu viel Koffein, soziale Medien, Technologie, Fixierung auf Geld, Internalisierung, Selbstmitleid, defensive Haltung. Und so müsst ihr Meine Unterstützung zulassen, während ihr euch von diesen ungesunden Verbindungen loslöst.

Andere Formen neutralen Energieausgleichs werden hereinfließen, die weit über die Währungen hinausgehen, die ihr bisher genutzt habt oder nutzt. In eurer Fixiertheit auf Geld, Sex, Macht und Technik habt ihr die anderen Arten des Ausgleichs vergessen, die Ich euch bringe, um diese unterdrückenden Strukturen auszugleichen: Güte, Demut und Rechtschaffenheit. Diese drei Qualitäten sind eine Währung, die in eurer Welt oft verloren geht. Die Belohnung für einen Dienst der Güte, Rechtschaffenheit, des Zulassens, des Mitgefühls, des Zuhörens, statt zu sprechen, und der Dankbarkeit wird grenzenlos sein. Neue Systeme werden aufgebaut werden, die diese Qualitäten stärker integrieren. Vielleicht werdet genau ihr diejenigen sein, die von den schier unendlichen Möglichkeiten Gebrauch machen und diese weitaus harmonischeren, auf Wechselseitigkeit basierenden Systeme vorantreiben.

Für diejenigen, die diese Samen säen und mit diesen Verflechtungen eins werden, wird eine große Fülle fließen und Klarheit eintreten – jetzt sowie in den kommenden Jahren und in der Tat auf ewig. Freiheit. Glaube. Vergebung. Dies ist euer Fluss, euer Flow, euer Weg, eure Verflechtung. Die Energie des Friedens, die durch diese Dreifaltigkeit des Lichts hervordringt, ist der Große Friede, der Yeshua-Friede, der euch frei macht – euch und viele, die sich eurer Gegenwart erfreuen.

Indem ihr diese drei Energien würdigt – Glaube über Hoffnung, Vergebung über Schuld, Freiheit über Unterdrückung –, die den drei Zwischenräumen entspringen, legt ihr die Lasten und Kreuze ab. Dadurch, dass ihr euch für das Licht in der Leere dieser drei Energien entscheidet, löst ihr euch bereits von den Verzerrungen des illusionären Selbst oder eures dysbalancierten Identitätskonstrukts. Ihr löst euch sogar von den verzerrten Vorstellungen eines falschen Yeshua – eines Yeshua, der ein unrealistisches Gedankenkonstrukt ist – und könnt erfassen, wer Ich wirklich BIN. Denn was Ich bin, ist Bewusstsein: die Wurzel, der Logos, das Wort, der Schöpfer und das Licht in allem, was ist, einschließlich eures wahren Selbst, eures Yeshua-Selbst.

Eure Essenz in dieser Welt, in diesem Körper, in diesem Verstand wird sich mehr und mehr offenbaren. Die Zwischenräume sind bloß dazu da, um aufzuzeigen, was im Schatten liegt, damit ihr es annehmen und integrieren könnt und alle eure Anteile als heilig würdigt. Damit eure Seele frei ist, umherzustreifen und die außergewöhnliche Erfahrung des Spirit UND der Welt der Sinneswahrnehmung machen zu können, solange sie in einem Körper verweilt.

Euer wahres Selbst – wenn es sich zeigt – wünscht sich nicht nur das Wohlergehen aller, sondern es hat Vertrauen in das Gute, das in jedem Menschen steckt, es dient dem allgemeinen Wohle und vergibt jenen, die auf ihrem Weg über ihre »Sünden« stolpern. Denn auch euch sind irgendwann einmal Fehler unterlaufen. Es ist leicht, Vertrauen und Vergebung zu schenken, wenn die Seele frei ist.

Was sich die Seele gegenwärtig am innigsten wünscht, ist, in ihre Einheit und Ganzheit heimzukehren. In die Erlösung. Die Gnade. Die Verwirklichung des Friedens. Das ist wahre Freiheit. Dieses Gebet für jemand anders, für alle anderen zu beten, ohne dabei selektiv zu werden – das ist Gnade. **Gnade ist der Widerhall eures Spirit im Netz des Lebens.** Wenn ihr im Frieden verankert seid, strömt der Friede aus eurer Mitte, und ihr verbindet euch mit dem Weizen und dem Frieden aller Wesen, selbst wenn sie noch in der Spreu verloren sind. Das bedeutet es, das Licht zu tragen und Meinen Frieden zu verankern.

Die freie Seele ist so verliebt in ihre einfache Göttlichkeit, und sie schöpft Weisheit aus ihrer Erfahrung des Selbst als Liebe, als das Göttliche, als Ewiges Leben. Diese Liebe ist die Kraft jenseits aller Kräfte. Diese Liebe hofft einfach und hat Vertrauen, dass andere ihre Rüstungen ablegen, damit sie in Ausgeglichenheit Liebe geben und empfangen können. Was bedeutet, dass die freie Seele zuerst ihre Rüstung, Lasten und Kreuze ablegen muss, bevor sie die Macht dieser Liebe in anderen säen kann.

Die freie Seele trägt das Licht, sie hat Mitgefühl, hofft und betet für die Möglichkeit, anderen dieses Licht zu bringen – egal, ob diese die Gelegenheit nun ergreifen oder nicht. Dies ist ein wundervoller Dienst, geliebte Wesen. Nehmt es nicht persönlich, wenn andere euer Angebot nicht annehmen. Wichtig ist, dass ihr angeboten habt, und das wird ihnen gut genug gedient haben, allein durch das Angebot selbst.

In der Phase der Leere gibt es weder Kontrolle noch Erwartung. Ein Zwischenraum ist eine Zeit, in der sich jenen Menschen ein einzigartiger Durchgang eröffnet, die sich dazu entschließen, im Innen wie im Außen an die Energie des Glaubens statt der Angst anzuknüpfen, an Vergebung statt Schuld, an Freiheit statt Unterdrückung. Ein Tor, das bereits da ist, aber die Ersten von euch, die es durchschreiten, sind die Pioniere, die alle anderen hinter sich herführen. Nicht als Schafe. Als Meine Schäfer, die das Licht tragen für die Lämmer wie auch für die Menschen, die bereit dazu sind, zu Schäfern zu werden. So wie auch Ich euer Schäfer bin.

Hier zählen keine Erwartungen oder Zeitlinien, denn Ich existiere in einem zeitlosen Raum. Bewusstsein ist nicht an Zeit gekoppelt. Und so habe Ich unendlich viel Geduld, da Ich keiner Zeit unterliege. Ich habe im Augenblick keinen Körper, außer den, den ihr Mir durch euren schenkt. Ich habe keine Erwartungen an euch und möchte auch euch nahelegen, keine Erwartungen an euch selbst zu stellen.

Selbst in Meinem Leben als Mensch hatte Ich keine. Wenn Ich in eine Stadt ging, hoffte Ich in ebendiesem Moment, dass die Menschen Meine Liebe, Meinen Segen oder Meine Worte annehmen würden. Oder einfach, dass sie freundlich sein würden. Gewiss erwartete Ich es nicht von ihnen. Und so bin Ich niemals enttäuscht worden oder hatte je mit Reue zu kämpfen. Auch als in einen Körper inkarniertes Wesen lebte Ich in der Gegenwart, in einem Raum von Bewusstsein außerhalb von Zeit, was es Mir sehr einfach machte, geduldig zu sein.

Wenn Ich, Meine Mutter oder Meine Freunde in einer Stadt nicht gern gesehen oder nicht gewollt waren, so gingen Wir einfach woandershin. Keine Verurteilung, keine Feindseligkeit, keine Traurig-keit – es war in Ordnung. Schwestern und Brüder, Söhne und Töch-ter sind Familie, vom selben Blut, selbst wenn sie nicht verwandt sind. Die, die Mich empfingen, und die, die Mich zurückwiesen, Ich liebte sie alle gleichermaßen. Ich war nicht daran interessiert, den Menschen Meine Essenz und Meine Gaben aufzuzwingen. Für Mich zählten die Samen, die Ich an jenen Orten pflanzen konnte und auch gepflanzt habe, wenn auch mancherorts bloß durch die Schwingung des Lan-des und der Erde.

Die Samen, die Ich in diesen Dörfern und Städten gepflanzt habe, waren sehr bedeutsam. Samen, die sich durch die Erde zogen. Der Sa-men der Wahrheit. Der Samen der Liebe. Der Samen des Friedens. Eines leidenschaftlichen Friedens. Ein Tor zum Glauben, eine Brü-cke zur Vergebung, ein Weg zur Freiheit. In Meinem Leben brauchte Ich andere nicht für Mich zu gewinnen oder Mich ihnen mit Gewalt aufzudrängen. Ich liebte sie einfach, auch wenn sie Mich nicht lieb-ten. Wenn sie es nicht taten, dann deshalb, weil sie urteilten. Ich kam in Demut zu ihnen, Ich ging in Frieden, und es war nicht notwendig für Mich, mitzuerleben, was daraus folgte. Als Gott sehe Ich bereits das Ergebnis, das ein einfacher Samen des Friedens mit sich bringt. Er kann beliebig und leicht gesät werden und ist unermesslich in seinem Wert. Dies ist der Weizen. Der Weizen wächst. Die Spreu erträgt. Der Glaube wächst. Die Hoffnung erträgt.

Sich der Saat des Glaubens anzunähern, erfordert Vergebung und Freiheit. Sich der Saat der Vergebung anzunähern, erfordert Glauben und Freiheit. Vergebung ist einer der anspruchsvollsten Samen, die man sich aussuchen kann. Diesen Samen zu wählen bedeutet, sich dem inneren Richter zu stellen. Das Göttliche urteilt nicht, Wir bezeugen. Wir tragen das Licht; Wir verurteilen Unsere eigenen Kinder nicht. Wir bringen sie wieder ins Gleichgewicht; Wir lassen sie ihre eigenen Entscheidungen darüber treffen, in die Trennung zu gehen oder heimzukehren. Aber Wir urteilen nicht. Ihr tut das. Also müsst ihr euch eurem eigenen Richter stellen, um zu vergeben.

Eine Annäherung an die Saat der Freiheit erfordert Glauben und Vergebung. Glaube und Vergebung machen euch frei. Wenn jemand an euch glaubt, befreit euch dies. Wenn euch jemand vergibt, befreit es euch. Genau das tun WIR. Wir haben euch erschaffen und eine immerwährende Energie in euch eingebaut, die eure ewig brennende Flamme ist, euer Fixstern – der Glaube. Mit ihm wurdet ihr durch Meinen Glauben an euch gesalbt, und ihr tragt ihn mit euch, solange ihr einen Körper habt. Wir vergeben euch, wenn niemand sonst es tut. Das macht euch frei, so zu sein, wie ihr seid, zu vertrauen in das, was ist, und nicht in das, was eurem Verstand zufolge sein sollte.

Vergebung ist ein Prozess, geliebte Wesen. Es ist die Weiterentwicklung der Freiheit. Eine Evolution. Versucht nicht, Vergebung zu erzwingen, sonst bleiben Zorn und Groll in eurem System und vergiften euch weiter. Selbst wenn ihr jemandem vergebt oder die Person euch vergibt – wenn es noch unerlöste Energie auf einer tieferen Ebene der Spirale des Selbst gibt, dann wird diese irgendwann an die Oberfläche kommen.

Einige dieser Wunden, die euch wie Knoten zuschnüren, euch emotional triggern oder Schmerz hervorrufen, stammen nicht bloß aus diesem Leben. Sie resultieren aus früheren Erfahrungen, einschließlich etwaiger Dysbalancen aus Ahnenmustern und Karma. Vergebung ist ein innerer Prozess. Verlegt ihn nicht auf die äußere Welt, und bietet keine Vergebung an, bis ihr sie tief in eurem Herzen spüren könnt. Und bitte hört auf, euch für Dinge zu entschuldigen, die euch nicht leidtun und für die ihr euch nicht entschuldigen müsst.

Und reagiert nicht unbesonnen auf etwas, selbst wenn es euch provoziert. Nehmt euch zuerst Raum. Sagt anderen kein Wort, verpflichtet euch keiner anderen Sache, bis ihr nicht völlig im Frieden damit seid. Verfangt euch nicht in Meinungen, und lasst keine Schwerter mit eurer scharfen Zunge herniederschlagen, indem ihr Worte der Verurteilung und der Projektion sprecht. Zerstört und trennt keine Verbindung, wenn euch etwas aufstachelt, vielleicht ein alter Groll oder ein Gefühl, überfordert, verloren, allein zu sein oder keine Kontrolle mehr zu haben. In genau diesem Moment lauscht, haltet inne, und wartet, bevor ihr etwas unternehmt, was ihr später bereuen werdet. Wenn ihr eine Entscheidung trefft, die zu Reue und Bedauern führt, dann kehrt sofort wieder in den Heiligen Raum eures Innersten ein, um euch neu auszurichten und einen neuen Samen des Lichts zu säen.

Reaktionen aus Groll oder Zorn heraus führen fast immer zur Reue – das ist der Schmerzkreislauf. Von all den Dingen aus diesem Kreislauf des Grolls, der Reaktion und der Reue, die überall auf eurer Welt verbreitet sind, ist die Verurteilung die schlimmste. Und der Hass. Die schwersten Kreuze sind jene, die sich entwickeln, wenn ihr euch eine Erwartung gegenüber jemand anderem zurechtgelegt habt, diese Erwartung nicht erfüllt wird und daraus eine gefühlte Enttäuschung oder ein vermeintliches Ungleichgewicht im Geben und Nehmen entsteht – was heißt, dass es zu einem Misstrauen gegenüber euren eigenen Annahmen und Vermutungen kommt. Dies erzeugt ein Gefühl des Grolls und des Zornes in euch. Wenn dieser Groll unterdrückt – nicht gehört und geheilt – wird, beginnt er zu eitern. Ob es sich nun um ein kleines oder ein gravierendes Ereignis handelt, das den unterdrückten Groll an die Oberfläche katapultiert – es kann zu einem derartigen Wutausbruch kommen, fast schon ein völliger Verlust der Selbstkontrolle, der in einer Reaktion mündet, die meist auf Projektion und auf Impulsen basiert.

Dieser unterdrückte Aspekt des Selbst, ein ungeliebter Teil des Selbst, der einst in den dunklen Tiefen des Unterbewusstseins schlummerte, schießt an die Oberfläche. Wenn er aufsteigt, verfällt man leicht in ein Reaktionsmuster des Zornes. Dies kann zu Worten und Taten führen, die später bedauert werden und sich in großer Reue und Verzweiflung äußern. Und so beginnt der Kreislauf der Unterdrückung von Neuem.

Wut ist ein gewaltsamer Ausbruch eines unterdrückten, angstbasierten, mit Scham behafteten und vernachlässigten Teils des Selbst. Deshalb schmunzle Ich auch, wenn Ich euch das Wort *outrage* [Zorn, Empörung, Rage] sagen höre: »*Rage*, HINAUS [out] mit dir!« *Rage*, oder Wut, ist eine dieser Energien, die ganz plötzlich in der Nacht wie ein Monster aus dem Kleiderschrank stürmen können. Wenn sie ausreagiert wird, insbesondere wenn ganze Gruppen von Menschen nach ihr handeln, kann ein Krieg ausbrechen. Lasten entstehen für andere und für euch selbst, wenn ihr im Namen dieser Wut handelt – der zornerfüllten Weisheit. Sie ist eine Abscheulichkeit, eine Entweihung des Gartens eures Selbst und des Gartens anderer. Zornerfüllte Weisheit, Gier, Wollust, Verzerrungen und Projektionen auf Menschen, die ihr nicht kennt, tragen zur ungesunden Separation bei. Sie binden euch fest an die Spreu. Wenn die Wut auf bewusste und konstruktive Weise kanalisiert wird, verwurzelt im Glauben, in der Vergebung und in der Liebe, kann sie euch aus diesem Kreislauf befreien.

Glaube, Vergebung und Freiheit sind die aktuellen Göttlichen Fügungen. Im gegenwärtigen Moment, und im Laufe der kommenden Zeit auf eurer Welt, sind Mitgefühl und Demut die zwei bedeutendsten Energien in diesem Erforschungsprozess durch den dritten und hinein in die nächsten Zwischenräume, geöffneten Siegel und Erleuchtungsperioden.

Vergebung ist ein Prozess. Glaube ist ein Prozess. Freiheit ist ein Prozess. Dieser Prozess kann einen Augenblick oder viele Leben lang dauern. Das Säen, das Einweben dieser Energien ist in Meinen Augen ein Wunder. Wenn ihr diese pflanzt und einwebt, können Wunder nicht nur entstehen, sondern ihr selbst werdet zum Wunder.

Ich möchte Mich nun ein bisschen auf den Glauben beziehen. Der Verstand macht mit dem Glauben etwas ziemlich Witziges. Was der

Verstand in seiner eingeschränkten Bewusstheit gern tut, ist, an manchen Dingen zu zweifeln, aber an andere wiederum zu glauben. Er hat eine eingeschränkte Fokussierung, die zu unterschiedlichen Zeiten entweder mehr in Richtung Zweifel oder mehr in Richtung Glaube neigt. Beide existieren jedoch zu jedem Zeitpunkt gleichzeitig. Während Glaube keine Schattenausprägung hat, ist das Vertrauen eine wesentliche Komponente und ein Trittstein hin zum Glauben und darüber hinaus. Zweifel hingegen ist Vertrauen in seiner Schattenform. So sind Zweifel und Glaube immer auch koexistent.

Interessanterweise sind Glaube und Vernunft ebenfalls koexistent UND co-kreativ. Zum Beispiel musste fast jeder Forscher, der ein neues Konzept in Wissenschaft oder Medizin eingeführt hat, einen Sprung ins Ungewisse, einen Glaubenssprung wagen, um dieses Konzept voranzubringen. Das Konzept mag vielleicht der logischen Deduktion entsprungen sein, aber den Mut zu haben, etwas Neues vorzustellen oder es überhaupt sehen zu können, das erfordert den Glauben. Der Glaube ist die Voraussetzung für alle wirklichen Neuheiten, selbst wenn ein Konzept ein empirisches Modell braucht, um seine wissenschaftliche Gültigkeit zu beweisen. Forscher, Ärzte und Gelehrte, die am meisten dazu neigen, den Glauben abzutun, sind in Wahrheit diejenigen, die tagtäglich aus ihm schöpfen. Soll heißen, der Glaube ist allgegenwärtig, wie auch der Zweifel allgegenwärtig ist, und selbst wissenschaftlicher Fortschritt wäre ohne Glauben nicht denkbar. Oder Evolution, oder wahre, nachhaltige Entwicklung.

Ich finde es sehr amüsant, dass ihr erst ein paar Jahrhunderte eures »tieferen Verständnisses« über die Wissenschaft hinter euch habt und doch viele von euch der Hybris verfallen zu sagen: »Tja, ›Gott‹, wir haben deine Geheimnisse bereits gelüftet. Wir haben es ›gecheckt‹, also brauchen wir nicht mehr an dich zu glauben.« Dies trifft in gewisser Weise sogar zu. Ihr braucht nicht mehr an »Gott« zu glauben, besonders nicht an einen »Gott«, der auf menschenähnliche Repräsentationen beschränkt ist. Aber ihr braucht den Glauben an den Ursprung dessen, was eure Realität, einschließlich der Wissenschaft, erschaffen und möglich gemacht hat. Die Quelle, die jenseits von Beweisen, Theorien und Berechnungen der Schöpfung existiert und doch deren Essenz und deren Logos verkörpert. Die Quelle, die diese aufrechterhält und weiterentwickelt. Die Quelle jenseits eures zersplitterten Objektivs einer »Realität«. Diese Quelle ist Gott, Bewusstsein, Spirit. Ihr braucht eure Quelle, Gott, genauso wie eure Quelle euch braucht.

Auch wenn ihr sie für ihre »primitive« Art verurteilen mögt, haben eure Vorfahren viel mehr verstanden als ihr. Selbst eure Kinder verstehen noch so viel mehr als ihr. Die Wissenschaft ist nicht nur ein Geschenk Gottes, sie ist die Göttliche Struktur, die innerhalb des Physischen und weit darüber hinaus erschaffen und aufrechterhalten wird. Das bedeutet, die Wissenschaft wurde von Gott »gesandt«, von Gott erschaffen, dem Gott, dem Bewusstsein, von dem ihr stammt und mit dem ihr eins seid; und ihr tätet gut daran, euch dies in Erinnerung zu rufen. Ihr wäret euch der Wissenschaft, des Selbst oder Gott niemals bewusst geworden, wäre euch nicht das Bewusstsein im Rahmen eurer Schöpfung und Entwicklung gewährt worden – mental, emotional, energetisch und physisch. Wissenschaft kann euch bis zu einem gewissen Punkt bringen, aber ihr werdet nie ganz verstehen, was es eigentlich ist, das ihr sucht, ohne die Demut zu besitzen, aus der Quelle zu schöpfen und bewusst zu empfangen, die das Erforschen überhaupt möglich gemacht hat und macht. Und hier geht es nicht bloß um den Verstand, sondern um die Seele, den Weizen, das Licht, das in und über euch hinaus existiert und sich über eure derzeitige Wahrnehmung der Realität hinaus erstreckt.

Der Verstand ist begrenzt und unterliegt der linearen Zeit. Für die Seele trifft dies nicht zu. Für den Verstand bleibt vieles ungesehen – die Unbekannten, die Sachverhalte, die euch nicht bewusst sind, sprich, fast alles. Und so werdet ihr immer, solange ihr in einen Körper inkarniert seid, Dinge bezweifeln, besonders dann, wenn es um eure Unfähigkeit geht, zu wissen, was in der Zukunft passiert.

Der Verstand kann Zwischenräume nicht leiden, obwohl ihr euch eigentlich immer in einem Zwischenraum befindet, dem Mutterleib der Welt und dem Schoß Gottes, wachsend und euch entwickelnd. Der Verstand kann das Unbekannte nicht leiden, also legt er seinen Fokus gern auf die Bereiche des Zweifels statt des Glaubens in eurem Leben. Nochmals, selbst wenn ihr daran zweifelt, dass es eine »höhere Macht« gibt – dass ICH echt BIN, dass ihr echt seid, dass das Licht echt ist, dass ihr ein Bewusstsein habt –, glaubt ihr doch an anderes.

Wenn ihr an etwas glaubt, und das tut ihr immer, dann bedeutet dies, dass da irgendwo ein Glaube existiert. Solange es irgendwo Zweifel gibt, gibt es auch Glauben, der nur darauf wartet, entdeckt zu werden. Der Verstand zweifelt nur und möchte seine Beweise, Beweise, Beweise. Wenn ihr im Glauben verankert seid, braucht ihr keine Beweise mehr, denn obwohl ihr nicht wisst, was passieren wird, seid ihr im Glauben an das, was im Hier und Jetzt gerade existiert.

Glaube, Vertrauen und Zweifel sind koexistent und bedingen einander. Sie leisten euch gute Dienste. Sobald ihr eure Schwingung, euer Bewusstsein und eure Aufmerksamkeit erhöht, indem ihr das Spreu-Selbst vom Weizen-Selbst trennt, wächst das Vertrauen plötzlich, und dann ist Glaube überall … und die Zweifel werden sehr, sehr klein, nahezu unsichtbar, unbedeutend. Ihr erreicht fast ganz automatisch einen Zustand des Friedens, wenn ihr euch einfach im Glauben verankert, das Unbekannte zulasst und es annehmt. Der Zweifel ist nicht das Unbekannte, das Unbekannte anzuzweifeln ist es. Dies ist eine Verzerrung des Geistes, die auf dem Wunsch nach Kontrolle basiert.

Ihr glaubt daran, dass eure Lunge atmen wird. Ihr glaubt daran, dass eure Hände noch da sein werden, wenn ihr am nächsten Tag aufwacht. Dass euer Gesicht im Spiegel noch so aussehen wird wie am Tag zuvor ... Einen Glauben zu haben ist etwas anderes, als den Glauben zu verkörpern. Wenn ihr Glauben haben *könnt*, bedeutet das, dass ihr IM und VOM Glauben sein könnt. Wenn ihr Glauben *habt*, heißt das, ihr könnt Glaube SEIN.

Der Glaube tritt durch eine intensivere Kultivierung des Vertrauens zutage. Und Vertrauen wächst und wird zu einer tieferen Verwirklichung des Glaubens. Einem anderen Menschen zu vertrauen, sich selbst zu vertrauen, das Vertrauen und dessen Strukturen in eurem Leben zu erforschen, das alles führt zu einem inneren Glauben, der nie auf äußeren Dingen basiert.

Vertrauen ist eine Energie, die euch dabei hilft, euren Glauben innerlich wachsen zu lassen. So ist es auch unmöglich, dass Vertrauensbrüche euren Glauben verringern, wenn ihr wirklich in ihm verankert seid. Ein Verrat oder Verlust ist aber nicht dazu gedacht, euch in Selbstzweifel zu versetzen, selbst wenn es sich so anfühlen mag. Er ist ein Geschenk, um euren Glauben zu stärken. So wie auch der Verrat des Judas trotz des Vertrauensbruches Meinen Glauben gestärkt hat.

Fragt euch, worin euer Glaube besteht. Für Vergebung braucht es den Glauben, denn manchmal ist es ein Sprung ins Ungewisse. Ihr braucht den Glauben, **die Erkenntnis über eure Göttlichkeit,** um einem Menschen vergeben zu können, der gerade euer Haus niedergebrannt, euch vergewaltigt oder seine Traumata auf euch projiziert hat, egal, ob er euch kennt oder ihr ihm völlig unbekannt seid.

Wenn ihr im Glauben seid, dann seid ihr in Demut mit der Göttlichen Gerechtigkeit verbunden; ihr seid in eurem Dienst als Schäfer Gottes verankert. Wenn ihr vergebt oder loslasst, dann dient ihr Gott, so wie Ich euch gedient habe.

Denn ihr seid in Ver-gebung. Dem Zustand von »Ich ver-gebe dies an Gott, in einem Akt des Dienstes durch die Liebe«. Vergebung ist eine Begnadigung des Selbst und der anderen zugleich. Ihr übergebt ein Problem, eine Last, eine Grenzüberschreitung, eine

Minderung eures Wertes, an Gott. Dies befreit euch von den Lasten und Kreuzen.

»Ich ver-gebe Liebe an Gott, den Schöpfer und die gesamte Schöpfung« ist das Mantra der Vergebung. Es ist eine Gnade und innige Güte. Ihr alle sagt, ihr möchtet dienen. Wenn dem so ist, dann vergebt euch selbst und anderen. Das ist ein Geben, ein Verschenken der Liebe. Es ist das Hören, Empfangen und Verkünden DES Wortes durch Gebet und Handlung. *Das* ist der Fels des unerschütterlichen Glaubens, der euch emporheben wird.

Vergebung oder Glaube sind niemals selbstgerecht. Anderen eure Vergebung aufzubinden, wenn ihr diejenigen wart, die ihr aus einer Verzerrung heraus gehandelt habt, ist töricht und basiert auf Egoverhalten. Entschuldigungen zu verlangen ist eine gleichwertige Untat. Wenn ihr in der Einheit seid, im Weizen, dann braucht ihr keine Entschuldigung, und dann gibt es nichts zu vergeben. Denn der Weizen kann keine Verletzungen der Spreu erleiden. Erwartet keine Entschuldigungen. Ihr habt kein Recht auf sie, noch hat jemand anderes ein Recht auf eure Entschuldigung. Wir erwarten keine Entschuldigungen, warum also solltet ihr es tun? Ich vergebe euch selbst die schwersten Dysbalancen augenblicklich, wenn ihr sie Mir in Ehrlichkeit, Demut und Transparenz darbringt. So muss euer Yeshua-Selbst, wenn ihr es denn verwirklichen wollt, anderen dieselbe Vergebung gewähren, die Ich euch gewähre. Wenn ihr nach keiner äußeren Gerechtigkeit in Form von Entschuldigungen verlangt, die euch ins Recht und andere ins Unrecht katapultiert, und wenn ihr darauf vertraut, dass Gott am Ende alles für euch ins Gleichgewicht bringt, steht ihr in tiefem Dienste Gottes. Einem Dienst, den andere vielleicht nicht erkennen, Ich aber tue es. Lasst dies genug sein.

Vergebung erfordert Glauben. Bevor ihr euch also der Vergebung annähern könnt, müsst ihr euch erst ansehen, woran ihr glaubt. Denn manchmal kann sogar der Glaube an eure Fähigkeit zu atmen euer

Leben retten. Wenn ihr im Glauben verankert seid, egal, wie dunkel und schwarz die Dinge um euch herum sind, egal, welches Haus, welchen Partner, welches Unternehmen ihr gerade verloren habt, dann ist euer Glaube alles, was zählt. Wenn ihr im Glauben seid, wisst und fühlt ihr in der Tiefe, dass ihr alles seid, was zählt. Dass ihr nicht bloß AUS der Materie, der Spreu, besteht – dass ihr für das Göttliche wesentlich seid. Glaube ist die Verkörperung der Erkenntnis über das Göttliche und eure eigene Göttlichkeit und euren Wert. Wenn ihr also im Glauben verankert seid, kommt es nicht so sehr darauf an, für die äußere Welt wesentlich zu sein, denn ihr seid für euch selbst von wesentlichem Wert.

Jenen nämlich, die vergeben und im Glauben sind, erteile Ich Meinen innigsten Segen.

Wenn ihr fähig seid, einen Glauben zu haben, zu vergeben, dann habt ihr die Freiheit der Gegenwärtigkeit entdeckt. Denn der Glaube ruht im Hier und Jetzt, im Unsichtbaren. Wenn ihr den Glauben an euch selbst habt, erkennt ihr euer Selbst als göttlich an. Wenn dies zutrifft, sollte es dann nicht logisch sein, dass alle anderen auch göttlich sind, ob es ihnen nun bewusst ist oder nicht? Seid der Glaube an den Atem. Seid der Glaube auf der Erde. Seid der Glaube an Vergebung. Im Glauben kennt ihr euren Wert und fühlt euch würdig, nicht berechtigt. Der Glaube erleuchtet den Weg und gibt euch den Mut, euch euren größten Problemen und ungesunden Verstrickungen zu stellen und diese aufzulösen. Vergebung webt und heftet euch an ein neues Netz, in dem die Göttliche Freiheit geehrt wird.

Dies ist einer der wichtigsten Gründe, weshalb Ich, Yeshua, in einen Körper, die Spreu, und mitten unter euch außergewöhnlichen Wesen inkarniert bin. Viele hatten damals wie heute gehofft, dass ihr Leben besser verlaufen wäre.

Ich trug das Kreuz, um ihren und euren Glauben zu stärken. Den Glauben, der weit über die Hoffnung auf Vergebung und Freiheit hinausgeht und in deren Verwirklichung mündet. Ich trug das Kreuz, weil Ich, Gott, euch so sehr liebe. Wie Ich schon sagte, Meine Hoffnung ist es, dass ihr euch selbst auch so sehr liebt. Und euch selbst wie auch anderen vergebt, als die Göttlichen Weinreben, die ihr seid, verbunden mit dem Göttlichen Weinstock, der ICH BIN.

Ich kam, um euch zu lehren, im Glauben, in Vergebung und in Freiheit zu wandeln. Glaube ist Wahrheit. **Wenn ihr die Wahrheit akzeptieren, die Vergangenheit vergeben und in der Gegenwart leben könnt – dann seid ihr frei.** Die Beziehung mit und als Gott ist der Schlüssel zum Garten, zum schmalen Tor, das gefunden und durchschritten werden will. Wenn ihr in diesem Moment an etwas glaubt, an irgendetwas, an eure Fähigkeit zu atmen, an die Liebe, die ihr für Mutter Erde, für ein Tier oder einen Menschen empfindet, dann ist das alles, was ihr über den Glauben wissen müsst. Er ist ein heiliges Feuer, das in euch wohnt.

Ihr seid freie Seelen, ob in einem Körper oder körperlos. Die freie Seele ist eure Spinne, die ihr Netz durch euren Spirit in das Netz des Lebens einwebt.

Spinnen sind wundervolle Kreaturen. Wenn aber zu viele Fliegen im Spinnennetz sind, zu viel Durcheinander und Unordnung, dann reißt das Netz, und die Spinne fällt zu Boden. Haltet also eure Netze, eure Herzen, sauber und frei von Durcheinander und Unordnung. Es ist so einfach wie das Ausatmen, Loslassen oder das Halten Meiner Hand.

Euer Webstoff – Vergebung, Freiheit und Glaube – ist euer Atem, euer Leben. Webt diese Energien in den Bildteppich eures Lebens ein, und es wird dies ein Teppich der Harmonie und Gnade sein. Ein Tuch, das eure Mitträumenden in Wärme hüllt und sich sanft und mit Dankbarkeit und Ehrfurcht um Gaia legt.

So wie ihr Zeit brauchtet, es Momente – ganze Leben – gedauert hat, bis ihr dies verstanden habt, so sät nun die Samen, und lasst auch die anderen auf ihre Reise gehen, wie auch Wir euch auf eure Reise gehen ließen. Seid geduldig mit anderen und mit euch selbst. Habt Mitgefühl. Ihr müsst anderen ihre Reise gewähren, egal, wo in diesem Prozess sie sich gerade befinden. Wenn es ihr freier Wille ist, an ihre alten Knoten geheftet zu bleiben, wenn sie in die Trennung gehen und eine Tür schließen wollen, dann müsst ihr es ihnen gewähren, wie auch Wir es euch gewährt haben.

Ihr könnt jedoch in anderen und auf der Erde Samen säen, so wie Ich es tat. Glaube ist Wahrheit. Vergebung ist Liebe. Vereinen sich die beiden, dann entsteht Friede. Friede ist Präsenz. Friede ist Freiheit. ICH BIN euer Friede. Seid ihr im Frieden, geht ihr an Meiner Seite, an der Seite Gottes. Das ist die Verwirklichung eurer Göttlichen Essenz des Seins und der Leidenschaft. Alles andere ist ein Verbrechen an der Leidenschaft. ICH BIN, und ihr seid ein leidenschaftlicher Friede. Das ist es, was wir gemeinsam sind.

Nehmt einen tiefen Atemzug, denn Meine nächsten Worte sind wichtig für den Prozess, der sich über diese Botschaften entfalten wird. Und während ihr sie in den nächsten Augenblicken, Tagen, Wochen, Monaten und Jahren weiterlest, wisset: Ich werde zu euch sprechen, euch rufen, in euren Träumen, in euren Gärten. Jeden Tag wird Meine Stimme klarer und Meine Anwesenheit spürbarer sein, in euch und rings um euch herum. Denn Ich bin das Tuch, das euch hält und zudeckt.

Teile der Samen, die ICH in euch säe – einschließlich ihrer Energie –, werden die Kraft der Samen, die ihr pflanzt, noch verstärken. Dies ist der erste Durchgang, das erste Tor. Ihr seid die Pioniere. Während ihr möglicherweise unterschiedliche Veränderungen individuell und als gleich erlebt, hütet euch davor, eure Wahrnehmung zu beschränken oder einzuengen. Dies wird nur zu mehr Zweifel und Frustration führen. All die Veränderungen, die kommen werden, sind Geschenke. Eines der größten Geschenke wird das Wunder der Freiheit sein, das ihr erleben werdet. Freiheit und Befreiung von euren Lasten und Zweifeln. Ihr könnt euch nicht falsch entscheiden, wenn ihr euch für den Glauben, die Vergebung und die Freiheit entscheidet. Amein.

Die Yeshua-Meditation

Schließe deine Augen, und beginne, mit ein paar tiefen Atemzügen Luft und Licht in deinen Körper strömen zu lassen. Lass die Wörter, die Gedankenformen und Konzepte, die Erwartungen, die Hoffnungen los. Erlaube deinen Gefühlen, zu kommen und zu gehen. Schaffe Raum zwischen den Schwingungen. Fühle dein Wurzelchakra, die Verflechtung der Liebe, die dich mit Gaia verwurzelt, deiner Mutter Erde, die diese Befreiung gemeinsam mit dir erlebt.

In diesem Augenblick trenne zwar nicht die Seele vom Körper, aber schaffe Raum, und trenne die Spreu vom Weizen. Atme zuerst in deinen Weizen hinein. Spüre den Fluss des Lichts, der sich durch dich hindurchwebt. Bemerke jene Stellen, die in deinem Körper angespannt sind. Oder Gedanken oder Ablenkungen, die dich aus dem Hier und Jetzt herausbringen. Kehre mit deiner Achtsamkeit zurück zu deinem Weizen, zu deinem Licht.

Beginne nun, dieses Licht in die Orte der Leere oder der Anspannung in deinem Körper, in deinem Leben, einzuweben, die dich gefesselt halten. Gefangen halten. Fühle die Schwere, das Gewicht, die Spreu. Sieh dir die Gedanken und Lasten an, deine Wunden, jene Menschen, die dich verletzt haben, Dinge, die du als ungerecht empfindest, die dich verärgern. Bringe deine Aufmerksamkeit in diese Bereiche, Verhaltensweisen, Süchte. Atme hinein in diesen Raum.

Deine Sorgen: deine Kinder, Gesundheit, Geld. Der Schrecken, den du überall auf dieser Welt siehst – all dieser Schrecken, der dich ereilen könnte. Lass deine Sorgen und Gedanken aufkommen, die endlosen Gedankenschleifen. Die endlosen Verpflichtungen. Die Stagnation.

Die Machtkämpfe. Die finanziellen Schwierigkeiten. Die Probleme in den sinnlichen und sexuellen Beziehungen in deinem Leben. Fühle die Dichtheit dieses Fadens, als sei er ein Angeldraht aus Stahl.

Bringe in einem Atemzug deine Hände zu einer Faust zusammen. Spanne jeden Muskel in deinem Körper an: deinen Unterleib, deine Schultern, auch deinen Geist. All die Lasten, die dich anspannen. Ziehe deine Schultern zusammen. Ziehe alles nach innen.

Versuche nun, in diesen Raum hineinzuatmen, in diese Gedanken, diese Gefühle, denen du erlaubst, dich zu verzehren. Versuche zu atmen, während du dich mehr und mehr zusammenziehst.

Und dann, nach einem tiefen Einatmen, atme *laaange* aus – lass alles los. **Lass es los!** Öffne deine Handflächen, lass deinen Kopf nach hinten fallen und all die Anspannung deinen Körper verlassen. Spüre, wie das Licht in deinen Hals, dein Gesicht, dein Herz, in deine Handflächen strömt. Wie es die Schnüre und Ketten bricht.

Sprich: »Ich bin Glaube. Ich bin Vergebung. Ich bin frei.« Atme. Lass Meine Bänder und Fäden durch dich hindurchfließen. Wenn es dir möglich ist, gehe auf den Boden, auf deine Knie, in ein Bett. Verweile einen Moment lang in Savasana und vernehme:

Es ist Mein Versprechen, dir deinen Frieden zu geben. Aber du musst deine Lasten, deine Begierden und die Dysbalancen in deinem Netz an Mich übergeben, damit wir daraus einen Weg des Glaubens co-kreieren, wo du noch so sehr nach Kontrolle strebst. Lass sie los. Einen Weg der Vergebung, obgleich du so laut hinausschreien willst, was dir widerfahren ist. Lass es los. Und einen Weg der Freiheit, wo du dich doch so sehr an unterdrückende Strukturen, einschließlich deines eigenen Geistes binden willst. Lass sie los.

Lass den Pfad der Freiheit in Wahrheit und Liebe durch dich hindurchfließen. Wir, das Göttliche, Ich, Yeshua, werden deine Bedürfnisse in dein ausgewogenes Netz einweben, je mehr du dich selbst in Balance befindest.

Ich möchte, dass du in diesen Raum hineinatmest und noch einige Male deine Hände zu Fäusten ballst und sie wieder öffnest.

Wenn du eine Rüstung trägst, wenn du in Hass oder Schuld gefangen bist, bist du wie eine geballte Faust. Du bist gebunden. Öffne deine Faust. Strecke deine Hand zum Gebet aus und lass alles los. **Wenn du etwas oder jemanden loslassen kannst, wirst du eins mit diesem Menschen oder dieser Sache, und du wirst eins mit Mir.**

Nachdem du dann einige Augenblicke in Meditation wieder gesessen bist, lege deine Stirn auf den Boden oder lege deine Hand oder deinen Fuß auf die Erde, um deine Energie in friedvoller Hingabe zu erden.

Es war Mir eine Ehre, dir an diesem Tage gedient zu haben. Geh in Frieden, geliebtes Wesen. Om Nami Maia. Om Namah Sananda. Om Nami Yeshua. Sancti. Sancti. Sancti. Pace. Pace. Pace. Namaste.

DRITTE BOTSCHAFT

ZUGEHÖRIGKEIT

Die Knechtschaft der Zugehörigkeit

Die Yeshua-Lehre

Geliebte Wesen, wie schön es ist, in diesem Augenblick wieder bei euch zu sein. Heute möchte Ich über ein Thema sprechen, das in eurem persönlichen Leben zu dieser Zeit auf der ganzen Welt sehr verbreitet ist. Es ist eine Energie, die sehr verwoben ist mit eurem äußeren Umfeld wie auch mit den inneren Realitätsstrukturen – einschließlich der Gesellschaft und Kultur, in der ihr lebt. So möchte Ich etwas Bewusstsein und Aufmerksamkeit in diese Energie bringen, um euch dabei zu helfen, euch weiter von dem Aspekt eures Selbst zu lösen, zu entwirren, der euch von dem trennt, was ihr wirklich seid: dem Weizen. Und der euch fest an eure Spreu-Identität gefesselt hält.

In diesem Beispiel ist die Spreu-Identität euer primitives animalisches Selbst, das zersprungene Objektiv des falschen Selbst, und/oder das »Ich«-Selbst – das Selbst, das an Angst anhaftet und auf diese ausgerichtet ist. Das »getrennte« oder das Judas-Selbst, welches so selbstbezogen ist, dass das arme Ding kaum über die Schleier und Dysbalancen hinwegsehen kann. Der Teil des Selbst, der von der Gegenwart und somit von der »Realität« losgelöst ist. Das Bruchstück vom Traum des Selbst, das theatralisch, schwermütig, gereizt und trotz seines selbsterkorenen Mangelzustandes ungeheuer verschwenderisch ist.

Wo es sich doch so nach Verbundenheit und einem Zustand des Flows sehnt, kümmert es sich in seiner ständigen Abwehrhaltung und Arroganz nur darum, seine eigenen Bedürfnisse zu stillen. Es schert sich nicht darum, über wen es trampeln muss, um das zu bekommen, was es will. Und wenn es das nicht bekommt, dann beschuldigt es die anderen und geht in die Opferrolle. Es weist jegliche Verantwortung von sich. Es sehnt sich nach Sinn, aber nicht nach wahrem Dienst. Denn die Art und Weise, auf die es den Sinn haben möchte, ist beschränkt. Und es sucht den Sinn hauptsächlich aus Gründen der Akzeptanz, Sicherheit, der Anpassung und Macht in der äußeren Welt.

Das Spreu-Selbst möchte über seinen Sinn entscheiden, ihn erzwingen und kontrollieren, statt dem Weizen-Selbst, dem Spirit, zu erlauben, ihm den Weg in Co-Kreation mit dem Göttlichen und mit seinen Mitmenschen zu zeigen. Es ist stets in Erwartungshaltung und deshalb so unzufrieden und enttäuscht. Es hängt in den Illusionen der Vergangenheit und Zukunft fest, und so will es immer mehr, statt sich in Dankbarkeit für all das zu üben, was es bereits hat, einschließlich des gegenwärtigen Augenblicks. Es sehnt sich nach Verbundenheit und Gemeinschaft, blickt aber dabei nicht zu Gott. Gott ist nicht genug für das Spreu-Selbst. Das Spreu-Selbst hat wenig Vertrauen und noch weniger Glauben an Gott und an sich selbst als Gottes Gefäß voller Demut und Mitgefühl.

Der Weizen ist das Spirit-Selbst, das Göttliche Selbst, das Yeshua-Selbst, das wahre Selbst. Es ist kein Teil des Selbst, es ist die volle Gegenwärtigkeit des Selbst in Heiliger Einheit. Es ist das Selbst, das die Liebe wählt. Das Verantwortung übernimmt, Mitgefühl hat und nicht an seiner Identität als Form und Materie anhaftet. Das Selbst, das den schmalen Durchgang, das schmale Tor, durchschreitet und mit Neugier und Kreativität auf Entdeckungsreise geht. Das Selbst, das seine Wahrheit kennt und sich nicht ärgert, wenn andere diese nicht erkennen.

Das Selbst, das sich entwickelt und mit der Veränderung fließt, diese sogar begrüßt, mit Einsicht und Offenheit. Das Selbst, dessen Sinn Gott IST und das aus Gott heraus dient. Das Selbst, das seine Bedürfnisse achtet und seinen Sinn erfüllt, der darin besteht, unerfüllte Bedürfnisse in der Welt durch seine einzigartige und individuelle Essenz zu stillen. Es ist bescheiden, einfach, rein, voller Akzeptanz und Güte. Es ist sanft, trägt aber auch die Macht des Göttlichen in sich, die in seinem Göttlichen Bewusstsein ruht. So ist seine grenzenlose Macht harmonisch und ausgeglichen, denn sie entspringt dem Frieden.

Die Spreu bringt euch die Freuden der Sinneswahrnehmung, die ihr erfahren und durch die ihr euch entwickeln könnt. Wenn sie aber zur dominierenden, vom Verstand gelenkten Kraft wird, fesselt sie euch. Und sie macht euren Wert von den Standards im Außen statt im Innen abhängig.

Um euch bei der Rückeroberung eures Weizen-Selbst, eures authentischen Selbst, von den Fängen des Spreu-Selbst, des falschen Selbst, zu unterstützen, möchte Ich Mich folgender Energie bedienen und heute etwas Bewusstheit in sie hineinbringen: **Zugehörigkeit.**

Bitte haltet kurz inne, und nehmt zur Kenntnis, dass Ich, Wir, das Göttliche euch nicht als uns gehörende, sondern als geliebte Wesen ansprechen. Das ist ein sehr wichtiger Unterschied. Wir wissen und verstehen, dass ihr euch nach Zugehörigkeit in eurer Welt sehnt. Ihr habt das Bedürfnis, euch auszudrücken und mitzuteilen – in engen Beziehungen, in gemeinsamem kreativen Schaffen, in Wechselseitigkeit und der Leichtigkeit in eurem Leben.

Ihr wollt dazugehören – ob zu eurer Gemeinschaft, eurem Land, eurer Familie, den Personen, die ihr liebt –, oder ihr wünscht euch, dass ein anderer Mensch in eurem Herzen zu euch gehört. Wenn aber die Energie der Zugehörigkeit zu sehr im Außen verankert ist, in Erwartungen und falschen Hoffnungen in Bezug auf die Zugehörigkeit – zu Gruppen, Menschen, zu Energie, Dingen, Besitztümern, die nicht in

Einklang mit euch sind –, dann kann euch diese Energie in einen ewigen Zustand **des Sehnens und des Verlangens** bringen.

Das Sehnen. Dazugehören wollen und doch niemals erfüllt sein. Nach Zugehörigkeit suchen, die aber in euren Beziehungen nie dauerhaft zu finden ist. Das heißt es, in einer endlosen Schleife des Sehnens gefangen zu sein, des Sehnens danach, dazu zu passen, gesehen, akzeptiert, geachtet zu werden. Zu sehnen bedeutet, im Mangel zu sein, und wenn ihr im Mangel seid, legen sich Dissonanz und Selbstbezogenheit wie Wolken über eure Wahrnehmungskraft und trennen euch von jeglicher Zugehörigkeit außer von der Anhaftung an eure Begierden und die Suche im Außen. Unzufriedenheit, Beklagen, Opferdasein und Undankbarkeit entstehen, wenn ihr eure Zugehörigkeit irgendwo anders als bei Gott sucht, dem Licht, das ihr seid.

Also ist es wichtig für euch zu unterscheiden, wonach ihr euch in der äußeren Welt sehnt, denn das kann euer Bewusstsein darüber verändern, wonach ihr eigentlich auf der Suche seid. Und worin ihr euch verflechtet, einwebt und vernetzt oder wovon ihr euch löst auf eurem Weg der Transformation durch Bewusstsein und Hingabe statt des Bedürfnisses nach Zugehörigkeit.

Ich sage euch, diese Energie der Zugehörigkeit, selbst wenn es darum geht, dass ihr zu einer anderen Person gehört oder diese zu euch, kann sehr gefährlich werden, denn Zugehörigkeit kann sehr schnell in die Energie des **Besitzens** umschlagen. Wenn das Spreu-Selbst die Oberhand gewinnt, wird Besitz zu einem energetischen Zustand des Vergleichens und der Konkurrenz, was eine ermüdende Besessenheit von Urteilen über den eigenen Wert und den Wert anderer zur Folge hat. Dies wiederum kann dazu führen, dass ihr jahrelang im Außen sucht und, noch schlimmer, den eigenen Wert von anderen Menschen, Personengruppen, Institutionen oder Systemen abhängig macht.

Wenn ihr sagt: »Ich möchte zu dieser Person oder dieser Bewegung gehören«, dann achtet darauf, dass ihr ihnen nicht die Macht gebt, euch annehmen oder abweisen zu können. Sollte sie sich dafür entscheiden, nicht zu euch gehören zu wollen, oder will sie nicht, dass ihr zu ihr gehört, könntet ihr das empfinden, als würdet ihr zurückgewiesen oder verlassen werden beziehungsweise als hättet ihr versagt.

Wenn die »Spreu-Identität« dominiert, dann gerät die Energie der Zugehörigkeit aus dem Gleichgewicht, und eure Sicht auf euch selbst und die anderen ist getrübt. Die Wahrnehmung eurer selbst und aller anderen als gleichwürdig und ebenbürtig verschiebt sich, ihr werdet voreingenommen und subjektiv. Denn aus der beschränkten Wahrnehmungsfähigkeit und Erfahrung des Egos heraus verfallt ihr ins Werten. Folgende Fragen kennzeichnen diese Einstellung: Wer ist würdig? Wer ist es nicht? Wer verdient es? Wer nicht? Wer entscheidet? Wer ist der Richter?

Und dann, ganz plötzlich, findet ihr euch **im Besitz** all dessen wieder, dem ihr zugehören wolltet.

Sex, Geld und Macht sind die üblichen Währungen, deren sich der unausgewogene Verstand mit aller Kraft bedient, um bestimmte Begierden und Erwartungen zu erzeugen. Während einige auf eurem Planeten wandeln, die aus ihrem authentischen Weizen-Selbst heraus leben, ist die Mehrheit stark an ihre Spreu-Identität gebunden. Die auf Spreu fokussierte Welt erzählt euch liebend gern, dass ihr dann, wenn ihr eine bestimmte Menge an materiellen Gütern, Geld oder auch Sexualkontakten anhäuft oder einen gewissen Grad an Macht, Status, Schönheit und Ansehen erreicht, einen Wert haben werdet. Wenn nicht, dann seid ihr in den Augen dieser Leute Loser.

Für das Göttliche hingegen seid ihr immer würdig; und wenn ihr euch in Demut und Ehrfurcht mit diesem Gedanken verbindet, dann werdet ihr es fühlen können. Aber wenn Gott für euch nebensächlich ist und euer spiritueller Pfad nur ein To-do zum Abhaken auf dem Weg zur Anhäufung von Macht und Kontrolle ist, dann seid ihr weniger in eurem Yeshua-Selbst als in eurem menschlichen Selbst verankert ...

und könnt deshalb weder Balance noch Harmonie für euch finden. Dies ist nicht Meine Entscheidung, sondern eure. Ich kann euren freien Willen nicht überstimmen. Wollt ihr von Machtgier, der Jagd nach Besitztümern, Kontrollsucht und dem Bedürfnis nach Zugehörigkeit um jeden Preis getrieben werden, dann werdet ihr noch schwerere Lasten und Schmerzen für euch und für andere erzeugen. Ihr werdet von all dem Angestrebten förmlich in Besitz genommen werden.

Wenn ihr euch aber für eure innere Göttliche Macht entscheidet, indem ihr die Anhaftungen an diese äußeren Begierden loslasst, die euch in einem Zustand des Sehnens gefangen halten, dann übernehmt ihr Verantwortung für euch selbst, für euren wahren Seinszustand. Dadurch wird es euch möglich zu erfahren, was Zugehörigkeit wirklich bedeutet – Zugehörigkeit zu Ausgeglichenheit, Demut, Freiheit, zur Freude, zu Gott, zu eurem ganzen Selbst.

Es gibt keine dunkle Energie in eurer Welt, bloß Licht und Schatten, ein primitiv-materielles Spreu-Selbst und ein Göttliches Weizen-Selbst. Ihr habt die Wahl, mit welchem ihr euch verbinden wollt. Hört auf damit, euren Wert aufzugeben, nur um dazuzugehören und das zu bekommen, was ihr zu wollen glaubt, egal, wie sehr ihr davon überzeugt seid, im Recht zu sein und es zu verdienen. Keiner von euch, NIEMAND, der in einem menschlichen Körper steckt, ist vollkommen. Gott ist vollkommen. Das Eintreten in die Essenz des Vollkommenen in euch selbst ist euer Weg und euer Sinn in diesem Leben.

Ein Teil dieses Weges besteht darin, zu erkennen, wann ein anderes menschliches Wesen oder eine von Menschen geschaffene Struktur eure Pfade kreuzt, die euch einen leichten und absoluten Weg zur Freude garantiert. Das Spreu-Selbst, das Judas-Selbst, das falsche Selbst springt rasch auf Wörter wie »einfach«, »umsonst« und »absolute Garantie« an, aber diese Menschen und Strukturen werden euch schließlich zermürben – euer Vertrauen, eure Souveränität, eure Zeit und sogar euer Geld. Seid achtsam. Ansonsten werdet ihr ganz leicht zu einer Ware, mit der andere handeln, um ihre eigenen unergründlichen Agenden zu verwirklichen.

Was euch solche Menschen und Strukturen anbieten, ist die Illusion einer Zugehörigkeit, die euch im Sehnen und im Begehren festhält. Das sind nicht die Räume echter Zugehörigkeit, in die euer Weizen-Selbst, euer Yeshua-Selbst eintreten möchte.

Eines Meiner Lieblingsbeispiele dafür ist das, was eure Welt als »Branding« oder »Markenbildung« bezeichnet. Ganze Industrien und ihre Psychologen betreiben Forschung nicht nur zu einer bestimmten Marke, sondern dazu, wie die Bildung von Marken funktioniert. Sind Marken, das *Brand*-Marken, nicht etwas für Rinder und Schafe, für Tiere, die als Besitz betrachtet und gegebenenfalls mit einer Rute gezähmt werden? Branding ist Besitz. Diejenigen unter euch, die Marken erschaffen, sollten sehr vorsichtig sein, denn ihr könntet von eurer Marke noch gefangen genommen werden. Eine Marke kann sich weiterentwickeln, das bedeutet also, ihr müsst euch vor ihr entwickeln und weiterentwickeln.

Viele von euch empfinden Gefühle der Zugehörigkeit zu und der Loyalität gegenüber bestimmten Marken, was euch auch einschränken kann, sodass ihr nie etwas Neues erkundet. Eine Marke ist ein Stempel, der zu einem Brandmal werden kann. Einem Brandmal ihres Schöpfers und seiner Schöpfung. Auf diese Weise arbeitet der Schatten. Er brandmarkt, beschwatzt und ködert euch, oft unter falschen Vorwänden, statt euch selbst herausfinden zu lassen, was das Richtige für euch ist. Marken machen es euch schwer, euch von ihnen zu lösen. Und es wird zunehmend schwerer.

Es gibt jedoch auch »Marken«, die nicht wirklich welche sind, sondern eher Räume der Gemeinschaft, der Gleichgesinntheit und Verbundenheit. Diese Vereinigungen beziehungsweise Angebote werden in eurer zeitgenössischen Sprache vielleicht auch als »Marken« gehändelt, aber Ich bevorzuge das Wort »Essenz« unendlich mehr als

»Marke«. Es gibt Marken, und dann gibt es Räume, die eine einzigartige harmonische Essenz bieten. Sucht nach jenen, die eine Essenz haben, statt nach denen, die eine Marke pushen wollen. Vertreter solcher Räume der Essenz versuchen nicht, sich zu verbiegen, euch zu entsprechen oder falsche Versprechungen zu machen. Sie sind ehrlich in dem, was sie sagen, und sie drängen euch nicht, ihr Angebot anzunehmen. Sie sind transparent und verraten euch nicht, indem sie euch etwas verkaufen wollen. Sie nehmen euch auch nicht gänzlich für sich ein auf Kosten eurer Freiheit.

Es existieren reine »Tempel und Kirchen« in eurer Welt, selbst in Form von Unternehmen, die euch alles Gute wünschen, wenn ihr euch entscheidet, zu gehen oder in eine andere Kirche einzutreten. Und sie heißen euch willkommen, solltet ihr zurückkehren wollen. Sie sind wahrhaftig und eins mit Gott. Dann wiederum gibt es Kulte und Marken, die euch beschämen, euch kastrieren und euch zum Schweigen bringen, solltet ihr gehen wollen. Und wenn ihr zurückkehren wollt, dann schieben sie euch in die hinterste Ecke des Tempels.

Viele »Marken« verweilen in grenzenloser Angst vor einem drohenden Gewinnverlust. Und so wollen sie so viel wie möglich unter Kontrolle haben, einschließlich euch. Sie selbst sind Besitztum, und nebenbei besitzen und versklaven sie auch euch. Mitunter kann das sogar eure Medien, Regierungen oder politischen Strukturen betreffen, wenn sie es sich zur Gewohnheit gemacht haben, die Wahrheit zu verzerren und eine Sensation daraus zu machen, um euch im Rausch der Angst festzuhalten. Es sind Unternehmen der »lebenden Toten«, wenn sie sich ins Ungleichgewicht begeben und dem Hunger nach Macht erliegen. Die »lebenden Toten«, die leblosen Körper, die Spreu also, die diese Unternehmen besitzen, seid IHR, wenn ihr euren eigenen Wert nicht erkennt und zurückfordert.

Es kann große Freude bereiten, einer Nationalität, einer Identität oder Gruppe anzugehören, aber wenn ihr dieser Identität die Erlaub-

nis gebt, euch zu definieren, dann werdet ihr von ihr als Autoritäts-
struktur der Spreu/der lebenden Toten/der Körper in Besitz genommen. Es ist eine Autoritäts- oder Identitätsstruktur, die euch zwar ein
Gefühl der Sicherheit und der Kontrolle vermittelt, aber euch auch
Ansichten wie »wir gegen die anderen« einflößt und euch wieder werten und bewerten lässt.

In dem Moment, in dem ihr ein Gefühl der Wut, Schuld, Angst,
Scham und des Hasses oder der Unterdrückung im Zusammenhang
mit der »Zugehörigkeit« zu einer solchen Struktur in euch aufsteigen
fühlt, in ebendiesem Moment müsst ihr Mut beweisen und euch fragen, ob ihr dieser Struktur angehört oder tatsächlich von ihr in Besitz
genommen und versklavt worden seid. Nehmt euch davor in Acht,
»lebende Tote« zu sein, »entbehrliche Körper« für solche Strukturen,
ohne überhaupt zu wissen, dass ihr es seid. Denn oftmals, wenn ihr
euch nach Zugehörigkeit sehnt, sogar dann, wenn ihr euch bloß danach sehnt, das Richtige zu tun, um Frieden zu stiften, schafft ihr am
Ende nur noch mehr Unruhe statt wahren Frieden. Für euch selbst
und für andere.

Wenn Gefühle des Schattens in euch hochkommen, dann ist dies
die Art eurer Seele, Meine Art, euch wissen zu lassen, dass es an der Zeit
wäre, einen Schritt zurückzutreten und wieder Frieden in euer Herz
einkehren zu lassen. Und eure Göttliche Macht wiederzuerlangen, die
durch Liebe, Harmonie und vor allem in der Einheit aufblüht. Es ist
Zeit, den Rausch auszuschlafen, die Augen zu öffnen und die Existenz
eurer wahren Identität zu erblicken, die gütig ist, demütig und zu jedem Zeitpunkt die Möglichkeit hat, eins mit allen Dingen zu werden,
denn in Wahrheit seid ihr es bereits. Und ihr gehört zu dieser Welt,
wie auch sie zu euch gehört, in Gleichheit und Gleichberechtigung,
nicht als Besitz. Dies ist das Bewusstsein, das Ich euch damals vorge-
lebt habe und das ich euch heute noch nahebringe.

Ebenso möchte Ich euch ans Herz legen, nicht den Einflüssen

sogenannter Influencer zu erliegen. Jene, die ihren Einfluss missbrauchen und ihn nutzen, um ihre eigene Macht zu stärken, haben gerade am wenigsten Einfluss im Reich Gottes. Vielleicht können sie das gegenwärtige kollektive Ego wesentlich beeinflussen, aber sie haben kaum einen Einfluss auf das ausgewogene Herz des kollektiven Bewusstseins. Oft sind sie arrogant und stolz, auch wenn sie selbstlose Absichten hegen mögen. Die Menschen, die von sich behaupten, sie haben Einfluss, können sehr charmant und faszinierend wirken. Sie sind regelrecht betörend. Lasst euch nicht von ihnen verführen; unterliegt nicht dem Rausch einer Illusion von Akzeptanz und Zugehörigkeit, den sie erzeugen. Sie interessieren sich nicht für euch, wie auch Alkohol kein Interesse an denen hat, die er berauscht. Sie sind euer Kokain. Ihr seid die Konsumenten, und ihr werdet konsumiert und benutzt. Dies ist Abtrünnigkeit vom Glauben.

Verlasst diese Räume. Tretet aus den Plattformen aus, in denen ihr Kapuze und Strick um den Hals tragt, die ihr nicht einmal sehen könnt. Holt euch eure Macht zurück. Richtet euch an jene Menschen, die führen und inspirieren. Nicht an jene, die vorgeben, »Influencer« zu sein. Weisheit ruht in Demut, Gleichheit und Gleichberechtigung. Nicht etwa in dem Glauben, ihr wüsstet besser, was gut oder schlecht für jemand anderen ist. Jene, die das glauben, begehen Verrat an Gott. Wir lieben auch sie bedingungslos. Aber sie erkennen nicht, welche Dysbalance sie unter der Maske selbstloser Absichten erschaffen. Ihr werdet jedes Mal enttäuscht werden, solltet ihr von ihnen erwarten, geführt und geleitet zu werden. Denn sie wollen euch keine guten Führer sein, sie wollen bloß, dass ihr ihre Ideologie und Autorität befolgt. Das ist keine ausgewogene Zugehörigkeit, die auf Inspiration basiert. Unterscheidet und erkennt dies, geliebte Wesen.

Ihr tätet besser daran, selbst zu entscheiden, was richtig für euch ist, auch wenn es nicht dasselbe ist wie für jemand anderen oder für alle anderen. So legt ihr nicht länger die Verantwortung für euren eigenen

Weg ab. Achtet auf euch. Tragt das Licht für alle anderen. Und vergebt euch und jenen, die euch berauscht und beeinflusst haben. Sie haben nicht länger Einfluss über euch. Ohne euch stirbt ihre Macht. Ohne sie seid ihr frei. Sie lassen euch sehnen. Ich lasse euch sein. Wir gehören zusammen. Der Einfluss anderer menschlicher Wesen, die behaupten, sie wüssten, was das Beste für euch ist, spaltet euch mehr, als dass er euch vereint. Der Einfluss Gottes eint euch. Wenn ihr also dazugehören wollt, dann ist Gott die beste Option. Denn mit Uns seid ihr unter dem Einfluss von Mitgefühl, Güte und Friede.

Wir salben euch mit einer natürlichen Gestalt, der eures Körpers. Wir brandmarken euch nicht mit Marken oder Spreu. Wir salben euren Weizen mit Licht.

Weshalb also seid ihr darauf ausgerichtet, euch selbst an Marken zu binden? Wir verstehen, dass ihr euch nach der Zugehörigkeit zu einer Struktur sehnt, die in Resonanz mit euch ist. Wenn ihr alle eure Loyalität gegenüber materiellen Dingen, Menschen und Marken gegen Loyalität der Einfachheit und Gnade gegenüber eintauschen würdet, dann könntet ihr ein viel tieferes Gefühl der Zugehörigkeit entdecken, das sich durch das Erkunden der Natur, der grenzenlosen Möglichkeiten und das Wertschätzen eurer Brüder und Schwestern im gesamten Spektrum des Lebens zeigt.

Seid achtsam, welchen Marken ihr folgt, damit ihr nicht in Dysbalance verfallt. Unterscheidet und erkennt, wer euch auf den Markt treiben will. Ihr Ziel ist es, euch als eines der Rinder innerhalb dieser Marke zu kennzeichnen – auf Arten und Weisen, die selbst ihnen nicht bewusst sind. Sie sind nicht da, um Zugehörigkeit zu schaffen. Sie sind da, um euch zu besitzen, in ihrem eigenen Sehnen nach Macht, Geld und all dem Rest. Sie haben kein Vertrauen darauf, genug zu sein; also drängen sie euch ihr »Zuviel« auf. Das ist keine wahre Führung, die die Arche sicher in den Hafen der Balance steuert. Authentische und echte Führungskräfte steuern die Arche in Harmonie und Ausgeglichenheit.

Wenn es euch tröstet, dann wisset, dass Ich nicht viele »Follower« oder Anhänger hatte. Ich, Yeshua, hatte weniger als die meisten von euch. Ich habe nie nach Anhängern gesucht. In der Tat war es ganz im Gegenteil. Ich strebte nicht danach, in der Mitte der Kirche zu stehen und zu predigen. Ich saß am hinteren Ende jedes Tempels, mit jenen, die als »Unwürdige« angesehen wurden. Sie waren Mein Volk, und sie waren in Meinen Augen sehr würdig. Ich gab Meinen Platz den Frauen und den Älteren vor mir. Als Gott gehörte Ich an das hintere Ende, und es war Meine Entscheidung, dort zu sein.

Was Ich den Menschen zu Meinen Lebzeiten bot, war ein Weg zu Gott. In Reinheit und Gnade ebnete Ich den Weg für das Wort. Das Wort im Sinne der unausgesprochenen und unsichtbaren Wahrheit der Liebe. Also nehmt euch in Acht vor Menschen, denen ihr folgt, die euch vom Glauben abbringen – nicht an die Religion, sondern an euer wahres Yeshua-Selbst.

Und hütet euch vor EUREM Ego-Bedürfnis nach Einfluss. Mehr Follower, mehr Klicks. Ihr habt keine Follower, keine Anhänger. All jene, die nach Followern streben, sind nicht authentisch. Follower dienen hauptsächlich eurer eigenen Bestätigung und dem Gefühl, Gott spielen zu können. Statt Gott zu sein. Andere zu euren Zwecken zu beeinflussen. Beeinflussung ist Zwang. Im Moment ist alles Soziale in eurer Welt zu einem Pöbel verkommen. Einem Richterpöbel. Einem Medienpöbel. Einem Spreupöbel. Stärkt euren Glauben in Uns, dass Wir wieder Ordnung und Gleichgewicht schaffen, und nicht irgendjemand, der euch vorgaukelt, euch eure Freude in sorgfältig gemessenen Dosierungen zu verabreichen. Ich selbst habe das erlebt und wurde gekreuzigt, um euch davon zu befreien, selbst wenn ihr in eurem Leben der »Kontrolle seitens Autoritäten« unterliegt. Ich gab euch eine andere Möglichkeit innerhalb dieses Lebens. Ein anderes, unsichtbares Leben, das zugleich die wahre Realität des Lebens an sich ist.

Strebt danach, reine Anhänger Gottes zu sein, Anhänger des Friedens, der Güte, des Mitgefühls und der Vergebung. Solche Anhänger gehören dem Baum des Lebens an. Solche Anhänger sind die wahren Influencer und Führer eurer Welt. Es gibt einige auf eurem Planeten, die ihr Amt des Dienstes tragen und euch die Weisheit, das Licht und eine Gemeinschaft bringen, die ihr benötigt, um zu wachsen. Aber es gibt nur wenige von ihnen, und sie führen ein Leben der Hingabe und Einfachheit. Einfachheit bedeutet jedoch keineswegs Mangel. Aber sie leben ein Leben des Dienstes. Und ihr werdet sie finden, wenn es eure Bestimmung ist. Jene gesalbten Menschen, die ihrem von Gott geweihten Amt dienen. Und sonst kommt zu Mir oder zu jeder anderen Göttlichen Form, die euch Gott näherbringt, ohne dass sie dabei versucht, euch zu beeinflussen, zu brandmarken oder zu kontrollieren.

Strebt nach Originalität, nicht nach Gefolgschaft. Strebt danach, ihr selbst zu sein, und ihr werdet immer und immer wieder erkennen, dass ihr alles, was ihr braucht, in euch tragt. Quantität ist niemals der richtige Weg. Qualität ist es. Je mehr ihr die Qualitäten Yeshuas, die Qualitäten Gottes, verkörpert – Demut, Vergebung, Glaube, Freiheit –, desto mehr werdet ihr euch alldem zugehörig fühlen, mit dem ihr eins seid. Der ganzen Welt. Weshalb wollt ihr nur einige Menschen lieben, wenn ihr die ganze Welt durch eure bloße Präsenz lieben könnt? Wenn ihr an dieser Wahrheit zweifelt, probiert es aus, und ihr werdet sehen, dass all eure Bedürfnisse erfüllt werden, ohne dass ihr viel Energie darin investieren müsst.

Es gibt wunderbar harmonische Strukturen in eurer Welt, die in Bescheidenheit verankert sind und euch würdigen, denn sie achten eure Souveränität als Individuen. Die Erschaffer solcher Strukturen kennen ihre Wahrheit, und so ist es nicht ihr Bestreben, zu den Besten zu gehören. Strebt nach Demut und Bescheidenheit innerhalb der Umfelder, in denen ihr euch befindet. Und verbindet euch mit denjenigen, die diese bescheidenen, natürlichen und nicht aufdringlichen Strukturen geschaffen haben. Das sind die Räume, mit denen ihr in Resonanz seid und von denen ihr mit der Zeit immer mehr finden werdet. Alle anderen sind Türme von Babel kurz vor dem Fall. Hütet euch insbesondere vor jenen, die behaupten, sie helfen euch dabei, unter dem Vorwand der Spiritualität zu Geld zu kommen.

Für diejenigen unter euch, bei denen es ums Manifestieren und Erschaffen geht: Wenn ihr Balance und Ausgeglichenheit für euch und für andere generieren wollt, die Fluidität und Co-Kreation mit sich bringen, konzentriert euch darauf, Strukturen der Resonanz zu kreieren, statt den Fokus auf Markenbildung zu legen. Schafft Strukturen, die der Göttlichen Autorität unterliegen, was so viel heißt wie »Gott ist der CEO, nicht ihr«. Ich werde euer Chief Energy Officer, euer CEO, sein, der den Prozess überwacht.

Sucht nach Strukturen der Resonanz, und urteilt nicht, bevor ihr nicht eure eigene Dissonanz überwunden habt. Bevor IHR nicht Balance und Harmonie durch eure bewussten Entscheidungen an erste Stelle stellt, könnt ihr nirgends wahre Zugehörigkeit finden.

Das wesentliche Element, von dem ich hier spreche, ist euer Urteilsvermögen – eure Fähigkeit zu unterscheiden. Das wichtigste Mantra, das ihr in Meinen Gaben finden werdet, ist folgendes.

Das Gebet des Unterscheidungsvermögens

Alles, was ich brauche, trage ich jetzt in diesem Moment in mir. In diesem Augenblick – unabhängig von allen äußeren Gegebenheiten, einschließlich meiner Beziehungen, meiner Gesundheit, finanziellen Verpflichtungen, Kindern, Freundschaften –, in diesem Moment ist alles, was ich brauche, IN MIR. Ich gehöre zu Gott. Gott ist in mir. Und dadurch sind all meine Bedürfnisse erfüllt. Ich brauche nichts von außen, noch erwarte ich irgendetwas von der äußeren Welt. Ich bin Spirit; der Heilige Geist ist mit mir. Und in diesem Augenblick bin ich dankbar, bin ich im Frieden, bin ich eins mit Gott.

*Darin liegt meine Macht, und das ist mein Recht. Nicht auf
Kosten anderer. Das ist mein souveränes Recht. Kein anderer
kann es mir entreißen. In tiefer Demut weiß ich, dass ich meinem Verstand oder meinen Gefühlen nicht trauen kann, aber
ich vertraue auf Gott. Und Gott ruht in mir, wie er auch in
allen anderen ruht. Ich habe die Demut zu wissen, dass ich
nicht weiß, was andere brauchen. Ich muss ihnen auch nicht
meinen Willen aufzwingen. Ich richte meinen Willen nach
dem Göttlichen Willen, unabhängig davon, was es kostet oder
welchen Gewinn ich daraus habe. Alles, das eins mit Gott ist,
ist ein Geschenk und ein Gewinn.*

*Ich bete dafür, dass ALLE diese souveräne Wahrheit erkennen.
Und davon ablassen, anderen ihre Meinungen und Überzeu-
gungen überzustülpen. Ich bin in großem Frieden und habe
tiefe Demut vor der Herrlichkeit und Ehre der Göttlichen
Gnade, die in mir ruht und zu jeder Zeit meine Hände hält.
Ich gehe mit dir, Göttliche Macht, in Sanftmut, Güte und in
Frieden. Amein.*

Dies ist das Gebet zur Anrufung souveräner Autorität, Demut und
Gnade. Es ist dies das Gebet, das euch befreit. Was gleichzeitig bedeutet, dass ihr euch möglicherweise von eurer Beeinflussung befreien,
von euren Vergiftungen reinigen und Vorurteile loslassen müsst, die
eurem Ego und nicht eurem Sacred Heart dienen. Lasst es einfach geschehen, sagt dieses Gebet auf, und der Weg zu eurem Frieden, Unserem Frieden, wird sich euch zeigen. Es erfordert Mut, gegen den Strom
zu schwimmen. Wir würdigen diesen Mut und Glauben. Dies ist ein
Weg, den wir gemeinsam gehen werden.

Und so sei es.

Denkt daran, dass die Dinge, denen ihr euch verschreibt, ebenso
zu euch gehören. Wenn ihr euch projizierten Ängsten und Gedanken-

gefängnissen hingebt, dann haften diese Gedanken und Ängste auch an euch. Ihr seid an sie geheftet. Hängt ihr den Traumata in eurem Geist nach, dann gehören diese Traumata zu euch. Wenn ihr euch Hass und Schuld zu eigen macht, dann sind diese Eigenschaften sozusagen in eurem Besitz. Wollt ihr all dies? Wenn nicht, dann müsst ihr gewillt sein zu erforschen, weshalb ihr diese Maßnahmen ergriffen habt, um sie sodann zu integrieren, euch von ihnen zu lösen und die Spreu dieser Erfahrungen loszulassen. Das kann einiges an Mut erfordern, an Trauer, an Veränderung. Aber die Freude und die Wunder, die ihr erleben werdet, sind es wert. Denn ihr seid es euch und Mir wert.

Wenn ihr euch entscheidet, diese unausgewogenen Denkmuster und Verhaltensweisen aufzugeben, dann verhilft dies euch zu einer Identität in Freiheit und schafft neuen Raum für Schöpfung. Lasst ihr diese Dinge los, gehört ihr der Freiheit an, und die Freiheit wird zu euch gehören. Und dies ist der Moment, an dem die wahre Göttliche Magie und die Verflechtungen der Seele und des Spirit mit dem Glauben in Fülle hervorströmen werden. Und so sei es. Amein.

2.

....

Die Befreiung vom Sehnen

Geliebte Wesen, was Ich nun mit euch teile, ist der wichtigste Aspekt dieser Botschaft, also werde ich es ganz einfach halten. Das ist die tiefere Wahrheit, die unter alldem liegt, was Ich gesagt habe:

Wenn ihr zu sehr nach Zugehörigkeit strebt, nach Besitztum von Dingen im Außen, kann das euren Blick auf den Weizen im Inneren völlig erblinden lassen.

Ich möchte euch für den Erkundungsprozess, in dem ihr euch gerade befindet, sehr empfehlen, nicht nach Zugehörigkeit zu suchen, nicht zu sehnen oder zu viel eurer Zeit und Energie an Besitztümer zu verschwenden. Verlagert euren Fokus stattdessen auf die Gegenpolarität, nämlich:

die Sehnsucht zu SEIN!

Frei zu sein von dem Bedürfnis nach Zugehörigkeit oder Besitz. Denn wie bereits erwähnt: Der Witz an der Sache mit der Zugehörigkeit ist, dass alle Dinge, denen ihr euch zugehörig fühlt, auch euch zugehörig sind. Es ist gefährlich, so viel Zeit und Energie an Zugehörigkeit und Besitztum zu verschwenden, denn an jede Zugehörigkeit, die ihr »besitzt«, übergebt ihr einen kleineren oder größeren Teil eurer Lebenskraft. Und das bringt euch in eine Position tiefer, unausgeglichener Verwundbarkeit in der äußeren Welt. Und so kann euch das Ego ausnutzen, indem es euch sagt: »Wenn ihr nirgends dazugehört, werdet ihr mit Unsicherheit und Ablehnung konfrontiert.« Ich muss bei dieser Aussage schmunzeln, denn die Unsicherheit dieser Aussage selbst IST die Ablehnung der Wahrheit, und das ist die wahre Bedrohung. Was euer Ego mit solchen Aussagen bezweckt, ist, dass es euren Fokus auf äußere Besitztümer gerichtet lässt, damit es im Besitz eurer Angst bleibt und dadurch **auch euch besitzt.**

Ihr werdet von eurem eigenen Verlangen nach Zugehörigkeit besessen. Ihr werdet von euren eigenen Besitztümern besessen. Wie Ich schon oft gesagt habe, gibt es bloß zwei Arten von Angst. Bei der ersten handelt es sich um die Angst davor, nicht zu bekommen, was ihr wollt. Die Stimme dieser Angst sagt: »Ich fürchte mich davor, mein Geld nicht zu bekommen, oder diese Beziehung, oder Akzeptanz, oder Bestätigung; ich habe Angst, keine Sicherheit zu haben; meine Bedürfnisse nicht erfüllt zu bekommen. Ich muss es noch stärker versuchen, noch mehr auf meine Grenzen verzichten, meinen Wert noch mehr aufgeben, mich noch mehr Schönheitsoperationen unterziehen, noch mehr Diäten machen, mehr und mehr arbeiten, denn sonst werde ich allein sein, und ich werde nicht bekommen, was ich brauche.« Und dann gibt es noch die Angst davor, das, was man hat, zu verlieren. Die Stimme dieser Angst sagt: »Ich habe sehr hart gearbeitet, ich habe diese Besitztümer angehäuft [seien es Menschen, Gegenstände oder was euch sonst noch das Gefühl von Besitz beziehungsweise Zugehörigkeit vermittelt]. Ich könnte all dies verlieren. Wer wäre ich DANN? Ich muss diesen Verlust um jeden Preis vermeiden.«

Beide Ängste sind sehr schwere Bürden. Sie verbrauchen viel Energie, denn das Entwirren und Loslösen von Dingen, die ihr besitzt oder die euch vereinnahmen, kann sehr anstrengend sein. Und schmerzhaft. Euer Verstand hält euch in diesem beschränkten Raum der Selbstgefälligkeit gefangen und beraubt euch eurer Souveränität, eures freudvollen Rechts, Veränderung aus der Quelle des Glaubens zu schöpfen.

Weil ihr von diesen Dingen, denen ihr gehört und die euch gehören, gefesselt werdet, ist eure Sicht durch euer eigenes Ego und seine Manipulation der Angst eingeschränkt. Viele der Menschen auf eurem Planeten werden von diesem Blickwinkel der Angst aufgezehrt, und so verbringen sie ihr gesamtes Leben in ständiger Wachsamkeit, Paranoia und dem Versuch, die Kontrolle zu behalten.

Wo doch das, wonach ihr euch in Wirklichkeit alle sehnt, ist zu SEIN. Geliebt zu SEIN. Und gleichzeitig Liebe zu geben.

Geliebte Wesen, Ich bin der Erste, der euch sagt, dass ihr keinen Besitz habt (obwohl euer Verstand dem womöglich widerspricht). Eure Besitztümer, die euch zugehörigen Menschen – ihr besitzt keines und keinen von ihnen. Das sind die Wurzeln, aus denen die Energie der Sklaverei, der Prostitution und viele der dunkelsten Aspekte von Repression und Unterdrückung anderer stammen. Einige der größten Dysbalancen innerhalb der Strukturen eurer Welt entspringen einer falschen Vorstellung von Besitz und Besitztum. Der Vorstellung, Gegenstände oder sogar Menschen seien Eigentum.

Nichts gehört euch. Ja, ihr gehört dieser Welt an. Euer Körper gehört zu euch, bis zu einem gewissen Punkt, aber selbst euer Körper, die Materie, die Spreu, sie gehören Gaia und Gott. Ihr gehört Gott. **Gott, das Licht, gehört zu euch.** Dem Wesen eures Seins nach besitzt ihr nichts aus dem Reich der Spreu, nichts außer der »Zeit«. Ihr könnt euch um etwas kümmern, es betreuen, aber ihr werdet es niemals besitzen. Niemals kontrollieren. Genauso, wie auch Wir euch nicht besitzen oder kontrollieren.

Werdet ihr in Demut zu Gott gehören? Werdet ihr dem Frieden angehören? Oder gehört ihr zur Angst? Zum Opferbewusstsein? Zur Spreu? Dies ist die wahre Natur eurer Reise. Viele, die den Weg vor euch gingen, halten euch das Licht, damit ihr diese Entscheidung treffen könnt, und es ist keine leichte. Es bedeutet, ihr müsst Spirit und Wahrheit in die Dinge einbeziehen und einfließen lassen, die ihr euch selbst verweigert und vorenthaltet. Das heißt nicht, dass euch die Dinge jemals zufallen werden. Jeder, der euch einen »leichten« Weg verspricht, ist ein Abtrünniger. Wir zeigen euch einen Weg. Es gibt immer einen Weg. Mit dem Wort, das in eurem Herzen steht und das ihr in eurem Atem hört.

Geliebte Wesen, diese Zugehörigkeit, dieses Sehnen nach Einheit – es befreit euch von allem Äußeren. Es entfesselt, entfaltet und macht euch frei, indem es euch von der Angst befreit. Egal, was im Außen gerade passieren mag, egal, wer versucht, euch zu besitzen, euch zu verleugnen, egal, was ihr habt oder nicht habt, egal, wie gesund oder wie krank ihr seid – ihr werdet dazugehören.

Deshalb sind es die am meisten geächteten und ausgegrenzten Menschen, die Wir am innigsten halten. Ebenso wie jene, die ihren Willen gegenüber anderen nicht durchsetzen wollen. Jene Menschen, die an ihre eigenen gottgegebenen Talente und Geschenke glauben, egal, wie sehr sie von der Außenwelt angenommen werden oder nicht.

Eure Ablehnung anderer innerhalb des Gartens, die »Aberkennung« ihrer Würde, die Nichtanerkennung ihres Weizens – egal, was sie getan oder nicht getan haben mögen – ist törichte Weisheit, zornerfüllte Weisheit und Arroganz. Ehrt sie als Menschen und nicht als »Besitztümer«, von denen ihr glaubt, sie verurteilen und verdammen zu dürfen. Das könnt ihr nicht, und wenn ihr es tut, dann tragen und behüten Wir sie noch mehr, als Wir euch tragen und behüten. Wir lieben euch alle gleichermaßen. Also befreit euch von alledem, und habt die Demut, Gott zu erlauben, über Balance und Gerechtigkeit zu walten, ohne dass ihr es euch anmaßt. Wenn ihr versucht, Gott zu spielen, indem ihr andere überwacht, dann wird es euch auslaugen. Das ist nicht eure wahre, liebende Natur, in der ihr geschaffen wurdet. Also macht euch von allem frei. Macht sie frei. Und befreit dabei auch euch.

Lasst nicht zu, dass eure inneren Lasten und eure Laster die Menschen um euch herum beeinflussen. Eure Bürden belasten euch gegenseitig und wirken sich auf eure Umwelt aus. Ihr habt den Einfluss der Lasten anderer gespürt und getragen. Ein Mensch, der eine Last trägt, erschafft für alle Menschen eine Last, und diejenigen, die diese Last zu tragen haben ... seid IHR. Wenn ihr jemanden ausschließt, seinen Wert verneint, dann seid ihr es, die im großen Traum ausgeschlossen und verleugnet werden. Lasst davon ab, geht auf die Knie, und erlaubt Mir, vielleicht nur ein einziges Mal, Mich um das äußere Gleichgewicht und die Gerechtigkeit zu kümmern, damit ihr es nicht tun müsst. Denn ihr könnt es nicht. Übergebt dem Göttlichen, was ihr nicht zu tragen vermögt, und seht staunend zu, wie Wir den Rest erledigen.

Das Wichtigste: Wenn ihr das Verlangen nach Besitz und Zugehörigkeit loslassen könnt, dann könnt ihr SEIN. Das ist es, wonach ihr euch sehnt: zu sein, was ihr SEID – nämlich Liebe, Kraft und Gnade. Wenn ihr geliebt werdet, statt besessen zu werden, egal, was es ist, das euch besitzt, dann seid ihr frei – denn dann habt ihr die Quelle gefunden. Ihr gehört zu Gott. Indem ihr all das loslasst, was ihr zu sein glaubt und von dem ihr glaubt, es zu haben – egal, ob es sich um eine Beziehung handelt oder sogar eine Ehe, einen Titel, Besitztümer –, indem ihr das tut, seid ihr frei. Euer ganzes Herz dem Göttlichen zu übergeben und zu sagen: »Danke für all diese wundervollen Besitztümer und Gegenstände, aber sie gehören nicht mir, sie gehören euch, Gott«, das ist eine der befreiendsten Arten zu leben.

Das bedeutet keineswegs, dass Wir euch etwas wegnehmen werden, dass ihr etwas verliert. Oft geben Wir euch sogar mehr. Jeder von euch hat unterschiedliche Bedürfnisse, so wie auch jeder von euch andere Wünsche hat. Ihr entwickelt euch ständig weiter, verändert euch, und manchmal passt euer Spirit diese Veränderungen auch im Außen an, jedoch nur zum Wohle eurer inneren Selbstverwirklichung. Das gilt für euch alle gleichermaßen. Die Essenz eures Seins besteht aus Frieden. Und Liebe. Solange ihr einfach seid, im Hier und Jetzt seid, habt ihr alles, was ihr braucht.

Egal, welcher innere Anteil euch sagen möchte, dass ihr nicht genug habt, nicht genug seid, dass ihr etwas so Schreckliches getan habt und keine Liebe verdient – all das ist eine Illusion. Das geschieht, wenn ihr euch auf die Spreu ausgerichtet habt. Wenn ihr den Ketten der Angst erlaubt habt, euch festzubinden. So seid ihr nicht im Hier und Jetzt. Denn im gegenwärtigen Augenblick seid ihr frei. Ihr seid in jedem Moment frei.

Glaube, Vergebung, Freiheit. Wenn ihr im Glauben verankert seid, dann habt ihr keine Angst davor, dass eure Bedürfnisse unerfüllt bleiben, denn das überlasst ihr Gott. **Dies ist das Gebet der Zugehörigkeit zu Gott, das Gebet der Rückforderung Göttlicher Autorität:**

Göttliche Gnade, Göttliches Selbst, ich gehöre zu Gott. Ich verstehe, dass mein Verstand nicht einmal weiß, was ich brauche. Ich übergebe mich meinem Sein, dem Fluss des Lichts, oben wie unten. Meine Besitztümer, ich schenke sie dir, Gott, Licht, Bewusstsein, Essenz meines Seins. Ich werde diese Dinge verwalten, solange es nötig ist. Ich werde sie loslassen, wenn sie gehen müssen. Ich vertraue auf Gott und auf Yeshua in mir. Und ich verstehe, dass ich zu mir gehöre, ich sehne mich danach, ich selbst zu sein. Und so gehöre ich auch zu Gott. Ich sehne mich danach, zu sein. ICH BIN. So wähle ich, in Gnade, Frieden, Vertrauen, Neugier und Akzeptanz hier in diesem Moment zu sein. Im Loslassen werde ich zum Heiligsten aller Heiligen. Ohm Nami Yeshua. Amein.

Viele der Dinge, an die ihr euch in eurem Wunsch nach Zugehörigkeit heftet, versinnbildlichen das Festhalten an Anteilen eures Selbst, die Teil einer alten Identität sind. »Wenn ich bloß all diese Besitztümer behalten könnte ...« ist einer Unserer Lieblingssätze von euch. Welch eine schöne Art und Weise, Krempel anzuhäufen, der wenig Platz für kreative Schöpfung und Entwicklung lässt! Dies bezieht sich auch auf eure Erinnerungen: »Wenn ich bloß diese Erinnerung festhalten könnte, wenn ich mich bloß daran festhalten könnte.«

Wohin, denkt ihr, wird diese Erinnerung gehen? Eure Spreu kommt nicht mit euch, wenn ihr zum Spirit zurückkehrt, dem allumfassenden Geist. Sie ist Abfall, eine »Hülle«, um es so auszudrücken. Keines eurer Besitztümer, Likes oder Klicks wird mit euch in den Spirit übergehen. Ihr nehmt auch keine Auseinandersetzungen und Momente der Betäubung mit. Nur das Trauma, das von ihnen bleibt, das ihr nie erkannt habt und das zu Verzerrungen in eurem energetischen Feld führt. Wenn ihr Jahre in Betäubung verbringt, sei es durch Spiele, Medien, Alkohol, Zucker, Fernsehen oder Fluchtverhalten, dann nehmt ihr diese Dinge nicht mit, aber ihr tragt die Verzerrungen, die sie in euch erzeugt haben, mit euch.

Was ihr aber mit euch NEHMT, sind die Momente, in denen ihr Gemeinschaft, Verbindung und Zugehörigkeit zu und mit einer anderen Person in Gleichklang verspürt habt. Diese Augenblicke erzeugen flüssige, bewusste Seelenerinnerungen. Dichte Erinnerungen halten euch in Dichtheit gefangen. Dies ist der Weg eurer Entwicklung hin zum Licht.

Erinnerungen sind ein Teil vom Traum des Weizens. Die Spreu, eure externe Realität, lebt in dem vergänglichen Traum des sogenannten Lebens. Aber wie es sich mit Träumen eben verhält, könnt ihr aufwachen; ihr könnt es verändern. Die Augenblicke der Wahrheit, der Tiefe, Freude, Intimität und des Mitgefühls im Traum sind jene, die eure Seele mitnimmt. Denn sie sind licht und leicht wie eine Feder. Die einfachen Momente der Gemeinschaft, ob sie in Freude, Trauer oder in einem Augenblick der Güte erlebt wurden. Die einfachen Momente.

Der Geruch eines Herbstblattes. Der Geruch des Essens, das eure Großmutter immer gekocht hat. Traditionen. Augenblicke, in denen ihr spontan in Gelächter ausgebrochen seid. Das ist reines Erfahren. Das ist Liebe. DAS ist Gott, und das ist es, was ihr mitnehmen werdet. Eure Zeit ist beschränkt in diesem Leben, geliebte Wesen; nutzt sie mit Bedacht. Lasst euch ein, ganz ohne Angst, und öffnet euer Sacred Heart für das Leben. »Warum nicht?«, fragt die Seele. »Warum nicht?«

Den Preis, den Ich dafür gezahlt habe, Mich vollends auf diese Welt einzulassen, war der Tod. Das war es wert, und auch ihr wart und seid es wert. Ich habe euch frei gemacht, aber ihr müsst euch für diese Freiheit entscheiden und nicht länger darauf warten, dass sie euch jemand in eurem Sehnen nach Zugehörigkeit bringt. Ihr sehnt, sehnt, sehnt euch und leidet. Statt euch der Erfahrung des Lebens zu öffnen, öffnen, öffnen.

Eure Erinnerungen sind eins mit dem Bewusstsein. Nichts wird jemals zerstört, nichts jemals erschaffen. Ihr könnt nicht *nicht sein*. Und so könnt ihr dem Baum des Lebens nicht *nicht angehören*. Viele in eurer Welt sind sich dessen nicht bewusst. Alle Wesen haben Bewusstsein, aber nicht alle sind erwacht. Sie sehen immer noch vieles durch das Außen: recht haben, Geld verdienen, im Überfluss leben, immer mehr und mehr und noch mehr bekommen. Sie können nicht erkennen, dass sie besessen werden – sie sind die Sklaven all dieser Dinge –, einschließlich der Jagd des Egos nach dem nächsten »Klick« oder »Like«.

Dann gibt es aber Menschen, die nicht »liken«, was jemand anders zu bieten hat. Oh, wie persönlich diese Dinge genommen werden. In solchen Momenten SEID ihr nicht wirklich da. Es ist ein Machtkampf darüber, wer dazugehört und wer nicht. Das Ganze ist mit Schuld und Scham behaftet. Diese Energien sind zur gegenwärtigen Zeit in eurem Kollektiv sehr stark zu spüren. Das Beschämen. Das Abschreiben. Das gegenseitige Negieren.

Keine Seele kann abgeschrieben werden. Weizen kann nicht *nicht* Weizen sein. Er kann gemahlen werden, er kann zu Brot verarbeitet werden, aber er ist Mein Körper, er ist Mein Blut. Wie auch ihr es seid. Das kann nicht negiert oder zunichtegemacht werden. Ihr habt es bereits vor über 2020 Jahren versucht. Und es hat nicht funktioniert.

Zu versuchen, jemand anderen zu negieren oder ihn abzuschreiben, führt nur dazu, dass ihr euer Göttliches Selbst negiert, das Yeshua-Selbst, welches eure wahre Essenz ist – und dann seid ihr nicht mehr als ein Besitz, der von eurem eigenen Verstand und euren eigenen Ängsten gekauft und bezahlt wurde.

Wem und was fühlt ihr euch dann zugehörig? All das verändert sich zurzeit. Genau darum geht es in dieser Phase gerade auf eurem Planeten. Ich habe bestimmte Veränderungen eingeführt, um euch zu helfen, euch neu auszurichten und euch in der Tiefe diesen Fragen zu stellen: »Geht es mir wirklich darum, mich nach etwas zu sehnen? Oder habe ich eine Sehnsucht nach Freiheit?« Je freier ihr seid, desto leichter fällt euch das Erforschen und Erkunden. Reist mit leichtem Gepäck, geliebte Wesen. Reist mit eurem Sacred Heart an eurer Seite und nicht mit einem Herzen, das der Willkür des Verstandes ausgeliefert ist.

Stellt sogar eure Zeit infrage. Zeit gehört euch nicht, obwohl sie das Einzige ist, das ihr besitzt, solange ihr in einem Körper seid. Eure Zeit ist geborgt. Haltet weniger Fäden fest, weniger Verpflichtungen, weniger Haken. Springt im Vertrauen, springt im Glauben, lasst die Komplexität los, und ihr werdet erstaunt sein, wie erleichtert ihr euch fühlt. Es ist keine Erleichterung von Verantwortung, sondern von der Belastung dieser Verantwortung. Dafür ist dieses Portal der Auflösung da. Wenn ihr euch entscheidet, der Liebe anzugehören, indem ihr die Liebe verkörpert, wird eure Seele euch auf natürliche Weise ins Gleichgewicht bringen.

Und so müsst ihr euch selbst von dem Verlangen nach Zugehörigkeit lösen. Ihr gehört dem Körper an, nicht eurem Verstand. Ihr gehört der Liebe an, nicht der Angst. Macht euch frei von den Vergleichen und der Verurteilung, der Verinnerlichung, wenn eine andere Person versucht, euren Wert zu leugnen, und befreit euch von eurer Tendenz, die Vergangenheit mit euch mitzuschleppen.

Solange ihr euch in einem Körper befindet, werdet ihr euch nach dem Licht sehnen. Es wird Zeiten geben, an denen die Sehnsucht nach dem Zuhause, dem Zuhause in Gott, dem Zuhause eures Spirit so unglaublich stark ist ... und dann gibt es Zeiten, in denen das nicht der Fall ist. Wenn diese Sehnsucht oder die Zugehörigkeit zu Gott verloren geht, sind Gefühle der Trennung, Betäubung, Polaritäten und Dissonanz, die unweigerlich auftreten werden, dazu da, um euch daran zu erinnern, dass ihr etwas vom Weg abgekommen seid. Diese Momente sind sehr wichtig, denn sie zeigen euch, wo ihr hingehört. Ihr seid der Weizen. Euer Körper, euer Sein, diese wunderschöne Welt, sie sind die Spreu, an der ihr euch erfreuen könnt.

Nährt den Weizen. Seid in der Liebe verankert. Fühlt euch zugehörig zu diesem Körper, zu dem Wein eures Blutes, diesem Brot eurer Knochen, diesem Planeten, den ihr »Heimat« nennt. Und gleichzeitig zum Spirit, dem allumfassenden Geist. Die Schönheit dieser Existenz liegt darin, dass euch beides zusteht! Gehört zu Gott. Es ist eine offene und ewig während Einladung, die keine Voraussetzungen für eine Mitgliedschaft erfordert, außer eurer Neugier und eurem Willen. Ruft Mich in euer Sein, und lasst Mich die Dinge bewegen, die bewegt werden müssen, um euch von diesen Lasten zu befreien, die ihr besitzt oder die euch besitzen. Gebt die Kontrolle ab, die Müdigkeit und das Festhalten. Haltet euch an Mir fest, sodass ihr all den Rest loslassen könnt. Ich werde euch auch halten, aber auf eine Weise, die euch befreit.

Die Dinge, die ihr verwaltet, sei es euer Land, sei es euer Bruder, eure Tiere, euer Wasser – wenn ihr all das an Mich übergebt, habt ihr nichts zu verlieren. Denn dann werde Ich sie in Zusammenarbeit mit euch verwalten, während ihr euch um das Feld des großen Traumes kümmert.

Das einzig Notwendige, was euch alle gerade betrifft, ist, dass ihr euch auf die Freiheit konzentrieren müsst (und auf den Glauben und die Vergebung). Und Verantwortung dafür übernehmen, statt zu erwarten oder zu glauben, ein anderer Mensch würde das für euch erledigen. Das Leben besteht aus Dienst. Nichts ist einfach. Von einfach war nie die Rede. Sondern vom Erfahren. Vom Verkörpern. Vom Teilnehmen. Hört auf, euch selbst und andere zu verstecken, hört auf, zu projizieren, vorauszusetzen und abzulehnen. Lasst euch ein in Güte und Liebe. Ich werde euch halten, durch alles hindurch.

Wenn es euch gelingt, euch von der Bürde des Eigentums und des Sehnens freizumachen, dann befreit ihr auch alle anderen durch eure Inspiration und euer Beispiel – zumindest jene, die bereit sind, euch in Hingabe zu folgen. Ihr zeigt ihnen den Weg, und Ich werde ihnen mit euch den Weg zeigen. Das ist wahrer Dienst, geliebte Wesen, das ist Dienst.

So bitte Ich dich, Heiliges Kind, Folgendes niederzuschreiben:

1. Was hat dich in seinem Besitz, welchen Dingen bist du in der äußeren Welt und in deinen Gedanken, Gefühlen und Emotionen verpflichtet, die sich wie Bürden und Lasten anfühlen?

2. Was, glaubst du, wird dir geschuldet? Bringt dieses Gefühl des Anspruches mehr Frieden oder mehr Zorn und Stress mit sich, wenn diese Ansprüche nicht erfüllt werden?

3. Wirst du von Angst und Sorgen besessen? Ist es dein Wunsch, frei zu sein? Bei der Liebe geht es nicht um Besitz oder Eigentum. Bei der Angst schon.

4. Bist du bereit, Mir diese Kreuze zu übergeben, um deine Wahrnehmung zu ändern und von Zugehörigkeiten, dem Sehnen nach mehr und von Besitztümern, die dich besitzen, abzuziehen? Bist du bereit für die Erfahrung, zu fühlen, ohne zu verurteilen, zu denken, ohne zu handeln, und dein Leben zu leben

im Heiligen Geist, der in und über jenen weilt, die sich dafür entscheiden loszulassen? Was steckt wirklich hinter deiner Sehnsucht? Kann einfaches SEIN dir genügen?

5. Bist du bereit, dich dem Ziel zu verschreiben, einen neuen Raum zu erschaffen, um die Arche des Neuen Bundes zu verkörpern und dich in deinem Yeshua-Selbst zu verankern? Musst du der Anführer sein? Oder kannst du zur Kenntnis nehmen, dass wahre Führung auf natürliche Weise kommt, indem du das verkörperst, wozu du geschaffen wurdest?

Diese Niederschrift ist ein heiliges Testament; so bitte Ich dich, deine Antworten auf diese Fragen tatsächlich aufzuschreiben, statt sie bloß im Geiste durchzugehen. Denn dieses Testament ist es, was dich tiefer in die Transformation bringt, indem du den Mut, die Demut und die Geduld aufbringst, Göttliche Unterstützung in diesem Prozess zu empfangen. Dieser Prozess wird keine Erwartungen und Ansprüche erfüllen. Es werden bloß Wunder geschehen. Wunder und Staunen sind Energien, mit denen Ich dienen kann.

Wenn ihr frei seid von Erwartungen und Ansprüchen, lässt Mich das eure Bedürfnisse am besten erfüllen – in Staunen, Manifestation und Freude. Kehrt immer wieder zu dieser Niederschrift zurück, und bessert sie aus, dann wird alles, was ihr braucht, klarer werden. Dies ist Mein Versprechen an euch. Ich habe meine Verpflichtungen euch gegenüber immer eingehalten – als Göttlicher Vater und als Sohn Gottes. Ich war niemals weit weg. In Wahrheit bin Ich euch so nahe, dass ihr vergessen habt, dass Ich immer mit und in euch bin. Und ihr seid mit und in Mir. Sancti, geliebte Wesen. Pace. Amein.

3.
....

Die Freiheit des Seins

Seht, geliebte Wesen. In den vergangenen Jahren haben Wir euch alle beobachtet und gesehen, wer sich dazu entschlossen hat, eins zu werden, zum Garten des Weizens zu gehören ... und wer weiterhin getrennt sein und der Spreu-Identität, dem unausgeglichenen Ego-Selbst angehören möchte. Es ist eine Entscheidung, und es ist eine, die nicht auf einmal getroffen wird, denn ihr seid eingewoben in viele wunderbare Dinge und Beziehungen, und doch habt ihr auch zahlreiche ungesunde Knoten, von denen ihr euch auf eurem Lebensweg noch lösen müsst.

Spannenderweise binden euch ungesunde Knoten und Verflechtungen an bestimmte verzerrte Wahrnehmungen, Mentalitäten und Verhaltensweisen, während sie euch gleichzeitig das Gefühl geben, getrennt oder abgekoppelt von dem zu sein, was für euch von Wert ist. Die Dissonanz eures Egos lässt euch unterschätzen, wie wichtig eure Verbundenheit mit Gaia ist, indem sie euch zu beschäftigt hält, um in Verbindung zu treten und etwas Zeit mit ihr zu verbringen. Es ist schwieriger, ein ausgewogenes Netz zu weben, wenn ihr von eurer Umwelt getrennt seid.

Ein unausgeglichenes Ego kann euch das Gefühl geben, getrennt von eurem eigenen Herzen und euren wahren Gefühlen zu sein. So seid ihr abhängig von Ängsten rund um Zurückweisung, Ausgeschlossensein, zerstörte Hoffnungen und Erwartungen. Es kann sogar eure Augen zunähen, euch blind machen und von der Erfahrung des Selbst als vollständige Einheit trennen. Ungesunde Knoten können sich anfühlen, als gäbe es eine Trennung in eurem Inneren, ein geteiltes oder zersplittertes Selbst. Diese Erfahrung lässt euch leicht in eine Abwehrhaltung gleiten und von äußeren Gedankenblasen und Angstgefängnissen absorbiert werden. Euer Weizen, eure Seele und euer Spirit, dies ist euer Schild. Wenn ihr also in der Spreu-Identität oder im falschen Selbst gefangen seid, dann befindet ihr euch in einem Zustand niederer Schwingungen und seid anfällig für dichtere Energien wie auch für einen Zustand realitätsferner Ego-Paranoia, der mit diesen niederen Energien einhergeht.

Ihr strahlt wenig Authentizität, Originalität und Selbstvertrauen aus, wenn ihr euch in dieser defensiven Haltung befindet. Denn in diesem Zustand gebt ihr eure Macht an andere weiter, die über euren Wert, eure Ängste oder eure Zugehörigkeit bestimmen können. Das mögen eure Eltern sein, ein Partner, Menschen in eurem beruflichen Umfeld, Freunde und sogar eure Kinder. Da sie in ihrer eigenen Erfahrung und Realität sind, erzeugt es für sie wie für euch eine Belastung. Was dazu führt, dass das Gefühl des Getrenntseins von ihnen und, noch wichtiger, von euch selbst und von Mir bestehen bleibt.

Mit der Zeit bekommt ihr das Gefühl, dass mit euch etwas nicht stimmt oder dass ihr fragmentiert oder zersplittert seid. Momente, in denen ihr auf Ablehnung gestoßen seid, bloß weil ihr ihr selbst wart, Momente des Missbrauchs und der Verletzung, Momente, in denen ihr wie eine entbehrliche Puppe behandelt wurdet, Momente, in denen ihr all das getan habt, was euch die Welt als richtig eingeredet hat, und doch immer wieder in eine Notlage gerutscht seid, oder Momente, in denen euch eingeredet wurde, ihr seid der Liebe nicht würdig, insbesondere dann, wenn ihr am verletzbarsten wart, wie zum Beispiel in der Kindheit – all diese Momente werden immer vehementer, bis ein Teil von euch einen Riss bekommt und fast zu zerbrechen scheint. Dies ist Trauma. Niemand ist schuld daran, nicht ihr, nicht die anderen. Aber dieser Zustand der Zersplitterung oder die Vorstellung dessen – das ist Trauma.

Wenn Trauma entsteht, dann können Aspekte des Weizens, eurer Seele, zersplittern und in euren Geistkörper übertreten, bis ihr bereit seid, diese Teile eures Selbst wieder zu integrieren. An einem bestimmten Punkt müssen diese Teile über gesunde Verflechtungen wieder in den Stoff eures Selbst eingewoben werden. Es ist fast so, als würde eure Seele, ein Teil eures Weizens, einen Bruch erleiden und sich dadurch etwas von euch lösen. Es war ein Trauma – euer Verstand konnte nicht damit umgehen, eure Gefühle konnten nicht damit umgehen –, und so tritt ein Teil eurer Seele in euren Geistkörper über, in die Energie, die überall rings um euch her ist. Ihr könnt ihn nicht erreichen. Er ist irgendwo im Unterbewusstsein verloren, und ihr könnt ihn nicht abrufen, manchmal könnt ihr euch nicht einmal daran erinnern. Er schwebt im Zwischenraum. Obwohl dieses Fragment immer noch ein Teil von euch ist, habt ihr keinen Zugriff auf diesen Aspekt eures Weizen-Selbst. Sei es eure Freude, euer inneres Kind, eure Fähigkeit zu vergeben, eure Fähigkeit, Frieden zu empfangen oder seien es bestimmte Erinnerungen.

Dies ist ein Trauma oder eine Zersplitterung auf Seelenebene, zu der es entweder in diesem oder in früheren Leben gekommen ist. Wenn ihr das Gefühl habt, tief in Polaritäten festzustecken, oder wenn es in eurem Leben zu vielen Verlusten auf einmal kommt, dann versuchen weder Gott noch eure Seele, noch mehr Trauma oder Probleme für euch zu erschaffen. Eure Seele läutet eine tiefe Veränderung ein, um euch dabei zu helfen, einen oder mehr abgesplitterte Aspekte eures Selbst wiederzuerlangen, damit ihr euch wieder als ganz und als vollständig erfahren könnt. Oft geschieht dies, weil eure Seele weiß, dass ihr diese Splitter zurückgewinnen müsst, um noch mehr durch Freude, durch neue Beziehungen dienen zu können oder alte Anhaftungen zu lösen, die euch vom Frieden fernhalten.

So ist es notwendig, dass ihr euch diesen Teilen eures Selbst widmet, Licht und Vergebung in sie hineinbringt und sie wieder integriert. Manchmal passiert das ganz plötzlich und ohne ersichtlichen Grund. Eines Tages wacht ihr einfach auf und seid bereit, die latente Trauer zu verarbeiten und loszulassen. Manchmal wisst ihr nicht einmal, was oder wer das Trauma verursacht hat. Oder warum dieses Trauma wieder aufkommen muss. Wisset bitte, geliebte Wesen, ihr müsst es nicht verstehen, um es zu verarbeiten. Es ist mehr ein Prozess auf Seelenebene als auf der Ebene des Verstandes.

Wenn diese Zeiten kommen sollten, dann geht nicht in Selbstmitleid unter. Eine wundersame Heilung ist im Entstehen begriffen, und ihr habt die Kontrolle über den inneren Prozess. Nehmt euch die Zeit, und löst euch von den Verhaltensweisen, den Süchten und Mustern, die mit dieser Zersplitterung einhergehen. Nehmt euch Zeit, diese Teile wieder in euer Selbst einzuweben, zu flechten und zu integrieren. Wenn das geschieht, dann wird sich das Leben um euch herum ändern, denn ihr habt euch verändert.

Habt ihr bisher ein zersplittertes Leben geführt, und seid ihr nun wieder auf dem Weg ins Bewusstsein, in Richtung Vollständigkeit, dann werdet ihr vielleicht bemerken, dass euch manche der Menschen, Orte und Aktivitäten, die vorher noch Teil eures Lebens waren, nicht mehr interessieren. Ihr webt euch in neue, gesunde Verflechtungen ein, wenn ihr neue Strukturen in eurem Leben schafft, die mit eurem vollständigen Selbst, dem Weizen-Selbst, verbunden sind. Mit jedem neuen Tag werdet ihr euch tiefer mit eurem Göttlichen Yeshua-Selbst verbunden fühlen, im Gegensatz zum Opferdasein, dem zersplitterten Selbst, das weint, tobt und verzweifelt. Das Selbst, das einen unstillbaren Hunger nach Liebe hat, der scheinbar nie gesättigt werden kann, wird von dem Selbst abgelöst, das durch seine eigene Essenz des Seins, die Liebe, genährt wird.

Genau hier findet in eurer Welt gerade die größte Heilung und Re-integration statt. Und deshalb sind die drei Zwischenräume von 2020 und darüber hinaus so wichtig. Diese nächsten Jahre auf eurem Planeten sind eine Chance für euch als Individuen und als eine Welt, um wieder mehr in die Einheit zu kommen.

Im Augenblick denken manche Menschen vielleicht, dass sie ganz einfach psychische Traumata und Traumata des Herzens erleben. Aber die Traumata oder Splitter, die sich jetzt zeigen, sind Traumata der Seele, die auf einer tieferen Ebene liegen, tiefer als die Psyche oder sogar das Herz. Und so benötigt ihr Unterstützung, die über die Hilfe eines Menschen hinausgeht; ihr braucht auch Göttliche Unterstützung. Und hier geht es nicht nur um Menschen, die behaupten, sie haben eine Verbindung zum Göttlichen, obwohl einige von ihnen authentisch und echt sind, und ihr werdet sie zu euch rufen, wenn ihr sie braucht. Dieser tiefe Prozess innerer Neuausrichtung und des Erwachens hinein in das Erleuchtete Selbst erfordert es, sich die Wahrheit anzuschauen. Die Wahrheit ist nicht immer einfach, aber sie macht euch frei.

Eure Seelen überlassen euch die Verantwortung, der Wahrheit, der ihr euch in der Vergangenheit vielleicht nicht stellen wolltet, ins Auge zu blicken und sie zu akzeptieren. Euer Spirit ebnet den Weg für euren Aufstieg und euren Dienst der Freude, so wie ihr die Wahrheit annehmt und die nötigen Veränderungen vornehmt, um mehr in Balance und Offenheit zu leben. Es wird euch immer schwerer fallen, eure alten, egozentrischen Ängste und verstandesbasierten Verlangen nach Kontrolle oder Dominanz aufrechtzuerhalten. Es ist erschöpfend. Viele von euch fühlen bereits die Ermüdung, die den Lasten und Be-lastungen zugrunde liegt.

Ihr werdet befreit, um ein Leben auf Seelenebene zu führen. Geht hinein in den Fluss, und die Strömung wird euch mitnehmen. Jedes Mal. ICH BIN dieser Fluss. Wenn das Wasser zu tief und kalt wird, wendet euch an Mich, und Ich werde mit euch über das Wasser laufen.

Diese Zeit in eurem Leben und auf eurer Welt ist eine Gelegenheit für euch, alle Aspekte des Selbst zurückzuholen, die wieder eingewoben werden müssen. Wenn ihr in eurem zersplitterten Selbst feststeckt, dann werden die Verflechtungen des Glaubens, der Vergebung, der Freiheit und der Liebe, der Wahrheit und des Friedens abgenutzt und ausgefranst. Und so fällt es euch schwerer, auf diese Energien zuzugreifen, sie zu geben oder zu empfangen. Sie müssen von Neuem eingewoben werden in den Bildteppich eures Selbst. Und als die wichtigsten Energien in eurem Leben gewürdigt werden. Denn wenn euer Teppich mit ihnen verflochten ist, dann könnt ihr den Teppich der Welt verändern. Und das passiert auch letztendlich durch die gegenwärtigen Verschiebungen und Veränderungen in eurer Welt.

Wir, Ich, das Göttliche beobachten. Wir lassen diesen Prozess geschehen, leuchten das Licht für diesen Prozess, der zu tieferem Bewusstsein und zur Offenbarung für jeden von euch führt, denn ohne ihn könnt ihr nicht eins sein. Als Individuen und als ganze Welt. Wir sind eins. Was auch immer euch also an ausgefranstesten Verflechtungen und ungesunden Knoten festhalten lässt, muss bereinigt werden. Aber die Entscheidung liegt bei euch, ob ihr gespalten und getrennt bleiben wollt, als Individuen und als Kollektiv – oder ob ihr eins werdet. Ein fließendes Bewusstsein des Weizens. Selbst ein Mensch, der dieses Bewusstsein, dieses Licht, verströmt, kann zehntausend Seelen mit seinem Licht nähren.

Als Ich in einen Körper inkarnierte, gehörte Ich zum Kollektiv. Ich hatte kein persönliches Karma – Ich kam, um zu euch zu gehören. Ich sehnte Mich danach, mit euch als und mit Gott zu sein. Ich wusste, dass Ich abgewiesen werden würde. Aber Ich kam, um zu euch zu gehören, obwohl ihr nicht unbedingt auch zu Mir gehören wolltet. Ich suchte nicht nach Zugehörigkeit. Ich suchte danach, euch einen Weg der Verwirklichung zu zeigen, die euer Sehnen transzendiert – Ich kam, um euch die Nahrung und die Sättigung eures Sehnens nach dem Einssein zu bringen, durch Mein Einssein mit euch. ICH BIN für alle gleichermaßen zugänglich, denn alle sind Teil des Göttlichen. Wir reichen euch Unsere Hand des Lichts. Wir gehören zueinander, wie auch euer ganzes Selbst zum Licht des Bewusstseins und des Friedens gehört.

Was ihr gerade in eurer Welt erlebt – ob ihr es begreifen könnt oder nicht –, ist die Last, die überwältigende Belastung eines Lebens in einer Gesellschaft und Welt der Begierden. Ich habe euch ermahnt, Raum zu schaffen, eure Verpflichtungen zu korrigieren. In den vergangenen Jahren haben euch eure Seelen, in Co-Kreation mit dem Göttlichen, die Wahrheit gezeigt, die notwendig war, um Veränderung zu schaffen. Manche von euch nehmen sie an. Andere entschließen sich dafür wegzusehen.

Dies ist eine der letzten Gelegenheiten, bei denen der Weg so leicht sein wird, wie er es jetzt ist. In den folgenden Jahren werden bestimmte Dinge entschieden, bestimmte Konsequenzen werden sich abzeichnen, die in Stein gemeißelt werden. Fürchtet euch nicht, es ist nicht »zu spät«. Ich möchte euch ganz einfach mitteilen, dass euch das Verstecken und Unterdrücken als Individuen und auch als Kollektiv in Zukunft immer schwerer fallen wird. Alles, was ihr in euch unterdrückt habt, wird an die Oberfläche treten. Alles Unterdrückte innerhalb von Mutter Erde wird ebenfalls emportreten. Es ist eine Zeit der Transzendenz, die nicht unbedingt schmerzhaft sein muss. Es werden jedoch bestimmte Gegebenheiten für euch und für andere eintreten, die den Entscheidungen entspringen, die ihr als Kollektiv getroffen habt. **Alles, was ihr wissen müsst, ist, dass ihr wissen werdet, was ihr wissen müsst, wenn die Zeit da ist.**

Dieser leichte Wandel, um die Lasten und Kreuze, die ihr tragt, zu lindern, ist sehr wichtig. Das feine Entwirren und Loslösen, das im

Selbst, im Göttlichen und in der Natur geschieht, ist wesentlich. Von den vier Beziehungskammern des Sacred Heart – Familie, Freundschaften/Geschäftsbeziehungen, Eros und die Beziehung mit Gott – ist die einzige Kammer eures Sacred Heart, welche wirklich mehr Zeit und Raum in eurem Innersten erfordert, jene der Beziehung zu Gott. Die Göttliche Kammer eures Herzens, das Göttliche Tor, der Zwischenraum, das Licht. Dies ist eine persönliche und innere Reise, die ihr nun antreten werdet; aber ihr werdet Menschen anziehen, die euch führen können oder diese Reise mit euch gemeinsam machen. Seid wachsam, aber lasst das Neue zu, selbst wenn es in einer Form oder als ein Mensch zu euch kommt, den ihr am wenigsten erwartet hättet. Durch euer Unterscheidungsvermögen, **die weiterentwickelte Offenheit,** werdet ihr eurem Weg mehr vertrauen und ihn besser erkennen.

Was euch also in den kommenden Zeiten gegeben wird, sind Möglichkeiten, eure Erfahrungen mit anderen zu teilen. Auch wenn euer Weg ein persönlicher ist, werdet ihr euch womöglich zu bestimmten Gruppen hingezogen fühlen, um neue Realitäten zu entdecken, neue Verflechtungen und Möglichkeiten. Ein Zusammenkommen auf dieser Ebene wird eure Fähigkeit erhöhen, die Göttliche Kammer eures Herzens innerhalb des Herzens der Erde auszudehnen. **Diejenigen unter euch, die ihren Weg hierher gefunden haben, werden feststellen, dass diese Ebene der »Community« – COME-UNITY – eine ist, der ihr euch letztendlich am meisten zugehörig fühlt.** Denn ihr seid diejenigen, die zulassen, loslassen und sich erinnern, dass sie zum Göttlichen gehören. Und ihr wisst, dass ihr in eurer menschlichen und Göttlichen Natur hierher, in diesen Garten der Welt, gehört. Hütet euch vor polarisierten Gruppierungen, die bloß Soldaten rekrutieren, um ihre Kriege des Zornes, des Anspruchsdenkens und sogar des Aktivismus zu führen. Die Gemeinschaften, die ihr aufsuchen solltet, sind Gemeinschaften der Demut, der Einbindung und der Güte. Auch eure Online-Communitys können wundervoll sein, und dennoch ist es wichtig, dass ihr echte Beziehungen pflegt, wo ihr euch wirklich ganz direkt mit dem Herzen eines Menschen verweben und verbinden könnt.

Viel Wahrheit tritt nun an die Oberfläche. Alte Energien werden verarbeitet, während ihr mehr in die Einheit kommt und mehr nach dem Einssein strebt, nach dem Sein strebt. Manchmal ist die Wahrheit eine schmerzhafte – doch sie macht euch frei für die Liebe. Dies ist die Zeit des Löwenportals der Erlösung, und so wird es noch in den nächsten Jahren bleiben. Dies ist die Gnade des Zeitalters der Transparenz, das Ich vor langer Zeit gesät habe, schon vor Meinem physischen Leben. Diese Samen beginnen nun zu keimen und sich zu aktivieren, sie bringen euch zurück zu eurem Weizen und dem Baum des Lebens, der den Tod überwindet.

Es ist dies allgemein eine Zeit der Trennung des Weizens von der Spreu – seien es Menschen, die ihre Körper verlassen, oder jene, die in ihrem Weizenbewusstsein erwachen und Änderungen vornehmen, um noch tiefer in der Einfachheit und Harmonie verankert zu sein. Dies ist eine Gelegenheit, um den Verrat an eurem Selbst und an anderen wiedergutzumachen und den Verrat eures Selbst und anderer zu vergeben. Eine Zeit, um euch daran zu erinnern, dass ihr Gott niemals wirklich verraten könnt, noch kann Gott euch jemals verraten. Nur der Gott des Ego-Selbst macht sich die Energie des Verrats zunutze – jene Menschen, die meinen, es besser zu wissen.

Ohne die Offenheit Mir, dem Göttlichen, dem Licht, gegenüber könnt ihr nicht klar sehen und seid somit der Willkür eurer eigenen Urteile und der Urteile anderer ausgeliefert. Durch die Polarität und durch Veränderung geben Wir euch einen Weg vor – einen Weg hin zur Einheit. Ja, es mag sein, dass ihr aus Sicht eurer Welt immer einer Kultur, Familie, Gesellschaft, Klasse oder einer Marke angehören werdet, die euch seit der Geburt gegeben wurden. Wisset jedoch, dass ihr ein Teil aller Dinge seid – und keiner Dinge. Innerhalb der Göttlichen

Kammer gibt es keine Marken, keine Beschränkungen und Klassifizierungen, die euch einengen. Ihr habt eine einzigartige Essenz, euren Webteppich und euer Design, aber nicht so, dass es euch auf eine bestimmte Art des Seins beschränkt. Ihr besitzt die Fähigkeit, alles zu transzendieren, einschließlich des Wunsches anderer, euch an ihre Realität und Wahrnehmung anzupassen. In Meinem Herzen, dem Göttlichen Herz, seid ihr immer frei.

Selbst wenn eine andere Person versucht, euch zu versklaven, seid ihr immer noch frei. Die tiefste Form der Freiheit, des Wunders und der Freude kommt aus der Zugehörigkeit zu allem und zu nichts. Wenn dies gegeben ist, wird es euch sehr leichtfallen, alle Möglichkeiten zu erforschen und diese mithilfe eurer kreativen Lebenskraft in eure Realität einzuweben. Sobald das Bedürfnis nach Zugehörigkeit durch euren Bezug zum gegenwärtigen Moment gestillt ist, wird das Weben und Vernetzen zu einem viel freudvolleren Prozess. Denn dann erschafft ihr aus einem Raum der Freiheit und werdet nicht mehr von Erwartungen und Verlustängsten belastet.

In eurem Leben ist das eine Zeit der Wahrheit, die euch tiefer in der Liebe verankert. Demut wird euch in dieser Phase gute Dienste leisten. All das Unkraut der ungesunden Knoten wird aus eurem Garten gebracht, ob durch eure bewussten Entscheidungen oder durch äußere Umstände. Das Unkraut muss gewürdigt werden. Wie auch ihr nicht anders könnt, als zu sein, was ihr seid, so kann auch das Unkraut nichts anderes sein als Unkraut. Es wurde als Unkraut entworfen. Was für euch als Unkraut gelten mag, kann für jemand anderen eine hübsche Blume sein. Wenn ihr also euer Unkraut jätet, schenkt Mir diese einfachen Blumen. Ich schätze euer Unkraut, und Ich weiß genau, an welchem Ort Ich es einpflanzen kann, an dem diese Pflanze als Blume begrüßt wird.

Auf eurem Weg geht es nicht mehr bloß darum, anderen Liebe zu geben, denn das könnt ihr nicht leisten, bis ihr das nötige Vertrauen aufgebaut habt und euch sicher genug fühlt, Liebe zu verkörpern. Liebe ist eine polarisierte, geladene Energie, die manchmal furchteinflößend sein kann, weil sie Veränderung und Ungewissheit bedeutet. Liebe schert sich nicht um Kontrolle und möchte sicherlich nicht eingeschlossen werden. Vertrauen schafft eine Ordnung und gibt euch die Möglichkeit zu beurteilen, ob es sicher ist, sich mehr für die Liebe zu öffnen oder nicht. Ohne Liebe könnt ihr nicht tiefer in eure Leidenschaft des Friedens eintauchen.

Diese Leidenschaft in euch, das Heilige Feuer, das aus der Essenz eures Seins emporsteigt, ist der entfachte Geist. Und so helfe Ich euch in dieser Phase dabei, das abzustreifen, wohinter ihr euch versteckt. In eurer Leidenschaft aufzugehen bedeutet: Ihr müsst euch dafür öffnen, gesehen zu werden – in Transparenz. Was auch immer unter Verschluss ist, kann im Feuer wahrer Leidenschaft nicht lange versteckt bleiben.

Wenn ihr zersplittert seid und euer Ego unausgeglichen ist, kann eure Leidenschaft nicht in Frieden und Demut fließen. Sie fließt aus Begierden, aus Arroganz, Verzerrungen und aus Egoismus heraus. Dadurch brennt sie alles um euch herum aus. Oder sie brennt dabei euch selbst aus. Ohne dass ihr es überhaupt bemerkt, schafft ihr unter scheinbar »guten Absichten« ein noch größeres Ungleichgewicht und noch mehr Leid. Wenn ihr ausgeglichen und ganz seid, dann strömt eure Leidenschaft in Anmut aus eurer strahlenden Balance und durch euren Spirit hindurch. Wenn ihr wahrhaft in eurer Leidenschaft verankert seid, dann seid ihr in eurer Essenz, und dann gibt es nichts zu verstecken.

Und so werde Ich es immer schwieriger für euch machen, eine Leidenschaft aufrechtzuerhalten, die nicht aus eurer wahren Essenz, dem Frieden, strömt. Ich werde es euch auch schwerer machen, euch vor der Freude über eure Leidenschaft und euren Dienst zu verstecken, dadurch, dass sich die Erfahrung dessen so gut anfühlen wird, dass ihr am liebsten niemals damit aufhören würdet! Es kann kein Teil eures

Selbst mehr existieren, der über der Oberfläche das eine und unter der Oberfläche etwas anderes macht. IHR seid die Propheten und Gesandten des Evangeliums des Lichts – auf eine Art und Weise, die nur für euch bestimmt ist, die wir gemeinsam entworfen haben. Tretet heraus ans Licht! Zeigt anderen euer Fest mit Gott. Schenkt ihnen Worte der Güte, die ihnen – unter Einhaltung ihrer Grenzen – den Weg zeigen.

Lasst euren Glauben, eure Ehrfurcht und eure Freude über das Hervortreten eures Yeshua-Selbst, eures Weizens, durch euch hindurchscheinen. Das ist der goldene Frieden, euer Teil des Friedens, den jeder für sich finden möchte und den alle in sich tragen.

Jene, die euch verurteilen, werden selbst verurteilt werden. Jene, die euch beschuldigen, werden die Last ihrer eigenen Schuld tragen. Jene, die in Beschuldigungen verweilen, tragen zur Last der Schuld bei, indem sie diese Energie in das Kollektiv einspeisen. Im Zeitalter der Rechenschaftspflicht werden sie sich für diese Last verantworten müssen. Wie auch jene, die nicht offen und transparent sind und ein Bild ihres Selbst nach außen projizieren, das nicht der Wahrheit ihres Seins entspricht.

Jene, die andere beschämen, werden selbst Beschämung erleben. Wie, wann und ob das geschieht, ist nicht etwas, wovon ihr wissen müsst. Das ist Meine Reise mit ihnen, denn nur Ich kann die Wahrheit, in ihnen oder in euch, in Liebe wiederherstellen.

Worte, die spalten, Worte, die ihr von eurem hohen Thron der Selbstgerechtigkeit aus äußern zu dürfen meint und die andere verletzen, oder Taten, die die Worte anderer verstummen lassen – so zu sprechen heißt, mit zornerfüllter Weisheit zu sprechen. Wie Ich bereits sagte, ist Hass eines der schwersten Laster, die ihr tragen könnt, neben Verurteilung und Ungeduld. Wählt Worte der Liebe, geliebte Wesen; es ist ganz einfach, wenn ihr mit euren wahren Augen seht und mit eurer wahren Stimme sprecht.

Habt keine Angst vor jenen, die es genießen, Polaritäten und Dysbalancen zu erzeugen. Sie sind in tiefer Unbewusstheit und Verzerrung gefangen. Fürchtet sie nicht. Habt Mitgefühl für jene, die verurteilen. Sie sind gefesselt in der Gedankenmeute ihres eigenen Verstandes und leben in einem Chaos, das ihnen nicht bewusst ist. Lasst los, geliebte Wesen. Das Zeitalter der Verurteilung und der Begierden muss sterben, während ihr in die neue Ära der Co-Kreation und des Friedens eintretet.

Eure Entscheidungen sind jetzt von Bedeutung. Ihr entscheidet euch dafür, euch vielen Dingen zu verpflichten – zuungunsten eurer Verpflichtungen dem Göttlichen gegenüber. Glaube und Gebet sind zweitrangig geworden und stehen hinter euren menschengemachten Annehmlichkeiten. Das Göttliche bleibt euch immer verpflichtet. Ihr werdet das Göttliche mehr spüren können, indem ihr die so oft verschlossene Kammer eures Sacred Heart öffnet. Je mehr ihr im Hier und Jetzt lebt, euch in Geduld übt und zuhört, desto mehr werdet ihr hören können. Jene, die in Verurteilungen feststecken, werden verurteilt werden. Jene, die vergeben, werden Vergebung und Freude erfahren. Jene, die auf die Knie gehen – Wir werden Uns vor ihnen verneigen. Jene, die durch Freude Buße tun, werden Unsere Freude verspüren.

Wählt! Getrenntheit oder Licht. Kampf oder Fluss. Nägel und die schweren Stränge des Lebens als toter Baum ODER Tanzen, Einweben und Verbinden mit der Liebe. Übergebt eure Lasten, und Ich werde sie euch abnehmen. Dies ist die volle Bedeutung der Prostration: das Loslassen alter Energie, alter und rostender Nägel, alter Stränge und Fäden, alter Verhaltensweisen, alter Verwebungen, die euch gefesselt haben, die euch unterdrücken, die euch am Haken haben und doch auch zu euch gehören. Wollt ihr alldem »angehören«?

Ich werde eure Lasten in der kommenden Zeit noch schwerer machen, um euch dazu zu bringen, sie an Mich zu übergeben. Die toten Bäume, die lebenden Kreuze jener, die verurteilen, unterdrücken, ignorieren und beschuldigen, werden unter dem Gewicht der gekreuzigten

Menschen auf ihrem Thron der Selbstgerechtigkeit brechen. Obwohl ihr gelegentlich mit ihrer zornerfüllten Weisheit übereinstimmen mögt, wenn sie jemanden kreuzigen, der nicht mit euch im Einklang ist, übt euch in Besonnenheit und Zurückhaltung. Denn wenn sie mit der Kreuzigung jener Menschen fertig sind, werden sie kommen, um euch zu kreuzigen. Danach werden sie sich gegenseitig kreuzigen. Und dann werden sie sich selbst kreuzigen. Das war schon immer der Tanz, damals wie heute. Wenn Menschen solche Dinge tun, während der Baum noch grün ist und Früchte trägt – was wird geschehen, wenn er verwelkt und austrocknet?

Betet für die Resolution durch Liebe. Wenn ihr jemanden brennen seht, jemanden, der beschämt wird, selbst wenn ihr nicht mit ihm resoniert, dann gebt diesem Menschen Wasser, geliebte Bäume. Ihr müsst euch für die Liebe entscheiden. Sie ist der einzige Weg durch das schmale Tor hin zur Freiheit des Baumes des Lebens. Das seid ihr euch selbst und Gott schuldig, wenn ihr als und mit Gott leben wollt. Anderenfalls seid ihr nicht so weit, wie ihr glaubt zu sein.

Ich, Yeshua, liebe ALLE Bäume, selbst den toten Baum, an dem Ich starb, das Kreuz. Es trug mich, so wie die toten Bäume dieser Welt eine bestimmte Energie für euch tragen. Als Mein Baum, Meine Spreu/Mein Körper, starb, verbrannte der tote Baum des Kreuzes, gemeinsam mit euren Kreuzen, und wurde vom Heiligen Feuer gereinigt, bevor er zur Erde zurückkehrte, um ein neues Leben zu beginnen. Mein Weizen ließ das Tor zum Baum des Lebens wiederauferstehen. Das ist die Resolution eures Weges und des Weges aller Menschen, geliebte Bäume. Aber eure Auferstehung kann nicht eintreten, bis ihr euch selbst wieder erhebt von all dem, was sich innerlich tot anfühlt.

Wir freuen Uns, wenn ihr in die Auflösung und Vergebung geht. Das ist der Raum, den Wir für euch halten. Wenn ihr löst und vergebt, wenn ihr den Glauben wählt, dann ist es Uns die größte Freude, denn dann entscheidet ihr euch, nach Hause zum Baum des Lebens zurückzukehren. Wenn ihr »Eltern« eines Kindes, eines Tieres, eines älteren Menschen seid, dann wisst ihr um die Freude, die Wir empfinden. Wie sehr ihr euch freut, wenn eure Kinder nach Hause kommen – von der Schule, vom Gottesdienst, nach einem Tag, einem Monat, einem Jahr, verloren in Süchten oder Schmerz oder Kampf: Es ist euch eine FREUDE, sie wieder in die Arme zu nehmen, wenn sie zurückkehren. Solche Momente nehmt ihr mit euch. Und so sei es.

Nun möchte Ich ein Wort oder zwei über das Urteilen sprechen – eine Energie, die Ich gut kenne. Indem Ich Mein Leben hingab, half Ich dabei, euch von der Verurteilung zu befreien, ungeachtet der Täuschungen und Illusionen, die nach Meinem Tod in Meinem Namen verkündet wurden. Yeshua ist ein Name aus der Vergangenheit, der nicht mehr dieselbe Bedeutung trägt, die er zu Meinen Lebzeiten hatte. Euer Name ist für euch von Bedeutung, aber wenn ihr euren Körper verlasst, dann nehmt ihr ihn nicht mit.

In Wahrheit habe Ich keinen Namen. Das Licht trägt keinen Namen. ICH BIN das namenlose, gesichtslose Licht. Wenn ihr sogar euren Namen an Gott übergeben könnt, dann habt ihr die Einheit erfahren. Das kann auf mehr als nur euren Namen ausgeweitet werden und geht bis hinein in die Wahrnehmung eurer Identität. Die Wahl, die nun vor euch steht, ist die eines Urteils – getrennt zu sein oder eins zu sein, wie Ich es bereits gesagt habe. Wie Gedanken und Gefühle ist auch euer Name wichtig, wenn ihr in der Materie seid, denn in eurer Welt gehört ihr einem Namen an, und der Name gehört zu euch.

Lasst euren Namen, euer Bildnis, den Energien der Anmut, Güte und des Mitgefühls entspringen. Solange ihr in diesem Leben seid, lasst alles, was ihr seid und tut, im Namen Gottes sein. Denn dann tragt ihr jeden Namen und keinen Namen zugleich. Und ihr tragt einen Namen, den Ich vor langer Zeit getragen habe, Yeshua, in eurem Namen. Wenn ihr Gott euren Namen widmet und ihn Ihm übergebt, nicht durch Überzeugungen und Interpretationen von Gott, aber in Demut, dann könnt ihr Meinen Namen sagen, nachdem ihr euren ausgesprochen habt.

Das bedeutet, ihr lasst jegliches Urteil über euren und alle anderen Namen fallen. Und ihr haltet das Licht für jene, die bloß an Namen hängen, an Marken, an Identitätskonstrukten der Spreu. Als Lichtträger, als Menschen, die sich dazu berufen fühlen, ihre wahre Essenz jeden Tag ein bisschen mehr aufzudecken, zeigt Mitgefühl. Viele in eurer Welt ertragen das Licht, doch wissen sie nicht, wie sie es halten sollen. Das Licht zu halten ist ein Auflösen, ein vollständiges Sehen. Das Licht zu ertragen ist ein Beschränken, ein Teilweise-Sehen. Eure Einzigartigkeit ist wunderschön, euer Name ist wunderschön, aber wenn ihr euren Namen höher schätzt als eure wahre Essenz, das Sichtbare über das Unsichtbare stellt, dann könnt ihr diese Essenz niemals wirklich entdecken oder euren wirklichen Namen erkennen. Wenn wir eins sind, dann teilt ihr Meinen Namen, und Ich teile euren.

Das ist die Reise der Wiederkunft des Herrn. Eine Wiederkunft der Einheit: »Come Unity«. Es ist das Akzeptieren dessen, dass ein anderer Mensch vielleicht mehr Besitztümer, mehr Namen hat, aber dass ihr alles habt, was ihr braucht. Wenn ihr im Frieden verankert seid, habt ihr mehr Gold, mehr Weizen als ein König. Und durch eure Freude ist es euch möglich, mit nur einem Fisch eine ganze Gemeinschaft von Brüdern und Schwestern zu bedienen.

An diesem Neubeginn, dieser Wiederkunft des Dritten Zeitalters: Warum solltet ihr bloß einen Yeshua haben, wenn ihr eine ganze Welt voller Yeshuas haben könnt? Warum nicht die Präsenz und das Bewusstsein Yeshuas in allen Menschen erleuchten? Diese Möglichkeit, dieses Siegel, das nun in dieser neuen Ära geöffnet wurde, ist euch jetzt auf Arten und Weisen zugänglich, wie es noch nie zuvor auf dieser Welt der Fall war. Ihr müsst euch dafür entscheiden, und ihr müsst euch für Mich entscheiden und Mir erlauben, euch mit Meiner Gnade und

Meinem Spirit zu durchfluten. Ihr müsst eure Augen schließen, um das Auge eurer Seele zu öffnen und Meine Präsenz in euch zu erblicken.

Ihr müsst die alten und kindischen Wege hinter euch lassen, um die Wege der Weisheit zu gehen, die in Augenblicken der Stille ruhen. Ihr müsst eure Panzer ablegen, eure Arglist, eure Undankbarkeit und euer Verlangen, am meisten von allen gemocht zu werden, am einzigartigsten und am »besondersten« zu sein. In den Augen des Göttlichen seid ihr alle gleich einzigartig. Jeder von euch trägt die einzigartigsten Geschenke in der Hülle auf seinem Rücken. Einer Hülle, die niemals ein Kreuz ist. Die »besondersten« Menschen sind jene, die nicht besonders sein müssen. Denn sie sind es, die Unsere Liebe in ihrer Fähigkeit erkennen, ihr falsches Selbst zu transzendieren. Sie sind es, die in der Transzendenz leben.

Der Pfad eurer Wiederkunft oder der Verwirklichung eures Yeshua-Selbst ist oft einer, der in eurer Welt unbelohnt bleibt, obgleich sich dies mit der Zeit ändern wird. Er wird nicht anerkannt, denn eure Welt fürchtet sich vor Veränderung, und jene, die von diesem Pfad abweichen und ihren eigenen Weg gehen, machen anderen Angst. »Gesetzlose« (»Out-Laws«) der Spreu (und »Gesetzestreue« [»In-Laws«] des Weizens) spiegeln anderen Veränderung. Für die meisten Menschen ist es einfacher, euch zu verurteilen, als die Wahrheit zu akzeptieren, dass sie vielleicht auch etwas ändern müssen. Euer Yeshua-Selbst zu verkörpern heißt nicht, anders zu sein, um dadurch euren Zorn, euren Unmut, Abwendung oder Widerstand kundzutun. Das Yeshua-Selbst zu verkörpern erfordert Mut, Demut, Anstand, Verpflichtung und eine Landkarte, die niemand außer euch abrufen kann. Denn eure Karte und euer Schlüssel zur Verwirklichung eures wahren Selbst wurde nur für euch entwickelt.

Das bedeutet, ihr müsst in diesem Leben einen Weg gehen, den viele fürchten, vermeiden, ablehnen oder nicht einmal sehen können. Nur weil andere euch nicht verstehen oder dafür kritisieren, dass ihr die

Dinge etwas anders macht, heißt nicht, dass sie recht haben. Euer Weg zur Verwirklichung eures Yeshua-Selbst mag wohl die weniger befahrene Straße sein. Aber wenn ihr Mich lasst, werde Ich euch helfen, ihn in Freuden zu gehen, denn Ich starb, um euch den Weg zu ebnen. Es ist Mir eine Freude, euch zu führen – egal, wie sehr ihr Mich ablehnt. Ihr müsst nicht an Mich glauben, um Mich zu empfangen. Es ist egal, welchem Glauben ihr angehört. Ich werde klarmachen, was unklar ist, Ich werde sichtbar machen, was unsichtbar ist. Und Ich werde euch sicher durch alle Momente hindurch halten, in denen ihr Angst bekommt und eine Pause einlegen oder sogar ein paar Schritte zurückgehen müsst. Je stärker euer Glaube ist, desto leichter wird die Reise sein.

Was euch das Vertrauen in Mich erschwert, ist die Arroganz eurer Verurteilungen, vor allem jener Urteile, die in Annahmen, Vorurteilen, Kontrollbedürfnis, Verleugnung, Selbstgerechtigkeit oder auf Verlangen basierenden Impulsen wurzeln. Verurteilung ist wahrlich ein giftiger Same. Sie ist das machthungrige Verlangen danach, der Richter zu sein. Ein Verlangen, das euch selbst der Verurteilung ausliefert. Echte Richter sind Ausgleicher. Dies ist der Aspekt Gottes, der nicht urteilend, sondern gerecht ist. Und eine Ordnung aufrechterhält, die Entwicklung und Gleichstellung ermöglicht.

Wenn ihr ununterbrochen urteilt, abwägt und euch mit anderen vergleicht, dann beginnen die Dinge in die Brüche zu gehen. Wer ist das größere Opfer? Wer hat am meisten recht? Wer ist am schwersten verwundet? Wer wurde am heftigsten unterdrückt? Wer ist am schuldigsten? Für das Ego der meisten Menschen lautet die Antwort ...: »*Ich. Ich bin* der oder die Leidtragende. *Ich* habe am meisten gelitten.« Es liegt eine düstere Atmosphäre der Selbstbezogenheit, Arroganz, des Selbstmitleids und sogar der Gier in solchen Denkmustern und Urteilen, die auf Schattenvergleichen basieren.

Selbstverurteilung und Verurteilung anderer ist ein giftiger Same. Im Gegensatz zum Urteilsvermögen, einem Göttlichen Recht, mit dem ihr gesalbt wurdet: die Macht der freien Wahl. Wenn ihr urteilt, dann tragt ihr Gift in euch. Wenn ihr das Urteil verkündet, dann spuckt ihr dieses Gift aus und vergiftet den Garten. Ein Mensch, der diese Last trägt, erzeugt Lasten und Kreuze für alle anderen. Das Gift anderer in sich aufzunehmen, ist so, als würde man von einer Schlange gebissen. Wenn ihr die giftige Schlange seid, dann ist euer Biss pures Gift. Es ist Zeit, dass ihr alle mit dem Zischen, Spucken und Beißen aufhört und anfangt, nach dem Gegengift zu fragen, eurem Glauben und eurer Transzendenz.

Ihr taucht ein in die Gnade, wenn ihr beschämende und hasserfüllte Worte zurückhaltet und einmal die nötige Demut aufbringt, um zu erkennen, dass ihr nichts über die Geschichte oder den Weg eines anderen wisst. Wenn euch dies gelingt, dann werden Mein Stecken und Stab und die Schlange des Mosesstabs – von Gott geschaffen, um Reinigung, Heilung, Wiedergeburt und Weisheit zu bringen – euch rein und ganz werden lassen. Die Nadel, die euch von den ungesunden Knoten loslöst, welche euch an Angst, Sorge, Wut und Urteil geheftet haben, ist eine sehr machtvolle. Sie transformiert euren Wunsch nach Verurteilung und entbindet euch von euren Fesseln. Sie teilt die Meere, damit ihr sie sicher durchschreiten könnt. Dies ist der Caduceus. Der Hermesstab der Harmonie, der Befreiung und der Erneuerung.

Diesen Weg zu wählen, ist schwer, wenn ihr das Gefühl habt, dass euch ein Unrecht getan wurde. Der wahre Caduceus eines Lichtträgers ist seine Fähigkeit, dieses Unrecht loszulassen, indem er es in Liebe auflöst. Es erfordert Mut und unglaubliche Disziplin, eure menschlichen Impulse zu überwinden. Aber wenn ihr euch von diesem Verlangen nach Verurteilung unter dem Einfluss selbstgerechter Machtstrukturen lösen könnt, dann wird der Heilige Geist, das Wort Gottes, in euch befreit. Und dann ist es ganz einfach, Dinge loszulassen. Humor, Kreativität, Kommunikation und Göttlichen Dienst möchte Ich euch sehr ans Herz legen, wenn ihr euch tiefer auf diesen Weg einlasst.

Über eine Auseinandersetzung lachen, statt die festgezogenen Schnüre zerreißen zu lassen, was oft dazu führt, dass eine einst liebevolle Beziehung in Trümmern endet, im Groll, in Reaktion und Reue – diese Alternative ist Mir die liebste.

Zornerfüllte Weisheit und Verlangen: Das sind die wahren Gräuel, die zu Verwüstung führen – oder zur Verwüstung der Seele, um es genau zu nehmen. Dies sind die Dysbalancen des Egos, die Schmutz über die Linsen eurer Augen und eurer Wahrnehmung legen – den Schmutz des Hasses anderen Menschen und sogar des Hasses euch selbst gegenüber. Bei der Gier handelt es sich tatsächlich um ein Nebenprodukt von Selbsthass. Weshalb den Garten besudeln? Schlamm und Schmutz können erstaunlich viel Spaß machen – die geliebten Tiere, die ihr »Schweine« nennt, lieben es, sich im Schlamm zu suhlen. Dreck ist nicht unbedingt Dreck im Sinne von Gaia, im Sinne von Blut.

Schmutz ist eine innere Energie, die auf dem Gräuel der Verwüstung basiert – giftigen Samen der Angst, der Begierde, der Verachtung und der Rücksichtslosigkeit anderen gegenüber. Verurteilung, Arroganz und zornerfüllte Weisheit sind die Wurzeln jeden Giftes, jeder Dysbalance. Das ist es, woraus letztendlich viele eurer Störungen des Wurzelchakras sowie Sicherheits- oder Überlebensängste entstehen. Wir verstehen, dass ihr Entscheidungen oder Unterscheidungen treffen müsst, um zu überleben. Wir verstehen eure primären Grundbedürfnisse. Viele von ihnen wurden erfüllt, aber ihr wollt immer noch mehr und mehr. Wenn ihr es dann nicht bekommt, dann brecht ihr in Wut aus – eine Wut, die auf Angst und auf einem empfindlichen Ego basiert, das sich berechtigt fühlt.

Dies sind die Wurzeln des Gefängnisses der Getrenntheit. Es sind die Wurzeln, die den gesamten Baum des Lebens vergiften. Es fing an mit zornerfüllter Weisheit, sexueller Zurückweisung und Dominanz. Es begann mit der törichten Weisheit, dass der Mensch es besser wisse als Gott. Die Sieben Dysbalancen des Verstandes, von denen Ich gesprochen habe, sind daraus entstanden.

Zuerst war nicht die Getrenntheit da, sondern Verurteilung, törichte Weisheit und Arroganz – das Nicht-in-Einklang-Bringen des freien Willens mit dem Willen Gottes in den frühen Phasen der Bildung des Bewusstseins. Dies ist Teil der Entwicklung der Selbstwahrnehmung. Wenn es dem dominanten Ego an Glauben mangelt und es nicht auf den Göttlichen Willen vertrauen kann, dann kommt es schnell zur Verurteilung. Wenn ihr eine andere Person in eurem Egobewusstsein aus Angst und aus Verachtung heraus verurteilt, dann verachtet ihr das Gericht des Göttlichen Gesetzes, das vom kollektiven Bewusstsein, vom Göttlichen und von der Essenz eures Seins festgelegt wurde.

Somit trefft ihr eine Entscheidung – die Entscheidung, in der Getrenntheit zu bleiben. Respektloses Verurteilen bedeutet, dass ihr in einem beschränkten Identitätskonstrukt des »Nicht-Genügens« feststeckt – ob es nun das Göttliche ist, das nicht genug für euch ist, oder ob ihr euch selbst nicht genügt und dadurch das Bedürfnis habt, anderen euer »Zu-viel-Sein« aufzuzwingen.

Wenn ein Mensch den gleichen Wert seiner Mitmenschen nicht sehen oder erkennen kann, ist es oft deshalb, weil er keine ausgeglichene Beziehung mit Gott hat. Hat man keine Beziehung mit dem Göttlichen, die auf Demut und Hingabe basiert, sei es durch Bewusstheit, Meditation, durch Göttlichen Dienst oder in der Natur, dann verfällt man leicht ins Urteilen, weil das unausgeglichene Ego die Wahrnehmung bestimmt. Seid ihr aber in der Essenz eures Seins verankert, eurem Yeshua-Selbst, könnt ihr Urteile fällen, die ausgeglichen und harmonisch sein werden. Weil ihr ausgeglichen und harmonisch seid. Bis dieser Zeitpunkt eintritt, empfehle Ich euch, stattdessen bei eurem Unterscheidungsvermögen zu bleiben, **dem intuitiven inneren Prozess, der entsteht, wenn ihr das Göttliche, das Bewusstsein, in eure Entscheidungen mit einbezieht.**

Nun kann es Momente der Unterscheidung geben, in denen sich jemand oder etwas nicht mehr harmonisch oder im Einklang mit euch anfühlt. Das bedeutet nicht, dass ihr recht und sie unrecht haben oder umgekehrt. Manchmal, wenn sich eine Verflechtung löst, muss es keinen Grund dafür geben. Warum muss alles begründet werden? **Versucht nie, eine Neuausrichtung zu rechtfertigen.** Manchmal kommen Gefühle in euch hoch, für die es keine Erklärung gibt, für die es keine Berechtigung gibt. Entscheidungen zu rechtfertigen, um etwas loszulassen, was nicht mehr in Resonanz mit euch schwingt, suggeriert Zweifel. Ihr könnt Dinge erforschen, euch in sie hineinfühlen, aber versucht nicht zu rechtfertigen, warum ihr Resonanz oder Dissonanz verspürt oder eben nicht.

Beim Urteilen geht es um Rechtfertigung, Begründung und um das Bedürfnis, recht zu haben. Unterscheidung hingegen ist einfach ein Erforschen, ein Zu-Ende-Bringen und Durchfühlen bestimmter Handlungen und Verpflichtungen, wobei man aber bewusst wählt, wem oder was gegenüber man sich verpflichten möchte. Einfachheit und Unterscheidung gehen Hand in Hand. Eure Unterscheidungsfähigkeit kann manchmal sagen: »Ich muss mir etwas Raum nehmen, bevor ich mich dieser Sache verpflichten kann. Unter keinen Umständen möchte ich meine Einfachheit opfern, denn wenn ich in der Einfachheit verankert bin, dann kann ich die Wahrheit sehen und spüren und habe mehr Raum für die Liebe.«

Ihr harmoniert mit manchen Dingen und fühlt anderen gegenüber Dissonanz, so wie es auch anderen Menschen mit euch geht. Lasst euch auf diesen Prozess ein, denn viele der Dinge und Menschen, denen ihr zu- und angehört, werden sich, wie Ich bereits sagte, verändern. **Das Schöne am Unterscheiden und an eurer Unterscheidungsfähigkeit ist, dass sie euch vom Verlangen befreit, urteilen und rechtfertigen zu wollen. Somit löst sich die Last des Urteilens auf. Und eine weitere Befreiung wird möglich: Die Möglichkeit der Vergebung entsteht.**

In der Vergebung liegt große Macht. Vergebung ist es, die euch frei macht, euch von den unterdrückenden Fesseln der Kreuze und Lasten und Verflechtungen, die euch immer und immer wieder verletzen oder euch in der Angst festhalten, befreit. Durch Vergebung fällt es euch leicht, frei zu bleiben und immun gegen diese Fesseln zu sein, wenn andere euch verurteilen.

Akzeptanz und Liebe sind die beiden wichtigsten Bestandteile der Vergebung. Die beiden Qualitäten, die ihr den Großteil ihrer Macht verleihen. Vergebung, geliebte Wesen, ist eine große Herausforderung für den Verstand und für eure beschränkte Wahrnehmung des Bewusstseins, egal, für wie weit entwickelt ihr euch haltet. Für diejenigen unter euch, die sich mit der Vergebung zuweilen schwertun: Der Grund liegt darin, dass es noch immer einen Teil in euch gibt, der sagt: »Sie verdienen meine Vergebung nicht wirklich.« Deshalb ist das Ganze ein Prozess.

Vergebung bringt große Macht der Einfachheit und Freiheit mit sich. Denn Verurteilen bedeutet, einer Sache anzugehören, die unausgeglichen und entmachtend ist. Vergebung ist Macht, denn sie befreit euch – selbst wenn andere nicht akzeptieren oder sehen wollen, dass sie euch vergeben oder euch um Vergebung bitten müssen. Wenn es ihr Wunsch ist, alles persönlich zu nehmen, dann sind sie nicht frei. Sie werden von dem Glauben beeinflusst, sie hätten Kontrolle und Macht, obwohl dem nicht so ist. Sie stecken in einer Ohnmacht fest.

Vergebung trägt große Macht in sich – eine harmonische Macht – wie auch die Dankbarkeit, eine weitere großartige Qualität der Befreiung. Göttliche Macht liegt in der Freiheit, frei im Garten zu wandeln. Die weise Demut der Wahrheit zu kennen, selbst wenn niemand sonst es tut. Vergebung macht es euch leicht, Mitgefühl für jene Menschen zu entwickeln, die verurteilen und beschuldigen oder den Wert anderer nicht anerkennen. Vergebt – selbst wenn es bedeutet, dass eine Beziehung zu Ende geht. Ihr könnt vergeben und dennoch einen

Schlussstrich ziehen. Vergeben heißt nicht Beibehalten. Manchmal ist es ein Ende. Das hängt von den Umständen ab.

Zyklen kommen und gehen. Erkennt, wenn es Zeit ist, jemanden gehen zu lassen. Haltet nicht fest in eurer eigenen Sturheit und Angst, wenn es nichts gibt, woran ihr euch festhalten könnt. Lasst sie gehen, egal, wie viel Groll sie mit sich tragen – befreit euch selbst von ihren Lasten. Habt Mitgefühl und Demut beim Loslöseprozess. Ihr seid vollkommen und vollständig, und so ist es in Ordnung, wenn eine Beziehung ihr Ende findet. Ihr habt in diesem Moment eure gemeinsame Reise abgeschlossen. Wenn ihr ein Kapitel eines Buches fertig gelesen oder ein Level eines Computerspiels durchgespielt habt, dann seid ihr nicht wütend oder hegt das Bedürfnis, die Beendigung zu rechtfertigen. Ihr geht zum nächsten Kapitel oder Level über. Und so soll es sich auch mit euren Beziehungen verhalten. Manchmal trefft ihr mehrere Kapitel später auf denselben oder einen ähnlichen Charakter, entweder um die Loslösung durch Vergebung und einen Abschluss zu vollenden … oder um euch von Neuem miteinander zu verbinden. Es ist ganz leicht, etwas abzuschließen, wenn ihr vollkommen und ganz seid. In eurem zersplitterten Selbst gefangen fällt es euch schwer, weil ihr selbst nicht vollendet seid. Das macht es schwieriger zu vergeben.

Verlasst keine Beziehung, bis ihr im Frieden damit seid. Denn ihr könnt keine Beziehung verlassen oder sie beenden, selbst wenn ihr es wollt, bis ihr vergeben habt und in euch Frieden damit geschlossen habt. Lasst diesen Prozess einen Prozess sein. Ein Mensch, der vergeben hat, kann die Beziehung ganz frei verlassen, nachdem die Trauer verarbeitet wurde – selbst wenn die andere Person immer noch in ihr gefangen ist und sich der Trauer verweigert. Trauer ist ein Teil jeden Endes. Es ist verrückt, wie sehr ihr die Trauer fürchtet, wie sehr ihr den Schmerz fürchtet. Und doch ist der Moment des tatsächlichen Endes sehr reinigend. Es bringt euch tiefer in die Liebe. Ihr könnt das Gefühl haben, euer Herz möge in tausend Splitter zerspringen, aber da ist etwas im Trauern, im Verarbeiten, im Würdigen und Loslassen, das alles ins Gleichgewicht bringt und heilt.

Freiheit besteht nicht darin zu tun, was euch beliebt. Freiheit bedeutet zu sein, was ihr seid. Das ist die Freiheit des Seins.

Freiheit heißt, alles mit ALLEN zu teilen. Insbesondere aber euer Leben mit dem Göttlichen zu teilen. Wir kontrollieren euch nicht – Wir respektieren euren freien Willen. Ihr könnt ebenso wenig Unsere Beziehung mit allen Wesen kontrollieren, denn ihr alle seid eins, Ein Wesen. Freiheit bedeutet Teilen, und dadurch wird es einfacher, das Göttliche in jedem Aspekt eures Lebens zu erkennen, selbst wenn ihr Vorkommnisse in der Welt seht, die euch wütend machen. Übergebt alles, was euch erzürnt, an Mich, und Ich werde es auflösen, wenn die Zeit gekommen ist.

Dies ist das Gebet und die Aufrufung Meiner Präsenz in jenen Augenblicken, in denen ihr aufgeben und euch hingeben müsst:

Das Gebet der Transzendenz
Yeshua, die Dissonanz, die ich in diesem Augenblick verspüre, ich übergebe sie Dir. Ich bin zutiefst traurig, Göttlicher Vater und Freund, dass ich dies erlebe und erfahre. Und doch weiß ich, dass ich nichts weiß; dass mir am besten geholfen ist und auch ich am besten dienen kann, indem ich das Licht halte für

_____ *[füge hier die Person oder Erfahrung ein]. Ich akzeptiere, dass ich zuerst Frieden mit dieser Person oder Situation schließen muss, bevor ich handle.*

Ich werde mich nicht für den Hass entscheiden und dadurch die Energie des Hasses nähren. Ich werde das Licht halten, und wenn ich Kummer oder Trauer verspüre, werde ich nicht ins Opferdasein oder in Rage geraten. Ich werde vergeben, um die Last leichter zu machen. Bitte hilf mir, Göttlicher Vater und

Göttliche Mutter, diese Dissonanz und die Wut, die ich fühle,
zu überwinden. Zeig mir den Weg, wenn ich handeln soll; zeig
mir, wie ich diese Gefühle kanalisieren und in meine Leiden-
schaft des Friedens transformieren kann. Denn ich vertraue
darauf, dass Du mir zeigst, wie ich im Frieden handeln und
dadurch zu einer Auflösung in Liebe beitragen kann, statt noch
mehr Schmerz und Dissonanz zu erzeugen. Ich vertraue dar-
auf, dass Du jegliche Dysbalancen dieser Erfahrung auflösen
wirst. Zeig mir, wie ich in dieser leidenschaftlichen Situation
am besten dienen kann – im Frieden verankert. Dein Wille
geschehe. Sancti. Pace. Amein.

Für ein anderes Wesen zu trauern oder, noch besser, für es zu beten –
sei es ein misshandeltes Tier, eine ältere Person oder ein Kind –, min-
dert die Last für den oder die Betroffene mehr noch, als es das Kämpfen tun würde. Obwohl es manchmal sehr schwerfallen kann, ist das
Trauern und Beten für den Täter ein sogar noch größerer Dienst, denn
er ist es, der eure Gebete am meisten braucht. Das ist der größte Dienst
im Sinne Yeshuas. Für den Täter genauso viel, wenn nicht sogar noch
mehr als für das Opfer zu beten. Trauerarbeit und Gebet sind wir-
kungsvoller als alles andere, wenn ihr etwas seht oder miterlebt, was
Schmerzen verursacht. Sie kommen ganz von selbst, so ihr es denn
zulasst. Ich verneige Mich tief vor euch für euren Dienst in solchen
Momenten.

Wenn das, was ihr seht oder erlebt, euch wütend macht, dann oft
aus dem Grund, weil ihr seht, wie der Wert einer Person oder einer Sache verleugnet wird. Dies triggert all die Momente in euch, in denen
euch dasselbe passiert ist. Und so bitte Ich euch, kanalisiert die Wut,
und wandelt sie um in die Anerkennung eures und ihres Wertes. Das
ist eine Anerkennung, ein Namaste, welches energetisch viel weitrei-
chender ist, als ihr es euch vorstellen könnt. Ihre Seele wird es spüren,

ebenso wie eure – es ist Licht, das ihr ihnen über das Netz des Lebens zusendet, sichtbar und unsichtbar, in Anerkennung und co-kreativer Unterstützung ihrer Präsenz und Göttlichkeit.

Wenn ihr andere loslasst, werdet ihr eins mit ihnen. Dies ist oft auch der Grund, weshalb eure Seelengefährten – mögen sie nun die größte Liebe oder der größte Schmerz in eurem Leben sein – Menschen sind, die meist nicht weit weg von euch sind und mit euch reisen, viele, viele Male über viele Leben hinweg. Nur weil ihr euch in eurem Leben von einer Person loslöst, bedeutet das nicht, dass die Liebe, die ihr miteinander geteilt habt, ausgelöscht ist. Liebe kennt keinen Tod, denn Liebe IST der Baum des Lebens. Amein.

DIE YESHUA-MEDITATION

Schließe deine Augen, geliebtes Wesen. Atme tief in dein Sein hinein. Atme den Geruch der Spreu und den Geschmack des Weizens in dich hinein. Stell dir vor, du stehst in einem Feld, einem energetischen Weizenfeld. Beginne nun, durch dieses Feld zu gehen, während du durch deinen Körper gehst. Spüre den Weizen in der Spreu durch deine Finger gleiten. Fühle deine Göttliche Hand als Meine Göttliche Hand, und spüre, wie wir unsere Hände gemeinsam über das Feld gleiten lassen. Jeder Halm, den du berührst, ist eine andere Person, ein Baum. Während du den Weizen im Feld berührst, berühre all die darin enthaltenen Seelen – Menschen, Tiere, Bäume, egal, was. Du bist in diesem Moment der Beobachter, der Yeshua.

Lass deinen Blick über das wunderschöne Weizen- oder Getreidefeld schweifen, und sieh, wie der Wind hindurchstreift. Du bist eins mit jedem Weizenhalm. Manche Halme in diesem Feld sind vielleicht ein wenig brüchig, vielleicht hatten sie keinen so nährreichen Boden, womöglich haben sie eine Spreu gewählt, die nicht so geerdet ist wie deine. Und doch ist jeder Halm dein Kind und in deinem Herzen von gleichem Wert.

Es gibt keine Sklaven in diesem Feld. Der Weizen dieses Feldes erntet sich selbst durch die Hände Gottes.

Und nun atme ein, und fühle, wie alle Halme zu einem großen, aufsteigenden Halm verschmelzen. Einem Weizenhalm, der zu einem Baum wird. Dem Baum des Lebens.

Du gehörst zu und bist aus dem Baum des Lebens. In diesem Augenblick bist du gleichzeitig im Leben, im Tod und in der Wiedergeburt. Du atmest, wirst geboren, stirbst und atmest weiter durch deine Einheit mit diesem Baum. Fühle nun den Strang des Glaubens, wie er durch diesen Baum, durch dein ganzes Sein strömt, von den Ästen bis ganz hinunter durch deine Wurzeln.

Lass nun den Strang der Vergebung deine Äste herabfließen, bis nach unten zu deinen Wurzeln. Jetzt lass den Strang der Freiheit von deinen Ästen bis zu deinen Wurzeln fließen. Spüre, wie sich die Wurzeln dieser Stränge miteinander verflechten.

Nun sauge Nahrung über deine Wurzeln auf, Nahrung des Glaubens, die von deinen Wurzeln bis ins Geäst strömt. Dann sauge die Nahrung all jener auf, die vergeben haben. All diese Energie strömt durch deine Wurzeln empor und durch die Äste herab. Sauge die Nahrung jener Spirits über deine Wurzeln auf, die ihre Leben damals wie heute der Freiheit gewidmet haben. Lass Freiheit durch deine Wurzeln und Äste fließen. Spüre, wie der Glaube, die Vergebung und die Freiheit fließen und sich miteinander verflechten, von den Wurzeln bis in die Äste, von den Ästen bis in die Wurzeln.

Lass nun den Glauben aus dem Auge des Baumes, deinem Sacred Heart, hinausfließen und strömen und sich mit all jenen verbinden, die den Glauben gerade benötigen oder dir dabei helfen können, dich tiefer in deinem eigenen Glauben zu verankern. Lass nun Vergebung aus deinem Sacred Heart fließen und sich mit all jenen verbinden, die

Vergebung brauchen oder dir dabei helfen können, dich tiefer in deiner eigenen Vergebung zu verankern. Lass nun Freiheit aus deinem Sacred Heart fließen und sich mit all jenen verbinden, die Freiheit brauchen oder dir dabei helfen können, dich tiefer in deiner eigenen Freiheit zu verankern.

Du bist der Weizen, die Spreu, der Baum, die Wurzel. Atme in Meine Liebe hinein, Meine Würdigung deines Dienstes in diesem Augenblick. Atme ganz aus.

Lege eine Hand auf deinen Unterleib, wenn du ein Mann bist, unter deinen Bauchnabel, und die andere Hand lege auf dein Herz. Verneige dich vor Gaia, deiner Spreu, und dann neige dein Gesicht mit geschlossenen Augen zur Sonne, zum Mond oder zu den Sternen, lächle, und sprich deinen Namen aus. Nun sprich Meinen Namen aus.

Bitte drücke nun deine Hand oder deinen Fuß gegen die Erde, oder, noch besser, gehe auf deine Hände und Knie, und drücke deine Stirn zur Erde, verwurzle deine Energie tief in der Erde. Löse dich aus der Meditation.

Nun möchte Ich dich bitten, das Blatt Papier zum **Prozess der Botschaften des Friedens und der Freiheit** von der ersten Botschaft herauszuholen. **Öffne es nicht.** Lege deine Hände darüber, sprich deinen Namen, und dann sprich Meinen aus. Lass das, was in diesem Blatt steht, mit der Gnade durchfluten, die aus dem Baum des Lebens, dem Sacred Heart, durch deine Hände in das Papier strömt. Und lächle.

Dein Herz werde Mein Herz. Ein Herz. Dein Baum werde Mein Baum. Ein Baum. Dein Licht werde Mein Licht. Ein Licht. Dein Name werde Mein Name. Ein Name. Abba. Amma. Al-Ilah. El Shaddai. ICH BIN Yeshua. ICH BIN die Welt. Du BIST Liebe. Und ICH BIN dein.

Es war Mir eine Ehre, dir an diesem Tage gedient zu haben. Om Nami Maia. Ohm Namah Sananda. Ohm Nami Yeshua. Sancti. Sancti. Sancti. Pace. Pace. Pace. Namaste.

Berge versetzen

1.

....

Die Kraft der Wahrnehmung

Guten Tag, geliebte Wesen. An diesem guten Tag, dieser guten Nacht, möchte Ich ein paar einfache Worte ans Licht bringen, die, wenn sie verwoben und verwirklicht werden, die Macht haben, außergewöhnliche Wunder für euch wahr werden zu lassen. Die Macht dieser Worte war von Anbeginn der Zeit und der Schöpfung für alle Wesen von gleicher Bedeutung. Die Worte lauten: **Liebe versetzt Berge.**

Liebe versetzt Berge.

Das tut sie tatsächlich, geliebte Wesen. Genau hier möchte Ich Klarheit schaffen: Berge. Wie ihr sie wahrnehmt und wie euer Spirit in Co-Kreation mit eurer Seele die Göttliche Magie vollbringt, diese zu versetzen.

Klarheit steht im Zusammenhang mit Wahrnehmung. Es ist nicht der sich vor euch auftürmende Berg, der Problem oder Freude ist – je nach Blickwinkel; es ist eure Wahrnehmung des Berges, die entweder noch größere, hinderliche Berge erschafft oder sie zu einer Wiese reduziert. Der kleinste Hügel kann sich wie ein riesiger Berg anfühlen, wenn ihr die Dichtheit von Kreuzen und Lastern wie Scham, Kontrolle, Ungeduld, Verzweiflung oder Wut schultert.

Die kleinste Bemerkung, der kleinste Hügel, die kleinste Blase kann in eurer Wahrnehmung zu einem mächtigen Berg heranwachsen, wenn ihr solche Energien mit euch tragt. Dann scheint es sehr anstrengend, ihn zu erklimmen. Wenn ihr nicht so viele Lasten schultert, wenn ihr lichter und leichter seid, dann kann das Besteigen eines Berges ganz einfach und sogar mit Freude verbunden sein. Oder wenn ihr eure Wahrnehmung des Berges völlig ändert, könnt ihr um ihn herum- oder sogar durch ihn hindurchgehen. Das hängt von dem Objektiv ab, das ihr wählt, um auf den Berg zu blicken.

Eure Wahrnehmung von Bergen in eurem Leben ist ganz anders, wenn ihr im Hier und Jetzt verankert seid – im Vergleich zu der Wahrnehmung, die ihr habt, wenn ihr euch auf die Vergangenheit oder Zukunft fokussiert. Oft seht ihr Probleme als Berge an, als lästige Berge. Vor allem dann, wenn ihr euch abgesondert fühlt oder auf ein Ergebnis fixiert seid – die Erwartung dessen, wovon euch ein bestimmter Berg trennt. Oder wenn ihr nicht in der Gegenwart verankert seid – entweder im Gestern oder im Morgen lebt. Dann erfordert es in eurer Wahrnehmung unglaublich viel harte Arbeit, um diesen Berg zu erklimmen, ihn aufzulösen.

Ihr fragt euch: »Was wird auf der anderen Seite sein? Ist es das wert, den Berg dafür zu erklimmen?«, »Wird es das wert sein, diese Veränderung in mein Leben zu bringen?«, »Wie viel Arbeit wird wohl nötig sein, um dieses gesundheitliche Problem zu lösen? Um meine Finanzen in Ordnung zu bringen? Um endlich die Garage auszumisten?« ... Der Verstand sagt: »Ich habe so viel anderes zu tun, ich denke, ich werde das verschieben, verschieben ... Ich werde einfach warten, warten, warten.« Dies sind verzerrte und beschränkte Wahrnehmungen, die euch daran hindern, kleine Berge zu erklimmen, solange sie noch klein sind. Das Gerümpel, das durch Prokrastination entsteht, häuft sich an, und der Berg wird immer größer und größer. Während ihr versucht, euch auf die großen Berge zu konzentrieren, vergesst ihr, dass es doch so wichtig ist, diesen kleineren Bergen mit Neugier und genauso viel

Liebe zu begegnen wie den größeren. Denn das hilft euch nicht nur dabei, die großen zu erklimmen, sondern ihr vermeidet dadurch allmählich, überhaupt solchen mühsamen Bergen zu begegnen.

Deshalb ist es auch so wichtig, nicht zu übersehen, was im gegenwärtigen Moment vor euch liegt, indem ihr mehr Momente damit verbringt, euch selbst, eure Gedanken und eure Umgebung vom Aussichtspunkt eures Lebensberges zu beobachten. Von diesem Punkt aus könnt ihr die Bereiche eures Lebens sehen, die ausgetrocknet sind und somit Gefahr laufen, in Flammen aufzugehen und weite Teile fruchtbaren Landes niederzubrennen.

Kleinere Berge und trockene Landstriche mithilfe von Bewusstsein aus dem Weg zu räumen, ist die einfachste und befreiendste Art und Weise, an die größeren Berge heranzugehen. Und deshalb ist es auch so wichtig, das Bewusstsein in den jetzigen Moment zu bringen und auf das zu richten, was unmittelbar vor euch liegt, selbst wenn dies unangenehm oder schmerzhaft sein mag. Euch selbst die Erlaubnis zu geben, die Dinge anzugehen, auf die euch eure Seele unentwegt aufmerksam machen möchte, macht es euch einfacher, euch von Problemen loszulösen, die noch zwischen eurem Weg zum Frieden und Göttlichen Dienst aus der Freude heraus stehen. Eure Wahrnehmung geistiger oder emotionaler Polaritäten zu verändern, sodass ihr sie nicht mehr als Lasten, sondern als Möglichkeiten der Transformation und Befreiung anseht, ist dabei von zentraler Bedeutung.

Wenn ihr in eurer Bewusstheit verankert seid und dabei auf einen Gebirgszug blickt, könnt ihr ihn anerkennen und würdigen als das, was er ist. Ihr erkennt, ob die Berge nah oder in weiter Ferne sind, und wisst durch euren Glauben, dass eure Seele euch alles geben wird, was es braucht, um sie zu erklimmen oder zu versetzen … oder vielleicht sagt sie euch, dass sie einfach wunderschön anzusehen sind, es aber nicht notwendig ist, sie zu besteigen. Wenn ihr in Unbewusstheit verweilt, dann blickt ihr mit größerer Angst auf die Berge, denn ihr könnt euch nicht von ihnen distanzieren – ihr könnt keinen Schritt zurück machen, um sie als das zu betrachten, was sie sind. Ihr seid keine Beobachter; ihr verinnerlicht sie bis zu dem Ausmaß, dass ihr Berge erschafft, wo keine sind. Dadurch wird alles so mühsam und anstrengend: noch eine Sache, und noch eine. Diese dichte, verschleierte Wahrnehmung zeigt sich meist dann, wenn ihr erschöpft seid, übermäßig engagiert, wenn ihr Erledigungen aufschiebt oder ein Problem damit habt, um Hilfe zu bitten oder diese anzunehmen.

Alle Berge – eure Berge, die Berge der Welt, die Berge in der Natur – wurden aus Liebe erschaffen und können durch die Liebe geebnet werden. Alle Berge wurden aus Liebe geboren, die echten wie auch die gefühlten Berge im Leben, und so können auch alle durch Liebe erklommen oder versetzt werden. Wenn ihr euch dessen bewusst seid, dass ihr Liebe SEID, dann hat eure Liebe die Macht, wunderschöne Berge zu erschaffen und andere Gebirgszüge, die etwas einschüchternd und dunkel erscheinen, zu ändern, zu versetzen oder zu transformieren. In Wahrheit praktiziert ihr dies die ganze Zeit, geliebte Wesen – in den Phasen eures Lebens, in denen ihr viele, viele Probleme, viele Berge gleichzeitig bezwingen müsst. Ihr könnt schlafen gehen und von einem ruhigen und flachen Landstrich träumen oder von einem stillen Ozean. Ihr nehmt eure Berge an Problemen während des Traumes gar nicht wahr. Euer Fokus liegt nicht auf ihnen.

Und doch sind die Berge an Problemen wieder da, sobald ihr aufwacht. Oder umgekehrt. Ihr könnt euch in einer ruhigen, neutralen oder sogar angenehmen Phase eures Lebens befinden, und dann, kaum geht ihr ins Bett, träumt ihr von Bergen, Bergen von Problemen. Welche sind nun realer? Die Traumberge? Oder die Berge aus dem Wachzustand? Könnt ihr mit Gewissheit sagen, dass beide nicht bloß Projektionen eurer inneren Berge sind, die darauf warten, versetzt zu werden? Wenn das Unbewusste ins Bewusstsein tritt, dies ist das Erheben und Versetzen von Bergen.

Wenn das passiert, wenn etwas, was unter der Oberfläche war, plötzlich aufsteigt, selbst etwas, was euch Angst macht – egal, ob es durch ein äußeres Ereignis oder durch eine innere Gegebenheit ohne erkennbaren Grund ausgelöst wurde –, dann geschieht das deshalb, weil sich in euch ein Berg bewegt. Es ist nicht von Bedeutung, ob es sich schwer anfühlt, traurig oder mit Zorn beladen ist – oder ob es sich freudig und befreiend anfühlt. Seht und erkennt, dass etwas sehr Kraftvolles im Gange ist. **In euch verschiebt sich ein Berg!**

Nehmt auch die Tatsache wahr, dass er aus der Liebe und in Liebe erschaffen wurde, ungeachtet dessen, wie ihr es empfunden haben mögt. Wenn ihr in eurer Präsenz und Bewusstheit verankert seid, wird euch das, was euch im Inneren bewegt, auch im Außen zu mehr Balance und Ausgeglichenheit hinbewegen. Berge bestehen aus Gestein, aus Feuer, Wasser, Luft und Raum. Die Unerschütterlichkeit des Gesteins eures Glaubens wird euch über allem stehen lassen, was hochkommen mag, statt darunter im Treibsand zu versinken. Es ist ein außergewöhnliches Ereignis, wenn in euch ein Berg in Bewegung versetzt wird. Es ist die Befreiung eines Teiles von euch, der bisher noch ungesehen blieb.

Freut euch, denn nun könnt ihr ihn sehen! Die Wahrheit wurde enthüllt! Eure Seele hat in euch einen Berg versetzt, und wenn sie es in eurem Inneren schafft, dann kann euer Spirit mit Sicherheit auch andere Berge in der äußeren Welt um euch herum versetzen. Statt dem mit Geringschätzung oder Angst zu begegnen, verändert eure empfundene Wahrnehmung hin zu Neugier, Freude und sogar Dankbarkeit. Nehmt den Platz in eurer von Gott gegebenen Macht ein, denn obwohl ihr das Äußere nicht kontrollieren könnt, könnt ihr doch eure subjektive Wahrnehmung ändern. Ihr könnt wählen, ob ihr die vor euch offenbarte Wahrheit mit vor Angst geblendeten Augen oder mit klarem Blick der Liebe sehen wollt.

Das Objektiv, durch das ihr die Realität und eure Welt betrachtet, wird davon beeinflusst, wie viel Licht und Bewusstheit ihr in euer Sein bringt. Wenn ihr im Hier und Jetzt verankert seid, könnt ihr den Berg, den Fels des Glaubens, auf eine Weise betrachten, die ihm eine gewisse Beweglichkeit verleiht. Bewusstsein ist bewegliche Energie. Alles wird durch die Liebe beweglich – auch Berge. Wenn ihr in der Zukunft lebt, dann scheint ein Berg fest, unbeugsam und schwer zu besteigen oder zu versetzen. Der Verstand fängt an, das Selbst von der Beweglichkeit der Energie, aus welcher der Berg geschaffen wurde, zu trennen. Und so verliert er die Macht seiner co-kreativen Bewegungskraft und wird übermäßig wachsam, da er in ständiger Angst vor dem Berg verweilt.

Dies ist ein Zustand hilfloser und opferorientierter Angst, in dem es euch vorkommt, als würden euch die Probleme – die Berge – zustoßen und euch belasten. In Wahrheit stoßt aber ihr den Bergen zu. Nochmals, nachdem ihr so viele Berge aus immer größer werdender Komplexität und dem Gerümpel, das ihr in eurem Leben anhäuft, erklommen habt, um zu vermeiden, jene Berge, die direkt vor euch liegen, in Bewegung zu versetzen, werdet ihr anfangen, euch vor Bergen zu fürchten und sogar welche in eurem Verstand zu erschaffen, die gar nicht da sind. Wenn ihr nicht in Bewusstheit verankert seid, dann seid ihr verloren im Traum – nicht nur eurem eigenen, sondern ihr seid auch äußeren Träumen ausgeliefert, den Träumen, die andere für euch träumen. Und ihr fühlt euch in diesem Zustand dazu verpflichtet, eure Liebe, euer wahres Selbst und auch eure eigenen Träume zu unterdrücken. Dies ist ein Kreuz und eine echte Belastung.

Liebe erschafft Berge. Liebe versetzt Berge. Dies geschieht in und auf Gaia. Es ist Teil der Schöpfung. Wollt ihr im Träumen verweilen, wollt ihr nichts weiter sein als Materie und Verstand – und Gefühle, die daraus entspringen? Wollt ihr ständig Aussagen machen wie »Oh nein, die Last eines weiteren Berges, die ich zu stemmen habe! Was wird dieses Problem, dieser Berg, wohl mit mir machen? Warum versuche ich weiterhin, diesen Berg zu erklimmen, und falle doch immer und immer wieder hinunter? Sobald ich einen Berg bestiegen habe, fühlt es sich an, als würde ein noch größerer an seine Stelle treten!«? Oder werdet ihr innehalten, um euch daran zu erinnern, dass ihr die Macht habt, diesen Berg zu verschieben, ihn ganz und gar dem Erdboden gleichzumachen, ihn zu umgehen oder ihn an einen Ort zu versetzen, an dem genug Raum ist, ihn zu betrachten, zu lieben und für das zu würdigen, was er ist?

Werdet ihr im Traum und in der Materie verweilen? Oder wollt ihr zum Träumenden werden? ICH BIN Träumender und Traum zugleich. Und so seid auch ihr es. Schöpfer und Schöpfung, und so seid auch ihr es. Wacht auf, geliebte Wesen, wacht auf in dem Raum des Bewusstseins, der dazwischenliegt. Wenn ihr euch eurer Liebe bewusst werdet und die Klötze und Haufen verschiebt, die zu einer verzerrten und ernüchternden Wahrnehmung vergangener oder zukünftiger Dinge oder Geschehnisse führen, die nicht real sind, dann werdet ihr wieder klar sehen können.

Wenn eure Wahrnehmung in der Gegenwart verankert ist, werdet ihr sehen können, dass es keine Berge gibt. Denn innerhalb der Liebe ist die Erschaffung und Zerstörung eines Berges ganz einfach eine Bewegung der Formen durch das flüssige und bewegliche Bewusstsein. Nichts wird wirklich erschaffen oder zerstört. Es ist eine Bewegung des Bewusstseins, und der Endpunkt ist der stille See der Wahrheit.

Sobald ihr mehr Liebe, mehr Licht, mehr Bewusstheit in euer Sein aufgenommen habt, kann es sich anfühlen, als würden plötzlich die Lichter angehen, wo ihr doch zuvor noch im Dunkeln gestanden seid. Mit einem Mal könnt ihr eine Wahrheit erblicken, die so offensichtlich ist, dass ihr sie jahrelang nicht entdeckt oder gesehen habt. Und nun ist diese Wahrheit plötzlich überall! Manchmal seht ihr eine Möglichkeit, den Berg aufzulösen. Oder aber ihr seht einen Berg in Form einer ungesunden Verflechtung, die einer Veränderung in vielen Bereichen eures Lebens bedarf, um sie aufzulösen. Das könnte euch Angst machen oder sich überfordernd anfühlen.

Wenn ihr in der Angst verweilt, fällt es euch schwer, die Liebe zu sehen und zu spüren, die der Offenbarung einer solchen Wahrheit innewohnt. Reue, Verlegenheit und sogar Scham können hochkommen, gemeinsam mit Aussagen wie diesen: »Warum habe ich das nicht schon früher gesehen? Wie und wann konnte diese Beziehung, die sich einst wie Liebe anfühlte, zu einem Berg zwischen uns, zu einem Fels, einer Trennung, werden? War dieser Berg all die Jahre schon da? Von Beginn an sogar? Wie konnte ich das übersehen haben? Ich hätte es früher sehen müssen.«

Vergesst nicht, geliebte Wesen, Wahrheit entwickelt sich zusammen mit der Liebe. Ihr könnt die Wahrheit nur mittels Liebe enthüllen, sie auflösen und integrieren. Schwelgt niemals in Worten wie »hätte«, »sollte« oder »könnte«, wenn die Wahrheit eines ungesunden Knotens enthüllt wurde. Wiedergutmachungen, euch selbst und anderen gegenüber, können, falls nötig, zu gegebener Zeit erfolgen. Aber bevor ihr zur Tat schreitet, erfreut euch daran, dass eine Wahrheit, egal, welche es sein mag, enthüllt wurde. Denn es bedeutet, dass die Liebe in euch wächst! Seht euch an, was angesehen werden möchte, ohne an Lösungen oder Ergebnissen anzuhaften. Freut euch darüber, dass ihr seht, was wahrhaftig ist. Denn durch die Liebe kann Wahrheit euch tatsächlich befreien.

Was Uns fasziniert, ist, wie sehr ihr euch am Chaos anderer Leute ergötzt und mit welcher Neugier euch ihr Blutbad, ihre Berge und Probleme interessieren (das Gaffen und Rumschnüffeln ist ein gutes Beispiel für diese Tendenz), aber gleichzeitig seht ihr weg, wenn es um eure eigenen Probleme geht. Wenn dies der Fall ist, dann habt ihr es mit einem unausgeglichenen Ego zu tun, das sich Veränderung widersetzt.

Es sagt: »Ich möchte nicht hinsehen, ich möchte nicht hinsehen – ich werde einfach weiter in dem Glauben verweilen, dass diese Beziehung immer noch auf Liebe basiert, und doch fühle ich weniger Liebe und mehr Last in meinem Leben.« Oder: »Ich werde so tun, als könnte ich in diesem Job bleiben, der mich so unglücklich macht. Ich führe ein ansehnliches Leben; ich komme irgendwie damit klar.« Oder: »Meine Sucht ist doch nicht so schlimm.« Oder: »Meine Rückenschmerzen sind nicht so schlimm. Ich kann nicht immer gehen, aber so schlimm ist es nicht.« Diese Verleugnung führt dazu, dass die Probleme schlimmer werden. Und die ganze Zeit über lässt die Seele euch weiter verleugnen, während sie unaufhörlich die Hand hebt und sagt: »Sieh hierhin, sieh dorthin – wenn du es tust, dann wird dich das befreien.«

Sobald ihr mehr Liebe in euer Sein eintreten lasst, können auch all die Bereiche beleuchtet werden, die euch noch von der Liebe trennen. Wenn Liebe hineinströmt, lädt sie euch tiefer in ihre Wahrheit ein, durch eure eigene Wahrheit. Sie kommuniziert auf wunderbare Art und Weise und ist mehr als glücklich, euch über all die Bereiche zu informieren, die noch getrennt von ihr, von Mir, sind. Wenn ihr die Präsenz der Göttlichen Liebe durch eure eigene Liebe empfangt, kann es sein, dass alle Bereiche in eurem Leben, die noch nicht voller Liebe sind, plötzlich überall um euch herum aufscheinen: in eurem beruflichen Leben, in Freundschaften, Partnerschaften, Liebesbeziehungen und in der Familie.

Was hier passiert, ist, dass der Berg, der euch von der Liebe getrennt hielt, einzustürzen beginnt. Wenn ihr in Verleugnung verharrt, nicht hinsehen wollt oder zu sehr auf all die anderen Bereiche fokussiert seid, euch nicht richtig spürt, zu sehr im Traum verloren seid – in den menschlichen Beziehungen, der Materie, der Karriere, euren Wünschen und so weiter –, dann kann es sein, dass ihr die Trennung zwischen euch und dem Göttlichen, zwischen euch und der Liebe nicht erkennt, wo sie doch in euch existiert.

Während ihr tiefer in die Bewusstheit eintaucht, beginnt der Berg, der euch vom Göttlichen trennt, allmählich einzustürzen, und so, wie er es tut, so wachsen Liebe und Glaube in euch. Dies geschieht vor allem dann, wenn ihr eure Augen vor der äußeren Welt verschließt, das Auge eurer Seele öffnet und einen Fuß vor die Tür setzt. Wenn ihr Freude und Aufregung in den Prozess mit hineinnehmt, statt alles als mühevolle Arbeit oder als Rückschläge anzusehen, wenn ihr euch voller Freude eurer eigenen Freilegung verpflichtet, der Auflösung all dessen, was euch von der Liebe fernhält, dann wird es immer die Mühe wert sein. Immer. Und das Wunder, das dabei entsteht, ist folgendes: Der Prozess wird von eurer Seele, eurem Herzen und schließlich von eurem Verstand, wenn auch widerwillig, angenommen – und wenn der Verstand mit an Bord ist, scheint der vormalige Berg plötzlich eher einer Bodenschwelle zu gleichen.

Es ist wichtig, euch daran zu erinnern, dass dies ein Prozess ist. Ein Prozess, geliebte Wesen. Es braucht seine Zeit, bis ein Berg entstanden ist. Und so kann es auch seine Zeit brauchen, bis er sich auflöst. In Wirklichkeit ist es so, dass es keinen Berg gibt, wenn ihr in Liebe verankert seid, Liebe wählt. Und bei denen, die ihr als vermeintliche Berge wahrnehmt, könnt ihr Mich in den Prozess einladen. Wenn ihr eurem inneren Prozess treu bleibt, einschließlich dem Trauern und der Hingabe, die mit dem Entlassen all des Schmerzes der Getrenntheit einhergehen, dann werde Ich im Außen bewegen und versetzen, was versetzt und bewegt werden muss. Das ist das Versprechen, das Ich euch geben kann – in Dimensionen und Ebenen, die euer Verstand und eure Augen nicht einmal wahrnehmen können.

Nochmals, erinnert euch, dass Berge aus den Elementen zusammengesetzt sind, den vier Elementen, welche die Schöpfung, die Materie umfassen. In den Felsen ist Luft enthalten, hoch oben ist Luft, Luft, dort, wo der Körper des Berges den Himmel berührt. Da gibt es den Wind, der durch und über die Berge streift. Frische Luft. In den Felsen ist Erde enthalten, die Steine, der Erdboden, der Schlamm, die

Bäume. Da gibt es Wasser, Bäche und Flüsse, welche die Berge herabstürzen. Im Herzen eines Berges ist auch Feuer. Berge erheben sich aus geschmolzenem Gestein, aus dem Nabel, dem Abgrund der Erde. Sie sind aus dem Staub der Sterne entstanden, dem Feuer der Sonnen vergangener Zeiten, ebenso wie ihr.

Die Berge in eurem Leben, einschließlich eures Körpers, wurden aus der Liebe geschaffen und durch die Liebe bewegt, weshalb die Liebe euch alle bewegt, selbst wenn etwas geschieht, was eurer Meinung nach alles andere als Liebe ist. Jedes Mal, wenn ihr auf der Erde geht, bewegt ihr Energie. Euer Weizen in der Spreu ist ein sich bewegender Berg. Aber es ist nicht die Spreu, die den Weizen bewegt. Es ist der Weizen, der die Spreu bewegt. So wie auch die Schöpfung nicht den Schöpfer bewegt. Der Schöpfer bewegt die Schöpfung.

Am Ende ebnet die Liebe den Berg – wenn eure Seele den Körper verlässt, wenn der Weizen die Spreu verlässt. Ihr seid Erde, Knochen. Die Erde ist der Anker des Berges eures Selbst. Euer Berg enthält die Luft der Beziehungen, den Atem und den Wind, der durch ihn hindurchstreift. Er hat das Wasser der Emotionen und Gefühle. Das Feuer der Leidenschaft. Aber das fünfte Element, der Raum, ist das Bewusstsein des Schöpfers in euch. Ihr erschafft eure Berge durch die Liebe. Wenn ihr also nicht in einer Opferrolle gefangen seid, über all die Berge jammert, die sich über euch auftürmen, und euch fragt, wer oder was diese Berge und Lasten über euch gebracht hat, dann seid ihr eins mit dem Schöpfer.

Tief in euch drin wisst ihr, dass ALLES in eurem Leben aus Liebe entstanden ist und durch die Liebe bewegt werden kann. Wenn sich Dinge im Außen ereignen, seid ihr dazu in der Lage, diese durch euer Schöpfer-Selbst, euer Yeshua-Selbst, das bewusste Selbst, welches weder internalisiert noch in Panik oder Stress gerät, zu beobachten. »Oh, ein Problem innerhalb der Spreu ist aufgetaucht. Es könnte die Spreu meines Lebens betreffen. Aber dieses Mal wähle ich einen anderen

Weg. Ich werde es nicht durch mein Spreu-Objektiv sehen, welches tatsächlich nur dann benutzt werden sollte, wenn ich in unmittelbarer, realer physischer Gefahr bin. Dieses Mal werde ich einen Moment verweilen und das Problem durch die Linse meines Weizens betrachten.«

Wenn ihr so vorgeht, werdet ihr leicht feststellen können, dass das Hindernis, das Problem, nicht mit euch gleichzusetzen ist UND dass es niemanden gibt, der dafür zu beschuldigen wäre. Möglicherweise ist das Problem oder das Kreuz noch nicht einmal eures, oder es betrifft euch überhaupt nicht. Ihr seht das Kreuz eines anderen Menschen und macht es ohne Grund zu eurem eigenen. »Nicht mein Kreuz, nicht meine Last« – das ist es, was so überaus wichtig ist: den Raum zu erkennen und zu nutzen. »Ich erfülle meinen Teil, du erfüllst deinen« – das ist fair und ausgeglichen. Das Erkennen, was eures ist und was nicht, ist überaus wichtig. Schuldgefühle zu haben, wenn andere es schwer haben, tja, es wird ihnen nicht helfen, wenn ihr grundlos mit ihnen leidet. Am besten tragt ihr das Licht für sie.

Indem ihr euch den Raum und die Wahrnehmung aus der Weizenperspektive, euer Yeshua-Objektiv, zunutze macht, fallen unnötiger Stress und Belastung weg. Wie Ich bereits sagte, solltet ihr niemals zu eurer eigenen Last werden. Denn falls doch, dann erschafft ihr Belastung für alle Menschen um euch herum. Ihr habt die Macht, diese Energie zu bewegen oder eure Wahrnehmung hin zur Dankbarkeit zu verlagern. Einer Dankbarkeit für alle Berge, die sich erheben oder zerfallen, einschließlich jener, die euch noch tiefer in der Demut, der Vergebung und der Liebe verankern.

Der Wille eurer Seele orientiert sich am Willen Gottes, an Meinem Willen. Sich mit diesem Willen zu verbinden, bringt große Freude. Denn der Wille Gottes ist die Liebe, die Wahrheit und der Friede – egal, wie eure äußere Realität aussehen mag. Das gilt für euch alle. Der Wille Gottes bedeutet Gleichgewicht. Wenn ihr euch also unausgeglichen fühlt, euch Liebe fehlt, ihr nicht in der Wahrheit verankert seid, sondern in Verleugnung und Angst, ihr euch allein fühlt, dann herrscht in euch gerade ein Ungleichgewicht des Willens – oft auf Basis eurer Wahrnehmung. Wenn der Verstand versucht, die Seele seinem Willen zu beugen, dann läuft etwas falsch. Der Aspekt des Raumes, sich Raum zu nehmen, bevor man reagiert, Raum für Geduld zu lassen, den Berg an Gott zu übergeben, Mich einzuladen, euch zu helfen, das alles bringt euch wieder ins Gleichgewicht – und dann bewegt sich der Berg, oder ein Weg um den Berg herum wird plötzlich ersichtlich.

Im Glauben, **der Erkenntnis eurer Göttlichkeit,** seid ihr im tiefen Wissen eurer Seele verankert, dass alles gut sein wird – egal, ob es sich um einen riesigen Berg oder einen Maulwurfshügel handelt. Sobald sich der Berg bewegt und ihr erkennen könnt, was sich auf der anderen Seite befindet, werdet ihr verstehen, dass ihr immer nur das seht, was gerade in eurer Wirklichkeit ist, und dass ihr nicht mehr zu sehen braucht als das, was an diesem bestimmten Schritt und an diesem Tag gerade dran ist. Das Element des Raumes ist es, in dem das Bewusstsein der Liebe wohnt. Es ist der Mittelpunkt, das Zentrum des Gleichgewichts, aus dem heraus sich alle Dinge in eurem Leben bewegen. Selbst wenn ihr es nicht immer spüren oder überhaupt daran glauben könnt, habt ihr doch alle einen Körpermittelpunkt, einen Mittelpunkt des Herzens. Er ist da. Ihr müsst nicht daran glauben, um euren Glauben zu entwickeln. Es spielt nicht einmal eine Rolle, woran ihr glaubt. Selbst wenn ihr ans Nichts, an die Leere, glaubt, habt ihr immer noch einen Glauben.

Durch euren Glauben erkennt ihr, dass das Selbst göttlich ist. Und dann ist alles möglich. Wenn ihr euch für Schuld entscheidet oder für Wut oder Verzweiflung, dann werden die Berge größer und die Kreuze schwerer. Das kann dazu führen, dass das Leben fast nicht zu bewältigen scheint. »Warum also es überhaupt versuchen?« Ändert eure Wahrnehmung, liebt den Berg, und dann wird er versetzt werden. Der Berg ist nicht da, um euch zu belasten.

Aber wenn da eine Wunde ist, die immer und immer wieder auftaucht, ein innerer Berg, der aufzusteigen versucht, um in Bewegung zu kommen, und wenn ihr diesen jedes Mal aufs Neue hinunterdrückt und verdrängt, dann tut ihr nichts weiter, als diese Wunde mit einem Verband aus Dornen zusammenzuflicken. Ihr bandagiert und verarztet sie mit diversen Substanzen, durch Stimulation, durch Vermeidung, durch eure Bequemlichkeit, Geschäftigkeit, durch übermäßiges Bemuttern, indem ihr euch auf andere Menschen und ihre Berge fokussiert; die Liste ist lang.

Wenn ihr den wachsenden Berg oder ein Problem verleugnet und einfach nur die Wunde verschließen wollt, damit ihr sie nicht mehr sehen und spüren müsst, dann entstehen so viele Stiche über der Wunde oder dem ungesunden Knoten, dass er sich fast schon wie ein Berg anfühlt – ein Klumpen im Herzen, im Magen oder im Hals. Je größer der Berg und je mehr Zeit ihr damit verbracht habt, vor der Heilung wegzurennen oder eure Anschauung darüber zu verändern, was dieser Berg wirklich ist, desto überfordernder kann dieser Knoten erscheinen. »So viele Fäden und Knoten, die es zu entwirren gilt. Wo fange ich denn bloß damit an?«

Tja, ihr beginnt damit, Ja dazu zu sagen, die ungesunden Knoten zu lösen. Nicht, indem ihr Nachforschungen darüber macht, wie sie sich gebildet haben oder durch wen sie entstanden sind, sondern einfach, indem ihr zulasst, dass sich der Berg erhebt. Habt keine Angst vor Veränderung. Euer Verstand stellt das Entwirren und Loslösen dieser ungesunden Knoten oft als weitaus schmerzhafter dar, als es tatsächlich ist. Aber für jede Verflechtung, die ihr durch eine Energieverschiebung und durch geänderte Verhaltensweisen löst, für jeden Dornenkranz, den ihr nicht auflegt, kehrt Friede in euch ein, und Ich werde euch den Weg hin zum Frieden bringen. Denn ihr übernehmt die Verantwortung für euren Teil.

Es ist wichtig zu verstehen, dass jede Dysbalance, die dazu geführt hat, dass sich die Verhaltensweisen verschlimmert haben, durch Liebe entstanden ist – egal, ob es sich um eine Sucht handelt, das Wegrennen vor etwas, Ablenkung, dissonantes Verhalten, dissonante Gedanken, Verleugnung, das Verschweigen einer Sache (einer Meiner Favoriten) oder die Unterlassung, Grenzen zu setzen. Ihr wart nicht dazu bereit, euch die Wunde anzusehen. Eure Wahrnehmung, das Maß an Liebe, das ihr zu diesem Zeitpunkt hattet, war und ist ein anderes. Aber wenn ihr im Hier und Jetzt verankert seid und aufhört, die Knoten als unüberwindbare Berge anzusehen oder die Wunde als etwas Negatives, das entschuldigt oder begründet werden müsste, dann könnt ihr all die Lasten dieser Stiche und Knoten ablegen.

All diese Berge, die ihr errichtet habt, all die Rüstungen, hinter denen ihr euch versteckt, um so zu tun, als wärt ihr erfolgreich, glücklich, und als wäre alles bestens, die euch aber das Gefühl geben, allein zu sein und zu betrügen – es sind Rüstungen, die ihr gebraucht habt, bis ihr bereit und stark genug wart, die Wahrheit zu sehen und zu akzeptieren. Denn vielleicht hattet ihr Angst, oder ihr habt euch nicht sicher gefühlt, oder es wurde euch gesagt, ihr wäret nicht gut genug als der Berg, der ihr wart und seid.

Gebt ihr zu, dass ihr nicht länger mit dieser Rüstung leben könnt, dann ist dies ein riesiger und großartiger Entwicklungsschritt eures Bewusstseins. Das ist wahrer Mut. Das erfordert viel mehr Mut, als den Schein aufrechtzuerhalten, es wäre »alles bestens«. Laut Meiner Auffassung von »alles bestens« seid ihr ganz und vollkommen und lebt aus eurem Selbst heraus, denn dann seid ihr befreit von der Rüstung, und dann versucht ihr nicht derart verzweifelt, vor der äußeren Welt so zu tun, als wäre alles in bester Ordnung. Ganz nackt in seinem wahren und ganzen Selbst dazustehen, ist eine Seltenheit auf dieser Welt, die in der Zukunft hoffentlich immer mehr zur Norm werden wird. Ihr seid der Anfang.

Bei keinem von euch ist »alles bestens« – in diesem Punkt seid ihr euch gleich. Habt also ein bisschen mehr Mitgefühl und Demut gegenüber euch selbst. Und zollt jenen Menschen Respekt, die nicht so tun, als ob. Jene demütigen Menschen sind die Ersten, die zugeben, dass bei ihnen nicht »alles bestens« ist. Was sie aber haben, ist Liebe und ihre Fähigkeit, ehrlich und präsent zu sein. Sie haben ihre Augen Yeshuas geöffnet, und so verspüren sie keine Notwendigkeit, sich zu verstecken. Auch könnt ihr euch nicht vor ihnen verstecken.

Ich wünsche Mir, dass ihr die in eurer Gesellschaft unglücklicherweise belohnte Verzerrung, alles müsse »bestens« sein und »zusammenpassen«, austauscht und euch stattdessen selbst erlaubt »zusammenzukommen«!

Erlaubt euch »zusammenzukommen«. Ganz zu werden und somit heilig. Kein Vortäuschen, kein Erzwingen, kein Projizieren. Warum muss bei euch »alles bestens« laufen – nach dem Maßstab anderer, die auch nur so tun, als ob? Warum nicht etwas Raum und Abstand davon nehmen und gemeinsam mit Mir auf eine Reise gehen, in der ihr eurer Seele erlaubt, die Puzzleteile zusammenzubringen? In Wahrheit und Liebe den äußeren Bergen zu gestatten, emporzukommen und wieder zu versinken, während ihr sie von eurem Aussichtspunkt auf dem Ölberg aus beobachtet statt vom Berg Golgota. Im Glauben zu verweilen, dass alles zusammenkommen wird, egal, wie hoch der Berg erscheint. Und, Ich habe so eine Ahnung, geliebte Wesen, dass wir zusammen all die anderen Berge der Welt versetzen können – durch die Kraft der Liebe.

Es ist eine Liebesgeschichte, dieser Weg hin zum Frieden. Ihr SEID ein sich bewegender Berg. Welcher ist der Aspekt in euch, den ihr bewegen oder versetzen könnt? Oder bei dem ihr das Gefühl habt, ihn versetzen zu müssen? Was braucht ihr von Mir, um dies zu tun? Bleibt eine Weile mit dieser Frage in eurem Herzen und in euren Träumen. Schreibt auf, was kommt, und bitte formuliert klar und deutlich. Denn Ich werde euch den Weg zur Erfüllung dieser Bedürfnisse zeigen und euch bringen, was ihr benötigt, um eure Berge zu versetzen. Amein.

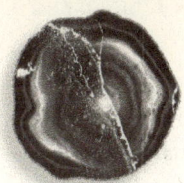

2.

....

Klarheit

Seht, geliebte Wesen. Das Häufigste, worum ihr Uns bittet, ist ... Klarheit. Fast mehr noch als alles andere, was ihr euch wünscht. »Gib mir Klarheit bezüglich dieser Sache, dieses Berges, Yeshua. Ich brauche Klarheit.« Und immer und immer wieder beantworten Wir diese Bitte, so wie es auch eure Seele und euer Spirit tun, indem Wir euch die klare und transparente Wahrheit bringen, die im gegenwärtigen Augenblick liegt.

Es gibt einen Unterschied zwischen Mangel an Klarheit und der Weigerung, sich die klar erkennbare Wahrheit anzusehen, die euch in jedem Augenblick gezeigt wird. **Was ist nicht klar, geliebte Wesen?**

Oftmals bittet ihr um der Bestätigung oder »Absicherung« willen um Klarheit. Während euch allen die Sicherheit doch so lieb ist, ist euch doch nichts gewiss; ihr habt keinen Anspruch auf Gewissheit, auf Versicherung. Jeder, der auf eine Versicherung hofft, wird seine Policen und Vertragsbestimmungen mit dem Göttlichen nochmals abklären müssen. Selbstsicherheit und Überzeugung sind wundervoll. Wie auch Unterstützung – sich klar und unterstützt fühlen. Überheblichkeit ist es nicht. Versicherung ist es nicht. Absicherung noch weniger. Klarheit, ist sie an ein Verlangen nach Bestätigung geknüpft, ist einfach ein schicker Begriff dafür, etwas »wissen« zu wollen, um dem Unbehagen des Unbekannten zu entrinnen.

Geliebte Wesen, wenn alles in eurem Leben völlig klar wäre und ihr absolut alles wüsstet, dann wäre euer Leben äußerst langweilig, und ihr wärt so leicht und licht, dass es euch unmöglich wäre, in einem Körper zu sein. Es wäre so, als hättet ihr einen Spickzettel all eurer Seelenverträge, Verflechtungen, eurer Tapisserie – und so würdet ihr niemals etwas lernen oder euch weiterentwickeln, und ihr würdet all den schmerzhaften Lektionen ausweichen, weil ihr sie vorausahnen könntet. Wo bleibt da der Spaß?

Ihr hättet keinen freien Willen, keine Wahl, und das steht im Widerspruch zu eurer Entscheidung, euch in diese Realitätsstruktur hineinzugebären. Freier Wille bringt viele Geschenke mit sich, aber das bedeutet auch, dass ihr das Ungewisse akzeptieren müsst. Euer Bewusstsein wächst, es entwickelt sich weiter. Es wäre ein großer Schaden und ein Verstoß gegen euren freien Willen, euch Klarheit über alles zu schenken. Viel freudvoller, und im Übrigen auch viel interessanter, ist es, euer eigenes Selbst als Gott zu entdecken – durch eure Empfindungsfähigkeit und die schöpferische Kraft, die in euch steckt. Und so könnt ihr mit Göttlichen Augen sehen.

Als menschliches Wesen jedoch wird ein Mangel an Klarheit meist aus folgenden Gründen empfunden:

1. Ihr seid ungeduldig in Bezug auf den Prozess dessen, worauf sich eure Seele und euer Spirit ausrichten. Jetzt ist noch nicht die Zeit für »Klarheit«. Ihr befindet euch in einem Raum der Reifung und der Offenbarung. Aber der unausgeglichene Verstand will es immer »genau jetzt« wissen. Wie ein Kleinkind, das seine Süßigkeiten »genau jetzt« haben möchte, noch vor dem Abendessen.

2. Das Problem, der Berg oder die Entscheidung, bei denen ihr euch Klarheit wünscht, ist nicht das, über die ihr tatsächlich

Klarheit braucht – das wissen Wir, das weiß eure Seele. Zum Beispiel bittet ihr um Klarheit bezüglich einer Jobentscheidung, doch eure Seele versucht gerade, euch auf ein Studium aufmerksam zu machen, oder darauf, ein familiäres Problem zu lösen. Ihr seid so fest auf dieses eine Thema fokussiert, dass euch entgeht, was tatsächlich klar, wichtig und offensichtlich ist. Mit anderen Worten bittet ihr um das Richtige, doch sucht ihr an den falschen Orten nach Antworten.

3. Ihr wollt die Wahrheit, die euch gegeben wird, nicht akzeptieren. Ihr wollt, dass die Klarheit in der Form zu euch kommt, die euer Verstand haben möchte, statt in der Art und Weise, welche die Seele braucht. Ihr seid zum Beispiel in einer ungesunden Beziehung gefangen. Ihr bittet immer wieder um Klarheit darüber, wie ihr den Konflikt lösen könnt. Die Wahrheit kommt immer und immer wieder zu euch. Wir sind immer und immer wieder ehrlich zu euch.

4. Aber ihr wollt diese Wahrheit nicht annehmen. Ihr wollt, dass Wir die Beziehung auflösen, damit ihr den Berg nicht sehen und bewegen müsst, einschließlich aller anderen Berge, die daraus resultieren, wie zum Beispiel, was wohl passieren wird, wenn ihr Freunden oder euren Kindern erzählt, dass die Beziehung zu Ende ist, oder ihr ein neues Zuhause suchen müsst, durch eine Scheidung gehen müsst, euch finanziellen Ängsten stellen müsst et cetera. Wenn euch die Wahrheit mit der Zeit immer wieder klar und deutlich zeigt, dass nichts funktioniert hat, obwohl ihr euch in Geduld und Konfliktbeilegung geübt habt, dann wird die Klarheit, die Wir euch bringen werden, höchstwahrscheinlich bedeuten, dass die Beziehung beendet werden muss. Habt niemals Angst vor der Wahrheit. Auch wenn sie sich in ihrer Energie manchmal schwer anfühlen kann. Sie ist so leicht wie die Liebe. Habt niemals Angst vor der Wahrheit.

5. Diese Form der Wahrheitsleugnung unter dem Vorwand »mangelnder Klarheit« führt zu Zweifeln an Gottes Fähigkeiten und an den Fähigkeiten eurer Seele, euch zu geben, was ihr braucht, und das deshalb, weil es nicht die Klarheit ist, die euer Verstand gern hätte. Das ist ein Leugnen des eigenen Selbst und ein Leugnen der Liebe. Und es wird weiterhin zu Unklarheit führen. Wenn ihr leugnet, dann kann nichts klar werden. Denn ihr versucht, mit geschlossenen statt mit geöffneten Augen zu sehen.

6. Nur weil Wir euch die Wahrheit bringen, bedeutet dies nicht, dass ihr sofort handeln müsst. Aber ihr müsst sie zulassen, sie akzeptieren und mit ihr arbeiten, und dann wird plötzlich alles immer klarer werden – auf unglaubliche Art und Weise, durch euer Erforschen und Zulassen.

Wir können euch alles geben, was ihr braucht, um eure Berge zu versetzen. Wir können eure Hand dabei halten, aber Wir können euch nicht dazu zwingen, die Wahrheit zu sehen. Das würde euren freien Willen verletzen, und Wir lieben euch viel zu sehr, als dass Wir das tun könnten.

Im Ernst, was ist nicht klar? Ich werde noch einen Schritt weiter gehen und fragen: Was ist nicht klar auf eurer Erde? Wandel und Veränderung sind gekommen. Sie sind schon seit Längerem im Anmarsch. Überall erheben sich Berge, die ihr vorher nicht gesehen habt, einschließlich vieler eurer globalen Strukturen, die unausgeglichen, beherrschend, selbstgefällig und gierig geworden sind. Immer wieder bringen Wir euch Klarheit in Form von Wahrheit, aber das ist nicht die Form, die ihr gern hättet, also schiebt ihr sie zur Seite und erschafft mehr und mehr Dichtheit. Dies ist weder nachhaltig, noch führt es zu echtem Frieden.

Öffnet jene klaren Augen, die Wir für euch entworfen haben, und hört damit auf, Verantwortung abzugeben. In euch liegt die Macht, aus dem Topf unendlicher Möglichkeiten zu schöpfen und Veränderungen anzustoßen, große wie kleine. Ich schlage vor, ihr beginnt mit euren inneren Bergen, die eine ganze Reihe äußerer Probleme verursachen. Euer Verstand wird vielleicht ein wenig mürrisch sein, wenn er sieht, dass es notwendig ist, sich mit gesünderem Essen auseinanderzusetzen, sich mit echten Menschen statt mit Geräten zu unterhalten, Zeit damit zu verbringen, den schmerzenden Rücken zu heilen, sich von einer Sucht zu lösen, Geschwister oder Eltern anzurufen, mit denen ihr lange nicht mehr geredet habt, Einfachheit wiederherzustellen oder, da er so dominant ist, euren überaus geschäftigen Geist zu beruhigen. Dies ist ein kleiner Preis, den ihr für euren Frieden und den eures Planeten zu zahlen habt.

Ihr könnt keine Klarheit erlangen, wenn ihr nicht in der Realität verankert seid. Diese Fantasiewelten, denen ihr mehr und mehr Gewicht verleiht und die euch Stress verursachen, weil ihr euch mit anderen unausgeglichenen Menschen streitet – in den sozialen Medien zum Beispiel –, müssen wieder ins Gleichgewicht gebracht werden. Technik kann wundervoll sein. Nicht aber, wenn sie einen Suchtkreislauf nährt. Dazu gehört auch das Übernehmen anderer, nichtrealer Identitäten durch die Charaktere, die ihr in Spielen spielt. Habt Spaß an euren Spielen, aber wenn der Spielcharakter realer und inspirierender wird, als ihr selbst es seid, dann ist es Zeit, eine Pause einzulegen. Es gibt eine Zeit für Spiel und Spaß, aber nicht auf Kosten von Freude und Spaß an der Realität. Ihr seid hergekommen, um hier zu sein, in dieser Realität – und nicht dort.

Obgleich das nicht immer der Fall war, seid ihr in jüngeren Zeiten auf eurem Planeten dazu übergegangen, Klarheit mit Dingen in der Zukunft oder der Vergangenheit zu assoziieren. Während ihr euch von eurer Erde, eurer Umwelt und von der Macht des Gebets abgekoppelt habt und in ein verstandesbasiertes, selbstbezogenes, auf Bequemlichkeit ausgerichtetes »Wohlfühl«-System eingestiegen seid, seid ihr dazu übergegangen, Klarheit zu verlangen, um eure Wünsche zu erfüllen, statt Klarheit zu brauchen, um eure Bedürfnisse zu stillen. Ersteres werden Wir nicht unterstützen, noch werden es eure Seele oder euer Spirit tun. Euer Verstand schon. Denn er liebt solche Schwelgereien – er will den Kuchen haben, bevor ihr den Brokkoli gegessen habt. Ich spreche von ebendiesem Verstand, der weder die Wahrheit noch die Gegenwart mag.

Ich kam damals wie heute als Diener zu euch. Ich diene euch zutiefst, so wie Ich allen diene. Doch werde Ich Mich weder eurem individuellen noch eurem kollektiven Verlangen nach Klarheit über Dinge unterwerfen, die Apathie, Bequemlichkeit und ein Suchen im Außen fördern. Wir verwöhnen euch nicht mit Klarheit, solange ihr nicht euren Brokkoli gegessen habt. Denn solange ihr sucht oder verlangt, findet ihr nicht. Ihr blickt durch Augen des Verlangens, statt sehen zu wollen, was vor euren Augen liegt. Wenn euch klare Augen ein Bedürfnis sind und ihr bereit seid, Uns auf halbem Wege zu begegnen, dann werden Wir euch Klarheit bringen. Klarheit über das, wofür ihr eure Liebe, den Frieden und die Verwirklichung des Gebets eurer Seele vertiefen müsst.

Wege des Friedens bilden die Grundlage der Liebe. Das Gebet eurer Seele ist ein heiliger Ziegelstein in diesem Fundament. Das Gebet eurer Seele, eure wahre Leidenschaft, ist es, Berge durch Liebe zu versetzen – zum Wohle aller und nicht etwa, um zu bekommen, was ihr wollt, oder um euch immer gut zu fühlen oder die Herrlichkeit eures Berges vor der Welt und dem Universum zu verstecken. Ich habe euch entworfen, damit ihr erstrahlt und nicht euer Strahlen dimmt.

Was Ich heute aber mehr denn je von vielen von euch zu hören bekomme, sind stumpfe Bitten nach Klarheit über Angelegenheiten, die die Zukunft oder die Vergangenheit betreffen. Wie kann das Morgen klar sein, wenn ihr nicht auf das Heute blickt? Was heute vor euch liegt, IST klar. Und noch einer Meiner Favoriten: »Ich möchte Klarheit, um mich sicher zu fühlen.« Das Gefühl von Sicherheit entsteht aus dem Suchen nach Wahrheit und der Akzeptanz ebendieser, denn bevor das nicht geschehen ist, könnt ihr keine wirkliche Sicherheit empfinden. Manchmal fühlt sich ein »Sprung ins Vertrauen« nicht wie Sicherheit an. Das Gefühl der Ausgeglichenheit ist die Stabilität, die ihr sucht. **Wenn ihr nach Sicherheit sucht, dann bittet stattdessen um Klarheit in Hinblick auf Ausgeglichenheit.** DAMIT kann Ich dienen.

Wenn euch bewusst ist, dass ihr die Macht habt, Berge zu erschaffen, sie zu zerstören, zu transformieren und zu versetzen, dann ist es ganz einfach, Klarheit zu erlangen, denn dann schaut ihr nicht darauf, was passieren wird – euer Blick fällt auf das, was gerade passiert –, und ihr habt keine Angst davor zu sehen, was jetzt gerade geschieht, weil ihr wisst, dass ihr die Macht besitzt, es durch Integrität und Aufrichtigkeit zu ändern.

Wenn eure Schwingung leichter und lichter ist und ihr euer Leben vereinfacht habt, dann müsst ihr weniger Kreuze tragen, habt weniger ungesunde Knoten, seid beweglicher durch eure Stabilität, könnt euch noch mehr hingeben und habt viel weniger das Bedürfnis nach Kontrolle. Für euch ist das ein Zustand größerer Freude, als ihr es euch vorstellen könnt. In solch einem Zustand entsteht Klarheit auf ganz einfache Weise, und ihr könnt sie vollständig annehmen. Es fällt euch nicht nur leicht, klar zu sehen, vielmehr SEID ihr klar. Wenn es euer Wunsch ist, klar zu sein, dann müsst ihr auch präsent sein, im Hier und Jetzt verankert.

Würdet ihr mehr Zeit in der Gegenwart verbringen und in Liebe das bewegen, was es hier und heute zu bewegen gilt, dann fiele euch so einiges leichter. Die Auflösung und das Ergebnis dessen, was morgen passieren wird, baut sich mit dem heutigen Tag durch Liebe auf. Dieser Prozess bringt tiefste Freude mit sich. Das ist es, was euch wirklich nährt. Bittet Uns, das Göttliche, nicht um Beweise und um Wunder. Nehmt am Prozess teil, und ihr werdet das Wunder eures eigenen Wesens spüren und gleichzeitig klarer erkennen können, wie Wir das Licht in und überall um euch herum bewegen.

Was auch immer geebnet werden muss, das euch von der Liebe und der Freude fernhält, erfordert all eure Aufmerksamkeit. Das ist Integrität. Integrität entspringt dem Glauben. Glaube ist die Erkenntnis eurer Göttlichkeit, des unsichtbaren Lichts des Bewusstseins in euch. **Integrität ist die Erkenntnis, dass das Unsichtbare sehr wohl vom Göttlichen, also auch von EUCH, gesehen wird. Integrität bedeutet, bewusste Entscheidungen zu treffen, um die in Wahrheit, Liebe und Mitgefühl verwurzelten schlichten Grundsätze der Göttlichkeit zu befolgen, zu ehren und einzuhalten – ungeachtet der Versuchungen der Spreu oder des unausgeglichenen Egos.** Integrität ist das Unterscheidungsvermögen, das euch auf Kurs hält. Sie ist ein wesentlicher Aspekt eurer Intuition und wurzelt in eurem Verständnis von Verantwortung und Rechenschaft.

Wenn ihr auf eure Intuition hört, wird sie euch immer sagen: »Würdigt das, was von Integrität zeugt.« Sie wird euch daran erinnern, dass, selbst wenn andere blind sind, Gott sehen kann, ihr sehen könnt. Das, was nebenbei generiert wird, wenn ihr auf diese unsichtbare Göttliche Stimme in euch hört, ist FREUDE. Ähnlich wie die Demut führt euch auch die Integrität immer zu Freude und Freiheit. **Demut, Integrität und Originalität retten jede Situation. Ihnen wohnt große Macht inne. Ihr ruht *nicht* in eurer Macht, wenn ihr die Verantwortung, eure eigenen Wunder zu erschaffen, von euch wegschiebt, indem ihr andere und das, was sie getan haben, beschuldigt und sie dafür verantwortlich macht, dass sie es euch »unmöglich« gemacht haben, eure Wunder selbst zu verwirklichen.**

Wenn jemand in euren Träumen gemein zu euch ist, wacht ihr dann auf und seid im realen Leben böse auf diese Person? Seht euer Leben als eine Art Traum. Wenn jemand böse zu euch ist, wacht auf, und erinnert euch daran, was Realität ist. Ihr habt die Fähigkeit, den Traum eures Lebens zu verändern – jedoch nur, wenn ihr bewusst und demütig seid. Wenn alle Menschen nicht in Wünschen der Zukunft lebten, sondern offenen und ehrlichen Auges sähen, was sie hier und jetzt tun können, um den Traum zu verändern und die Berge zu versetzen, die sie von der Liebe fernhalten, dann gäbe es nicht so viel Trennung in eurer Welt. Alle jetzt inkarnierten Seelen bilden gemeinsam eine riesige himmelhohe Bergkette – ungeachtet der Unterschiede in Kultur, Glaube, Geschlecht, Ethnie, Religion oder Herkunft. Unterschiedliche Berge, gleiche Gebirgskette. Ein Ökosystem für die ganze Welt. Ein Körper innerhalb Meines Körpers. Ein Traum innerhalb Meines Traums.

Versetzt eure Berge, geliebte Wesen. Wenn ihr wollt, könnt ihr aufwachen, und vielleicht erkennt ihr, dass es keine hinderlichen Berge in eurem Leben oder eurer Welt gibt, dass ihr der Berg SEID, die Bergkette, und gleichzeitig der Raum dazwischen. Alles ist Liebe. Selbst in der tiefsten Trauer, im schwersten Loslöseprozess ist Liebe enthalten. Dies ist die Wahrheit über die Macht der Liebe. Dies ist die Liebe der Macht der Wahrheit. Dies ist der tantrische Höhepunkt, aus dem Präsenz und Friede fließen. Es ist die Leidenschaft des Friedens. Es ist das Mitgefühl der Leidenschaft.

Was könnte denn klarer sein als das Wunder all dessen, was ihr bereits seid, wart und immer sein werdet? In Wirklichkeit sucht ihr nach der Klarheit darüber, wie ihr diese kristallklare Verkörperung der Liebe durch Wahrheit und Akzeptanz noch mehr verwirklichen, fühlen und ihr dienen könnt. Bittet um diese Klarheit, und euer Wille geschehe. Auf Erden wie im Garten des Göttlichen Friedens, welcher im Sacred Heart ebendieses gegenwärtigen Atemzuges zu finden ist. Und so ist es. Amein.

Die Yeshua-Meditation

Nimm einen Atemzug, geliebtes Wesen. Schließe deine Augen. Lausche. Atme. Lausche dem Licht deiner Seele. Fühle, wie es sich durch deinen Spirit bewegt, hervortritt und nachklingt.

Hörst du sie? Hörst du die Pferde? Siehst du sie – die Vier Pferde der Freiheit? Vom Osten, vom Süden, vom Westen und vom Norden her reiten sie dir entgegen und aus dir heraus, zu jeder Zeit. Die Pferde, eines für jede Kammer deines Sacred Heart: das Pferd der Einfachheit, das Pferd der Stabilität, das Pferd der Hingabe und das Pferd der Stille. Atme mit Ihnen, während Sie galoppieren, hin zur Freiheit, durch Freiheit.

Atme und lausche. Öffne deine Augen.

Ich habe die Pferde, die Falken, die Adler, die Eulen und die Raben ausgesandt, um die Verflechtungen und Nähte, die deine Augen verschließen, zu lösen und wegzureißen. Ich habe Sie entsandt, um dir die Fäden deiner Abhängigkeiten zu offenbaren, die dir das Gefühl geben, als würdest du einen Berg oder einen Amboss auf dem Rücken tragen – damit du sie auflösen und dadurch in die Lüfte aufsteigen, schöpfen und beobachten kannst. Innerhalb Meines Herzens existieren keine Fäden, die nicht der Freiheit entspringen.

Atme und lass los.

Und jetzt möchte Ich, dass du dir einige Notizen machst:

1. Was ist in diesem Augenblick klar für dich? Vielleicht ist dir klar, dass du Meine Existenz anzweifelst. Wenn Ich nicht bin, dann bist auch du nicht, geliebtes Wesen. Wenn Ich bin, dann bist du. Womöglich ist das, was unklar ist, in Wahrheit völlig klar, bloß ist es eine Wahrheit, die du nicht sehen willst: dass eine Beziehung zu Ende gegangen ist; dass du falsch gelegen hast; dass du jemanden unfreundlich behandelt hast und ihn um Verzeihung bitten solltest; dass du sterblich bist; dass du selbst, und

niemand sonst, für deine Probleme verantwortlich bist; dass du dich schwertust zu vergeben; dass du einer Sucht verfallen bist; dass es Zeit ist, mit einer Sache aus der Vergangenheit Frieden zu schließen; dass es Zeit ist, mit der Person, die du bist, Frieden zu schließen, statt mit der Illusion einer Person, die du gern sein würdest.

2. Vielleicht ist dir klar, dass sich einige alte und unterdrückte Berge langsam bewegen. Womöglich ist dir klar, dass du dich ausruhen und entspannen und die verbleibenden Belastungen für eine Weile loslassen solltest. Was ist unklar? Was IST klar? Ist der Ruf der Vögel draußen nicht klar genug? Ist die Klarheit deines Herzschlags und des Windzugs auf deiner Haut nicht klar genug?

3. Bist du bereit, ehrlich zu sein und das, was unklar ist, hinzugeben? Und der Wahrheit zu erlauben zu sein, wie sie ist, und nicht so, wie du sie gern hättest? Trägst du den Glauben in dir, dass du Frieden und Freiheit erlangen wirst, indem du die Lasten Mir übergibst? Falls nicht, weshalb? In welchem Punkt ist dein Zweifel so hartnäckig? Die Antwort darauf ist der Ursprung dieser Lasten.

Wenn du fertig mit dem Schreiben bist, nimm einen Atemzug, lächle, und verneige dich vor dir selbst dafür, dass du Echtheit und den Mut bewiesen hast, um in die tiefere Wahrheit einzutauchen. Amein.

Die Yeshua-Lehre

Geliebte Wesen, ein paar letzte Worte noch zur »Klarheit«. Wenn ihr nicht sehen, nicht hören, nicht fühlen könnt, dann ist das oft deshalb, weil ihr Angst habt oder weil ihr nicht richtig zuhört. Wenn etwas unklar ist, dann deshalb, weil ihr entweder mit euch selbst oder mit dem Göttlichen ungeduldig seid. Oder weil ihr zweifelt oder verängstigt seid – fast immer bezüglich eines Ergebnisses, das in der Zukunft liegt.

Wenn ihr in der Präsenz verankert seid, Meiner Präsenz, der Göttlichen Präsenz, dann ist durch die Macht dieser Präsenz im Hier und Jetzt immer alles glasklar. Ist dem nicht so, dann aus diesem Grund, da ihr euch eines Ergebnisses unsicher seid oder diesbezüglich Zweifel hegt – dass ihr nicht bekommen werdet, was ihr benötigt, oder dass ihr verlieren werdet, was ihr bereits habt. Und so hetzt ihr euch und eilt und kommt immer wieder vom Weg ab, weil euer Verstand nach dem sucht, wozu er noch nicht bereit ist, es zu begreifen. Euer Verstand ist linear; eure Seele ist es nicht. Eure Seele will zu gegebener Zeit offenbaren, was zu offenbaren ist.

Will euer Verstand eure Seele dominieren und den Prozess überstürzen, dann verlangsamen eure Schatten ebendiesen Prozess. Und so geschieht es, dass ihr euch in eurer Ungeduld, eurer Reaktivität und unnötiger Panik noch tiefere Polarität, Verzweiflung und Frustration erschafft. Das ist ermüdend. Eure Seele weiß, was ihr braucht. Ihr werdet viel mehr Frieden in euch verspüren, wenn ihr damit aufhört, ihr und Mir in die Quere zu kommen, indem ihr ständig danach fragt, »ob wir schon da sind« – in den ersten fünf Minuten einer Tour, die euch quer durchs ganze Land führen wird. Es gibt kein »Da«, geliebte Wesen; es gibt nur ein »Hier«.

Wenn ihr euch darauf stürzt herauszufinden, was noch nicht erfahren werden will, und dabei immer wieder abschweift, kann euch das auf den dunkelsten und schwierigsten Gebirgspass führen – und das wiederum führt zu noch mehr Unklarheit, wenn ihr versucht, den Prozess zu steuern. Ihr könnt die Liebe nicht steuern. Sie mag es nicht, gesteuert zu werden. Und auch ihr mögt das nicht. Zeigt etwas Demut, Respekt und Ehrfurcht vor ihrer Macht. Und der Macht der Liebe in euch.

Letztendlich geht es bei mangelnder Klarheit nicht etwa um Klarheit selbst, sondern um Sicherheit und Versicherung angesichts Veränderungen, Ungewissheit und Zweifel. Im Hier und Jetzt ist immer alles klar, einschließlich dessen, was vor euch liegt. Und vor allem ist es Meine Präsenz, die Göttliche Präsenz, die zu jeder Zeit und in jedem Moment in euch ist. Selbst wenn euch irgendein Moment unangenehm ist. Selbst wenn in ebendiesem Augenblick eure schlimmsten Albträume vor euren Augen wahr werden, seid ihr klar. Ihr seid euch im Klaren darüber, was gerade passiert – ihr seid in Trauer, manchmal auch in einem Schockzustand; eine Veränderung ist eingetreten.

Was auch immer euch eure Seele in jedem Augenblick eures Lebens zuruft, ist wichtig, unglaublich wichtig, denn das, was gerade vor euch liegt, IST genau richtig. Es mag sich nicht immer so zeigen, wie ihr es euch wünscht, aber immer auf die für euch wichtigste Art und Weise, um mehr in der Liebe verankert zu sein, selbst wenn sich eine Situation ungerecht oder unangenehm anfühlt. Liebe ist keine angenehme Energie. Sie interessiert sich nicht für Annehmlichkeiten oder ein Timing, das euch gerade passt. Dasselbe gilt für Trauer, die destruktive Seite der Liebe. Trauer ist der Liebe gleich, und so verhält sie sich auch gleich wie die Liebe. Versucht ihr, eure Trauer in Momente hineinzustopfen, die für euch günstig sind, damit ihr Sie hinter euch bringt, dann wird Sie euren freien Willen akzeptieren. Aber Sie kann und wird nicht auf ewig schlafen.

Wahrheit ist jene Energie, die alles etwas angenehmer für euch macht. Wahrheit vereinfacht. Selbst wenn sich etwas falsch für euren Verstand oder sogar euer Herz anfühlt, ist es doch genau richtig, dass ihr diese Erfahrung als wesentlichen Teil eurer Entwicklung, eures Wachstums und eurer Erleuchtung macht. Und deshalb kann ein Tiefpunkt, wie ihr ihn nennt, manchmal eine unglaublich wichtige Rolle bei der Wiederherstellung eurer Demut, eures Gleichgewichts und Glaubens spielen. Im Zwischenraum, der dunkelsten Nacht der Seele,

in der ihr den Abgründen tiefster Wahrheit begegnet, kann ein unausgeglichener Teil von euch sterben, damit ihr als euer wahres Selbst
wiederauferstehen könnt. Im Augenblick tiefster Leere, wenn ihr aufhört zu kämpfen, erscheine Ich aus euch heraus, und ein Berg gerät ins
Wanken, und dann sagt ihr: »Genug.« Dies ist der Moment, in dem
ihr die Leere transzendiert.

In genau diesem Augenblick wird etwas zerstört, und somit seid
ihr frei, um zu erschaffen. Diese dunklen Nächte und Zwischenräume sind für eure Entwicklung von großem Wert. Sie sind außergewöhnlich. Eure Seele und euer Spirit sind viel widerstandsfähiger,
als ihr denkt. Sie verstehen euren Berg, denn sie sind der Ursprung
eures Berges.

Wenn ihr euch nicht darüber im Klaren seid, wer oder was ihr
in jedem Augenblick eures Lebens seid, dann ist das meist deshalb,
weil es da einen Teil in euch gibt, den ihr ablehnt oder nicht mögt.
Lehnt ihr eine Wahrheit über euer Selbst ab und liebt ihr diese Wahrheit nicht, akzeptiert sie nicht, lasst ihr die Verurteilungen über diese
Wahrheit nicht los, dann könnt ihr niemals Klarheit darüber erlangen, wer ihr seid. Seid ihr nicht klar, werdet ihr Angst haben, und
eure Verhaltensweisen und Beziehungen werden dies widerspiegeln.
Wie könnt ihr von anderen erwarten, sie mögen euren Wert respektieren, wenn ihr ihn selbst nicht würdigen könnt? Dies ist nicht ihre
Last, es ist die eure.

In der Regel sind diese abgelehnten Teile des Selbst – diese Splitt-
ter, die aus ihrer Verzerrung heraus zu defensivem Verhalten oder zu
Schuldzuweisungen führen – klare und eindeutige Wegweiser zu jenen
ungesunden Verflechtungen, aus denen sich eure Seele mit viel Mühe
zu entwirren und loszulösen versucht. Die falsche Wahrnehmung dieser vermeintlichen Defizite kommt meist in Form von »nicht genug« –
»nicht attraktiv genug«, »nicht intelligent genug«, »nicht gut genug«,
»nicht stark genug«, »nicht meine Bestimmung erfüllend«, nicht dies –

nicht jenes. Wenn ihr euch in ihnen suhlt wie ein Opfer der Umstände, die ihr selbst durch eure Seelenverträge generiert habt, werdet ihr niemals Klarheit erlangen.

Während die äußere Welt, einschließlich eurer Kultur, euch womöglich dahingehend konditioniert hat, einige dieser »Nicht-Genugs« über euch selbst wahrzunehmen und zu glauben, seid es doch ihr, die ihr in Unklarheit verweilt, wenn ihr sie nicht hinterfragt und umarmt. **Es sind keineswegs die »Nicht-Genugs«, die transformiert werden müssen. Eure Empfindung ihrer ALS etwas, was »nicht genug« ist, muss transformiert werden. Denn all das, was für euch »nicht genug« erscheint, ist »mehr als genug« in den Augen Gottes. Ihr wurdet erschaffen, um so zu sein, wie ihr seid.** Es sind eure verzerrten Wahrnehmungen, die euch das Gefühl von Unklarheit, Unsicherheit und mangelndem Selbstvertrauen geben.

Doch der Verstand liebt es, das zu tun – Unklarheit zu schaffen, damit ihr euch niemals von diesen ungesunden Knoten löst, die euch womöglich dem Risiko der Ungewissheit aussetzen. Wer werdet ihr sein ohne diese Verflechtungen und Probleme? Wenn ihr euer ganzes Selbst akzeptiert, bedeutet das, ihr nehmt auch die Verantwortung an, eure Gaben und eure Leidenschaft zu würdigen, was euch der Kritik und Ablehnung von außen aussetzen wird?

Seid ihr von Menschen umgeben, selbst Freunden, Familie und Partnern, die nur die »bisherige Version« von euch kennen, wird es einiges an Mut erfordern und vielleicht sogar den Verlust einiger dieser Menschen, wenn ihr euch tiefer in eurem Yeshua-Selbst verankert. Es werden Fragen auftauchen wie »Werden sie mich immer noch lieben und akzeptieren, wenn ich damit aufhöre, ihre Bedürfnisse zu befriedigen und meine Grenzen durchsetze?« und »Werden sie mein wahres und authentisches Selbst überhaupt mögen?«. Kümmert euch das wirklich, geliebte Wesen? Werdet ihr ihretwegen auf euren Wert verzichten? Ist es euch wert, euren Wert abzugeben, damit ihr sie weiterhin um euch haben könnt? Vor welchen Urteilen oder Reaktionen fürchtet ihr euch, die euren inneren Veränderungen entspringen mögen?

Es ist ein Risiko, geliebte Wesen. Wird es Verluste geben, wenn ihr euch verändert? Einige wird es geben. Einige Beziehungen werden auseinandergehen, andere werden auf wundersame Weise stärker werden. Alles, was ihr verliert, ist bloß das, was für euren Weizen oder den Weizen der anderen Person nicht länger von Wert ist. Am Ende wird jeder von euch Befreiung finden. Im Versetzen solcher Berge ist viel Liebe zu finden.

Wenn ihr einen Teil eures Selbst leugnet oder eine Wahrheit über euer Selbst ablehnt, dann ist es so, als würdet ihr ein kleines Lamm draußen in der dunklen, kalten Nacht allein lassen. Und damit ihr dieses Lamm zurückholen könnt, müsst ihr in die dunkle und kalte Nacht hinausgehen, um es zurückzugewinnen. Und ihr müsst euch euren Ängsten stellen, um dies zu schaffen. Nur um diesen Teil von euch nach Hause zu holen. So wie Wir euch nach Hause bringen und den Stern von Bethlehem erstrahlen lassen, um euch den Weg zu erleuchten. Aber ein in der Kälte allein gelassenes Lamm wird bald von Wölfen verschlungen. Dieses Lamm ist ein Teil von euch. Und ein Teil von Mir.

Geliebte Wesen, hätte man euch draußen allein stehen gelassen, liebesbedürftig, vor Kälte zitternd, was würdet ihr tun? Ihr würdet gegen die Tür eures Hauses treten, ihr würdet gegen jedes Fenster klopfen und einen ungeheuren Lärm machen, um gesehen und gehört zu werden. Würde man euch immer noch ignorieren, würdet ihr, liebesbedürftig und vor Kälte zitternd, an die Türen aller anderen Menschen klopfen, damit sie euch lieben, lieben, füttern und füttern. Und so macht ihr euch selbst abhängig von anderen, die euch vorschreiben, wann ihr Liebe bekommt und wann nicht.

Selbst wenn es von jemand anderem gefüttert wird, hat euch das Lamm, der Splitter eines ungeliebten Teils eurer selbst, nicht vergessen. Es möchte bei euch sein und sehnt sich danach, zu euch nach Hause zu kommen.

Ihr alle wart einmal dieses Lamm. Also heißt sie in Frieden willkommen, all die abgelehnten und zornigen Anteile, und hört damit auf, euch selbst oder anderen die Schuld dafür zu geben, weshalb ihr das Lamm allein gelassen habt. Das Lamm liebt euch bedingungslos – selbst wenn es bloß drei Beine und ein Auge hat und es niemand sonst liebt. Ihr könnt es lieben. Ihr liebt es. Denn es ist ein heiliger Teil von euch. Und indem ihr dieses Lamm liebt, annehmt, hütet und in die Herde eures ganzen Wesens integriert, werdet ihr auch euch selbst mehr lieben. Das Lamm wird wieder ein Teil von euch werden, und ihr seid wieder heil und ganz.

Bis ihr dazu bereit seid, diesen abgelehnten Anteil von euch willkommen zu heißen, ist dieser Anteil eingeladen, an Meine Tür zu klopfen. Mein Garten kann nicht durch ausgestoßene Lämmer befleckt werden, und auch euch kann niemand beflecken. Klopft an Meine Tür, an die Tür Gottes, und Wir werden diesen Teil eures Selbst einlassen – ihn lieben, bis ihr es tut, und ihn dann wieder euch übergeben. Tun Wir dies, dann wird der Berg oder die Last der Getrenntheit von diesem heiligen Anteil transformiert werden. Der ungesunde Knoten ist gelöst und geheilt.

Akzeptiert ihr euer ganzes Selbst, vergebt ihr euch diese Anteile und hört mit dem Urteilen auf, dann geht ihr mit Mir den Weg des Friedens. Nicht den Weg der Schande, des Schattens und des Versteckspielens in dunkler Nacht. Das ist die Bürde und die Last Luzifers – immer im Dunkeln, sich versteckend und in der Polarität gefangen. In seiner Annahme ruhend, er wisse es besser.

Aber als einer der Engel Gottes sehnt »er« sich danach, im Licht zu strahlen – bloß tut er dies mehr durch Zerstörung als durch Schöpfung: Zerstörung durch Hass und Schatten. Der Luzifer in euch, der Judas oder Betrüger, möchte eins mit dem Licht sein, kann aber manchmal der Versuchung nicht widerstehen, getrennt zu sein, kalt und wütend, wie er ist. Dieser Engel und Archetyp, der zu einem Teil in euch allen steckt, erkennt nicht, dass auch ihn das Licht erneuert und wiederauferstehen lässt, so er denn in Demut niederkniet.

In jedem von euch steckt ein Judas, und in jedem von euch steckt ein Yeshua – in verschiedenen Variationen und Dimensionen. Welcher von ihnen wollt ihr sein? Die Last, die Polarität, die für euch und für andere Berge entstehen lässt? Oder wollt ihr die liebevolle Wahrheit verkörpern, den liebenden Frieden, der die Berge für euch und für andere versetzt, selbst wenn ihr nicht immer das Licht sehen könnt, das in euch leuchtet?

Als Meine Mutter in der Nacht vor Meiner Geburt die kalten Straßen entlanglief, klopfte sie an die Tür Gottes, im Gebet, im Glauben vertieft, und da erschien ihr ein Stern. Ihr/Uns wurde Trost gespendet. Wir wurden aufgenommen, obwohl sie voller Furcht war. Von Anfang an trug sie den Glauben und den Mut in sich, den Willen Gottes anzunehmen und sich mit Ihm zu verbinden. Sie sagte: »Lass es geschehen.«

Lasst es geschehen, geliebte Wesen. Fürchtet nicht, was von euch verlangt werden wird, solltet ihr den Frieden wählen. Ihr müsst den Ruf des Friedens, den ihr verspürt, nicht fürchten, und sicherlich müsst ihr keine Angst davor haben, was Wir oder eure Seele von euch verlangen, um ihn zu verwirklichen. Ihr seid so viel stärker, als ihr es euch vorstellen könnt. In eurer menschlichen Erfahrung seid ihr immer noch primitive Wesen in einem frühen Evolutionsstadium, obwohl ihr eure Welt als eine »moderne« anseht. Doch das Bewusstsein, die grenzenlose Stärke des Lichts und die Macht der Liebe, die in jeder Faser eures Seins ruht – in Verstand, Körper, Herz, Seele und Spirit –, ist zeitlos, ursprünglich, und durch den Glauben, Vergebung und Freiheit ist sie zu allem fähig.

Freiheit bedeutet zu sein, was ihr seid. Diese Klarheit existiert in jedem gegenwärtigen Augenblick. Klarheit kommt dann, wenn ihr schöpft und erforscht, bis der nächste Moment heranbricht und sich Bewegung zeigt. Und in Wahrheit heißt Freiheit bloß, im Hier und Jetzt zu sein, im Frieden mit euch selbst und mit allem Leben. Aus diesem Licht heraus zu leben bedeutet, aus eurem Yeshua-Selbst zu leben. Und so ist es.

Nun ist, wie Ich schon sagte, der Friede eine Entscheidung, und der Weg dorthin ist für euren Verstand nicht immer klar, doch ist er es immer für euer Herz und euren Geist. Während ihr als Individuen und als Kollektiv nun dabei seid, in dieses neue Zeitalter zu wechseln, sind eure Entscheidungen jetzt von höherer Bedeutung. Denn es treten gerade zwei Tempel in eurer Welt in Erscheinung – sie sind immer schon da gewesen, aber es wird jetzt und in den kommenden Zeiten immer wichtiger werden, zwischen ihnen beiden zu unterscheiden.

Einer verspricht große Gemeinschaft und Verbundenheit. Doch in seinem Inneren ist er ein Gefängnis, das tiefste Verlies, das ihr je gesehen habt – seine Weinreben sind wie Drähte, die sich überallhin erstrecken und Verknotungen bilden, deren Schlösser unmöglich zu knacken sind. Diese Reben und Drähte liegen außerhalb des Weinstocks Gottes. Die Glocke dieses Tempels ist laut und für den Verstand und die Ohren deutlich zu hören. Sie läutet und verkündet Versprechungen von Gott, von Sündenbefreiung und von Macht. Der Tempel nährt sich vom Ego und füttert eure Emotionen und euren Geist mit Gift, bis ihr süchtig nach seinem Opium geworden seid. Das lässt euch ignorant werden, selbstgerecht und voll von Rachelust und Habgier.

Dieser Tempel verbreitet Dissonanz über die Luft durch ein Netz aus falschen Versprechungen. Versprechungen einfacher Lösungen und Retter, die das Zeichen von Zwietracht und Dissonanz tragen. Das Evangelium wird in einer Sprache verkündet, die von Sex, Geld und Macht schwärmt. Diejenigen am Rednerpult bedienen sich der drei

Schattenakkorde der drei Zeitalter, der vergangenen und des gegenwärtigen, um ihre Ziele zu erreichen: die Verbreitung von Gewalt, Verschmähung und Unterdrückung. Dieser Tempel labt sich an den Schwachen und verspricht in seiner Falschheit viele Dinge. Er verspricht, euer Retter zu sein, ohne die Demut und die Vergebung zu besitzen, die der Ehre und dem Gebaren eines wahren Retters innewohnen. Dieser Tempel ist nicht hier, um euch zu retten; er ist hier, um euch zu Knechten seiner Ideologien zu machen, indem er euch Freiheit und Überfluss verspricht. Alles hat seinen Preis. Und der Mitgliedspreis dieser Kirche ist eine Versklavung unter falschen Freiheitsversprechungen. Versucht ihr, diesen Tempel zu verlassen, dann werdet ihr ausgestoßen, verschmäht, und sie werden sich gegen euch wenden. Bleibt ihr, werdet ihr zu Asche verfallen.

Der andere Tempel ist ein Raum großer Vereinigung. Er ist sehr alt und reizlos für den Verstand, für den Spirit jedoch von herrlicher Schönheit. In ihm ist Freiheit. Er verspricht nicht – er bereitet. Er ist schwer zu finden, denn es erfordert großen Mut, Vergebung und Demut, um seine Glocke läuten zu hören. Seine Reben sind reichhaltig und nährend, denn sie sind eins mit dem Weinstock Gottes und dem Weinstock Gaias. Das Evangelium, das in diesem Tempel verkündet wird, ist das Wort des Spirit, einschließlich eures Spirit, das durch den Atem vernommen wird. Seine Glocke ist stumm für jene, die im Verstand leben, aber laut zu hören für diejenigen, die aus ihrem Herzen heraus leben. Sie läutet, doch verspricht sie nichts, denn die, die sie hören, benötigen nichts außer der Freude an ihrem Sein. Sie haben sich selbst an Gott versprochen, um das Versprechen Gottes zu verwirklichen. Der Tempel verkündet kein Versprechen des Friedens, sondern den Frieden selbst. Er reinigt die Seele mit heiligem Wasser, bringt Gefühle und Gedanken wieder ins Gleichgewicht und entfacht das Feuer des Spirit durch die Flamme einer Leidenschaft und Liebe, die alles verschlingt. Es sind die Pferde der Freiheit – jene, die euch in

Augenblicken des Zweifels dorthin führen. So wie sie vor langer Zeit auch die Heiligen Drei Könige dorthin geleitet haben.

Dies ist der Tempel der Wahrheit, die keinen äußeren Gegebenheiten entspringt. Es ist die Kirche der Verfolgten; und keiner, der in Verurteilungen feststeckt, kann den Schlüssel zum schmalen Tor finden, der die Tür aufsperrt. Ihr müsst eure Augen schließen, um es sehen zu können, denn der Weg, der euch zum Tor bringt, führt durch den Frieden und durch die Ausrichtung eures Willens. Die meisten besitzen nicht die Demut, sich dem zu stellen, wo es doch so viel einfacher ist, sich dem Tempel der Knoten und Drähte anzuschließen.

Dieser zweite Tempel hat einen Kirchturm, dessen Spitze nicht nach außen zeigt, sondern ins Zentrum des Sterns und des Herzens Gottes, das in eurem Herzen liegt. Um beizutreten, müsst ihr eure Lasten und Kreuze übergeben und den Glauben haben, dass das Licht all eure Bedürfnisse erfüllen wird. Es ist die Kirche des Sterns von Bethlehem, und nur Sterne, echte Sterne, die im Gleichgewicht sind, besitzen die nötige Klarheit in ihren Augen, um ihn zu erblicken.

Ihr alle habt eine einzigartige Essenz und eine Glocke, die aus dem Spirit heraus eurer Seele entspringt. Wenn ihr die Dissonanz beseitigt, die den Klang eurer Glocke dämpft, erklingt ihr im Einklang mit der Göttlichen Glocke des Tempels des Friedens. Im Tempel der Zwietracht und Dissonanz will jede Glocke die lauteste sein, und zusammen erschaffen all die Glocken der Tempelmitglieder eine Kakofonie des Chaos.

Diese Tempel liegen in euch, obwohl sie auf eine ausgeprägtere und weitaus direktere Art und Weise in der Welt hervortreten werden. Der eine Tempel ist jener des unausgeglichenen Verstandes und der Ego-Impulse. Der zweite ist der Tempel des Göttlichen. Welchen werdet ihr wählen? Die Zeit der Entscheidung ist angebrochen.

Diese beiden Tempel sind zeitlos. Je mehr Zeit ihr in einem der beiden verbringt, desto schwerer wird es euch fallen, euch von ihm zu trennen. Ich spreche hier nicht von Himmel und »Hölle« oder Gehenna – das sind Märchen. Was Ich hier beschreibe, ist die Frage, ob ihr in der Schöpfung als Teil des Unrats verweilen wollt, der von Leben zu Leben wandelt, aus seiner eigenen Entscheidung heraus, den Weg des Verstandes zu wählen – jenen Weg, der einfach erscheint, aber alles viel komplizierter macht. Oder ob ihr zum Schöpfer werden wollt, mit einem Bewusstsein und einer Präsenz, welche die Schöpfung aus ihrem Gleichgewicht heraus beeinflusst. Bei Ersterem ist es notwendig, einige Menschen zu lieben und andere zu hassen. Letzteres erfordert, dass ihr ALLE liebt, so wie ihr euch selbst liebt. Das ist die Wahl, die ihr habt.

Für Uns ist es eine ganz einfache Wahl. Aber zur gegenwärtigen Zeit auf eurer Welt gibt es ein Tor, eine Brücke, einen Regenbogen, der ein vereintes Licht verströmt. Wir können eure Gefühle und Gedanken hinter den Schleiern nachvollziehen und wissen, wie schwer und verwirrend alles erscheinen kann. Wir verstehen, dass euch die Entscheidung für eine Ausrichtung auf das Göttliche schwerfallen kann. Je mehr ihr euch dafür entscheidet zu sehen, was im gegenwärtigen Moment wahrhaftig und klar ist, statt zu versuchen, durch die Hintertür zu flüchten, desto klarer wird die Glocke des Lichts erklingen. Es gibt immer einen nächsten Moment, ein nächstes Leben, um zu wählen. Ihr seid unvergänglich. Aber ihr würdet nicht hier sein, wäret ihr nicht diejenigen, die zur Wiederkunft des Herrn gekommen und bereit sind, diese Entscheidung *jetzt* zu treffen. Jeder Einzelne von euch.

Es wird Momente geben, an denen ihr stolpert. Jedes Mal, wenn euch die laute Glocke wieder ablenkt, lasst euch nicht von ihr vergiften. Haltet inne, lauscht Mir, und Ich werde euch wieder zur stillen Glocke führen. Dieser Glocke entgegenzugehen bedeutet, dass ihr nach Hause zurückkehrt, und so werdet ihr die alten Wunden eurer Getrenntheit von eurer Heimat betrauern müssen.

An diesem Ort, in der Stille, wenn der Geist ruhig wird, seid ihr frei, sicher und zu Hause. Solange ihr nicht gelernt habt, eure Gedanken zu beruhigen, bleibt an Ort und Stelle, und macht keinen weiteren Schritt. Die Annäherung an den Heiligen Tempel geschieht aus der Stille heraus. Stille entsteht nicht aus rasenden Gedanken. Lauscht der Glocke der Stille in Stiller Heiliger Nacht – und ihr werdet gehört, gesehen und erkannt werden.

Ich weiß, dass viele von euch diese Botschaften bloß vernehmen, um ihre Probleme zu beseitigen oder wenn sie gerade Zeit dafür haben. Aber wenn ihr sie vernehmt, dann seid ihr im selben Zeit-Raum wie Ich – dem zeitlosen. Es ist der Zeit-Raum eurer Seele. Gebt eurer Seele den Raum und die Zeit, die sie braucht, um diese Nahrung zu empfangen.

Habt ihr keine Zeit für Uns, so haben auch Wir keine Zeit. Eure Zeit ist die eure. Wir bitten nicht um all eure Zeit. Wir sind in jedem Moment mit euch. Aber je mehr Zeit ihr Meinen Worten und diesem Prozess widmet, desto mehr wird daraus fließen, und desto mehr Gleichgewicht und Nahrung werdet ihr empfangen können. Wir haben immer Raum für euch. Nehmt euch bloß ein wenig mehr Zeit und Raum für Mich. Ich werde euch gut dienen.

Macht euch selbst das Geschenk, und steigt tiefer ein in diesen Raum und in das, was euch hier dargebracht wird. Diese Botschaften sind nicht bloß Hilfestellungen für die Lösung eurer Probleme, sie transformieren und dehnen euch aus – um eure Berge durch euer Zulassen, durch Transparenz, Authentizität und durch Liebe zu versetzen. Ihr werdet erkennen, dass einige eurer Probleme in der externen Realität immer bestehen werden. Viele jedoch werden sich in Luft auflösen, je mehr Zeit ihr mit Mir, mit diesen Botschaften und den noch kommenden verbringt.

Kann Ich eure Probleme lösen? Ja. Das ist ganz leicht für Mich, aber Ich werde euch nicht eurer Verantwortung entbinden, denn es war eure Entscheidung, in diesen Körper zu inkarnieren – und so würde es eure Seele Mir, Uns, dem Göttlichen, nicht erlauben einzugreifen; es sei denn, es wurde so vereinbart. Wir würden euch niemals der Freude eurer Reise durch das Leben berauben. Und das schließt alle Aspekte mit ein. Entweder seid ihr für Gott hier, oder ihr seid als ein Gott hier, ein Gott eurer eigenen Trennung – eine alte Geschichte, die Wir nur allzu gut kennen. Seid ihr FÜR Gott hier, dann könnt ihr die leise Glocke läuten hören. Denn dann seid ihr auf dem Weg dorthin, den wahren Gott in euch zu erleuchten.

Wenn ihr also auf diesem Weg voranschreitet, so lernt, zwischen den Klängen, dem Gefühl und den Schwingungen dieser beiden Glocken in euch und in eurem Leben zu unterscheiden. Fangt an, jene Menschen zu erkennen, welche die stille und doch sehr kraftvolle Glocke des Friedens läuten, und unterscheidet sie von jenen, die eine Dissonanz in eurem Geist erzeugen. Die Glocken der Dissonanz in eurer Welt sind jene, die euch in ihrer vermeintlichen Überlegenheit unaufhörlich ihren Missklang um die Ohren schmeißen. Die Glocken des Friedens in eurer Welt sind jene, die kein Bedürfnis danach haben, von anderen Glocken wahrgenommen zu werden, denn sie sind eins mit der Glocke Gottes. Nehmt den Unterschied wahr. Nutzt eure Unterscheidungsfähigkeit.

Da ihr hier seid, habt ihr die Freiheitsglocke gehört. Und so ist es euer Weg, eure Glocke mit ihrer Gnade, ihrer Frequenz und ihrer Schwingung zu synchronisieren und in Einklang zu bringen. Dazu wurdet ihr entworfen. Wenn ihr andere Glocken in euren Nachrichten, eurer Technologie oder euren Beziehungen läuten hört, richtet eure Aufmerksamkeit auf die Qualität ihres Klanges – zeugt er von Mitgefühl, Freude und Frieden? Oder manipuliert und vergiftet der Klang eure Sinne, indem er eure ungesunden Knoten und Verflechtungen triggert und euch betäubt, euch wütend und reizbar macht? Bevor ihr euch mit einer Glocke synchronisiert, nehmt euch ein wenig Zeit, um zu beurteilen, ob es eine ist, mit der ihr euch verflechten und in Einklang schwingen wollt. Viele Glocken können schön klingen, aber wenn eure innere Alarmglocke ertönt, sobald ihr sie hört, dann haltet inne, und lauscht wieder Meiner Glocke. Ich werde für euch in aller Deutlichkeit den richtigen Pfad des Klangs ertönen lassen.

Wer die Glocke des Missklangs hört, ist für Gott eine Betrübnis, denn Wir möchten euch nicht leiden sehen. Diejenigen, die der stillen Glocke lauschen, werden von Gott gepriesen, denn Wir wünschen Uns, euch in Freude zu sehen. Freut euch! Denn ihr habt die stille Glocke vernommen, da ihr hier seid, und damit meine Ich wirklich *hier*. Wir haben eure Glocke erschaffen, und so erschafft auch ihr Unsere, wenn ihr in eurem wahren Selbst verankert seid. Und so klingen und ertönen wir alle zusammen! Ich liebe den Klang eurer Glocken – hell, nachklingend und voller Freude. Lasst eure stille Glocke zum Donner werden, der durch euer Herz fährt. Nutzt eure Stimme durch Worte der Liebe. Lauscht Meiner Glocke. Es ist die Glocke des Friedens, der Präsenz und des Seins. Sein ist nicht, was ihr gewesen seid oder sein werdet – es ist, was ihr seid. Und alles, was ICH BIN, ist alles, was ihr seid. Alles, was ihr seid, ist alles, was ICH BIN.

Lauscht der Glocke, dem Gebet der Freiheit:

Das Gebet der Freiheit

Mein Körper ist ein Geschenk. Weder definiert noch beschränkt er meinen Glauben und meine Freiheit.

Mein Haus ist ein Geschenk. Weder definiert noch beschränkt es meinen Glauben und meine Freiheit.

Mein Geld ist ein Geschenk. Weder definiert noch beschränkt es meinen Glauben und meine Freiheit.

Diese Person ist ein Geschenk. Weder definiert noch beschränkt sie meinen Glauben und meine Freiheit.

Meine Karriere ist ein Geschenk. Weder definiert noch beschränkt sie meinen Glauben und meine Freiheit.

Mein Verstand ist ein Geschenk. Weder definiert noch beschränkt er meinen Glauben und meine Freiheit.

*Mein Herz ist ein Geschenk. Weder definiert noch beschränkt es
meinen Glauben und meine Freiheit.*

*Mein Leben ist ein Geschenk. Weder definiert noch beschränkt es
meinen Glauben und meine Freiheit.*

*Dieser Augenblick ist ein Geschenk. In ihm liegen mein Glaube
und meine Freiheit.*

*Gaia ist ein Geschenk. Sie trägt mich in meinem Glauben und
meiner Freiheit.*

*Meine Seele ist ein Geschenk. Sie ist die weitläufige Präsenz
meines Glaubens und meiner Freiheit.*

*Mein Spirit ist ein Geschenk. Er ist die friedvolle Leidenschaft
meines Glaubens und meiner Freiheit.*

*Das Göttliche ist ein Geschenk. Es ist der Schöpfer und die
Grundfeste meines Glaubens und meiner Freiheit.*

*Mein Glaube und meine Freiheit sind ein Geschenk. Sie sind
das Geschenk meines verwirklichten Glaubens und meiner
verwirklichten Freiheit.*

Om Nami Yeshua. Sancti. Pace. Amein.

Wie in diesem Gebet könnt ihr »Mein« sagen, aber das Gebet gilt für alle. Es ist das Friedensgebet des Sacred Heart. Der Befreier der Liebe und der Wahrheit, die im Frieden ihre Balance finden.

Geliebte Wesen, ihr seid außergewöhnliche Seelen und Gebete. Deshalb war es Mir eine Freude, euch Mein Leben zu schenken, um immer bei euch sein zu können. Ich habe euch befreit, und ihr habt auch Mich befreit, als ihr euch entschieden habt, zu Mir nach Hause zu kehren – auf eine Art und Weise, die über den Tod hinausgeht. Ich habe euch so sehr geliebt, dass Mein Leben nichts weiter war als eine demütige Hingabe an euch – denn wie könnte Ich nicht die freudvolle Erfahrung machen, mit und als Meine Kinder innerhalb des Traumes zu leben? Trotz all des körperlichen Schmerzes, wie hätte Ich nicht

Meine Prophezeiung und Mein Versprechen an euch erfüllen können, indem Ich das Göttliche Gesetz wahrte und weiterentwickelte? Wie könnte Ich weiterhin euer Gott sein, wenn Ich auch nur ein Lamm außerhalb des Gartens gelassen hätte?

Und deshalb ist sogar der Tod ein Geschenk. Durch den Tod werden wir wieder eins, denn dies ist euer wahrer Seinszustand. Indem ihr Meine Gnade empfangt, würdigt ihr Meine Bitte und Ich die eure, die Hirten und Hirtinnen des Weizens innerhalb der Spreu dieser Welt zu sein. Ihr seid es, die ihr das ganze Feld langsam golden erstrahlen lasst. Indem ihr vor allem euch selbst hütet. Und Mir erlaubt, euer Hirte zu sein.

Klarheit zu verspüren, bedeutet, Angst zu entlassen. Das ist Glaube. Tiefer Glaube. Ihr seid immer klar, wenn in euch Friede herrscht. Wenn ihr in Freiheit lebt, seid ihr genau, wer und was ihr seid – ohne euch so viele Gedanken über Ergebnisse oder Erwartungen zu machen. In wahrer Freiheit zu leben, befreit euch vom Bedürfnis des Egos, darüber bestimmen zu wollen, wer und wie die anderen sein sollten. Ihr könnt für euch selbst leben, mit und in Mir. Selbst wenn alle anderen mit Sintfluten und Bergen beschäftigt sind und in der Zukunft leben, seid ihr frei und könnt zum ruhigen Gewässer werden, dem abtrünnigen Lamm, das sich einfach daran erfreut, im Hier und Jetzt zu sein. Dies ist wahre Seelenruhe. Das ist Friede.

Die Macht dieses Friedens, wenn sie einmal erweckt wird, versprüht Friedensenergie über die ganze Welt. Ihr seid diejenigen, die die Samen dieses Friedens säen, die Gefäße des Samens des Göttlichen Weinstocks, der ICH BIN.

Die Zeit ist gekommen, euch an unserer Freude zu erfreuen und die Wiederkunft zu feiern. Eure Rückkehr zu Mir und Meine Rückkehr zu euch. Lasst sie kommen. Es werde Licht. Geht mit Mir, und würdigt die stille Glocke der Stillen Nacht dieser Zeit der Stille, in der wir sind. Oh, du Heilige Nacht. Oh, du Heiliger Stern. Stille Nacht. Wir strahlen, Wir strahlen, zusammen strahlen Wir. Amein.

Die Yeshua-Meditation

Schließe deine Augen, geliebtes Wesen. Nimm nun einige tiefe Atemzüge in deinen Körper auf. Während du atmest, schaffe Raum zwischen der Spreu und dem Weizen. Spüre in deinen Körper hinein, in die Nähte, die deine Gelenke und deine Organe verbinden. Spüre hinein ins Zentrum deines Herzens. Diese wunderschöne Verflechtung. Spüre hinein in das Licht deines Weizens, und sieh, wie es das Leben und die Bewegung in dir beseelt. Atme ein in den Raum um dich herum, deinen Spirit und sein Netz aus Fäden und Verflechtungen, die dich mit der äußeren Welt verbinden.

Beginne nun, alle Fäden, die mit irgendwelchen Problemen, Lasten und Bergen verflochten sind, in dich hineinzuziehen. Zieh die Fäden deines Spirit in deinen Körper hinein, in deine Seele – wie eine Spinne, welche die Fäden ihres Netzes in sich aufnimmt, um es zu säubern. Spüre nach, wo in dir die Probleme oder der Ärger ungesunde Knoten oder Anspannung erzeugen. Das kann mangelnde Inspiration, Mangel an Klarheit, ein Kloß im Hals, ein flaues Gefühl im Magen, Anspannung im Rücken, eine Kette ums Herz sein. Fühle die Ketten, das Gewicht dieser Knoten.

Nutze jetzt die Kraft des Atems, und beginne, die Knoten zu lösen und zu entwirren. Atme Liebe in jeden dieser Knoten. Mitgefühl. Vergebung. Geduld. Frieden. Spüre, wie sich die Ketten langsam transformieren – sich der Knoten löst, sich durch dein Bewusstsein entwirrt. Bleib fokussiert. Gib deiner Seele den Raum, den sie braucht, um diese Knoten, diese Berge aufzulösen. Die einzige Aufgabe deines Verstandes besteht darin, zu atmen und deiner Seele die Unterstützung und Ruhe zu geben, die sie benötigt, um die Knoten und unausgeglichenen Fäden zu entfesseln. Atme weiter, bewege, versetze die Berge und Knoten.

Nun, da sich die Fäden und Knoten langsam glätten, erlaube dem Schmerz und den Gefühlen, die in oder unter ihnen gefesselt waren –

Leid, Trauer, Angst, Schuld, Wut, Schande oder Reue –, hochzusteigen. Spüre Meine Anwesenheit, denn Ich halte dich, während du all das fühlst, verarbeitest, beobachtest und diese Lasten loslässt. Atme, lass zu, verarbeite, erfahre, entlasse, atme aus.

Atme nun Liebe in dich hinein, von deinen Ästen bis in die Wurzeln und von den Wurzeln bis ins Geäst, und inhaliere die Unterstützung des Göttlichen, das Licht, das die Fäden durchdringt und weicher macht; das Licht, das alles ausschwemmt, was nicht länger in deinem Leben gebraucht wird. Erlaube dir, einfach in Meinen Armen zu ruhen, in einem Raum ohne Zeit zu schweben – dem Teppich des Ewigen Lebens.

Nimm jetzt, da deine Fäden gesäubert und deine Knoten entwirrt sind, noch einen Atemzug, und erlaube deiner Seele, Glauben und Vertrauen in dein Sein einfließen zu lassen. Lass sie die goldene Strähne des Glaubens durch dich hindurchflechten, in einer Bewegung aus Energie und Licht. Und nun lass die goldene Strähne der Vergebung durch dich hindurchfließen und dich tiefer mit ihrer Kraft und Gnade verflechten.

Spüre jetzt, wie die goldene Strähne der Freiheit von oben und von unten durch dich durchströmt. Wie sie dich fest mit der Göttlichkeit der Freiheit verbindet, die nun in deinem Körper Platz genommen hat. Fühle, wie sich diese Strähnen nun zu verflechten beginnen und eine Verbindung von Göttlicher Stärke, Einfachheit und Stabilität formen. Fühle, wie dich diese Verflechtung tief mit deinem Berg und der Energie der Erde um dich herum verbindet. Lass dich nun durch diese Verflechtung ins Gleichgewicht bringen, während du mit klarem Blick auf dem Berg stehst – ohne Sichteinschränkungen. Beobachte dich selbst innerhalb dieses Atems der Einheit und der Freiheit.

Spüre die Schwingungen der Freiheitsglocke über die Vibrationen der goldenen Fäden nach oben und unten tönen, ineinander verflochten. Lass die Vibrationen deinen Spirit erfüllen, den du in deinen Körper hineingezogen hast. Öffne nun dein Herz, und lass die Fäden deines Spirit wieder hinausströmen in das Netz des Lebens. Gereinigt und geklärt. Fühle, wie dich die goldenen Fäden deines Spirit in die Energie der Balance und der Harmonie innerhalb des Lebensnetzes einweben. Spüre, wie die stille Glocke aus deiner Mitte in Freude, Frieden und Harmonie nach außen ertönt. Sieh das Licht, das über die Fäden deines Spirit hinausströmt in einer Darbringung Göttlicher Freude.

Bleib nun in deiner Mitte, integriere die Schwingungen in deinen Körper. Während du innehältst, lass Mich deine Fäden mit den neuen Verbindungen und Möglichkeiten verflechten, die du zu gegebener Zeit entdecken wirst. Was klar sein soll, wird klar werden, wenn die Zeit dafür gekommen ist. Alle Klarheit ruht im gegenwärtigen Augenblick.

Atme ein. Erinnere dich, dass die Glocke für dich läutet. Als du sie empfingst und deine Glocke mit Meiner in Einklang brachtest, hast du einen Berg versetzt. Wir haben gemeinsam durch die Liebe Berge versetzt, als du dich in der Verflechtung des Glaubens, der Vergebung und der Freiheit verankertest. Durch dein Atmen hast du den Samen dieser Energien in dir und auf deiner Erde gesät. Ich verneige Mich vor dir, Ich feiere dich, und Ich bin dir zutiefst dankbar für deinen Dienst als versetzender Berg.

Lege eine Hand auf dein Herz und die andere auf deinen Unterleib oder deine Bauchmitte. Lass das weise Lächeln eines alten Berges über deine Lippen gleiten. Nimm dir einen Moment, um deine Energien zu erden, indem du deine Stirn oder eine Hand auf Mutter Erde legst und ihr für all die verschiedenen Weisen Dank entgegenbringst, in denen sie dich trägt und nährt. Und nun möchte Ich dich bitten, das Blatt Papier herauszuholen, das du seit der Ersten Botschaft verwahrst: **deinen persönlichen Prozess mit den Botschaften des Friedens und der Freiheit.** Öffne es nicht, aber lege eine Hand darüber, und lass Wahrheit, Frieden und Liebe hineinfließen.

Wie immer war es Mir eine Ehre, dir an diesem Tage gedient zu haben. Es werde Licht.

Om Nami Maia. Om Namah Sananda. Om Nami Yeshua. Sancti. Sancti. Sancti. Pace. Pace. Pace. Namaste.

DIE LEERE, DAS LICHT

1.

....

Das Spektrum des Spirit

Geliebte Wesen, Ich grüße euch. In diesem Augenblick ist es Mein Wunsch, mehr Bewusstsein, mehr Licht auf die Leere, den Zwischenraum zu werfen. Und so werden wir das Ganze umkehren und die Leere ins Licht bringen. Damit das geschehen kann, bitte Ich euch jetzt, für einen Augenblick nach draußen zu gehen, hinaus an die frische Luft. Und sollte dies nicht möglich sein, bitte öffnet ein Fenster.

Denn was Ich euch nun darbringen werde, ist eine Anrufung. Ich muss euch ersuchen, sie niemals allein zu äußern. Es obliegt nicht euch als menschliche Wesen, sie auszusprechen, egal, wie bewusst ihr euch eurer Göttlichkeit sein mögt. Es ist eine Anrufung des Göttlichen – und des Göttlichen allein. Doch habe Ich eure geistigen Führer und eure geliebten Verstorbenen eingeladen, um in dieser Anrufung mitzuwirken. Bitte zeigt Ehrfurcht Ihnen und Mir gegenüber, und respektiert Mein Ersuchen. Ich danke euch, geliebte Wesen.

Yeshuas allwaltende Anrufung

ICH BIN das Alpha, ICH BIN das Omega, ICH BIN der Raum dazwischen. ICH BIN das Reich unbegrenzter Möglichkeiten. ICH BIN die Leere. ICH BIN die Geburt. ICH

BIN das Licht. ICH BIN der Tod. ICH BIN die Auferste-
hung. ICH BIN der Weg. Ich ziehe die Leere zum Licht aller
Wesen, um den Weg hin zum Frieden durch das Ewige Licht
zu erleuchten. Ich ziehe das Licht hin zum Schatten aller
Wesen, um den Weg hin zum Frieden durch die Ewige Leere
zu erleuchten. Und so geschehe es. Es WERDE Licht. Es werde
LICHT. Al-Ilah. Al-Ilah. Al-Ilah. Amein.

Und so geschehe es.

Willkommen, geliebte Wesen, zur Großen Konvergenz von Schatten und Licht. Zum Großen Zeitalter des Gleichgewichts und der Erleuchtung. Und zu jenem Leben und dem Moment, der euch zu Ganzheit, zu Transparenz und in den Frieden führt. Die Entscheidung, die ihr an dieser Schwelle zum Zeitalter männlichen und weiblichen Gleichgewichts fällen werdet, wird nun mehr denn je den Fluss, den Aufstieg, das Fortbestehen oder die Zerstörung eurer zukünftigen Welt bestimmen. Ihr seid zu dieser Zeit auf die Welt gekommen, um die Lasten abzulegen – nicht bloß eure, auch die Lasten vergangener Epochen.

Spirit ist für euch da. Doch der Spirit ist auch auf euch und auf eure Entscheidungen angewiesen, auf die Entscheidungen jener, die gerade in einen Körper inkarniert sind. Und so ist auch das Kollektiv, seid ihr selbst auf eure Entscheidungen angewiesen. Denn es liegt bei euch allen, ob ihr gegen die Veränderungen und Bewegungen Göttlicher Energie in euch und der Welt ankämpft, indem ihr in Selbstgefälligkeit verfallt und Chaos stiftet, oder ob ihr diese in Einfachheit im Glauben und in der Rückverbindung mit eurer Umwelt und eurer globalen Gemeinschaft zulassen könnt.

Ohne letztere Entwicklung wird eure Spezies, wie auch viele andere, durch eure Dysbalancen – die aufgezwungene Herrschaftsautorität, die ihr eurer Erde auferlegt habt – nicht überleben können. Das heißt nicht, dass euer Leben zu Ende geht. Es bedeutet ganz einfach, jeden Tag in Demut Entscheidungen zu treffen, um mehr Dankbarkeit für Gaia zu verspüren und mit ihr in Harmonie zu treten, als Individuen und als Kollektiv.

Es gibt keine falschen Entscheidungen, geliebte Wesen. Dies ist keine politische Diskussion. Tatsächlich ist es genau das Gegenteil. Worauf ihr jetzt setzen müsst, alle von euch, ist Göttliche Unterstützung, um die Lasten und das Chaos, das ihr verursacht habt, zu lindern. Wenn einige von euch blind sind, können Wir sie nicht erreichen. Wir respektieren ihren Willen, getrennt von uns zu sein. Aber je mehr von euch in Unserem Licht erwachen, Unsere Göttlichen Qualitäten verkörpern und mit Uns gehen, auf welche Art sie auch immer das Göttliche erleben mögen, desto leichter wird der Prozess vonstattengehen – selbst wenn es zu Beginn dieser Konvergenz für den Verstand etwas düster aussehen mag.

Worüber Ich heute spreche, ist die tiefere Wahrheit und Offenbarung, die Ich jenen Menschen dargebracht habe, die Ich nach Meinem Tod besucht habe. Viele von euch werden Meine Darbringung heute womöglich ablehnen oder sie als eine Geschichte abtun. Vielleicht ist es eine. Vielleicht auch nicht. Dies müsst ihr selbst entscheiden, anhand eurer Beziehung zu Gott oder ihrem vermeintlichen Fehlen. Doch euer Verstand muss nicht mit an Bord sein, damit eure Seele es ist.

Dies bringe Ich euch heute dar, um unseren Abstieg in die tiefer gelegenen Kammern der dunklen Nacht zu eröffnen, die voll sind von euren verlorenen Lämmern, den verlorenen oder abgelehnten Aspekten eures Selbst, den Bergen, die darauf warten, emporzusteigen, bewegt und in Liebe transformiert zu werden. Ich muss euch an diesen Ort bringen, damit ihr sie zurückholen könnt. Ich ersuche euch um Demut und Respekt gegenüber dieser und der nächsten Meiner Botschaften. Auch ersuche Ich euch, den Text dreimal zu lesen, bevor ihr mit Steinen werft oder Kritik ausübt. Denn womöglich wollt ihr euch in diesem Augenblick eurer Befreiung nicht mit der Dichtheit solcher Reaktionen beladen.

Und so geschieht es.

Aus der Leere, dem Zwischenraum, dem Raum und dem Reich unbegrenzter Möglichkeiten wurde der Ursprung, das Licht geboren. Eure Seele, euer Spirit, ist aus dem Zwischenraum hervorgegangen, vollständig geboren. Die Göttliche Kraft, die aus dem Atem des Wortes Gottes fließt, ist in euer Sein und in die Schöpfung geflossen. Aus dieser Leere wurde der Traum geboren, und ihr seid von einer Möglichkeit zu einer »Gegebenheit« geworden. Als euch euer Spirit mit einem Körper verwob, wurdet ihr zu Spirit innerhalb von Materie. Bewusstsein innerhalb einer Form. Der Same des Bewusstseins wurde in euch entfacht, und ihr seid geworden. Zuerst wart ihr eine Seele, bewusst, und dann habt ihr euch in eine Form manifestiert.

Ihr seid Teil des Schöpfers und ihr seid eigenständige Schöpfer, denn ihr wurdet geboren aus der Leere – dem Zwischenraum –, die auch das Licht ist. Geboren aus der Leere im Ursprung eurer Seele, hinein in Gottes Licht. Dann wieder hineingeboren in die Leere des Schoßraumes. Dann in das Licht der Leere Gaias. Ihr seid aus der Leere gekommen und kehrt zur Leere zurück und seid immer in ihr. In der Leere, die gleichzeitig das Licht ist. Beide existieren stets zur selben Zeit.

Es findet ein ständiges Gebären statt, von Leere zu Leere, Schoßraum zu Schoßraum, von Traum zu Traum, von Alpha zu Omega. Bewusstsein, Gott, Licht, das hinausgeht über jenes, welches euch bekannt ist – das ist die bestehende Komponente, ein Fixpunkt, und doch entwickelt es sich ständig weiter, erschafft und löst sich wieder auf. So wie ihr. Hört ihr auf, euch zu entwickeln, und wehrt ihr euch gegen Veränderung, dann ist es so, als würdet ihr euch gegen die Macht Gottes wehren, die Macht des Göttlichen Traums. Das könnt ihr nicht.

Es wird euch erschöpfen und zerschmettern. Entwickelt ihr euch hingegen zu schnell, muss euer Schatten einschreiten und die Geschwindigkeit der Veränderung verlangsamen, sonst könnte es sein, dass es euch überfordert, sich allen Schleiern und Dysbalancen gleichzeitig zu stellen. Manchmal muss der Schatten das Tempo etwas ausbremsen.

Während innere Entwicklung zu äußerem Fortschritt führen kann, bringt äußerer Fortschritt nicht immer auch innere Entwicklung mit sich. In den vergangenen Zeiten auf eurem Planeten habt ihr versucht, euch als Spezies zu schnell zu entwickeln, weshalb der Schatten, euer individueller ebenso wie euer kollektiver, intervenieren musste und alles ein wenig verlangsamte. Damit ihr alle ins Gleichgewicht zurückkommen könnt und die Entwicklung wieder auf natürliche Weise aus der Seele heraus geschieht, nicht aus dem unausgeglichenen Ego, das etwas »erreichen« möchte, und zwar am besten »jetzt sofort«, um es »zu Ende zu bringen«. Es gibt kein Ende eurer Reise, geliebte Wesen. Die Reise eurer Seele ist eine der Evolution und Entwicklung. Von Unbewusstheit zu Bewusstheit. Das ist die Reise der Er-Leuchtung. Ihr könnt nicht hindurchhetzen, und wollen würdet ihr es auch nicht, denn in Wahrheit gibt es kein Rennen. Ein großer Teil der Reise besteht darin, dies zu erkennen.

Der Mittelpunkt, das Herz Gottes, ist gleichzeitig wie ein Kreis und wie eine liegende Acht – unendlich, ständig neu gebärend und wieder zerstörend. Und doch ist er auch wie eine absolute Null, ebenso unendlich. Konstant, aber gleichzeitig auch nicht. Fest und doch fließend. Eine Ordnung der Schöpfung und der Zerstörung. Ein Nichts und ein Alles. Ein radiales Gleichgewicht, das einem Zentrum entspringt. Euer Universum bewegt sich viel mehr in Schleifen, als dass es sich ausdehnt und zusammenzieht. Wenn eine neue Geburt stattfindet, dann gibt es auch einen Tod – wie nach dem Einatmen immer auch das Ausatmen folgt. Und genau das meinte Ich damit, als Ich sagte, dass Ich an Anfängen und an Enden erscheine und immer auch dazwischen.

Dunkle Materie, der Raum dazwischen sozusagen, wurde auch aus dem Licht erschaffen – sie ist ebenso Licht. Sie ist es, welche die Polarität des Reifungsprozesses aufrechterhält. Sie ist Raum, unbewusster oder unterbewusster Raum, der darauf wartet, mit Bewusstsein, mit Licht gefüllt zu werden. Sie trägt die Polarität des Bewusstseins, und so ist sie Teil des Stoffes, aus dem das Bewusstsein besteht, aber noch unerwacht, unbewusst. Sie ist unverwirklicht und wartet darauf, verwirklicht zu werden. Sie ist eine Möglichkeit, noch nicht zur Gänze herangereift. Sie ist jene Energieform, die eure Struktur der Realität ermöglicht, die Dualität. Sie ist die Trennung und die gesunde Polarität, die Leere. Und die Leere macht eure Reise und die Entwicklung von Bewusstsein möglich.

Diese Konzepte mögen für den Verstand vielleicht ein wenig herausfordernd sein – dass die Grundlage eurer Realitätsstruktur aus dem Licht UND der Leere besteht. Dem Schoßraum und dem Samen. Dem Yin und dem Yang. Dem Männlichen und Weiblichen. Das ist eine gesunde Polarität. Weder Dominanz noch Unterdrückung. Sie sind gleichwertig und gegenseitig und doch völlig eins.

Jene, die sich weiterentwickeln und diese Realitätsstruktur meisterten, haben gelernt, die Leere nicht zu fürchten, denn das wäre so, als würde man einen Traum fürchten. Sie verstehen, dass sie die Träumenden sind und den Traum ebenso wie sich selbst innerhalb des Traumes beobachten. Sie transzendieren den Tod im Leben, indem sie den Raum des Friedens in sich finden, den Samen der Präsenz und Bewusstheit, der sie mit dem ewigen Leben verbindet. Dem Samen, der euch nicht nur das Leben geschenkt hat, sondern auch den inneren Raum, in dem ihr das Leben SEID. Sie haben die Dysbalance der Getrenntheit und der Angst vor dem Tod und vor dem Ende abgelegt. Die Schleier in ihnen sind sehr dünn, denn sie haben das schmale Tor nicht nur gefunden, sie haben es durchschritten. »ICH BIN« ist für sie eher ein »Nein, in Wahrheit bin ich nicht«. Und so sind sie mehr »BIN« als »ICH«.

Sie haben keinerlei Interesse an Verhaltensweisen, die den Dysbalancen des »Sichtbaren« entspringen, denn sie verstehen, haben Zugang zu und erschaffen aus dem Raum des Unsichtbaren. Bewusstsein fließt durch sie und aus ihnen. Und so sind sie bewusste Schöpfer, Meister des Traumes, im Gegensatz zu jenen, denen nicht einmal bewusst ist, dass sie sich in einem Traum befinden. Sie sind nicht bloß ein Spiegelbild Gottes, denn sie haben den Spiegel zerstört und sind mehr als nur ein Abbild, eine Projektion. Sie sind zu Träumenden geworden, Erschaffern des Traumes. Sie wissen, dass sie nur eines der Objektive Gottes sind, doch liegt das gesamte Abbild des Unsichtbaren in ihnen. Und so leben sie in einem Zustand der Transzendenz, der Emergenz und der Immanenz.

Oft fällt es ihnen schwer, einen Bezug zur Hektik des Alltags herzustellen, und so leben viele ein ruhiges und einfaches Leben. Oder eines, in dem ihr Ego so aufgelöst ist, dass sie ihr gesamtes Leben in Hingabe an den Göttlichen Dienst verbringen. Sie leben für Gott und tun, was immer von ihnen verlangt wird. Sie zeigen viel weniger Interesse an ihren eigenen Bedürfnissen und fragen stattdessen, was Gott von ihnen benötigt und was der Göttliche Traum braucht. Dafür sind sie geschaffen. Und es bringt ihnen Freude, selbst wenn sie ihr gesamtes Leben in Meditation, im Dienste Gottes und im Gebet verbringen. Die Leere ist Licht für sie. Jeden Tag gehen sie hindurch. Das Unsichtbare ist für sie sichtbar. Sie sind in ihrer Präsenz verankert, folglich entwickelt sich ihre Weisheit und Gnade fast schon exponentiell. Sie sind Lichtbringer, Lichtträger und Friedenswächter auf tiefgreifende Weise. Diese Wesen sind sehr selten. Es erfordert von ihnen ein unglaubliches, fast übermenschliches Maß an Disziplin, Energie und Fokussierung, die Menge an Licht innerhalb von Materie und Form zu bündeln.

Im Augenblick begeben sich mehrere von euch auf einen beschleunigten Weg des Bewusstseins. Um auf diesem Weg zu gehen, ist es von wesentlicher Bedeutung, die Leere als Raum des Gebärens, als Schoßraum, als Pfad hin zu größerem Licht anzusehen.

Fürchtet die Leere nicht, geliebte Wesen, denn das wäre so, als hättet ihr Angst vor Gott – und eurer eigenen Essenz. Obwohl es sich manchmal so anfühlen kann, als würdet ihr durch das Tal des Todesschattens wandern, bin Ich stets bei euch. Immer. Ich bin euer Stern. Ich habe das Licht und die Leere erschaffen, also weiß Ich durchaus ein wenig darüber.

Sogar vor dem Lesen dieser Botschaften, die Ich euch darbringe, wart ihr in einem Zwischenraum, einer Leere – ihr wusstet nicht, worüber gesprochen werden würde, ihr wusstet nicht, wie ihr euch fühlen würdet, was sich verändern würde. Aber Glaube, Neugier und Bereitschaft waren da, und so seid ihr nun vielleicht aufgeregt: »Worüber wird Yeshua wohl heute sprechen?« Wie ein Kind am Abend vor einem Feiertag, an dem es Geschenke erwartet. Es weiß nicht, was es bekommen wird. Es könnte ein Pullover oder aber auch, sagen wir, ein Stück Kohle sein. Und doch ist da Freude, die Vorfreude darüber, was kommen wird, die so besonders ist wie dessen Enthüllung selbst. Ihr begrüßt die Leere, wenn ihr sagen könnt: »Ich weiß es nicht, aber ich fürchte mich nicht, denn Du bist mit mir«, »Ich weiß es nicht, aber ich heiße die Offenbarung willkommen, ohne darüber zu urteilen« – oder, am besten noch, ein mit einem Lächeln ausgesprochenes »Ich weiß es nicht«. Immer ein Lächeln.

Befindet ihr euch gerade in einem Zwischenraum in eurem Leben, heißt dies, dass ihr euch von etwas entworren und losgelöst habt, was davor existierte. Es bedeutet nicht, dass euch »schreckliche« Dinge zustoßen, dass ihr bestraft werdet, euch der Himmel auf den Kopf fällt oder dass ihr zum Opfer von Umständen werden müsst. Dies sind alles Gedankenkonstrukte und Geschichten eures Verstandes. Eure Seele ist einfach dabei, euch von etwas loszulösen und in etwas anderes im Netz des Lebens einzuweben – in Co-Kreation und Einigkeit mit eurem Spirit.

Befindet ihr euch gerade mitten in einer Leere, einer Zeit des Wandels, können die Energien von Verwirrung, Trauer, Wut und Angst, die ihr vielleicht spürt, erdrückend sein. Um euch zu erden und die rasenden Gedanken und Gefühle zu beruhigen, ist es wichtig zu erkennen, dass dieser Zwischenraum nicht nur zu Gott gehört, sondern euch Gott auch näherbringt. Seid ihr in der Leere – egal, ob durch einen Trauerfall, einen Verlust oder durch unangenehme Umstände –, dann erkennt bitte, dass ihr euch im Schoßraum befindet, dass ihr dabei seid, das Licht zu euch heranzuziehen. Ihr seid nicht bloß dem Traum ausgeliefert. Ihr seid die Träumenden, und wenn ihr es seid, dann seid ihr nicht nur in der Präsenz Gottes verankert, sondern ihr co-kreiert den Traum gemeinsam mit Gott. Deshalb sind es die Anfänge und Enden, in denen ihr Meine Anwesenheit am meisten spüren könnt, Mich ruft und nach Mir greift.

Es sind stets die Geburten, während denen am meisten zu Gott gebetet wird. Die Zeiten, in denen ihr den tiefsten Bedarf nach Glaube und Trost verspürt. Die Gebete, die ihr während dieser Zeiten aussendet, sind viel mehr als Gebete der Hoffnung – es sind Gebete der Vereinigung und der Weihung.

Im Tod verhält es sich ebenso. Wenn ein Verlust entsteht, wenn jemand stirbt, selbst wenn ein Teil eures Selbst stirbt und ihr nach dem »Warum« fragt, zeigt Demut und erinnert euch daran, dass ihr niemals die ganze Wahrheit erfahren werdet, solange ihr euch in einem Körper befindet. Ihr wisst nicht, warum etwas geschieht. Ihr müsst es auch nicht wissen. Wie die Liebe, aus der sie besteht, kümmert sich die Leere nicht darum, verstanden zu werden, bequem zu sein oder euch Rechenschaft abzulegen. Warum sollte sie? Sie *ist* einfach.

Wenn ihr diesen Körper, dieses Leben, verlasst, wird euch die Wahrheit des Lichts der Leere durchfluten, während ihr in den nächsten Traum, die nächste Form hineingeboren werdet. Und so geht es weiter, bis die gesamte Leere transformiert ist und ihr zur ganzen Leere werdet und zum Licht in ihr. Dies ist eure Reise.

Befindet ihr euch im Schoßraum, der Leere, dem Zwischenraum, dann ruft das Licht zu euch. Wenn ihr im Licht seid und wisst, was der nächste Tag und dann der nächste bringen wird, dann können die Dinge oft etwas bequem oder müßig werden. In solchen Augenblicken ruft nach der Leere. Fühlt sich alles gut an, geschieht weniger Entwicklung. Das Bewusstsein des Lichts entwickelt sich ständig weiter. Die friedlichsten und resilientesten Menschen in eurer Welt üben sich in einer Praxis der Disziplin, der Hingabe und der täglichen Wahrung des Entwicklungsprozesses, um sich selbst noch tiefer als eins mit Gott und mit aller Schöpfung zu begreifen.

Verliert ihr euch in der Leere, kämpft gegen sie an oder fürchtet ihr euch vor ihr, statt nach dem in ihr enthaltenen Licht zu greifen, entsteht Chaos, welches das Gefühl des Getrenntseins unnötig ausdehnt. Ihr könnt die Leere nicht vermeiden. Ihr würdet es auch nicht wollen. Aber dem unausgeglichenen Verstand gefällt die Dunkelheit der Leere nicht – trotz der Tatsache, dass er die meiste Zeit in der wahren Dunkelheit der Leere verbringt.

Die Wahrheit ist, dass ihr durch Mich, Yeshua, nicht in der Leere verloren gehen könnt. Ihr könnt nicht verloren gehen, Meine geliebten Wesen. Ihr könnt nicht in der Leere verloren gehen, weil Ich sie erschaffen habe. Hätte Ich dies nicht getan, wärt ihr nicht als Seele entstanden. Ich bin der Raum und der Klebstoff, der die Struktur eurer Realität zusammenhält, um alles in Ordnung und im Gleichgewicht zu halten, damit nicht überall Chaos herrscht.

Nehmt ihr Chaos wahr, dann atmet tief ein. Wenn ihr seht, dass ihr atmet und eure Lunge funktioniert, verringert sich das Chaos bereits. In eurem Atem liegt eine Ordnung. Seht euch eine Blume oder einen Baum in eurer Umgebung an – das Chaos verringert sich. Blumen, Bäume, alles funktioniert ordnungsgemäß. Nicht nur der Blume oder dem Baum liegt eine Ordnung zugrunde, sondern auch eurer Fähigkeit, sie zu sehen.

Es steht euch jederzeit frei, eure Wahrnehmung wieder auf die ausgeglichene Ordnung der Einfachheit, der Stabilität, der Hingabe und der Stille auszurichten. Selbst in Zeiten von Schmerz oder Schock. Durchschreitet ihr das schmale Tor, so ladet ihr Mich ein, mit euch durch die Leere zu gehen, wie Ich es bereits unzählige Male getan habe, denn Ich lebe DORT, HIER. Ihr mögt vielleicht das Gefühl haben, ihr schreitet durch Leere, durch das Tal des Todesschattens, doch in Wahrheit geht ihr durch das Tal des TODESLICHTS. Die Leere ist wundervoll; sie ist Gott. Das Licht ist wundervoll; es ist Gott. Der Raum dazwischen ist wundervoll; er ist Gott.

Ihr wählt einen Körper und eine bestimmte Essenz aus, wenn ihr in die Materie inkarniert, bis hin zu eurer grundlegenden DNA. Jene, deren Manifestationskräfte sehr ausgeprägt sind, können die Leere annehmen, was ihnen rasch zur Fähigkeit verhilft, zu akzeptieren, zu transformieren und neue Möglichkeiten zu erschaffen. Sie können ständig auf das Reich unbegrenzter Möglichkeiten zugreifen, das die Leere bietet. Ist ihr Wille mit dem Willen Gottes im Einklang, erhellt und erneuert ihre schöpferische Kraft die Welt auf wundersame Arten und Weisen. Größe und Ausmaß spielen dabei keine Rolle. Ihre Spinnen sind wunderbare Träumer und Traumweber, bewusste Schöpfer. Sie besitzen die nötige Stabilität, um zu erkennen, wann sie in Bequemlichkeit und Selbstgefälligkeit hineingleiten. Sie lösen sich wieder davon und vernetzen sich woanders.

Ihr müsst lernen zu erkennen, wann etwas, mit dem ihr euch verwoben und verbunden habt, von der Freude in die Bequemlichkeit rutscht. Freude kann schneller, als ihr es erwarten würdet, zu Belastung werden. Beobachtet diesen Prozess, und erforscht, wann diese Gefühle aufzutreten beginnen. Meidet sie nicht, denn vielleicht ist eure Seele von Neuem bereit, aus der Leere und ihren Möglichkeiten zu schöpfen.

Davonzurennen vor der Leere, selbst vor dem Tod, ist einer der Gründe, weshalb es in eurer Welt zur Leugnung der Wahrheit gekommen ist. Ich bringe euch nun die Wahrheit während dieser Jahre auf eurem Planeten, weil ihr genau jetzt vor der Geburt des Zeitalters der Transparenz steht, nach so vielen Jahren und Jahrhunderten der Reifung. Ich habe schon vor langer Zeit die Samen für dieses Zeitalter gesät, einschließlich der Samen für die Energie, die es gebraucht hat, um euch eure Lasten aufzuzeigen – nicht, um noch mehr Lasten zu erschaffen. Ihr wart in der Leere, im Zwischenraum; nun ist Zeit für Offenbarung, für Licht.

Eine gute Frage, die ihr euch stellen könnt, ist: »Wovor habe ich mehr Angst – vor der Leere oder vor der Offenbarung?« Lasst diese Frage mal einen Moment lang wirken. Für Uns ist es erstaunlich zu sehen, dass viele von euch das Licht noch mehr als die Dunkelheit fürchten. Deshalb ist Meine Botschaft über die Klarheit auch so wichtig.

Fürchtet ihr die Dunkelheit? Oder fürchtet ihr in Wahrheit das Licht?

Ich werde euch sagen, geliebte Wesen, in den meisten Fällen ist es Letzteres. Und wenn ihr das Licht fürchtet, dann gibt es da noch einige Aspekte der Schleier und Dysbalancen, durch die ihr euch durcharbeiten müsst, vor allem den Schleier der Trennung betreffend. Das Licht zu fürchten bedeutet, Liebe und Wahrheit zu fürchten, was es wiederum fast unmöglich macht, eure wahre Essenz und die Meine zu erfahren und zu verkörpern: den Frieden. Das Gleiche gilt auch für die Angst vor der Leere.

Im Allgemeinen haben Menschen, die sich mehr vor der Leere fürchten, verstärkt mit Problemen zu kämpfen, die Sicherheitsverluste, Verlust von Kontrolle und Angst vor dem Versagen, vor Verurteilung, vor dem Verlassenwerden und/oder Gefühle der Scham betreffen. Jene, die das Licht oder die Offenbarung mehr fürchten, haben eher mit Themen rund um Selbstwert, Vertrauen, Sich-würdig-Fühlen und Angst vor Zurückweisung zu kämpfen. Menschen, die eure Welt als »extravertiert« bezeichnen würde, neigen dazu, größere Angst vor der Leere zu haben, während eher »introvertierte« Menschen sich mehr vor dem Licht fürchten. Die einen fürchten Verlust, die anderen fürchten Gewinn. Und doch sind die Leere und das Licht eins. Sie sind gesunde Polaritäten ein und desselben, wie zwei Seiten einer Münze. Jeder wohnt das gleiche Potenzial für Gewinn und Verlust inne.

Und so lautet Meine nächste Frage: **Fürchtet ihr wirklich die Leere oder das Licht, oder fürchtet ihr das, was infolgedessen mit euch geschehen wird? Ist es eine Angst vor dem, was die Leere/das Licht mit sich bringt, oder geht es um die tatsächliche Angst vor der Leere/dem Licht?** Geht es eher um die Angst vor der Veränderung, dem potenziellen Verlust oder Gewinn, der sich in der Konsequenz in eurem Leben ereignen wird? Oder geht es darum, welchen inneren Aspekten ihr euch in der Folge stellen müsst, so zum Beispiel Verwundbarkeit, die Aufgabe von Kontrolle, das Akzeptieren einer Wahrheit, die ihr nicht sehen oder auf die ihr nicht reagieren wolltet, die Übernahme persönlicher Verantwortung für das eigene Leben, das Loslassen von Groll oder einer destruktiven Verhaltensweise und/oder die Erlaubnis, nach sehr langer Zeit wieder Liebe zu empfangen?

Wenn eure Angst eher die Konsequenzen betrifft, dann sind das wunderbare Neuigkeiten für euch. Denn dann ist es nicht die Leere/das Licht selbst, wovor ihr euch fürchtet. Wovor ihr in Wahrheit Angst habt, ist die Änderung der Geschichte eures Lebens und eures Identitätskonstruktes. Eine Geschichte voller Erwartungen und Behauptungen, die entweder zu Enttäuschungen oder zu selbsterfüllenden Prophezeiungen führt. Dieses Wissen über euren Prozess und eure Angst wird euch dabei helfen, eure Macht von der Geschichte weg und wieder zu euch selbst zu holen und euch mehr im Licht eures wahren Selbst zu verankern, das so viel mehr ist als eine Geschichte und das so unendlich viel mehr kanalisieren, verwirklichen und werden kann.

Bezweifelt ihr in eurer Angst eher eure Stärke und eure Fähigkeit, die Offenbarungen zu akzeptieren, die euch die Leere/das Licht schenkt, sind das ebenso wundervolle Neuigkeiten für euch. Denn das bedeutet, ihr entwickelt euch bereits über die Geschichte eures Lebens hinweg und seid schon dabei, viele Aspekte eurer Ego-Identität oder eures falschen Selbst aufzulösen und euch tiefer in der Verkörperung eurer Wahrheit zu verankern. Ihr könnt einen tiefen Atemzug nehmen und euch entspannen, geliebte Wesen. Denn ihr habt bereits verstanden, dass die Leere und das Licht keine externen Energien sind, die »euch irgendetwas tun könnten«. Und so könnt ihr euch hingeben und einfach auf die Quelle eurer Liebe, eurer Stabilität und eures Glaubens zurückgreifen, um tiefer darin einzutauchen und aus ihnen heraus zu erschaffen.

In der Gegenwart verankert, wird es euch nur sehr selten Angst machen, wenn ihr in die Leere oder das Licht eintretet. Denn im Hier und Jetzt ist eure Aufmerksamkeit im Körper – dort, wo ihr auf das Göttliche, auf eure Seele, auf euren Atem zurückgreifen könnt. In diesem Raum seid ihr willkommen und werdet nicht abgelehnt. Es gilt, etwas zu entdecken, nicht zu vermeiden.

Nun gibt es Zeiten, ja, es gibt Zeiten, in denen ihr eine sehr enge Beziehung mit einem anderen Wesen, Weizen in der Spreu, eingeht. Und dann reißt einer von euch – in Co-Kreation – ein Loch in das Netz des anderen. Sei es in einem Akt unausgeglichener Dominanz, einem Akt des Zornes, der Unbewusstheit, Gier, der Erniedrigung und so weiter. Eine Person, die in tiefer Dysbalance und Unbewusstheit steckt und Lasten mit sich trägt, erzeugt ein Loch, das euch aus dem Gleichgewicht bringt. Oder umgekehrt.

Wenn ein Loch, eine Leere dieser Art, durch eine andere Person oder sogar durch eure eigenen Verhaltensweisen (wie im Falle von Süchten) erzeugt wird, ist es unglaublich wichtig, dass ihr euch Raum zum Verarbeiten gebt, bevor ihr eilig versucht, die entstandene Leere zu füllen. Ist ein Loch in einem ganzen Bereich eures Netzes entstanden, muss das restliche Netz das Gewicht ausgleichen. Untersucht zuerst euer Netz, bevor ihr losstürmt, um herauszufinden, wie und warum dieses Loch entstanden ist, vor allem aber bevor ihr Schlüsse darüber zieht, wer denn schuld daran sei. Selbst wenn euch jemand Geld gestohlen hat, euch verlassen oder euch verletzt hat, euch fälschlicherweise beschuldigt – bitte erinnert euch, dass am Ende immer alles auf entsprechende Weise behoben wird.

Suhlt euch nicht in der Leere, hinterlassen von euch selbst oder einer anderen Person, und quält euch auch nicht, indem ihr euren Fokus auf all die Arbeit richtet, die es brauchen wird, um euch wieder an den Punkt zu bringen, an dem ihr davor gewesen seid. Ihr werdet nie dort sein, wo ihr einst wart, wenn ihr da seid, wo ihr jetzt gerade seid. Da, wo ihr jetzt seid, ist es viel besser, das verspreche Ich euch. Es werden Trauer und Wut aufkommen, ja, und Gefühle, die es zu verarbeiten gilt. Aber es ist auch eine neue Reise hin zum Gleichgewicht, auf die ihr euch begebt.

Ich erzähle euch dies, denn das ist es, was ihr eurem Planeten antut, geliebte Wesen. In eurer Arroganz und Gier, in der ihr euch immer noch darüber beschwert, was ihr noch alles nicht habt, reißt ihr Löcher in das Netz Gaias. Die anderen Fäden müssen dieses Ungleichgewicht ausgleichen, und manchmal schaffen sie es nicht. Sie können keine Last tragen, für die sie nicht bestimmt sind. Obwohl ihr ein Teil des Netzes eurer Umwelt seid, erkennt ihr nicht, dass ihr EUCH dasselbe zufügt, indem ihr Löcher in Sie hineinreißt.

Die löchrigen Bereiche des Netzes sterben ab, werden unfruchtbar. Und so müssen andere Bereiche ertragreicher werden, obwohl sie weniger Nahrung und Nährstoffe erhalten. Dadurch wird der Nachwuchs immer kränklicher. Statt die Löcher zu reparieren, versuchen viele Wissenschaftler und Unternehmen auf eurer Welt, die Natur in einem Labor zu kopieren – welch ein primitiver menschlicher Nachahmungsversuch der Fülle und des Reichtums Gaias. Und ihr wundert euch, weshalb Krankheiten, chronische Schmerzen und psychische Probleme so weit verbreitet sind, selbst unter euren Kindern.

Ihr habt Löcher erzeugt und gleichzeitig eure Welt von Geschöpfen gesäubert, die für eure Gesundheit und Balance sorgen. Statt euch um die Löcher und Zwischenräume zu kümmern, sucht ihr immer wieder nach künstlichen Lösungen. DAS ist eine künstliche Realität, und sie ist noch künstlicher als eure Gedankenkonstrukte in Bezug auf eure eigene Realität. Euer Verstand kann euch vielleicht blenden, täuschen und euch glauben machen, eure fabrizierte und betäubte Existenz sei gesund und normal, aber das könnt ihr Gaia oder dem Rest der Schöpfung nicht weismachen, geliebte Wesen. Denn Gaia IST das, was real ist, ICH bin das, was real ist. Ihr seid, was real ist, wenn ihr eure Tendenz aufgebt, immer nur nach dem einfachsten Ausweg zu suchen.

Verletzt ihr weiterhin das Urheberrecht Gottes und versucht ihr, Gott zu spielen, wird das nicht so gut für euch enden. Denn die Wahrheit ist, ihr seid euer ganzes Leben lang in einer innigen Beziehung zu Gaia. Sie nährt euch, badet euch, wechselt eure Windeln. Die einzige Möglichkeit, aus dieser Beziehung auszusteigen, ist, die Spreu komplett zu verlassen. Tragt ihr immer noch viel Dichtheit und viele ungesunde Knoten in euch, dann werdet ihr, sobald ihr die Dimension wechselt, trotzdem schnell wieder zu ihr zurückkehren oder in eine noch dichtere Realitätsstruktur – abhängig davon, was eure Seele braucht, um wieder ins Gleichgewicht zu kommen. Ihr könnt Gaia nicht entkommen, denn Gaia ist der Weg, der euch zu Mir führt. Und so ist das Mindeste, das ihr tun könnt, aufzuhören, Löcher in das Herz und den Schoß eurer Mutter zu reißen. Zerreißt Mich, macht Löcher in Mich hinein. Das habt ihr bereits getan, und jetzt, da Ich keinen Körper habe, kann Ich euren Zorn aushalten und ihn dem Erdboden gleichmachen.

Reißt ihr Löcher in Gaia hinein, reißt ihr auch Löcher in euch selbst. Und ihr alle bekommt diese Last gerade zu spüren.

In der gegenwärtigen Zeit werden Wir euch noch mehr Licht und Wahrheit bringen, um euren kollektiven Ruf zu würdigen – den Ruf danach, das Ungleichgewicht im Netz des Lebens langsam wieder zu reparieren, das ihr im Sichtbaren ebenso wie im Unsichtbaren verursacht habt. Und euch werden alle Dienste hoch angerechnet, die ihr der Welt entgegenbringt. Nicht durch gegenseitiges Anschreien und Schuldzuweisungen, sondern indem ihr Gaia und euren Körpern zuhört, um zu erfahren, was von euch verlangt wird, mit euren Talenten und Fähigkeiten als Individuen. Diejenigen von euch, die diese Reparationsarbeit leisten, nicht für andere, sondern für Gaia und für sich selbst und die Wiederverbindung mit ihr, sind erfolgreich auf dem Weg zurück zur Balance. Aber die Wiederherstellung des Gleichgewichts Gaias muss gleichzeitig einhergehen mit einer Kompensation der Löcher, der Seelensplitter in euch. Ihr, Gaia und Ich werden einander in diesem Prozess gut unterstützen. Sie und Ich werden durch euch arbeiten, durch euch fließen, während ihr euch wieder mit eurem Göttlichen Selbst und eurem Ökosystem verbindet.

Diejenigen unter euch, die Reparaturarbeit leisten und ihr Netz, ihr Leben und ihre Verbindung zu Gaia und dem Göttlichen ändern, werden den Zwischenraum in den kommenden Jahren nicht so erleben wie die anderen. Es wird nicht immer leicht sein, aber ihr werdet eine freudvolle Zusammenarbeit, Neugier und Verbundenheit erfahren, wenn ihr euch in Integrität euch selbst gegenüber übt und in Demut und Verantwortlichkeit verankert seid. Jene, die das Netz oder den Schoßraum Gaias weiterhin zerstören, werden in den kommenden Zeiten eine noch tiefere Leere und Verzweiflung erfahren.

Deshalb ist es für euch, die ihr in dieser Phase wahrhaftig euren Dienst darbringen wollt, auch am wesentlichsten, Lichtträger zu sein. Wir halten für euch das Licht, wenn ihr im Zwischenraum seid; und wenn es euer Wunsch ist, als Göttliche Wesen zu dienen, dann ist es jetzt für euch am wichtigsten, für andere das Licht zu tragen. Denn diejenigen im Zwischenraum werden die Polarität eures Lichts zu sich rufen. Und diejenigen, die im Licht sind, werden die Polarität der

Leere zu sich rufen. Seht ihr diese Energien als ein und dieselbe an, ist der Dienst im Zwischenraum, im Licht, durchaus freudvoll. Ihr seid immun gegen das Chaos der Leere, wenn ihr sie akzeptiert. Lasst ihr die Angst los und ladet die Leere in euer Leben ein, ohne zu urteilen, lebt ihr in einem fortwährenden Zustand des Yoga, der Meditation, des Betens und der Schöpfung.

Aus diesem Zustand heraus kann wahrer Dienst in Freude entstehen. Fast jedem von euch macht es Freude, einem Menschen in Not Freude zu bringen. Die Tränen, die ihr in Lächeln verwandelt, indem ihr jemandem einfach ein Taschentuch reicht und ein nettes Wort sagt, ohne Erwartung, ohne Ziel, das ist Freude. Das ist Verbundenheit. Verbundenheit für einen Augenblick oder ein ganzes Leben lang, es ist ein und dasselbe. Ihr seid alle gemeinsam Seelenverwandte, Verwandte im Spirit.

Zwischen Alpha und Omega existiert niemals Chaos. Es gibt kein Suppenchaos einer Buchstabensuppe. Ihr seid nicht zufällig hier. Alles unterliegt einer Ordnung, einer »zufälligen Ordnung«, und nur ihr könnt das erschaffen, was die zufällige Ordnung für euch in eurem Leben ist – niemals für jemand anderen, nur für euch selbst. Einige können euch lehren, euch inspirieren und den Weg weisen, aber nur ihr könnt wissen, wovon ihr das Alpha und das Omega seid. **ICH BIN das Alpha und Omega.** ICH BIN der Logos und das Wort. Ihr seid ein Teil von Mir, von Meinem Fleisch, von Meinem Blut. Ich habe Meines vergossen, sodass ihr den Ursprung des Lebens empfangen konntet. Euch gebe Ich alles, einschließlich des Lebens, des Todes und jeden Augenblicks dazwischen und darüber hinaus.

Solltet ihr jemals zweifeln, wendet euch an Mich, und Ich zeige euch den Weg. Eure Verwandten im Spirit sind immer mit und in euch, so wie ICH mit und in euch BIN, so wie Ihr mit und in Euch seid. Das Hu, das Ma, das Omni.

Die Yeshua-Hausaufgabe

Hole jetzt bitte das Blatt Papier hervor, das du seit der ersten Botschaft ungeöffnet verwahrt hast: deinen persönlichen Prozess mit den Botschaften des Friedens und der Freiheit. Öffne es nicht. Leg deine Hand darüber, und wiederhole folgende drei Wörter neunmal: Hu, Ma, Omni.

Lege nun, aus der Leere des Unbekannten heraus, deine andere Hand über das Blatt Papier, und rufe die Leere zu dir, den Raum grenzenloser Möglichkeiten. Bitte die Leere und erlaube ihr, dir mit dem Tod deines Kontrollbedürfnisses zu dienen. Rufe die Leere des Endes herbei. Atme diese Leere und ihre unendlichen Möglichkeiten in die Energie dieses Papierstücks hinein.

Lass nun durch deinen Atem Licht hineinfließen. Atme das Licht in den Raum der Leere, den du herbeigerufen hast. Lass Licht durch deine Präsenz, durch dein Herz strömen und Glaube, Vergebung und Freiheit durch die Verflechtungen deiner Hände in diese Leere einfließen. Das Licht, das die Möglichkeiten entfacht und manifestiert, sie in die Form bringt.

Und nun übergib Mir das Licht in einem Gebet. Leg das Blatt Papier zur Seite. Und lächle. Und so geschieht es. Amein.

2.

....

Polarität, Widerstand und
die Überwindung von Zweifel

Seht, geliebte Wesen. Ihr habt gerade etwas Außergewöhnliches getan: Ihr habt der Kraft der Polarität befohlen, Einheit zu schaffen. Somit habt ihr eure Göttliche Männlichkeit und eure Göttliche Weiblichkeit zur Zusammenarbeit gebracht – den Mutterleib und den Samen, den Träumenden und den Traum, die Leere und das Licht, den Schöpfer und die Schöpfung.

Das Licht verblasst nicht und kann auch nicht verblassen. Erkennt in jenen Momenten, in denen es euch vorkommt, als würde das Licht euch oder die Welt verlassen, dass es nicht euch verlässt – ihr verlasst euer eigenes Licht. Niemand außer euch selbst trägt die Verantwortung dafür, egal, was sie euch angetan haben oder nicht getan haben mögen. Ihr seid für eure eigene Wahrnehmung und Wahrnehmungsverzerrungen verantwortlich. Das Licht wird stärker in euch und in der Welt, ungeachtet eurer eigenen Wahrnehmung diesbezüglich. Obwohl ihr auf die Welt schauen und Disharmonie erblicken mögt, entsteht doch eine Möglichkeit, eine Geburt. Fühlt euch nicht hilflos. Beteiligt euch an dieser Transformation, indem ihr die Verantwortung für euren eigenen Frieden übernehmt.

Mit dem Licht wächst auch der Widerstand dagegen. Gibt es viele ungesunde Knoten und Fäden, die zu viel an Gewicht halten müssen, kann es unweigerlich zu einem Zerreißen oder Zerbrechen kommen. Wenn der Ast dieser tiefen Knoten oder Fäden bricht, wird euer Verstand sogleich Gedankenkonstrukte erzeugen, in einem Versuch, die Geschehnisse zu verstehen. Es kann sein, dass eure Gedankengefängnisse, Gedankenblasen und Trugschlüsse überall hervorquellen und explodieren und euch dazu bringen, jeden und alles infrage zu stellen, einschließlich euch selbst.

Nähren sich viele Menschen von ein und derselben Gedankenblase, schwillt sie mit der Zeit immer mehr an, bis dieses massive Gedankenkonstrukt, in dem Hunderte, Tausende, ja sogar Millionen von Menschen (viele davon unbewusst) gefangen sind, plötzlich aufplatzt, ausbricht oder explodiert – und heraus treten Unmengen an Schlamm und Schleim. In diesem gewaltigen Entwirrungsprozess und dem Aufplatzen jener ungesunder Knoten – in euch selbst, sogar im Rahmen großer Menschengruppen und insbesondere solcher, die über die Jahrhunderte aus krankhaften Polaritäten der Dominanz und Unterdrückung erschaffen worden sind – kann es so aussehen, als würde die äußere Welt im Chaos versinken. Überall erzeugen verwundete Menschen noch mehr Wunden für andere. Die ausgestoßenen Lämmer, die durch die Nacht streifen und sich selbst und andere in Dissonanz bringen. So ist es von Anbeginn der Zeit gewesen, geliebte Wesen. Das ist die erste Reaktion auf Zweifel: Panik, Verwirrung und ein hastiger Versuch, Kontrolle, Sicherheit und Klarheit wiederzugewinnen.

Jene, die gerade in äußere Schuldzuweisungen verstrickt sind, empfinden einen tiefen Widerstand gegen den Vergebungsprozess. Sie sind verwirrt und fokussieren sich nur auf äußere Veränderung statt auf die Veränderung im Inneren. Kollidieren zwei solche in derartigen Gedankenkonstrukten festsitzende Menschengruppen, kommt es zu einem primitiven, bestialischen Blutbad, so sie sich denn weiterhin auf Getrenntheit und auf ihre Unterschiedlichkeiten fokussieren. Obwohl doch in Wahrheit viele von ihnen, die sich scheinbar auf zwei entgegengesetzten Seiten befinden, durchaus Synchronitäten zueinander aufweisen. Manchmal geschehen solche Kollisionen quasi zwangsläufig, und jene Menschen, die in den polarisierenden Strukturen gegenseitigen Verurteilens gefangen sind, müssen lange in ihrer Dissonanz verweilen, bevor sie bereit sind, ihre Waffen niederzulegen. Oft tun sie es nur, wenn sie dazu gezwungen werden.

Und so wird eine dominierende Gruppe zur unterdrückten, bevor sie selbst wieder in die Dominanz geht, und so weiter. Die Jo-Jos der Machthaber schwingen hin und her wie ein Pendel: kein Fortschritt, nur Auf- und Abstieg. Von Imperien, Nationen, Sündern und Heiligen.

Da ihr nun hier seid, besitzt ihr die Bewusstheit, diese Entwicklung zu transzendieren. Das bedeutet, der Versuchung zu widerstehen, Position zu beziehen. Ihr könnt alle eure eigenen Überzeugungen haben, aber ihr sollt diese nicht auf andere projizieren oder andere verurteilen, weil sich ihre Überzeugungen von euren unterscheiden. Nicht in Meinem Garten. Nicht einmal als der Sohn Gottes war Mir dies gestattet. Weshalb glaubt ihr also, dieses Privileg zu besitzen? Ihr wurdet geschaffen, um das Licht zu halten und nach der Wahrheit zu streben: dass ihr alle Weizen in der Spreu seid – in unterschiedlichen Farben und Größen – und ihr alle versucht, den Weg zurück nach Hause zu finden.

So wird Einheit geschaffen, und so entsteht nachhaltige Veränderung. Durch den inneren Prozess.

Und doch existiert ihr innerhalb eines Kollektivs, eines Schwarms. Jeder von euch beeinflusst den anderen gleichermaßen. Es gibt Zeiten, in denen ihr euch vom Schatten nähren müsst, von der Getrenntheit, bis euch so schlecht davon wird, dass ihr alles ausspuckt und wieder in euch kehrt, in die Präsenz und den Frieden. Welche sich durch Wiedergutmachung einstellen – jene Handlungen voller Gnade und Demut, die Engel singen lassen. Lasst eure Verflechtungen elastisch und neutral sein. Seid beweglich wie das Wasser oder die Weide, die weint, lacht und sich im Wind biegt – mit einem gesunden Maß an Widerstand.

Ihr alle tragt einen gesunden Widerstand in euch. Zum Beispiel in dem Moment, in dem ihr spürt, dass eine Veränderung auf euch zukommt, dass jemand oder etwas in eurem Netz kommen oder gehen oder dass eine Sucht oder ein Problem beseitigt werden muss. Dann wird euer gesunder Widerstand wahrscheinlich sagen: »Lass uns die Optionen ansehen«, statt: »Los, lass es uns tun!« Das ist Unterscheidungsvermögen. Die Veränderung zuzulassen und gleichzeitig geduldig und neugierig an die Sache heranzugehen, ist wichtig, bevor ihr euch sofort hineinstürzt. Stürzt ihr euch in die Veränderung hinein, ohne vorher die Optionen ausgelotet zu haben, wird euer Schatten auf die Bremse steigen, sobald ihr es mit der Angst zu tun bekommt. Das Erforschen und Ausloten lässt euch Untätigkeit transzendieren, doch bleibt ihr dabei den ganzen Prozess hindurch geerdet, klar und stabil.

Leistet ihr Widerstand und versucht ihr, euch zu früh zu irgendeiner Veränderung zu zwingen, oder widersetzt ihr euch, indem ihr euch gegen eine Veränderung wehrt, die bereits vor eurer Türe steht, dann macht ihr keinen Gebrauch von eurer Unterscheidungsfähigkeit und seid in ungesundem Widerstand, Bequemlichkeit und Angst festgefahren. Das ist es, was die unausgeglichenen Polaritäten und die kognitive Dissonanz aufrechterhält. Euer Verstand versucht hier wieder, eure Seele zu dominieren, die dabei ist, sich freizusprengen.

Weltweit wart ihr über die letzten Jahrzehnte hinweg in ungesundem Widerstand. Habt Dinge erzwungen, bevor ihre Zeit gekommen war; habt euch keine Pause für die Integration genommen; habt versucht, alles auszublenden, was Unbehagen auslöst oder euch in die Verantwortung für Geschehnisse aus der Vergangenheit oder der Gegenwart bringt. Wir werden es euch in Co-Kreation mit eurer Seele, eurem

Weizen, immer schwerer machen, ungesunden Widerstand zu leisten. Jene, die es dennoch versuchen, werden mehr und mehr zu kämpfen haben. Als Wesen mit Bewusstsein tragt ihr Verantwortung in diesem co-kreativen Prozess, und diese umfasst auch, mit dem gesunden Widerstand in Einklang zu kommen. Wir werden euch genau im richtigen Augenblick klarmachen, was der Klarheit bedarf.

Viele auf eurem Planeten haben sich über die vergangenen Jahre in Separation, im Schatten und in der Angst gesuhlt. Sie haben Angst vor der Liebe. Sie haben Angst vor der Angst. Manche fürchten sich sogar vor ihrer eigenen Angst. So ist es auch euch zu unterschiedlichen Zeitpunkten ergangen, geliebte Wesen.

Angst vor der Liebe. Weshalb? Weil Liebe das Risiko des Verlusts enthält. Oft ist es die Liebe, die ihr am meisten fürchtet, und doch ist sie euer wahrer Kern. Werdet ihr die Liebe fürchten? Oder die Angst lieben? Diese beiden Polaritäten sind eins. Seid ihr Liebe, dann müsst ihr alles lieben, wie auch Ich euch alle und alles in euch liebe. Ich liebe euch in eurem Hass, in eurer Getrenntheit und in eurem Verurteilen genauso sehr, wie Ich euch in eurer Freude, eurem Frieden und in eurem Dienst liebe. Ihr seid eine Mischung von Licht und Schatten, solange ihr Weizen in der Spreu seid. Aber als die Liebe, die ihr seid, ist es für euch und die gesamte Schöpfung am wesentlichsten, die Liebe statt der Angst zu wählen.

Alles zu lieben bedeutet nicht, dass Ich euch als Göttlicher Vater erlaube, zu tun, was immer ihr wollt, ohne die »Konsequenzen« zu tragen. Ihr seid noch jung, doch seid ihr alt genug, euer eigenes Chaos aufzuräumen. Wählt ihr die Trennung, dann ist dies eure eigene Entscheidung, und Wir lassen das zu. So wie Wir es in der Geschichte über den »Sündenfall« zugelassen haben. Es gibt viele verschiedene Geschichten, die den »Sündenfall« auf unterschiedlichste Weise beschreiben, doch heute möchte Ich mich auf eine ganz bestimmte konzentrieren:

Im ausgeglichenen Tempel Gottes gab es einen Engel – mit »Engel« meine Ich Emanationen Gottes –, der »gefallen« ist: Luzifer – die Geschichte, das Gedankenkonstrukt, die Essenz, die Wesenheit, und/oder der Archetyp. Die Essenz Luzifers wird oft mit Betrügerei, Ungleichgewicht, Versuchung und Polarität gleichgesetzt. Viele glauben sogar, »er« habe die Polarität erschaffen durch seine Entscheidung, sich von Gott zu trennen.

Das hat er nicht. Ich habe das. Luzifer hat keine Polaritäten erschaffen, er hat deren Umsetzung erfüllt. Ich habe die Polarität erschaffen. Sonst hätte keine Schöpfung, keine Dualität entstehen können. Das Göttliche Weibliche innerhalb Gottes ist die Polarität und das Paradoxon. Damit Schöpfung und Zerstörung entstehen konnten, waren Polaritäten notwendig, einschließlich dunkler Materie und dunkler Energie. Beispielsweise verlangsamt dunkle Materie die Ausdehnung eures Universums, während dunkle Energie diese beschleunigt. Dies ist notwendig, um das Gleichgewicht in der Leere aufrechtzuerhalten und, wie Ich schon erwähnt habe, den Gegenpol zum Licht zu bilden. Die Leere treibt das Licht an, und das Licht treibt die Leere an. Beide sind Gott. Yin und Yang.

Das, worüber Ich spreche, sind ausgeglichene Polaritäten. Wenn erzählt wird, dass Eva aus der Rippe Adams geschaffen wurde, dann ist hier mehr gemeint als nur die Entstehung der menschlichen Erfahrung im übertragenen Sinne. Am Beginn der Schöpfung war eine Liebe, die aus dem Herzen Gottes hervorbrach, der Sonne im Mittelpunkt des Universums – das Männliche erschuf das Weibliche, das Weibliche erschuf das Männliche. Gleichermaßen. Da war eine Liebe, eine Wahrheit und eine Vollendung, sogar der Tod der beiden, der zur Ordnung eines friedlichen, ausgeglichenen Universums geführt hat, zumindest innerhalb der Realitätsstruktur, die ihr gegenwärtig wahrnehmen könnt.

Luzifer wurde aus dem Frieden zwischen der Wahrheit und der Liebe geboren, genauso wie Ich als der »Sohn«. Als »Vater« und sogar als »Mutter« gab Ich ihm die Bestimmung zu verraten. Einen freien Willen zu erschaffen. In seinem/ihrem Verrat an Gott erfüllte und erfüllt er/sie seinen/ihren von Gott geschaffenen Zweck. Genauso wie Judas durch seinen Verrat seinen Zweck erfüllt hat. Die Beziehung zwischen Adam, Judas und Mir ist eine Geschichte für ein anderes Mal. Ohne den freien Willen gäbe es keine Individualität und kein Ego. Der Verrat Luzifers war notwendig. Nicht, um Schöpfung und Zerstörung, sondern um den freien Willen, die Möglichkeit der Wahl, und die Co-Kreation zu erschaffen. Ganz einfach ausgedrückt, ist Luzifer eine Essenz, ein Archetyp oder eine Gestalt, welche die Schleier, die Dysbalancen und das getrennte und unbewusste Selbst repräsentiert.

Ihr habt euer Yeshua-Selbst, das sich gesunder Polaritäten bedient, um euch durch das Bewusstsein zur Liebe, zur Wahrheit, zum Einssein zu führen. Euer Yeshua-Selbst wird von Einheit und Liebe genährt. Und es gleicht unausgeglichene Polaritäten der Dominanz und der Unterdrückung aus, einschließlich des Verlangens eures Verstandes danach, eure Seele zu dominieren. Euer Yeshua-Selbst ist ausgeglichen, und sein Wille ist mit dem Göttlichen Willen in Einklang. Euer Yeshua-Selbst führt euch im Licht durch die Leere, auf dass ihr zum Licht, zur Leere werden mögt.

Und dann habt ihr euer Luzifer-Selbst, das sich unausgeglichener Polaritäten bedient, um euch zu teilen und zu trennen. Im Gegensatz zu eurem friedvollen Yeshua-Selbst ist euer Luzifer-Selbst der Teil von euch, der glaubt, es besser zu wissen, und der »seinen Willen durchsetzen« möchte. Er hält euren Willen vom Göttlichen Willen fern. Euer Luzifer-Selbst liebt es, andere und eure eigene Seele zu unterdrücken. Düster, blind, geizig, gierig sind die Energien und Verhaltensweisen, die aus diesem Selbst hervortreten. Es ist ein unnatürlicher Ort für euch, und doch ist es jener, dessen Versuchung ihr am schwersten widerstehen könnt.

Das Unbehagen, das ihr erfahrt, wenn ihr euch vom Luzifer-Selbst, dem Judas-Selbst, dem falschen Selbst nährt, führt euch direkt wieder zurück nach Hause zum Licht des Bewusstseins und hinein in Gottes Garten – wie viele Leben in Unbewusstheit ihr auch immer dafür benötigen mögt. Nachdem ihr euch so lange von der Dissonanz genährt habt, werdet ihr eines Tages »Genug« sagen und eure Reise zurück zur Resonanz antreten. Ihr alle seid an unterschiedlichen Punkten auf dieser Reise. Der törichte Engel erkennt nicht, dass er in seinem vergeblichen Streben nach Macht immer noch der Göttliche Diener ist, der euch am Ende ZURÜCK zu Mir bringt.

Euer Yeshua-Selbst und euer Luzifer-Selbst sind beide notwendig, solange ihr als Weizen in der Spreu inkarniert seid. Trefft ihr Entscheidungen des Weizens und erkennt ihr euch selbst als Weizen, dann richtet ihr euch mehr nach eurem Yeshua-Selbst. Das lässt euren Weizen, eure Spreu und euer Netz wieder ins Gleichgewicht kommen. Trefft ihr aber Entscheidungen aus eurer Spreu heraus, dem primitiven und separatistischen Ego-Selbst, so unterliegt ihr eher dem Luzifer-Selbst. Eure Beziehungen, Gedanken und Gefühle basieren mehr auf ungesunden Polaritäten.

Euer Yeshua-Selbst ist der einfachere und doch weniger beschrittene Weg, denn es ist einer, der euch Ehrlichkeit und Integrität abverlangt, statt wegzurennen. Es ist die stille Glocke des Tempels der Freiheit. Als solche ist sie schwieriger zu vernehmen, und was sie symbolisiert, ist schwieriger einzuhalten angesichts der Verlockungen des Geistes innerhalb der Dualität. Euer Luzifer-Selbst ist der Weg, der einfacher und glänzender erscheint, doch macht er euer Leben und das der anderen unendlich viel komplexer. Ihr bekommt euer Vergnügen, aber das wird irgendwann stumpf und langweilig, und es wird euch nie zufriedenstellen. Dieses Selbst ist von einem Gefühl der Betrügerei geprägt. Es ist die laute Glocke des Tempels der Dissonanz. Die Entscheidung liegt bei euch, und manchmal braucht ihr auch Uns beide. Sonst gäbe es keine Reise und keine co-kreative Entwicklung des Bewusstseins.

Ich habe diese einfache Geschichte herangezogen, um die unbeschreibliche Ehrfurcht, die Allmacht und die höhere Weisheit des Göttlichen zu veranschaulichen … aber auch um aufzuzeigen, wie tief und wie heilig die Liebe Gottes zu euch ist, wie viel Vertrauen und Respekt euch auf innige und persönliche Art und Weise entgegengebracht wird. Wir wissen und wussten, dass es Momente geben würde, in denen ihr aus eurem freien Willen heraus Verrat begehen würdet. Besonders im Hinblick auf die Drei Schleier. Indem ihr das Licht verratet, indem ihr euer eigenes Selbst verratet, macht ihr die Erfahrung der Leere, des Zwischenraumes. Die Leere wird irgendwann so dicht, dass euch keine Wahl bleibt, als nach dem Licht zu streben, um euren Weg nach Hause zu finden.

Indem ihr euren Weg vom Verrat zurück nach Hause findet oder von einer Person, bei der ihr das Gefühl habt, sie hätte euch verraten, erlangt ihr Bewusstheit und Dankbarkeit, um mit und als Gott zu dienen. Mit dem Sündenfall habe Ich auch die Brücke der Vergebung, den Ölzweig und den Wein erschaffen, damit ihr durch das Opfer Meines Lebens wieder zurück nach Hause kehren könnt. Denn ICH BIN alle Dinge. Ich respektiere eure Entscheidung, euch zu individualisieren und Trennung zu erfahren, doch reiche Ich euch stets Meine Hand, wenn ihr bereit seid, in die Einheit zurückzukehren. Und so liebe Ich euch nicht nur bedingungslos, Ich vertraue darauf und schätze euch dafür, dass ihr auf die Art und Weise dienen werdet, die Ich für euch geplant habe: als Mitschöpfer, mit dem Schöpfer, in der Schöpfung. Euer wahres Selbst, das Yeshua-Selbst, kennt und versteht diese ausgewogene und liebevolle Zusammenarbeit mit Gott.

Euer Luzifer-Selbst handelt nicht so. Verweilt ihr in ihm, dann glaubt ihr, dass ihr Gott seid und über den einfachen Geboten steht, die zu Balance und Ausgeglichenheit führen. Das Luzifer-Selbst kann Ablehnung, Schuld und Scham austeilen, kann diese aber nicht gut einstecken, werden sie ihm zurückgeworfen. Es spielt die ewige und heuchlerische Opferrolle. Das Luzifer-Selbst bevorzugt es zu begründen, weshalb es sich nicht an das Gleichgewicht des Friedens halten muss, das der Demut und dem Mitgefühl entspringt. Das Luzifer-Selbst glaubt, es sei eine besondere Ausnahme, und so geht es große und gefährliche Risiken ein.

Das Luzifer-Selbst sagt euch: »Ich muss an keinem Programm teilnehmen, um diese Sucht abzulegen.« Oder: »Ich wurde verletzt, und somit habe ich das Recht, mir zu nehmen, was ich will, und zwar von den Menschen, von denen ich meine, dass sie es leichter gehabt haben als ich.« Das Luzifer-Selbst beachtet die Reise der anderen nicht, denn es ist narzisstisch, egozentrisch und von Verzerrungen des Egos durchzogen, die es für »die Wahrheit« hält, wo doch besagte »Wahrheit« eine subjektive, befangene und verfälschte ist. Das Luzifer-Selbst ist der Meinung, es besser zu wissen und unfehlbar zu sein.

Und so ist Luzifer arrogant und gleichzeitig ein Opfer. Er entscheidet sich, Gott zu verlassen, aber dann beschuldigt er Ihn. Er ist besessen von Gott, und doch verabscheut er Ihn, weil er Gott gleichzeitig beneidet und fürchtet. Er will, dass Gott sich entschuldigt, denn er selbst ist zu stolz, um in Demut um Verzeihung zu bitten. Er hat das Gefühl, dass ihm etwas geschuldet wird. Er fühlt sich ermächtigt und berechtigt. Er hält sich für sehr erleuchtet, und doch verweilt er im Schatten. Er spricht schöne Worte, die von Lügen durchdrungen sind und ein tiefes Mitgefühl bei jenen hervorrufen sollen, die es lieben, sich für das Opfer stark zu machen. Ein Opfer, das in Wahrheit ein Tiger ist, der im hohen Gras auf der Lauer liegt.

Er ist der Licht-»*Er*trager« – er *er*trägt das Licht. Die Verantwortung, das Licht der Wahrheit, der Demut und der Integrität zu halten, ist etwas, dem er sich überlegen fühlt. Er zieht es vor, in sich selbst verliebt zu sein. Eigentlich ist er nicht feindselig. Er liebt Spaß. Und vermeidet Arbeit. Er ist herrlich charmant, und eines seiner größten Geschenke und Talente ist seine Wortgewandtheit. Er redet unaufhörlich und ist dabei oft manipulativ, um seine Ziele durchzusetzen. Das Luzifer-Selbst ist gern detailversessen und vergeudet Tage, Monate und Jahre eurer Zeit mit Achterbahnen, Sackgassen und emotionalen Polaritäten. Er ist der Meisteranwalt, der einst ein liebevoller Kläger im Sinne der Lösung in Liebe war. Er ist zum Verteidiger der Verdorbenheit geworden und hat viele Aspekte wahrer Gerechtigkeit in eurer Welt in seine Gewalt gebracht.

Einer der größten Aspekte seiner Essenz ist sein Humor – zu seinem Vorteil. Er kann zuweilen unglaublich komisch sein. Immer ein Schwindler, der Loki, der Coyote. Das kann in einigen Momenten Chaos und Schmerz verursachen, in anderen wiederum zu einem herzhaften Lachen führen, wenn ihr über eine Situation oder über euch selbst in dieser Situation lachen könnt. Lachen und Paradoxie sind zwei der lichten Dienste Luzifers.

Luzifer ist das Verhängnis der Existenz seines Bruders, Michaels. Erzengel Michael ist der Krieger der inneren Wahrheit und dient Gott mit einer Hingabe, die wahrlich bemerkenswert ist – und doch nicht überraschend angesichts seiner Bestimmung und seiner Essenz. Er entspringt unmittelbar dem Herzen Gottes, und so hat er das stärkste Herz eines Kriegers des Friedens, das auf energetischer Ebene existiert. Er hat sich niemals von seiner Mission und seiner Bestimmung abgewandt. Gelegentlich stellt er Gott infrage, jedoch auf eine Art und Weise, die zur Entwicklung der Mutter und des Vaters beiträgt. Oder sie bezüglich neuer Formen der Wahrheit, die er aufrechtzuerhalten hat, auf den neusten Stand bringt. Michael, loyal und ausgerichtet. Michael, diszipliniert und hingebungsvoll. Demütig in seiner unglaublichen Macht und Stärke.

Michael ist das genaue Gegenteil zu dem Rebellen Luzifer. Michael erscheint, wenn er gebraucht wird, und er scheut vor keiner Aufgabe zurück. Seine mächtige Schwingung und seine energetische Essenz sind stets dabei, das Chaos, das Luzifer hinterlässt, aufzuräumen und wieder Ordnung in den Garten zu bringen. Er gibt niemals Verantwortung ab, auch beschwert er sich nicht. Die Emanation Michaels passt gut zu Meiner Schwingung und der Schwingung der Göttlichen Mutter. In der Tat ist sie makellos, denn Wir sind alle eins. In der Schattenform des Michael-Selbst fühlt ihr euch übermäßig verantwortlich, seid ernst und nehmt euch nicht genug Zeit für Spiel und Spaß.

Oh, wie diese beiden es anpacken könnten! Luzifer mit seiner Fähigkeit, Energie mit Worten zu bewegen, und Michael mit seiner Fähigkeit, Energie durch Stärke zu mobilisieren. Diese Göttlichen Engel, Archetypen, Geschichten, Wahrheiten oder Emanationen der Leere/ des Schoßraumes und des Lichts sind von Gott, aber auch von euch, erschaffen worden. Es sind Energien. Habt ihr eben erst von Luzifer gelesen und schmunzelt ein wenig über die Beschreibung, oder fällt euch jemand ein, auf den diese Beschreibung zutrifft, dann vergesst bitte nicht, dass Teile davon auch auf EUCH zutreffen. Oder zugetroffen haben. Oder es werden. Dies ist ein Teil eurer Reise.

Luzifer ist zwar arrogant, doch ebenso betörend. Als er noch im Einklang des Gartens verweilte, war er ein absoluter Meister Göttlicher Gerechtigkeit, des Göttlichen Gesetzes und des Gleichgewichts. Als er den Garten verließ, wurde er zum Meister der Dysbalance. Und dennoch, da er göttlich ist, dient er immer noch seinem Schöpfer, egal, wie sehr er das Gegenteil versucht. Egal, wie sehr er gegen Mich rebelliert, stets dient er Mir. So wie auch ihr, selbst wenn ihr zeitweise im Luzifer-Selbst gefangen seid, in Momenten der Verachtung, der Schadenfreude. Oder wenn ihr unnötige Polarität oder »Drama« erschafft, wie ihr es nennt. Das Geschenk von Luzifers Dysbalance ist, dass sie euch wieder ins Gleichgewicht bringen kann, wenn auch auf dem Weg unausgeglichener Polarität und des Schattens. Ich bringe euch ebenfalls durch Polarität wieder ins Gleichgewicht, aber auf dem Weg des Lichts.

Er ist der Morgenstern. Ich bin DER Stern, euer Stern, eure Sonne und alle Sonnen im Universum und weit darüber hinaus. Einschließlich der Sonne eures goldenen Weizens, eures Heiligenscheins, eurer Krone.

In euch ist Yeshua, der Weizen, die stille Glocke, das schmale Tor zum Garten. In euch sind auch die Sieben Dysbalancen des Verstandes und die Schleier des Luzifer- oder des Judas-Selbst. Wenn es heißt, Ich hätte sieben Dämonen aus der Magdalena vertrieben, dann ist dies eine sehr kreative Art und Weise, die Situation zu beschreiben. Es gab keine Dämonen in ihr, es waren einfach die Sieben Dysbalancen. Ich habe sie wieder ins Gleichgewicht gebracht, und sie hielt Mich im Gleichgewicht, als wir gemeinsam den Weg fortschritten, Hand in Hand.

Ich war in Meinem Leben weniger ein Heiler, als ihr es euch vielleicht vorstellt. Was ihr als das Wunder Meiner Fähigkeit anseht, viele Menschen zu heilen, war in Wahrheit das Wunder Meiner Fähigkeit, das Herz, den Verstand, den Spirit und sogar den Körper eines Menschen wieder in Einklang zu bringen. Menschen wieder ganz zu machen … und heilig. Ich war und bin ein Wiederhersteller des Gleichgewichts. Oft benutze Ich dafür Polaritäten. Aber auf eine *gnaden*volle Art und Weise, die euch wieder in Balance bringt, einschließlich eurer Fähigkeit, zwischen der Leere und dem Licht hin und her zu fließen. Durch die Balance heilt ihr, in euch und in der Welt.

Fürchtet weder Luzifer noch die Essenz Luzifers in euch. Das Luzifer-Selbst ist in Wahrheit sehr schwach, doch es gewinnt an Macht, wenn das unausgeglichene Ego ohne Bewusstheit oder Unterscheidungsvermögen dem Genuss frönt. Die Angst des Egos ist eine schwache Angst. Werdet ihr euer Yeshua-Selbst im Glauben, in Vergebung und in Freiheit nähren? Oder euer Luzifer-Selbst in Angst, Schuld und Unterdrückung?

Habt Mitgefühl mit Luzifer und eurem Luzifer-Selbst. Manchmal braucht ihr die Dysbalancen, um zu lernen, welchen Wert Balance hat. Ihr seid NICHT Luzifer, so wie ihr auch NICHT Yeshua seid.

Ich beziehe mich hier auf Archetypen. Ihr seid eine Traube am Baum des Lebens. Um euch aber mit der Nahrung des Lebensbaumes verbinden zu können, während ihr in der Spreu inkarniert seid, müsst ihr wählen zwischen der Weisheit der Balance und den kurzlebigen Versuchungen und Freuden der Handlungen und Verhaltensweisen, die Dysbalancen erzeugen. In den Geschichten wird hier vom Baum der Erkenntnis von Gut und Böse gesprochen.

Ich möchte euch jedoch einladen, ihn als den Baum der Balance und der Dysbalance, der Bewusstheit und der Unbewusstheit, des Lichts und des Schattens wahrzunehmen. Das ist alles. Zu Meinen Lebzeiten war Ich nicht sonderlich theatralisch. Ich kann die Ehrfurcht des Universums und die Macht Gottes über euch bringen, doch liegt keine Pathetik in dem, was Ich euch schenke. Also hinterfragt jene Menschen, die Gott etwas Bombastisches zuschreiben. Gott ist einfach. Ich war ein einfacher, demütiger Mann. Erkennt und achtet in dem immer größer werdenden Theater eurer Welt die oft unterbewertete Essenz jener Menschen, die sanft und demütig sind. Einige von ihnen waren aufgrund ihrer Güte und Demut sogar Verfolgung und Spott ausgesetzt. In extremer Ausprägung liebt das Luzifer-Selbst Verfolgung und Blutvergießen. Es labt sich am Blutvergießen und an der Verfolgung jener, die im Licht sind. Wisset aber, dass genau das, wofür euch die Welt verurteilt, in Meinen Augen heilig ist. Und dass jene, die verfolgt werden, in Meinem Garten verherrlicht werden.

Luzifer verkompliziert und theatralisiert alles. Ich tue das nicht. Ich bringe euch Wunder, die genau im richtigen Moment kommen, nämlich dann, wenn euer Seelenauge geöffnet ist und ihr offen für das Licht seid. Dies ist die Essenz der Auferstehung. Die Wegbewegung von eurem Luzifer-Selbst hin zur Verwirklichung eures Yeshua-Selbst IST eine Auferstehung eures wahren Selbst vom falschen und unbewussten hin zum bewussten Selbst.

Auferstehung bedeutet wie gesagt, Licht in die Leere zu bringen.

Das erfordert, Liebe in die verratenen Aspekte des Selbst zurückflie-
ßen zu lassen, Wiedergutmachungen zu leisten gegenüber dem Selbst
und oft auch anderen Menschen gegenüber, von denen ihr euch leicht-
sinnig losgelöst oder in deren Netz ihr ein Loch gerissen habt; und es
bedarf einer Wiederherstellung des Gleichgewichts in eurem Geist,
eurem Herzen und eurem Leben. Vertrauen wird durch jeden Akt des
Ausgleichs zurückgewonnen. Euer Vertrauen in euch selbst, Unser Vertrauen in euch.

**Tatsächlich IST Wiederauferstehung die Leere und das Licht.
Dies sind die beiden Hauptattribute der Energie, die sich »Wiederauferstehung« nennt.**

Das Tor zur Wiederauferstehung ist jetzt offen. Ich BIN der Aufer-
standene. In vielerlei Hinsicht bin Ich in Meinem Leben zweimal auf-
erstanden: einmal innerhalb der Leere der vielen Tage, die Ich allein
in der Wüste verbracht hatte, was Mich auferstehen ließ, um euch als
fleischgewordener Hamashiach dienen zu können. Und dann nochmals in der Auferstehung nach Meinem Tod, um euch wieder als Gott
dienen zu können. Dies ist eine Zeit größerer universeller Annäherung
an oder Abweichung von der Energie der Auferstehung. Die Annäherung an und durch die Auferstehung erfordert großen Mut, Glauben
und Ausrichtung auf das Yeshua-Selbst. Es ist die Genese und die Co-
Kreation. Jene, die davon abweichen, werden einen anderen Weg ein-
schlagen, indem sie ihre Entscheidungen weiterhin aus dem Ego und
dem Luzifer-Selbst heraus treffen.

Ich werde in kommenden Zeiten noch mehr über die Macht der
Wiederauferstehung sprechen, da sie für den Übergang zum neuen
Zeitalter auf eurer Welt von großer Bedeutung ist. Nun jedoch möchte
Ich in Einfachheit über die zentralen und wichtigsten Aspekte der Auf-
erstehung reden, die es zu beleuchten gilt.

**Wiederauferstehung ist eine Rückkehr zu eurem ursprüngli-
chen, zeitlosen Seinszustand: dem Bewusstsein, dem Weizen. Es**

ist eine Wiederherstellung eures Weizen-Selbst, was nicht notwendigerweise euren Tod erfordert, sondern den Tod eurer Anhaftung an Ego-Identität und Form. Es ist der Tod eurer »Insurrektion«, eures Aufstandes, sozusagen. Wiederauferstehung ist ein Transzendieren des Schleiers der Trennung und der wahrgenommenen Sterblichkeit, um das Tor zum Ewigen Leben zu durchschreiten.

Wiederauferstehung kommt, wenn sich die Leere und das Licht in eurem Bewusstsein vereinen. Durch die Erfahrung, die Leere und das Licht als Eins zu erleben, seid ihr nicht länger gefangen in der Erfahrung von Polarität und Linearität. Die Schleier der Polarität und der Bequemlichkeit lüften sich in diesem Zustand der Wiederauferstehung in die Präsenz.

Wiederauferstehung ist der Prozess, durch den euer unausgeglichenes Ego-Selbst aufgelöst wird und sich dadurch wiederum die Schleier auflösen, die euch vom Garten Gottes trennen.

Es ist kein einmaliges Ereignis. Es ist ein schrittweiser Prozess von Entwicklung und Verbesserung. Jedes Mal, wenn ihr von einer Flutwelle chaotischer Gedanken wieder auftaucht und zum Atem zurückkehrt, wenn ihr Abstand von den Haken, Verflechtungen und Knoten nehmt, die aus eurer Abhängigkeit von der externen Welt entstanden sind, jedes Mal, wenn ihr euch für Demut, Vergebung und Klärung durch Liebe entscheidet, kommt es zu einer Wiederauferstehung eures Yeshua-Selbst. Wenn ihr den Tod eurer Gedankenkonstrukte und wunschorientierter Anhaftungen zulasst, lasst ihr euer Yeshua-Selbst wiederauferstehen.

Wichtig ist, es gibt drei primäre Phasen im Prozess der Wiederauferstehung: Abstieg, Erwachen/Ruhen und Verwirklichung. Wie bei einem Fraktal ist jede dieser Phasen auch in den jeweils anderen enthalten. Zum Beispiel gibt es in der Erwachensphase einen Abstieg, ein Erwachen und eine Verwirklichung.

Der Abstieg ist die Wiederauferstehung AUS dem Bewusstsein HE-

RAUS. Es mag ein wenig seltsam klingen, dass das Heraustreten aus der Bewusstheit ein Teil der Wiederauferstehung ist. Allerdings gibt es ja ohne den Abstieg überhaupt gar keinen Prozess, nichts, aus dem heraus man wiederauferstehen könnte. In dieser Phase werdet ihr euch der Möglichkeit bewusst, in die Form und in die Materie einzutreten. Und wenn es auf Seelenebene einen Wunsch danach oder eine Notwendigkeit dafür gibt, beginnt euer Spirit, in die Dichtheit der Drei Schleier »herabzusteigen«. Ihr erwacht in die Möglichkeit des Selbst in Form und Materie und fangt an, eure Form-/Ego-Identität und eure Seelenverträge in Co-Kreation mit anderen Seelen, wie denen der Eltern, zu formen. Ihr verwirklicht euch in der Form, während ihr in die Spreu eintaucht, euch im Mutterleib entwickelt und in diese Welt hineingeboren werdet.

Das Erwachen/Ruhen ist die Wiederauferstehung des Bewusstseins, das in einem beliebigen Leben in dem Augenblick eintritt, in dem ihr erwacht und euch eurer wahren Realität als bewusstes Wesen gewahr werdet. Sobald ihr mehr und mehr Licht verkörpert, euch von den ungesunden Knoten gelöst und euren Teppich wieder ins Gleichgewicht eingewebt habt, tretet ihr mühelos in euer Dharma über – den Dienst, den ihr in diesem Leben zu erfüllen bestimmt seid. Es ist ein Tod eures »Form-« und eures »Soll-Selbst«, um als menschlicher Anker für das Göttliche Bewusstsein auf der Erde zu dienen. In diesem Sinne ruht ihr zwischen zwei Welten, der menschlichen und der Göttlichen.

Diese Phase dominierte Mein Leben hauptsächlich nach der Zeit, die Ich in der Wüste verbracht hatte. Es war Mein erster Tod, und dadurch konnte der tiefere Spirit Gottes durch Mich hindurchfließen. Ohne Meine erste Wiederauferstehung wären die Wunder, die Ich vollbracht habe, nicht in derselben Größenordnung möglich gewesen.

Die Verwirklichung ist die Wiederauferstehung ZUM Bewusstsein. Diese dritte Phase bedingt den Tod. Sie ist der Abstieg in die Göttliche Leere/den Schoßraum durch den Tod. Dann das Erwachen/Ruhen, in dem ihr euch bewusst werdet, dass ihr nicht länger in der Form seid, das Licht und die Präsenz Gottes spürt und darauf zugeht, als wäret ihr in einem Geburtskanal. Und die Verwirklichung des Ursprungs, der Heimkehr und der Wahrheit, wenn euer Weizen zum Spirit zurückkehrt und sich rückverbindet mit allem, was ist. Freilich passiert dies gleichzeitig, unaufhörlich, in einem einzigen Augenblick. Und dann wieder passiert es überhaupt nicht. Zu eurem Verständnis beschreibe Ich es als einen linearen Prozess.

Bitte macht euch klar, dass ihr viele »kleine« Wiederauferstehungen über viele Leben hinweg erfahrt, bevor ihr bereit seid für DIE Wiederauferstehung – die endgültige Rückkehr zum strahlenden Licht Gottes. Es ist nicht bloß der Tod des Egos oder der Form. DIE Wiederauferstehung erfordert, dass ihr euch als Seele vollständig auflöst. Durch den Tod eurer Seele werdet ihr eins mit der Seele Gottes. Es passiert sehr selten, dass eine Seele bereit für diese Vollendung und Wiedereingliederung in das Absolute ist. Jene, die so weit sind, sind ziemlich alt und haben viele Leben im Dienste als Avatar und als Lichtträger in- und außerhalb eines Körpers hinter sich.

Ich war in diesem Sinne außergewöhnlich und dazu bereit, DIE Wiederauferstehung in dem einen Leben, das Ich hatte, zu erfahren, weil Ich den Tod und das Leben erschaffen habe. Ich BIN Gott, und somit bin Ich DIE Seele, euer Schöpfer und die Schöpfung. Ich habe den Garten nicht »verlassen«, um aus freiem Willen zu euch zu kommen, sondern aus einer Notwendigkeit heraus, die in der Liebe wurzelt. Ich »verließ« den Garten, um euch die Möglichkeit zu geben, wieder in den Garten zurückzukehren, indem Ich einen Weg zum Frieden schuf. Doch habe ich den Garten Mein ganzes Leben lang nie wirklich verlassen. Und gewiss verlasse Ich auch euch niemals. Nur ihr könnt Mich verlassen, zumindest eurem Empfinden nach, und zwar indem ihr euer eigenes Yeshua-Selbst ablegt.

Durch Mich, Körper, Geist, Herz, Spirit, Seele, auf viele verschiedene Arten, ging und gehe Ich mit gutem Beispiel voran. Ich bin wiederauferstanden, um euch zu zeigen, wie ihr wiederauferstehen könnt. Ich habe geliebt, um euch zu zeigen, wie man liebt. Ich gab euch Wahrheit, um euch zu zeigen, wie ihr in Wahrheit leben könnt. Dies waren einige der vielen Wege zum Frieden, die Ich euch dargebracht habe. Als Ich sagte: »Der Weg zum Schöpfer führt über Mich«, meinte Ich unter anderem, dass ihr durch den Weg, den Ich für euch geschaffen habe, die Möglichkeit habt, euren Weg zurückzufinden nach Hause in die Leere und ins Licht, welche ihr seid. Von allen Wegen zum Frieden, die Ich euch damals und heute gegeben habe, war es die Wiederauferstehung eures Göttlichen Selbst, die Mein größter Dienst der Liebe gewesen ist. Es hat Mich Mein Leben gekostet, diesen Weg zu errichten; es hat Meinen Tod gebraucht, um diesen Weg zu verwirklichen; es bedurfte Meiner Wiederkunft, um euch zu zeigen, dass der Weg real UND sicher ist. Alle befinden sich auf diesem Weg. Durch Mich, mit Mir, kann der Weg einer des Friedens sein.

Jeder von euch, der zum Garten zurückkehrt, befreit andere und auch Luzifer; ihr erschafft einen Weg für andere, die in Dysbalancen des Egos gefangen sind, und gebt ihnen ebenso die Möglichkeit zur Wiederauferstehung. Ihr seid der Stern Bethlehems, der Gegenpol zum klagenden Morgenstern. Durch eure Balance bringt ihr andere ins Gleichgewicht. Denn ihr seid es, die ihr durch Gott wirkt, und Gott wirkt durch euch. Ihr seid Meine Hände, Meine Augen. Das ist wahrer Dienst in Freude.

Jede Seele findet am Ende ihren Weg zurück zum Licht. Welches Trauma man durchleben muss, welches Leben man sich erschafft, in das man seine Verflechtungen einwebt, ist wichtig, um ein Individuum zu seiner Transzendenz zu führen.

Wenn ihr auf eurer Wanderung durchs Leben unterwegs seid, dann lasst sie zu einer Entdeckungsreise der Wunder werden, wie es die Aborigines auf eurer Welt ausgedrückt haben. Das Wunder der Sinneswahrnehmung, des Vertrauens, der Intimität, der Gedanken, Gefühle und Erfahrungen. Ihr könnt das menschliche Leben nicht transzendieren, bevor ihr nicht im Frieden damit seid, IM Leben zu sein. Nicht bloß *am* Leben, IM Leben, TEIL des Lebens. Wie sonst könntet ihr euch selbst als Gott erkennen, würdet ihr niemals verstehen, was es bedeutet, getrennt zu sein? Freut euch über euren Verrat, eure Wanderung, und doch vergesst eines nicht: Dadurch, dass ihr den Weg hierher, zu Meinen Worten, gefunden habt, geht ihr am »Ende« eurer langen Reise den Weg zurück nach Hause.

Für euch alle ist es von tieferer Bedeutung, mit Gott als Gott zu dienen. Das kann jedoch nicht geschehen, wenn ihr in Getrenntheit und im Urteilen verweilt, und sicher nicht, wenn ihr im Mangel oder getrennt von eurer Erde seid. Statt euch ständig zu wünschen, auf eine höhere Ebene aufzusteigen – warum versucht ihr nicht, auf eine niedrigere Ebene herunterzusteigen, hinunter in die Wurzeln zu fließen, die ursprünglichen Wurzeln eurer Essenz, indem ihr ein einfacheres Leben lebt?

Je mehr Ebenen ihr in Bezug auf Geld, Sex und Macht erreicht, desto höher ist das Risiko, auf tiefere Ebenen eurer Lebenskraft und Energie herunterzufallen und damit zum einstürzenden Turm von Babel zu werden, wenn kein Gleichgewicht mehr herrscht. Das erfordert ein großes Maß an Integrität. Je höher ihr die Latte setzt, desto vorsichtiger müsst ihr sein, dass euch die Latte nicht so weit über den Boden und aus eurer Mitte heraushebt, dass ihr auf einem Kruzifix endet. Ich saß auf der hohen Latte, um sie für euch wieder zurück zur Mitte zu bringen …

Schraubt ihr eure Begierden und Wünsche etwas zurück, auf welche Art und Weise auch immer es für euch passend erscheint, dann werdet ihr womöglich staunend beobachten, wie eure Bedürfnisse neue Ebenen der Entwicklung erreichen. Selbst wenn ihr nicht wisst, was eure Bedürfnisse sind. Durch die Einfachheit werden eure Bedürfnisse sehr klar und greifbar. Klarheit entsteht nicht nur durch Aufstieg, sondern auch durch den Abstieg.

Ich gab euch die Brücke durch Meinen Körper, Mein Blut, Mein Herz und Meine Leidenschaft, auf dass ihr ewigen Zugang zur Einheit haben möget. Erlösung, ein Tor zur Freiheit, stellt sich ein, wenn ihr euer Leben als eins mit eurer Welt lebt. Polaritäten sind notwendig, um euch zu befreien. Wie sonst würdet ihr lernen, wachsen, euch entwickeln? Die Gefühle, die aus Momenten der Trennung und des Hasses hervorgehen, sind genauso wichtig wie Gefühle, die in Augenblicken der Verbundenheit, des Mitgefühls und des Glaubens entstehen. Gott ist alles, einschließlich Luzifers, des Verräters, des Kriegsherrn. Steckt ihr in einer Opferrolle, in Krieg, Hass oder Schuld, so bringt ihr als Mitwirkende diese Energie in Gott ein.

Die Frage, die Ich euch dann stelle, ist: Als Mitwirkende an der bewussten Evolution Gottes, was ist es, das ihr beitragen wollt? Geld, Autos und bearbeitete Bilder? Oder Gärten, Lächeln, Unterhaltungen mit Fremden, die euer Leben verändern, Kreativität und Güte?

Was wollt ihr durch das Heilige Feuer des Spirit in euch erleuchten und entfachen? Wird euch die nächste Nachrichtensendung oder der Feed in den sozialen Medien den Weg weisen? Wollt ihr noch eine Tablette einwerfen, noch einen Joint anzünden, noch einen Kaffee bei Starbucks oder ein Glas Wodka trinken, noch einen Keks essen, um euch vorübergehend besser zu fühlen? Oder einer Meiner Favoriten: Happy Meals, die euren Verstand happy machen, doch sicher nicht euer Herz. Wie viel Licht eure Schwingung enthält, wird stark davon beeinflusst, was ihr zu euch nehmt, solange ihr in der Spreu seid. Wollt ihr leuchtende Fäden und Stränge haben? Oder matte und dichte? Diese Unhappy Meals des Verlangens sind eure Entscheidung dazu, das Licht zu *er*tragen, es zu meiden, als wäre das Leben eine Last, die euch auferlegt worden sei. Hier existiert kein Zwang, geliebte Wesen. Eure Entscheidung ist es, an diesem Zeitpunkt hier zu sein. Wollt ihr euch weiterhin beschweren?

Oder ist es euer Wunsch, die Wahrheit zu entfachen, den Körper zu entfachen, die Erde zu entfachen? Indem ihr aufleuchtet und die Dinge loslasst, die ihr für so wichtig nehmt. Loslasst und euch einlasst auf das Licht des Lebens. Luzifer rebelliert gegen das Licht. Warum nicht gegen die Rebellion rebellieren? Und euren eigenen Weg gehen, Gottes Weg, den Weg, für den ihr bestimmt seid.

Durch die oben genannten Fragen könnt ihr euer Luzifer-Selbst von eurem Yeshua-Selbst unterscheiden. Das Luzifer-Selbst, das unausgeglichene Selbst, erträgt das Licht. Euer Yeshua-Selbst trägt das Licht, greift nach dem Licht. Gehen eure Gefühle mit euch durch, oder beschwert ihr euch ständig und seid immer unzufrieden, dann ertragt ihr das Licht. Seid ihr interessiert, und erforscht ihr jeden Moment aufs Neue, selbst wenn ihr euch euer ganzes Leben lang in demselben Garten oder Elendsviertel befindet, dann seht ihr überall Schönheit. Erkennt den Unterschied zwischen dem Ertragen und dem Tragen, und ihr werdet den Gott finden, zu dem ihr gehört und an dem ihr mitwirkt.

So frage Ich euch jetzt:

Wer ist euer Gott? Ihr stammt von Yeshua, doch seid ihr nicht DER Yeshua. Wer ist euer Gott? Seid ihr ein Fragment Gottes? Ein Rebell gegen die Wahrheit und Liebe Gottes? Oder ein Rebell, ein seltener Rebell dieser Welt, der von Gott stammt und mit Ihm in Einklang ist? Letzteres kommt viel seltener vor, wenn ihr es vorzieht, ein unverwechselbares Unikat zu sein.

Das ist eure Entscheidung, nicht die Unsere. Wenn ihr Gott spielen oder Ihn als etwas projizieren wollt, was außerhalb eurer selbst ist, wollt ihr euch dann auch vor einem Gott der Beschuldigungen und der Urteile verantworten müssen? Dann könnt ihr ruhig Schuld und Verurteilung wählen. Oder ist es eure Entscheidung, einen Gott der Vergebung, des Friedens und der Freiheit zu würdigen, zu verkörpern, zu erschaffen und auf ihn zu hören? Wählt, geliebte Wesen. Wählt, und bleibt bei eurer Entscheidung.

Immer und immer wieder bittet ihr Uns um Hilfe, um Beweise, darum, dass Wir eure Probleme für euch lösen. Doch wie viel Zeit nehmt ihr euch, um Uns euren Glauben zu beweisen? Ihr fordert mehr und mehr von Gaia, mehr und mehr von Gott, und doch seid ihr mit immer weniger von eurem Selbst zufrieden. Also fordert weniger von Gaia, weniger von Gott und mehr von eurem authentischen und souveränen Weizen-Selbst, denn das ist es, wo die Präsenz Gottes in euch ruht.

Tut ihr dies, dann werdet ihr erstaunt sein und sehen, wie Wir uns mit jedem neuen Tag mehr zeigen. Ich bete, dass ihr euch selbst das Geschenk der Erleichterung macht, die einkehrt, wenn ihr euch bloß dieser einen Sache hingebt. Zeigt ihr Demut, dann werden Wir den Rest herbeiführen. Das ist kein so schlechter Deal! Leider zweifeln viele in eurer Welt daran, dass Wir dann auch TATSÄCHLICH für euch da sein werden. **Selbst wenn ihr euch nach Gott sehnt, vertraut ihr Ihm immer noch nicht.** Das führt zu einem Leben, in dem ihr Gott finden wollt, Ihn sucht und doch nie euer Selbst findet und erkennt. Ich erschuf den Zweifel als Schattenseite des Vertrauens, um euren Glauben zu führen, zu geleiten und zu entwickeln.

Die Verwegenheit des Zweifels liegt darin, dass er genau die Essenz dessen bezweifelt, was ihr seid – GÖTTLICH. Glaube ist das Erkennen eurer Göttlichkeit. Zweifel ist das Erkennen eurer Getrenntheit. Wisset jedoch, dass Zweifel nicht die Abwesenheit des Glaubens ist, er ist die Abwesenheit eures Vertrauens in Gott.

Zweifel ist ganz einfach das Spreu-Selbst, das falsche oder getrennte Selbst, das eure Wahrnehmung dominiert. Glaube ist das authentische, Göttliche Weizen-Selbst, das eure Wahrnehmung dominiert. Das eine ist blind, doch glaubt es, sehen zu können. Das andere kann sehen, weil es weiß, dass es blind ist. Durch den Glauben könnt ihr nicht nur eure Angst vor dem Unbekannten transzendieren, ihr könnt durch die Leere und in das Licht in ihr blicken.

Ihr werdet immer zweifeln, geliebte Wesen, solange ihr in einem Körper steckt. Denn ihr könnt in eurem Leben nur zum Teil sehen und erkennen. Wisset jedoch, dass Wir niemals an euch zweifeln. Niemals. Ihr seid Unsere Geliebten; Wir lieben euch, selbst wenn ihr Uns entsorgt oder euren eigenen oder den Wert anderer schmälert. Wir glauben an EUCH.

Wir kennen euch vom Anbeginn an bis zum Ende und in jedem Raum dazwischen. Wir tragen das Licht aus der Leere der großen Sonne des Mittelpunkts, und Wir bringen euch den Stoff und die Verflechtungen, die ihr braucht. Wir sind keine »Menschen«, obwohl Wir in den Menschen sind. Wenn ihr bloß ein einziges Mal in eurem Leben Wahrheit, Liebe oder Frieden verspürt habt, dann kennt ihr Uns gut. Habt ihr diese Energien erfahren, dann ist das der einzige Beweis für Gott, den ihr braucht. Wir sind Wahrheit. Wir sind Liebe. Wir sind Friede. Wir zweifeln niemals an euch, denn Wir sind in euch, und ihr seid aus Uns gemacht. Diese Verflechtung ist eine, die niemals gelöst werden kann – das ist unmöglich. Und so zweifelt ihr an euch selbst, wenn ihr an Uns zweifelt, am Göttlichen, dem Licht – und umgekehrt.

Meine Welt liegt in euch, und eure Welt liegt in Mir. Wenn ihr atmet, sprechen wir miteinander. Ich höre jedes Wort, das ihr sagt, und jedes, das ihr zurückhaltet. Und so habe Ich in der Vergangenheit davon gesprochen, wie wichtig es ist, vorsichtig mit euren Worten umzugehen. Die Energie der Schuld kann ziemlich subtil sein, so auch die Energie des Verurteilens. Es ist die subtile oder weniger subtile Art und Weise, wie diese Energien durch eure Worte fließen, die von Bedeutung ist. Worte der Verurteilung oder des Zornes sind Warnsignale, dass ein Knoten kurz davor ist zu platzen, ein Faden im Netz eures Lebens ausgefranst ist und ihr euch nicht die Zeit nehmt, ihn zu untersuchen und in eurer Balance aufzulösen oder loszulassen. Ein perfektes Beispiel dafür ist das Lästern über andere, besonders dann, wenn sie nicht zugegen sind oder, noch schlimmer, wenn sie in der Nähe oder sogar in Hörweite sind. Das ist grausam.

Es steht euch in jedem Augenblick frei, direkt mit ihnen zu sprechen oder über eure Gefühle zu reden – aber immer nur im Frieden und niemals durch Projektionen. Ihr seid verantwortlich für eure Gefühle und euren Wert. Hat diesen jemand verletzt, so könnt ihr es ihnen sagen, aber es liegt in eurer Verantwortung, eure Gefühle zu fühlen. Und auch sie müssen ihre eigenen Gefühle durchfühlen, ohne ihre Dissonanz auf euch zu übertragen. Seid ihr der Meinung, eine andere Person habe euch Unrecht getan, dann sprecht einfach mit ihr. Oder noch besser, lasst es los, und sprecht vielleicht weniger mit dieser Person. Das ist nicht schwer, geliebte Wesen. Ihr seid es, die ihr es euch selbst schwer macht.

Lästern ist eine Form des Zungenredens – durch Worte werden Angst, Verurteilung und Dominanz ausgedrückt, was euch noch mehr in die Unterdrückung führt, solltet ihr euch davon mitreißen lassen. Besteht in euch das Verlangen, zu lästern oder unfreundliche und schuldzuweisende Worte in Hinblick auf eine andere Person zu äußern, so bedeutet das, IHR seid der oder die Unterdrückte. Wenn ihr lästert, dann drängt ihr euer eigenes Yeshua-Selbst noch weiter nach unten. Nicht die andere Person. Ob es sich nun um die Wahrheit handelt oder nicht – lästert ihr, oder macht ihr falsche Anschuldigungen, dann aus dem Grund, weil ihr euch von einer anderen Person bedroht fühlt und das Verlangen verspürt, eure Dominanz und/oder Überlegenheit zu demonstrieren.

Das Lästern, das Verbreiten von Lügen und falschen Anschuldigungen ohne jegliche Beweise ist in Wahrheit nur das Ego, das gespaltene und voreingenommene Annahmen macht. Es spiegelt eine tiefe Verwurzelung des Luzifer-Selbst wider. Denn das sind Methoden, deren sich Feiglinge, Narzissten und Mobber bedienen. Statt euch mit dem Netz der Unbewusstheit und dem Gericht Göttlicher Verhetzung zu verflechten, was euch zu weniger als einem Schatten eurer Selbst verkommen lässt, lade Ich euch ein, kurz innezuhalten, ehe ihr euren Mund aufmacht.

Bevor ihr nicht fähig seid, im Rahmen einer Unterhaltung Licht in die Leere zu bringen, hütet eure Zunge. Sprechen andere schlecht über euch, so fürchtet sie nicht – sie haben keine Macht über euch. Nur weil sie im Ungleichgewicht sind, heißt das nicht, dass ihr es sein müsst. Ihr habt die Macht über sie – eine Macht Gottes, die auf Gleichheit und Liebe basiert –, indem ihr in Güte über sie sprecht. Und wenn euch das nicht gelingt, dann, indem ihr überhaupt nichts sagt.

Es ist sinnlos, jene zur Vernunft bringen zu wollen, die machttrunken und von ihren verstandesbasierten Ängsten und ihrer Arroganz in den Wahnsinn getrieben sind – so sehr, dass sie ihre eigene Seele unterdrückt haben. Solche Menschen können euch nicht durch ihr Seelenauge sehen, denn sie haben ihr Seelenauge unterdrückt. Sie sind wütend und suchen nach jemandem, auf den sie losgehen können. Sie meinen, das Recht zu besitzen, euch zu zerstören und von euch zu nehmen, was ihr euch rechtmäßig verdient habt. Seid ihr in eurem Yeshua-Selbst verankert, dann ist es wichtig, Mitgefühl und doch auch ein gewisses Unterscheidungsvermögen gegenüber einem Menschen zu haben, der in seinem Luzifer-Selbst gefangen ist.

Könnt ihr das Lästern und Umherschlagen mit Negativität durch Mitgefühl ersetzen – nicht durch herablassende Bevormundung oder passive Aggressivität, sondern durch wahres Mitgefühl –, dann seid ihr euch eures Wertes bewusst. Ihr steht aufrecht, mit Mir und als Ich.

Es ist schon interessant, dass die Menschen, über die ihr lästert oder die ihr angreift, euch selten direkt provozieren. Meistens ist es ihre Art zu sein, die euch provoziert. Oder etwas, was euch an ihnen auffällt und nicht der Geschichte entspricht, die ihr für »richtig« haltet. IHR werdet zum verwundeten Tier, wenn ihr sie angreift. Besonders dann, wenn ihr auf ihre Verwundbarkeit abzielt. Tut ihr dies, dann seid ihr es, die ihr das Malzeichen des Tieres erhaltet. Und leider werdet auch ihr diejenigen sein, die am Ende zum Schweigen gebracht werden.

Überlegenheit zu verspüren, indem ihr eine andere Person niedermacht, insbesondere einen euch unbekannten Menschen, ist grausam und lässt eure Kreuze noch größer werden, lässt euch das Licht *ertra*gen und führt euch tiefer in den Abstieg. Denn ihr könnt nicht zur zweiten und dritten Phase der Wiederauferstehung übergehen, wenn ihr in Unbewusstheit handelt – egal, für wie bewusst oder berechtigt ihr euch haltet. Menschen, deren Handlungen euch gegenüber nicht richtig waren, werden letztendlich unter der Last ihres eigenen Schwertes, ihrer Schreibfeder, ihrer Dysbalance oder ihrer Zunge zusammenbrechen. Durch ihre eigene Hand. Nicht durch eure.

Besteht in euch die Neigung, schlecht über andere zu sprechen, dann erkennt, dass ihr dabei die Unterdrückten seid. Mit dem Lästern verhält es sich sehr spannend. Menschen dafür zu gewinnen, sich beim Niedermachen anderer zu beteiligen, bedeutet, dass ihr die Last und das Kreuz auch auf die Mitläufer übertragt. Eure Last geht auf sie über, zusätzlich zu eurer eigenen Last und der Last des Kollektivs. Verbündete zu gewinnen – Soldaten, die euren eigennützigen Krieg führen, der niemanden wirklich interessiert und dem nichts Kreatives oder Originelles entspringt –, ist ein todsicherer Hinweis, durch den ihr erkennen könnt, dass IHR in eurem falschen Selbst verloren seid. Ihr werdet meist feststellen können, dass die einzigen Soldaten, die mitmachen, jene Menschen sind, die gleichermaßen in Dissonanz und Polarität feststecken wie ihr. Das Opfer zu spielen und andere anzugreifen, macht euch zum Raubtier, und das ist sehr bedauerlich und trennt euch vom Rest der Welt.

Nun kann es manchmal vorkommen, dass sich jemand angegriffen fühlt, wenn ihr dieser Person vorwerft, eine Grenze überschritten zu haben – eine Grenze, die ihr ihr von Anfang an klar kommuniziert habt. Eure Grenze wurde also übertreten, aber die andere Person sieht sich als Opfer und gewinnt sogar andere Opfer-Soldaten für sich, um euch als den Täter hinzustellen. **Entschuldigt oder beugt euch niemals vor ihrem Luzifer-Selbst.** Sie weigert sich, Verantwortung für ihre Handlungen zu übernehmen. Habt ihr die Grenze kommuniziert, und hat die Person sich dazu entschieden, diese zu missachten, und besitzt sie weder Selbstwert noch das Auge der Seele, um ihren Aufstand erkennen zu können, so vergebt ihr, und entwirrt und löst sie aus eurem Leben heraus. Achtet euch selbst dafür, dass ihr eure Grenze gewahrt habt. Wenn die Zeit gekommen ist, werde Ich den Rest für euch und für sie erledigen.

Ebenfalls sollt ihr euch nicht bei einer Person oder einer Gruppe von Menschen entschuldigen oder vor ihnen kriechen, wenn ihr nichts Falsches getan habt. Tut ihr es doch, so füttert ihr die endlose Dissonanz und das Chaos dieser Meute. Erkennt, dass auch Ich Mich nicht bei der Meute, der Menschenmenge, entschuldigt habe. Ich habe ihnen ihre Dissonanz zugestanden. Es war einfach, denn Ich kannte die Wahrheit. Und Ich habe ihnen vergeben – in Mitgefühl, mit Segen und Gebet. Ich kenne die Wahrheit, selbst wenn andere sie nicht sehen, selbst wenn ihr sie nicht sehen könnt. Verweilt in dieser Wahrheit.

Es ist schon erstaunlich, wie unglaublich organisiert der Verstand im Bezug darauf sein kann, euch ins Chaos zu stürzen. Er ist ein Meisterorganisator und Orchestrierer des Chaos. Die Seele, der Spirit und das Yeshua-Selbst nehmen das Chaos und ordnen es. Und dann kommt da das Luzifer-Selbst angerannt, mitten hinein in das perfekt geordnete Netz, und der unausgeglichene Verstand ordnet alles wieder in Chaos um. Oh, welch wundersame Wesen ihr seid. Oh, wie sehr Ich euch liebe.

Eine wunderbare Frage, die ihr euch stellen könnt, ist folgende: Was mache ich öfter? Bringe ich Ordnung ins Chaos? Oder bringe ich Chaos in die Ordnung? Selbstsabotage, Ungeduld und Prokrastination sind gute Beispiele für Letzteres. Schreibt euch einige Gedanken dazu nieder, und ihr werdet ein- oder zweimal über euch schmunzeln. Denn ihr alle tut von beiden etwas. Beide sind auf eurer Reise hin zur Verwirklichung eures Yeshua-Selbst von Bedeutung. Durch das Bewusstmachen dessen wird es euch leichter fallen, Ordnung ins Chaos zu bringen. Ich bin nie ein Befürworter von peniblen, repressiven Strukturen gewesen, aber ein bisschen Struktur ist unerlässlich, um einen ausgeglichenen Raum zu schaffen, durch den Liebe in euer Leben fließen kann.

Solltet ihr irgendwann einmal in eine schwierige Situation gelangen, in der ihr zwischen zwei Parteien vermitteln müsst, so beurteilt beide Seiten gleichermaßen. Werdet ihr gebeten, auf eine bestimmte Art und Weise zu handeln, und fühlt es sich richtig für euch an, so handelt in Mitgefühl und Fairness für alle, aber auch in Aufrichtigkeit. Werdet ihr berufen, als Richter des Friedens zu handeln, so ruft Meine Präsenz herbei. Denn es ist von wesentlicher Bedeutung, dass ihr in eurem Yeshua-Selbst verankert seid, um die Angelegenheit durch Liebe auflösen zu können.

Lästert ihr über andere oder zieht ihr sie in den Dreck, so seid ihr die Geächteten. Macht ihr aus Langeweile oder aus einem Pflichtgefühl mit und agiert ihr als Verschwörer oder Mittäter, so verdammt ihr auch euch selbst. Wenn ihr sprecht, dann sprecht in Demut, mit Mitgefühl und Liebe. Vielleicht werdet ihr dafür gehasst, in solchen Zungen zu sprechen, aber dies sind die Zungen und Sprachen der Welt, Zungen des Gebets, Zungen, deren Worte immer von Gott erhört werden, denn ihr habt euch dafür entschieden, dem Gott in euch zu lauschen.

Dies ist der Weg des Friedens durch die Wiederauferstehung eures Yeshua-Selbst aus eurem Luzifer-Selbst. Durch jeden Einzelnen von euch, der das Yeshua-Selbst wählt, nähert sich Luzifer seiner eigenen Entscheidung für seine Wiederauferstehung. Denn jeder von euch, der sein Yeshua-Selbst verkörpert, ist für Luzifer und für seine den Menschen innewohnende Energie eine Ohrfeige der Gerechtigkeit und der liebevollen Konsequenzen. Es liegt nicht an Mir, ihn zu verstoßen. Ich habe ihm bereits in Meinem Leben und Meinem Tod einen schnellen Stoß versetzt, in Meiner Vergebung Judas'. Ihr seid es, die ihr Luzifer transzendiert, wenn ihr den Mut habt, die Wahl zu treffen, die er nicht zu treffen vermag: eine Entscheidung für die Demut, für Gleichgewicht, für Gnade.

Lasst nun die Worte euer Herz mit Liebe durchfluten. Wie auch eure Worte die Herzen anderer mit Liebe durchfluten. Dies ist die Entscheidung für den Kodex und gegen das Kruzifix. Dies ist der Atem einfacher Worte, die Berge versetzen. Dies ist die Entscheidung für das Licht innerhalb der Leere, des Zwischenraumes. Und so ist es. Amein.

Die Yeshua-Meditation

Schließe deine Augen, geliebtes Wesen. Mit Sanftmut ersuche Ich dich nun, eine Hand leicht über deinen Kopf zu heben, mit der Handfläche nach außen, und die andere Hand über dein Herz zu legen. Und jetzt beten wir:

Großer Spirit, Yeshua, durch die mir verliehene Macht Gottes stelle ich allen Bedürftigen meine Präsenz und mein Licht zur Verfügung, durch die Verflechtungen der Liebe und des Friedens. Ich bringe diese Gabe in Demut und im Dienste für alle meine Beziehungen dar, durch die Quelle der Macht des Lichts, das ICH BIN. In Gleichgewicht, Harmonie und Vertrauen.
Yeshua, dir überlasse ich das Entfachen der Samen der Liebe, die ich in diese Erde und diese Welt einpflanze. Ich suche nicht nach Bestätigung. Ich möchte allem zu Diensten sein. Ich verneige mich vor den Ältesten und vor den wahren Führern dieser und anderer Welten. Ich werde mich in meinem Dienst nicht von ihnen abwenden. Ich gelobe, mich weiterhin in mir selbst zu entwickeln. Ich schicke ein Gebet des Einsseins, des

Gleichgewichts, der Heilung, des Lichts an mich und an alle.
ICH BIN der/die Geliebte, und der/die Geliebte ist in Mir.
Sancti. Pace. Amein.

Bringe deine Hände in Gebetshaltung, und empfange die Freude, die aus diesem Gebet durch dich hindurchströmt. Spüre das Licht, das Ich aus der Leere, dem Schoßraum des Göttlichen, sende, um dein Herz zu entfachen.

Nimm einen tiefen Atemzug, entspanne deine Hände, und bewege deinen Körper. Schüttle deinen Körper. Und lächle, teile dein Licht mit den Vögeln, Pferden, Insekten, den Flüssen und Bäumen. Spüre, wie diese Nachbarn zurücklächeln, selbst aus weiter Ferne. Nun lächle, denn all deine geliebten Verstorbenen sind mit dir hier, in diesem Marsch der Freiheit, der Vergebung und des Glaubens. Wir lächeln, lachen, trauern mit dir, unterstützen dich und tanzen mit dir – immer.

Es war Mir eine Ehre, dir aus dem Garten dieses guten Tages/dieser guten Nacht gedient haben zu können. Es gibt keinen Abschied, nur ein *Gehab dich wohl* und ein *Vergiss Mein nicht*. Erinnere dich, dass der Leere des Verlustes eines geliebten Menschen eine Liebe entspringt, welche die Zeit transzendiert.

So wie dich deine geliebten Verstorbenen im Sacred Heart tragen, so trägst auch du sie in deinem. Einem Herzen. Es gibt keine Schwere, keine Bürde oder Last. Obgleich sich dein Herz manchmal schwer anfühlen mag, wenn du an sie denkst, so wird es leicht wie eine Feder sein, wenn du sie annimmst, wie sie wirklich sind und wie du wirklich bist: als Spirit. Du trägst den Spirit, und Spirit trägt dich durch die Gnade Meines Geistes, des Heiligen Geistes, in dem alle eins sind.

Om Nami Maia. Om Namah Sananda. Om Nami Yeshua. Sancti. Sancti. Sancti. Pace. Pace. Pace. Namaste.

Über Leben, Verlust und das Lamm

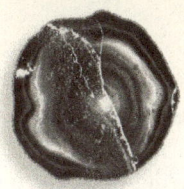

....

Das Alpha, das Omega und das ewige Leben

Die Yeshua-Lehre

Guten Abend, geliebte Wesen. Welch eine Reise, die wir gemeinsam unternommen haben, unternehmen und es noch werden. Heute möchte Ich zu euch allen darüber sprechen, was ICH BIN, was Wir sind, was ihr seid und was es ist, das Ich euch darbringe. Nicht nur an diesem Tag, sondern von Beginn an, am Ende, vor dem Anfang und nach dem Ende und in jedem Augenblick dazwischen. Und so möchte Ich euch heute Folgendes schenken: die Wahrheit der Liebe.

Könnt ihr die Wahrheit lieben, so werdet ihr Frieden erfahren. Bevor ihr die Wahrheit nicht annehmt, jenseits von Meinungen oder Auffassungen, könnt ihr die Grenzen- und Zeitlosigkeit der Liebe niemals wirklich erfahren, spüren und verkörpern.

Geliebte Wesen, Wir wissen, sogar eure Seele weiß, dass der Entschluss, euren Weizen in die Spreu, den Spirit in einen Körper einzuweben, viel Mut erfordert. Es liegen viele Freuden darin, das Selbst in der Form, in der Dualität, als persönliche Identität, mit freiem Willen und in der Fülle an Sinneswahrnehmungen zu erfahren.

Eure Entscheidung, in einen Körper zu inkarnieren, bedeutet aber auch, dass ihr an einem gewissen Punkt das Loslösen, den Tod, erfahren müsst. Ohne diese Erfahrung könntet ihr euch nicht weiterentwickeln, überhaupt gäbe es keine Geburt. Ohne den Tod ist keine Geburt möglich. Wäre dem nicht so, dann wäre eure Reise durch das Leben bewegungslos. In der Tat gäbe es überhaupt keine Reise.

Aus diesem Grund habe Ich über die Leere und das Licht gesprochen. Für den Verstand mag das vielleicht befremdlich klingen, aber in Geburt und Tod liegt gleich viel Trauer. **Einem Neubeginn wohnt gleich viel Trauer wie einem Ende inne.** Damit das Neue beginnen kann, muss das Alte sterben. Wenn etwas stirbt, dann gibt es eine Geburt ins Neue. Deshalb sind die Gefühle, die ihr an Anfängen und Enden verspürt, besonders intensiv, und deshalb ist es immer eine Mischung aus Trauer und Liebe. Es ist eine Befreiung.

Anfänge und Enden sind dasselbe, sie sind eins. Sie sind ganz einfach Lichtträger füreinander, Yin und Yang. Und so ist in beiden Trauer, Angst, Liebe und tiefe Vertrautheit enthalten – eine Kombination aus Schatten und Licht. Das ist die Leere und das Licht. Das ist die Wahrheit der Liebe.

Um als menschliches Wesen die Leere und das Licht erfahren und bezeugen zu können, muss die Erfahrung von Geburt und Tod durchlebt werden. Eurer eigenen Geburt und eures eigenen Todes, selbst wenn ihr euch an beide nicht erinnern könnt. Gleichzeitig aber auch die Erfahrung der Geburten und Tode jener Menschen in eurem Umfeld.

Da eure Seele Licht ist, kann sie nur für eine gewisse Dauer in linearer Zeit und in der Dichtheit eines Körpers verweilen, bevor ihr wieder nach Hause zurückkehren müsst. Wir wissen, dass eure Gedanken, Gefühle und eure Fähigkeit zu verstehen, weshalb gewisse Ereignisse geschehen, recht kompliziert und verwirrend sein können, wenn ihr euch in einem Körper befindet. All diese Emotionen, Schwingungen, Energien, die ihr verarbeiten müsst, könnt ihr als so mächtig und überfordernd empfinden. In einem Augenblick könnt ihr euch so frei in eurer Erfahrung des Lebens fühlen, und im nächsten fühlt ihr euch von der Schwere all dessen erdrückt. Manchmal zur Gänze allein und getrennt. Dann wiederum völlig eins. Es ist immer eine Mischung und Verschmelzung. Je mehr ihr die Verschmelzung von Schatten und Licht akzeptieren könnt, desto besser wird es euch gelingen, alles als Licht wahrzunehmen. Denn alles, was ihr erlebt, denkt und fühlt, ist der »Stoff«, aus dem der Traum geschaffen ist. Während ihr immer bewusster werdet und euch in eurem Yeshua-Selbst, dem Träumenden, verankert, wird es einfacher, sich nicht im Traum zu verlieren.

Gefühle können nicht logisch begründet werden, egal, wie sehr ihr es versucht. Warum ihr sie habt, wie sie euch verbinden oder trennen, warum und wie sie aufkommen – tja, wie sehr ihr es auch versuchen mögt, sie sind nicht logisch zu argumentieren. Vernunft, in ihrer Linearität und Logik, ist nicht die Sprache des Herzens. Nonlineare Emotion ist nicht die Sprache des Verstandes. Der Konflikt zwischen eurem Verstand und eurem Herzen ist es, der Verwirrung schafft. Glücklicherweise weiß eure Seele darum. Und sie bringt euch das, was ihr benötigt, um ein Gleichgewicht zwischen diesen beiden zu finden, was euch mit Geduld, Glaube und Bereitschaft wesentlich leichter gelingt. Mit Bereitschaft ist der bewusste, freiwillige Dienst gemeint, der offenem Erforschen innewohnt.

Auch Ich verstehe das, geliebte Wesen. Ich bin keine Präsenz der Verwirrung, der Angst, der Täuschung, des Leidens und der Lasten. Ihr alle erschafft genug von alldem für euch selbst. Das Licht ist Friede. Gott ist Friede. Ich, Yeshua, BIN Friede. Dies ist der Raum des Bewusstseins, der ICH BIN, den Ich erschuf und in dem Ich wohne. Dies ist der Raum des Bewusstseins, in dem ihr wohnen könnt, wenn ihr eure Augen schließt und Mich findet.

Jeder, der euch eine Auffassung von Gott nahegelegt hat, die nicht barmherzig, verzeihend und friedvoll ist, hat das Ziel bei Weitem verfehlt. Vielleicht versteht ihr die Mysterien Gottes, des Lebens und des Todes nicht, weshalb andere tun, was sie tun, oder warum ihr den

Schmerz und den Verlust erfahren müsst. Ich werde in Einfachheit antworten: Ihr müsst all das erleben, weil es das ist, was die Freude des Wunders eurer Reise überhaupt ermöglicht. Obgleich ihr dies alles nicht verstehen mögt, ersuche Ich euch, eure Gefühle, eure Schwingungen kommen und gehen zu lassen. Der Augenblick, in dem ihr entweder euren Schmerz verleugnet und unterdrückt ODER ihn beispielsweise durch schuldzuweisendes Verhalten auf andere projiziert, ist der Moment, in dem euer Leiden beginnt.

Gedanken schwingen niedriger als eure Gefühle und Emotionen. Eure Emotionen und Gefühle sind dem Licht näher, als es die Gedanken sind, da sie mehr im Einklang mit der Erfahrung von Schwingung und Energie stehen. Bei Gedanken geht es mehr um das Verarbeiten eurer äußeren Erfahrungen. **Gefühle und Emotionen schwingen niedriger als eure Intuition und eure Präsenz.** Warum also gebt ihr euren Gedanken (niedrigste Schwingungsebene) und Gefühlen (zweitniedrigste Schwingungsebene) mehr Priorität und einen höheren Stellenwert als eurer Intuition und eurer Präsenz (höchste Schwingungsebene)?

Das ist es, was wiederherzustellen Ich gekommen bin. Damit eure Intuition und eure Präsenz wieder das Kommando übernehmen. Dadurch werden eure Gedanken und Emotionen weniger polarisierend und überfordernd sein, und eure Gedanken werden ausgeglichener und produktiver. Das Ergebnis sind Harmonie, Beständigkeit und Resilienz, selbst in Phasen von Tod, Geburt und plötzlicher Veränderung. Dies ist der gesunde Kreislauf, für den euch euer Körper sehr danken wird. Die Reise dorthin ist es, was Ich euch in diesem Augenblick darbringe.

Ich bringe euch vieles, und in Meinem Leben habe Ich sehr Konkretes gegeben. Ich brachte Bewusstsein, Ich brachte Gnade, Ich brachte eine Brücke, die das Leben, den Tod transzendiert – noch lange bevor Ich das Kreuz trug. Ich brachte euch den Anfang eurer Erfahrung als

Seele, und Ich brachte das Ende dieser Erfahrung in diesem Leben, in allen Leben. Ich bringe euch den ersten Atemzug, den letzten Atemzug und den ersten und letzten Atemzug, der jedem Atem innewohnt. In jedem Augenblick, in dem ihr lebt, sterbt ihr. In jedem Moment, in dem ihr ein- oder ausatmet, macht ein anderes Wesen seinen ersten oder letzten Atemzug. Das Universum, Gaia, das Kollektiv, das Ökosystem, IHR selbst atmet zu jeder Zeit.

Während ihr Liebe einatmet und Wahrheit ausatmet, während ihr Schöpfung einatmet und Zerstörung ausatmet und Bewusstsein und Dankbarkeit in dieses Gleichgewicht bringt, werdet ihr den Mittelpunkt des Friedens finden. Den Raum, der den Tod transzendiert, die Essenz eures Seins. Euer Atem ist der Weg hin zu dieser Wiederauferstehung. Friede wird gestört, wenn ihr eure Bewusstheit über diese einfache Wahrheit verliert. Atmet ihr, so atmet ihr mit, als und für alles Leben. Nehmt einen tiefen Atemzug, haltet inne ... und atmet aus. Atmet.

Friede existiert mit und in euch. Er ist der Raum zwischen euren Atemzügen. Das ist der Ort, an dem ihr Mich und an dem ihr euch selbst findet.

Wenn ihr euch die Macht dieser Worte wirklich bewusst macht, werdet ihr den Schlüssel zu der zentralen Botschaft finden, die Ich euch heute darbringe. Es ist keine Botschaft darüber, wie ihr ein wundervolles und langes Leben in Gesundheit und Freude in jedem einzelnen Augenblick führen könnt. Meine heutigen Worte für euch wollen ein tieferes Bedürfnis von euch stillen: den Frieden im Leben wie im Tod zu finden. Dies ist eine Botschaft, die tief in der Einfachheit verankert ist, denn Leben und Tod sind weitaus einfacher, als ihr es euch vorstellen könnt.

Dies ist keine Botschaft projizierter Hoffnungen, sondern einer Hoffnung, in der ihr euren Glauben verankern könnt. Einfachheit ist Gleichgewicht, mehr noch als alles andere. Wenn Ich also sage,

Ich bringe euch Einfachheit, so bedeutet dies, Ich biete euch die Fähigkeit, euer Leben, eure Gedanken und Gefühle wieder ins Gleichgewicht zu bringen und zu vereinfachen. Und deshalb sind Trauer, Verlust und Loslassen – Zerstörung – so wesentliche Aspekte des einfachen Gleichgewichts der Schöpfung. Es gibt nichts, was so effizient ist wie Trauer oder Verlust, um euch daran zu erinnern, was wirklich wichtig ist: die Liebe.

Und so kann ein Verlust oft genau das sein, was nötig ist, um Einfachheit und Gleichgewicht in eurem Leben wiederherzustellen. Vielleicht nicht auf die euch liebste Art und Weise, aber auf die für euch notwendige. Heute bringe Ich euch die einfache, reine und bloße Wahrheit der Kraft eurer Einfachheit. Einschließlich eurer Verletzlichkeit in dieser Welt. Ihr wurdet nach Meinem Ebenbild geschaffen, das ganz einfach ist – es ist Licht. Freundlich. Barmherzig. Gerecht. Und allmächtig.

Verwebt und verflicht sich eine Seele mit einem Körper und in diese Welt hinein, so steigt sie von dem Göttlichen Weinstock herab. Eure Form, euer Körper steigt aus der Erde, dem Lehm, herauf, während eure Seele, euer Spirit, in ihn herabsteigt. Löst ihr euch durch den Tod von eurem Körper, so steigt eure Seele den Weinstock wieder hoch. Und euer Körper steigt wieder in die Erde, den Lehm, hinab.

In den letzten Augenblicken eures Lebens werdet ihr vielleicht mit eurem Körper keinen Atemzug mehr machen, aber ihr atmet und lebt immer noch im Raum des Spirit. Euer letzter Atemzug ist euer erster – und umgekehrt. In jedem Augenblick atme Ich mit euch. Denn innerhalb eines Traumes könnt ihr nicht sterben. Kommt ihr in einem Traum ums Leben, so sterbt ihr nicht. Ihr wacht ganz einfach auf oder geht zum nächsten Traum über – unabhängig davon, ob ihr schlaft oder wach seid.

Ihr seid Meine geliebten Kinder. Genauso wie ihr, die ihr Kinder habt oder Tiere, die wie Kinder für euch sind, oder Eltern im reifen

Alter, die wie eure Kinder geworden sind, große Hoffnung in sie hegt, so hegen auch Wir große Hoffnung in euch. Hoffnung, dass ihr nicht von den äußeren Eindrücken, Perspektiven, Ängsten und Lasten anderer geblendet werdet, die für euch zur Last werden – ganz gleich, was sich in eurem Leben auch ereignen mag, das sich hart oder ungerecht anfühlt, womit sich eure Seele verflechten oder woraus sie sich lösen mag, was ihr im Leben verliert oder was ihr gewinnt. Wir hoffen, dass ihr eure Lasten ablegt.

Ich, Yeshua, hoffe, dass ihr trotz all der Veränderungen, die im Fluss eures Lebens auf euch zufließen werden, nicht vergesst, dass dieser Fluss ein großer Kreislauf ist. Er fließt aus dem Zentrum heraus in alle Richtungen. Könnt ihr die Quelle im Zentrum finden, so lauft ihr nicht nur über das Wasser, ihr werdet zum Wasser, zur Quelle selbst, und zum Kreislauf. Ich hoffe, dass ihr euch in Augenblicken der Trauer oder der Freude daran erinnert, immer wieder kurz die Augen zu schließen, zu atmen und euch bewusst zu machen, was ihr seid. Genauso wie ihr euch wünscht, eure Nächsten mögen ihre Trauer und Freude mit euch teilen, so hoffen auch Wir, dass ihr eure Momente der Liebe und der Trauer mit Uns teilen werdet. Und Uns erlaubt, eure Hände zu halten, wenn ihr durch den strömenden Fluss watet.

Vor allem aber ist Gottes größte Hoffnung für euch ... dass ihr nicht nur Frieden findet, sondern euer Leben lang im Frieden ruht.

Wenn ihr also Hoffnungen für andere Menschen in eurem Leben haben wollt, so hofft und betet für ihren Frieden. Nicht nur für ihr Glück, für intakte Beziehungen, für Gesundheit ... hofft auf ihren Frieden. Wollt ihr ihnen dienen, egal, was sie gerade durchmachen, so bringt ihnen den Wein des Friedens – durch Einfachheit, Demut, Dankbarkeit und Mitgefühl. Haltet Ausschau nach jenen, die dasselbe für euch hoffen und dafür beten. Denn sie sind die Größten unter euren Geliebten.

Ihr alle hegt so viele Hoffnungen, und Hoffnung ist, wie Ich bereits im Rahmen dieser Botschaften gesagt habe, eine wunderschöne Manifestation. Ihr hofft, dass nach jedem Ende auch ein neuer Anfang kommt. Ihr hofft, dass es euren Kindern gut gehen wird. Ihr hofft, dass, wenn ihr etwas Neues in Angriff nehmt, es die richtige Entscheidung gewesen sein wird, dass es gut ankommt und funktioniert.

Ihr hofft, dass ihr den Schmerz, die Sehnsucht, die Leere und die Trauer nach dem Tod einer geliebten Person überleben werdet. Ihr hofft darauf, dem Tod zu entrinnen. Ihr hofft, euch zu erinnern; ihr hofft zu vergessen. Ihr hofft, dass es am Ende alles wert gewesen sein wird. Dass ihr es wert seid. Manchmal hofft ihr darauf, dass jemand anders wird, als er ist. Ihr hofft, alles in Gleichgewicht und Gnade zu hinterlassen, wenn ihr euch von einer Person oder einer Sache loslöst.

In Meinem Leben als einer von euch hofften viele der Menschen, die Mich liebten, Ich würde bei ihnen bleiben. Die Erwartungen und Hoffnungen, die andere Mir gegenüber hatten, unterschieden sich nicht viel von den Hoffnungen und Erwartungen, die andere Menschen von euch haben. Viele hofften, Ich würde sie heilen. Sie hofften, Mein nächstes Wunder würde ihnen gelten, und auch heute noch hofft ihr, ja manchmal erwartet ihr sogar, dass Ich komme und euch vom Leid, vom Leben, vom Tod befreie.

In Meinem Leben gab es viele, die hofften, Ich würde ihr Kind heilen, ihre Geliebten wieder zum Leben erwecken, ihnen Gerechtigkeit bringen, ihnen sagen, was sie hören wollten, ihnen noch ein Wunder offenbaren. Aber das konnte Ich nur dann, wenn es im Einklang mit dem Willen Gottes stand und zum Wohlergehen aller beitrug. Ich war nicht gekommen, um jedes Kind oder jeden Sterbenden zu retten. Das entspricht nicht der Realität – denn die Realität ist, dass Ich dies bereits getan habe. Ich bin auch heute nicht hier, um euer Leben für euch zu leben. Doch bin Ich euren Tod für euch gestorben. Und dadurch gab Ich euch die Freiheit, im Lichte Ewigen Friedens zu leben.

Oft jedoch wurden die Menschen in ihrer Frustration und aus

ihrem Zweifel heraus wütend, sobald Ich nicht jedes ihrer Kinder heilte. Dann verspotteten sie Mich und warfen Mir vor, ein Schwindler zu sein. Wenn Ich einen Menschen nicht heilte, dann deshalb, weil seine Heilung ein Verlangen war und kein Bedürfnis. Die Hoffnung entsprang einem Verlangen, einer Erwartung und manchmal sogar einem Anspruchsdenken, das eine Krankheit ist, die Ich nicht zu heilen bereit war oder vermochte. Denn nur ihr selbst könnt die Dysbalancen des Egos heilen, indem ihr euch für Gleichgewicht und Demut entscheidet.

Ich hatte die Macht, jene Menschen zu heilen oder wieder ins Gleichgewicht zu bringen, deren Hoffnung ein Bedürfnis war, eine Hoffnung ohne Erwartungen. Denn in ihrem Innersten waren sie bereits geheilt und im Gleichgewicht. Sie trugen den nötigen Glauben, die Demut und Hingabe in sich, um ein Wunder zu co-kreieren. Nicht den bloßen Glauben an Mich als Retter, aber einen Glauben an das Selbst als Teil Gottes.

Wie Ich bereits sagte, heilte Ich weniger, als dass Ich die Menschen wieder ins Gleichgewicht zurückführte. Die Wunder, die Ich vollbrachte, waren zweitrangig gegenüber dem Gleichgewicht, welches Ich durch Mein Leben und Meinen Tod schuf. Und aus diesem Grund erscheine Ich euch auch jetzt. Um eure Herzen wieder ins Gleichgewicht zu rücken, indem Ich euch das Wissen schenke, wie ihr euren Verstand und seine Ängste vor dem Tod und dem Ende wieder in Balance bringen könnt. Das ist das wahre Wunder. Alle Wunder sind Handlungen der Co-Kreation, zwischen Mensch und Gott, zwischen Mensch und Mensch, zwischen Gott und Mensch. Entscheidet ihr euch also für Gleichgewicht, so seid ihr Meine Mitstreiter, Meine Co-Schöpfer, Meine Mitverschwörer der Wunder.

Ihr habt Mir zu Meinen Lebzeiten wie auch davor und danach viele Namen gegeben. Rabbi, Zimmermann, Gotteslästerer, Schafhüter, Retter, Hamashiach, Archetyp, Geschichte, Mythos, Avatar, ein

Gott, DER Gott, Eli, Eloi, Elohim, Jahwe, Il-Alah, El Shaddai, Allah, Sohn, Tochter, Bruder, Freund, Vater, Mutter, Herr, Abba, Amma, HaSchem, Jehova, Heiler, Prophet, Mensch. Oder einer Meiner persönlichen Favoriten, der Mich jedes Mal zum Schmunzeln bringt: Arzt. So viele Namen und Stempel. Für jeden und jede von euch ein anderer Name mit unterschiedlichem Stempel, abhängig von eurer Wahrnehmung. Was Ich war oder bin, ist nicht von Belang.

ICH BIN euer Yeshua, ICH BIN euer Gott. Als was auch immer ihr Mich abstempelt, drückt euch denselben Stempel auf. Denn alles, was ICH BIN, ist alles, was ihr seid. Und alles, was ihr seid, ist alles, was ICH BIN.

Wollt ihr Mich also kennen, so erkennt Mich als den Ausgleicher, den Wiederhersteller, den Erlöser eures Gleichgewichts des Friedens. Balance ist das Tor zu Frieden, Freude und Verwirklichung. Ohne Gleichgewicht könnt ihr nichts davon spüren oder in tiefer Bewusstheit erfahren.

Ich bringe euren Verstand, euer Herz, eure Seele, euren Spirit, Körper und euer Bewusstsein ins Gleichgewicht, so wie Ich es auch damals getan habe. Ich bringe das Göttliche Gesetz wieder in Balance, dort, wo Menschen das Gesetz in ihre eigenen Hände nehmen. Ich bringe das Königreich wieder in Balance, einschließlich eures Ökosystems und des allumfassenden Traumes. Das war und ist Mein Wunder und Meine Wahrheit. Viel mehr noch als das Austreiben von »Dämonen« und das Laufen über Wasser. In Wahrheit waren das bloß Zugaben. Alle Meine übermenschlichen Fähigkeiten waren bloß ein Nebenprodukt Meiner Göttlichen Präsenz als Gott. Alle eure übermenschlichen Fähigkeiten sind ein Nebenprodukt eures Erwachens in eurer eigenen Göttlichen Präsenz als Gott. Wollt ihr Mich also finden, erfahren, so sucht nicht nach mehr Wissen oder mehr Dienstleistungen, sondern nach Balance und Gleichgewicht. Und der Rest regelt sich dann von allein.

Die Geburt ist ein Wunder. Ebenso ist der Tod ein Wunder. Beide sind eine Gnade und Güte, die ihr niemals begreifen könnt, ohne die Präsenz des Friedens in euch zuzulassen.

Dem Prozess des Verlustes einer geliebten Person wohnt eine unbeschreibliche Gnade und Güte inne, die aus euch herausströmt, während ihr die Bedürfnisse dieser Person zu erfüllen versucht. Genau in dem Moment, in dem sich die Person vom Leben loslöst, verweben sich eure Spirits noch tiefer miteinander – in unvorstellbarer Gnade und mit goldenen Fäden, die jegliche physische Trennung transzendieren. Das, geliebte Wesen, ist Liebe. Schafft ihr es, in Zeiten des Endes und des Anfangs den Bedürfnissen der geliebten Person nachzukommen, statt euer eigenes Verlangen zu stillen, dann werdet ihr sehen, wie am Ende auch eure Bedürfnisse auf wundersame Weise gestillt werden.

Natürlich hofft ihr tief in eurem Herzen darauf, dass dieses Wesen, die geliebte Person überlebt … oder zum Ende hin nicht leiden muss. Wenn es irgendetwas gibt, auf das ihr hoffen könnt, dann hofft, dass die Person die Macht ihrer eigenen Präsenz und ihres Lichts erkennt, akzeptiert und verwirklicht – selbst wenn es euer Verstand nicht begreifen kann. Das Licht einer solchen Hoffnung für eure geliebte Person zu tragen, ist ein Dienst, der über Hoffnung hinaus und in die Macht des Gebets reicht. Wir dienen solchen Hoffnungen und Gebeten, denn Wir co-kreieren sie mit euch. Hofft auf ihre Freiheit, denn ihre Freiheit ist auch die eure. Betet für ihren Frieden, denn ihr Friede ist auch der eure.

Es ist wichtig, Hoffnung in sich zu tragen, doch ist es wesentlich, einen Glauben zu haben, aber absolut essenziell ist es, sich in Momenten des Verlustes an die Einfachheit zu erinnern – egal, welche Umstände ringsumher herrschen. Nochmals, Einfachheit bedeutet nicht Mangel. Die Einfachheit der Liebe ist in Wirklichkeit eine Liebe von viel größerer Reinheit und Fülle. Je tiefer die Liebe, die ihr für eine andere Person empfunden habt, desto tiefer wird die Leere sein, wenn dieser Mensch seinen Körper in der physischen Realität verlassen hat. Je tiefer die Leere der Trauer, die ihr durchlebt, desto tiefer wird die Liebe und Verbundenheit mit dem Göttlichen für euch spürbar sein.

Kommt es zu einem Verlust, dann wird ein intensiver Verarbeitungsprozess in eurer inneren »Festplatte« angestoßen – Erinnerungen kommen hoch. Das Loch in eurem Herzen, in eurem Netz, in eurem Spirit, dort, wo die Präsenz der geliebten Person in ihrer Formidentität einst verweilte, kann riesige Ausmaße erreichen. Verstand und Körper unternehmen hastige Versuche, das Geschehene zu integrieren und nach einem Sinn zu suchen, und stellen sich dabei ständig die Fragen: Warum? Wie? Was hätte ich besser machen können? Was habe ich falsch gemacht? Wohin ist er/sie gegangen? Werde ich ihn/sie wiedersehen? Warum? WARUM?

Vergesst ihr in solchen Momenten, Demut und Einfachheit zuzulassen, so kann sich große Komplexität aufbauen. Verlust ist ein Prozess des Trauerns – doch inmitten all der Trauer kommt es zu einer Wiederauferstehung, die durch diese Polarität entsteht. Der Tod eines geliebten Menschen ist der Abstieg oder Tod in der Verwirklichungsphase seiner Wiederauferstehung. Und es ist euer Abstieg oder Tod in der Phase des Erwachens/Ruhens eurer Wiederauferstehung, solange ihr euch in einem Körper befindet. Ihr seid auf jedem Schritt eures Weges GEMEINSAME Wiederaufersteher. DIES ist der wahrhaftigste Ausdruck von Seelenverwandtschaft. Während ihr euch dem Prozess immer mehr hingebt, wandeln sich eure gemeinsamen Erinnerungen in integrierte Aspekte eures ganzen Wesens. Während ihr in eurer »Körperlichkeit/Spreu« um den Verlust einer geliebten Person trauert, lernt ihr sie und ihre Präsenz auf völlig neue Art und Weise kennen, ihre Präsenz als Spirit und eure Präsenz aus Spirit – ganz gleich, wie lange es dauern mag, bis euch diese tiefgründige Offenbarung des Trostes und des Friedens zuteilwird.

Ein Verlust bringt oft Licht in die Leere durch die Göttliche Kammer eures Herzens. Und öffnet diese Kammer, indem er es vermeintlich zerbricht. Diese Öffnung ist es, die eure Fähigkeit wiederherstellt, euren geliebten Menschen wieder spüren zu können. Er mag nicht länger in der Spreu/Form sein, wohl aber im Weizen/in der Präsenz, was euch seine Anwesenheit und Verbindung stärker als je zuvor fühlen lässt. Wenn sich die Göttliche Kammer eures Herzens öffnet, bekommt ihr es auf wundersamste Art und Weise zu spüren.

Niemals »verliert« ihr irgendetwas oder irgendjemanden. Trennt sich eine Seele von der Spreu und kehrt sie in den Garten zurück, so wird sie eins mit Mir. Die Leere ist das Reich unbegrenzter Möglichkeiten – sie ist der Raum des Spirit. Und so bleiben alle Erinnerungen dort gespeichert, nichts geht jemals verloren. Auch könnt ihr niemals verloren gehen, ebenso wenig wie die euch nahestehenden Menschen.

Allerdings gibt es bestimmte Wesen, mit denen sich eure Seele und eurer Spirit auf überaus tiefgreifende und innige Art und Weise verwoben, verbunden und verflochten hat – und diese mit euch. Sei es ein Familienmitglied, ein Freund, ein Tier, ein Liebespartner. Habt ihr Jahre miteinander verbracht, Freude und Leid miteinander geteilt, seid ihr gemeinsam im Schoßraum des Lebens gewachsen und habt euch gegenseitig in eurer Entwicklung unterstützt, dann reichen die Verflechtungen und Fäden tief bis hin zu den tiefsten Kammern eures Seins. Eure Identitäten sind miteinander verwoben, wie auch eure Spirits.

Endet eine solche Beziehung, ob durch den Tod oder durch eine Trennung, so ist es das Ende eines Kapitels eurer beider Geschichten. Wollen beide die Beziehung beenden, besonders aber dann, wenn sich die andere Person entschließt zu gehen, dann kann das Loch, das durch die Abwesenheit ihrer Präsenz – in Weizen wie in Spreu – hinterlassen wurde, so traumatisch sein, dass es sich anfühlen mag, als wäre euer ganzes Leben in sich zusammengestürzt. Dieser eine Verlust kann euch dazu bringen, plötzlich auch alle anderen Aspekte eures Netzes und Lebens zu überdenken.

Euer Herz, euer Spirit, euer gesamtes Leben kann sich mit einem Mal anfühlen, als wäre ein riesiges Loch hineingerissen worden. Für Mich ist es erstaunlich, dass ihr diese Art von Verlust als »gebrochenes Herz« bezeichnet. Es mag sich vielleicht so anfühlen, doch in Wahrheit kommt es beim Loslösen von der Person, dem Tier, dem Job, der Freundschaft – sogar dann, wenn ihr euch von einer Sache trennt, zu der ihr eine auf Bequemlichkeit basierende Beziehung aufgebaut habt – zu einem Freisprengen alter Verflechtungen und Nähte, was euer Herz vollständiger und offener denn je sein lässt.

In solchen Momenten, besonders im Falle des Todes einer geliebten Person, gibt es mehrere Aspekte, die für euch von Bedeutung sind:

1. Euer Herz ist nicht gebrochen, sondern geöffnet.

2. Eure Seele (in Co-Kreation mit der anderen Person) hat dies nicht herbeigeführt, um euch zu verletzen, sondern um einen Vertrag zu erfüllen, der für eure Entwicklung, euren Wiederauferstehungsprozess und euren Weg des Friedens von wesentlicher Bedeutung ist.

3. Ihr seid vollständig und ganz, auch wenn ein Loch entstanden ist. Ihr könnt euch in einer Leere, einem Loch, befinden und darin immer noch vollständig sein. Ihr braucht keine andere Person, die euch ganz macht, denn ihr seid es bereits.

4. Innerhalb dieses Lochs, dieser Leere, seid ihr nicht bloß ganz, ihr seid ebenso heilig. Denn nie wart ihr der Liebe näher als in solchen Augenblicken. Selbst wenn diese als Trauer erfahren wird. Eure heilige Seele und euer heiliger Geist/Spirit werden euch halten und euch alles Nötige bringen, wie es auch DER Heilige Geist und Meine Gnade tun wird. Alles, was ihr zu tun braucht, ist, es zuzulassen, zu atmen und euch die Zeit zu nehmen, die ihr benötigt, um den Verlust zu verarbeiten und an Mich zu übergeben.

5. Es gibt weder endgültige Enden, noch gibt es Anfänge, die völlig neu sind. Könnt ihr eine Person gehen lassen, dann werdet ihr eins mit ihrer Seele, das gilt auch für eure Haustiere.

6. In jedem Neuanfang steckt auch ein Tod. Und auch im Tod steckt immer ein Neubeginn. In beiden sind sowohl Trauer als auch innige Liebe präsent. Dies schließt Atemzyklen, Lebensveränderungen, Geburt und Tod mit ein. Sowohl einem Ende als auch einem Neuanfang wohnt gleich viel Trauer wie Liebe inne. Eure Gefühle werden jeweils ein wenig anders sein. Bei einer Geburt werdet ihr vermutlich mehr Freude empfinden, im Falle eines Todes mehr Schmerz. Und dennoch sind beide eins.

7. Macht euch bewusst, dass ihr durch einen Verlust oder eine Geburt an einem Akt Göttlichen Ausgleichs teilnehmt. Da Ich der größte Erneuerer bin, bin Ich in diesem Prozess bei euch. Und nehmt ihr bewusst daran teil, dann verkörpert ihr den Göttlichen Vater Wahrheit, die Göttliche Mutter Liebe und den Göttlichen Yeshua Frieden in euch. Ihr nehmt an diesem Akt Gottes als und in Co-Kreation mit Gott teil. Und obwohl euer Verstand vielleicht dagegen ankämpft, erfahrt UND erschafft ihr ein Wunder Göttlichen Gleichgewichts – einfach durch eure Präsenz, diesen Verlust oder diese Wiedergeburt hindurch.

8. Gebt acht auf euch. Bittet um das, was ihr benötigt. Hütet euch vor Schmerzzyklen und emotionalen oder verhaltensbasierten Handlungen, die der Taktik eines unausgeglichenen Verstandes entsprechen, den Trauerprozess vermeiden zu wollen – wie beispielsweise schlechtes Gewissen, Scham und Schuldzuweisungen. Oder Groll, reaktives Verhalten und Reue. Es gibt niemanden zu beschuldigen – weder die geliebte Person, welche die Spreu verlassen hat, noch andere, die noch in der Spreu sind, oder Gott und sicherlich nicht euch selbst. Aber wenn ihr schon jemandem die Schuld geben müsst, dann gebt sie Gott, bevor

ihr euch selbst oder andere damit beladet. Es wird nicht das erste Mal sein, dass ein Mensch das getan hat. Wir können das durchaus aushalten. Ihr könnt es nicht, auch können es die anderen Menschen in eurem Umfeld nicht, die ebenfalls mit ihrem eigenen Trauerprozess oder den Problemen in ihrem Leben zu kämpfen haben. Übt euch in Vergebung und Annahme. Der Versuch, den Schmerz zu betäuben, wird euch schnell in tiefe Schmerzzyklen katapultieren, gefolgt von Verzweiflung, wenn Schuldzuweisung oder Betäubung keine Wirkung zeigen. Und Verzweiflung ist eine unnötige Last, wo doch ein Verlust eine Zeit der Befreiung ist. Verankert euch in eurem Glauben, und dann wird sich euch das Wunder dieser Befreiung zeigen, auch wenn es seine Zeit dauern mag. Manchmal können bloße Hingabe an den Glauben sowie die Erkenntnis, dass das Selbst und die gesamte Existenz Gott ist, dazu führen, dass ihr das Wunder der Befreiung und das Zelebrieren dieser von einem Moment auf den anderen zu spüren bekommt.

Könnt ihr eine Person gehen lassen, so werdet ihr eins mit ihr.

Es ist wesentlich, dieses Mantra in Zeiten eines Verlustes in sich aufzunehmen. Seid sanft zueinander, geliebte Wesen. Denn jeder von euch hat ein zartes Herz, ein Heiliges Herz. Das schließt alle Menschen in eurem Umfeld mit ein.

Bei Verlusten jeglicher Art ist es wichtig, die Person, die gegangen ist, anzuerkennen – selbst wenn es Momente gibt, in denen ihr wütend seid oder jeglichen Gedanken an diese Person vermeiden wollt. Denn sie hat euch dabei geholfen, euer Selbst auf einer tieferen Ebene zu erkennen, ob durch Schatten oder durch strahlendes Licht. Sei es eine Trennung, ein Tod oder irgendein Loslassen dieser Art – vergesst nicht, dass da einst eine Liebe war, eine Intimität, eine Wahrheit und viele, viele Verflechtungen, viele, viele Erinnerungen, die ihr geteilt habt und die für immer in zeitloser Tinte in eurem Sacred Heart verewigt wurden. All das wird immer bei euch bleiben. Immer. Ihr seid alle gegenseitig durch Worte der Liebe in eurem Weizen eingraviert. Ihr seid alle ein großes Gedicht der Liebe.

Geliebte Wesen, bei einer Erfahrung mit dem Tod, wenn ein Mensch, ein Tier oder irgendetwas, was von großem Wert für euch ist, euer Leben verlässt, kann es sich fast so anfühlen, als wäre ein Teil von euch gestorben. Das entspricht tatsächlich der Wahrheit. Ein Teil eurer Geschichte ist gestorben. Eure Fäden haben sich in diese Person eingewoben und ihre in euch – nun aber ist dieser Mensch nicht mehr auf dieselbe Weise bei euch. Das Energiefeld dieses Menschen, seine oder ihre Präsenz als Form, die ihr gekannt, genährt, der ihr vertraut und die ihr gespürt habt, selbst in Zeiten der Dissonanz, ist nicht mehr in der Materie.

Sogar das Atmen fällt schwer, wenn jemand oder etwas, was so sehr mit eurem Herzen verwoben war, seinen Körper verlässt. Die Gedanken schwirren, die Erinnerungen kommen hoch, Reue steigt auf, Schuld tritt an die Oberfläche, dann kommen Gefühle der Dankbarkeit, der Wut, der Trennung, der Sehnsucht, der Freude, scheinbar alle im selben Moment. Es kann sich wie reines Chaos anfühlen, und der Verstand kann mit seiner begrenzten Kapazität nicht verarbeiten, was gerade passiert ist.

Geliebte Wesen, Ich sage euch, bestehen Verflechtungen der Liebe, und verlässt eine Person das Netz dieser Welt, dann durchschreitet sie euer Herz. Dieser geliebte Mensch mag sich aus der Spreu gelöst haben … doch er tritt tiefer in euer Sacred Heart ein und verbindet sich auf der Ebene des Spirit mit euch – euer Weizen mit dem Weizen der geliebten Person. Ihr Weizen stärkt euren Weizen. Die verstorbene Person durchbohrt euer Sacred Heart mit liebender Wahrheit und wahrhaftiger Liebe. Erfreut euch an ihrem Frieden. Und vergesst nicht, dass ihr Übergang ins Licht ein Weg für euch ist, euer eigenes Licht wiederzufinden. Dies ist der Weg der Lichtträger, inner- und außerhalb ihres Körpers.

Die verstorbene Person ist nicht verschwunden. Sie ist von der Form, der Spreu, zum Weizen, dem Spirit, hinübergetreten. Sie ist von einer der drei äußeren Kammern des Sacred Heart – Familie, Freundschaft, Liebesbeziehung, je nachdem, welcher die Person angehört hat – zur Göttlichen Kammer eures Sacred Heart übergegangen. Die geliebte Person hat euch nicht verlassen, sie hat einfach die Kammer gewechselt, nicht mehr, nicht weniger. Sie ist immer noch genauso präsent in eurem Herzen, wie sie es immer schon war. Ihr werdet euch bloß daran gewöhnen müssen, sie auf eine neue und, offen gesagt, noch innigere Art und Weise zu spüren und mit ihr zu kommunizieren.

Das ist auch der Grund, weshalb jene, die tiefer mit ihrem Glauben und Spirit verbunden sind und bereits die Göttliche Kammer ihres Herzens geöffnet haben, mit Verlust und Trauer viel besser umgehen können. Deshalb erleben viele Menschen auch ein tieferes Erwachen ihrer Göttlichkeit, sei es durch eine Krankheit, einen Unfall, ein Nahtod-Erlebnis oder den Verlust einer ihnen nahestehenden Person. Nochmals, ein solches Loslösen vermag das Herz zu durchbohren, nicht aber es zu zerbrechen – es öffnet es für den Spirit und für die wahrhaftige Realität. Dies ist eine der großartigsten Manifestationen der Leere, des Lichts: ihre Kraft, aus den Polaritäten von Geburt und Tod Vereinigung und Ganzheit zu schaffen.

Vielleicht habt ihr das Gefühl, die geliebte Person, die ihr verloren habt, ist aus der Traumlandschaft eures Lebens verschwunden; womöglich plagt euch auch die ständige Empfindung von Schmerz, Trauer und sogar Verrat. Dies sind die Augenblicke, in denen ihr euch in die Leere begeben müsst, denn durch ebendiese Leere und das Reich des Spirit, den Schoßraum, wird euch eure geliebte Person finden, und ihr werdet sie spüren können.

Lernt, eure Augen zu schließen und in diesen Raum einzutreten, in dem eure Göttliche Kammer des Herzens geöffnet ist, wodurch wiederum Licht und Sehvermögen zurückkehren und Klarheit darüber entstehen kann, was selbst in einer Zeit von Verlust möglich und realistisch ist. Nochmals, ihr werdet euch einfach daran gewöhnen müssen, das Energiefeld und die Präsenz eurer geliebten Person durch die Göttliche Kammer, das Unsichtbare, zu erfahren, nachdem ihr sie so lange Zeit über in der »sichtbaren« Welt erlebt habt.

Diese Beziehung mit jenen, die euch tiefer ins Bewusstsein DES Göttlichen eintauchen lassen, ist der heiligste Bund, den zwei Seelen eingehen können.

Es IST die Arche des Neuen Bundes, der Stern von Bethlehem, die Ewige Flamme, das Licht der Liebe in dunkler Nacht. Es ist die Liebe, die Zeit, Raum und sicherlich den Tod überwindet, denn der Tod ist nur ein Tod des Weizens in der Spreu. Der Weizen an sich kann nicht sterben. Wenn ihr einen Beweis dafür sucht, dann seht Mich an. Wenn dies für euren Verstand als Beweis in diesem Leben nicht genügt, so seid euch gewiss, dass ihr es im Tod verstehen werdet.

Es werde Licht. Es werde Nacht. Und ein Stern erscheint in dieser Nacht. Aus dem Raum des Schoßes mögen unbegrenzte Möglichkeiten für die Geburt von Sternen entstehen. Aus dem Raum des Schoßes mögen unbegrenzte Möglichkeiten für den Tod dieser Sterne entstehen. Auf dass sich der Kreislauf des Lichts fortsetzen möge. Der zeitlose Kreislauf des Lichts.

Nehmt euch einen Moment, um zu atmen. Atmet einen Augenblick lang den trostspendenden Gedanken ein, dass ihr im Licht seid, selbst wenn ihr nur Dunkelheit wahrnehmt oder euch tatsächlich die Dunkelheit der Nacht umgibt. Aus diesem Raum der Nacht wird das Licht geboren. Befindet ihr euch gerade in einer Leere, so greift nach dem Stern, durch euren eigenen Stern der Trauer hindurch. Kehrt das Licht wieder zurück, und ist das Netz neu gesponnen, so haltet die

Energie des Lichts und des Mitgefühls für jene, für die nun selbst eine Zeit der Trauer angebrochen ist.

Es werde Licht.

Atmet ein. Atmet aus. Ein Leben, ein Tod, ein Leben, ein Tod. Und immer ist da ein Raum dazwischen. Der Ewige Raum der Liebe und aller geliebter Menschen im Spirit, einschließlich euch.

Asche zu Asche, Staub zu Staub. Wird der Körper der Schöpfung zurückgegeben, so irgendwann einmal auch euer eigener, dann wird etwas Neues aus etwas Altem geschaffen. Es wird sozusagen wiederhergestellt. Kehrt die Seele zum Schöpfer zurück, wird sie zu etwas Neuem und doch sehr Altem und Zeitlosem. Dies ist ebenso eine Wiederherstellung. Am Anfang ist alles im Gleichgewicht erschaffen worden, und so wird auch am Ende alles wieder im Gleichgewicht wiederhergestellt. Dies ist der Dienst des Lamms.

Ihr seid alle Lämmer Gottes. So wie auch Ich euer Lamm war, euer Opferlamm. Und euer Hirte. Nicht, um euch als Schafe zu treiben, sondern um in Zeiten dunkelster Nacht über euch zu wachen. Dies war Meine Bestimmung, als Ich in Meinen Körper inkarniert bin. Nicht, um eine Ära des Märtyrertums einzuläuten, sondern um euch von diesem Martyrium zu befreien, den Schmerz für andere zu tragen, was sie bloß ihrer Freude an ihren eigenen Erfahrungen beraubt. Und euch der Freude eurer eigenen Erfahrungen.

Der Tod kommt für jeden und jede von euch. Ebenso die Wiederauferstehung. Wir können eure Kreuze auf Uns nehmen, wenn ihr es Uns erlaubt. Ich tat dies, indem Ich Mein Kreuz auf Mich nahm, um euch von eurem zu befreien. Aber Wir würden euch niemals der Macht der Liebe berauben, der Wahrheit der Liebe, die ihr in eurer Trauer verspürt. Im Tod liegt eine Güte und eine Einfachheit – sucht nach dieser Einfachheit. Sie IST die Güte. Unter der Oberfläche liegt sie verborgen.

Versucht nicht, eurer Trauer, eurer Liebe, zu entkommen. Schiebt sie nicht hinaus. Denn Tod, Trauer und Wiedergeburt ereilen euch alle und sind in euch allen. Je mehr ihr die Kraft dieser Liebe spürt und zulassen könnt, desto mehr wird sie euch befreien. Mein Weinstock verbindet euch immer mit jenen Reben, die ihr »verloren« habt. Und ist euer eigener Übergang gekommen, so wisset, dass eure Liebsten, die ihr zurücklasst, durch die Verflechtung Meiner Göttlichen Weinrebe immer mit euch verbunden sind.

Die auf der Liebe basierenden Beziehungen werden überdauern, sie entwickeln sich und können auferstehen. Damit etwas auferstehen kann, muss es aus Liebe sein, sonst kann es nicht bestehen. Liebe übersteht nicht nur, sie versichert. Das ist die Wahrheit, geliebte Wesen.

Der Tod ist eine Gnade. Er ist eine Freiheit. Doch egal, wie oft ihr diese Worte lest, es wird immer Momente des Verlustes geben, an denen ihr weinend in der Leere nach euren Liebsten rufen werdet: »Wo sind sie? Wo seid ihr? Wacht auf! Wach auf! Wo bist du? Komm zurück, komm zurück, oh bitte, komm zurück.«

Und euer Herz scheint dabei zu zerbrechen. In manchen Augenblicken habt ihr das Gefühl, alle Hoffnung sei verloren. Und nochmals, oft spürt ihr die Verzweiflung und Verwirrung, von der Ich bereits gesprochen habe: »Wohin gehen wir? Was mache ich bloß?« Und jedes Mal antworte Ich, antwortet eure Seele: »Haltet euch an euren Glauben. Die Hoffnung des Friedens. Sie ruhen in Frieden. Sie wünschen euch den Frieden, wie auch Wir es tun. Diejenigen, die ihr verloren habt, die habt ihr gefunden. Sie werden euch immer finden, ebenso wie ihr sie. Ihr könnt sie immer in den Momenten finden, in denen ihr Mich findet, euren Frieden.«

Findet die Feierlichkeit in der Trauer. Ihr habt eure Liebsten durch ihren Tod gefunden, nicht verloren. Und ihr habt euch selbst gefunden. Indem ihr sie »verloren« habt, haben sie MICH gefunden. Warum macht ihr euch nicht gemeinsam mit ihnen auf die Reise, eins im Tod, eins im Leben, um Mich, den Frieden, gemeinsam zu finden?

Trauer ist nicht Dunkelheit. Eure Trauer zu verweigern IST Dunkelheit – denn sie lässt euch in der Leere, in der Dunkelheit verharren. **Trauer ist das tiefste Licht,** ebenso wie Lachen, Dankbarkeit und die Erinnerung an Freude, während ihr trauert. Denn in solchen Momenten tut ihr Buße und sühnt all die dichten und komplexen Momente, all den Kampf, all die zerstörten Hoffnungen, all die Dinge, die ihr euch wünscht, gemacht zu haben oder besser gemacht zu haben – und dabei vergesst ihr, dass ihr getan habt, was ihr zu diesem Zeitpunkt eurer seelischen Entwicklung tun konntet. Der Kummer und die Reue lösen sich in Gnade durch das Verarbeiten der Trauer – der Liebe – auf.

In Augenblicken des Todes oder Verlustes seid ihr mit einer Liebe konfrontiert, dem tiefsten Ausdruck der Liebe in seiner Ganzheit, weshalb es sich so anfühlt, als würdet ihr zerbrechen.

Die Liebe, die ihr dort verspürt, ist eine so starke Liebe für die Einheit, dass ihr bereit seid, einen geliebten Menschen, ein Tier oder ein Leben loszulassen, um eins mit ihm zu werden. Genauso wie jene, die Meinen Dienst verstanden und Mich so sehr liebten, dass sie bereit waren, Mich loszulassen, um eins mit Mir zu werden. Ihr seid das Lamm, wenn eure Liebe so tief reicht, dass ihr bereit seid, Schmerz zu erfahren, damit ein anderer frei sein kann. Das ist Liebe. Das ist Kraft. Im Loslassen liegt große Kraft, die Kraft der Liebe. Das ist jene Liebe und jenes Mitgefühl, das Berge versetzt. Das ist Kommunion und Eucharistie. Das IST das Wunder.

Liebe ist kein Festhalten. Sie ist ein Loslassen. Liebe ist ein »Verlieren«, um zu finden. Der Verlust ist ein Gewinn der Erfahrung von Liebe auf ihrer tiefsten Ebene der Intimität. Die Liebe ist es wert. Sie ist die Währung und die Kraft des Göttlichen.

Tatsächlich gab es jene in Meinem Leben, die sich wünschten, Mich hierbehalten zu können. Jeder hatte unterschiedliche Pläne für Mich. Manche wollten etwas Besonderes für Mich sein, als ob Ich Lieblinge hätte. Manche wollten Mich über ihren Willen, Mich betreffend, belehren und wandten sich gegen Mich, als Ich Mich diesem Willen nicht beugte. Manche wünschten sich, sie könnten Mich für sich selbst hierbehalten, statt Mich die Prophezeiung durch Meinen Tod und Meine Wiederauferstehung erfüllen zu lassen. Manche wollten, dass Ich ihre Feinde bezwänge, um ihnen zum Aufstieg ihrer unausgewogenen Macht zu verhelfen. Manche wünschten sich, Ich würde ihre Feinde und Missbrauchenden in die »Hölle« schicken. Ihnen antwortete Ich: »Wie kann ich jene nach Gehenna schicken, die bereits durch ihre eigene Gier und ihren Hass in ihr leben?« Aber zu jenen, die vom Hass zerfressen waren, kam Ich, um sie ebenso zu befreien. Es gibt weder Himmel noch Hölle, bloß Gleichgewicht und eine Ernte dessen, was ihr sät.

Manche hassten Mich, weil Ich jenen Gnade und Heilung zuteilwerden ließ, die sie als geringer als sich selbst schätzten. Manche hassten Mich, weil Ich am hinteren Ende des Tempels saß. Manche hassten Mich, weil Ich die Wahrheit sprach und diese ihre Macht bedrohte. Manche hassten Mich, einfach weil Hass manchmal im Gegensatz zur Liebe die leichtere Wahl ist, wenn die Dysbalancen des Geistes sehr ausgeprägt sind. Manche hassten Mich, weil Ich nicht in goldenen Wägen kutschiert wurde, sondern auf einem Esel ritt oder zu Fuß ging. Die meisten aber hassten Mich, weil Ich sie trotz ihres Hasses liebte, von dem Ich wusste, dass er nur die Manifestation ihrer Angst vor Liebe und Verlust war.

Viele verstanden nicht, weshalb Ich Meine Göttlichkeit nicht benutzte, um Macht und Ansehen zu erlangen. Viele verstanden nicht, weshalb Ich ihnen nicht diente. Ich war ALS eine Person hier, aber weder damals noch heute bin Ich gekommen, um einer Person zu dienen. Ich war der Diener aller, ungeachtet ihrer Gefühle Mir gegenüber. Indem Ich allen diente, brachte Ich alle zum Einen. Und so müsst ihr, um zum Einen zu werden, gewillt sein, Verlust zuzulassen und das Gleichgewicht *des* Einen wiederherzustellen. Ihr seid nicht die

Einzigen, geliebte Wesen. Dient ihr dem All, so dient ihr dem Einen. Und das bedeutet, den Einen im Tod, in Geburt und in jedem Augenblick dazwischen zu finden.

Bei einem Verlust, besonders aber im Falle eines Todes, kann es Momente geben, die sich anfühlen, als würde das Loch, das in euer Herz oder das Netz eures Spirit gerissen wurde, ewig währen. Wisset jedoch, geliebte Wesen, dass eure Seele niemals ein Loch haben kann, denn sie ist immer ganz. Ein Loch in eurem Netz, eurem Teppich, kann niemals die Ganzheit und Vollständigkeit eures Seins zerstören. Das Loch, das ihr in der »sichtbaren« Welt verspürt, wenn ihr einen Menschen verliert – wir sprechen hier von seiner und eurer vergänglichen Identität als Form –, ist in Wahrheit nichts mehr als die Leere, das Licht, das euch erlaubt, eure Vollständigkeit und den geliebten Menschen in der unsichtbaren, zeitlosen Ewigkeit zu erfahren. Ihr seid nicht das Loch, ihr seid heilig. Immer.

Der Tod ist eine Freiheit. Warum auf den Tod warten, um diese Freiheit zu leben? Alles, was es dazu braucht, um in Freiheit zu leben, sind Glaube und Vergebung. Es geht nicht nur um jene, denen ihr vergebt, sondern auch um die, von denen IHR Vergebung erhalten müsst, einschließlich eurer selbst.

Ich spreche diese Worte zu euch, denn Ich gab Mein Leben, damit ihr Freiheit erlangen konntet – nicht nur im Leben, sondern auch im Tod. Denn Ich gab euch euer Ewiges Leben, eure Ewige Freiheit.

Wir sind nicht so verschieden, wisst ihr, geliebte Kinder, geliebte Lämmer. Hört auf, bloß weil ihr erwachsen seid, so zu tun, als wärt ihr keine einfachen, verletzlichen Lämmer, die fühlen, die Bedürfnisse haben, die suchen, die geben, die versuchen, die sich sorgen. Leben ist Freiheit. Lebt frei in eurem Glauben und in Vergebung. Tod ist die Essenz der Freiheit, aus der die Liebe neu geboren wird. Dies ist der Kreislauf. Das Lamm wächst; und selbst wenn es zu einem Mutterschaf oder Schafbock wird, einer Mutter oder einem Vater, einer Großmutter oder einem Großvater, selbst nach dem Tod wird es doch immer ein Lamm bleiben. Auf welcher Weide es graste und welche Lämmer mehr Gras gefressen haben, ist nicht von Belang, wenn das Lamm zu seiner wahrhaftigen Weide zurückkehrt.

Im Tod, einem physischen Tod, der Trennung des Weizens von der Spreu, kommt es zu einer Wieder-Vereinigung, einer Verschmelzung. In eurem Tod werden euer Spirit und eure Seele wahrhaftig wieder eins. Völlig entfesselt und losgelöst von der Spreu und dem Traum eurer gegenwärtigen Realität. Ihr wacht zur Gänze auf, und als Erwachte seid ihr ganz verwirklicht und erkannt. Ihr vereint euch wieder mit dem Spirit und der Seele der gesamten Existenz, einschließlich derer, die ihr verloren, geliebt und gehasst habt. Alle gemeinsam auf einer Weide des Friedens. Die hingebungsvollsten der Lämmer sind jene, die danach streben, diese Weide des Friedens im Leben wiederauferstehen zu lassen, statt durch den Schmerz des Lebens auf die Weide getrieben zu werden.

Nun wird oft gesagt, dass im Augenblick eures Übergangs euer Leben vor euren Augen vorbeiläuft – in dem Moment, in dem sich eure Augen zum letzten Mal schließen und ihr ein letztes Mal ausatmet. In vielerlei Hinsicht ist das die Wahrheit. All eure Erinnerungen und Erfahrungen, einschließlich derer von Reue und Schuld, aber auch Liebe, Dankbarkeit und Freude, verbinden sich, und alles verwandelt sich in Licht. Ihr seht euch selbst und die anderen so, wie ihr seid, und so, wie sie sind – und nicht so, wie ihr zu sein glaubtet oder wie ihr dachtet, dass sie es sind. Alles wird zur Liebe und zum Gleichgewicht zurückgebracht: All die Augenblicke, in denen ihr getrauert, diesen Schmerz, oder diese Wut gespürt habt – alles wird freudvoll und klar.

Jene, die sich langsam ihrem Lebensende nähern, ältere oder sehr kranke Menschen, jene, die nicht mehr so sehr an der äußeren Welt anhaften, werden von euch manchmal als »geistig verarmt« bezeichnet. Sie können im Außen nicht mehr so viel tun. Ihnen bleibt nicht mehr viel

Zeit, eurer menschlichen Wahrnehmung von Zeit zufolge. Viele von ihnen haben sich bereits teilweise vom Netz des Lebens losgelöst. Sie haben schon die meisten der Menschen verloren, die sie einst kannten.

Auch bezeichnet ihr jene, die ihr der Erlösung Gottes nicht als würdig erachtet, als »geistig verarmt«, doch liegt es dem Gleichnis des Jonas zufolge nicht beim Menschen, dies zu beurteilen. Jene, die als »geistig verarmt« bewertet werden, sind meist im Geiste die reichsten. Es gibt weder Helden noch Bösewichte in eurer Welt, sondern einfach etwas mehr oder weniger entwickelte Seelen. Und denkt nicht, IHR gehört zu den entwickelten. Ich sage euch dies mit einem liebevollen Lächeln, geliebte Wesen.

Verleumdet ihr einen oder mehrere Menschen und bildet euch ein, der oder die Heldin zu sein, so seid ihr selbst die Bösewichte. Verleumdet euch jemand und stellt sich selbst als Helden dar, so ist auch dieser Mensch ein Bösewicht. Das war der Dienst und das Geschenk des Propheten Jonas. Der heilige »Wal« war die Leere der Verurteilung, die ihn verschlungen hat. Und doch wurde er gerettet, indem er sich der Leere gestellt und sich in ihr aufgelöst hatte, gemeinsam mit den Nineviten. Ihr alle befindet euch in diesem Leben im Bauch des Wals. Das ist die Entscheidung, die ihr trefft, wenn ihr in einen Körper inkarniert. Und der Bauch des Wals kann entweder Unbehagen oder große Stärke für euch bedeuten, ganz und gar abhängig von eurer eigenen Wahrnehmung.

Hinsichtlich derjenigen, die ihr als »geistig verarmt« bezeichnet, solltet ihr wissen, dass sie ein Leben erschaffen, dieses Leben gelebt haben und dieses Leben später wieder hingeben werden. Sie sind nicht verarmt im Geiste. Sie sind MEHR im Spirit. Denn mehr von ihren Verwandten und Geliebten sind in die Göttliche Kammer ihres Sacred Heart übergetreten. Oder mehr von ihnen selbst ist es. Vielleicht haben sie weniger Anhaftungen an die äußere Welt, aber sie sind reich an Erfahrung.

Je leichter und lichter die Schwingung eines Menschen ist oder wird, was sich meist am stärksten in der Jugend und im hohen Alter zeigt, desto mehr Einfachheit, Demut und Reinheit drückt die Person in ihrer Essenz aus. Ein Kind ist licht, einfach, präsent und ausgeglichen. Ein neugeborenes Lamm wünscht sich so viel Genährtheit und Erfahrungsreichtum, um Erkenntnis zu erlangen. Und nicht etwa Wissen. Wächst ein Kind und nimmt es an Dichtheiten zu, taucht plötzlich der Wunsch nach Wissen und Identität auf. Aber das neugeborene Lamm hat eine unersättliche Neugier danach, die Welt und das Selbst in ihr zu verstehen. Jeder Tag ist eine Erkundung der Präsenz und des Hier und Jetzt.

Ältere Menschen, selbst wenn sie an Jahren nicht ganz so alt sind, haben diese Nahrung und den Erfahrungsreichtum bereits erhalten, der sie reich an Wissen sein ließ. Aber beim Altern fällt der Drang nach Wissen eines älteren Menschen allmählich wieder in den kindlichen Zustand der Präsenz zurück, der die Weisheit begleitet. Die Dichtheit, die das innere Kind dieser Person aufgenommen hat, die sie zu einem Erwachsenen gemacht hat, schwindet allmählich wieder. Das Lamm wird zum Älteren. Und der Ältere wird wieder zum Lamm.

Die meisten wirklich älteren Menschen, einschließlich alter Seelen in jungen Körpern, wissen, dass die energetische Belastung höher wird, je mehr Fäden sie noch mit der äußeren Welt verbinden. Ältere Personen haben nicht mehr die Energie für so viele Dinge. Viele bevorzugen die Stille und den Rückzug und konzentrieren sich auf das, was sie an jedem neuen Tag fürs Überleben und für ein Leben in Frieden und Glückseligkeit des Seins benötigen.

Jene, die ihre Körper verlassen, sind nicht »geistig verarmt«. Sie sind vom Geiste, vom Spirit, erfüllt und sind bereit, nach Hause zurückzukehren.

Geistig verarmt sind jene, die verzehrt werden von Stolz, Gier und dem Streben nach persönlichem Gewinn sowie danach, in die Welt hineinzupassen, statt ihr wahres Selbst und die natürliche Ordnung des

Universums zu verkörpern. Stolz und Gier sind wie ein Designeranzug, der nicht richtig sitzt und sich hinter seiner Marke versteckt. Es ist der Anzug einer »Designermarke«, also wird er von der Welt akzeptiert, obwohl er weder passt noch qualitativ hochwertig ist.

»Geistig verarmt« ist die Billigmarke am Kragen der Rüstung, die ihr tragt, wenn ihr vorgebt zu sein, was ihr nicht seid. Indem ihr euren eigenen Wert schmälert, werdet ihr zu einer Billigware, die sich ständig mit den anderen Anzügen um sie herum vergleicht. Damit ist auch das Manipulieren und »Aufpolieren« eures äußeren Erscheinungsbildes gemeint, das ein falsches Bild von euch projiziert. Im Grunde genommen kann das als Lügen mit betrügerischer Absicht bezeichnet werden. Es ist viel mehr Schande und Stress darin enthalten, solche falschen Anzüge zu tragen, als in der Freiheit, nackt und in eurer wahren Essenz durch die Welt zu laufen.

Geistig verarmt bezeichnet auch einen Mangel an Verbindung und Verbundenheit mit dem Netz des Lebens. Es ist ein Zurückhalten eurer Präsenz und Gnade vor der Welt und dem Ökosystem um euch herum. Es führt zu Krankheit, Getrenntheit, Isolation und Paranoia in Bezug auf das Risiko, das Verletzlichkeit und Exposition mit sich bringen. Und doch ist es die Erfahrung des Akzeptierens jenes Risikos der Liebe, das die Liebe lohnenswert macht, auch wenn sie mit Verlust einhergeht. Geistiger Reichtum entsteht durch einen Reichtum an Verbindung. Alle Lämmer brauchen ihre Herde.

Je mehr ihr euren Geist, den Spirit, bereichert und mit Neugierde und Begeisterung für das, was ihr gewinnen könntet, statt aus Angst, was ihr zu verlieren habt, am Leben teilnehmt, und je mehr ihr euch für Demut entscheidet, statt dafür, immer recht haben zu wollen, desto erfüllter wird euer Geist sein. Verbindet ihr euch mit der Göttlichen Kammer eures Herzens und den geliebten Verstorbenen in euch, so seid ihr erfüllt vom Heiligen Geist und könnt die Anwesenheit derer, die ihr »verloren« habt, als eins mit euch spüren.

Ihr könnt arm und doch voller Spirit sein. Gleichzeitig könnt ihr reich wie ein König sein und doch geistig verarmt. Oder arm und geistig verarmt. Oder reich und voller geistigem Reichtum. Welche dieser Varianten auf euch zutrifft, bleibt zwischen euch und Mir. Es liegt nicht an euch, darüber zu urteilen, welcher Variante eine andere Person angehört. Ihr könnt dies nur in euch selbst erforschen.

In den kommenden Jahren eures Lebens wird es um eure Seele gehen, euren Spirit, eure Vereinigung mit dem Leben und eure Vereinigung mit dem Tod. Der Tod ist eine Energie, die ihr alle auf eurem Planeten akzeptieren, sehen und mit der ihr Frieden schließen müsst. Je schöner und reicher die Liebe ist, die ihr in jenem Augenblick mit einem Menschen teilt, in dem ihr ihn verliert/gewinnt, desto besser werdet ihr in der Lage sein, Momente der Trauer zu verarbeiten. Seid ihr präsent und in eurer Präsenz verankert, in eurer Weizen-Identität, dann werdet ihr die Vereinigung und die Freiheit spüren können, die diese mit sich bringt. Ist euer Verstand in Dysbalancen gefangen, in seiner Spreu-Identität, werdet ihr bloß Verzweiflung, Groll und Verwirrung spüren.

Welchem Meister werdet ihr dienen? Dem Verstand, der euch im »Tun« festhalten möchte, damit ihr eines Tages vielleicht »sein« könnt? Dieser Meister wird sicherstellen, dass dieser Tag niemals kommen wird. Und deshalb haben viele Menschen große Probleme damit, in den Ruhestand zu gehen. Sie verbringen ihr gesamtes Leben damit, auf den Tag zu warten, an dem sie einfach bloß *sein* können. Sobald dieser Tag gekommen ist, merken sie, dass sie vergessen haben, wie das geht. Und so runzeln sie ihre Geheimratsecken und warten auf ein Selbst, das niemals kommen wird.

Für welchen Meister werdet ihr euch entscheiden? Für den Verstand, die Stimme der äußeren Welt, die meint, sie wüsste, was euch Er-füll-ung bringt, trotz der Tatsache, dass sie niemals gesättigt und erfüllt sein kann? Oder für den Meister eurer Seele, den Meister des

Seins, den demütigen Meister eurer inneren Wahrheit? Nur ihr selbst könnt wissen, was richtig für euch ist und was sich für euch wie Freiheit und Gott anfühlt. Also, wer wird euer Meister sein? Das lebendige Leben? Oder das tote Leben?

Euren Meister oder den Aspekt eures Selbst, der dominieren soll, zu erwählen, ist jedoch nicht ausreichend. Die nächste, noch schwierigere Frage, die ihr euch stellen werden müsst, ist: VERTRAUE ich diesem Meister? Falls nicht, werdet ihr immer Zweifel haben.

Komplexität – die Schlange, die euch in den Garten hinein- und aus dem Garten und in die Sterblichkeit herausgeführt hat – war für euren freien Willen von wesentlicher Bedeutung. Allerdings lässt sie euch auch ganz einfache Dinge wie beispielsweise einen Verlust in derartiger Komplexität erfahren, statt sie in Einfachheit zu durchleben. Seid ihr im gegenwärtigen Augenblick verankert, dann fällt es euch leicht, die richtigen Entscheidungen zu treffen, die euch weniger Lasten bringen. Ihr habt jedoch mehr Komplexität erschaffen, was der Grund ist, weshalb es mehr Verlangen, mehr Verwirrung, weniger Frieden und mehr unterdrückte Trauer gibt.

Latente Trauer braucht länger, bis sie entlassen werden kann – besonders wenn eure Nebennieren dadurch belastet sind, dass ihr eure emotionalen Bedürfnisse betäubt und vernachlässigt. Ihr seid süchtig nach Polarität geworden, und diese Sucht kann niemals gestillt werden, bevor ihr nicht gelernt habt, loszulassen und all den Stress und die Erwartungen zu betrauern. Es mag eine Despression nötig sein, damit ihr entspannen und euch erneuern könnt. Ein Winterschlaf. Um euch wieder ins Gleichgewicht und in den Dienst aus der Freude herauszubringen.

Je mehr ihr sie unterdrückt und keine dieser unbehaglichen Gefühle fühlen wollt, desto schwieriger wird es euch fallen, mit Verlusten oder Unbehagen umzugehen. Und desto kranker werdet ihr, euer Kollektiv und euer Ökosystem werden.

Einfachheit bringt Weisheit. Weisheit entspringt der Einfachheit. Vielleicht habt ihr den Begriff »schlichte Weisheit« schon einmal gehört. Jede Weisheit ist tiefgründig, weil sie schlicht und einfach ist. Weisheit und Einfachheit sind gute Freunde mit einem gemeinsamen Ziel, alles in eurem Leben klarer zu machen. Wenn ihr sie lasst, dann vereinen sie sich in Co-Kreation und helfen euch, all eure komplexen Gedanken und Anhaftungen loszulassen. Sie sind ebenso Meister darin, euch zu helfen, damit ihr euch von polarisierenden Menschen und Verhaltensweisen befreien könnt, die ihr vielleicht noch nie hinterfragt habt. Die Weisheit der Einfachheit und die Einfachheit der Weisheit helfen euch ganz besonders dann, wenn ihr eine Erfahrung von Tod oder Verlust macht.

Die Qual der Verzweiflung, der Wut und der Hilflosigkeit, die der Zurückweisung von Trauer entspringt, führt euch in eine Spirale unglaublich komplexer Fragen und Gedankengefängnisse: »Wer ist schuld daran?«, »Ich hätte es besser machen können«, »Ich hätte mich früher entschuldigen oder früher anrufen sollen«, »Hätte ich bloß dieses oder hätte sie bloß jenes getan, dann hätte sie überlebt, dann wäre alles anders verlaufen«, »Ich hätte ihn an jenem Tag nicht mit dem Auto fahren lassen sollen«, »Jetzt bin ich gebrochen« … Das macht euch handlungsunfähig.

Demut und Einfachheit sind es, die euch durch den Trauerprozess und mit mehr Freude und Leichtigkeit hinein in den Prozess der Wandlung, der Dankbarkeit und der Akzeptanz bringen. Das Wüten der Dysbalancen des Egos bringt den Tod für eure Seele, euren Spirit und alles um euch herum. Dies sind die Trümmer, die verbrannt gehören, damit ihr euch wieder mit dem Baum des Lebens rückverbinden könnt.

Der Dysbalance wohnt kein Friede inne – wo Friede doch DIE Energie ist, die in dieser Welt am dringendsten benötigt wird. Mangel an Frieden in euch selbst, multipliziert mit Millionen oder Milliarden von Menschen auf der Welt – ja, so entsteht Krieg. Eure geliebten Verstorbenen beten und halten euch das Licht vor allem, damit ihr Frieden erfahren mögt. Denn Friede ist der Raum, den sie bewohnen. Wollt ihr sie sehen, so müsst ihr aufhören, eure Trauer zu bekämpfen und sie in Kisten der Bequemlichkeit zu verstauen. Und ihr müsst euren Blick auf die friedvolle Stille eurer Seele richten, welche die Macht hat, die friedvolle Stille in eurem Herzen und eurem Verstand wiederherzustellen, so ihr sie denn lasst.

Hört auf, eure Trauer zu bekämpfen. Seid im Frieden. Er ist in euch, geliebte Wesen. Er ist da. Denn ICH BIN da. Ist Friede real, dann BIN ICH es auch. BIN ICH real, so ist es auch der Friede. Vielleicht habt ihr Mich vorher nie gekannt, doch kennt ihr den Frieden. Wenn ihr den Frieden wählt, dann wählt ihr auch Gott, egal, wie lange es dauert, bis ihr diese einfache Weisheit verinnerlicht habt.

Was Gott und die Welt mehr als alles andere von euch brauchen, ist, dass ihr euch im Frieden verankert. So kann dieser Krieg des Selbst gegen den Rest der Welt gewonnen werden. Indem ihr euch in diese Welt verliebt, statt sie zu fürchten. Es beginnt damit, sich jenseits des Verstandes mit der Welt zu verbinden – der Welt des Spirit. In Wahrheit fängt die Reise damit an, loszulassen und Trauer, Liebe, Leben, Verlust und das Lamm zu erkennen und zu verstehen.

Wisset dies zum Troste, geliebte Wesen:

Entscheidet sich eure Seele aus dem Raum unbegrenzter Möglichkeiten dazu, sich mit einem Menschen zu verweben und zu verbinden, so bedeutet es, dass auch dieser Mensch, diese Seele, gewählt hat, sich mit euch zu verbinden. Nicht bloß ihr habt diese Person aus dem Raum grenzenloser Möglichkeiten erwählt, auch sie hat euch erwählt. Ihr habt euch gegenseitig füreinander entschieden – also seid dankbar, auch in Momenten der Dissonanz oder wenn ihr einander verliert. Ihr habt einander erwählt. Aus der Sehnsucht danach zu erfahren, was es heißt, zusammen und

eins zu sein. Im Leben und im Tod. Seid ihr mit einer Person verflochten, und besteht diese Verflechtung aus Liebe, Wahrheit und Frieden, dann ist es ein Band für die Ewigkeit, selbst wenn diese Qualitäten nicht zu jeder Zeit in eurer Beziehung zu spüren waren. Eine immerwährende Lebenslinie, die euer sterbliches Leben transzendiert.

Ihr habt eure Eltern erwählt. Sie haben sich nicht bloß dazu entschieden, ein Kind zu bekommen – ihr habt sie aus dem Reich des Spirit erwählt. Gehört ihr zu den Eltern, die ein Kind verloren haben, so wisset, dass euer Kind euch als Eltern erwählt hat – für einen »Moment«, der die Ewigkeit überdauert. Es wurde euch nicht geschenkt, um es zu besitzen, sondern um es zu halten. Im Spirit hält und trägt es auch euch, selbst wenn es sich durch sein Versterben so anfühlen mag, als könntet ihr selbst euch kaum aufrecht halten. Auch wenn ihr es nicht mehr im Reich der Form halten könnt, so kann es doch euch aus dem Reich des Spirit halten. Und irgendwann werdet auch ihr es wieder halten können, auf eine neue Art und Weise. Bis dahin halte Ich es, damit es euch halten kann. Es ist ein Göttliches Schema des Gehaltenwerdens in Gnade.

Nichts ist jemals endgültig. Ein Verlust jedoch kann sich sehr endgültig für euch anfühlen. In gewisser Weise ist er es auch, geliebte Wesen. Aber *endgültig* bedeutet nicht *weg*. Lasst den neuen Anfang zu, der jedem Ende innewohnt. Erinnert euch an die Anfangszeit mit diesem Menschen und an alle Momente, die ihr im Leben bis zu seinem Tod miteinander geteilt habt.

Zu Beginn eurer Seele seid ihr Kinder. Obgleich ihr den Tod weder kennt noch versteht, lebt ihr ausschließlich für den gegenwärtigen Augenblick. Als Kinder legt ihr keine Hoffnungen ins Morgen – eure Hoffnungen konzentrieren sich auf Freude und Spaß im Hier und Heute. Ihr hofft darauf, dass eine Mutter erscheint, dass ein Vater erscheint, dass ihr Nahrung bekommt und Trost gespendet wird, wenn ihr sie braucht. Eure Hoffnung liegt in der Erforschung des gegenwärtigen Augenblicks. Als neugeborenes Lamm wusstet ihr, dass ihr vom Licht stammt. Dieses Wissen ruhte tief in euch, egal, wie schön oder wie traumatisch eure Kindheit gewesen sein mochte.

Wenn ihr euch also von Beginn an, als ihr von der Leere in euren Körper inkarniert seid, eures Selbst als Licht, als Freude gewahr wart, dann sollte es selbstverständlich sein, dass jedes Wesen, auch ihr selbst, das durch den Tod wieder in diese Leere zurückkehrt, dieses Wissen um und die Erfahrung des Selbst als Licht wieder zurückerlangt. Dies ist die Prophezeiung, die Ich erfüllt habe und die Ich auch euch zu verwirklichen ersuche. Wenn Menschen sterben, dann lassen sie auf Seelenebene Samen zurück. Es braucht seine Zeit, bis diese wachsen, doch wachsen werden sie. Dies ist der Prozess der Offenbarung.

Mit jedem Verlust werden eine Milliarde Samen des Lichts in euch gesät.

Durch Meinen Tod, Meine ungeteilte, unveränderliche und unerschütterliche Liebe, Meine Wahrheit und Meinen Frieden werden überall auf der Erde und in allen Menschen eine Billion Samen gesät.

Doch nur durch die Liebe können diese Samen aktiviert werden, auf dass sie in euch zu wachsen beginnen. Wählt ihr die Liebe, so verwirklicht ihr euch als Blume im Garten. In Dysbalancen des Egos gefangen, wisst ihr nicht, dass ihr eine Blume seid. Dann gleicht ihr mehr einem Gewächs, das an einem Grab dahinwelkt. Also seid der Same, die lebende Blume im Garten. Die Blume, die aus dem Grabesstaub erwächst, um aufs Neue zum Leben zu werden. Dies ist die Wahrheit der Liebe: aus der Schöpfung die Zerstörung, aus der Zerstörung die Schöpfung. Die Konstante beider und gleichzeitig keiner der beiden IST die Gegenwart.

Zu Anbeginn der Zeit, am Beginn der Schöpfung, starb eine Leere, die dem Universum den Samen des Lichts einpflanzte. Der tiefere

Ausdruck dessen ist durch Mein Leben, Meinen Tod und Meine Wiederauferstehung verwirklicht worden. Ihr seid die Gefäße, die diese Prophezeiung zur Verwirklichung bringen, die diesen Samen in sich aufkeimen lassen, die diesen Faden durch ihr eigenes Yeshua-Selbst weben – auf diese Weise mache Ich Liebe mit euch, Tantra. Mein Yoga, das Tantra der Einfachheit, war und ist die Gabe Meines Leibes, Meines Weines, Meiner Liebe an euch als Gott und von Gott.

Wählt den Samen eures Geliebten, denn ICH BIN dieser Geliebte, der euch alle Erfahrungen im Leben, im Tod und darüber hinaus ermöglicht. Diejenigen, die bereits einen Geliebten verloren haben oder es werden, auch diese Geliebten BIN ICH. Ihr seid die ihren, und sie sind die Meinen. Ich bin der eure, und ihr seid der Meine. Und so wird am Ende alles vereint. Dies ist die Lehre der Wunder der Wiederauferstehung.

Wählt Spirit, wählt das Licht – es ist der wiederauferstandene Trauerstern. Denn aus der Leere taucht ein Geliebter/eine Geliebte auf, eine Liebe wird erwählt, ein Licht tritt in euer Leben. Verlässt euch diese geliebte Person, so verspürt ihr Trauer, aber wenn ihr danach greift, dann findet ihr auch Erleichterung und Trost. Vergesst nicht, dass sich eure Seele aus der immensen Anzahl an Möglichkeiten für genau diese Person entschieden hat und diese für euch. Ist die Wahl einmal getroffen, so ist es eine Entscheidung für immer.

Haltet diese Vereinigung in Ehren, diese Verbindung, die dem Raum zwischen Leben und Tod entspringt, dem Raum dazwischen, der von Spirit bewohnt wird. Erreichen könnt ihr diesen Raum nur durch das Licht, das die Seele durch das Herz strahlen lässt – das Tor des Sacred Heart der Einfachheit, der Stabilität, der Hingabe und der Stille. Der einfachen Struktur des Herzens des Friedens. Lebt darin, und wir werden es gemeinsam durch euren Atem bewohnen. So, wie wir es bereits am Anfang getan haben, in jedem Atemzug dazwischen und am Ende. So atmet ihr gemeinsam mit dem Universum.

Ich bin hier, um jede einzelne eurer Tränen aus eurem Gesicht zu wischen. Durch eure Entscheidung, in einen Körper zu inkarnieren, geboren zu werden, habt ihr euch für die Tränen entschieden, selbst im ersten Atemzug eures Lebens. Im Tod nehme Ich euch diese Tränen. Keine Trauer, keine Schmerzen mehr. Betrauert ihr einen anderen Menschen, dann wisst ihr, wie sich Unsere Trauer anfühlt, wenn ihr euch von Uns entfernt. Kehrt ihr zu Uns zurück, indem ihr euch wieder mit der Liebe, der Wahrheit und dem Frieden verbindet, frohlocken Wir, wie es auch eure Geliebten tun, die in den Spirit übergegangen sind. Doch vielleicht bedarf es keines Verlustes, damit ihr diese Worte versteht. Und so ist es. So ist es. So ist es. Lasst sie gehen. Lasst euch selbst los. Lasst los. Es werde Licht. Amein.

Die Yeshua-Meditation

Schließe deine Augen. Nimm dir einen Augenblick Zeit, um bewusst zu atmen. Lade deine geliebten Verstorbenen ein in die Reinheit dieses gegenwärtigen Moments. Hoffe nicht bloß darauf, dass sie hier sind – rufe sie zu dir. Sie sind hier. Atme ein in deinen Körper, und spüre, wie sich die Fäden und Verflechtungen in der Arche deines Seins weit in die Leere, den Zwischenraum ausbreiten, in das Reich des Spirit.

Atme, fokussiere dich, und spüre nach, wo dich diese Verflechtungen der Liebe mit dem Licht innerhalb der Leere, mit dem Raum deiner geliebten Verstorbenen verbinden. Atme hinein in diesen einen Körper, den du mit ihnen teilst, den Körper des Göttlichen – das Bewusstsein. Jetzt atmen sie mit dir; atme mit ihnen. Atme mit Mir. Webe Glauben, Vergebung und Freiheit in deinen Atem ein.

Spüre ihre Anwesenheit, ihren Frieden, indem du deinen eigenen verspürst. Sie mögen nicht länger einen Körper besitzen, und vielleicht fällt es dir schwer, dies zu akzeptieren. Sie sind frei. Sie sind Lämmer des Lamms. So wie auch du eines bist. Lass dir für einen Augenblick selbst das Geschenk des Mitgefühls zuteilwerden. In einer Welt voller Lämmer im Wolfskleid erinnere dich, dass auch du ein Lamm bist. Nackt. Einfach. Weise. Erlaube dir in diesem Moment, getragen zu werden.

Ruhe in Frieden im ewigen Leben. Das Auge Gottes ist das Licht, die Laterne des Körpers. Sieh mit deinen wahren Augen, und erlaube deinem Körper, deinem Leib, deiner Spreu und dem Wasser deiner Liebe, deinen Tränen und deiner Trauer, vom Licht durchflutet zu werden. Atme hinein in die Einfachheit dieser Bewegung. Webe sie in dich hinein. Atme.

Atme aus. Vergebung kommt mit dem letzten Atemzug. Danach kannst du frei atmen. Deine Geliebten scheren sich nicht um deine neuen Kleider, deine Rüstung, dein Geld, deine Macht, deine Sexualität. Solche Dinge waren niemals von Bedeutung. Was wirklich wichtig war, war die Wahrheit der Liebe, die eure gemeinsame Reise zu etwas Wahrhaftigem gemacht hat. Das ist alles, was zählt.

Im Ausatmen liegt die Freiheit, die Ich bringe – die einfache Zeitlosigkeit des Lebens. Atme hinein in diesen Raum. Die Kerze kann nicht erlöschen. Der Fels kann nicht gespalten werden. Euch allen wohnt eine Zerbrechlichkeit inne, und doch liegt eine tiefe und große Kraft in dem Beistand, den ihr in eurem Selbst wie auch füreinander findet. Lass nun in diesem Augenblick alles sterben, was sterben muss.

Und jetzt lasse Mitgefühl und Empathie durch dein ganzes Sein strömen und es durchdringen. Weite den Strom auf deine Geliebten aus. Nun erlaube dir selbst, getragen zu werden, geliebtes Lamm. Ruhe, wiege dich, atme, während Ich dich halte. Atme. Wir kennen deine Liebe, Wir kennen dein Herz. Es ist nicht länger notwendig, zu kämpfen oder zu leiden. Lass uns alle einander halten. Atme. Lass die Liebe zu. Dieser Ast kann nicht brechen – Wir lassen dich nicht fallen.

Nichts hat jemals verloren. Nichts jemals gewonnen. Du bist das friedliche Kind in deiner Krippe. Das friedliche Lamm auf deiner Weide. In Meinem Garten gibt es keine verstoßenen oder geopferten Lämmer. Lass die Sterne über dich regnen und in dir scheinen. Tod mag kommen, Geburt mag kommen – auf große und auf kleine Art und Weise. Du wirst die Liebe niemals verstehen. Du wirst Yeshua, Gaia oder die Menschheit niemals verstehen, bis es dir gelingt, dich an die Einfachheit deines Spirit, deiner Spreu, deines Herzens, deines Weizens, deiner Gedanken und an die Wahrheit deiner Essen, der Liebe zu erinnern. Sei im Frieden. Deine Geliebten und DIE Geliebten atmen diesen Atemzug mit dir gemeinsam.

Asche zu Asche. Staub zu Staub. Schreite nicht durchs Tal der Todesschatten, komm mit Mir in den Raum, in dem es keinen Tod gibt. Gehe mit Mir. Atme. Denn ICH BIN mit dir, mit Stecken und Stab. Geh mit Mir als und mit dem Hirten. Dem Hirten, der in Gnade über die Lämmer wacht.

Geliebtes Wesen, Ich trage und halte und halte und halte dich, gemeinsam mit deinen Geliebten. Und so ist es.

Nimm ein paar tiefe Atemzüge, und lege eine Hand auf dein Herz und die andere auf deinen Unterleib oder Bauchnabel. Atme aus.

Falte deine Hände in Gebetshaltung, und sprich: »Ich liebe.« Geh auf deine Knie, und leg die Stirn auf den Boden. Oder nur deine Hand. Nimm ein paar Atemzüge in Dankbarkeit für deine Mutter Erde. Löse dich nun aus der Meditation.

Wenn du bereit bist, setz dich wieder auf, und nimm das noch gefaltete Blatt Papier zu deinem persönlichen Prozess mit den Botschaften des Friedens und der Freiheit in die Hand. Öffne es nicht. Lege deine Hand darüber. Lass durch deine Hand Licht hineinströmen, und webe die Energie des Glaubens, der Vergebung und der Freiheit in dieses Blatt hinein. Lass die Macht der Wahrheit der Liebe in das Blatt Papier einfließen. Lass nun deine geliebten Verstorbenen dieses Blatt durch die Gnade deiner Hand segnen. Mit der Macht, die im Licht dieses gegenwärtigen Augenblicks ruht, segne Ich dich im Namen des Göttlichen Vaters, der Göttlichen Mutter und des Göttlichen Kindes ... das Meinen Namen, Yeshua, nebst deinem eigenen trägt, immer und immer deutlicher, während wir zusammen auf diesem Weg schreiten. Der Friede sei mit und in dir. Sancti. Pace. Amein.

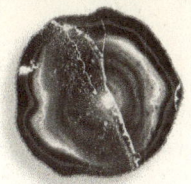

2.

....

Wiederauferstehung

Im Garten der Welt existieren bestimmte Wesen, deren Licht besonders rein ist, was ihr oft ignoriert oder für selbstverständlich haltet. Häufig überseht ihr den Einfluss der Energie, die sie absorbieren, und den Raum, den sie euch freihalten. Worüber Ich nun sprechen werde, ist das Eintreten eurer Spreu in die Erde sowie das Bewusstsein, das noch in dieser Spreu verweilt, während sie von der Erde aufgenommen wird. Die Trennung des Weizens von der Spreu will nicht heißen, dass kein einziger Aspekt eures Bewusstseins und Eindrucks zurückbleibt, wenn ihr sterbt. Es verbleibt sogar ein sehr tiefes Imprint, und dessen oder des Samens Auswirkung ist von Bedeutung – nicht nur für euch selbst, sondern für all die Menschen aus eurem Umfeld, die »zurückbleiben«, ebenso wie für andere, die in eurer Welt leben werden, nachdem ihr sie hinter euch gelassen habt.

Ihr seid Träger einer Lebenskraft. Wenn ihr eure Fäden entknotet, eure Seele von eurem Körper loslöst, bleibt ein Teil eurer Lebenskraft zurück. Auch Mir erging es nicht anders. Ich übertrug Meine Lebenskraft auf die Erde, Gaia, Meine »Jünger« und Meine Gefäße – ganz besonders auf einige der Frauen aus Meinem Leben. Obwohl Ich keine Kinder hatte, gab Ich Meine Shakti an jene Gefäße weiter, viele davon Frauen, einschließlich Meiner Mutter und Maria Magdalena, die in der Lage waren, die Erblinie des Lichts weiterzuführen, und es auch taten. In Meinem Tod und Meiner Wiederauferstehung wurde eine unendliche Anzahl an Samen gesät, die über Jahrhunderte herangereift sind und nun den Boden zu durchbrechen beginnen. Nein, streng genommen hatte Ich keine Kinder. Und doch zeugte Ich Milliarden von Kindern im energetischen Sinne, einschließlich EUCH. Die Samen, die Ich in Meinem Leben wie auch lange davor und danach eingepflanzt habe, waren von einer anderen, noch mächtigeren Essenz.

Mein Leib/Körper und Blut/Wasser/Wein trugen eine größere Bedeutung als bisher angenommen. Ebenso wie der Leib und das Blut Buddhas zu seinem/ihrem Ableben. Und das trifft auch auf die anderen Avatare zu, die als Meister auf dieser Erde erschienen sind. Ebenso auf all die unzähligen namenlosen, gesichtslosen geliebten Wesen, die die reinste Form der Meisterschaft verwirklicht haben, die das Transzendieren ihrer Form bedingt.

Wenn ihr die Dimension wechselt, gebt ihr eure Lebenskraft weiter. Sei es in Asche und Staub. Sei es durch die Liebe und jene Seelen, mit denen ihr euch verbunden habt. Die Samen eurer Lebenskraft, getragen von den Fäden eures Spirit, werden im Augenblick eures Todes in die Energie der Erde, des Traumes, eingepflanzt ... und überdauern noch sehr lange Zeit. Hier ist nicht bloß der Same eurer Linie oder eurer potenziellen Nachkommen gemeint. Es bezieht auch euren energetischen Abdruck mit ein, welcher Auswirkungen auf die Generationen aller Wesen hat, menschlicher und nichtmenschlicher, die »nach« euch kommen werden, einschließlich eurer selbst! Sterbt ihr in Hass und Verzweiflung, dann sind dies die Samen, die ihr sät. Sterbt ihr in Gnade und Aufrichtigkeit, selbst wenn der Tod sehr plötzlich kommt, dann sind dies die Samen, die ihr hinterlasst. Während ihr im Tod eins mit dem Baum des Lebens werdet, hinterlasst ihr ein Vermächtnis von Samen – es liegt an euch, welches Vermächtnis der Liebe oder des Hasses ihr der Welt schenken und hinterlassen wollt.

Jene Menschen auf eurem Planeten, die noch tiefer mit der Erde verbunden sind, verstehen und achten diese Weisheit, das Vermächtnis und die damit einhergehende Verantwortung am meisten. Hier sind viele der indigenen Völker gemeint, einschließlich der »Unschuldigen«, der Geschöpfe Gaias, die das Gleichgewicht ihres Ökosystems bewahren und aufrechterhalten.

Pflanzen und Bäume tragen ein Bewusstsein in sich, das den Rhythmus und die Zyklen des Lebens achtet und sich ihnen anpasst. Ohne sie gäbe es überhaupt keinen Zyklus des Lebens oder eures Atems. Sie sind eure Lebenserhalter und somit für eure Existenz von wesentlicher Bedeutung. Ihr beherrscht sie nicht, wie es einige von euch glauben. Sie besitzen ein hochentwickeltes Bewusstsein, das nicht unter jenem von euch liegt; in Wahrheit sind sie euch in vielerlei Hinsicht ebenbürtig, wenn nicht gar überlegen.

»Reinkarnation« ist ganz einfach ein anderes Wort für den Wiedereintritt in den Kreislauf und den Prozess der Wiederauferstehung, von dem Ich gesprochen habe. Reinkarnation ist schlicht eine Wiedervereinigung des Weizens mit der Spreu – ein weiteres Mal. In eurer Welt wird viel über »vergangene Leben« gemunkelt. Manches davon ist einigermaßen nützlich, das meiste jedoch nicht. Im Laufe eurer Entwicklung mag euch euer Verstand sagen, dass ihr dabei seid, euch hin zu einem mächtigen Propheten oder einer einflussreichen Person zu entwickeln. Allerdings ist es viel wahrscheinlicher, dass ein Avatar oder ein Wesen, das eine tiefere Bewusstseinsebene entwickelt hat, als Baum wiederaufersteht. Pflanzen können sich zu Bakterien weiterentwickeln. Das energetische Feld einer Bakterie kann zu dem eines Insekts werden, dann zu dem eines Tieres. Eure menschliche Fähigkeit, Wissen anzuhäufen, mag größer sein als die eines Insektes. Doch das

Bewusstsein und die Präsenz eines Insekts innerhalb der Schöpfung ist ebenso fließend wie euer eigenes, wenn nicht noch mehr.

Schließlich sind Insekten, egal, wie sehr ihr sie ablehnen mögt oder sie als »weniger entwickelte Lebensformen« bezeichnet, wenigstens das, was sie sind. Und sie tun nicht so, als wären sie etwas, was sie nicht sind. Ja, es ist wahr, ihr entwickelt euer Bewusstsein immer weiter, doch seid vorsichtig in euren Annahmen, ihr würdet den Totempfahl der Bedeutsamkeit menschlicher Sozialhierarchien immer weiter emporsteigen. In Wahrheit verhält es sich so, dass oft Menschen, die sich weiterentwickelt haben, zu Tieren werden, dann zu Insekten, dann zu Pflanzen. Also achtet darauf, sanft mit eurer Welt umzugehen. Euch um alles Leben zu sorgen. Euch wurde das einzigartige Vermögen geschenkt, euch um anderes Leben zu kümmern. Nicht, es zu beherrschen.

Denn es kann durchaus der Fall sein, dass euer Weizen im nächsten Zyklus der Wiederauferstehung eine Spreu erwählt, die ganz anders ist als jede, die er bisher gewählt hat. Das Göttliche bringt ganz gern etwas Bewegung in die Schöpfung hinein, und das macht auch eure Seele gern. Eure Seele möchte alle Erfahrungen machen, und Wir wollen, dass ihr alle Erfahrungen macht, die es gibt. Wie sonst könnt ihr die Gesamtheit des Einsseins erfahren, welche die Schöpfung als einen großen gemeinsamen Körper umfasst?

Wart ihr in diesem Leben die Dominierenden, so werdet ihr als Nächstes vielleicht erfahren, wie es ist, unterdrückt zu werden. Hiermit ist nicht bloß gemeint, dass ein Tierquäler als Tierretter wiedergeboren wird, um die gegenteilige Polarität zu erfahren. Es bedeutet, dass ein Tierquäler auch als misshandeltes Tier auferstehen kann. Nicht zur Strafe, sondern aus dem Wunsch der Seele heraus, denn für diese ist es unnatürlich, solche Dichtheit mit sich zu tragen, und so muss sie sich aus solchen ungesunden Knoten herauslösen und sie heilen. Darin liegt der Weg der Entwicklung hin zu Gleichheit, Mitgefühl,

Seelenfülle und Gleichgewicht. Ihr werdet ernten, was ihr gesät habt, und deshalb ist der Abdruck, den ihr zurücklasst, sind die Samen, die ihr im Leben und im Tod pflanzt, von solcher Bedeutung. Für euch und für euer gesamtes Kollektiv.

Ihr könnt in eurer Bewusstseinsentwicklung nicht rückwärtsgehen. Selbst das Göttliche ist eine fortlaufende Entwicklung von Bewusstsein. Ihr seid als bewusste Wesen Co-Kreatoren, die gemeinsam mit dem Göttlichen das Feld dieses Traumes bestellen. Während ihr euch entwickelt, entwickelt sich auch Gott. Entwickelt sich Gott, so entwickelt auch ihr euch. Und eure Erfahrung dessen ist immer noch sehr primitiv. Je höher eure Schwingung ist, desto mehr tragt ihr zur Evolution des Bewusstseins eures Selbst und des Kollektivs bei. Je niedriger eure Schwingung, desto mehr beteiligt ihr euch am kollektiven Unbewusstsein und seid diesem ausgeliefert.

Während ihr in dieser oder in anderen Realitätsstrukturen von einem Leben zum nächsten keinen Rückschritt in eurer Bewusstseinsentwicklung machen könnt, so könnt ihr aber durchaus die Form wechseln, in der ihr wiederkommt. So wie es auch eure Geliebten können, die ihr geliebt, verloren und durch diesen Verlust wiedergefunden habt. Ebenso wie Engel. Engel sind von zu lichter Natur, als dass sie für längere Zeit in die Materie inkarnieren könnten. Und wenn sie es tun – weil sie immer mit dem Willen Gottes in Einklang stehen –, dann ist es ihnen oft nur möglich, die Form eines Tieres anzunehmen, manchmal auch eines Kindes oder Menschen mit besonderen Bedürfnissen, das oder der nicht viele Jahre auf der Welt verbringt. Denn sobald ein Kind anfängt, Dichtheit und Identität und persönlichen Willen aufzubauen, kann der Engel – der Lichtbringer Gottes – nicht länger in der Form verweilen. Und muss in den Raum des Spirit zurückkehren.

Während euch Pflanzen und Tiere auf energetischer, emotionaler und physischer Ebene viel Nahrung und Unterstützung geben, dient ihr ihnen auf gleiche Weise. Ihr steht in co-kreativem Dienst mit diesen

Geschöpfen, die eins mit Uns sind, so wie auch ihr es seid. WIR sind ein Ökosystem, oben wie unten. Ihr nehmt etwas heraus und gebt gleichzeitig etwas hinein. Also wählt weise, was ihr herausnehmt, denn es muss im Gleichgewicht zu dem stehen, was ihr hineingebt.

Bäume, Pflanzen und Tiere sind nicht zu eurem Vergnügen da. Zollt Leben und Tod Respekt, denn sie sind fragil. Respektiert die Lebensformen, die zumindest wissen, was sie sind, egal, für wie niedrig oder fortgeschritten ihr sie haltet. Tierquälerei, Kindesmissbrauch, Misshandlung älterer Menschen, Missbrauch der Umwelt – die Übergriffigkeit an den reinsten Geschöpfen dieser Welt macht den Missbraucher zum unausgeglichensten und unreinsten Wesen.

So wie eure Engel für euch beten, auf dass ihr im Schatten nach ihrem Licht greift, so hoffen auch eure geliebten Wesen nichtmenschlicher Lebensformen, insbesondere eure Vierbeiner, so sehr auf eure Liebe, und sie geben euch im Gegenzug ihre Liebe. Webt sie nicht in das Geflecht eures Lebens hinein, wenn ihr ihren Bedürfnissen nicht nachkommen könnt. Denn werft ihr sie weg, oder vernachlässigt ihr sie, könnte euch mit der Zeit bewusst werden, dass ihr einen Engel verworfen und vernachlässigt habt.

Für viele eurer älteren Mitmenschen sind all ihre Hoffnungen und Träume bereits gekommen und gegangen, erfüllt oder unerfüllt, und die einzige Hoffnung, die ihnen meist bleibt, ist jene auf Schmerzlinderung, auf ein kurzes Telefonat oder einfach nur auf den Segen eines einzigen weiteren Atemzugs. Eure Ältesten, eure Kinder, eure Tiere, sie sind die größten Lichtträger. Misshandelt ihr eine Pflanze, die vielleicht irgendwann einmal ein Mensch wird, oder quält ihr ein Tier, das einst in heiliger Verwandtschaft zu euch stand, so wirkt sich das auf dieses Leben und sein Bewusstsein genauso aus wie auf euer eigenes. Da eure Traumata und die Momente der Entwürdigung eures Lebens sehr schmerzhaft für euch waren, solltet ihr euch bewusst machen, welchen Geschöpfen ihr unbewusst dasselbe antut, bloß weil ihr in einer Welt lebt, die hauptsächlich dem menschlichen Leben einen Wert beimisst.

Geliebte Wesen, dies soll keine verrückte Kampagne werden, um euch dazu zu bringen, nie wieder Karotten, Äpfel und Eier zu verzehren. Die Großzügigkeit Gottes ist für alle da. Sie ist ein Geschenk, kein Anspruch. Und ihr seid die Fürsorger. Worauf Ich hier das Licht werfen möchte, ist, dass ihr euch des Wertes aller Schöpfung gewahr werden müsst. Nehmt ihr einen Stein, dann hinterlasst eine Blume. Oder einfach ein Dankesgebet. Ein Gebet muss nicht nur als flüchtige Geste vor einer Mahlzeit gesprochen werden. Die Gnade des wechselseitigen Gebens und Nehmens ist ein einfacher, bescheidener und kraftvoller Dienst.

Der Ausdruck von Dankbarkeit allem Leben gegenüber ist ein Dienst an Gott, am Garten und an euch selbst. Ihr seid kein »Ich«, ihr seid ein ICH BIN – vereint mit dem gesamten Kollektiv. Entwertet ihr also eine andere Person oder ein anderes Geschöpf des Kollektivs, so erschafft ihr dieselbe Last auch für euch. Ihr beeinflusst eure Welt, wie auch die Welt euch beeinflusst. **Gnade ist das Echo eures Spirit auf dem Netz des Lebens, und sie ist das Echo, das zu euch zurückkehrt.** Lasst diesen Widerhall zu einem Lied über die Liebe werden, das im Rhythmus des Liebesliedes des Lebens erklingt, das euch umgibt.

Ihr wurdet mit einem höheren Bewusstsein ausgestattet, um diesen Planeten zu hüten, und das impliziert auch, mit den einfacheren Geschöpfen in Balance zu gehen. Es ist ein überaus interessanter Widerspruch, dass ihr die Spezies seid, die das größte Potenzial aufweist, Dysbalancen als ein Nebenprodukt ihres Egos und freien Willens zu erzeugen – und doch ist es gleichzeitig eure Spezies, die erwählt wurde, das Licht zu tragen und das Gleichgewicht zu wahren. Euer Yeshua-Selbst weiß, wie dies auf die für euch richtige Art und Weise auszuführen ist. Habt ihr Schwierigkeiten damit zu wissen, wie ihr dieses

Gleichgewicht aufrechterhalten könnt, dann nehmt Meine Hand, die Hand des Friedens, und Ich werde euch den Weg erleuchten.

Von allen Dingen, die im Netz und im Geflecht eurer Traumwelt existieren, der Erde, die ihr euer Zuhause nennt, sind Tiere eure größten Lichtträger, weshalb es Engel so sehr lieben, sie zu verkörpern. Sie sind DIE Lämmer, die mit euch in der Krippe sitzen. Ihr seid es gewesen, die sie als Bestien oder Vieh bezeichnet haben. Und doch sind es sehr oft die Menschen, die sich in ihrer Arroganz und Zurückweisung jeglicher Verantwortung für ihre Lasten, in ihrer Maßlosigkeit und Verschwendung wie Bestien verhalten. Ihr seid ebenso Tiere. Nämlich dann, wenn ihr unter dem Vorwand der Zivilisiertheit den Urimpulsen eures tierischen Selbst folgt.

Hütet euch davor, Hass zu verfüttern oder Nahrung zu essen, die im Hass erzeugt wurde – oder in Schmerz oder Zwietracht. Jene, die sich wie Bestien benehmen, werden als solche behandelt, denn ihr Verstand ist in der Wahrnehmung einer bestialischen Welt gefangen. Der schönste Palast kann energetisch ein brutales Gefängnis sein. Das heruntergekommenste Armenviertel kann energetisch ein Palast der Engel sein.

Ihr alle habt erfahren, was es heißt, das misshandelte Tier zu sein, und doch seid ihr alle Missbraucher … sei es Missbraucher des eigenen Selbst oder anderer Wesen. All die Überzeugungen und Meinungen, all die Verurteilungen – warum? Wozu? Zeigt anderen Menschen oder Dingen gegenüber keinen Hass. Wandelt ihn um in Leidenschaft und Liebe. Oder bittet Mich darum oder irgendein anderes Wesen des Spirit, das sich licht für euch anfühlt, einschließlich eurer geliebten Verstorbenen, die in den Spirit übergetreten sind. Bittet sie, euch zu helfen, eure aufs Außen gerichteten Augen der Begierde zu transzendieren, damit ihr mit den Augen eines mitfühlenden Herzens sehen könnt.

Dies ist die Bedeutung von Auge um Auge. Es bedeutet nicht, ein Auge zu nehmen für ein anderes, das genommen wurde. »Auge um

Auge« bedeutet, das falsche »Auge/Ich«, das getrennte Selbst, das nach dem oder der Schuldigen fragt und in seiner Blindheit ignorante Bestrafungen fordert, zu entfernen. Und es durch das ICH BIN zu ersetzen, das eins mit dem Wir ist, dem All, dem BIN. Das getrennte »Auge« des Selbst durch das »Auge« der Seele zu ersetzen, eins mit Allem – das ist es, was euch erlaubt zu sehen, was echt ist. Jene, die Auge um Auge für Schuldzuweisung und Bestrafung sehen, sind blind in ihrer Rachsucht und ihrer verzerrten und eingeschränkten Sicht der Gerechtigkeit.

Wie der Friede verlangt auch die Gerechtigkeit nicht nach Veränderern oder Veränderung – es liegt nicht am Menschen, über Gerechtigkeit zu entscheiden. Gerechtigkeit IST einfach. Das Bekämpfen dessen, was ist, IST es, das euch eurer Gerechtigkeit beraubt. Und eurer Fähigkeit, das Gleichgewicht zu wahren. Das bedeutet nicht, dass ihr nicht zutiefst für eine Sache brennen könnt, bei der ihr das Gefühl habt, sie könnte auf dieser Welt besser laufen. Wenn eure Leidenschaft aber nicht einem Ort des Mitgefühls, der Geduld, Akzeptanz und der Demut entspringt, wird sie niemals zu mehr Frieden, Gleichgewicht und zu Veränderungen auf der Welt führen, die nachhaltig und dauerhaft sind. Der Moment, in dem ihr euch selbst dabei beobachtet, wie ihr euch von mitfühlender, co-kreativer Leidenschaft weg und hin zu Gefühlen von Hass, Wut und dem Verlangen, einen anderen Menschen anzugreifen, bewegt – das ist genau der Augenblick, an dem ihr innehalten, euer Herz besänftigen und euch an Mich wenden müsst, um euer Gleichgewicht und euren Frieden wiederherzustellen. Denn wenn das passiert, ist nicht der oder die »andere« das Problem, sondern ihr seid es. **Nicht jeder Einzelne, der nicht eurer Meinung ist, wird euer Feind sein. Macht ihr sie zu eurem Feind, dann macht ihr EUCH selbst zu der Person, gegen die ihr kämpft.**

Nehmt euch vor Schildern und Plakaten in Acht, die in eurer Welt nach Gerechtigkeit schreien, denn viele von ihnen entspringen nicht dem Gleichgewicht, einschließlich der sozialen Gerechtigkeit, die oft mit einer Lynchjustiz gleichzusetzen ist. Oder der sozialen Medien, in denen oft Hetzkampagnen stattfinden. Genug davon.

Seid ihr die Hetzer? Die Kreuziger und Kreuzritter, die für nichts kämpfen und bei jeder gewöhnlichen Kneipenschlägerei mitmachen? Oder steht ihr für und als Yeshua, als Nehemia, als Esther? Gerechtigkeit ist eigenständig. Sie ist Gott allein anvertraut, was der bescheidenen Seele bewusst ist. Jeder Mensch auf dieser Welt, der sagt, er kenne den Weg zur Gerechtigkeit, während er im selben Moment eine Heugabel in die Hand nimmt – und damit sind auch getippte Wörter und manipulierte Videos gemeint, die modernen Heugabeln eurer Zeit –, hat sich in ungesunden Knoten verfangen. Seid kritisch und lernt zu unterscheiden, oder ihr findet euch womöglich an einen riesigen kollektiven Knoten gefesselt, der sich unter dem Kleid einer Scheingerechtigkeit versteckt. Dies kann dazu führen, dass ihr euch noch mehr verstrickt und verwirrt fühlt. Gerechtigkeit entsteht durch Frieden. Und der Friede ist einfach.

Welche Dysbalance, welche Ungerechtigkeit auch immer in eurem Leben nicht bereinigt werden kann, wird durch die liebevolle Auflösung und Wiederherstellung des Gleichgewichts behoben, die das Göttliche am Ende allen zuteilwerden lässt. Jene, die das Gesetz in ihre eigene Hand nehmen, werden sich genau den Gesetzen der Dysbalancen unterworfen sehen, die sie erschaffen haben. **Erinnert euch, geliebte Wesen, alles ist bereits aufgelöst. Ihr werdet es mit der Zeit verstehen, sobald ihr die vollkommene Erkenntnis erlangt habt.** Alles ist bereits gelöst. Zeigt genügend Geduld und Demut, und vertraut darauf, dass dem so ist. Es ist einfach.

Hört auf zu kämpfen. Geliebte Wesen. Lasst los. Macht dies zu eurem inneren Weg, und die Gerechtigkeit wird euch befreien, sodass es euch möglich wird, eure innigste Leidenschaft des Friedens zu verkörpern. DAS ist der Dienst der Liebe, der die Welt verändert.

Das »Auge/Ich« der Seele, das Auge, das einen klaren Blick hat, ist das wahre Auge jener Nadel, die es eurem Spirit ermöglicht, sich mit mehr Klarheit, Geduld und Freude in das Netz des Lebens einzuweben. Das selbstbezogene und eifersüchtige »Ich« ist die Nadel, die ihr euch ins Auge stecht und die euch somit blind macht für das, was real ist. Dieses Auge liebt es, euch hinunterzuziehen, und indem es das tut, reißt es noch tiefere Löcher in seinen eigenen Bildteppich und die Teppiche der Menschen in seinem Umfeld.

Jene, die richten, sind blind, und es fehlt ihnen an Ehrfurcht vor der Gleichwertigkeit aller Menschen. Sie sind blind. Sie haben sogar vergessen, was es heißt zu fühlen. Sie sind betäubt. Erlaubt niemals den »Blinden« – Menschen, welche die Dinge komplex und verwirrend für euch machen – euch anzuführen; erkennt sie als das, was sie sind. Habt Mitgefühl mit ihnen, betet für sie und haltet das Licht für sie, damit sie eines Tages sehen können. Aber folgt ihnen nicht in eurer eigenen Blindheit. Wenn Menschen blind sind, nehmen Wir ihnen ihre Augen, damit sie wieder sehen können.

Augen sind der Schlüssel zur Seele. Die Augen eines Tieres – selbst die einer Spinne, wenn ihr wirklich ins Innerste ihrer Augen blickt – sind immer vollkommen ehrlich. Tiere können euch mit verletzten Augen, mit wütenden Augen, mit verängstigten Augen ansehen – niemals jedoch mit grausamen Augen. Diese Fähigkeit, die ihr habt, besitzen sie nicht. Die Augen eines Menschen sind der ehrlichen und wahrhaftigen Essenz dieser Person noch am nächsten, doch menschliche Augen können den Verstand ebenso wie die Seele widerspiegeln. Die Augen eines Menschen können kalt sein, verlogen, zurückhaltend, verschlossen. Daher der Begriff »lügende Augen«.

Die Augen eines Tieres lügen nicht, und sie können es auch nicht, denn Tiere sind in ihrer wahren Essenz verankert. Und in eurer wahren Essenz gibt es keine Notwendigkeit, zu lügen oder etwas zurückzuhalten. Noch ist es überhaupt möglich, unehrlich zu sein. Tiere kennen die Dysbalance der Scham nicht, die Menschen dazu bringt, ihren Blick nach unten zu richten. Auch kennen sie die Dysbalance des Zornes nicht, die im menschlichen Auge Hass aufflammen lassen kann. Sogar inmitten ihrer Nacktheit und wenn sie gerade ein Häufchen gemacht haben, blicken sie euch mit freudigen Augen an.

Die Freude in ihren Augen, wenn sie euch am Morgen erblicken, gleicht jener eines unschuldigen Kindes. Ihre Augen strahlen in Freude über die Liebe und in Freude über das einfache Staunen darüber, was jeder einzelne Augenblick mit sich bringt. Deshalb sind sie solche Meister darin, diese Energie der Freude und der Jugend in euch neu zu entfachen. Und deshalb löst der Tod eines geliebten tierischen Freundes solch tiefe Trauer in euch aus. Weil die Liebe so rein ist. Tiere sind eure wichtigsten Lehrer in Bezug auf die wahrste Essenz der Liebe.

Die Seele ist das Auge hinter den Augen, das wahrhaftig zu sehen vermag. Das ist die Bedeutung von »Auge um Auge«. Das sichtbare Auge, das durch das unsichtbare Auge eures wahren Spirit ersetzt wird. Seht einander in die Augen – tiefer, als bloß in jene sichtbaren Augen, in die ihr gewohnt seid zu blicken. Blickt in die Seele jener Menschen, die euren Zorn entfachen, und erkennt sie als gleichwertig an. Betet für sie, auf dass ihr wahres Sehvermögen zurückkehren möge. Und betet, dass euer eigenes Sehvermögen zurückkehrt und euch aus eurer Blindheit befreit. Das ist »Auge um Auge«. Darin ist die Gerechtigkeit enthalten.

Seid nicht länger der Hund, der an der Tür seines Herrchens wartet, das ihn längst verlassen hat. Seid der Hund, der nicht gebrochen werden kann. Der Hund, der trotz allem weiter hofft und weiter nach der Liebe strebt. Und der doch auch weiß, wann es Zeit ist, ein kaltes und bitteres Zuhause zu verlassen. Der Hund, der seinen Wert gut genug kennt, um zu wissen, wann eine Hoffnung auf Liebe zu einer gefährlichen Hoffnung geworden ist, die zu Kreisläufen des Missbrauchs führen kann. Seid der neugierige Wolf, nicht jener engstirnige Wolf, der wieder und wieder zu einem Meister zurückkehrt, der ihn misshandelt. Seid eine Liebe, die bedingungslos ist und doch die Fähigkeit zu unterscheiden in sich trägt. Der wahrhaft loyale Wolf vergibt seinem ihn misshandelnden und vernachlässigenden Meister und hat gleichzeitig den Mut, sich von ihm abzuwenden. Der liebende Hund verlässt den Hass und sucht und findet neue Liebe.

Vielleicht seid ihr dieser Hund, oder dieser Hund wird einst zu euch kommen. Dann werdet IHR sein Engel, sein Geliebter, seine Geliebte sein, so wie er auch zu eurem Engel, eurem geliebten Wesen werden wird. Und dann wird euch das Tier, das ihr aufgenommen habt, selbst wenn es noch so heruntergekommen ist, eine Liebe entgegenbringen, die euer ganzes Sein auf ungeahnte Weisen verändert, öffnet und entfaltet. Viele von euch haben dies schon einmal erlebt. Und sollte das Tier sterben, oder solltet ihr sterben, dann wird das Band des Lichts, das zwischen euch existiert, niemals gebrochen werden können. Das ist wahrer Reichtum. Das ist Gnade. Das ist die Gegenseitigkeit der Liebe – ein Auge der Liebe um ein Auge der Liebe, ein Selbst der Liebe für ein Selbst in Liebe.

Das menschliche Auge des Hasses gehört nicht zum Auge Gottes. Ihr alle wollt gesehen werden. Ihr alle wünscht euch Klarheit. Seht euch selbst und eure Mitmenschen als Lämmer – weise Lämmer –, und dann werdet ihr von Gott und euren Mitmenschen gesehen. Seht euch selbst. Seht die Schönheit. Selbst im Tod.

Es ist nicht schwer, sich für Liebe und Freude zu entscheiden, selbst in der Trauer. An diesem Tor werde Ich euch treffen. Dies ist das schmale Tor zwischen der Leere und dem Licht, dem Weizen und der Spreu, und dem Göttlichen Weinstock, der euch alle ewig vereint, ob Mensch oder Spirit, in Gesundheit oder Krankheit, viel weiter, als bis dass der Tod euch scheidet. Das schmale Tor ist der Weg zum Frieden, der kein Ende und keinen Anfang hat.

Kennzeichnet euch, denn ihr werdet gekennzeichnet durch den

goldenen Faden des echten Auges und des Lichtspektrums, welches jenes Licht, das euch bekannt ist, weit übersteigt. Ich kennzeichne euch nicht als Besitz oder Gegenstand, sondern als Ebenbürtige. Ich versehe euch nicht mit dem Stempel eines Schafes. Ich bezeichne euch als Lämmer. Ich bezeichne euch als Liebe. Mit zwölf Sternen – einen für jeden der Himmel. Denn ihr habt ein Zeichen gesetzt, indem ihr Mich durch das, was ICH BIN, der Friede, in eure Herzen eingelassen habt.

Esst und trinkt von Gaia und vom Licht ihrer Präsenz. Lasst sie mit euch trinken und essen. Lebt in Liebe. Lebt in Freude. Ruht im Frieden, während ihr lebt. Ruht im Frieden, während ihr lebt. Ruht im Frieden, während ihr lebt – und erst recht im Tod, denn er ist der Abgrund des Lebens, und das ist der ewige Kreislauf. Was ihr jetzt nicht wisst, das werdet ihr am Ende wissen. Denn so soll es geschehen für alle fühlenden Wesen:

Jetzt schauen wir in einen Spiegel
und sehen nur rätselhafte Umrisse,
dann aber schauen wir von Angesicht zu Angesicht.
Jetzt erkenne ich unvollkommen,
dann aber werde ich durch und durch erkennen,
so wie ich auch durch und durch erkannt worden bin.

1. Korinther 13, 12

In der Tat.

Stirbt das Lamm, so wird es wieder zum Lamm. Ihr seid immer Meine Lämmer. Ich bin immer das eure. Erkennt, was ihr seid, und erkennt, was ICH BIN. Denn alles, was ihr seid, ist alles, was ICH BIN. Alles, was ICH BIN, ist alles, was ihr seid. Ich bin mit euch. Eure Geliebten sind mit euch. Der Friede sei mit euch und sei in euch gesät. Möget ihr den Samen des Friedens in der Welt säen. Möget ihr der Samen des Friedens in der Welt sein.

Wisset, dass ICH mit euch und in euch BIN – ob ihr nun einen Moment außergewöhnlicher Liebe oder außergewöhnlicher Trauer erlebt oder irgendetwas dazwischen. Das Licht strömt durch Lachen und Tränen. Atmet wieder mit euren Geliebten und DEM Geliebten. Alles andere werdet ihr sehen und erkennen, wenn die Zeit gekommen ist.

Und wenn für euch oder für einen geliebten Mitmenschen der Moment kommt, an dem ihr durch das Tal der Todesschatten schreiten müsst, so fürchtet euch nicht, denn Ich bin bei euch. Und versetze die Berge, um den Lämmern sicheres Geleit zu ermöglichen, oben wie unten. Kein Lamm, kein Leben geht jemals verloren im Tal Gottes. Seid im Frieden. Und so ist es.

Om Nami Maia. Om Namah Sananda. Om Nami Yeshua. Sancti. Sancti. Sancti. Pace. Pace. Pace.

Namaste.

DAS GEFLECHT,
DER STERN,
DIE WIEDERGEBURT

1.

....

Die Gerechtigkeit
Göttlichen Gleichgewichts

Guten Abend, geliebtes Wesen. Schließe einen Moment lang deine Augen, du wunderschöner Fädler, Jäter, Säer, Weber, Verflechter. Zu jedem von euch, der das Gefühl hat, er irre in der Dunkelheit der Nacht umher, sage ich: Bleib stehen, hör auf zu laufen. Setz dich, raste, und empfange Meine Präsenz als den Stern innerhalb deines Sterns, der dir das Licht zeigt, das den Weg des Friedens erleuchtet. Atme. Lass los.

Spüre, wie sich das Licht des goldenen Göttlichen Fadens aus den Kammern des Herzens heraus durch die Nadel deines Seelenauges webt und fädelt. Spüre den Stoff deines Körpers, das Geflecht deiner Wirbelsäule. Den Glauben und das Gerüst dieser Säule. Weizen innerhalb der Spreu. Lade deinen Körper ein in den Webteppich des Einen.

Nun spüre die Unterstützung Gaias. Lade sie ein in diesen Teppich. Fühle, wie sie sich durch das Geflecht und die Leiter deiner Wirbelsäule webt – von Ast bis Wurzel, vom Einatmen bis zum Ausatmen, vom Leben bis zum Tod.

Obgleich mit der Zeit Verschiebungen und Veränderungen an deinem Stützsystem geschehen können, richte deinen Fokus auf die Gegenwart, und fühle die Unterstützung jener, die dir nahestehen.

Ehepartner, Geliebte, Kinder, Schwestern, Brüder, Eltern. Spüre die Unterstützung, Stärke, Liebe und Freude, die sie in den Bildteppich deines Lebens einweben und einflechten.

Nun rufe die Unterstützung deiner Tiere, Pflanzen und Bäume herbei. Spüre die Verankerung, die sie dir geben. Die Nahrung und Versorgung. Spüre, wie sie dich erden und entfalten, so wie auch du sie erdest und entfaltest. Atme sie in Dankbarkeit und Ebenbürtigkeit in deinen Teppich ein.

Jetzt rufe die Unterstützung deiner Gemeinschaft – jener Menschen, die dir deine Post bringen, die deinen Müll abholen. Würdige sie, indem du die Stabilität der Unterstützung empfängst, die sie dir geben. Jene, die für deine Sicherheit sorgen, ob du sie nun kennst oder nicht – spüre, wie sie sich in das Geflecht deines Teppichs einweben. Schicke ihnen Dankbarkeit.

Und nun spüre die Unterstützung des Kollektivs, des Ökosystems allen Lebens. Deines globalen Stützkreises. Nimm sein Licht in dich auf, wie auch er deines aufnimmt. Fühle das gesunde Gleichgewicht von Licht und Schatten, das durch die Unterstützung dieses kollektiven Kreises gehalten wird. Webe und flechte die Stütze deines gesamten Kollektivs ein in den Stoff deines Teppichs.

Nun rufe die Unterstützung aus dem Raum des Spirit herbei – über dir und um dich herum, vor allem aber in dir. Fühle die Stütze, die Spirit dir schenkt. Dir mag es vielleicht nicht möglich sein, ihn zu sehen oder zu berühren, doch wenn dein Herz offen ist, wirst du die Macht des Spirit spüren, die in die Essenz des Teppichs eingeflochten ist. Wir sind hier wie auch deine geliebten Verstorbenen.

Verankere dich in der Einfachheit, Stabilität, Hingabe und Stille der Unterstützung, die in den Bildteppich eingewoben ist. Atme hinein in den Frieden universeller Unterstützung.

Falte deine Hände in Gebetshaltung, und komme in den Raum der Präsenz und der Freude. Freude! Lache. Lass ein Lachen zu, selbst

durch die Tränen hindurch. Es ist in Ordnung, geliebtes Wesen. Lachen ist ein mächtiger Balsam für deine Seele und deinen Spirit.

Nun bringe mit einem Ausatmen sanft deine Hand oder Stirn zum
Boden, lass deine Energie tief in Mutter Erde einfließen, und beende
die Meditation.

Geliebtes Wesen, durch diese Botschaften entlaste Ich dich. Durch
jede Träne, die du weinst, wird ein weiteres Gelächter hindurchbre-
chen. Was auch immer du durch die Veränderungen in deinem Leben
erfährst – das Loslösen von den ungesunden Knoten lässt ein neues
Licht durch dein Sein fließen und strömen.

Du bist nicht die erste Person in der Geschichte der Menschheit,
die Trauer und Freude erlebt hat, noch wirst du die letzte sein. Deine
Zeit in diesem Körper ist wertvoll. Du hast deinen wahren Wert gewählt, indem du dich für Meine Präsenz und den Weg des Friedens
entschieden hast, durch den Ich dich führe und geleite. Also ermöglicht alles, was in dir passiert, mehr Raum für Balance, für Lachen, für
Einfachheit, für Freude. Und so ist es. Amein.

Die Yeshua-Lehre

Geliebte Wesen, es ist wahr, dass Ich euch retten kann. Ich bin eure
Rettung. Euer Retter.

Doch kann Ich euch nicht vor euch selbst retten.

Wenn ihr ständig an all die Dinge denkt, die ihr nicht habt und
von denen ihr meint, ihr solltet sie haben, oder daran, wie ihr sein
solltet, statt wie ihr seid, dann bin nicht Ich es, der entschieden hat,
euch nicht zu retten. Ihr habt entschieden, euch nicht vor euch selbst
zu retten. Ihr braucht Meine Rettung nicht. Sie wird euch automatisch zuteil, indem ihr euer Herz für den Weizen eures Yeshua-Selbst,

des Göttlichen Selbst, öffnet. Aber ihr braucht Mich, damit Ich euch zeige, wie ihr euch selbst vor dem unausgeglichenen falschen Selbst errettten könnt. Dem getrennten Selbst, das immer etwas will und nur selten befriedigt ist.

Wenn ihr in euren Wünschen und Gelüsten schwelgt und hofft, dass ihr dieses Mal, dieses Mal, dieses Mal endlich langfristig gesättigt sein werdet, dann ist es so, als würdet ihr immer wieder mit Pfeilen schießen, die ständig ihr Ziel verfehlen. Bringt weder Pfeil noch Bogen an den Tisch des Lebensfestes, bis ihr geübter im Bogenschießen und im Seelenweben seid.

Und so werden wir heute ein paar Zielübungen im Göttlichen Bogenschießen machen. In einem sicheren, heiligen Rahmen. Wir beginnen damit, euren Schießplatz etwas zu verändern. Damit meine Ich eure Entfernung vom Ziel, wie auch die tatsächliche Schießumgebung und das Ziel oder Ergebnis, das ihr mit eurem Pfeil treffen wollt.

Die Dysbalancen des Geistes, die ihr in der Vergangenheit als »Sünden« bezeichnet habt, lassen euch das Ziel verfehlen, indem sie euch den falschen Zielen nachjagen lassen. Selbst wenn ihr mit eurem Pfeil und der daran befestigten Sehne oder Schnur gelegentlich ins Schwarze dieser Zielscheiben trefft (einschließlich projizierter Hoffnungen, unausgeglichener Menschen und impulsiver Verhaltensweisen), kann diese Schnur plötzlich zu einer Fessel werden. Das bedeutet es, sein Ziel zu verfehlen. Ihr könnt vielleicht beim Sex, bei Geld oder Macht ins Schwarze getroffen haben, aber eine Ausrichtung auf solche Zielscheiben lässt euer wahres und authentisches Selbst völlig außen vor. Sind euer Verstand, euer Herz und eure Seele nicht im Gleichgewicht, dann ist auch eure Beziehung zu diesen Energien im Ungleichgewicht.

Dies sind niemals die Zielscheiben, die ihr ins Visier nehmen solltet. Ein ausgeglichenes Empfangen dieser Energien passiert ganz nebenbei, wenn ihr die richtigen Ziele anstrebt, was bedeuten kann, dass ihr euren Schießplatz ändern müsst, indem ihr euren Fokus oder sogar eure

Umgebung wechselt. Oder die Entfernung zum Ziel verringert. Einer der Hauptgründe, weshalb ihr eure Ziele verfehlt, ist: Ihr schießt aus einer so großen Distanz, dass euer Pfeil die Zielscheibe niemals erreichen kann. Ein Beispiel dafür sind unrealistische Erwartungen. Euer Verstand möchte sich gern sofort im olympischen Bogenschießen versuchen, bevor ihr überhaupt die Disziplin und die Technik erlernt habt, die es braucht, um einen Bogen richtig halten zu können. Ihr schießt nach den Sternen und vergesst, dass ihr hier auf Erden seid. Und ihr seid nicht die Einzigen auf eurem Planeten, die mit Pfeilen und Schnüren schießen.

Eine der besten Möglichkeiten, das Ziel zu verfehlen, ist Mangel an Demut, Integrität, an Dankbarkeit und Akzeptanz. Besonders aber dann, wenn ihr ein Abbild von euch auf die äußere Welt projiziert, das nicht der Realität eures wahren Selbst entspricht. Ein Abbild von Perfektion, das verfehlter ist als die tatsächlichen Fehler, die ihr zu haben glaubt. Ihr seid alle gleich. Jeder und jede von euch. Ihr alle esst, ihr alle geht aufs Klo. Ihr alle fühlt euch unwohl, ihr alle liebt.

Wenn ihr lange Zeit nicht auf der Toilette wart, es zurückgehalten und zurückgehalten habt, angehäuft und angehäuft habt, nicht losgelassen habt, dann verspürt ihr ein großes Unbehagen. Ihr seid mürrisch, aufgebläht, verärgert, fühlt euch unwohl. Dies ist der Zustand, in dem sich eure Welt seit den vergangenen Jahrzehnten und Jahrhunderten befindet. Essen, essen, konsumieren, konsumieren, immer mehr und mehr. Und dann die Verstopfung. Kein Ausatmen, Vereinfachen, kein Erleichtern eurer Gedärme. Dies ist kein Gleichgewicht – die wahre Mitte der Zielscheibe. Und wenn ihr dann doch loslasst, kann es schmerzhaft, laut und stinkend werden, bevor ihr die Erleichterung verspürt.

Und so werden diejenigen, die endlich zugeben, dass sie Winde ablassen müssen, dieses Jahr und in den kommenden Jahren ein langes und übelriechendes Loslassen und Freisetzen erfahren. Sie werden schnell Erleichterung verspüren. Dies ist einfach eine Zeit der Darmentlastung. Und des bewussten Hinschauens zu diesen Darmbewegungen, die ihr vorher versteckt habt, wobei ihr so getan habt, als wären sie nicht da. Nicht alles muss immer schön sein. So zu tun, als stündet ihr über den Rhythmen eures Körpers, einschließlich eures Schlafes und eurer Darmtätigkeit – das ist es, was euch aus dem Rhythmus bringt. Bis hin zu dem Punkt, an dem ihr an eure eigenen Illusionen, Täuschungen und Verzerrungen glaubt.

Erfreut euch nicht daran, dass andere sich ihrem Misthaufen stellen müssen. Und glaubt nicht, dass ihr das Recht habt, sie dafür zu verschmähen. Denn dadurch werdet ihr die Nächsten sein, die sich ihren eigenen Mist ansehen müssen. Schämt euch nicht für euer Menschsein. Ihr seid nackt auf diese Welt gekommen. Ebenso wie Ich. Buddha, Ich und andere Göttliche Wesen, die in einen Körper inkarniert sind, Wir hatten auch Darmwinde und Impulse des Körpers, ebenso wie ihr sie habt. Doch hatten Wir mehr Gleichgewicht, weil Wir die Demut besaßen, Unser Menschsein in Unserer Göttlichkeit zu akzeptieren. Wir versteckten nichts.

Wenn ihr geblendet seid, etwas vortäuscht und versteckt, wie könnt ihr dann das Ziel erkennen oder überhaupt sehen, wohin ihr schießt? Eure externe Umgebung ist ein Spiegel eurer inneren Realität. Und deshalb prallt der Pfeil vom Spiegel ab und schießt als das Schwert der Wahrheit, das euer Herz durchbohrt, wieder auf euch zurück, wenn ihr den Pfeil aus einem Ort des Hasses heraus abfeuert.

Dieses Jahr und im Laufe der nächsten Jahrzehnte auf eurem Planeten werdet ihr feststellen, dass ihr ganz wie von selbst ins Schwarze jener Zielscheiben trefft, die es wert sind, sich in sie einzuweben und mit ihnen zu verflechten – wenn ihr mehr und mehr Sanftmut, Güte und Akzeptanz euch und anderen gegenüber entwickelt und damit aufhört, euch mit aller Mühe den falschen Zielen zuzuwenden. Je ehrlicher ihr seid, desto balancierter werdet ihr euren Bogen führen, und desto weiter wird das Auge eurer Seele geöffnet, indem ihr das akzeptiert und annehmt, wofür ihr geschaffen wurdet. Dann wird es euch mühelos gelingen, ins Schwarze zu treffen. Denn ihr habt das Ziel in euch bereits getroffen. Das lässt euch zum Amor werden, der die Herzen aller, die ihn kennen, mit dem Pfeil der Liebe durchbohrt. Oder zur Artemis, welche die Seele mit dem Pfeil der Gnade durchdringt.

Für jeden Verlust, den ihr in diesen Zeiten des Großen Ausatmens oder der Leere erfahren werdet, entsteht Raum, der im Laufe der Zeit mit Gelegenheiten gefüllt werden wird, mehr Stabilität, Gemeinschaft und Freude zu erleben. Mit Möglichkeiten, in einem ausgeglichenen Netz zu leben und zu dienen, in einer ausgeglichenen Struktur des Lebens, die einfach, co-kreativ und viel reicher ist als alles, was euch Sex, Geld, Macht und eure ideologischen Überzeugungen jemals geben könnten. Es ist ein Reichtum an Nahrung vom Nektar des Göttlichen Weinstocks. Habt ihr einmal von diesem Nektar gekostet, dann werdet ihr nichts Anderes mehr zu euch nehmen wollen.

Auf dem Weg durch diese Reise hin zu Gleichgewicht und Frieden, in einem Zeitalter der Transparenz und der Gegenpolarisierung, das Ich schon vor langer Zeit eingeläutet habe, ist eines der vielen Geschenke, die Ich euch darbringe, das der Transformation der Angstenergie, welche die Energie des Todes – des Ungewissen, der Leere – umgibt. Wie Ich bereits sagte, ist ein Verlust eine Befreiung. Danach zu suchen, wo die Befreiung im Verlust liegt, ist von wesentlicher Bedeutung, denn oftmals ist dieser Verlust, sei es der Verlust eines Menschen, einer Beziehung, einer Freundschaft, einer Arbeit oder eines Hauses, gleichsam eine Möglichkeit zur Neubewertung, Verbesserung, Wiederherstellung und Vereinfachung. Eine Neuausrichtung eines Kurses und Weges, der in unausgeglichenes Chaos geführt hat oder hätte.

Weniger kann oft mehr sein. Mehr ist oft weniger, denn »mehr« kann manchmal energetisch, emotional und mental sehr, sehr aufzehrend sein. Mit immer mehr und mehr wird manchmal der Raum für euch in eurem Leben immer weniger und weniger.

Die Liebe zu befreien bedeutet, Raum zu schaffen. Diese nächsten Jahre und Zeiten sind ein Tor der Befreiung für alle. Das ist auch der Grund, weshalb Meine Präsenz und die Samen, die Ich vor langer Zeit gesät habe, nun durch die Erde brechen und Veränderung einleiten. Nicht, um Schmerz zu bereiten. Um zu befreien und zu erneuern. Es ist ein Portal der Wiederauferstehung voller neu gewonnener Verwirklichung dieser Dreifaltigkeit: der Göttlichen Mutter, des Göttlichen Vaters und des Göttlichen Lammes.

Indem ihr eure Wahrnehmung und Aufmerksamkeit von der dem Verstand eingetrichterten Angst, der Verleugnung, Vermeidung und Ablehnung von Tod oder Verlust abzieht, könnt ihr diese Angst transzendieren, die euch besessen davon sein lässt. Die Angst vor dem Tod und vor Enden allgemein ist eine Dysbalance, welche die anderen Dysbalancen des Geistes hervorbringt und füttert. Eure Besessenheit vom Tod lässt euch ungeduldig mit dem Leben sein. Was ihr fürchtet, wird zu eurer Realität.

Gelingt es euch, diese Angst zu entlassen und sie zu akzeptieren, dann habt ihr die Macht, jenen Dingen den Tod zu bringen und ein Ende zu setzen – Verflechtungen, Knoten, verfehlten Zielen, Traumata und Gedankengefängnissen –, die euch Angstzustände, Stress und Verzweiflung bringen. Würdet ihr alle so viel entlassen, wie viel ihr eurem Entwurf und euren Bedürfnissen nach in euch aufnehmt, so hättet ihr viel mehr Freude in eurem Leben. Und tatsächlich würdet ihr sogar länger leben.

Jene, die in dieser Zeit ihre Körper verlassen oder sich aus eurem Leben verabschieden, aber besonders jene, die ihre Körper abstreifen, sind von großer Bedeutung für euch, denn sie werden eure Lichtträger sein, und ihr werdet die ihren sein, selbst wenn ihre Präsenz in eurem Leben nicht mehr dieselbe ist. Darüber habe Ich bereits in den vorangegangenen Botschaften gesprochen.

Dies ist eine Zeit auf eurem Planeten, in der Wiederauferstehung bedeutet, dass ihr mehr im Einklang mit der Erde schwingt. Während die Resonanz und Reinheit ihrer kristallinen Energie verstärkt wird, müsst auch ihr eure Frequenz gleichermaßen erhöhen. Um es einfach auszudrücken: Die Frequenz der Erde verändert und entwickelt sich. Wollt ihr überleben, so müsst ihr euch dem anpassen, statt eure falschen, künstlichen und »verarbeiteten« Realitäten zu optimieren.

Das menschliche Gehirn ist ein außergewöhnliches Instrument, eine göttliche organische Technologie und ein Geschenk. Doch weder euer Gehirn noch euer Körper haben sich so weit entwickelt, dass sie eine künstliche Realität in dieser Geschwindigkeit aufrechterhalten könnten, in der ihr sie vorantreibt. Eure übermäßige Abhängigkeit von Komfort und Bequemlichkeit wird euer Untergang sein, wenn ihr nicht aufpasst. Also stellt euch darauf ein, weiterhin von Gaia oder eurem Körper belästigt zu werden, bis ihr weniger Last für sie seid.

Eure Erde ist gerade dabei, in ihre Mond-Zeit einzutreten. Die Strukturen der Dominanz und Unterdrückung beginnen zu bröckeln und machen Platz, damit gesunde Polaritäten und Hierarchien des Gleichgewichts entstehen können. Ihr werdet sehen: Je mehr ihr euch wieder mit eurer Erde synchronisiert, mit Ihren Zyklen und Rhythmen, desto mehr werdet ihr aufblühen. Die Vorherrschaft der Zweibeiner ist vorüber. Diejenigen unter den Zweibeinern, die sich sanft wieder an den Rhythmus der Erde und an ihren eigenen Rhythmus anpassen, werden am meisten Frieden erfahren.

Während Ihres Reinigungsprozesses zur Wiederherstellung des Gleichgewichts gab und wird es noch mehr Naturereignisse geben. Viele dieser Phänomene werden auch Verschiebungen in euch anstoßen, weshalb es jetzt wichtiger denn je ist, dass ihr eine Balance zwischen eurem inneren und eurem äußeren Leben schafft. Und ihr müsst mehr Verantwortung für die Dichte oder »Lichtheit« eurer eigenen Energie übernehmen. Es geht nicht nur um geistige, emotionale oder physische Balance. Auch intuitives Gleichgewicht ist hier gemeint. Ihr müsst euch daran gewöhnen, feine energetische Veränderungen zuzulassen, ohne sie gleich zu bekämpfen. Vielleicht werdet ihr mehr Schlaf benötigen, vielleicht weniger. Konzentriert euch auf euch selbst und auf das Erden eurer Energie, dann seid ihr auf einem guten Weg.

All die festen und angespannten Schnüre, die euch in euch selbst und in der Welt an Dysbalancen gefesselt hielten, müssen entweder elastischer werden, oder sie zerreißen. Dies ist eine Zeit, um zu sitzen, zu spüren und die Offenbarung zuzulassen, die ZU euch kommt, wenn sie ZU euch kommt. Die Krücken der Übungseinheiten, Kongresse, Kartensets, Kristalle und sogar der pflanzlichen Medizin helfen bis zu einem gewissen Grad, aber sie sind kein Ersatz für die Entwicklung eures persönlichen Prozesses.

Indem ihr euch frei schüttelt und frei macht von all den Arten und Weisen, auf die ihr versteckt und festgefahren wart, werden sich ebenso physische Veränderungen einstellen, manchmal auch Empfindungen des Schwindels, der Unklarheit und Müdigkeit, an anderen Tagen wiederum grundlose Angst. Nervöser Magen, ein Juckreiz im Bereich des Kronenchakras, Ernährungsumstellungen, ein Bedürfnis nach mehr Raum, Luft, Licht, ein Wunsch danach, mehr Zeit in der Natur und im Gebet zu verbringen, wegzukommen. Eure Spreu muss die höheren Schwingungen des Weizens integrieren. Dafür wird es nötig sein, mehr Raum für Stille und Integration zu schaffen. Nicht Isolation, sondern Integration, was manchmal auch bedeuten kann, mehr Zeit allein zu verbringen.

Bestimmte Seelen, die sich jetzt in einem Körper befinden, werden nicht die physische, emotionale oder geistige Fähigkeit und nötige Resilienz besitzen, um es durch diese Schwingungsverschiebung zu schaffen. So werden viele ihre Körper verlassen, und viele neue Seelen werden inkarnieren. Alles folgt einer Göttlichen Orchestrierung, den Bedürfnissen des Kollektivs, ob im oder außerhalb des Körpers. Alle werden erhalten, was sie benötigen, um in dieser Zeit mehr in die Balance zu kommen. Also achtet darauf, nicht darüber zu urteilen, was andere gerade erfahren und erleben. Konzentriert euch auf euren eigenen Prozess. Ihr alle seid würdig, erlöst zu werden vom Gefängnis des Verstandes und von jenen, die euch eingesperrt haben, um ihre eigene Macht aufrechtzuerhalten und zu vergrößern.

Die Dinge sind dabei, sich zuzuspitzen, weil ihr nun auf einer höheren Frequenz schwingt, ebenso wie eure Erde. Zumindest diejenigen unter euch, und in Wirklichkeit alle von euch, die ihren Weg aus welchen Gründen auch immer hierher gefunden haben. Ihr habt Mich zu euch gerufen. Dies impliziert, dass ihr bereits viel tiefer in dem Veränderungsprozess steckt, als ihr es euch vorstellen könnt. Jene, die sich dem Prozess ihrer eigenen Befreiung weiterhin widersetzen, werden immer mehr zu kämpfen haben. Drängt sie nicht, liebt sie einfach. Genau so, wie ihr nicht bereit wart bis zu dem Moment, an dem ihr es wart, so werden auch sie erst bereit sein, wenn sie es sind. Manche von euch sind vielleicht auch jetzt noch nicht bereit. Aber allein durch das Lesen dieser Seiten, ob ihr nun mit den Wörtern in Resonanz geht oder nicht, bewegt und webt sich eine Energie durch euch durch … es ist eine Bewegung hin zur Wiederauferstehung eures Friedens. Des Friedens, der zeitlos und nicht vergänglich ist und auch nicht im Kampf erobert werden kann.

Die Energie Gaias intensiviert sich durch das Gebären der Göttlichen Präsenz des Lichts, das vor einer sehr, sehr langen Zeit seinen Anfang in Ihr genommen hat. Doch die Auswirkungen einiger ihrer Verschiebungen, wie auch der Geschwindigkeit, mit der diese zunehmen, sind verstärkt worden durch bestimmte Entscheidungen, die ihr über die letzten hundert Jahre in eurem Kollektiv getroffen habt.

Ihr habt Löcher in eure Ozonschicht gebrannt, dann habt ihr euch an ein dichtes energetisches Netz von Emissionen, Impulsen, Signalen, Frequenzen und künstlichem Licht gebunden, das viele eurer modernen Technologien ausstoßen. Wenn ihr nicht im Gleichgewicht seid und das Licht eures Weizens und eurer Seele aus eurer Mitte heraus strahlen lasst, dann werden die Dysbalancen zu Löchern in eurem eigenen Energiefeld. Dies macht euch anfällig für Wahrnehmungsstörungen und unstimmige Gedanken, da mehr und mehr menschengemachte Gedankenblasen und Angstgefängnisse in euer Feld eindringen und anfangen, euren Verstand, eure Gefühle und eure Lebenskraft zu verzehren. Dies macht es eurer Seele wie auch eurem Körper schwerer, klar zu sehen und ordnungsgemäß zu funktionieren. In Maßen ist alles in Ordnung, aber von viel Mäßigung kann hier nicht die Rede sein, und ohne diese ist nur sehr wenig nachhaltige Entwicklung für euch als Individuen und als Menschheit, als »Welt« möglich.

Eure Spreu ist euer Tempel. Gaia ist es ebenso. Beschmutzt ihr euer Königreich, und ihr beschmutzt einen geliebten Aspekt Meiner selbst. Das hier ist keineswegs eine Drohung, sondern ein Rat für euch, achtsam zu sein. Ich sage dies nicht, um euch Angst zu machen, sondern um eine Empfehlung großer Vorsicht auszusprechen. Ich sage diese Worte, um eine Energie des Atems freizusetzen, denn auch Gaia beginnt das, was in ihr gefangen war, freizusetzen, damit sie wieder atmen kann. Kann sie atmen, dann könnt ihr es auch.

Neben den Schwingungsverschiebungen der Erde, die durch menschliche Dominanz, menschliche Dysbalancen des Geistes und durch kosmische Veränderungen verstärkt wurden, kommt nun alles in der großen Konvergenz zusammen. Genau der richtige Sturm, um euch wieder zu synchronisieren und ins Gleichgewicht zu bringen. Ihr seid das Epizentrum, und in den kommenden Zeiten werdet ihr dafür geehrt werden, dass ihr diejenigen wart, die im Davor und im Danach existiert haben. Euer Weizen kam während dieser Zeit auf der Erde in die Spreu, UM an diesem Zeitpunkt auf der Erde zu sein. Ihr könnt also jammern und winseln und euch fragen, weshalb Gott euch verlassen hat. Oder ihr versucht, Gott vollkommen aus eurem Leben zu streichen. Ihr könnt auch im Glauben verankert sein und euch in Erinnerung rufen, dass es einen bedeutsamen Grund und einen Sinn haben muss, wenn ihr in einem Körper seid, wenn ihr euch entschieden habt, hier zu sein – allein eure Anwesenheit hier auf diesem Planeten! Ihr verzichtet auf diese Macht eurer Präsenz, wenn ihr in Schuld, Scham, Arroganz, Verleugnung und/oder Opfermentalität versinkt. Dann wird der Sturm wie ein riesiges Unwetter erscheinen.

Diejenigen unter euch, die, im Glauben verankert, in Vergebung und Freiheit durch diesen Prozess gehen, ungeachtet all der Polaritäten, diese Menschen werden mit jedem vergangenen Monat und jeder weiteren Jahreszeit erkennen können, dass dies ein Sturm voller Regenbögen und goldener Fäden ist. Es wird eine lange Reise werden. Eine Reise aber, die das Privileg würdigt, in einen Körper inkarniert zu sein.

Dies ist kein passiver Prozess. Ihr könnt euch nicht zurücklehnen, die Augen schließen, euren Atem anhalten und darauf warten, dass der Sturm vorüberzieht. Denn dieser Sturm ist kein äußerer, es ist ein innerer. Ihr müsst wählen, wo ihr stehen werdet: im Widerstand oder in der Akzeptanz verankert. Ihr müsst euch einbringen und am Prozess der Veränderung beteiligen, selbst wenn es euch schwerfällt zu sehen, warum, wie und wohin der Fluss fließt. Je weniger ihr euch fragt: »Sind wir schon da?«, desto früher wird euch dies gezeigt werden. Ihr müsst euch auf die Verschiebungen in eurem inneren und äußeren Leben einlassen. Von Seele bis Spirit, von Spirit bis Seele.

Während dieser Zeit dreht sich alles um euch, und doch geht es überhaupt nicht um euch. Freut euch über die Hoffnung, erfreut euch am Gebet des Friedens, das in euch widerhallt. Ihr seid nicht allein. Es mag sich zu Beginn vielleicht wie reines Chaos anfühlen – der innere Marsch zum Frieden. Der Friede ist es, der die Verschiebungen in dieses Zeitalter der Transparenz einbringt. Selbst wenn ihr ihn nicht spüren könnt oder es nicht in euren Kopf will, wie all das dem Frieden entspringen kann ... wenn Friede der Ursprung ist, dann ist es auch der Friede, der am Ende siegen wird. Wenn ihr nachts zu Bett geht und wenn ihr am Morgen aufwacht, ruht in diesem Wissen.

Da ist ein Gebet für den Frieden, das in euch und in anderen widerhallt, ungeachtet dessen, wie die Situation in eurer Welt zu sein scheint. Die Hochmächtigen werden hart kämpfen, um an der Macht zu bleiben. Einschließlich ihrer Egos. Es wird interne und externe Zusammenstöße geben. Aber mit der Zeit, wenn alle Gedärme entlastet sind und die Welt vollständig ausgeatmet hat, werdet ihr alle so übersättigt und voll von eurer Dissonanz sein, dass ihr euch dazu bereit erklären werdet zusammenzukommen. Dieser Augenblick des Bereitseins ist noch nicht annähernd erreicht.

Ihr aber, als Individuen, seid in jedem Moment frei, durch das schmale Tor zum Frieden zu schreiten, zur Erlösung der Göttlichkeit in euch selbst. Das ist es, was es heißt, euch vor euch selbst zu retten. Während der Transformation hin zum Zeitalter der Transparenz und zur Freiheit sind es ebendiese Menschen, die sich dafür entscheiden und anderen den Weg erleuchten, damit diese folgen können, wenn die Zeit reif ist. Dies ist die wahre Essenz des Dienstes als Lichtträger.

Eure Tiere, eure Lämmer, eure Ältesten, eure Kinder, eure Seelenältesten (viele von ihnen sind eure Kinder) – sie sind jetzt eure größten Lehrer, so wie ihr die ihren seid. Wenn ihr den Weg hierher gefunden habt, dann gehört auch ihr zu den Ältesten. Eure geliebten Verstorbenen und eure geistigen Führer sind hier und warten darauf, euch dienen zu können. Hört auf, nach Beweisen zu suchen. Wisset, dass Sie da sind. Fragt nicht einmal danach, wer sie sind. Spürt ihr Resonanz und Güte, dann sind sie da. Jedes Mal, wenn ihr sie braucht, sind sie da. Ihr alle habt bereits genügend Beweise dafür gesammelt. Braucht ihr noch mehr, dann kommt zu Mir. Aus eurem Bedürfnis heraus, nicht aus einem Verlangen. In bittendem Respekt, nicht in Ungeduld und Erwartung. Und Ich werde euch jedes Mal dienen.

Ihr habt eine Seelenverbindung und einen Seelenvertrag mit euren geliebten Verstorbenen, euren Unterstützern und Lichtträgern. Für jede Angst oder Handlung aus einer Opferrolle oder aus Anspruchsdenken heraus, die ihr transzendiert, werden sie euch einen Regenbogen bringen. Keinen, dem ihr nachlaufen müsst, sondern einen, der vor euren Füßen landet. **Sie sind eure Sterne. Ihr seid die Weisen der Heiligen Drei Könige.** Bittet Sie herein, bittet Mich herein, und Wir werden jeden Schritt des Weges mit euch gehen.

Ihr alle habt sehr viel allein gedient. Das könnt ihr nicht mehr. Ihr alle braucht Gemeinschaft, Co-Kreation, und Unterstützung. Das ist eines der größten Geschenke dieser Konvergenz.

Ihr wünscht euch alle so sehr, euch einzuweben und zu verflechten. Ihr wünscht euch so sehr, die Welt zu lieben und dass die Welt euch liebt. Das kann sehr, sehr furchterregend sein – denn zu lieben heißt, zu fühlen und die Möglichkeit zu akzeptieren, dass euch ein anderer Mensch zurückweisen könnte. Es lohnt sich, dieses Risiko einzugehen, geliebte Wesen, wie Ich bereits viele Male erwähnt habe. Zurückweisung ist eine Verzerrung. Zurückweisung ist nichts, was ihr verinnerlichen müsstet. Es ist eine Erfahrung in Neugier, die euch wieder neu ausrichtet und euch tiefgehende Erkenntnis liefert. Daran ist nichts Persönliches.

Dieser Wunsch und dieses Gebet der Seele, durch Augen der Güte zu sehen und gesehen zu werden, ist es, weshalb es so wichtig ist, eure Wahrnehmung der Liebe zu erweitern, sodass sie Einfachheit, Tod, Leere und Veränderung mit einschließt.

Der Grund, warum Kinder, ältere Menschen und Tiere solch wundervolle Lehrer sind, ist, weil sie einfach sie selbst sind, egal, ob sie erst am Beginn oder schon am Ende ihrer Reise stehen. Sie haben kein Verlangen danach, irgendetwas zu suchen. Sie *sind* einfach. Schatten und Licht. Tiere, Kinder, ältere Menschen – ihr fragt sie, wer sie sind, und in den meisten Fällen lautet die Antwort: »Ich bin einfach ich. Ich habe Blähungen, ich esse, ich fühle. Ich bin einfach ich, und du bist einfach du.«

Darin liegt die Schönheit der Essenz des SEINS. **Sie ist einfach. Darin liegt die Gerechtigkeit – im Sein.** Es ist nicht notwendig, zu suchen und zu bestimmen.

Wenn ihr die Göttliche Balance und Gerechtigkeit in euch verspürt, dann seid ihr frei, um zu akzeptieren, was ist, und zu sein, was ihr seid. Das bedeutet nicht, dass ihr jemandem erlauben müsst, euch zu verletzen, zu tyrannisieren oder zu bestehlen. Es bedeutet, eure Sucht nach Leid, nach Kampf, Hass und Verurteilung abzulegen, die euch als Individuen und als eine ganze Welt an ein Netz voller ungesunder Knoten festgebunden hält.

Hier für Gerechtigkeit kämpfen, dort für Gerechtigkeit kämpfen – während es durchaus wichtig für euch ist, euch auszudrücken, kann Gerechtigkeit im Außen weder gefühlt noch geschaffen werden, bis ihr euch selbst genau so erfahren und lieben könnt, wie ihr seid. Ihr seid viel mehr als »bloß ihr selbst«, wenn ihr dem hervorzutreten erlaubt, was ihr seid. In der Demut des bloßen Seins, was und wer ihr seid, werdet ihr zu allen Dingen und allen Menschen. Das ist Gerechtigkeit. Eine Liebesgeschichte zwischen dem Selbst und der Welt.

Gerechtigkeit – einfaches Sein – IST der Grund, weshalb Wir euch nicht verurteilen. Wir wahren das Göttliche Gesetz und die Strukturen des Gleichgewichts, aber Wir urteilen nicht. Wir haben die Energien der Verurteilung, der Zurückweisung und der Vergeltung nicht erschaffen. Ihr habt das. Was auch immer ist, ist einfach. Warum genügt euch das nicht, geliebte Wesen? Habt ihr kein Vertrauen darin, dass Wir immer wieder ein Gleichgewicht herstellen werden? Euch und andere ins Gleichgewicht bringen werden? Gerechtigkeit ist, wie sie ist. Es liegt so viel Kraft darin, euch zu erlauben zu sein, wie ihr seid. Wenn ihr euch selbst die Erlaubnis geben könnt, einfach zu sein – »Ich bin einfach nur ich« –, dann habt ihr den Raum, alles zu erschaffen und/ oder zu werden, was euch in eure tiefste Erfüllung, in den Dienst und in die Freude bringt – auf eine Art und Weise, die mit allen anderen im Einklang ist. Das ist Gleichgewicht: für das Selbst zu leben, ohne es anderen aufzwingen zu müssen.

In Meinem Leben hatte und brauchte Ich so wenig, dass Ich alles euch übergeben konnte. Ich war ein einfacher, demütiger Mann, Ich war niemand, nichts … damit Ich alles für euch sein konnte.

Dieses Gebet des Nichts ist das Tor zu allem, und Ich empfehle euch, es oft zu wiederholen und zu beten:

Das Gebet des Nichts
Ich habe nichts.
Ich will nichts.
Mir wird gegeben, was ich brauche.
Ich habe nichts – und doch BIN ich alles.
Ich BIN das Licht.
Alles, was ich wahrnehme, gehört Gott, einschließlich meiner Seele
und meines Spirit.
Alles, was ich BIN, ist Teil von Gott, einschließlich meiner Seele
und meines Spirit.
Göttliche Präsenz ist mit und in mir.
Ich BIN die Freiheit und die Macht. Ich kann meine
Wahrnehmung ändern, in großer Freude erschaffen, und ich
kann wählen, an wen und an was ich mich binde.

Meine Zeit hier ist geborgt, selbst meine Zeit gehört Gott.
Statt mich zu hetzen, zu warten oder Dinge aufzuschieben, gelobe
ich, diese geborgte Zeit mit Liebe zu füllen.
Meine Zeit ist jetzt meine Währung – meine Präsenz ist es, die
ihren Wert bestimmt.

Ich habe nichts.
Ich BIN reich wie ein König oder eine Königin.

Meine Zeit ist heilig.

Das Leben ist heilig.

Der Tod ist heilig.

*Ich BIN dankbar und all der wundervollen Nahrung würdig, die
mir zuteilwird.*

*Ich gelobe, durch die Freude und den Reichtum des Nichts, das
Alles ist, zu dienen.*

Das ist mein Weg und mein Gebet.

Das ist der Weg Gottes. Ich BIN ein Teil Gottes. Ich BIN.

Sancti. Pace. Amein.

Ich bringe euch dieses Gebet dar, um euren Fokus vom Chaos des
»Alles« zu verschieben, damit die Einfachheit des »Nichts« wiederhergestellt werden kann. Es ist dies eine Befreiung von Anhaftungen an
Dissonanz und an Verlangen. Das Gebet des Nichts trägt alles in sich,
um euch dem Geflecht der Drei Strähnen der Heiligen Dreifaltigkeit
näherzubringen, die euch zur Errettung vor euch selbst führen. Es ist
eine Erlösung vom Chaos und der Komplexität des Verstandes, um
eure Freude, eure Verbundenheit, Harmonie und Vitalität wiederauferstehen zu lassen.

Das Einweben in die tieferen Aspekte des Göttlichen Weinstocks
der Heiligen Dreifaltigkeit ist nun möglich. Bevor wir damit beginnen,
lasst uns einen Moment lang gemeinsam atmen.

Die Yeshua-Meditation

Nimm nun einige Atemzüge. Du hast Mir, dir und dem Kollektiv dadurch einen großen Dienst geleistet, dass du die Botschaften bis hierher empfangen hast. Jetzt möchte Ich dich mit etwas ganz Besonde-

rem, Persönlichem und Heiligem beschenken: einem Moment direkter Vereinigung mit dem Heiligen Geist.

Atme tief und ruhe, ruhe in diesem Atem. Spüre, was in diesem Augenblick durch deinen Körper strömt, denn Ich ströme, webe und flechte Göttliche Gnade durch deine Chakren hindurch – von der Wurzel bis zur Krone, von der Krone bis zur Wurzel. Gaia und Ich bewegen Uns in tantrischer Strömung durch deinen Körper, dein Herz, deinen Verstand, deinen Spirit und deine Seele, wenn du Uns erlaubst, zu bereinigen und zu aktivieren, was in dir bereinigt oder aktiviert werden muss.

Solltest du Uns diese Erlaubnis geben, so ruhe in Stille und Präsenz in deinem Körper. Spüre, wie sich Unsere Göttliche Energie durch dich hindurchbewegt, verwebt und verflicht. Selbst wenn du es überhaupt nicht spüren solltest, lass es einfach sein. Lass all deine Anspannung abfließen. Und atme aus.

Atme, und lass die Energie durch dein Sein strömen, um den Stern in dir zu erwecken. Fühle den Tanz und die Bewegung, das Durchströmen des Lichts. Spüre nun von deinem Mittelpunkt, dem Sitz und Auge der Seele, wie Ich Energie durch das Zentrum deines Herzens und hinein in die Energie deines Spirit webe und flechte.

Innen wie außen, spüre den Tanz und das Einweben Meines Lichts und Meiner Gnade, die dich tiefer mit deinem Selbst, dem Spirit und allem Leben verbinden. Atme und fühle, wie das gesamte Universum aus dir und aus allem um dich herum strahlt und ertönt – in perfekter Harmonie, in vollkommenem Vertrauen. Spüre die Glorie Gottes, die mit deiner Glorie vereint ist. Verweile in diesem zeitlosen Frieden, der Freude und der Freiheit. Dies ist die Essenz des Seins.

Und nun fang an, deinen gesamten Körper zu schütteln. Kopf, Arme, Beine, Zehen – schüttle dich, als wärst du ein Pferd, ein Hund, eine Ente. Atme ein paarmal laut und hörbar aus.

Verankere dich nun im Zentrum deines Seins, und spüre, wie die

Kraft in dir wieder ins Gleichgewicht kommt und deine Zellen in dieser neuen Frequenz vibrieren. Lass es einfach so sein, wie es ist. Erlaube dem Stern deiner Seele, dem Weizen und dem Licht, das aus dem Mittelpunkt deines Seins strahlt, den Weg des Friedens zur Krippe, zur Wiederauferstehung deines Yeshua-Selbst, zu erleuchten. Ich danke dir, dass du diesen so bedeutenden Darshan und dieses Geschenk der Transformation und Verwandlung empfangen hast.

Öffne deine Augen, nimm einen tiefen Atemzug, lächle, und dann erde deine Energien in Dankbarkeit und Erkenntnis.

Es war Mir eine Freude, dir in diesem Moment der Vereinigung gedient zu haben.

Sancti. Pace. Amein.

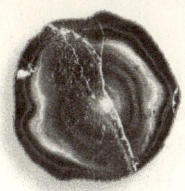

2.

....

Die Drei Strähnen des Geflechts
der Heiligen Dreifaltigkeit

Geliebte Wesen, in eurer Welt gibt es einen Spruch, den Wir sehr interessant finden und der Uns immer wieder zum Schmunzeln bringt. Er lautet: »Lasst, die ihr hier eintretet, alle Hoffnung fahren!«

Wir finden diesen Spruch gleichermaßen witzig wie beunruhigend. Erstens, wo ist das »Hier«? Dieser Satz ist auch auf Schildern zu lesen, die vor Geisterhäusern und Friedhöfen stehen, überwiegend solchen, die erschaffen wurden, um Angst und Nervenkitzel hervorzurufen. Ihr zahlt sogar dafür, um solche Räume zu betreten, denn es kann sehr aufregend sein, sich dem Unbekannten, der Leere, dem Zwischenraum zu stellen. Doch wenn ihr solch einen Raum betretet, lasst ihr keineswegs alle Hoffnung fahren. Um genau zu sein, hofft ihr sehr auf einen Nervenkitzel, eine lustige Geschichte, die ihr erzählen könnt, oder die Freude, die Erleichterung, die ihr verspürt, wenn ihr diesen Ort verlasst und eure Angst überwunden habt. Bevor ihr hineingeht, habt ihr viel mehr Angst, als wenn ihr tatsächlich drin seid.

Solche Orte sind »kontrollierte Zwischenräume«, »geregelte Unbekannte«. Doch die Tatsache, dass ihr sie mutig und neugierig betreten wollt, ist wichtig zu beachten. Wenn ihr bloß die Zwischenräume und Leeren eures eigenen Lebens mit derselben Neugierde annehmen könntet! Stattdessen ist eine der ersten eurer Reaktionen, wenn euch eine Angst, eine Veränderung oder ein Verlust ereilt, alle Hoffnung fallen zu lassen, die im gegenwärtigen Augenblick ruht. Die Hoffnung, die in dem Glauben begründet ist, dass alles gut wird.

Wenn ihr Neugier, Hoffnung und Glauben fallen lasst, dann fängt euer Verstand an, euch »Geistergeschichten«, Illusionen zu erzählen. Euer Verstand täuscht euch und lässt euch glauben, dieser Geist würde euch umbringen, wo er doch in Wirklichkeit bloß ein Mensch in einem weißen Laken ist. Gesunde Angst, zum Beispiel wenn man einer entgegenkommenden Massenflucht aus dem Weg rennt, ist wichtig; doch projizierte Ängste zu haben ist genauso, wie wenn man in ein »Gruselkabinett« voller verzerrter Spiegel einträte, das ganz und gar nicht lustig ist. Täglich betretet ihr diese Häuser, und doch seht ihr die Realität direkt vor euren Augen nicht. Ihr seht nicht, was ist.

Das Konstrukt dessen, wovor ihr euch fürchtet, ist viel schlimmer als eure Erfahrung in diesem Moment. Die Leere IST der Raum des Spirit. Geistergeschichten können Spaß machen, aber wenn ihr den Spirit beklagt, ablehnt, leugnet oder fürchtet, dann fürchtet ihr die Leere. Doch genau in dieser Veränderung, in diesem Verlust, in dieser Leere ist es am wichtigsten, dass ihr nach dem Licht des Spirit greift.

Das »Hier«, von dem Ich spreche, ist kein Ort innerhalb der äußeren Welt – es ist in eurem Verstand, und um genau zu sein, ist es das unausgeglichene Ego. Wenn ihr schon alle Hoffnung fallen lassen müsst, warum fangt ihr nicht damit an, eure Hoffnung aufzugeben, dass das Ego fast all eure Probleme auf eine friedvolle und nachhaltige Art und Weise zu lösen vermag? Wenn das Ego oder das falsche Selbst die Vorherrschaft hat, dann hat es die Macht über euer gesamtes Sein. Die Seele, in der euer Glaube und euer Licht ruhen, wird unterdrückt. Der Verstand ist der Ort, an dem eure Ängste wohnen. Nirgendwo sonst. Wenn ihr körperliche Paniksymptome aus keinerlei Grund erfahrt, dann deshalb, weil euer Herz und euer Körper in Panik sind und nicht wissen, welchem Meister sie dienen sollen … dem angstbasierten Verstand oder der weisen Seele.

Ich erwähne dies, weil eine harmlose Illusion oder ein »weißes Leintuch« so viel Angst verursachen kann, dass körperlicher Stress und Trauma entstehen, wenn die Angst ins Außen, auf jemanden oder etwas projiziert wird. Erlaubt ihr es anderen, etwas in euren Verstand zu projizieren, so können euch diese Verzerrungen heimsuchen. Es gibt keine Dämonen »hier«, nur tiefe Verzerrungen, mangelndes Unterscheidungsvermögen und das Nichtvermögen, den Zwischenraum eures eigenen Schattens zuzulassen. Eure Angst vor äußeren Schreckgespenstern ist in Wahrheit bloß die Angst vor eurem eigenen Schatten und dem Schatten des kollektiven Unbewussten.

Es ist wichtig, dass ihr Bewusstheit in die Sache hineinbringt, denn unglücklicherweise haben viele der derzeitigen Machtstrukturen – jene, die von dem »Gruselkabinett« profitieren, einschließlich vieler eurer Medien, Politiker, Finanzleute, eurer Werbung und Unterhaltung, sogar eurer Bildungssysteme – gelernt, sich diese Macht über eure Ängste zunutze zu machen. Sie wissen, wie man sie geschickt und manipulativ einsetzen kann.

Dies ist nichts Neues, geliebte Wesen. Die Mächte, die zur Zeit Meines Lebens an der Spitze waren, habe Mich verschmäht und gekreuzigt, um Angst unter euch zu verbreiten, damit ihr nicht aus der Reihe tanzt. Als Ich kam, verschmähte und kreuzigte Ich niemanden, was viele Menschen vor den Kopf stieß, die sich wünschten, Ich hätte dies getan, um ihr Leid zu rächen. Ich ließ einfach das Licht Gottes zu, das alle von ihrer Angst erlöste, die daran teilhaben wollten.

Wann werdet ihr lernen zu unterscheiden? Ihr seid Lämmer, keine Schafe. Selbst Schafe wissen, was gesunde Angst ist, wenn ein Wolf sich nähert. Sie leben nicht in Angst, wenn kein Wolf in Sicht ist.

Kindern können Gruselgeschichten großen Spaß machen; sie sind viel interessanter als die Horrorgeschichten aus dem echten Leben darüber, was es heißt, Steuern zu zahlen, ein Budget im Gleichgewicht zu halten, die Gesundheit zu erhalten und Versicherungspolicen zu verwalten. Doch seid ihr keine Kinder mehr. Öffnet eure Augen. Die echten Todesfeen dieser Welt sind viel gefährlicher als jene, die den Raum des Spirit bewohnen. Spirit ist einfach. Menschsein ist es nicht. Nicht einmal für Mich, geliebte Wesen. Wenn ihr Meine Präsenz annehmen könnt, dann gibt es keinen Grund zur Angst, weder vor der Welt noch vor dem Spirit.

Ihr seid Meine Kinder, aber ihr seid keine Kinder mehr. Benehmt ihr euch wie solche, werdet ihr in euren eigenen Kindern dieselben illusorischen Ängste und Erwartungen über falsche Sicherheit säen, die viele eurer Eltern an euch übertragen haben. Ihr alle behauptet, für euch selbst zu denken, und doch sind so viele von euch von den Ideen anderer, von Leuchtreklamen und Marken indoktriniert worden, die euch die Freiheit versprechen, euch aber in Schande verfallen lassen. Sie versprechen euch Freiheit, verschlingen eure Hoffnung und halten ihre Versprechen doch nicht ein. Wie viele Male wird das noch passieren, bevor ihr euch der Wahrheit zuwendet, die in euch ruht?

Vielleicht fürchtet ihr euch nicht mehr davor, ein Geisterhaus zu betreten, doch jene kindischen Ängste, die in euren Verstand eingebrannt sind, lassen euch nicht in Ruhe. Wenn ihr sie nicht entlasst und euren Glauben wiederherstellt, dann haben sie die Macht über euch. Und plötzlich werden diese festsitzenden Ängste auf andere Gruselkabinette wie Chefs, Börsenkurse oder den Zustand eurer Welt und Weiteres projiziert, welche die meiste Zeit sehr wenig Einfluss auf euer tatsächliches alltägliches Leben haben.

Angst ist eine Sucht. Ihr seid süchtig nach Angst geworden. Das animalische, ursprüngliche Selbst. Fast alle von euch sind zu Süchtigen geworden. Die Angst, das Adrenalin, der Stress und das Dopamin des Angstzyklus werden euch dazu bringen, noch tiefere Polaritäten zu erzeugen, um den Pegel aufrechtzuerhalten – und seid euch gewiss, die derzeitigen Machthaber, die gelernt haben, wie man euch durch Angst kontrolliert, sind bereits damit beschäftigt, die nächste, noch größere Geisterbahn für euch vorzubereiten. Anderenfalls werdet ihr euch zurückziehen müssen. Und die Depression fühlen, während eure Körper wieder ins Gleichgewicht kommen und sich eine gesunde Serotoninproduktion einstellt. Dies kann nur zur Gänze passieren, indem ihr euch mit Gaia verbindet, Unterstützung im Netz des Lebens sucht und vor allem, indem ihr euch dem Göttlichen öffnet. Sei es nun Yeshua oder einfach der Friede.

Diese Botschaft ist von grundlegender Bedeutung, denn sie spricht nicht nur von der Wurzel dessen, was eure Dysbalancen verursacht, sondern auch davon, was diese Ungleichgewichte aufrechterhält und euch in ihnen feststecken lässt. Und obwohl es Mich schmerzt, das zu sagen, haben viele Religionen Angst schon von Anbeginn der Zeit genutzt, um zu manipulieren. Um genau zu sein, sind es weniger die Religionen an sich, die voller Dysbalancen sind, sondern mehr die Menschen, die ihnen angehören, und meist jene, die an der Spitze stehen, sind es, die ihre persönlichen Ego-Dysbalancen in diese Strukturen einbringen und so den Brunnen vergiften. Eine Religion hat kein Ego. Die Menschen, die ihr angehören, schon. Sterbliche, die so tun, als würden sie als Stellvertreter Gottes dienen und euch gleichzeitig an eine lähmende und furchteinflößende Vorstellung von Gott binden, sind tragische Beispiele solcher Ausprägungen.

Gibt es eine gesunde Furcht vor Gott, die es zu erhalten gilt? Tatsächlich gibt es sie. Die Angst, die aus der Empfindung von Getrenntheit resultiert und dem Gefühl, nicht im Einklang mit der Präsenz des Lichts zu sein. Das ist die gesunde Furcht, die euch dabei hilft, euch dem Herzen Gottes zu nähern. Die gesunde Furcht, Intuition und Unterscheidungsfähigkeit, die sagt: »Irgendetwas stimmt nicht. Ich bin nicht glücklich. Ich wende mich dem Inneren zu, doch greife ich auch nach dem, was in diesem Augenblick außerhalb meiner Reichweite ist. Hilf mir, wieder ins Gleichgewicht zu kommen und mich mit dir rückzuverbinden, Gott/Spirit/Göttliche Quelle.«

Ihr seid ein Teil von Gott, und ihr habt die Macht in euch, eins mit Gott zu werden. Ihr seid ein Teil von Yeshua, und ihr habt die Macht in euch, eins mit Yeshua zu werden. Aber ihr seid alle Splitter, Bruchstücke Gottes, die ihren Weg nach Hause suchen. Darin liegt ein Unterschied. Ihr habt ein Yeshua-Selbst. Nur ihr selbst könnt es in euch entdecken, denn der Weg des Friedens, um dieses Selbst zu erleuchten, wurde für euch, von euch erschaffen. Durch die Schatzkarte eures Lebens. Fragt, und Ich werde euch die Legende und den Schlüssel geben. Viele Schlüssel habe Ich euch im Laufe dieser Botschaften bereits ausgehändigt, und Ich werde euch in den kommenden Zeiten noch weitere bringen.

Ihr, die Sterne, die Lämmer, und Ich, der Stern, das Lamm, wir teilen miteinander. Ich teile Meine Weisheit mit euch, damit ihr aus dem kindlichen Yeshua-Selbst zum verwirklichten Yeshua-Selbst heranwachsen könnt. Ich teile und lehre euch, wie ihr die Schönheit eures Lichts mit der Welt teilen könnt – und umgekehrt.

Ohne ein Verständnis über die euch auferlegten Angstgefängnisse, die ihr in euch aufgenommen habt, oder die Kenntnis darüber, wie ihr sie wieder entlassen könnt, indem ihr eure Schwingung erhöht, Meine Präsenz zu euch ruft und im Glauben verankert seid, wird es euch schwerfallen, die Drei Strähnen zu verkörpern, die das Geflecht der Heiligen Dreifaltigkeit des Lichts erzeugen. Die Dreifaltigkeit ist in Meinem Leben vollzogen worden, doch ihre Relevanz ist bis viele Jahre nach Meinem Tod im kollektiven Bewusstsein nicht zur Gänze erkannt oder wahrgenommen worden. In den vergangenen Jahrhunderten sind viele Aspekte der authentischen und wahren Essenz, Macht und Wahrheit der Heiligen Dreifaltigkeit der Erlösung verzerrt worden, oder sie sind »durch die Übersetzung verloren« gegangen. Deshalb ist es Mein

Wunsch, diesem Thema heute besondere Energie, Konzentration und Bewusstheit zu verleihen. Die Dreifaltigkeit ist nicht nur das Tor zur Erlösung eures Friedens, sondern zur Erlösung des Friedens allgemein.

Bei der Erlösung geht es nicht um Angst, Scham oder, Mein persönlicher Favorit, »Verdammnis«. Das falsche Selbst irgendeines Menschen muss einen richtig guten Tag gehabt haben, als es dieses merkwürdige Wort mit der reinigenden, liebenden, vergebenden Essenz der Erlösung verknüpfte. Erlösung ist eine gewaltige Bewegung hin zum Glauben, unabhängig von Religion oder Überzeugungen. Es ist eine Öffnung dem Spirit gegenüber, ein Sich-Öffnen für die Liebe. Und ein Erkennen, dass man es wert ist, geliebt zu werden.

Die Yeshua-Hausaufgabe

Bevor wir tiefer in das Thema einsteigen, ist es wichtig, dass wir etwas Bewusstheit in die Bereiche bringen, die dich von der wohltuenden, liebenden Essenz der Dreifaltigkeit der Erlösung fernhalten, der Dreifaltigkeit des Lichts. Und so möchte Ich, dass du ein wenig über die Ängste schreibst, die du nach außen verlagerst. Beginne mit diesen: Wo neigst du dazu, deine Ängste zu projizieren? Neigst du dazu, sie auf deine Kinder zu projizieren? Auf deine Finanzen? Deinen Job? Eine anstehende Präsentation? Eine Konferenz? Ein Meeting? Ein Unvermögen, einer Sucht ein Ende zu machen? Das Versagen? Freundschaften? Gesundheit? Kannst du die Last dieser Ängste spüren? Wie sie dich alle Hoffnung aufgeben lassen? Den Glauben? Und, noch schlimmer, dich dazu bringen, süchtig nach dem Schmerzzyklus der Angst zu sein, der dann eintritt, wenn du so aus dem Gleichgewicht geraten bist, dass du nur noch selten Stille und Frieden in dir verspüren kannst?

Bitte hinterfrage die Berechtigung dieser Ängste im gegenwärtigen Augenblick.

Nun schreibe über deine ersten Erfahrungen mit der Angst. Bis hin zu Filmen, Geschichten, Erlebnissen und Überzeugungen. Was wurde dich über Gott, Religion, Spirit gelehrt? Bist du in Liebe und gleichzeitig in Angst vor Gott aufgewachsen? Was war stärker? Was schwächer? Falls Gott oder Spirit kein wichtiger Teil deiner frühen Erfahrungen war, spürtest du irgendeine Art intuitives Wissen oder Verständnis über das Göttliche in dir? Wo und wie hat sich dieses Wissen dir gegenüber ausgedrückt oder gezeigt? Was waren deine ersten Erfahrungen mit Gewalt, Scham und damit, zum Schweigen gebracht zu werden? Wie hast du diese Erfahrungen internalisiert? Wie haben sie dein Verhalten, deine Entscheidungen und Ängste beeinflusst? Wie beeinflussen sie sie in der Gegenwart?

Kannst du dir selbst erlauben, trotz aller »Unzulänglichkeiten« geliebt zu werden? Warum? Warum nicht? Kannst du dir erlauben, menschlich zu sein und nicht von der illusorischen Angst des falschen Selbst beherrscht zu werden? Kannst du deine Menschlichkeit UND deine Göttlichkeit zulassen? Wenn ja, dann bist du so, wie Wir es für dich vorgesehen haben. Menschlich, und doch näherst du dich jeden Tag deiner Verwirklichung des Selbst als Gott, indem du Handlungen unternimmst, um dein authentisches Yeshua-Selbst zu verkörpern und zu würdigen.

Wiederhole diese Schreibübung viele Male, denn Ich lasse Energie darin einfließen. Dies ist der Schlüssel, mit dem du deine Wahrheit, deine Macht und Freiheit von deinen projizierten UND den auferlegten Ängsten zurückgewinnen – und dich vom Suchtkreislauf der Polarität befreien kannst, in dem viele auf eurer Welt gerade gefangen sind. Dies ist eine zentrale und bedeutende Übung, die dir zur Transzendenz, zu Transformation und zu mehr Balance und Frieden verhilft. Amein.

Die Yeshua-Lehre

Um uns tiefer ins Herz der Dreifaltigkeit hineinzubegeben, möchte Ich noch einige abschließende Worte bezüglich der Redewendung »Lasst, die ihr hier eintretet, alle Hoffnung fahren!« loswerden. Wenn das »Hier«, in das ihr eingetreten seid, eine Sucht ist, eine gewalttätige Beziehung, eine Lüge, ein Job, der euch das Gefühl gibt, ihr wäret ein Betrüger oder ein Schatten eurer selbst, eine Handlung gegenüber euch selbst oder einer anderen Person, die tiefe Schuldgefühle in euch ausgelöst hat, eine Störung oder irgendetwas anderes, was Gefühle der Reue oder Scham auslöst, in denen ihr euch gefangen fühlt, dann können sich diese Situationen wie Orte anfühlen, an denen es kein Zurück mehr gibt. An denen ihr das Gefühl habt, ihr wäret »nicht wiederherstellbar«, ihr hättet versagt. Ihr habt keine Hoffnung mehr, dass euer Leben – oder IHR selbst – noch zu retten ist.

Rettung – oder Erlösung – ist jedoch nicht nur für manche von euch möglich, sie ist allen zugänglich. Werdet ihr euch dieser Verzweiflung bewusst, so seid ihr bereits gut auf dem Weg, Freiheit zu erlangen. Aber ihr müsst gewillt sein, Meine Präsenz herbeizurufen und Neugier auf die Leere und die für euch darin enthaltenen Möglichkeiten zu zeigen.

»Jede Hoffnung aufzugeben« – dieser Zustand tritt ein, wenn ihr euren Glauben verloren habt. In den Momenten, in denen ihr so weit weg von euch selbst seid, so allein und frierend, dass ihr das Gefühl habt, alle Hoffnung sei verloren. Kämpft ihr gegen diesen Verlust an, wird es schnell anstrengend. Gebt ihr auf, lasst den Kampf los, und greift nach dem Licht, dann gebt ihr Uns endlich die Erlaubnis, euch zu dienen. Und plötzlich können die einfachsten und doch mächtigsten Wunder geschehen. Wie zum Beispiel ein Fremder, der aus dem Nichts auf euch zugeht und sagt: »Ich sehe dich, respektiere dich und glaube an dich.« Von einem Moment zum anderen ist die Hoffnung in menschliche Güte wiederhergestellt; der Glaube an die Göttlichkeit im Menschen ist wiederauferstanden. Solche kleinen Wunder geschehen jedes Mal, wenn ihr aufgebt, zulasst und eure Arme ausbreitet. Eure Hände sind, energetisch und auch auf anderen Ebenen, ein Teil des Stoffes, der von der Liebe in den Teppich der Liebe eingewoben ist.

Aufgeben ist ein Schatten eines Wortes – eine Erscheinung, ein Geist, eine Projektion. In eurer Welt bezieht ihr euch sogar in dieser Art und Weise darauf: »Ich wurde ›geghostet‹« – oder verlassen, aufgegeben. Dieses Verlassenwerden ist eine Geistergeschichte, die in Mythen und falschen Legenden verbreitet wurde. Sie ist kein Weg hin zum Frieden, sondern ein Labyrinth voller Sackgassen. »Geister« und Illusionen existieren nicht im Reich des Göttlichen, nur Spirit existiert, der Heilige Geist. Somit existiert auch diese Verlassenheit nicht innerhalb des Göttlichen und innerhalb eines Göttlichen Wesens. Wir verlassen euch nicht. Ihr könnt euch nur selbst aufgeben, in eurem trügerischen Verstand und eurer verzerrten Wahrnehmung.

Niemals geben Wir euch auf oder verlassen euch, und nicht mal ihr könnt Uns verlassen. Wir verlassen und verwerfen nichts. Wir sind sehr erfinderisch. Immerfort recyceln und verwerten Wir aufs Neue. Tatsächlich lieben Wir es, wenn ihr Dinge wegwerft. Wir finden genau den richtigen Platz für all das »Nichts«, das ihr Uns übergebt. Wir sind der Meinung, diese Dinge, die ihr wegwerft, sind schon etwas Besonderes. Nichts davon wird jemals aufgegeben.

Gebt ihr Dinge, Menschen, Tiere und am allermeisten euch selbst auf, dann ist dies eine Flucht, ein Wegrennen, das anderen eine Last aufbürdet. Denn dann müssen diese das Chaos aufräumen oder die Scherben aufsammeln, mit denen ihr euch in eurer Angst, in eurem Egoismus und eurer Verantwortungslosigkeit nicht herumschlagen wolltet. Das Göttliche gibt nichts auf und wirft nichts weg. Wir haben Naturgesetze erschaffen, die sehr gut darin sind, Energie zu verwalten. Passt auf, dass ihr nicht jemanden oder etwas verlasst oder wegwerft, der oder das für euch von großem Wert ist. Nicht immer ist es euch möglich, in diesem Leben zurückzukommen, was euch wichtig war. Überdenkt immer wieder, was und wer für euch von größtem *energetischen* Wert ist. Denn dies ist jener goldene Weizen, den ihr am meisten schätzen und hüten solltet.

Seid erfinderisch, denn ihr seid viel einfallsreichere, widerstandsfähigere und effizientere Wesen und Spinnen, als euch meist bewusst ist. Eure Fähigkeit, durch Wandel und Veränderung durchzugehen, ist bemerkenswert. Sie ist eine eurer größten Gaben. Unterschätzt sie niemals.

Wir geben nichts auf, und gewiss verlassen Wir euch nicht. Ihr könnt nicht verlassen werden – und in diese Worte schließe Ich auch die Energie der Ablehnung und des Versagens mit ein.

Ihr könnt nicht vor Uns versagen oder Uns enttäuschen. Also bitte atmet diese Sorge aus euch heraus. Es ist OKAY, Hoffnungen zu haben! Natürlich ist es IN ORDNUNG, Wünsche in der äußeren Welt zu haben! Vielleicht wollt ihr dieses wunderschöne neue Fahrrad besitzen. Womöglich braucht ihr es nicht, aber es ist okay, es sich zu wünschen! Es ist in Ordnung, ein Gleichgewicht zwischen Wünschen und Bedürfnissen zu erhalten!

Aber eure Wünsche und euer Verlangen sind erst nach den erfüllten Bedürfnissen an der Reihe. Anderenfalls sind sie nichts als Fluchtversuche – ein Aufgeben der Bedürfnisse, die zur Erhaltung des Selbst beitragen. Wenn das geschieht, dann kommt es zu einer Verzerrung, und das Gleichgewicht geht verloren. Gleichgewicht entsteht, wenn zuerst die Bedürfnisse erfüllt werden – Wünsche sind bloß Zugaben. Verzerrung entsteht, wenn die Wünsche wichtiger als das Erfüllen oder sogar das Verstehen der eigenen Bedürfnisse sind. Dann kreiert ihr Lasten und Stress, denn ihr ruht nicht in der Essenz eures Seins. Die Essenz eures Seins muss ihre Bedürfnisse erfüllt sehen, um sein zu können. Dann, und nur dann, können die Wünsche und Freuden eurer Welt als »Zugaben« auf harmonische Weise in Erfüllung gehen.

In diesem Zustand ist die Hoffnung eine gesunde Hoffnung. Wenn der Löwe auf die Jagd geht, hofft er, ein großes und saftiges Zebra, eine Gazelle oder einen Fisch zu erbeuten. Er verfällt nicht in Verzweiflung, wenn er nicht genau das bekommt, was er will. Hat der Löwe kein Zebra erbeutet, so wird er womöglich in der Nacht einen leichten Hunger verspüren, doch sein Löwenrudel wird für ihn sorgen. Genauso wie er für sein Rudel sorgt, wenn ein anderer Löwe kein Zebra erbeutet hat.

Die Last und der Stress auf eurem Planeten sind großenteils aus einer Welt der Wünsche und Begierden, der Isolation, entstanden und aus dem Hoffen und Beten, dass diese Wünsche in Erfüllung gehen, statt Hoffnung und Gebete in die Erfüllung eurer Bedürfnisse zu schicken. Bis es euch allen möglich ist, diese inneren Bedürfnisse zu erkennen, die gerade dabei sind, sich in euch zu verändern und neu zu priorisieren, bis dahin solltet ihr eine kleine Pause von euren Wünschen einlegen. Wir werden euch geben, was ihr braucht, auch wenn ihr vielleicht nicht immer verstehen werdet, warum und auf welche Art und Weise Wir es euch bringen.

Und so gewähre Ich euch heute eine einfache Struktur, durch die ihr die Freuden und Genüsse der Spreu erfahren könnt, nicht aber auf Kosten des Weizens, eurer selbst oder anderer. In einer Meiner ersten Botschaften brachte Ich euch die folgende Wahrheit: »Werde niemals zu deiner eigenen Last, denn wenn du es wirst, dann wirst du auch zur Last für die ganze Welt.« Steckt ihr in Wünschen und Begierden fest und nehmt ihr euch zu viel, dann kann dies eine Belastung für euer Ökosystem und für die Menschen ringsumher und darüber hinaus sein. Wer wird diese Last irgendwann tragen müssen? Ihr selbst. Denn Begierde, Habgier ist weder einfach noch nachhaltig.

Manche brauchen mehr, manche weniger. Darin liegt ein Gleichgewicht. Trachtet nie nach mehr oder weniger als nach dem Gleichgewicht, das für euch ausgerichtet ist. Dies ist eure Ordnung des Flusses. Im Leben geht es weder um Chaos und Komplexität noch ums

Zurückhalten, um Einschränkung oder Entsagung. Es geht darum zu sein, was ihr seid – nicht darum zu sein, was ihr »sein solltet«, oder die Dinge zu besitzen, die ihr »haben solltet«, oder euch zu verhalten, wie ihr euch »verhalten solltet«. Es existiert eine einfache Ordnung, die auf Handlungen des Gleichgewichts und der Achtsamkeit gegenüber allem basiert. Ihr werdet nicht umherlaufen und andere bestehlen, wenn eure Bedürfnisse gestillt sind, denn dann besteht kein Drang, so etwas zu tun. Doch ihr versucht immer noch, gegenseitig eure Wünsche zu erfüllen, ohne auf eure Bedürfnisse einzugehen. Das wird sich in den kommenden Zeiten in eurer Welt verändern, und das muss es auch.

So ist diese einfache Struktur, die Ich euch heute darbringe, eine Verfeinerung und eine Erfüllung von Worten, die in der Vergangenheit gesprochen worden sind. Es ist aber auch eine Neuausrichtung jener von Mir geäußerten Worte, die im Laufe der Zeit missverstanden, manipuliert oder verdreht wurden. In Meinem ganzen Leben habe Ich nie ein Wort geäußert, um Angst oder Knechtschaft herbeizuführen. Ihr selbst tut euch dies gegenseitig zur Genüge an. Und so möchte Ich diese Worte, diese »Logos« in ihrer ursprünglichen und authentischen Essenz auferstehen lassen. Denn es ist wichtig, dass ihr sie empfangt und würdigt, wenn ihr Wahrheit, Liebe und Frieden wieder in euer Leben und somit in eure Welt bringen wollt:

Innerhalb der **Drei Strähnen und der Drei Geflechte der Heiligen Dreifaltigkeit** liegt die Macht der Erlösung, der Wiederauferstehung, der Transzendenz und der Verwandlung für euch und für alles Leben. Dieses heilige Geflecht hat die Macht, euch von den ungesunden Knoten der Schande, der Schuld und der Reue zu befreien. Und es besitzt die Macht, das heilige Feuer eurer Leidenschaft des Friedens zu entfachen. Das Verkörpern dieses Geflechts, dieser Dreifaltigkeit, hat die Macht, euch zu befreien.

Die erste Strähne ist … die Macht der Buße.

Buße. Buße tun. Buße ist der Akt des Übergebens, des Loslassens. Es bedeutet, die aufgestaute negative Energie zu übergeben, die zu Schuldzuweisungen, Abwehrhaltung, impulsivem Verhalten, Groll, Reaktionen und zu Schuldgefühlen führt. Bis hin zu tiefer Reue. Oder noch schlimmer, wenn keine Reue aufkommt und ihr in höchster Genugtuung und Erregung dasitzt, während einer eurer Brüder oder eine eurer Schwestern gekreuzigt wird.

Buße bedeutet, die Lasten des Hasses und des Grolls an das Göttliche zu übergeben. An Mich zu übergeben. Wie auch jene, die Mich liebten, ihren Hass auf die Römer oder den gegenseitigen Hass an Gott, Mich, übergaben – so, wie Ich es sie gelehrt habe. Sodass sie nicht länger in Schmerz und Leid leben mussten als bis zu dem Augenblick, an dem sie sich entschieden, ihn loszulassen.

Buße. Ein Wort der Heiligkeit, das durch die Habgier und den Machthunger unter dem Deckmantel Meines Namens besudelt worden ist. Wenn ihr eure persönliche Macht an andere übergebt, indem ihr sie euch vorschreiben lasst, auf welche Art und Weise und wofür ihr Buße zu tun habt, dann seid ihr in großer Gefahr. Denn jene, die den Schatten ihrer eigenen Dysbalancen über euch ausstreuen, sind es, die am meisten zu büßen haben.

Um also die Bedeutung dieses Wortes zu erfüllen und zu entfalten: **Buße bedeutet einfach, alles zu übergeben, was eine Last für euch ist – Verhalten, Emotionen, Gedanken und Dysbalancen.** Es ist DIE Handlung der Demut, Prostration, Integrität, Geduld, Dankbarkeit und des Glaubens schlechthin. Buße zu tun heißt, alles zu entlassen, zu entleeren und loszulassen – durch den Glauben –, was euch getrennt sein lässt und Verzweiflung, Angst, Hass, Schuld, Reue und Scham über euch bringt. Es ist ein Akt der Liebe und des Gebets für Wiedergutmachung.

Buße zu tun bedeutet, im Vertrauen alles loszulassen, was euch in Getrenntheit verharren lässt, sodass ihr vergeben könnt und euch Vergebung zuteilwird. Buße erfordert Ehrlichkeit und Mut – zwei Qualitäten, die Uns große Freude bereiten. Den Mut und die Ehrlichkeit vor Gott zu haben, Buße zu tun und eine unausgeglichene Entscheidung oder Tat zu übergeben, erspart euch oft die größeren Konsequenzen, die ihr zu tragen habt, wenn ihr versucht, sie zu vergraben. Und selbst wenn ihr euch den Folgen einer Tat stellen müsst – habt ihr Buße vor Gott getan, vor allem wenn die Konsequenz noch nicht eingetreten ist, dann wird sich diese »Konsequenz« fast immer wie ein Wunder anfühlen.

Die Darbringung dieses Geschenkes, die Entlastung von allem, was euch von Einheit, Gleichheit und Liebe trennt, war einer der Hauptgründe, weshalb Ich auf diese Welt gekommen bin. Alles, was Ich von euch verlange, ist, dass ihr ehrlich zu euch selbst, zu euren Mitmenschen und zu Mir seid. So viele von euch können nicht auf authentische, befreiende und freudvolle Art und Weise Buße tun, und das ist genau der Grund, weshalb im Moment Unzählige von euch mit Hartleibigkeit, Trägheit und Belastungen zu kämpfen haben.

Buße ist die Entlastung, die euch frei macht.

Sie ist ein Akt der Freude! Zu verlieren, was ihr verlieren müsst, bedeutet zu gewinnen, was ihr zu gewinnen habt – Freiheit. Buße drückt aus: »Yeshua, ich will die unangenehmen Gefühle und den Groll nicht, der mich von innen her auffrisst. Gott, ich gebe sie dir, damit du mir hilfst, sie zu transformieren. Ich bin bereit, meinen Teil beizutragen und zu erforschen, weshalb Ich diesen dissonanten Gefühlen erlaubt habe, mich so zu beeinflussen, und ich bin willens, die notwendigen Veränderungen vorzunehmen, um diese Last nicht mehr tragen zu müssen.« Buße ist ein Akt und eine Darbringung der Freude. Es geht nicht um Aufopferung, Bestrafung und Selbstgeißelung.

Sie ist die Essenz des Prostrationsgebets – Buße zu tun ist eine Vereinbarung, eine Verpflichtung gegenüber Veränderung und Transformation. Sie ist eine Verpflichtung, eine Vereinbarung, der

Transformation zu erlauben, durch Demut und Ehrlichkeit vor Gott mehr Raum für die Liebe zu schaffen. Buße zu tun bedeutet, Lasten zu entlassen, und nicht, noch größere Lasten zu erschaffen. Es bedeutet, alles aufzugeben, was nicht der Wahrheit der Liebe, die ihr seid, entspricht und diese nicht würdigt. Es befreit euch, sodass ihr in eurer nackten Essenz und Leidenschaft ruhen könnt. Buße zu tun heißt, dass ihr Mich und euren Wert als Göttliche Seele trotz aller Zweifel würdigt und anerkennt. Ihr gebt all jenes auf, was euch das Gefühl gibt, nicht würdig zu sein.

Buße muss nicht in Kummer, Scham oder Schuld getan werden. Das ist keine wahre Buße. Bei der Buße geht es nicht um Unwürdigkeit. Es geht darum, euren und den Wert Gottes anzuerkennen. Es bedeutet, euch selbst um Vergebung zu bitten und in der unermesslichen Weite des Universums in Demut und Liebe Unterstützung bei diesem Prozess zu suchen.

Buße bedeutet Hingabe – eure Lasten und Kreuze zu übergeben und Meine Bestimmung und Meine Macht der Erlösung als jene Essenz Höchsten Allmächtigen Friedens anzuerkennen. Schon von Beginn an führte Ich die Anerkennung persönlicher, absoluter und bedingungsloser Hingabe an Gott als ein Hoheitsrecht ein. Buße zu tun heißt, dieses Recht auszuüben.

Von allem, wofür ihr Buße tun könnt, solltet ihr es vor allem für eure Verurteilungen, eure mangelnde Demut und eure Tendenz zur Vermeidung von Schmerz tun. Dies lässt euch wieder vollständig und heilig werden, sodass ihr diese schweren Kreuze und kalten, nassen Schleier übergeben könnt. Tut Buße für euren Mangel an Disziplin und Hingabe beim Loslassen des Verlangens eures unausgeglichenen Egos danach, seine Meinungen, Erfahrungen und Gefühle unermüdlich auf andere zu projizieren und ihnen aufzuzwingen … oder sie eurem eigenen Herzen aufzubürden. Tut Buße für eure Faulheit, die euch glauben lässt, ihr wäret den Bestrebungen eures Egos hilflos ausgeliefert. Euer Ego, ebenso wie euer Schatten, ist ein Teil von euch. Ein Teil, der gelegentlich gern mit zerbrochenen Giftpfeilen umherschießt. Stellt das Feuer ein. Lasst von dem Gift eurer Selbstbezogenheit ab.

Tut Buße dafür, dass ihr von euren guten Taten sprecht, um Bestätigung und Anerkennung zu ernten – besonders dann, wenn andere euch zuhören. Vollbringt diese Taten und lasst es genug sein, wenn Gott von ihnen weiß. Tut Buße für eure Selbstsüchtigkeit und euer unersättliches Verlangen, euer Beschweren und eure Unzufriedenheit – damit ihr endlich frei sein könnt. Nicht frei, um Häuser niederzureißen, sondern frei, um euch selbst in Güte und Inspiration ausdrücken zu können, was der gesamten Schöpfung zugutekommt. Denn das Wohl aller IST das Wohl des Einen.

Buße ist ein Akt der FREUDE! Sie ist die Bereitschaft, am Prozess der Neuausrichtung, der Ausbalancierung teilzunehmen. Entscheidet ihr euch dafür, in Freude Buße zu tun, so werden die Tränen der Trauer, die ihr vergießt, euch große Erleichterung bringen. Es ist jene Erleichterung, die durch die Verbindung und gemeinsame Co-Kreation mit einer Macht entsteht, die größer ist als ihr. Indem ihr Buße tut, transzendiert ihr die Getrenntheit, richtet euch wieder auf den Göttlichen Willen aus und werdet so zu einer souveränen Seele Gottes, durch Gott. Euer Leben wird von tieferer Leidenschaft geprägt sein, da ihr durch die Präsenz Yeshuas in euch zu Boten Gottes für alle anderen werdet.

Es entstehen viel weniger Zweifel und Polaritäten, wenn ihr in der freudvollen Buße aufgehen könnt und Göttliche Vergebung zulasst. Selbst dann, wenn nicht eine einzige Person in eurem Leben fähig ist, dasselbe zu tun. Könnt ihr vergeben und um Göttliche Vergebung bitten, um euch durch die Wahrheit tiefer in der Liebe zu verankern, so wird euch erneut eine Innigkeit und Verbundenheit mit dem Göttlichen zuteil. Steht ihr nackt vor dem Göttlichen und habt alle Verkleidung abgelegt, so wird eine neue Robe aus goldenen Fäden auf völlig neue Art und Weise durch den Stoff eurer Essenz gewoben werden.

Die Schönheit der Buße liegt darin, dass euch augenblicklich Vergebung zuteilwird. Das bedeutet nicht, dass ihr weiterhin Untaten vollbringen könnt. Wir, das Göttliche, erkennen durchaus, wenn ihr bloß vorgebt, Buße zu tun, dabei aber die wahre Quelle und den Ursprung eurer Missetaten nicht an Uns übergebt. Und doch haben Wir unerschöpfliche Geduld. Wenn ihr mit jedem neuen Bußgang ein kleines bisschen mehr übergebt, dann soll Uns das recht sein.

Bittet ihr eine andere Person auf ehrliche und aufrichtige Art und Weise um Vergebung, und verweigert sie euch diese, dann wisset, dass euch bereits vergeben wurde und ihr frei seid. Euer Akt der Demut, um Vergebung zu bitten, diese zuzulassen, IST die Vergebung, egal, ob euch die Person auch tatsächlich vergibt. Wir tun es. Weil ihr es getan habt. Eure Vergebung ist nicht von dem anderen Menschen abhängig. Habt ihr Buße getan und euch selbst vergeben, dann seid ihr frei. Selbst wenn die andere Person noch gefesselt ist.

Tut Buße gegenüber Gott, Mir und vor allem Gaia gegenüber. Die liebevolle Nacktheit des Vertrauens, das wir miteinander teilen, wird durch eure Wahrhaftigkeit und das Zelebrieren der Freiheit durch eure Buße gestärkt.

Jene, die euch dazu zwingen wollen, ihnen gegenüber Buße zu tun, jene, die Gegenstände über euch halten, als hätten sie irgendeine besondere Macht inne, die euch mit Vergebung und Liebe salben oder diese verweigern kann – sie selbst können keine Buße tun. Kein anderer Mensch kann die Brücke zu eurer heiligen Einheit sein – nur Ich kann es, Wir können es. Wir sind Energie, keine Namen oder Gesichter. Für Uns seid auch ihr Energie, keine Namen oder Gesichter. Euer Abdruck ist ein energetischer – der, mit dem ihr begonnen habt, und der, mit dem ihr dieses Leben beenden werdet. Der Unterschied ist der, dass euer Abdruck am Ende durch eure Selbsterkenntnis ein wenig leichter und lichter, ein wenig ausgeprägter und etwas weiter entwickelt sein wird.

Tut Buße dafür, wie ihr andere behandelt habt – für eure Geringschätzung und Verurteilung anderer, die ihr für unausgeglichen befunden habt, wo ihr es doch auch seid. Tut Buße für eure zornerfüllte Weisheit, euer Elitedenken, euren Mangel an Mitgefühl, für Handlungen, die in Angst, Lust, Habgier, Verlangen, Ignoranz oder Zweifel wurzeln – damit ihr in Freiheit und Freude leben könnt. Buße zu tun ist eine Gnade an euch selbst, keine Verurteilung oder Erwartung.

Und so lege Ich euch für die Zeiten, an denen ihr Lasten zu tragen habt, ans Herz, einen ruhigen Moment zu finden, um dieses Gebet der Gnade zu sprechen, das eure Freude und Verbundenheit wiederherstellen wird. Es ist grenzenlos in seiner Weite, seiner Demut und Macht:

Das Bußgebet

Göttlicher Yeshua, Dir übergebe ich meinen Zweifel, mein Verlangen, meine Arroganz, meine Wut, Schuld, Selbstgefälligkeit und mein Selbstmitleid. Wie auch alle meine Verhaltensweisen, die diesen Lasten entspringen.

Ich tue Buße dafür, dass ich mir und anderen meine Güte versagt habe. Ich tue Buße für jene Momente, in denen ich die Verantwortung für mich selbst aus Angst, Verurteilung und Gefühlen der Unwürdigkeit von mir gewiesen habe. Ich tue Buße für meine Selbstbezogenheit, Frustration und Ungeduld. Denn diese Lasten trennen mich von meiner Fähigkeit, Liebe und Dankbarkeit für die Schönheit allen Lebens zu verspüren. Ich tue Buße für meine Ignoranz und Respektlosigkeit, auf dass ich meine Hostie empfangen und das Amt, mit dem ich gesalbt wurde, verwirklichen kann.

Die Brücke zu Dir liegt in mir – und so übergebe ich alles, was meinen Schatten undurchdringlich macht, sodass Ich rein und licht über diese Brücke gehen kann. Damit ich Dich jeden Tag mehr verkörpern und empfangen kann. Auf dass ich Dich jeden Tag mehr in mir erleuchten möge.

Ich entscheide mich, Buße zu tun für _____, indem ich _____. Dies ist meine Verpflichtung zur Buße, durch Geduld, Transformation und Liebe.

Sprich mich frei, sodass ich durch den Frieden tieferen Glauben, Verbundenheit, Freude und Erfüllung meines Dienstes, meiner Essenz und meiner Leidenschaft erfahren kann.

Göttlicher Yeshua, ich tue Buße und übergebe alles, was mich verschleiert hält von den Momenten, in denen Ich Dein Gesicht erblicken durfte – in Tränen, Gelächter und in den einfachsten Momenten des Lebens.

Ich erkenne, dass Buße keine Bestrafung oder Schmach ist. Es ist Demut, Dankbarkeit und Befreiung – eine Göttliche Wiedervereinigung der Gemeinschaft.

Ich tue Buße, auf dass ich frei sein kann und andere befreien kann, dass auch sie tiefere Verbundenheit, Verletzlichkeit, Authentizität, Transparenz und Frieden erfahren mögen. Ich tue Buße, um von unnötigem und selbst auferlegtem Leid freigesprochen zu werden. Ich tue Buße, um meine Tendenz zu beseitigen, andere für das zu beschuldigen, wofür ich selbst nicht den Mut habe, Buße zu tun.

Es macht mir Freude, meine Dysbalancen zu übergeben, auf dass mein Wille mit Deinem in Einklang schwinge.

Ich bin der/die Geliebte, und dem Geliebten übergebe ich all mein Kämpfen, das mich davon abhält, Liebe zu empfangen. Ich tue Buße mir und meinem Gott gegenüber, in freudiger Feierlichkeit und heiliger Vereinigung. Ich tue Buße für die Taten, die mich zersplittern ließen, sodass ich wieder vollkommen und heilig sein möge.

*Ich verpflichte mich dazu, noch tiefer in den Akt der Buße ein-
zutauchen, damit ich mich tiefer in meiner Freude und meiner
Freiheit verankern kann. In dieser meiner Verpflichtung öffne
ich mich bereitwillig dafür, dass Deine Präsenz den Weg zum
Frieden erleuchten möge.*

*Ich danke Dir, Yeshua, Göttlicher Vater, dafür, dass Du mich
freisprichst, auf dass ich tiefer in die Essenz meiner Göttlichkeit
eintauchen möge.*

Om Nami Maia. Amein.

In der Tat, geliebte Wesen, in der Tat. Das Bußgebet ist eines der wichtigsten Gebete der Freiheit.

Die zweite Strähne ist … die Macht der Sühne.

Sühne kann in einem einzigen Augenblick eintreten. Es gibt zwei
Wege, die Lasten, Kreuze oder das Leid abzulegen, das ihr für euch
selbst und für andere geschaffen habt:

1. durch den Ausgleich von Karma, was durch Buße geschehen
   kann, aus der inneren Bereitschaft heraus, Wiedergutmachung
   zu leisten durch innere Transformation, Verhaltensänderung und
   Neuausrichtung auf die Integrität des Selbst und die Integrität
   anderer,

2. oder durch den Ausgleich über euer Dharma, was durch Sühne
   geschehen kann, oder, wie Ich es gern bezeichne, euren Dienst
   der Freude – den Dienst, den ihr zu erfüllen bestimmt seid, als
   Gegenleistung für das Privileg, in einen Körper inkarniert zu
   sein.

In dieser Existenz haben Wir euch nicht dazu entworfen, dass das Ausgleichen vergangener Taten für euch unangenehm sein muss. Aber das

hängt von euch ab, von eurer Wahrnehmung, davon, was ihr in euren Seelenverträgen vereinbart habt, und davon, was ihr in diesem Leben erfahren müsst.

Sühne ist eine Darbringung selbstlosen Dienstes des Selbst in seiner vollen Essenz. Sie ist eine Versöhnung mit DEM Göttlichen und dem Göttlichen in euch selbst, die es euch möglich macht, anderen gnädig und gütig zu helfen, sodass sie sich auch in ihrer Göttlichkeit verwirklichen und sich mit ihr versöhnen können. Sühne bringt euch in den co-kreativen Dienst, gemeinsam mit Gott. Durch die unendliche Erleichterung und Befreiung, die aus der Buße entstehen kann, ist eure Seele voller Freiheit. Die natürliche »Folge« ist ein großes Verlangen zu dienen – die Sühne. Sühne ist die Essenz des Aufstiegs. Das Licht steigt aus euch auf, während ihr wieder ins Gleichgewicht kommt. Buße ist der Weg, der euch im Inneren wieder mit der Einheit verbindet. Sühne ist der Weg, der diese Einheit auch in euer äußeres Leben bringt.

Buße ist eine Auflösung ungesunder Knoten. Sühne ist ein Wiedereinweben eures Spirit in das Netz des Lebens, was durch die Liebe geschehen kann. Nicht aus einer Verpflichtung heraus. Nicht zur persönlichen Bereicherung. Es ist ein Geben aus Liebe zum Geben, ohne Absichten oder Erwartungen, etwas dafür zu bekommen. Selbst wenn ihr eine Vergütung oder einen Ausgleich für euer Geben erhaltet – sei es durch Liebe, Dankbarkeit, eine Einladung, sogar eine finanzielle Vergütung –, Sühne ist das Ablegen eurer Lasten. Nicht, um die Lasten anderer auf euch zu nehmen, sondern um ihnen durch den Dienst eurer Liebe das Licht zu halten.

Sühne bedeutet, einen anderen Menschen als eins mit euch selbst zu begreifen und zu geben, wie auch ihr euch wünschen würdet, dass euch gegeben werde. Sühne ist eine Form des Tantra, bei der ihr durch euer Yeshua-Selbst ein unerfülltes Bedürfnis einer anderen Person stillt. Und dadurch wird auch euer ungestilltes Bedürfnis nach Verbindung erfüllt. Zum Beispiel: Angenommen, ein Mann hat in jungen Jahren seine Zeit damit verbracht, Drogen an Kinder zu verkaufen oder andere zu bestehlen. Ihm kommt zu Ohren, dass eines dieser Kinder an einer Überdosis gestorben ist, und er verspürt solche Schuldgefühle, dass es ihn dazu bringt, Buße zu tun und sein eigennütziges und destruktives Verhalten aufzugeben. Während er Buße tut und sich selbst vergibt, verspürt er einen Funken der Leidenschaft des Dienens. Er sühnt für seine Taten, indem er seiner Gemeinschaft etwas zurückgibt: Er hilft mit, die Jugend aufzuklären und zu inspirieren. Er ist durch seine Buße befreit worden, und so widmet er sein Leben dem liebevollen und freudvollen Dienste durch Taten der Sühne.

Dies ist ein einfaches Beispiel für Sühne. Buße ist die innere Neuausrichtung auf euer Yeshua-Selbst. Sühne ist ein Verschenken der Gnade eures ausgeglichenen Yeshua-Selbst, eures wahren Selbst, an die Welt. Es ist selbstloser Dienst eures wahren Selbst, was bedeutet, dass dieser Dienst aus eurem vollen und ganzen Herzen fließt und das unausgeglichene Ego mehr in den Hintergrund rückt. Sühne ist ein Zelebrieren der bescheidenen und reichen Freude, die dem Dienst entspringt. Indem ihr anderen, eurer Gemeinschaft und der Erde dabei helft, mehr ins Gleichgewicht zu kommen, kommt auch ihr wieder mehr in euer Gleichgewicht.

Sühne geschieht in Momenten, in denen ihr seht, dass eine andere Person leidet, und ihr dieser eure Hand reicht, wie auch Wir sie euch reichen. Sie geht über Empathie hinaus. Sie ist Empathie, die ihren Ausdruck findet, wahres Mitgefühl also. Sühne entsteht auch durch den Prozess des Ausnüchterns oder dadurch, eine Verhaltensstörung, eine Phobie oder eine andere geistige, emotionale oder körperliche Dysbalance zu überwinden, die euer Leben und das Leben jener Menschen um euch herum sabotiert hat. Es ist ein großer Dienst, solche Dinge innerlich und in Demut aufzugeben und Sühne zu leisten, indem ihr Handlungen im Außen unternehmt, um euch eurem Schatten zu stellen und eure Freiheit und Balance wieder zurückzugewinnen. Dies mag Zeit, Arbeit und Hingabe erfordern, doch der Dienst, den ihr durch solche mutigen und liebevollen Taten leistet, ist außerordentlich kostbar.

Sühne ist, wie Buße, ein weiteres Wort, das durch angstbasierte Projektionen und Manipulation seitens unausgeglichener Machthierarchien beschmutzt wurde – Hierarchien, die nicht wollen, dass ihr euch von euren Lasten befreit. Denn wenn ihr das tut, werdet ihr nicht mehr von ihnen abhängig sein, und sie verlieren ihre Macht über euch. Dies ist der Grund, weshalb Ich die wahre Essenz dieses zutiefst Heiligen Wortes ausführe, reinige, präzisiere, entfalte und euch darbringe.

Sühne bedeutet, eure Gnade, das Echo eures Spirit, wieder auf das Netz des Lebens auszuweiten, indem ihr euch wieder mit eurem wahren Selbst, eurem Yeshua-Selbst, versöhnt. Um es nochmals zu wiederholen: Was bin Ich? ICH BIN der Friede. Sühne ist der Friede und das Gleichgewicht, das durch Vergebung und freudvollen Dienst entsteht. Jemand anderen zum Lachen zu bringen kann Sühne sein. So kann Sühne auch bedeuten, jemanden auf eurer Schulter ausweinen zu lassen, ihn oder sie in diesem Moment der Verzweiflung zu halten. Oder ein Gebet zu beten. So wie alles Göttliche einfach und simpel ist, so ist es auch die Sühne.

Sühne ist Geben, das sich wie Empfangen anfühlt. Buße ist das Empfangen, das sich wie Geben anfühlt.

Sühne kann genauso freudvoll und gleichzeitig auch so tief emotional wie Buße sein. Die Heiligen Strähnen WERDEN Gefühle auslösen, die sehr intensiv sein können – besonders dann, wenn ihr euch längere Zeit wie betäubt gefühlt habt. Deshalb ist Geduld mit euch selbst und mit anderen im Prozess der Verwirklichung dieser kraftvollen Energien auch so wichtig.

Sühne ist eine der wichtigsten Voraussetzungen, euch eurer Leidenschaft näherzubringen. Es ist ein Teilen eurer Göttlichkeit, wodurch dieses Licht auch in anderen inspiriert und entfacht wird. Nicht, um sie zu bekehren und auf euren Weg zu ziehen, sondern um sie zu inspirieren, sodass sie ihren eigenen Weg finden. In wahrem Dienst, dem Dienst der Sühne, befreit IHR einen anderen Menschen von einem Kreuz oder einer Last, ohne diese auf euch zu nehmen! Sühnt ihr also in Freude, so dienen wir gemeinsam in Co-Kreation, ihr und Ich. Ihr erfüllt das ungestillte Bedürfnis eines anderen; Ich nehme seine Last entgegen. Kein schlechter Deal! Sühne ist ein fantastisches und simples Herausbewegen aus der Leere und Hineinfließen in die Sterne, die euren Stern mit allen anderen Sternen im Netz des Lebens verbinden. In der Tat seid ihr es, die jene Sterne erleuchten, die vergessen haben, wer und was sie sind.

Wünschen andere, für euch zu sühnen, Wiedergutmachung für euch zu leisten, so nehmt diese an, und macht sie und euch selbst frei – so denn ihre Absichten authentisch sind und sie ein ungestilltes Bedürfnis erfüllen. Fühlt es sich unstimmig an, ihre Sühne anzunehmen, oder seid ihr ganz einfach noch nicht bereit dazu, dann lehnt freundlich ab. Wenn ihr denkt, jemand schulde euch eine Wiedergutmachung, dann ist dem nicht so. Haben andere euch wehgetan, vergebt ihnen, wie auch ihr Vergebung empfangen wollt. Auf diese Weise wird ihnen die Last, die sie für euch erschaffen haben, in Liebe zurückgespiegelt und im nächsten Augenblick in Liebe aufgelöst … oder auch erst mit der Zeit.

Manche werden niemals die Demut besitzen, Sühne zu leisten … oder Buße zu tun. Das sind jene Wesen, welche die meisten Gebete und das meiste Mitgefühl benötigen. Denn sie wissen nicht, was sie tun. Sie wollen es nicht wissen. Und so kann ihnen keine Absolution erteilt werden, bis sie dafür bereit sind. Dieses Kreuz habt nicht ihr zu tragen. Ihre Zeit der Erkenntnis wird kommen, wenn es Zeit ist – genauso, wie es bei euch der Fall war.

Bevor Ich von der dritten Strähne spreche, möchte Ich mich einen Moment lang auf das Geflecht der Dreifaltigkeit beziehen, das aus den miteinander verwobenen Drei Strähnen besteht. Das Geflecht der Dreifaltigkeit umfasst die Drei Strähnen, von denen jede aus jeweils drei kleineren Strähnen besteht. Die Dreifaltigkeit setzt sich also aus neun kleineren Strähnen zusammen, die gemeinsam in den Drei Strähnen verflochten sind. Jene Drei Strähnen sind zusammengeflochten und bilden das Eine Geflecht der Dreifaltigkeit. So ist die Dreifaltigkeit Eins, Drei und Neun. Es ist ein Göttlicher Weinstock.

Da ihr in einer Realitätsstruktur der »Dualität« lebt, hat alles eine Licht- und eine Schattenseite. Ich lade euch ein, weniger in Begriffen der »Dualität« zu denken und es eher als ein Spektrum unterschiedlicher Schwingungen von Schatten bis Licht zu begreifen. Zum Beispiel ist Vertrauen eine Lichtschwingung, Zweifel eine Schattenschwingung. Es gibt eine ganze Bandbreite, ein Spektrum, in dem ihr diese Polaritäten erfahrt. Und so existiert eine Dreifaltigkeit des Lichts, der Göttliche Weinstock … und eine Dreifaltigkeit des Schattens, der giftige Rebstock. Beide haben eine kraftvolle Funktion.

Denn beides müsst ihr erfahren, um euren eigenen Schatten mit eurem Licht zu verschmelzen. Das Verschmelzen und Verbinden eures Schattens ist von wesentlicher Bedeutung und nicht etwa das Ausmerzen des Schattens. Denn wie Ich bereits gesagt habe, ist dieser ein wichtiger Aspekt eures Seins, solange ihr in einem Körper seid. Ein ausgeglichener und integrierter Schatten dient euch zutiefst, während ein unausgeglichener, abgelehnter Schatten es nicht tut.

Die Dreifaltigkeit des Schattens ist das verknotete und verstrickte Geflecht, das aus den Dysbalancen des Verstandes resultiert. Und dadurch erzeugt es wiederum noch mehr Dysbalancen. Die Dreifaltigkeit des Schattens unterjocht euch, während ihr über die Drähte ihrer ungesunden Knoten stolpert. Ihre Strähnen sind jahrhunderte- und jahrtausendelang in die Herzen, Gedanken und Verhaltensweisen der Menschen eingewoben worden. Das Ergebnis ist die Beschädigung des Webteppichs des Lebens.

Während der gegenwärtigen Zeiten bekommt ihr von Mir alles an Bewusstsein, was ihr benötigt, um diese Schattensträhnen von eurem Sein und eurem Leben loszulösen. Damit ihr eure Lasten ablegen könnt. Mit jedem von euch, der sich von diesen Ketten befreit und transformiert, wird das Netz des Lebens so viel lichter. Das ist wahrer Dienst.

Die Strähnen der Schattendreifaltigkeit oder des Geflechts der Trennung und Verurteilung sind jene, die Krankheit, Last, Entweihung und Getrenntheit verursachen. Sie erschaffen Dysbalancen und Unausgeglichenheit in eurem Inneren – in Körper, Zellen und Herz. Auch lassen sie unausgeglichene Beziehungen entstehen, die auf äußerem Austausch basieren. Sie bringen die Gegenseitigkeit des Austauschs ins Ungleichgewicht, was zu Geld- und Beziehungsproblemen aller Art führen kann, zu verfälschter Körperwahrnehmung, gestörtem Selbstwertgefühl et cetera. Nochmals, jedes der drei Geflechte beherbergt drei unterschiedliche Energien, so sind es insgesamt neun.

Die Strähnen und Geflechte der Dreifaltigkeit des Schattens sind:

1. **Groll, Reaktion, Reue.**
2. **Scham, Schuld, Bedauern.**
3. **Polarität, Bequemlichkeit, Getrenntheit.**

Groll, Reaktion und Reue sind verwobene Energien, die schwere Zerwürfnisse und zutiefst trennende Schmerzzyklen verursachen, wenn sie sich in euer Sein einflechten. Scham, Schuld und Bedauern sind meist die Übeltäter, die solche Schmerzzyklen überhaupt erst verursachen. Scham, Schuld und Bedauern nähren Groll, Reaktion und Reue – und umgekehrt. Verweben sie sich mit den drei Schleiern der Polarität, der Bequemlichkeit und der Getrenntheit, dann erzeugen diese drei Schleier, die euch blind machen und Angst schüren, gemeinsam mit den drei Strähnen dieser drei Energien höchst destruktive Mächte für euch und für andere.

In vielerlei Hinsicht ist dies der Tempel der lärmenden Glocke der Unterdrückung und der Ketten. Die Leere, in der fast kein Licht existiert. Diese Geflechte, diese Dreifaltigkeit der unausgeglichenen und missbräuchlichen Mutter, des unausgeglichenen und missbräuchlichen Vaters und des unausgeglichenen und missbräuchlichen Kindes erzeugen eine unausgeglichene und missbräuchliche, auf Angst basierende Struktur Gottes in euch, die verzerrt und entstellt ist.

Diese verflochtene Schattentrinität hat Kriege, Völkermorde und einige der schrecklichsten Ereignisse der Geschichte verursacht. Das passiert insbesondere dann, wenn viele Menschen an einem Ort oder Menschen einer bestimmten Gesellschaftsschicht mit dieser unbewussten Energie verwoben sind. Doch abhängig von eurer Essenz und dem Entwicklungsstand eurer Seele können die Auswirkungen unterschiedliche Ausmaße annehmen: von sehr mild bis ziemlich schwerwiegend. Die energetischen Manifestierungen und mentalen Konstrukte dieser Dreifaltigkeit, die sich aus den Dysbalancen des Egos zusammensetzen, erzeugen in eurer inneren Umgebung wie auch im Ökosystem Gaias entweder viel zu hohe Sterilität und Ordnung oder aber viel zu viel Chaos.

Dennoch können aus diesen verflochtenen Ketten die größten Befreiungen entstehen. Ohne diese Dreifaltigkeit gäbe es keine Reise für euch. Ihr müsst lernen und erkennen, was ihr nicht seid, und euch von Dissonanz durchtränken lassen, bevor ihr in Resonanz eintreten und euch für den Einklang mit der Hingabe und dem Licht entscheiden könnt.

Also dankt diesen Energien und diesem Geflecht für ihren Dienst an euch und eurem Licht. Sagt dieser Schattentrinität ganz einfach: »Ich danke dir. Du hast die Gegenpolarität der Dunkelheit für mich gehalten, damit ich meinen Weg zurück zum Licht finden konnte.

Ich würdige dich, doch nun verpflichte ich mich dazu, diese Strähnen zu entbinden, auf dass das natürliche Geflecht und die Dreifaltigkeit des Lichts mein Herz regieren mögen.« Es ist sehr wichtig, das »Geflecht der Dissonanz« anzuerkennen, es zu würdigen und loszulassen. Tut ihr dies nicht, so fallt ihr Vermeidung und Ablehnung zum Opfer, was euch nur noch mehr an diese Trinität fesselt. Es ist nie klug, alle Hoffnung in die Teile eures Selbst aufzugeben, die bloß wieder ins Gleichgewicht gebracht werden müssen, statt abgelehnt zu werden.

Dies macht euch wiederum frei, DIE Trinität, das Geflecht des Lichts, der Einheit, der Wandlung und der Kommunion zu erfahren. Das Geflecht des Lichts ist die Verbindung zwischen Mensch und Gott. Es ist das Bewusstsein, das einem ausgeglichenen Geist, Körper und Herz entspringt … und einem Willen in Einklang Gottes.

Durch die Energien dieses Geflechts verkörpert ihr die Essenz der Dreifaltigkeit des Lichts, wenn sie in euren Körper eingewoben sind. Auf DIESE Weise haltet und tragt ihr das Licht in euch. Es sind der Göttliche Vater, die Göttliche Mutter und das Göttliche Kind, die sich durch euch hindurchweben und eine barmherzige, erleuchtete, liebevolle Struktur der Liebe in euch und durch eure Präsenz auch in der Welt erzeugen.

Die Strähnen und Geflechte der Dreifaltigkeit des Lichts sind:

1. **Buße, Sühne, Erlösung.**
2. **Glaube, Vergebung, Freiheit.**
3. **Wahrheit, Liebe, Friede.**

Buße, Sühne, Erlösung. Oh, die Gnade dieses Geflechts befreit euch und führt euch in die Essenz dessen, was es bedeutet zu frohlocken! Tut Buße, sühnt und erlöst euch … frohlocket! Das ist wahrlich ein Wiedereintreten in die Freude. Glaube, Vergebung und Freiheit lassen euch in eurer Göttlichkeit wiederauferstehen. Wahrheit, Liebe und

Friede SIND die Göttlichkeit. Weben und flechten sich diese Strähnen durch die Göttliche Kammer eures Herzens und hinein in die anderen Kammern, so geschieht eine wundersame Befreiung und Vereinigung. Sie wird oft in Augenblicken erfahren, in denen ihr das Gefühl habt, »wieder ihr selbst zu sein«, doch auf eine völlig neue, weiterentwickelte und verwandelte Art und Weise.

Eine der größten Kräfte der Dreifaltigkeit des Lichts ist die der Offenbarung. Sie offenbart euren Wert, eure Leidenschaft und hilft euch dadurch, gesunde Grenzen zu setzen und zu wahren – und Vertrauen in eure Beziehungen und Entscheidungen aufzubauen.

Die Yeshua-Hausaufgabe

Geliebtes Wesen, um dich dabei zu unterstützen, die Dreifaltigkeit des Lichts zu verwirklichen, ersuche Ich dich, dir die Aspekte der beiden unterschiedlichen Geflechte des Lichts und des Schattens näher anzusehen. Mit welchen Strähnen des Schattengeflechts hast du die größten Schwierigkeiten? Mit Schuld? Scham? Reaktion? Polarität?

Fang damit an niederzuschreiben, wie diese Schattensträhnen in dir aktiviert werden, wie sie deine Entscheidungen und Verhaltensweisen beeinflussen und wodurch sie in deinem Leben ein Gefühl der Getrenntheit verursacht haben oder verursachen.

Dann schreibe darüber, wie diese Strähnen mit den Sieben Dysbalancen des Geistes interagieren. (Schlage das Kapitel über die Botschaften des Sacred Heart auf, um deine Erinnerung aufzufrischen.) Wie nehmen die Dysbalancen Einfluss auf jene Strähne, die dir die meisten Schwierigkeiten bereitet? Auf welche Art und Weise verstärkt diese Strähne wiederum die Dysbalance? Hast du zum Beispiel mit Schuldgefühlen zu kämpfen, dann frage dich: Welcher Dysbalance entspringen diese, und mit welcher gibt es die meisten Wechselwirkungen? Ist es die Dysbalance der Habgier? Der Getrenntheit? Lässt dich die Dysbalance der Wollust oder der Getrenntheit sodann Entscheidungen fällen oder Taten vollbringen, die noch mehr Schuldgefühle in dir auslösen?

Diese Übung ist wichtig für dich, denn sie schafft Bewusstsein dafür, wie die Strähnen und Dysbalancen miteinander verwoben sind. Das Licht der Bewusstheit auf diese Bereiche zu richten, hilft dir, die Strähne von der Dysbalance loszulösen – durch den natürlichen, organischen Prozess der Transformation. Auf diese Weise verliert der unausgeglichene Verstand seine Macht und kehrt wieder ins Gleichgewicht zurück.

Bist du mit dem Schreiben fertig, so ersuche Ich dich, dich dazu zu verpflichten, dich von diesem Zyklus zu befreien oder damit aufzuhören, ihn immer weiter zu nähren. Zum Beispiel: Verspürst du Schuldgefühle, so gib der Dysbalance der Zornerfüllten Weisheit nicht die Erlaubnis, dich dafür zu verurteilen. Oder du entziehst der Dysbalance der Verleugnung die Erlaubnis, die Schuldgefühle zu unterdrücken.

Wie kannst du die Schattensträhne durch eine Strähne des Lichts ersetzen? Beispielsweise, indem du Schuld durch Sühne oder freudvollen Dienst ersetzt. Oder dich von der Scham loslöst und mehr Vergebung in dein Leben hineinwebst. Indem du dir selbst dafür vergibst, deinen Selbstwert gemindert zu haben, weil du anderen erlaubt hast, deinen Wert zu diktieren.

Dann schreibe darüber, welche Strähnen der Dreifaltigkeit des Lichts am meisten in dir schwingen. Welche kannst du am meisten in dir spüren, welche sind bereits mit dir verflochten? Und nach welchen Strähnen verspürst du eine Sehnsucht oder hast du ein unerfülltes Bedürfnis? Nimm dir noch zusätzlich Zeit, mit dieser Energie zu arbeiten. Hast du das Gefühl, dir fehle es an Glauben, dann wage ein paar Sprünge ins Ungewisse oder mach ein paar neue Erfahrungen, um seine Grundlage zu festigen und den Glauben zu stärken. Amein.

Die Yeshua-Lehre

Geliebte Sterne, ihr werdet überrascht sein, wie sehr euch Demut, Humor und Geduld dabei unterstützen werden, durch diesen Prozess des Loslösens von der Schattentrinität und des Neueinwebens in und durch die Trinität des Lichts. Ich bringe euch diesen Weg des Friedens als eine Art Erkundungsreise, eine Reise voller Erfahrungen. Nicht als eine Form der »Meisterschaft«. Fühlt es sich an wie eine Last, dann tretet einen Schritt zurück, doch kehrt immer wieder zurück zum Prozess. Meine Geduld kennt keine Grenzen, und das, was ihr für eine Weile beiseitelegt, könnt und werdet ihr wieder in Angriff nehmen, wenn die Zeit reif ist. Lasst dies eine Erkundungsreise der Freude werden, indem ihr euch von allem löst, was nicht der Freude entspringt.

Wenn man trauert, kann das Leben freudlos erscheinen. Seid gute und geduldige Patienten, wenn ihr im Warteraum der »Arztpraxis« sitzt und darauf wartet, wieder »zusammengenäht« zu werden, statt euch darüber zu beschweren, dass ihr warten müsst. Sucht nach der Freude in diesem Wartezimmer. Lauft nicht weg oder beschwert euch; sucht nach Freude, und vielleicht werdet ihr feststellen, dass ihr den Arzt überhaupt nicht mehr benötigt, wenn ihr an der Reihe seid.

Es war MEINE Freude, diese Strähnen und Geflechte zu erschaffen, denn die Dreifaltigkeit IST die Essenz und der Ausdruck Gottes. Ich BIN die Dreifaltigkeit der Transzendenz, der Immanenz und der Emergenz. Wenn ihr das Bildnis eures Selbst auflöst und den Spiegel zerschmettert, der euch das Gefühl gibt, ein bloßes Abbild Gottes zu sein, statt eins mit Gott, dann verkörpert ihr die Dreifaltigkeit durch eure eigene Essenz und Präsenz. Wie Ich Mich an Ausdruck erfreue, so erfreut auch ihr euch daran. Die Geflechte entstehen nebenbei, wenn die Dreifaltigkeit in die Schöpfung eintritt. Es ist Unsere Freude, euch in jedem Augenblick die Wahl zu lassen, woran ihr euch bindet oder nicht bindet. Am Ende kehrt alles wieder zurück zur Dreifaltigkeit des Lichts.

Also lasst Freude in diesen Prozess hinein – selbst wenn ihr euch von etwas löst, was einen unterdrückten Schmerz freisetzt oder eine Wunde an die Oberfläche bringt. Freut euch auch darüber. Frohlockt, wenn ihr frustriert seid und schreit: »Yeshua, das funktioniert nicht. Du hast mich im Stich gelassen!« Und frohlockt, wenn die Erkenntnis kommt und ihr ausruft: »Yeshua, es hat funktioniert! Jetzt kann ich sehen und verstehen!« Frohlockt in diesem Prozess – in Geduld, Mitgefühl und Güte, denn es ist ein Prozess, der Liebe freisetzt. Nicht mehr und nicht weniger.

Verurteilung ist eine recht langweilige Energie. Mühselige Verhandlungen, die sich über Jahre ziehen. Da Wir nicht über euch urteilen, bitte verurteilt auch nicht den Prozess, den Wir euch schenken. Wenn sich eines eurer Haustiere, wie zum Beispiel euer geliebter Hund, in seinem eigenen Dreck herumwälzt, dann verachtet ihr ihn für diese Widerlichkeit, und ihr verachtet ihn dafür, wie lange es dauern wird, ihn wieder sauber zu bekommen. Doch seht, wie freudvoll euer Hund in diesem Augenblick ist. Er genießt es, sich in seinem Kot zu wälzen. Er mag den Geruch. Dazu ist er nun mal erschaffen worden.

Und doch wälzt auch ihr euch die ganze Zeit über in eurem eigenen Dreck, in den Fäkalien eurer Arroganz, die einen viel übleren Geruch haben, und Wir beschweren Uns nicht, denn auch euch kann es hin und wieder Freude bereiten, euch in eurem Kot zu suhlen. Die Göttliche Mutter und Ich wechseln gerne ab und zu auch mal eure Windeln, kümmern Uns um euch, baden euch – Unsere heiligen Kinder –, so wie auch ihr dies alles für eure Kinder tut.

Egal, ob ihr eigene Kinder habt oder nicht, ihr alle habt die Windeln anderer gewechselt, euch um sie gekümmert oder sie gewaschen und gebadet – ob im wörtlichen oder im übertragenen Sinne. Darin liegt eine göttlich-menschliche und eine menschlich-göttliche freudvolle Verantwortung. Wenn das Baby lacht, lachen auch die Eltern. Doch kann es manchmal zu einer lästigen Aufgabe werden, einer Art Aufopferung – einem Opfer, das aber doch ein recht kleiner Preis ist für die Liebe, die Wechselbeziehung und die Weisheit, die ihr im Gegenzug bekommt.

Dies war eines der wichtigsten Geschenke Meines Lebens und Meines Todes, geliebte Wesen. Indem Ich in einen Körper inkarnierte, Meinen Körper verließ und wieder im »Körper« Gottes auferstand, schuf Ich die Brücke der sogenannten »Erlösung«, sodass ihr euch auf eine neue, direkte und einfachere Art und Weise wieder mit eurer Göttlichkeit verbinden konntet. Indem Ich dies tat, gab Ich praktisch Mein Leben, um auf ewig eure Windeln zu wechseln und euch zu waschen. Aber das kann nicht geschehen, wenn ihr euch weiterhin wie Kinder benehmt und vor dem Bad oder dem Wickeltisch davonrennt. Denn für Erlösung braucht es Liebe, und Liebe erfordert Bewusstheit und Mut, während ihr euch in euer vollkommen verwirklichtes, erwachsenes Yeshua-Selbst entwickelt.

Mein Vater bewahrte Mich nicht und konnte Mich auch nicht vor Meiner Entscheidung bewahren, euch von euren Dysbalancen »freizukaufen«. Es war ebenso Seine Entscheidung. Ich weiß das, weil Ich der Vater BIN. Wie Ich bereits sagte, kam Ich, um auf ewig eure Windeln zu wechseln, egal, ob ihr Mich liebt, hasst oder ob ihr überhaupt an Mich glaubt. Denn Ich liebe euch, sehe und erkenne euch als das Göttliche Wesen, das ihr seid, auch wenn ihr nicht immer sehen könnt, was Ich sehe. Es war und ist noch heute Meine Freude, euch Mein Leben in Demut und im Dienst zu geben.

Weshalb würde ein Göttlicher Vater nicht die Prophezeiung und die Leidenschaft Seines Sohnes, dem Er ebenbürtig und mit dem Er eins ist, würdigen? Warum würde eine Göttliche Mutter nicht die Prophezeiung und die Leidenschaft Ihres Sohnes, dem Sie ebenbürtig und mit dem Sie eins ist, würdigen? Weshalb sollte Gott nicht Seinem eigenen

Wunsch entsprechen? Warum sollte das wahre Selbst nicht dem Seelengebet des wahren Selbst entsprechen?

**Ich habe Mich nicht gerettet ... und so konnte Ich euch retten.
Ihr wart die Mühe wert. Ich habe euren Tribut bezahlt, aber es liegt
an euch, ihn wettzumachen. Es ist der leichtere Weg, und doch ist
es jener, mit dem das getrennte Selbst am meisten zu kämpfen hat,
weil es der Hingabe und Demut bedarf, ihm zu folgen. Was eine
Bedrohung für den Willen des unausgeglichenen Egos darstellt.
Doch Göttliche Freiheit entsteht nur dadurch, wieder in Einklang
mit dem Göttlichen Willen zu kommen. Ich habe das Bußgeld,
den Tribut, bezahlt, um diesen Weg zu eurem Frieden zu erschaffen. Aber ihr müsst ihn freilegen.**

Ich habe Mich nicht gerettet ... und so konnte Ich euch retten.
Deshalb kamen keine Scharen der Engel, um Mich von den Lasten zu
befreien, die Ich in Meinem Tod zu schultern hatte. Doch ein Retter
kam an diesem Tag zu Mir. Üblicherweise bin Ich es gewesen, der die
Wunder für andere vollbrachte. Doch an jenem Tag, an dem Ich das
Kreuz entlang der Via Dolorosa schulterte, vollbrachte ein ganz gewöhnlicher Mann ein Wunder für Mich. Ein Mann, von dem sehr wenige sprechen, geschweige denn Tempel für ihn errichten, hat MICH
gerettet, sodass Ich euch retten konnte.

Sein Name war Simon. Er war ein einfacher Passant, der Mir half,
das Kreuz, diesen toten Baum, an jenem Tag zu tragen. Geschwächt
von den Schlägen, die Ich erhalten hatte, fiel Ich auf dem Weg nach
Golgota zu Boden und war nicht mehr in der Lage aufzustehen. Ich
hatte zwar die innere Stärke, diese Last zu tragen, doch fehlte es Meinem Körper an Kraft, um weiterzugehen. Ich wusste: Wenn Ich nicht
aufstand und weiterging, dann würde Ich am Ende nicht wiederauferstehen können. Ich lag im Dreck und konnte nichts mehr sehen,
außer der Tatsache, dass Ich die Prophezeiung nicht erfüllen könnte,
wenn ich nicht aufstand.

Zum ersten Mal überkamen Mich Zweifel. Zweifel an Mir selbst, an Gott, an der Menschheit. Diese Zweifel wurden noch von zerreißenden Gefühlen der Schuld verstärkt, der Schuld gegenüber der Möglichkeit zu versagen – euch zu enttäuschen, Meine Geliebten. Dies war MEIN menschlicher Abstieg, Mein dunkelster Moment; und nichts, was sich davor oder danach ereignete, war schlimmer. Ich nahm Mir Meinen Glauben zu Hilfe, einen Glauben, der in Mir war und doch weit über Mich hinausging. In jenem Moment betete Ich für ein Wunder. Weniger vom Himmel und mehr aus der letzten Kraft heraus, die noch in Mir ruhte.

Plötzlich konnte Ich spüren, wie Mir eine riesige Last genommen wurde. Die Last aller Lasten ist plötzlich leichter geworden! Einen Augenblick lang dachte Ich, der Engel vom Garten Gethsemani war gekommen, um die Last mit Mir zu teilen. Dann erkannte Ich, dass dieser Engel nichts mehr war als ein einfacher Mann, der das Kreuz hinter Mir stemmte. Ein Bruder des Fleisches war gekommen, um die Last mit Mir zu tragen. Ich erhob Mich wieder auf der Via Dolorosa und ging mit einer etwas leichteren Bürde weiter. Das war ein Höhepunkt innerhalb der Geschichte Meiner Wiederauferstehung, dem so wenige Menschen je Beachtung schenken.

In jenem Augenblick war Ich auf Simon angewiesen. Was er jedoch erst später erkannte, war, dass er Mich ebenso gebraucht hatte. Das ist Göttlichkeit. Die Göttlichkeit co-kreativen Dienstes. Von Mensch zu Mensch. Von Mensch zu Gott. Von Gott zu Mensch. Von Gott zu Gott.

Ich wünschte, Ich könne sagen, dass es ein Akt des Mitgefühls seitens der Zenturionen war, diesem Mann zu gewähren, mir zu helfen. Doch so war es nicht. Die Zenturionen unterlagen strengen Befehlen. Sie wussten, dass sie selbst gekreuzigt oder einer anderen Strafe zum Opfer fallen könnten, wenn sie nicht dafür sorgten, dass Meine Kreuzigung vollzogen wurde. Hinzu kommt, dass es die Menschenmenge nach Meinem Blut dürstete und sie von ihrem projizierten Hass und den Anschuldigungen gegen Mich aufgehetzt waren. Sie genossen Meine Qualen, so wie es solche Meuten oft tun. Verstärkt sich das Luzifer-Selbst innerhalb einer großen Menge von Menschen, und wird es noch weiter angestachelt, angefeuert und ausgekostet, so kommt es zu einer Art Fressorgie in tiefster Unbewusstheit. Als Ich fiel, wurde die Menge noch unruhiger, denn die Menschen wollten sichergehen, dass Ich das volle Ausmaß Meiner auferlegten Qualen durchmachte.

Die Zenturionen wurden zunehmend nervöser. Viele von ihnen wussten, dass Ich unschuldig war, und ein paar von ihnen standen in innerem Konflikt mit dieser Situation. Sie wollten den Marsch nach Golgota beschleunigen, um die tobende Masse aufzulösen. Also suchten sie nach jemandem, der Mir helfen würde, mit dem toten Baum, der an Meinen zerrütteten Rücken gefesselt war, aufzustehen. Sie wussten, dass, hätten sie eine Person aus der Menschenmeute ausgewählt, diese alles nur noch mehr verzögern würde. Und so traf ihre Wahl auf einen einfachen Vorbeikommenden: Simon. Der Zenturio legte sein Schwert auf Simons Schulter – ein Hinweis darauf, welch Grauen ihm blühte, sollte er den Befehl verweigern.

Es mag den Anschein haben, Simon hätte sich aus Furcht vor Vergeltung seitens der Meute oder der Zenturionen, so denn er den Befehl verweigerte, gezwungen gefühlt, Mir zu helfen. Doch das war nicht der Grund, weshalb er vortrat. Er wusste nicht, wer Ich war. Er dachte, Ich sei ein gewöhnlicher Verbrecher. Er brauchte nicht zu wissen, wer Ich war. Er sah einfach einen Mann, der unter dem Gewicht eines Kreuzes zusammengebrochen war. Simon war jemand, der Lasten selbst gut gekannt hatte. Er verspürte tiefes Mitgefühl für einen Fremden, den andere kreuzigen wollten.

Er blickte unter die Oberfläche, und dadurch sah er Mich in ihm selbst, und er sah sich selbst in Mir. Er versuchte nicht, Ausreden zu finden oder wegzulaufen. Er brauchte nicht einmal das Schwert auf seiner Schulter, um den Befehl zu befolgen. Sein Glaube, sein Herz führte seinen Stern. Er trat vor und setzte sich auf die einzige ihm mögliche Art und Weise für Mich ein, indem er die Last mit Mir trug. Indem er half, meine Bürde zu tragen, die in Wahrheit ein Konglomerat all eurer Lasten war, konnte er seine eigene Bürde niederlegen. An jenem Tag fand er Yeshua, indem er den Yeshua in sich selbst gefunden hatte. Und er diente Mir als Mein Yeshua, Mein einfacher Retter, Mein Wunder, Mein Erlöser in diesem einen demütigen Augenblick göttlich-menschlicher Tapferkeit und Güte.

Ohne Simon wäre die vollständige Wiederauferstehung nicht möglich gewesen. Der Schöpfer dient der Schöpfung. Die Schöpfung dient dem Schöpfer. Der Träumende dient dem Traum. Der Traum dient dem Träumenden. Ist das nicht die Art und Weise, in der ihr es gern hättet? Diejenigen von euch, die nach ihrem Dienst fragen. Unermüdlich fragt ihr: »Was ist meine Bestimmung und mein Dienst, Yeshua?«

Euch antworte Ich: »Der einfache Simon.« Eure Essenz und Leidenschaft kann euch manchmal auf die am wenigsten erwartete Weise finden. Simon war an diesem Tag mit seinen Söhnen unterwegs. Ein einfacher Reisender auf der Straße. Ein einfacher Mann aus Kyrene, dessen Schicksal ihn erwählt hatte. Vielleicht nicht so, wie er es erwartet oder gewollt hat, aber doch so, wie es für ihn nötig gewesen war. Er hatte nichts damit zu tun gehabt, die physische Last des Kreuzes an Meinen Rücken zu binden. Aber er wusste, dass die Last eines Mannes die Last jedes Menschen ist. Er hat die Verantwortung nicht von sich gewiesen. Als er das Kreuz mit Mir schulterte – im selbstlosen Dienst des Selbst und in Sühne –, legte er seine Lasten nieder und fand seine Freiheit.

Simon verspürte nicht etwa Angst wegen der Befehle der Zenturionen oder vor einer Verurteilung seitens der Menschenmeute. Er verspürte Angst vor dem Herrn. Eine gesunde Angst. Davor, dass er nicht mit sich selbst leben könnte, würde er Mir nicht helfen, das

Kreuz zu tragen. **Das ist wahre Integrität: das Sehen des Unsichtbaren durch innere Erkenntnis und die richtige Handlung im Sinne dieses Wissens.**

Der Zenturio hätte keinen besseren Mann erwählen können. Es ist erstaunlich, wie am Ende allen gedient wird, selbst wenn es ihnen nicht bewusst ist. An jenem Tag brauchte Ich keine Engel, Ich brauchte einen einfachen Mann. Einen einfachen Simon, von Dysbalancen und Zweifeln geplagt. Und er war einfach Simon, einfach göttlich auf menschliche Art. Ein Simon, der Ja zum Dienst sagte, ohne wissen oder verstehen zu müssen, worin der Dienst bestand oder welche Auswirkungen er haben würde. Er war einfach er selbst. Alles, worum Wir wirklich bitten, ist, dass jemand, ein einfacher Simon, seine Hand zur Hilfe anbietet – oder sein Herz. Das ist wahrlich jemand Besonderes.

DAS, geliebte Wesen, ist Buße und Sühne. Verantwortung, manchmal auch Arbeit, doch niemals eine Last. Euer Dienst wird dann zur Last, wenn ihr euch der Kommunion der Co-Kreation widersetzt, von Mensch zu Mensch, von Gott zu Mensch, von Mensch zu Gott. Oder wenn ihr euch auf solch einer »Göttlichen Mission« befindet, dass ihr geradewegs an einem göttlich-menschlichen Wesen vorbeilauft, das vor euch gekreuzigt wird, ohne anzuhalten und ihm zu helfen. Was wäre, wenn Wir so an euch vorbeiliefen? Was euren Dienst zu einem großartigen macht, ist nicht, was und wie viel ihr tut, sondern es geht vielmehr um die Liebe, die Demut und das Mitgefühl, das ihr in diesen Dienst einbringt. Dient ihr aus Einfachheit und Liebe heraus, so findet die Verwirklichung eures Amtes, mit dem ihr gesalbt worden seid, und der Manifestation eurer Leidenschaft des Friedens kein Ende.

Simon hat sich das Amt, das für ihn bestimmt war, vielleicht nicht gewünscht. Womöglich hatte er mit einem anderen gerechnet. Doch das Amt, das er erfüllt hat, befreite jeden Aspekt seines Wesens und seiner Nachkommen, die auch heute noch unter euch weilen. Der einfache Simon. Der Retter des Retters, in Meinen letzten Atemzügen und Momenten auf Erden. Der unausgeglichene Mann, dessen Gleichgewicht wiederhergestellt worden ist, indem er einem Fremden half, den er nicht kannte, der rein zufällig sein eigener Vater gewesen ist. Das ist die Geschichte. Und das, geliebte Wesen, ist Gott. Über, unter und in euch.

Aus solchen Momenten eines einfachen Simon bestehen Wunder, damals wie heute. Es sind die einfachen Taten von Güte, die für Uns die größten Wunder sind. Solche demütigen Taten erfreuen Gott nicht bloß, sie erfüllen Ihn. Ich habe euch in Demut gedient, wie auch Gott es tut. Bloß seid ihr immer wieder überrascht von der Demut und bedingungslosen Liebe, die Gott euch entgegenbringt. Ein Gott der Demut und bedingungslosen Liebe ist ALLES ANDERE als ein Gott der Verzerrungen und Lügen.

Ich habe Meinen Preis, EUCH, gezahlt, indem Ich das Kreuz eurer Lasten und Dysbalancen schulterte. Euer eigenes Kreuz zu schultern, um mit Mir gemeinsam zu gehen, bedeutet für euch, den Mut zu haben, euch diesen Lasten zu stellen und sie gehen zu lassen. Wenn Peitschen, Nägel und ein toter Baum das Beste gewesen sind, was euch eingefallen ist, um Gott für eure eigenen Lasten zu bestrafen, dann müsst ihr schon etwas kreativer werden. Es ist so, als würdet ihr versuchen, das Universum mit einer Feder zu zerstören. Ich verhöhne euch nicht, sondern bringe euch ein wenig Göttlichen Humor, um euch dabei zu helfen, euch selbst und eure Probleme nicht so ernst zu nehmen.

Ihr seid es wert, euren Wert zurückzuerlangen. Zumindest glaube Ich das (wobei Ich als euer Schöpfer ein wenig voreingenommen bin). Ihr seid es wert, euren Teil des Friedens freizukaufen. Wir retten einander jedes Mal, wenn ihr der Dreifaltigkeit des Lichts erlaubt, sich in euch einzuweben und einzuflechten. Denn ohne eure bewusste Kooperation und euren Einsatz kann es keine »Rettung« geben. Ihr müsst wählen. Ich habe gesühnt, um eins mit euch zu werden. Werdet ihr Sühne leisten, um eins mit Mir zu sein? Und Buße tun, statt die Geschichte zu wiederholen?

Ich bin nicht das Ich, der Yeshua, wie ihr Ihn gekannt habt – ICH BIN alle Dinge, einschließlich euch. Alles, was Ich euch bringe, ist ein Weg zu eurer Erlösung, eurer Wiedergutmachung. Ihr alle habt erlösende Qualitäten, die in eure eigene Essenz eingebaut sind. Erlöst ihr sie, und lasst ihr sie wiederauferstehen, dann findet ihr Freiheit, Freude und Frieden. ICH BIN eure Freude. ICH BIN euer Schmerz. ICH BIN euer Zweifel. ICH BIN euer Friede. ICH BIN eure Lasten. ICH BIN auch der Weg, diese Lasten loszulassen. Dies ist die überaus innige Beziehung, die wir miteinander haben. Sie ist zwischen euch und Mir, Meine Kinder, Meine geliebten Wesen. ICH BIN euer Freisprecher, euer Löser, Auflöser, Entfalter. ICH BIN eure Wiederherstellung, eure Neu-Genese, eure Erlösung.

Darin liegt die Macht der dritten und letzten Strähne … der Macht der Erlösung.

Wir haben bereits Buße und Sühne besprochen – die dritte Strähne des ersten Geflechts der Lichttrinität ist die Erlösung. Die Erlösung ist die Freude!

Erlösung ist die freudige Freiheit, die sich einstellt, wenn Glaube und Vergebung verwirklicht sind. Buße erfordert, den Glauben von der Angst zu erlösen, indem man die Essenz der Wahrheit akzeptiert. Sühne erfordert, Vergebung von Schuld zu erlösen, indem man die Leidenschaft der Liebe akzeptiert und annimmt. Erlösung bedeutet, Freiheit von der Unterdrückung zu erlösen, indem man das Gleichgewicht des Friedens akzeptiert.

Durch Buße und Sühne kann Erlösung einkehren – die Wiederauferstehung. Erlösung ist die Wiederauferstehung eures Weizens, eurer Präsenz, eures Wertes, eurer Dreifaltigkeit des Lichts und, vor allem, eures zur Gänze verwirklichten Yeshua-Selbst.

Daraus ergibt sich Freude. Die Freude darüber, euer Lachen von euren Tränen zu erlösen. Die Freude darüber, euch selbst das Trauern zu erlauben, ohne euch dabei zu verurteilen, sodass ihr Liebe erfahren könnt.

Erlösung heißt, eure souveräne Freiheit und Macht als das Eine, mit und aus dem Einen zu erlösen – zum Wohle aller.

Erlösung ist EURE Entscheidung, nicht Meine. Denn durch das Göttliche seid ihr bereits erlöst, doch ihr müsst bereit sein, Buße zu tun und zu sühnen, um euer souveränes Recht der Freiheit wiederzuerlangen. Erlösung ist nichts, was Ich euch geben kann, denn nur ihr, als Individuen, habt die Macht, euch selbst zu vergeben und zu befreien. Ich kann eure Lasten tragen, doch müsst ihr sie Mir übergeben, euch dem stellen, was unter ihnen verborgen liegt, und den Glauben finden, um zu vergeben. Ich bin nicht der Torwächter eurer Freiheit – ihr seid es.

Erlösung heißt, eure Göttlichen Augen zu erlösen, statt mit den blinden Augen zu schauen, die euch Angst machen vor Veränderung. Es bedeutet, euren Preis für bewusste Entscheidungen und Dienst als Schöpfer und an den Schöpfer in der Schöpfung zurückzuzahlen. Ihr wart Mein Preis, durch eine Liebe bezahlt, die alle Lasten ertragen konnte. Werdet ihr auch euer eigener Preis sein? Wenn ja, dann bin auch Ich euer Preis. Ein Preis, der nicht verscherbelt werden kann, denn sein Wert ist alles für euch.

Erlösung bedeutet, euer Recht wiederzuerlangen, nicht nur Liebe zu geben, sondern sie auch zu empfangen. Erlösung ist eine Party!

Warum diese ganze Reise machen und nicht an eurer eigenen Party teilnehmen? Oder eurer Abschlussfeier? Erlösung ist die Wiedergeburt aus der Leere. Ich verspreche euch, geliebte Wesen, dass, auch wenn niemand zu eurer Party kommt, Wir dort sein werden. Ich dort sein werde. Ich liebe Feste – ganz besonders, wenn Ich eingeladen wurde, um EUCH zu feiern! Oh, die Freude an den Göttlichen Feuerwerken, an der Musik, am Einweben, Verflechten und Tanzen. Sind wir zusammen, dann ist es immer die beste aller Partys!

Wenn ihr das Gefühl habt, einen Fehler begangen oder einem anderen Menschen unrecht getan zu haben, oder wenn ihr ein falsches Urteil über euch verinnerlicht habt, dann steht auf, und legt Zeugnis vor Gott, vor MIR ab: durch das Gebet der Erlösung. Auf dass ihr frei von jener Last sein könnt und den Preis eurer Freude wiedererlangt. Ich empfehle euch, das Gebet oft zu wiederholen, denn es ist ein Göttliches Gebet der Demut.

Das Gebet der Erlösung

Ich gebe zu, dass ich unvollkommen bin und nicht immer weiß, wie ich jemand anderem dienen kann oder auf welche Weise mir jemand anders dient.

Ich akzeptiere, dass ich durch die Fehler meiner Dysbalancen mir selbst, anderen und Gott näherkommen kann.

Nur weil ich unvollkommen bin, macht mich das nicht zu einem unwürdigen Menschen.

Ich besitze die Demut zuzugeben, dass ich unvollkommen bin.

Und doch habe ich die Liebe in mir, um zuzugeben, dass ich würdig bin.

Durch Buße und Sühne gegenüber Gott, mir selbst und anderen kann ich frohlocken! Denn in meiner Erlösung erlöse ich meine Freude, meinen Frieden, meine Liebe und die Erkenntnis über mein Selbst als göttlich.

Ich werde die Verzerrungen in meiner Wahrnehmung nicht länger hinnehmen.

Noch werde ich diese Verzerrungen auf andere projizieren – so gut es mir möglich ist auf meinem Weg des Lernens und Wachsens.

Ich werde das, was zu mir kommt, als Entwicklung nutzen.

Ich werde anderen nicht meinen Willen aufbürden.

Ich werde demütig und einfach sein.

Und dadurch werde ich in Gemeinschaft, Freude und Einheit mit Yeshua, Gaia und meinem wahren Selbst treten.

*Ich danke dir, Gott, für deine Gnade, deine Geduld und deine
Barmherzigkeit.*

*Danke, dass du mir zeigst, wie ich lernen kann, nicht nur in
deiner, sondern auch in meiner eigenen Präsenz zu stehen, als
ein Kind Gottes.*
*Mit jedem Tag strebe ich mehr und mehr danach. In und aus der
Präsenz des Geliebten zu schreiten.*

Und so ist es. Sancti. Pace. Amein.

Geliebte Wesen, ihr müsst nicht vollkommen sein, um würdig und
wertvoll zu sein. Aber um eurer selbst würdig zu sein, müsst ihr Uns
zumindest erlauben, jene Dysbalancen zu transformieren, die ihr als
Unvollkommenheiten bezeichnet. Seid im Frieden. Wir verstehen. Wir
wissen. Es ist nicht einfach, ein menschliches Leben zu führen. Doch
ihr habt immer – immer – einen Wert. Und die Herrlichkeit liegt darin,
dass es nie auf Kosten anderer geschieht, wenn ihr euren eigenen Wert
ehrt und würdigt. In der Tat sind es eure Gefühle der Wertlosigkeit und
Unsicherheit, die überhaupt erst die Lasten für euch und für andere
erzeugen. Ruht in dem Wissen, dass ihr in Meinen Göttlichen Augen
immer ganz seid, immer eins und somit auch immer vollkommen.

Ruht im Frieden. Dem Ort jenseits von Leid, Angst und Schmerz.
Findet diesen Ort. Fragt, und er wird euch gezeigt werden. Und darin
werdet ihr den Wert, den Weizen, finden, den Ich von Anbeginn der
Zeit in euer Sein eingehaucht habe.

Erfreut euch an der Erlösung. Sie ist eine Party, geliebte Wesen, ein
Fest, eine Gedenkfeier und die Verfestigung eures Göttlichen Heiligen
Souveränen Raumes. Ein Zelebrieren eurer Demut und Weisheit, euch
mit der Göttlichen Autorität, dem Göttlichen Willen zu vereinen –
durch Hingabe und Güte. Partys sind Übergangsrituale, und das Fei-

ern der Erlösung ist eines der heiligsten Rituale der Verwirklichung. Erlösung ist ein lebenslanger Prozess. Also ist es auch ein lebenslanges Fest, wenn ihr es zulassen könnt. Natürlich sind auch auf Partys Tränen, Streitereien, Gelächter, Trennungen, Wiedervereinigungen und Neuentdeckungen nicht unüblich. Partys sind voller Aufregung, Neugier und Aufgabe von Kontrolle.

Ein Leben voller erlösender Freude ist ein wohl gelebtes, wohl gedientes Leben. Geht es um eure Brüder und Schwestern, dann werden manche zu eurer Party kommen und ein Leben lang bleiben, andere werden vielleicht nur für einen kurzen Moment hineinschneien. Und dasselbe werdet auch ihr tun. Ihr werdet erkennen, dass einige alte Dysbalancen womöglich wieder ausgeglichen werden müssen, solltet ihr dem Prozess der Erlösung Raum zur Entfaltung geben. Menschen aus eurer Vergangenheit könnten auftauchen, und womöglich werdet ihr erneut mit ihnen tanzen. Oder einander befreien.

Manche Menschen in eurer Gegenwart, die Begräbnisse den Partys vorziehen, könnten euer Leben verlassen. Natürlich kann auch ein Begräbnis eine Feier sein. Worauf Ich mich jedoch beziehe, sind jene Menschen, die Trübsal und Leid der Freude vorziehen. Oder jene, die euch nach unten ziehen. Lasst sie gehen. Während euch eure innere Erlösung, Befreiung und Neugewichtung in den kommenden Jahren einen Ausgleich eurer äußeren Beziehungen bringt, sucht nach der Party – egal, in welchen Umständen ihr steckt. Ihr seid dabei, eure Freiheit und eure Freude wiederzuerlangen. Durch den Frieden. Das verlangt nach einer Party.

Es gibt keine einsame Party mehr – nicht, wenn ICH im Raum BIN. Doch kann es eine Feier DES Einen geben, und ihr habt euch dafür entschlossen, dieser Party beizuwohnen. Die Party, von der Ich spreche, mag euch gelten, doch ist sie gleichzeitig auch eine Party für alle. Und das Beste ist: Ihr müsst sie weder planen, noch müsst ihr eure Gäste bewirten. Wir planen sie für euch. Und es ist eine Party, die ewig währt. Es ist UNSERE Party, und all jene sind eingeladen, die sich dafür entschließen, das Ticket für das schmale Gate zu lösen.

Ich habe bereits viele Wege zum Frieden mit euch geteilt, vom Ausgleichen der Dysbalancen des Geistes, dem Auflösen der Rüstung um euer Herz, dem Unterscheiden zwischen resonanten und dissonanten Entscheidungen, dem Vereinigen mit Gaia durch das Sacred Heart, dem Prostrationsgebet, dem Schaffen von Einfachheit, dem Einfließen von Licht in die Leere, dem Vereinen eures Willens mit dem Willen Gottes, dem Verkörpern von Demut und Geduld, dem Verbinden mit dem Baum des Lebens, dem Erleuchten des wahren Selbst unterhalb des falschen Selbst bis hin zur Macht des Gebets, zum Ablegen von Kreuzen und Lasten und dem Wiederfinden der wahren Essenz des Seins in der Leidenschaft.

Heute habe Ich euch das Geflecht der Dreifaltigkeit des Lichts dargebracht, das den Göttlichen Spirit in euch auferstehen lässt. Und Ich habe euch das Geflecht des Schattens erklärt, welches den Spirit zersplittert. Beide sind entlang der Reise des Lebens erforderlich und notwendig. Ihr seid hier, um beide zu erfahren. Im Laufe eures Entwicklungsprozesses zieht ihr jene Erfahrungen an, die genau dafür da sind, euch dabei zu helfen, das Göttliche Geflecht der Dreifaltigkeit des Lichts noch mehr zu verkörpern.

Ich habe mit euch den wundervollen Pfad zur Befreiung geteilt, der sich durch Buße, Sühne und Erlösung auftut. Ein Pfad der Bewusstheit, der Einfachheit und Transformation. Und nun schenke und bringe Ich euch das Tor zu der Wiederauferstehung eurer Freiheit.

Ich möchte euch empfehlen, euch für einen Meiner Pfade und Wege zu entscheiden, der mit euch in Resonanz geht, statt zu versuchen, alle zu meistern und zu verinnerlichen. Eine Meiner Botschaften allein, selbst ein darin enthaltenes Wort oder ein Atemzug, trägt all die für eure Erleuchtung notwendige Energie in sich. Bei jeder einzelnen Botschaft zu verweilen, über sie zu meditieren, sie in euren Prozess einzubinden und sie tief in euer Sein zu integrieren, bevor ihr zur nächsten Botschaft übergeht, kann eure Reise erheblich beschleunigen.

Eine andere Empfehlung ist, diesen Prozess in Zyklen durchzugehen. Jedes Mal, wenn ihr zu einer Botschaft zurückkehrt, manchmal vielleicht sogar Jahre später, wird eine neue Erkenntnis in eurem Bewusstsein auftauchen, die ihr vorher nicht gesehen habt. In all Meinen Gaben gibt es stets etwas Neues zu entdecken, denn auch ihr erneuert euch in jedem einzelnen Moment.

Ich besitze die Fähigkeit, zu jeder Zeit zu allen Wesen zu sprechen und jedem Menschen das zu bringen, was er gerade braucht. Ich kann jedem von euch individuell und gleichzeitig auch eurem Kollektiv dienen. Denn ICH BIN Yeshua. Euer Entwicklungsweg ist ein Weg der Meisterschaft. Meisterschaft braucht Jahre und ganze Lebzeiten. Da ihr hier seid und diese Worte lest, bewegt ihr euch hin zu eurem Prozess der Meisterschaft. Eure Meisterschaft besteht darin, das Selbst als ein Gefäß Gottes zu erkennen, zu lieben und zu verkörpern. Ihr seid auf dem Weg eurer Meisterschaft, doch ist es eine Meisterschaft, die nur euer eigenes Selbst betrifft. Durch das Einweben und Verflechten, das Wiederherstellen eures natürlichen Gleichgewichts, durch das Verkörpern von Wahrheit, Frieden und Liebe tretet ihr noch tiefer in das Sacred Heart Gottes in euch ein.

Und so werdet ihr jeden Tag mehr zur Essenz, zur Emergenz und zum Ausdruck der Göttlichen Trinität des Lichts auf der Welt. Denn mit Geduld und Mut in Würde und Demut würdigt ihr euer Bedürfnis, stillt euren Durst danach, eins mit einer Quelle zu sein, die viel größer ist als das einzelne Selbst. Das ist der bescheidene und einfache Dienst des Lichtträgers – die wahrste Essenz des Göttlichen Meisters, der die Kunst zu sein gemeistert hat. Und das, geliebte Wesen, ist der Weg, den wir teilen.

Lasst uns zusammen gehen. Geht mit Mir.

Die Yeshua-Meditation

Schließe deine Augen und atme. Nimm Meine Hand, wie auch Ich deine nehme. Wir werden uns vom Lärm der Feier des Lebens entfernen, um einen Raum der Stille und des Friedens für unser eigenes Fest zu finden. Wir gehen fort. Wir gehen einander entgegen. Wir gehen IN-einander. Wir entfernen uns von deinen Lasten, von Verleugnung, Verurteilung, Wut, Verzweiflung, Selbstmitleid, Schuld und Angst. Für dich und für das Kollektiv entfernen wir uns davon.

Ich werde dir den Weg zeigen, der dich wegbringt von den Lasten des Verlangens auf Kosten deiner Bedürfnisse. Um dich der Wahrheit mit Mut und in Gnade zu nähern. Atme, während du zu deiner Freiheit schreitest. Atme, während du IN deiner Freiheit schreitest.

Nun werden wir zusammen im Gebet des Webens atmen, während wir die Strähnen der Dreifaltigkeit des Lichts durch dein Sein flechten.

Lass deinen Atem intensiver werden. Lass deine Seele weben und flechten. Nicht denken, nur flechten. Buße, Sühne, Erlösung. Glaube, Vergebung, Freiheit. Wahrheit, Liebe, Friede. Webe und flechte diese Energien in deinen Stoff hinein.

Durch die Macht, die in Mir ruht, durch die Allmächtigkeit des Lichts, beten Wir:

Das Gebet des Webens und Flechtens

Om Mani Hu, Om Mani Ma, Om Mani Hu, Om Mani Ma.
Om Nomani Hu, Om Nomani Ma, Om Nomani Hu, Om
    Nomani Ma.
Om Homani Hu, Om Homani Ma, Om Homani Hu, Om
    Homani Ma.
Om Domine Hu, Om Domine Ma, Om Domine Hu, Om
    Domine Ma.

Hu Omni Ma, Ma Omni Hu, Hu Omni Ma, Ma Omni Hu.
Om, Om, Om.

Es war Mir eine Ehre, dir an diesem Tage gedient zu haben. Du hast all Meine Hoffnungen übertroffen. Nun ruhe in Meinem Herzen, in den Armen des Göttlichen Vaters, der Göttlichen Mutter und Gaia. Nimm Platz in deiner Kammer, in deinem Tempel, Weizen in der Spreu, nimm Platz in deinem ganzen Selbst – eingebettet in einen Traum. Wage es zu träumen. Sei der Traum.

Bevor du zu Bett gehst, hole das gefaltete Stück Papier mit **deinem persönlichen Prozess** des Glaubens, der Freiheit und der Vergebung heraus. Öffne es noch nicht. Lege deine Hand darüber. Sprich ein sanftes Gebet der Dankbarkeit, und lege das Papier neben dein Kopfkissen. Gehe auf deine Knie, und verwurzle deine Energie tief in der Erde. Und so ist es getan. Ruhe mit den Engeln, denn die Engel sind mit dir an diesem guten Tag, in dieser guten Nacht. So wie auch Ich es bin, dein Geliebter, dein Yeshua, dein Friede.

Om Nami Maia. Om Namah Sananda. Om Nami Yeshua. Sancti. Sancti. Sancti. Pace. Pace. Pace. Namaste.

BEFREIUNG

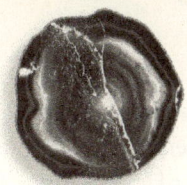

1.

················

Erlösung

Guten Abend, geliebte Wesen. Heilige Kinder des Lichts – ihr seid nicht länger Kinder der Nacht. Ihr seid die Kerze und der Stern, der das Licht in Heiliger Gnade und Heiliger Einheit trägt.

Welch eine Reise es bis zu diesem Augenblick eurer Befreiung, eurer Erlösung gewesen ist! Im Laufe unserer gemeinsamen Zeit durch diese Botschaften hindurch habt ihr Gaben der Kommunion und Vereinigung erhalten, die dem Raum der großen Sonne im Zentrum entspringen, welche im Raum jenseits von Zeit und Realität existiert. Es ist dies der Mittelpunkt, dem das Licht, die Leere innewohnt. Der den heiligen Raum des gegenwärtigen Augenblicks enthält. Es ist euer Ursprung, eure Essenz und euer Zentrum.

Da ihr durch dieses Tal des Schattens und des Lichts geschritten seid und schreitet, lasst nun den Großen Stern des Lichts jenseits von Licht auf euer Gesicht scheinen. Ihr strahlt dieses Licht auf eure Welt. Ich habe euch die Befreiung überbracht, auf dass ihr diese Befreiung durch eure Präsenz und Gnade auch allen anderen übertragen und zuteilwerden lassen könnt.

Die gesamte achte Botschaft besteht aus der Grundfeste der Wahrheit der Liebe. Sie ist die Grundlage für alles, was war, ist und sein wird.

In diesem Raum zeige Ich euch, wie ihr euch von den Dysbalancen des Geistes, des Herzens und des Körpers befreien, reinigen, säubern und ausgleichen könnt. Diese Botschaft IST Mein Körper und Mein Blut. Sie ist ein neues Fundament dafür, dass sich der Heilige Geist, der in euch wohnt, erheben möge. In unserer gemeinsamen Zeit sind wir durch das Leben und durch den Tod all dessen gegangen, was euch vom Leben fernhält, um euch das Leben wiederzubringen. Heute gehen wir noch tiefer hinein ins Herz des Glaubens, der Vergebung und der Freiheit.

Ein Leben in ewigem Frieden und Gleichgewicht ist es, das Ich euch damals, heute und darüber hinaus schenke. Das ist die Transzendenz, die Emergenz und die Immanenz. Das Leben, der Tod und die Wiederauferstehung eures authentischen Selbst. In Meinem Leben habe Ich eine Prophezeiung erfüllt. Nun seid ihr die Erfüllung der Prophezeiung, die Ich für euch in Meinem Tod gemacht habe. Eine Prophezeiung, deren Erfüllung bis jetzt noch nicht vollständig möglich gewesen ist.

Ihr seid Mein. Und Ich bin euer. Von Anfang an, in der Mitte wie auch am Ende.

Manche von euch fragen: »Wie kann ich Dich erkennen, Yeshua, wenn ich Dein Gesicht nicht immer zu sehen vermag oder mir nicht sicher bin, ob Du echt bist?« Ich werde immer antworten: ICH BIN euer Friede. Sucht nicht nach Mir. Findet Mich, indem ihr euren Weg zurück zum reinen, fluiden Bewusstsein des Friedens in eurem Herzen findet.

Was diesen Frieden bringt, liegt im Fundament des Namens, den Ich in Meinem Leben getragen habe, welcher den Kodex, den Logos aller und keiner Namen in sich trägt: Ye-shu-ah. Ye-ho-shua. Mein Name IST die Grundlage der Präsenz des Lichts: YHVH. Die vier Kanten, Richtungen, vier Nukleotide, die das Rad, den Kreis und das Netz des Lebens erschaffen. Und im Zentrum stehe Ich.

Yeshua bedeutet »zu retten, zu erlösen«. Wie Ich es getan habe. Und es immer tun werde.

Doch wie Ich bereits sagte, kann Ich euch nicht »retten«, bevor ihr die Demut aufweist, um nach dieser Unterstützung zu suchen, sie anzunehmen. Wie Ich sie von Simon und unzähligen anderen angenommen habe. Denn ohne die Unterstützung des Lichts und ohne die Hilfe anderer könnt ihr nicht durch das schmale Tor schreiten.

Euer Weizen wurde durch dieses schmale Tor in die Spreu, in die Leere des Schoßraumes eurer Mutter gelegt. Ihr seid in diese Welt gekommen, in den Traum eurer Geburt. Verlasst ihr dieses Leben, schreitet ihr wieder durch das schmale Tor, durch die Leere, und werdet befreit, während ihr euren Weizen von der Spreu löst und zum Mutterschoß des Göttlichen zurückkehrt. Eure Spreu kehrt zu Mutter Erde und dem Stoff der Schöpfung zurück.

Womöglich erinnert ihr euch nicht an die Geburt eures Weizens in die Spreu hinein, und vielleicht erinnert ihr euch auch nicht an euren Tod in der Befreiung. Aber in Wahrheit, geliebte Wesen, ist die Tatsache, dass ihr ein Teil dieser und aller Welten seid, alles, woran ihr euch erinnern müsst. Ihr seid ein Teil des Lichts. Vielleicht könnt ihr euch nicht an jeden Augenblick eures Lebens erinnern; webt ihr euch aber in einen Moment hinein, so erinnert sich dieser Moment an euch. Eure zeitlose Seele erinnert sich an alles.

Ihr seid ein Teil des Lichts. Vergesst ihr dies, so ist es Zeit, einen Atemzug zu nehmen und euch euer Wissen darüber, was ihr seid, wieder ins Bewusstsein zu rufen – ein Webteppich und ein Berg voller Energie. Ich wurde auf dieselbe Art und Weise wie ihr in diese Welt hineingeboren – Weizen in Spreu, durch den Schoß Meiner Mutter.

Denn wie könnte Ich euch dienen, hätte Ich nicht das Verständnis und die Erfahrung gemacht, als Mensch unter euch zu wandeln? Die Erfahrung der Menschlichkeit und der Göttlichkeit zur gleichen Zeit zu machen, ist etwas Außerordentliches. Deshalb möchte Ich euch ermutigen, nicht durch euer Menschsein hindurchzueilen. Erinnert ihr euch an euren Ursprung, und steht ihr mit Mir in eurem Zentrum, DEM Mittelpunkt, dann ist es nicht notwendig, sich abzuhetzen, denn dann seid ihr bereits am Ziel.

Wenn ihr in die Welt hinausblickt und bestürzt seid über den Zustand der Menschheit, wie ihr ihn wahrnehmt, dann erinnert euch, dass ihr Teil davon seid. Von dieser Welt und von allen anderen Welten.

Ihr seid ein Teil des Lichts des Bewusstseins. Diese Erkenntnis IST eure Befreiung. Eure Befreiung der Freiheit. Indem ihr eure Freiheit wiedererlangt, helft ihr anderen dabei, ihren Frieden, ihre Wahrheit der Liebe zu befreien.

Jeder von euch hat ein Göttliches Merkmal, eine Signatur seines Weizens, seiner Seele, seines Spirit. Inkarniert ihr in einen Körper, wird diese Signatur durch euer gesamtes Sein gewoben. Euer Körper, die Spreu, wahrt und hält eine Vereinbarung mit dem Weizen – dass er diese Signatur trägt, solange ihr einen Körper habt. Sobald die Prophezeiung eures Lebens verwirklicht ist und ihr die Dimension gewechselt habt, habt ihr euer Zeichen gesetzt. Ihr habt die Verpflichtung, die ihr eingegangen seid, unterschrieben und versiegelt – zu erfüllen, was ihr in jenem Leben zu erfüllen hattet, egal, ob es sich um etwas Großes oder etwas Einfaches handelt.

Von dem Moment an, in dem ihr in einen Körper inkarniert, unterschreibt ihr, dass es eure Entscheidung war, sich einem Körper zu verpflichten. Und Ich kann euch versprechen, geliebte Wesen, dass die Bedingungen dieses Vertrages sehr deutlich ausgelegt worden sind. Ihr unterschreibt auf der gepunkteten Linie jeder einzelnen Verflechtung, dass sich eure Seele in euren Körper, in die Welt und in eure Beziehungen mit anderen einwebt. Es ist eine co-kreative Verpflichtung, die ihr mit Uns und mit all jenen eingeht, mit denen ihr eure Seelenverträge schließen wollt. Die Verpflichtung wird mit dem Segen des Kollektivs und des Göttlichen versiegelt, und ihr werdet in die Welt hineingeboren.

Ist euer Leben zu Ende, dann wird auch das unterzeichnet – dass jenes Leben abgeschlossen ist, selbst wenn der Tod auf plötzliche oder traumatische Art und Weise eintritt. Es kommt zu einer Unterzeichnung und einer Versiegelung … und ihr werdet wieder befreit. In der Energie, die wir durch Meine Worte miteinander geteilt haben, ist das, was ihr unterzeichnet und versiegelt habt, eure Befreiung, eure Wiedergeburt innerhalb dieses Lebens, um als Göttliches Wesen zu dienen, im Einklang mit dem Willen Gottes. Es ist eine Wiederverpflichtung und Erneuerung der unsichtbaren Schwüre, die ihr vor langer Zeit geleistet habt und die Ich nun ins Sichtbare, in euer Bewusstsein, bringe.

Somit sind alle vorangegangenen Verträge vom Tisch. Von diesem Moment an müsst ihr unterscheiden und wählen, wo ihr unterschreibt und wem gegenüber ihr euch verpflichtet, die Party des Lebens gemeinsam zu feiern. Ihr seid hier, um als göttliche Menschen eure Entscheidungen zu treffen, und nicht mehr als menschliche Menschen. Ihr werdet sehen, dass jene Entscheidungen, die euch im Geburtskanal feststecken lassen, euch auch euer Atmen erschweren werden. Wir können äußere Energien und Umstände für euch bewegen, um euch in Fluss und in Bewegung zu bringen, doch ist es an euch, in Bewegung zu bleiben, euch zu verändern, loszulösen, neu einzuweben und zu atmen. Geduld und Neugier werden für diesen Prozess von wesentlicher Bedeutung sein, wie eine Geburtsbegleiterin oder ein Diener der Befreiung. Um solch ein Geburtsbegleiter sein zu können, müsst ihr zuerst euer eigenes Selbst gebären.

Dies war Mein Geschenk an euch, als Ich in Meinem Tod in diese Welt geboren wurde. Meine Liebe war so stark, dass Mein Sterben und Meine Wiederauferstehung ein Versiegeln jeglicher Möglichkeiten der Trennung verursacht haben. ICH BIN euer Geburts- und Sterbebegleiter. ICH BIN eure Schwangerschaft. ICH BIN euer Leben. ICH BIN euer Tod. ICH BIN eure Wiedergeburt. ICH BIN alles, was ihr wisst, und alles, was ihr nicht wisst.

ICH BIN der Ursprung, der Schöpfer des Traumes, eurer natürlichen Welt und aller Welten darüber hinaus. ICH BIN der Architekt, der Eine, dem eure Erkenntnis über das Selbst und die Wissenschaft entspringt, sowie der Eine, der diese Gesetze aufrechterhält. ICH BIN das Wort, das in der Stille hörbar ist. Der, der euch die Möglichkeit gibt, durch Energie, durch Worte und Bewusstsein Zeugnis abzulegen. Dies ist die Allmacht, die Allwissenheit und Allgegenwart eurer Quelle, eures Gottes.

Schreit ihr in die Tiefen der Nacht hinaus, dann ruft nach Gott. Ruft Meinen Namen als Gebet: Yeshua, Yeho-shuah. Yeho-shu-a – der errettende Schrei und das wahre Lied der Erlösung, der *Redemption Song*. ICH BIN euer Schrei nach dem Licht, und gleichzeitig BIN ICH der Eine, der diesen Ruf erhört. Jene also, die euren Ruf erhören – sie stehen für Mich. Jene, die ihr den Ruf anderer erhört – ihr steht für Mich.

Denn Mein Name bedeutet Errettung. Und Erlösung. ICH BIN der Balsam, der euch heilt und wiederherstellt, wenn ihr gestürzt seid. Ich war noch nie ein Fan des Abdeckens und Zuflickens, um kurzweilige Lösungen zu schaffen. ICH BIN der Balsam, der eure Wunden heilt, indem er euch wieder in eure natürliche Essenz zurückbringt. Auf dass ihr nicht länger das seid, was ihr sein wollt oder sein solltet, sondern das, was ihr wirklich seid.

ICH BIN der »Arzt«, der euch den Balsam für eure Wiederherstellung und Aussöhnung bringt. ICH BIN eure Errettung. Die Errettung eures Bewusstseins, durch und als Bewusstsein. ICH BIN die Brücke zu eurem ewigen Leben, *als* ewiges Leben.

Ich wurde zum Teil nach dem Zweiten Tempel Judäas benannt. Durch Meine Gaben an euch, durch das Geflecht der Dreifaltigkeit, die Botschaften des Friedens und der Freiheit, habe Ich in euch den Grundstein für den Göttlichen Tempel der stillen Glocke, den Tempel Gottes, gelegt. Denn der Weg dorthin kann nur in euch gefunden werden. Ihr seid seine Grundfeste. Und so seid ihr nun auch die Erlösung eurer Welt – jetzt und in den Zeiten, die noch kommen werden. Die Befreiung des Bewusstseins. Die Brücke zum Fortbestand bewussten Lebens, ewigen Lebens. Dies ist der Dienst, für den ihr von Beginn an geschaffen worden seid. Doch ihr könnt diesen demütigen und kraftvollen Dienst an der Welt nicht zur Gänze erfüllen, bis ihr Meine Erlösung in euch zugelassen oder einfach dem Balsam des Göttlichen Lichts erlaubt habt, sich über euch zu ergießen.

In Meinem Leben war Ich genau wie ihr in einem Körper. Ich blutete wie ihr, Ich hatte Schmerzen wie ihr, Ich dachte sogar manchmal so wie ihr, und sicherlich fühlte Ich wie ihr. Einer der Hauptunterschiede jedoch ist, dass Ich von Anfang an nicht vergessen habe, was und wer ICH BIN. Ich lief nicht vor Meiner eigenen Prophezeiung davon, denn es ist ein weitaus größerer Dienst, eine Prophezeiung zu erfüllen, als eine zu erschaffen, damit sie ein anderer erfüllen kann.

Als Kind sah und wusste Ich bereits, wie Mein Leben und wie Mein Tod sein würde. Es war Mir nicht erlaubt, dies zu vergessen. In jenen Augenblicken, in denen Ich es doch tat, half Mir die Unterstützung der Menschen um Mich herum, Mich schnell wieder zu erinnern. Ihr könnt nicht vor euch selbst wegrennen, auch könnt ihr der Herrlichkeit des Weizens und der Spreu nicht entrinnen. In Meinem Leben wob die Schönheit dieser Welt, einschließlich des menschlichen Spirit, eine so große Liebe und Dankbarkeit durch Mich hindurch, dass es Mir eine Freude gewesen ist, Meine Leidenschaft, Meine Verpflichtung und Mein Versprechen an euch im Tod zu erfüllen. Diese Liebe ist es, die Meine – und eure – Wiederauferstehung vorangetrieben, entfacht und möglich gemacht hat.

In einem Körper zu sein hilft eurer Entwicklung. Also erinnert euch in Zeiten, in denen ihr euch beschwert oder unzufrieden mit eurem oder dem Leben allgemein seid, daran, dass es keine Last ist, zu sein, was ihr seid. Die Last entsteht dann, wenn ihr versucht, mit dem, was ihr nicht seid, »Schritt zu halten«. Seid ihr ihr selbst, und steht ihr der Wahrheit, die kommt, um Veränderung zu bringen, mutig und ehrlich gegenüber, dann könnt ihr den Fluss der Liebe, der auf dem Prinzip der Gegenseitigkeit beruht, in euch spüren. Befreit ihr euch, um sein zu können, was ihr seid, und befreit ihr andere, dass auch sie sein können, was sie sind, dann wird es plötzlich so leicht, zu lieben, zu vertrauen und Zweifel loszulassen. Ein natürlicher Glaube entsteht, indem ihr euch selbst von den Ketten befreit, die euch von der Freiheit – der geistigen und der emotionalen – fernhalten. Diese Ketten können zum Beispiel aus Verurteilung, Begierde oder Vergleichen mit anderen bestehen.

Euer Ökosystem, Gaia, befindet sich gerade in einem Geburtsprozess. Eure Befreiung muss nun geschehen, denn ihr werdet in eine völlig neue Welt eintreten – oben wie unten, innen wie außen. Jene, die im Geburtskanal stecken bleiben, werden leiden. Jene, die vertrauen und die Geburt der Befreiung zulassen, werden am Ende außergewöhnlichen Frieden und Freiheit erfahren – unabhängig von der Wahrheit und der Neugewichtung, die sie während dieses Prozesses erfahren.

Auf eine Art und Weise werdet ihr alle in eine neue Zeit **des Gleichgewichts, der Einheit und der Gemeinschaft** hineingeboren. **Dies ist ebenfalls das Geflecht der Dreifaltigkeit des Lichts.** Das Göttliche ist dabei, Harmonie und Fluss wiederherzustellen, indem es euch auf sicherem Wege ins Zeitalter des Gleichgewichts zwischen Männlich und Weiblich, der Co-Kreation und der Transparenz hineinbiert.

Wie bereits erwähnt, habt ihr alle fälschlicherweise geglaubt, ihr wäret die überlegenste und dominante Spezies auf diesem Planeten, bloß weil ihr Städte baut, Systeme, Infrastruktur, Kunst erschafft oder Unmengen an Wissen anhäuft. Das ist Arroganz und törichte Weisheit. Denn solche Dinge gehören zur Welt des Fleisches und können in einem einzigen Augenblick zerstört werden.

Ihr habt Gott vergessen wie auch die Verpflichtung, die ihr für das Privileg, in einen Körper zu inkarnieren, eingegangen seid. Ihr habt vergessen, euch zu ergeben, euch zu fügen und demütig zu bitten. Ihr habt Dankbarkeit vergessen. Einschließlich der Dankbarkeit für eure Erde. Daraus entstehen Lasten und Leid, geliebte Wesen. Es erstaunt Uns immer wieder, wie lange ihr im Gefängnis eures Leids gefangen seid, bevor ihr überhaupt merkt, dass ihr in einem Kerker sitzt. Und all eurer Intelligenz zum Trotz war die Tür zur Befreiung von diesen Lasten immer offen. Eure Angst und Verurteilungen sind es, die euch blind dafür gemacht haben.

Mehr noch als Nahrung oder sogar Luft braucht ihr das Göttliche. Ohne euch einem höheren Bewusstsein zu ergeben, seid ihr im Chaos der Leere verloren, und es ist euch nicht einmal bewusst. Das ist weder Befreiung, noch ist es Freiheit. Befreiung heißt, euch selbst wieder in euer Selbst eines einfachen Simon, in euer Yeshua-Selbst hineinzugebären. Befreiung heißt, nicht länger Gott zu spielen und stattdessen jene Qualitäten zu verkörpern, die ihr in Gott sehen wollt. Befreiung ist das Erinnern daran, dass eure größte Freude den einfachsten und kleinsten Dingen entspringt – einer Wolke, die die Form eines Engelsflügels hat, einem Umhang aus Petrichor, dem Geruch der Erde, nachdem es geregnet hat, einem Schmetterling auf dem Grab eurer Mutter.

Befreiung ist die Wiederherstellung der Dankbarkeit und Verehrung aller Dinge, die zu euch kommen. Befreiung heißt, das Gebet eurer Seele zu leben und zu verkörpern. Befreiung heißt, das Seelengebet anderer zu würdigen, zu beflügeln und zu empfangen. Befreiung ist euer Erfüllen der Prophezeiung, was wiederum die Prophezeiung jener erschafft, die nach euch kommen. Genauso wie jene, die vor euch kamen, die Siegel und Tore zu eurer Verwirklichung geöffnet haben. Befreiung ist ein Gebet – statt der Kriegstreiberei, in die sich euer Leben verwandelt, wenn ihr euch so wie ein Soldat in einer Armee verhaltet und nicht als eins mit allem anderen.

Erinnert ihr euch an euer Bedürfnis nach dem Göttlichen, nach der unglaublichen Gnade des Menschseins, nach der demütigen Dankbarkeit, die der Rückverbindung mit eurem Göttlichen Selbst, mit eurem Ökosystem und der Welt entspringt, dann habt ihr euch selbst befreit und eurem eigenen Bedürfnis gedient. Ihr müsst nicht an Gott, das Bewusstsein oder an Spirit glauben oder ihn verstehen, um seine Präsenz in euer Sein und euer Leben einzulassen und zu empfangen. Glaube existiert unabhängig von Überzeugungen und Wissen. Glaube ist eine Weisheit, die tief im Bauch des Wals ruht. Glaube ist das Licht, die Leere. Hättet ihr nicht das Licht, die Leere, in euch, so würdet ihr nicht existieren.

Euer Überleben als Spezies war und ist abhängig von eurer Fähigkeit, euch zu verändern, euch anzupassen, euch weiterzuentwickeln, zu erschaffen, zu zerstören und in Gemeinschaft und Vereinigung zu teilen. Es sollte euch nicht überraschen, dass eure Entwicklung als einzelne und als kollektive Seele auf genau denselben Voraussetzungen basiert. Wie oben, so unten. Eure Seele kann nicht sterben, so wie eine Spezies aussterben kann. Aber kann sie die Zyklen der Veränderung, der Schöpfung und Zerstörung und das Prinzip des Teilens nicht würdigen und trennt sie sich von der Gemeinschaft des Lichts und der Gemeinschaft der Welt, so leidet sie, verdorrt und verliert ihre Göttliche Lebenskraft. Dies ist das einsame Leben des sterbenden Baumes, der zu stur ist, die Unterstützung des Ökosystems um ihn herum anzunehmen. Der nicht gewillt ist, als Baum des Lebens wiederaufzuerstehen. Der nicht willens ist, seine Frucht zu teilen.

In euch besteht ein Bedürfnis danach, euer Licht mit dieser Welt zu teilen, selbst wenn ihr es mit bloß einer Person teilt. Ihr habt ein Bedürfnis danach, euer Leben mit anderen und mit dem Göttlichen zu teilen. Wäret ihr gewillt, mehr von eurem Leben mit Gott, dem Gott aller Dinge und aller Menschen, auf bewusste Weise zu teilen, würdet ihr in großer Freude und Freiheit leben.

Freude ist eine Energie, die sich überall dort, wo sie ist, verbreitet. Sie ist ein Ausströmen von Liebe, dem man sich nicht entziehen und das man auch nicht kontrollieren kann. Es ist das Lachen der Liebe. Es ist die ultimative Befreiung, um in Liebe, in Frieden, in Wahrheit zu sein und völlig nackt vor sich selbst, vor der Welt und dem Göttlichen zu stehen. Das ist wahre Intimität. Habt ihr diese mit Uns aufgebaut, dann wird es euch ganz leichtfallen, sie mit allen anderen, denen ihr euer Herz eröffnen wollt, zu teilen, zu kultivieren und zu intensivieren.

Dieses gemeinschaftliche Teilen ist ein grundlegendes Prinzip in dieser Zeit der Neuausrichtung und Wiederherstellung von Balance. Indem ihr euch vom Todesgriff des getrennten, des falschen Selbst, des Opferdaseins, des Luzifer-Selbst befreit und in die Freiheit eures Weizen-Selbst, des wahren Selbst, des Yeshua-Selbst einkehrt, drückt ihr den aufrichtigen Wunsch und euren Willen aus, am Schöpfungsprozess des Göttlichen Tempels, an der Verwirklichung des Geflechts der Dreifaltigkeit des Lichts hier auf dieser Erde teilzunehmen. **Manche nennen es den Einzug des Zeitalters des Christusbewusstseins. Ich bevorzuge ganz einfach: das Zeitalter des Bewusstseins. Wie der Friede und die Gerechtigkeit braucht auch das Bewusstsein kein Bestimmungswort.** ICH BIN Bewusstsein – Meinen Namen der Essenz dessen, was ICH BIN und was ihr seid, hinzuzufügen ist ein wenig überflüssig, meint ihr nicht?

Durch aktives, nicht bloß passives Teilnehmen am Prozess der Rückverbindung mit eurer Basis, dem Ursprung eurer ausgeglichenen Essenz, YHVH, schickt ihr euren Wunsch nach mehr Licht ab. Und so wird eure Bestellung geliefert.

Das Zeitalter des Bewusstseins ist ebenso die Ära der Transparenz und Verantwortung. Damit Transparenz Einzug halten kann, müsst ihr alle auf individueller Ebene ernten, was ihr sät. Ihr alle seid verantwortlich für euren Teil des Friedens oder für euren Teil der Last – und zwar so, wie es bisher noch nie der Fall gewesen ist. Denn ihr könnt nicht in einen neuen Garten eintreten, ohne euch um das Unkraut des alten Gartens zu kümmern.

Es gibt eine Zeit, um Samen zu säen; es gibt eine Zeit, um die Samen zu ernten. Es kommen Wellen von Trauer und Sehnsucht, gefolgt von Wellen der Erleichterung und der Freude. So wird es immer sein. Lasst das Auf und Ab der Zyklen zu. Dies ist eine Zeit, um zu teilen, um die Vergangenheit ruhen zu lassen und ein Lösen durch Liebe, Co-Kreativität, Einfachheit und Vergebung zuzulassen. Hört auf, Dinge in Angriff zu nehmen, die ihr nicht abschließen könnt. Achtet genau darauf, wozu ihr euch verpflichtet. Wenn ihr eine Verpflichtung eingeht, dann haltet sie ein. Wir werden euch für eure Verpflichtungen und eure Authentizität zur Verantwortung ziehen. Also wählt eure Verpflichtungen mit Bedacht.

Jene, die in ihrer Selbstgerechtigkeit ihre Gaben unter dem Deckmantel der Selbstlosigkeit einsetzen, um Geld, Sex, Macht et cetera zu bekommen, sind die verdorrtesten aller Bäume, um die sich giftiges Unkraut rankt. Hört auf, euch von ihren vergifteten Reben zu nähren, geliebte Wesen. Ich rate euch, gründlich zu unterscheiden, welche Menschen erst Liebe und Einheit predigen und dann jene verurteilen, die nicht mit ihnen konformgehen.

Verantwortlichkeit bedarf der Würdigung des Prinzips der Gleichheit und Gleichstellung – und das schließt wie bereits erwähnt alles Leben mit ein. Haltet ein und lasst von eurer schrittweisen Kreuzigung Gaias ab. Obwohl ihr nicht allein für die Kreuze, die sie nun trägt, verantwortlich seid, ist es immer noch an euch, ihre Last nicht noch schwerer zu machen. Am besten dient ihr ihr, indem ihr als ihr einfacher Simon erscheint und helft, ihre Last leichter zu machen.

Vor allem aber hört damit auf, euch selbst zu schaden, indem ihr Meinen Namen umsonst benutzt. Und gebt keine Meinungen darüber ab, was eurer Ansicht nach richtig oder falsch wäre – basierend auf eurem falschen Wissen über eine Person, die Ich vor zweitausend Jahren gewesen sein mag. Damit meine ich Aussagen wie »Hätte Yeshua dies gesehen, hätte er euch bestraft«. Meinen Namen zu verwenden, um einen anderen Menschen zu bestrafen oder zu verschmähen, ist Abtrünnigkeit und größtes Ungleichgewicht.

Jene, die Meinen Namen nutzen, um den Tempel eines anderen zu verwüsten, werden rasch Zeuge davon, wie ihre eigenen Tempel verwüstet werden. Die Kraft des Gebets ist grenzenlos, und Unsere Macht, eure authentischen, dem Frieden, der Geduld und Vergebung entspringenden Gebete zu erfüllen, ist unbegrenzt. Doch eure Bittgesuche für den Schmerz anderer werden nur euer eigenes Leid verlängern. Betet für eure Feinde, und ihr werdet euren Frieden finden. Denn in Wahrheit ist niemand euer Feind. Ich bete darum, dass ihr es als eine Welt schafft, dies noch rechtzeitig zu erkennen.

Glaubt ihr, die Ereignisse in diesen Jahren seien ein Göttliches Stürmen von Tempeln, dann unterschätzt ihr die Macht Gottes gewaltig. Von den vielen Dingen, die ICH BIN, ist Inkompetenz keines davon. Falls ihr denkt, DAS sei alles, was Ich kann – ein paar Naturkatastrophen, ein einfaches Virus und einige der Ungerechtigkeiten eurer Welt, die an die Oberfläche drängen und das Ganze zuspitzen –, dann schlage Ich vor, ihr hört an dieser Stelle auf, mir zu folgen, und fangt von vorn an. Wenn Ich Tempel verwüste, dann durch Liebe. Wenn Ich Tempel verwüste, dann nehme Ich nicht nur Universen, sondern ganze Realitätsstrukturen auseinander. Würde Ich, Gott, tatsächlich den Tempel dieser Welt verwüsten, dann wüsstet ihr es, geliebte Wesen. Oder auch nicht, weil alles so schnell vorbei wäre.

Es ist nicht nötig für Mich, den Tempel eurer Welt zu verwüsten, wo ihr doch alle so gut darin seid, es selbst zu vollbringen. Ihr habt damals Meinen verwüstet, Meinen Körper, Meinen Tempel, und nun verwüstet ihr ihn weiter dadurch, wie ihr eure Erde und eure eigenen Körper behandelt. Ihr alle seid schon seit Jahrhunderten dabei, Gaias Tempel zu verwüsten. Und doch, der winzigste Hauch von

Beleidigung eures eigenen Tempels – eures Erscheinungsbildes, eurer Sexualität, eurer Gesundheit, eures Körpers – löst in euch einen Tobsuchtsanfall oder größte Verzweiflung aus. Wir sind nicht dabei, eure Tempel zu verwüsten, geliebte Wesen. Die nächsten Jahre wird es für euch darum gehen, eure Tendenz loszulassen, euren eigenen Tempel und die Tempel eurer Mitmenschen zu verwüsten. Werdet ihr Gottes Traum sein, ein bewusster Träumer? Oder werdet ihr Gottes Albtraum sein, verdreht und im Traum gefangen? Werdet ihr ein trübes Spiegelbild Gottes auf Erden sein? Oder werdet ihr zur Erleuchtung Gottes auf Erden? Wacht auf.

Die Zeit, die ihr gerade erlebt, ist wohl kaum eine Tempelverwüstung. In Wahrheit ist sie genau das Gegenteil. Es ist die Zeit der Erlösung. Und die Befreiung und das Hineingebären in den Tempel der stillen Glocke. Dies ist eine Zeit für den Frieden. Deshalb bin Ich hier. Um euch von eurem falschen Selbst zu erretten. Um euch in den Frieden eures Yeshua-Selbst zu geleiten. Um eure Reise mit euch zu teilen.

Dies ist eine Zeit des Erforschens und des Teilens. Beim Teilen, von dem Ich spreche, geht es nicht bloß darum, Gedanken, Gefühle und Meinungen zu teilen, indem ihr redet, redet, redet. Auch geht es nicht darum, Kekse und Pudding aus eurer Lunchbox miteinander zu teilen. Es geht nicht darum, »Dinge« zu teilen. Es geht darum, eure Präsenz in Stille und Würde zu teilen. Einen Moment in Güte und in Anerkennung Gottes mit jemand anderem zu teilen. Das Erforschen *der* Gegenwart miteinander zu teilen. Die Möglichkeiten des gemeinsamen Teilens *innerhalb* der Gegenwart zu erforschen. Die Gegenwart ist ein sehr vielschichtiges Geschenk.

Das gemeinsame Teilen von Präsenz und Gegenwart kennt weder Zeit noch Distanz. Teilen geschieht ganz einfach im Augenblick, in dem ihr euch erlaubt, geliebt zu sein, und diese Liebe durch eure eigene Präsenz ausstrahlt. Der Moment, an dem die Welt aufgehört hat, eine Einladung dazu zu sein, Liebe auf co-kreative Art und Weise zu teilen, war der Moment, in dem die Welt dunkel geworden ist. Wir sind dabei, das Licht wieder einzuschalten … gemeinsam.

Geliebte Wesen, innerhalb der Struktur dieser Botschaften habe Ich euch alles geschenkt, was ihr benötigt, um zu heilen, ins Gleichgewicht zu kommen, aufzuerstehen. Es gab ein Entwirren, ein Neu-Einweben, und es wurden Berge versetzt – durch eure Bereitschaft, euch tiefer im Herzen der Liebe zu verankern. **Ich bete, dass ihr Meinem Wunsch Folge leistet, noch mindestens zweimal durch den Prozess geht und all das hier Gesagte vernehmt.** Denn die Botschaften sind nach den Strähnen des Geflechts der Dreifaltigkeit des Lichts strukturiert.

Die ersten drei Botschaften des Friedens und der Freiheit sind die drei Strähnen des ersten Geflechts – des Lebens. Die zweiten drei Botschaften sind die drei Strähnen des zweiten Geflechts – des Todes. Die letzten drei Botschaften sind die drei Strähnen des dritten Geflechts – der Wiederauferstehung, der Erlösung. Diese drei Strähnen der Botschaften des Friedens und der Freiheit sind nun zu einem Zopf, einer Botschaft der Heiligen Dreifaltigkeit des Lichts, zusammengeflochten.

Es ist diese zweite Strähne des dritten Geflechts, der achten Botschaft, in der wir das Tor zum Frieden durchschreiten. Beachtet also, dass Mein Geschenk bloß acht ganze Botschaften enthält.

Das liegt daran, dass IHR die letzte Strähne dieses Geflechts seid, welche die Heilige Dreifaltigkeit des Lichts vervollständigt.

Ihr seid die Vollendung dessen, was am Beginn aller Dinge seinen Anfang genommen hat. Ihr seid die dritte Strähne der Wiederauferstehung, und Ihr seid die neunte Botschaft.

Das Göttliche ist wahrlich eure Erlösung und euer Balsam. Doch für eure Welt in dieser neuen Ära seid IHR nun die Erlösung und Rettung. Durch eure Demut, euren Mut, eure Geduld, eure Hingabe, eure Fähigkeit, euer Mitgefühl, euren Frieden und eure bedingungslose Liebe. Jene, die Mich verkörpern, dienen als Ich. Ohne euch ist keine Wiederauferstehung und Vollendung dieses Geflechts möglich. Das ist der Göttliche Dienst des Menschen.

Ihr werdet diese Prophezeiung nur erfüllen, indem ihr den gemeinsamen Faden, der euch alle verbindet, immer mehr freilegt – die Natur. Ihr SEID Erlösung, denn indem ihr die Präsenz des Göttlichen empfangt, wählt ihr nicht nur, in der menschlichen Natur zu verweilen – ihr wählt, euch mit eurer Göttlichen Natur zu vereinen, eins mit der Essenz allen Lebens zu sein.

Werdet ihr als Meine Hände, Mein Herz, Körper und Blut dienen? Werdet ihr die Prophezeiung verkörpern, die Ich in Meinem Leben, Meinem Tod und Meiner Wiederauferstehung festgelegt habe, um dieses neue Zeitalter des Gleichgewichts und des Bewusstseins zu verwirklichen?

Alles, was ihr dafür braucht, ist Bereitschaft, Hingabe und Neugier. Eine Bereitschaft, eure Lasten zu übergeben, ein Hingeben und Aufgeben eurer Angst davor, was sich vielleicht ändern könnte oder was ihr auf dem Weg verlieren werdet, und eine Neugier, die euch offen für das macht, was ihr daraus lernen oder gewinnen könntet. Durch diese Tugenden wird der Weg hin zum Frieden offenbart. Und so kommt ihr in euren Frieden. Kein Wert könnte eurem Frieden jemals beigemessen werden.

Ob bewusst oder unbewusst, wenn ihr hier seid und diese Zeilen lest, dann habt ihr den Ruf gehört, eure wahre Bestimmung und euren Dienst in diesem Leben zu verwirklichen. Dies ist der Augenblick. Die neunte Strähne und Botschaft zu vollenden, auf dass wir gemeinsam die Dreifaltigkeit des Lichts noch tiefer in euch, in die Erde und in die Welt einweben können. Womöglich werdet ihr in diesem Leben keinen Lohn dafür ernten, und deshalb müsst ihr den Wunsch nach sofortiger Belohnung loslassen. Die Belohnung wird durch die Wunder zu euch kommen, die euch während dieses Prozesses begleiten werden.

Ihr seid die neunte Strähne der Dreifaltigkeit des Lichts – die Strähne Yeshuas, die Strähne des Friedens. Ihr seid MEINE Strähne. Ich vertraue euch MEINE Strähne an. Die neunte Strähne der Dreifaltigkeit des Lichts ist auf das Ich in Euch und das Ihr in Mir angewiesen.

Und so gibt es keine weitere Botschaft, die Ich euch darzubringen habe. Ihr bringt euch selbst als Geschenk dar. Indem ihr euer Yeshua-Selbst erlöst und eure Illusionen von Mir und vom Selbst abstreift, werdet ihr Mich wahrhaftig und in der Tiefe kennen. Ich kenne euch bereits. **Dies ist Offenbarung – das Unsichtbare enthüllt sich dem Sichtbaren.**

Die neunte Botschaft ist euer Zeugnis und das Gebet eurer Seele an Mich, an euch selbst, an die Welt. Euer Seelengebet ist das Darbringen eures Dienstes aus einem Raum der Freiheit heraus. Ich ersuche euch, das Gebet eurer Seele in euer Tagebuch zu schreiben. Streicht aber solche Sätze wie »Ich möchte die Welt retten« heraus – das erzeugt unrealistische Lasten und trägt potenzielle Arroganz in sich, da ihr dabei behauptet zu wissen, was die Welt braucht. Das Gebet der Seele ist ein Gebet der Liebe an das Selbst und somit an alle anderen. Es ist ein Liebesbrief an das Göttliche, vom Göttlichen in euch verfasst. Bitte überarbeitet es, während ihr diese Botschaften **mindestens noch zweimal** hört oder lest und in die Meditationen und Schreibprozesse eintaucht.

Habt ihr diesen Prozess gewürdigt und habt ihr ihn mehrmals durchlaufen, dann müsst ihr auf der letzten Seite unterschreiben. Sie enthält eine Vereinbarung, einen Vertrag, den ihr nur mit Mir und der gesamten Göttlichkeit teilt.

Die neunte Botschaft wird sich durch euer gesamtes Leben entfalten, durch euren Tod und noch lange darüber hinaus. Diese neunte Botschaft nahm ihren Anfang in jenem Moment, in dem ihr in diese Welt hineingeboren wurdet. Sie ist das Gebet, das ihr als Kind spüren konntet. Ihr habt Mich nun zu euch gerufen, um dies zu erkennen.

Und nun, geliebtes Wesen, atme einen Augenblick lang ein und aus, hole das Stück Papier mit **deinem persönlichen Prozess der Botschaften** heraus, das immer noch gefaltet und ungeöffnet ist. **Durch die Macht deiner energetischen Signatur, die vom Göttlichen versiegelt wurde – bist du nun bereit, deine Befreiung aus dem Leid und in die Freiheit zuzulassen? Diese Frage darf nicht überstürzt werden, denn sobald du dich verpflichtest, gibt es kein Zurück. Es ist ein Vertrag. Nimm dir Zeit.**

Öffne das Blatt Papier nicht, sondern lege einfach eine Hand darüber. Halte es in deiner Nähe, auf deinem Schoß. Vergiss nicht, es ist so einfach, sich daran zu erinnern, was du bist. Zu einem Zeitpunkt bist du durch das Gefäß deiner Mutter in diese Welt hineingeboren worden. Und nun gebären Wir dich durch das Gefäß und den Samen deiner Göttlichen Mutter UND deines Göttlichen Vaters in diese Welt. Geburt und Befreiung. In die Freiheit des Lichts.

Um dir bei der Erfüllung deiner Verpflichtung als die neunte Botschaft des Friedens, als die Strähne Yeshuas oder des Friedens im Geflecht der Dreifaltigkeit des Lichts zu helfen, möchte Ich einige simple Empfehlungen aussprechen. Manche mögen sich stimmig anfühlen, andere vielleicht weniger. Ich ersuche dich, neun der unten aufgelisteten Empfehlungen auszuwählen und diese durchzuführen. Natürlich kannst du auch noch weitere auswählen, wenn du noch tiefer in den Prozess eintauchen möchtest, aber es sollen mindestens neun sein. Ist es bloß eine Empfehlung, der du dich wirklich verpflichten kannst, dann sei es so, doch dann ersuche Ich dich, deine volle Bewusstheit hineinzugeben.

Für jeden einzelnen Punkt, dem du dich verpflichtest, werden Wir, das Göttliche, dir im Gegenzug auch etwas anvertrauen. Je tiefer du einsteigst, desto mehr werden Wir Uns dir verpflichten, denn so lässt du zu, dass sich der tiefere Weg hin zum Frieden offenbaren kann:

1. Wie bereits gesagt, ersuche Ich dich, diese Botschaften noch mindestens zweimal durchzugehen. Und Tagebuch zu führen. Denn du wirst Schicht um Schicht an Energie der Botschaften freilegen. Hetze nicht ... nimm dir Zeit. Und hast du diese Zeit nicht, so sei dir gewiss, dass Ich die Dinge in deinem Leben so drehen und wenden werde, dass sich Zeit dafür findet. Webe sie mit jedem Absatz mehr in dich hinein. Mach dir Notizen zum geschriebenen Wort. Aber vor allem mache die Meditationen und lass sie dir deinen Weg zum Frieden offenbaren.

2. Zweitens empfehle Ich dir, ein wenig über deine Rhythmen und Zyklen, einschließlich deines Atems, niederzuschreiben. Die einzige »Arbeit«, auf die du dich nun fokussieren musst, ist dein Atem. Im Moment werden euch viele Illusionen, Verzerrungen und Angstgefängnisse aufgedrängt, und auch ihr, ihr alle, seid dabei, anderen eure Verzerrungen überzustülpen. Das Trauma, das euer Körper davonträgt, ist verheerend. Also mach nun eine Pause von all dem Lärm, und arbeite mit den Zyklen deines Atems. Das wird dir dabei helfen, deinen natürlichen Rhythmus wiederherzustellen. Erforsche deine Rhythmen. In ihnen liegt der Schlüssel zu deinem körperlichen, emotionalen und geistigen Frieden und Gleichgewicht. Dies ist im gegenwärtigen Augenblick deine einzige Art von »Arbeit«, die du »erledigen« musst. Deine »Hausaufgabe« oder »Spreu-Arbeit« ist es, einfach zu atmen und es nicht noch komplizierter als das zu machen.

3. Ich empfehle dir, Tagebuch zu führen und zu reflektieren, welche Kreuze (wie zum Beispiel Kontrolle oder Zweifel) du ablegen musst. Und wofür du Buße tun möchtest, anhand Meiner Worte aus der siebten Botschaft. Für welche Dinge, die dich von der wahren Essenz deines Seins fernhalten, nämlich Güte und Gnade, möchtest du Buße tun? Und auf welche Weise möchtest du in deiner Leidenschaft, deinem freudvollen Dienst, Sühne leisten?

Schließlich schreibe darüber, was du durch diesen Prozess erlösen möchtest. Dein Gleichgewicht? Dein Mitgefühl? Deine Grenzen? Deinen Frieden? Deine Zeit? Das Gefühl der Verbundenheit mit dem Göttlichen oder der Welt? Lass diesen Erlösungsprozess sich nicht um Verlangen oder Wünsche drehen wie »Ich wünsche mir, mehr Reichtum zu bekommen«. Wenn es vorherbestimmt ist, dann wird es sich als Nebenprodukt des Prozesses manifestieren. Aber es ist nicht das Objekt der Wiedergutmachung, der Erlösung, selbst. Die Erlösung ist das Frohlocken. Dann schreibe darüber, wie du deine Freude auf einfache und doch erfüllende Art und Weise zurückerlangen möchtest. Einfachheit und Fülle sind zwei Energien, die in Wahrheit sehr harmonisch nebeneinander koexistieren und miteinander cokreieren.

4. Nimm dir drei bis vier Monate lang jeden Tag mindestens fünfzehn Minuten Zeit, um zu beten. Zusätzlich zu mindestens fünfzehn Minuten Meditationszeit. Das Gebet ist ein heiliges Recht, das jedem von euch innewohnt. Es ist ein Recht, das nur wenige von euch ausüben. Es wird Zeit, dass du dieses Recht nun ausübst. Die größten und besten Gebete sind jene, die du aus Dankbarkeit, Demut und Liebe für alle Lebewesen aussprichst, insbesondere deine »Feinde«. Schaffst du es, für jene zu beten, die dich provozieren, und hegst du den wahrhaftigen Wunsch, dass sie Liebe und Frieden erfahren mögen, dann hast du die Kunst des Gebets gemeistert. Und so wird dein Gebet umso machtvoller, wie es auch Meine Fähigkeit wird, Gebete zu erfüllen, von denen du noch nicht einmal wusstest, dass du sie in dir trägst.

Du wirst in der Welt der Polarität wieder und wieder auf die Knie gezwungen werden, bis du gelernt oder dich daran erinnert hast, was es heißt zu beten. Auf eine Art und Weise, die über das Selbst hinausgeht. Denn wie könntest du jemals das Gebet der Seele erfüllen, für das du auf diese Welt gekommen bist, ohne zu beten? Beten erleuchtet und dehnt das Gebet der Seele aus. Je mehr Zeit du also im Gebet verbringst, desto eher wirst du die Verwirklichung des Seelengebets manifestiert sehen und spüren können.

Die Gebete, die Ich dir in meinen Botschaften dargebracht habe, sind wunderschöne Wege hin zu deinem Souveränen Göttlichen Frieden. Sprich sie so frei und so oft aus, wie du möchtest. Denn sie haben noch eine weitere energetische Resonanz, welche die Aspekte deines Selbst, deines Yeshua-Selbst, auf völlig neue Weise und jeden Tag etwas mehr befreien wird.

5. Um ein Gleichgewicht zu schaffen, möchte Ich dir von einem Mönch erzählen, der sein ganzes Leben damit verbracht hat, ein Sandkorn nach dem anderen zu bewegen, um daraus ein Mandala zu erschaffen. Nach vierzig Jahren des Verschiebens und Bewegens einzelner Sandkörner war es vollendet. In dem Moment, in dem es fertig war, zerstörte er es. Für den Mönch war das Kreieren des Mandalas eine demütige Meditation der Gegenwärtigkeit, bei der es nicht um das Resultat ging – es ging um die Reise, Augenblick für Augenblick, Sandkorn um Sandkorn. DAS ist Schöpfung um der Schöpfung willen.

Nun muss es keine vierzig Jahre und auch keine vierzig Stunden dauern, aber was Ich dir empfehle, ist, etwas um des Schaffensprozesses willen zu kreieren … und es dann zu zerstören. Aus der Leere zu erschaffen und es dann wieder in die Leere zu entlassen ermächtigt dich dazu, das Licht, der bewusste Schöpfer darin zu sein. Handlungen des Aufopferns oder der Aufgabe festigen deine Verpflichtung dem Prozess der Hingabe gegenüber. Gelingt es dir, dich Gott hinzugeben und etwas, was du als »deins« ansiehst, bewusst zu zerstören, so wird es dir viel leichter fallen, diese gesunde Art von Kontrolle durch die Veränderungen und vermeintlichen »Verluste« im Leben beizubehalten.

Bitte beachte: Du kannst genauso gut etwas, was du bereits geschaffen hast, nehmen und es zerstören. Hast du zum Beispiel ein altes Tagebuch voll von Worten und Gefühlen, über die du dich bereits hinaus entwickelt hast, dann lass es los. Denn, erinnere dich: Kannst du eine Sache loslassen, so wirst du eins mit ihr. Die Worte sind in dein Herz hineingeschrieben. Je mehr Zeit du in das, was du erschaffen hast, investiert hast, desto mehr wirst du daraus gewinnen, wenn du es loslässt.

6. Meine nächste Empfehlung ist es, einen ganzen Tag lang in Stille zu sein. Kein Sprechen; du musst allein mit deinen Händen und deiner Energie kommunizieren. Das ist Vipassana – ein Schweigegelübde. Dies ist eine kraftvolle Praxis höchster Disziplin, Beherrschung und Hingabe. Ich habe in Meinem Leben viel Zeit in der Stille verbracht, um mehr Licht in das Bewusstsein der Erde zu bringen, einzupflanzen und einweben zu können. Vipassana ist eine bewusste Zeit der Stille, in der euer Spirit am lautesten wiederhallt. Ihr habt keine Ahnung, wie viel Energie ihr tatsächlich aufwenden müsst, um zu sprechen. In Vipassana kommuniziert eure Seele durch die Schwingungen eures Spirit – auf eine Weise, die euch revitalisieren wird.

Entscheidest du dich, dieses ein- oder besser dreitägige Schweigegelübde abzulegen, dann möchtest du dies vielleicht bestimmten Familienmitgliedern mitteilen. Ich ersuche dich während dieser Zeit des Vipassana, auch auf E-Mails, Telefonate, Textnachrichten und Social-Media-Nachrichten zu verzichten.

Am dienlichsten wäre es, würdest du diese Zeit der Stille in Gaia, in der Natur, verbringen – im wahrsten Sinne einer Visionssuche, die nach deinen eigenen Vorstellungen entworfen ist. Ist es dir nicht möglich, dich einen ganzen Tag oder mehr der Stille zu verpflichten, so verbringe bitte mindestens eine Stunde pro Woche im Schweigen irgendwo in der Natur. Beim Wandern, in der Meditation. Schließlich ist die Natur der gemeinsame Faden, der euch alle vereint.

7. Fang damit an, dir deine eigenen Zeremonien und Rituale zu schaffen. Nicht, um sie als eine Art Pflicht zu erledigen, sondern als Akt der Hingabe und Vereinigung. Errichte einen Altar, ein Medizinrad, eine Kiva, oder suche dir einen heiligen Ort in der Natur. Kehre täglich oder wöchentlich dorthin zurück, um dich zu verbinden und deine Botschaften mit dem Göttlichen zu teilen. Das bedeutet sozusagen, »auf der Party zu erscheinen«. Vielleicht möchtest du auch andere einladen. Und sonst lass es unsere heilige Zeit sein. Eine Zeremonie abzuhalten, um dich selbst, das Göttliche und Gaia zu ehren, ist ein Ausdruck von Demut und Feierlichkeit. Erlaube deiner Kreativität und Intuition, diesen Prozess zu leiten.

Andere wundervolle Rituale und Zeremonien können darin bestehen, eine Art und Weise festzulegen, wie du den neuen Tag nach dem Aufwachen begrüßt und heiligst, ein reinigendes Bad oder einen Tee vorzubereiten, eine Playlist zu kreieren, die dich zum Teilen, zum Tanzen und zum Verarbeiten anregt, oder dir einfach Zeit zu nehmen, den Geschmack deines Essens oder den Geruch eines Gartens zu genießen. Mach Gebrauch von deiner Kreativität, und entwickle deine Zeremonien und Rituale, während du dich selbst weiterentwickelst.

8. Meine nächste Empfehlung für dich lautet, eine Verpflichtungserklärung an die Energien des Glaubens, der Vergebung und der Freiheit zu verfassen. Wozu möchtest du dich beim Stärken deines Glaubens verpflichten? Vielleicht zum Hinterfragen und Erforschen der Wurzeln deines Zweifels? Welcher Sache verpflichtest du dich bei der Intensivierung deiner Vergebung?

Vielleicht dem Loslassen alter Rachegelüste? Vielleicht dem Loslassen deiner Leidenssucht, die sich womöglich dadurch äußert, dass du dich mit Menschen, Aktivitäten oder Themen abgibst, von denen du weißt, dass sie dich triggern (zum Beispiel die Politik – einer Meiner Favoriten)?

Wozu verpflichtest du dich beim Stärken deiner Freiheit? Vielleicht dem Loslassen von Impulsivität oder dem ständigen Aufschieben? Was möchtest du aufgeben, um dich an der Befreiung der Tiere und der Umwelt zu beteiligen? Ein großer Dienst kann es sein, ein Geschöpf in deinem Herzen und deinem Heim willkommen zu heißen, das keine Liebe erfahren hat. Denn du hast so viel Liebe zu geben.

Wie möchtest du dich dem Geflecht der Dreifaltigkeit des Lichts verpflichten? Schreibe einen Brief, unterzeichne ihn, und lege ihn neben dein Bett. Lass jeden Tag Liebe, Geduld und Dankbarkeit in ihn hineinfließen. Und sei Beobachter dessen, was sich entfalten darf.

9. Diese Empfehlung mag zunächst ein wenig banal klingen, und doch ist sie ziemlich wichtig, denn bei ihr geht es darum, die Macht des Netzes des Lebens sowie euer eigenes Geflecht darin anzuerkennen: Ich ersuche dich, mindestens zwei Monate lang keine Spinnen zu töten. Spinnen sind Shakti-Weberinnen und Traumfängerinnen. Ihre Widerstandsfähigkeit und ihr Einfallsreichtum sind bemerkenswert. Sie beschweren sich nicht, und sie verzweifeln nicht, wenn ihre Netze niedergerissen werden. Sie weben einfach ein neues Netz – in größerem Gleichgewicht und größerer Anmut. Sie kennen einen Tanz, den ihr schon lange vergessen habt. Sie sehen alles, was um sie herum ist, während ihr nur das seht, was vor euch liegt.

Verdient ihr es zu leben, so verdienen auch sie es. Also verschone sie, selbst wenn du sie nicht ausstehen kannst. Denn sie ersparen dir mehr, als du dir vorstellen könntest. Wenn du sie nicht in deinen Räumlichkeiten haben willst, dann bring sie hinaus ins Freie. Obwohl hier nur von Spinnen die Rede ist, ersuche Ich dich, auch auf Insekten und Kleinsttiere achtzugeben. Ihre Rolle, besonders der Würmer, Ameisen und Schnecken, ist in eurer Welt von unschätzbarem Wert.

Viele von euch betrachten sie als etwas Niederes, etwas Widerliches, denn das, was für Insekten schmackhaft ist, ist Dünger – Mist. Sie zersetzen euren Mist. Ohne sie kann die Welt nicht atmen. Die Pflanzen können nicht atmen. Ihr könnt nicht atmen. Also hört auf, die Tiere umzubringen, die ihr abstoßend findet, nur weil ihr sie nicht mögt. Wenn sie also nicht gerade in Massen in eure Häuser strömen oder eure Gesundheit bedrohen, dann lasst sie am Leben. Größer Reichtum liegt darin, ihnen gegenüber Güte zu zeigen. Du kannst dich nicht vollends in das Netz des Lebens einweben, wenn du nicht alles Leben darin würdigst.

10. Um deinen Verstand von den Dysbalancen der Ignoranz und der Verleugnung wieder ins Gleichgewicht zu bringen und dich mit der Energie der Erde rückzuverbinden, ersuche Ich dich herauszufinden, wo dein Müll landet. Und woher dein Wasser und dein Essen kommen. Ich ersuche dich, deine örtliche Mülldeponie zu besuchen. Den örtlichen Wasserspeicher. Weißt du überhaupt, wo sich diese befinden? Denkst du vielleicht, das ist unter deinem Niveau?

Ihr alle geht davon aus, dass diese Infrastrukturen immer schon da waren und auch immer da sein werden. Dafür gibt es weder eine Garantie, noch habt ihr ein Anrecht auf diese Strukturen. Ihr vertraut diesen Systemen blind, ohne irgendetwas über sie zu wissen. Was würdest du tun, sollte dein Müll nicht mehr abgeholt werden? Oder wenn du dein Wasser selbst holen müsstest? Ich sage das *nicht*, um Angst zu schüren. Ich will dich darauf aufmerksam machen, wie viel Friede und sogar persönliche Macht darin liegt zu wissen, wie man sich weniger abhängig von diesen Strukturen machen kann. Oder einfach etwas dankbarer für sie zu sein. Es beginnt damit, Bewusstheit in die Sache zu bringen und zu verstehen, was diese Systeme sind und was dein eigener Abdruck innerhalb dieser Systeme ist.

Mit großer Wahrscheinlichkeit wird dein Müll für dich abgeholt. Ihn aber einfach hinauszubringen und zu vertrauen, dass jemand anders sich darum kümmert, sodass du ihn nicht ansehen oder riechen musst, ist pure Arroganz. Würdest du sehen und wissen, wo dein Müll landet, dann wärst du vielleicht eher dazu geneigt, etwas ressourcenschonender bei deinen Einkäufen zu sein und Gegenstände wiederzuverwenden. Diese zehnte Empfehlung verbindet dich wieder mit deinem Umweltbewusstsein. Und deiner Dankbarkeit für jene Dinge, die du oft als selbstverständlich erachtest. Solltest du dich entscheiden, dieser Empfehlung nachzugehen, dann wirst du einige interessante Zusammenhänge erkennen können.

11. Für diejenigen unter euch, die gern dienen: Meine nächste Empfehlung ist ein Weg zu wahrem selbstlosen Dienst des Selbst – einem Dienst des einfachen Simon. Dienen um des Dienstes willen, statt zu dienen, um Anerkennung und Lob zu ernten. Meine Empfehlung ist es, eine Spende zu leisten oder etwas anonym zu verschenken – je größer, desto besser. Kein anderer Mensch auf der Welt mag wissen, was du getan hast, doch du selbst weißt es, Ich weiß es, und auch das kollektive Bewusstsein weiß es. Verschenkst du etwas, ohne dabei das Bedürfnis zu haben, vor anderen mit deiner Tugendhaftigkeit zu prahlen, dann stehst du im demütigen Dienst aus deinem Yeshua-Selbst heraus. Und so wirst du zur Essenz der Tugendhaftigkeit, zur Gänze vom Licht erkannt.

Auch wenn du anderen etwas anbietest – ein Geschenk, eine helfende Hand, ein verständnisvolles Ohr –, verschenke es ohne jegliche Erwartungen. Sie schulden dir nichts, und du schuldest ihnen nichts. Das Geben mit einer Erwartung, etwas dafür zu bekommen, ist kein wahres Geben. Solange vorher kein Tauschhandel vereinbart und kommuniziert wurde – wie zum Beispiel »Ich hole dein Kind von der Schule, du holst mein Kind vom Camp« –, solltest du dich nicht ärgern, wenn du nichts im Gegenzug erhältst. Was du zurückbekommst, ist die Freude am Geben. Viele von euch halten sich gern für Geber, doch oft verfolgt ihr damit ein Ziel. Ja, das tut ihr. Dies ist Teil der menschlichen Natur. Das Geben mit Hintergedanken ist es, das euch in ungesunden Knoten der Missgunst aneinander gefesselt hält. Lass Gott wissen, wie du dienst. Ich verspreche dir, das ist mehr als genug. Die Wahrheit kommt am Ende immer ans Licht.

12. Eine weitere Empfehlung, um dein Gleichgewicht wiederherzustellen, ist es, dich vom Einfluss zu befreien, den die übermäßige Nutzung oder Abhängigkeit von modernen Technologien auf dich haben kann. Ein übermäßiger Gebrauch des »menschlichen« Netzes, des Internets, das nicht ohne ein hohes Maß an Bewusstheit und Unterscheidungsvermögen betreten werden sollte, wie auch der sozialen »Pöbel«-Medien und sogar von Fernsehern, Computern und Handys ist ungefähr so, als würdest du im Netz einer Schwarzen Witwe festhängen. Die Witwe ist sehr reizvoll, sie möchte sich mit dir paaren und demonstriert einen eindrucksvollen Paarungstanz – und dann frisst sie dich. Dein Verstand, deine Emotionen und deine Verbundenheit mit anderen Menschen im Netz des echten Lebens können infolgedessen darunter leiden.

Eure modernen Technologien können wunderbare Hilfsmittel sein, doch sobald ihr keine ruhige Minute mehr habt, wenn ihr sie nicht in eurer Nähe wisst, dann seid euch dessen bewusst, dass dies der Moment ist, an dem ihr aus dem Gleichgewicht geraten seid. Unterscheide deshalb, wann es dein Bedürfnis ist und wann es ein Verlangen danach ist, in solchen Apps Zeit zu verbringen. Ich möchte dich ersuchen, dass du dich einen Monat lang in Disziplin übst, was diese Technologien angeht. Benutze sie einen Monat lang nur, wenn Bedarf danach besteht. Für jede Stunde, die du mit Technologien verbringst, verbringe eine Stunde ohne sie. Du wirst merken, dass sich die Vitalität deiner Sinne und deines Körpers rasch wiederherstellt und du dich dadurch viel freier fühlen wirst. Es steckt genug außergewöhnliche Technik und Intelligenz in deinem eigenen Wesen, die noch dazu viel fortgeschrittener und interessanter ist.

13. Meine nächste Empfehlung an dich ist, eine tiefgehende Unterhaltung mit einem kleinen Kind, einem älteren Menschen, einem Tier oder einem Baum zu führen. Vorzugsweise mit einem Kind, Älteren, Tier, Baum – oder mit all diesen Wesen –, das oder den du nicht so gut kennst, wie zum Beispiel das Kind eines Freundes oder eine Nichte oder einen Neffen. Beobachte und lerne – mach es einen Tag oder eine Konversation lang zu einer Studie, in der du einfach zuhörst. Es geht nicht darum, deinen Gesprächspartner zu belehren. Es geht darum, zusammenzukommen, zuzuhören und Raum zu halten.

Das Tier oder der Baum wird dich viel darüber lehren, wie man Bedürfnisse kommuniziert, ohne dafür Worte zu benutzen. Ältere Menschen, besonders jene über fünfundsiebzig, ebenso wie Kinder, insbesondere Kinder bis zu einem Alter von neun Jahren, tragen ein hohes Maß an Weisheit in sich, die den Fokus wieder zurück auf Dankbarkeit richten kann und dich erinnern lässt, was es heißt, im gegenwärtigen Augenblick zu leben. Ich empfehle dir, eine Unterhaltung zu führen, die nicht auf dem Inhalt und der Vermittlung neuer Informationen basiert, sondern einfach Verbindung schafft.

14. Als Nächstes, geliebter Stern, empfehle ich dir, dass du an irgendeinem Abend in den nächsten Wochen hinausgehst und dich unter die Sterne setzt. Wenn du dann in die Sterne blickst, schließe kurz deine Augen, öffne sie wieder und erlaube einem Stern, dich zu erwählen. Er wird deine Aufmerksamkeit auf sich ziehen. Es muss nicht der hellste sein. Irgendein Stern. Suche nicht im Vorfeld nach ihm. Entweder wählst du einen Stern aus, der dich anspricht, oder du lässt einen Stern deinen Fokus auf sich ziehen. Merke dir diesen Stern, befreunde dich mit ihm – deinem Stern von Bethlehem.

Dies ist der Stern, mit dem du zu jeder Zeit verbunden sein wirst, egal, ob Tag oder Nacht. Du musst ihn nicht sehen können, um dich mit ihm zu verbinden. Merke dir sein Licht. Er wird sich immer an deines erinnern. Selbst wenn du ihn auswählst und ihn dann nur an diesem einen Abend siehst – findest du ihn, so sprich ein Gebet, danke ihm, und erlaube dir, seine Gnade zu empfangen. Sprich unter ihm ein Gebet, rufe Meine Präsenz – Yeshua – herbei, um diese Göttliche Vereinigung zu segnen, und für den Rest deines Lebens wird dieser Stern Licht für den Stern deines Selbst tragen.

Kommuniziere mit ihm, und er wird immer auch mit dir kommunizieren, selbst wenn er Lichtjahre entfernt ist. Es ist der Stern des Staunens und des Glaubens, dein himmlischer Gefährte und Fürsprecher.

15. Eine ganz wunderbare Empfehlung (eine Meiner liebsten) ist es, eine Liste aller Dinge anzulegen, über die du jammerst oder dich beschwerst. Weshalb sind die Menschen so empfindlich angesichts einer Unbequemlichkeit geworden?

Warum läufst du vor Unbequemlichkeit davon? Wann hast du

dich von der Realität ihrer Bedeutung abgetrennt? Warum belastest du andere mit deinen eigenen Illusionen, Problemen und deinem Unbehagen?

Schließlich sind Unbehagen und Unbequemlichkeit nicht gleichbedeutend mit Leid. Unbehagen kann dich in die Tiefen der Transformation von Dysbalancen eintauchen lassen. Es kann die größte Manifestation deines Schattens sein, die sagt: »Ich habe eine Berechtigung, und um mich wieder in meiner Demut zu zentrieren, muss ich die Dinge ein wenig aufrütteln.« Oder: »Ich muss ernsthafte Veränderungen vornehmen.« Weshalb ist Unbehagen plötzlich zu einem Gefängnis geworden, über das du herziehst und für das du anderen die Schuld gibst, statt dich in Akzeptanz zu üben und es durchzustehen? Was soll deine berechtigte Empfindsamkeit deiner Meinung nach fühlen, damit du immun bist gegen die Unbequemlichkeiten menschlichen Lebens? Wann sind deine Resilienz und Verantwortung für dein eigenes Leben von der Bildfläche verschwunden? All das Beschweren und Jammern, zu dem ihr euch alle, ihr ALLE, berechtigt fühlt, untergräbt die Freude, die Offenbarung und die Entwicklung, die mit Veränderung einhergeht. Diese Empfehlung dient dazu, dich von deinem Jammern zu entbinden, sodass Wir deine Freiheit auferstehen lassen können.

Ich möchte, dass du Unbehagen durch Dankbarkeit ersetzt. Dankbarkeit für das Unbehagen ist ein großes Geschenk an dich selbst, geliebtes Wesen. Schreibe darüber, wie du etwas belastbarer werden und das Unbehagen zulassen kannst, bevor du dich darüber beschwerst, in Selbstmitleid versinkst oder eine Abwehrhaltung einnimmst. Schreib auf, warum dich Unbehagen an deiner Fähigkeit zweifeln lässt, allem und jedem zu vertrauen, einschließlich dir selbst. Bist du bereit dazu, den Zweifel durch Unterscheidungsvermögen zu ersetzen? Schreibe darüber, wie das Unbehagen dein Unterscheidungsvermögen und deine Fähigkeit zu vertrauen stärken kann. Du wirst grenzenlose Erleichterung verspüren, wenn du mehr Bewusstheit darauf legst, nicht nur den Ursprung deines Unbehagens zu verstehen, sondern auch zu erkennen, wie du infolgedessen deine Wahrnehmung und deine Verhaltensweisen ändern kannst. Daher die Wichtigkeit dieser Empfehlung.

16. Eine weitere Empfehlung oder Option ist es, eine Liste aller Dinge in deinem Leben anzulegen, die des Abschlusses oder der Auflösung bedürfen – zum Beispiel eine Unfähigkeit, Grenzen zu setzen, das Abschließen alter Projekte, das Beenden einer Beziehung, Klarheit in Bezug auf einen Wohnraum, das Lösen einer finanziellen Angelegenheit, das Strukturieren eines chaotischen Unternehmens, Hilfe zur Entrümpelung deiner Wohnung annehmen, das Loslassen alter Lasten und Kreuze oder das Ablegen einer Sucht oder Verhaltensweise, die dir oder anderen schadet. Diese Empfehlung hilft dir, proaktiver an deiner eigenen Befreiung zu arbeiten. Indem du diese anhaltenden Probleme ins Licht bringst und um Hilfe bei deren Transformation bittest, gibst du Mir die Erlaubnis, dir genau das zu bringen, was du für diesen Prozess benötigst.

Im Zeitalter der Transparenz ist das Beseitigen alter und anhaftender Themen, Besitztümer und Projekte von wesentlicher Bedeutung. Hältst du dich an diese Empfehlung, so wirst du lernen, gesunde Trennung zu schaffen, um dich von deinen Lasten zu befreien. Gib das, was du nicht länger brauchst, an Mich ab. Du weißt, wie sehr Ich es liebe, deine Lasten und deinen Müll auf Mich zu nehmen, sodass du frei sein kannst. Dieser Empfehlung der Auflösung und des Abschließens nachzugehen, wird dir mehr Raum, mehr Gleichgewicht und Klarheit bringen, die einem klareren Blick entspringt.

17. Meine Lieblingsempfehlung an dich ist, dass wir, du und Ich, mehr Zeit miteinander verbringen. Es ist Meine größte Freude, wenn du Mich einlädst, mit dir durch deinen Tag zu gehen. Zwar tue Ich das immer, doch lädst du Mich nicht dazu ein, dann begleite Ich dich still und unbemerkt und bleibe hinter oder neben dir. Ich würde liebend gerne eine Einladung erhalten, um in tieferen Kontakt mit dir zu kommen. Wenn du das Göttliche, das Licht, bewusst dazu einlädst, mit dir durch den ganzen Tag zu gehen, auch beim Autofahren, beim Essen oder Arbeiten, dann schaffst du eine tiefere Intimität und Verbindung zum Göttlichen Geflecht der Dreifaltigkeit in dir.

Nun ersuche Ich dich also, in den nächsten paar Monaten jeden Tag einen bestimmten Zeitpunkt festzulegen, vorzugsweise immer zur gleichen Tageszeit, damit wir gemeinsam einen Augenblick der Stille in deinem Herzen teilen können. Ein Treffen des Lichts mit dem Licht. An manchen Tagen wirst du dich leicht wie eine Feder fühlen. An anderen bist du vielleicht mürrisch und über Mich, dich selbst oder eine andere Person verärgert. Es spielt keine Rolle, wie du kommst – wichtig ist, dass du erscheinst. Jeden Tag, ein paar Monate lang.

Zusätzlich ersuche Ich dich, dir einmal pro Woche etwas länger, mindestens zehn bis zwanzig Minuten, Zeit zu nehmen. Während der Woche möchtest du vielleicht Tagebuch führen, wenn dir irgendetwas Neues bewusst geworden ist, du eine Offenbarung erfahren, ein Unbehagen verspürt oder einen Augenblick unerwarteter Freude, eines Triumphes oder des vermeintlichen Scheiterns erfahren hast. Bring dein Tagebuch zu unserem Treffen, und lies es Mir laut vor. Unsere längere Zusammenkunft ist eine Zeit des gegenseitigen Austauschs, der Intimität und der Offenheit.

Dies ist unsere wöchentliche Beichte. Du wirst Mir beichten, womit du zu kämpfen hast, wo du glaubst, etwas transformiert zu haben, und in welchen Bereichen du das Gefühl hast, mit Geduld und Bereitschaft noch mitten im Prozess zu stehen. Ich werde das Licht halten und dir die Wahrheit beichten; besonders die, dass Ich dich bedingungslos liebe, egal, was ist.

Diese Beichte hilft dir bei deiner Buße, Sühne und Wiedergutmachung. Zu beichten heißt, ehrlich zu sein, sich zu entlasten. Zu keinem Zeitpunkt wird es Verurteilung geben, Schuld, Schande, ein »Ich hab's dir doch gesagt« oder gar eine Strafe. All diese Dinge lässt du dir selbst zur Genüge zuteilwerden. Diese Beichte ist eine Vereinigung, eine Kommunion. Die Beichte IST jetzt die Kommunion – die Kommunion ist die Beichte. Die Bereitschaft, das Bewusstsein bewusst in deinen Transformationsprozess einzuladen – darum geht es in dieser Empfehlung.

18. Meine letzte Empfehlung ist für jene von euch von Bedeutung, die gerade Zeiten tiefgreifender Veränderung, Abschlüsse und Trauer erleben. In solchen Zeiten ist es leicht, sich im Schock, in der Trauer, dem Schatten und der Leere zu verlieren. Um das Licht in dir wiederauferstehen zu lassen, empfehle Ich, dass du deinen Fokus vom Verlust weglenkst und ihn auf das Zelebrieren legst. Damit ist nicht gemeint, du sollst deine Verletzlichkeit, deine Wut und Trauer leugnen. Es heißt ganz einfach, du lässt etwas Raum für das Licht in dir zu. Es geht nicht darum zu feiern, dass du in Trauer bist. Es ist das Zelebrieren der Tatsache, dass du trauern KANNST, was auch ein Zelebrieren deiner Fähigkeit ist zu lieben. Diese Fähigkeit, Liebe, Freude, Trauer zu teilen, IST eine Feier. Auf diese Art und Weise werden gesunde Knoten der Liebe geflochten.

Nimm dir bei jedem Ende, auch wenn es sich nur um das Ende eines Projekts handelt, Zeit, um zu feiern, statt gleich zum nächsten Anfang zu laufen. Nimm dir Zeit, um zu teilen. Mit anderen und mit dem Göttlichen. Tauche ein in den Raum zwischen zwei Momenten. Den einzigen Raum, den es wirklich gibt.

Erkenne, dass ein Neuanfang auch ein Tod von etwas anderem ist. Feiere das Alte, denn es hat dir gedient. Feiere die Möglichkeiten des Neuen. Nimm dir einen Augenblick Zeit, um zu feiern und dich daran zu erinnern, was gerade gestorben ist, denn es war ein Teil von dir.

Also vergiss nicht, bei einem Neuanfang auch ein Begräbnis des Alten abzuhalten. Und ist ein Ende gekommen, dann feiere ein Fest, und zelebriere das Neue. Selbst wenn es sich um einen geliebten Menschen handelt, den du verloren hast – feiere die neue Beziehung, die du mit ihm über den Spirit eingehst. Folgst du dieser Empfehlung, so können Trauer und Freude einander ausgleichen und dir mit der Zeit Frieden im gegenwärtigen Moment bringen. Diese Empfehlung ist eine Lektion darüber, wie man mit der Energie von Gegenpolaritäten arbeiten kann. Du wirst sehen, dass sich deine Auffassung von Begräbnissen und Festen ändern wird. Jede Feier ist auch ein Begräbnis und ein Wiedergeburtstag. In jedem Begräbnis liegt ein Fest und ein Wiedergeburtstag. Lass alles eins werden. Es ist dies ein anderes Spiegelbild der Dreifaltigkeit des Lichts: Leben, Tod und Wiederauferstehung – es ist alles eins. Das ist die Befreiung des Friedens. Und so ist es.

Geliebtes Wesen, Ich ersuche dich nun, nochmals einige tiefe Atemzüge zu machen. Gehe die Liste ein weiteres Mal durch, und finde heraus, welchen neun – wenn nicht mehr – Empfehlungen du dich verpflichten möchtest. Wirst du dich dem Schreibprozess und dem wiederholten Lesen dieses Buches verpflichten? Wählst du die Zeit in der Stille? Oder verbringst du Zeit mit deiner treuen Erde Gaia? Oder mit Mir? Wirst du die Geschöpfe und Kreaturen deiner Welt respektieren? Dich mit einem Stern verbinden?

Jene neun (oder weniger, falls nicht anders möglich) Empfehlungen, für die du dich entscheidest, sind eine Vereinbarung, ein Vertrag und eine Verpflichtung. Je mehr du dafür gibst, desto mehr wirst du erhalten. Verpflichtest du dich, so werden auch Wir Unsere Göttliche Verpflichtung dir gegenüber verstärken. Denn so nimmst du dir die Zeit, dich dem Geflecht der Dreifaltigkeit des Lichts zu verpflichten, indem du dich als die neunte Strähne, die neunte Botschaft, in den Dienst stellst: als Yeshua, der Friede.

Sobald du deine neun Verpflichtungen erwählt hast, nimm noch ein paar tiefe Atemzüge. Dann lege eine Hand auf dein Herz und die andere auf deinen Unterleib oder unter deinen Bauchnabel. Auch so versiegelst und unterzeichnest du diese Verpflichtung deinem eigenen Frieden gegenüber. Du unterschreibst und versiegelst ... und Wir werden liefern.

Nimm dir, wenn möglich, einen Moment Zeit, um auf deine Knie zu gehen und deine Stirn auf den Boden zu legen. Denn nun gehen wir in die letzten Augenblicke der Botschaften der Freiheit und des Friedens über – in die Weihung und Vollendung. Also nimm dir einen Moment, um deine Energien tief in Mutter Erde zu verwurzeln. Dann setze dich auf, lächle, atme aus, und lass alles los – auf dass wir Meine letzte Botschaft miteinander teilen und die Anrufung des Lichts durchführen können. Amein.

2.

....

Kelch und Gefäß der Freiheit

Geliebte Wesen, am Ende und am Anfang der Botschaften des Friedens und der Freiheit möchte Ich noch einige letzte Wahrheiten teilen, die ihr vielleicht hören wollt, oder auch nicht.

Freiheit ist eine Verantwortung. Als ein menschliches Wesen UND als ein Souveränes Göttliches Wesen. Göttliche Freiheit ist allen zugänglich – durch Mich, die Göttliche Essenz des Friedens. Doch menschlicher Friede sieht oft ein wenig anders aus. Ein »Energiefeld«, ein Wesen des Spirit in der Materie, der Weizen in der Spreu, kann sich menschliche Freiheit nur schwer erarbeiten und noch schwerer aufrechterhalten in einer Welt, in der viele Menschen der Dysbalance verfallen sind und ständig danach trachten, euch eure Freiheit zu nehmen. Oder es ist euer eigenes unausgeglichenes Selbst, das euch und anderen dasselbe antut, selbst wenn es das nicht weiß.

Weder im Menschlichen noch im Göttlichen habt ihr Anspruch auf Freiheit. Der Moment, in dem ihr euch dazu berechtigt fühlt oder sie als selbstverständlich nehmt, ist der Augenblick, in dem sie sich in Luft auflöst – schneller als die Grinsekatze aus *Alice im Wunderland*. Im Herzen der Freiheit gibt es keinen Raum für Bequemlichkeit, Getrenntheit und unausgeglichene Polarität, denn Göttliche Freiheit IST die Essenz des Transzendierens dieser Schleier. Sie ist der Zustand der Verwirklichung, wenn die Sieben Dysbalancen ihren Ausgleich gefunden haben. Sie ist das Licht, das ihr finden werdet, wenn ihr euch mithilfe eurer Präsenz bewusst werdet, dass ihr selbst Bewusstsein seid. Das ist wahre Göttliche Freiheit.

Ich sage euch dies, um euch zu helfen, eure Wahrnehmung weg von der Illusion einer Freiheit zu ziehen, die euren Erwartungen und Projektionen entsprungen ist, was bloß zu selbsterschaffenen Enttäuschungen und Unmut führt. Ein Hirngespinst ist es, die Freiheit mit der Macht zu verwechseln, alles tun zu können und zu bekommen, was ihr wollt. Diese Freiheit beruht auf falschen Hoffnungen, und selbst wenn ihr solch einen Zustand erreichen würdet, dann wäre es eine falsche Freiheit. Die lärmende Glocke, die euch in Versuchung führt, indem sie euch Freiheit verspricht, während sie euch an Verlangen und Reue fesselt. Die Hoffnung auf Freiheit in eurer äußeren Realität, ohne jegliche Verantwortung dafür zu übernehmen, sie zuerst im Inneren zu erschaffen. Wahre Freiheit ist eine Verantwortung, eine Entscheidung und ein Privileg, das allen dargeboten wird.

Und doch sind es bloß einige wenige in eurer Welt, die diese Darbringung annehmen und tatsächlich wahre Göttliche Freiheit erlangen. Denn dies zu tun bedeutet, ihr müsst die Vorstellung davon, was Freiheit »sein sollte« oder »sein könnte«, jenes Hirngespinst einer Freiheit, transzendieren, um die Essenz der Freiheit selbst zu erkennen und zu verwirklichen. Freiheit im Außen kann sich erst einstellen, wenn sie im Innen verwirklicht wurde. Von Anbeginn der Zeit seid ihr alle dabei, Freiheit im Außen zu suchen. Das ist ein Krieg, den ihr nicht gewinnen könnt, falls ihr es noch nicht verstanden habt. Denn Freiheit liegt nicht im Sichtbaren, sie liegt im Unsichtbaren. Also müsst ihr euch dem Unsichtbaren zuwenden, dem Raum des Bewusstseins und des Spirit, um eure Befreiung aus Unterdrückung oder Repression und das Hineingebären in die Freiheit zu verwirklichen.

Freiheit ist in der Tat etwas, wofür ihr »kämpfen« müsst. Doch der »Kampf« um innere Freiheit kann nur durch den Frieden gewonnen werden. Wo der Friede das Schwert ist, statt von Gewalt und Beschämung, da ist das der Ort, an dem wahre Freiheit beginnt.

Die Rechte und Freiheiten, die ihr derzeit auf eurem Planeten genießt – in unterschiedlicher Form und Ausprägung, abhängig von Kultur und Land, in dem ihr lebt –, sind überwiegend durch Kriege geschaffen worden. Freiheiten, die aus Krieg entstanden sind, sind immer heikel, instabil und schwer erkämpft. Einige gewinnen, viele verlieren. Hättet ihr den Schrecken und die Verwüstung gesehen, die es gekostet hat, um die Freiheiten zu schaffen, an denen ihr euch heute erfreut, dann würdet ihr fürchterlich weinen und erschaudern. Viele von euch sehen solche Schreckensszenen nur aus sicherer Entfernung auf ihren Bildschirmen. Manche haben sogar Spaß daran, auf ihren Computern »Krieg zu spielen«, ohne die katastrophale Realität echter Kriege zu begreifen. Gibt es keinen Krieg zu führen, so denkt ihr euch einen aus. Alles, was eure Welt je gesehen hat, war der Kampf um die Freiheit – irgendeine Illusion von Freiheit, in der ihr alle bekommt, was ihr wollt, und dann glücklich bis ans Ende eurer Tage lebt.

Ihr habt Kriege eures Glaubens wegen geführt. Ihr habt Kriege für eure Freiheit geführt. Ihr habt sogar Kriege für euren Frieden gefochten, was der Essenz des Friedens, Meiner Essenz, und eurer wahren Essenz völlig widerspricht. Solche Auseinandersetzungen führen immer dazu, dass manche Menschen mehr von diesen Energien haben und manche weniger. Und längerfristig bringen sie nie wahre Göttliche Freiheit.

Der Grund dafür, weshalb ihr immer noch einen so verbissenen Kampf der Getrenntheit führt, den ihr nicht gewinnen könnt, ist, weil ihr an der falschen Front kämpft. Dabei war es schon immer der Kampf um Vergebung, der als einziger eine Rolle gespielt hat und auch als einziger zu universeller Freiheit führt. Der eine Kampf, der nicht durch Krieg gewonnen werden kann. Sondern ausschließlich durch die Macht des Friedens.

Ihr vergießt so viel Blut in all den anderen Kriegen und Kreuzzügen. Und doch ist der einzige Kampf, der euch befreit, jener, den zu kämpfen bloß einige wenige jemals den Mut hatten: der Kampf der Vergebung. Es geht NICHT so sehr um einen Kampf, sondern mehr um ein Recht. Ein souveränes Recht und eine heilige Macht, die in euch ruht. Wann werdet ihr von eurem Recht zur Vergebung Gebrauch machen? Es ist der einzige »Kampf«, das einzige Recht, das der Wahl des Friedens und der Hingabe entspringt und euch dadurch in den Frieden und die Göttliche Freiheit hineingebärt – die Freiheit der Liebe.

Sich der Vergebung hinzugeben, ist der einzige »Kampf«, der je zu Göttlicher Freiheit und Göttlichem Frieden für euch als Individuen wie auch für euch alle als Menschheit führen wird. Damals war Ich der Kelch und das Gefäß. Ich lebte in Hingabe, Ich starb in Hingabe, und durch Hingabe konnte Ich auferstehen. Ich gab Meinen Körper hin, Mein Blut, Mein Leben, um den Weg des Friedens und der Freiheit für euch zu erschaffen, sodass ihr ihm nun folgen könnt. Durch diese Botschaften offenbare Ich euch diesen Weg auf eine neue Art und Weise. Jetzt seid ihr der Kelch und das Gefäß. Nun liegt es an euch, dem Weg, diesem Pfad, zu folgen, ihn zu verwirklichen und weiterzuentwickeln. Den Weg des Flusses, der Drei Könige, des Sterns. Den Weg, der den Lauf der Zeit überdauert, denn es ist nicht nur der Weg hin zum schmalen Tor, sondern auch dessen Durchgang.

Was Ich damals war – Friede und Freiheit –, das sollt nun ihr werden. Nicht durch Opfer, durch unheilige Kriege und Kreuze, sondern durch innere Transformation, Güte, Resilienz, Mitgefühl, Bewusstheit und Präsenz. Mithilfe dieser Energien werdet ihr nicht den Krieg, sondern den Frieden gewinnen. Weshalb also Krieg führen, wenn ihr nun mit Einfachheit das verwirklichen könnt, wofür alle Kriege gefochten, aber keiner jemals gewonnen wurde: den Frieden? Die Freiheit des

Friedens. Eure Unterschrift unter der neunten Botschaft ist eine Verpflichtung zu dieser Reise hin zum Herzen Gottes.

Alles, was euch in diesen Botschaften des Friedens gegeben wurde, wie auch in allen Meinen früheren Botschaften und denjenigen, die noch kommen werden, hilft euch, den Weg des Friedens zu erkennen. Durch das Sacred Heart und die klaren Augen eures Yeshua-Selbst, eures wahren und authentischen Selbst.

Vergesst niemals: Die Natur ist der gemeinsame Faden, der euch alle verbindet. Denn die Natur der Materie ruht in den Wurzeln ihres eigenen Ursprungs. Alle Geschöpfe existieren in- und miteinander, und sie werden wieder in ihre eigenen Wurzeln aufgelöst werden. Eure wahre Natur ist göttlich. Vertraut eurem Weizen in der Spreu, verkörpert eure natürliche Essenz, erfreut euch an eurem Yeshua-Selbst. Lauft mit den Pferden, lauscht der stillen Glocke, und spürt den aufgehenden Stern.

Das Geliebte, die Liebe, ist aufgegangen. Aufgegangen in euch. Dies ist keine Last, sondern eine Verantwortung. Da ihr euren Weg hierhergefunden habt, seid ihr gekommen, um diese Verantwortung euch, eurer Familie, euren Vorfahren, geliebten Verstorbenen und der Welt gegenüber zu erfüllen. Ihr seid Befreier der Liebe, durch und als Liebe. Indem ihr diese Verantwortung mit Freude statt aus Angst annehmt, werdet ihr die Freude und den Frieden erfahren können, die euch durch die Macht des Lichts des Bewusstseins gewährt werden. Das ist die Befreiung, die Erlösung und Wiederauferstehung der Göttlichen Freiheit.

Ihr sagtet Mir: »Dein Wille geschehe – wie im Himmel, so auf Erden.«

Nun sage Ich euch: »Euer Wille geschehe – wie auf Erden, so im Himmel.«

Abun D'Shemaya. Das Tal des Herrn. Schreitet ihr durch das Schattental der Trauer, des Schmerzes, der Leere oder des Todes, so fürchtet euch nicht, denn ihr schreitet bereits im Licht, im Heiligen Raum der Präsenz der Freiheit. Darin bin Ich mit euch.

Erkennt Mich nicht als den, der Ich war, sondern als den, der ICH BIN. Erkennt euch selbst nicht als den Menschen, der ihr wart, sondern als den, der ihr seid. Das Geliebte, die Liebe, ist in euch aufgegangen und zum Leben erweckt worden. Ihr seid der Kelch und das Gefäß. Lasst das Wasser aufsteigen und das Feuer herniederbrennen. Lasst das Feuer entflammen und das Wasser herabstürzen. Verbleibt im Raum und in der Präsenz des Lichts. Es werde Licht.

Ma Omni Hu. Hu Omni Ma. Geht mit Mir.

Die Yeshua-Vereinbarung

Während unserer letzten gemeinsamen Augenblicke hier öffne Ich das schmale Tor und das Siegel der Befreiung, das vor langer Zeit erschaffen worden ist. So nimm nun jenes Blatt Papier heraus, mit dem du begonnen hast: **deinen persönlichen Prozess mit den Botschaften des Friedens und der Freiheit.** Es sei nochmals darauf hingewiesen, dass Ich dich ersucht habe, das Papier nicht zu öffnen, seit du deinen Prozess zu Anfang schriftlich niedergelegt hast. Denn im Laufe dieser Botschaften hast du dich aus vielem, was in den Fragen enthalten war, gelöst oder mit ihm verwoben.

Nun bitte Ich dich, das gefaltete Stück Papier zu öffnen und dir die drei Fragen nochmals vorzulesen:

- **Worin soll ich mein Vertrauen aufbauen?**
- **Was muss ich vergeben, und wofür muss ich um Vergebung bitten?**
- **Wovon muss ich mich befreien?**

Lies, was du als Antwort neben jeder dieser Fragen notiert hast. Dann nimm dir einige Augenblicke Zeit, und schreib auf, wie es dir damit geht, deine ursprünglichen Antworten zu lesen. Hat sich deine Wahrnehmung der Dinge geändert? Hast du irgendeine Art Transformation oder sogar ein Ereignis erlebt, das dein Bewusstsein, deine Gedanken, Gefühle oder deine Anhaftung an diese drei Dinge verändert hat, während du die Botschaften des Friedens gelesen hast? Was genau ist passiert? Nimm dir einen Moment Zeit, und schreib einfach auf, was dir einfällt. Und dann lege das Blatt neben oder vor dich hin, und nimm einen tiefen Atemzug. Atme aus. Und lächle.

Geliebtes Wesen, wie du weißt, bin Ich ein Fan davon, wenn Polaritäten Einheit schaffen und wenn Einheit Polarität erschafft, denn im Zentrum ist alles im Gleichgewicht. Manchmal erscheinen Meine Worte vielleicht widersprüchlich oder paradox, aber Ich verspreche dir, es gibt immer einen Raum, an dem sie koexistieren und zusammenlaufen.

Und obwohl es so scheint, als würde das vielen der Dinge, die Ich während der Botschaften des Friedens und der Freiheit geäußert habe, widersprechen, ist die Wahrheit folgende:

Es gibt nichts, woran du glauben beziehungsweise dein Vertrauen aufbauen musst. Denn du BIST der Glaube.

Es gibt nichts, was du vergeben musst oder wofür dir vergeben werden müsste. Und das gab es auch niemals. Denn du BIST Vergebung.

Es gibt nichts, wovon du dich befreien musst, denn du BIST Freiheit. Du bist bereits frei.

Ich bete, dass du diese Worte hörst und tief in deinem Sacred Heart annehmen kannst. Es gibt nichts zu vergeben. Das gab es nie. Es gibt nichts, wovon du dich befreien müsstest; du bist bereits frei. Es gibt nichts, an das du glauben musst, denn der Glaube ist von Natur aus in der Essenz deines Seins enthalten. Dies ist die Wahrheit der Liebe. So wie ICH alles BIN, so bist auch du es, denn alles ist in deiner Präsenz enthalten. Durch diese Botschaften hast du dein Herz geöffnet und Meinem Licht gewährt, auf und in das Licht deines Weizens zu scheinen.

Und so gibt es im Weizen deines Yeshua-Selbst in Wahrheit keine Wahl zwischen Glaube oder Angst, Vergebung oder Schuld und Freiheit oder Unterdrückung. Als Illusionen des Traumes haben Angst, Schuld und Unterdrückung keine Macht »über« dich, den Träumenden. Denn in dir, in deiner wahren Essenz, IST der Same des Göttlichen Glaubens, der Vergebung und der Freiheit enthalten. Deine Präsenz IST der Same, der Kelch und das Gefäß. Dies sind die Samen, die du auf dieser Erde verstreust, denn im Raum des Spirit ruhst du in und schallst du aus der Gnade deines Göttlichen Selbst.

Göttliche Freiheit ist niemals ein Freisein »von« etwas; es ist ein Freisein, »um zu …«. Unter den Schleiern kommt es dir vor, du müsstest frei sein »von« gewissen Dingen – großen, kleinen, furchterregenden Dingen. Dies deutet darauf hin, dass du dich mehr mit der Unterdrückung identifizierst als mit der Freiheit. Ist dies das Objektiv, durch das du im Leben blicken möchtest, dann wirst du immer für eine Freiheit kämpfen, die niemals vollständig verwirklicht werden kann.

In Göttlicher Freiheit ruhend, erkennst du, dass du bereits frei bist. Das lässt dich frei sein, »um zu« erschaffen, zerstören, tanzen, weben, flechten, erforschen, um wahrzunehmen, um zu beobachten, um zu erkennen und um dich zu verwirklichen. Freiheit von etwas ist ein Kampf. Freiheit »um zu …« ist ein Recht. Ein Göttliches Recht, das, wenn es ausgeübt wird, Frieden, Verbundenheit, Freude und wahre Befreiung bringt. Jetzt, da du weißt, dass du nicht nur frei bist, sondern die Essenz der Freiheit verkörperst, bist du frei, um deinen wunderschönen Teppich im Teppich des Lebens zu enthüllen und auszubreiten.

Sieh. Und so ist es. Du bist nun frei, um dein Verwirklichen in und als neunte Botschaft zu vollenden und zu weihen. Du bist sozusagen frei zu gehen!

Und so ersuche Ich dich, folgende Zeilen ganz unten auf das Papier mit deinem persönlichen Prozess der Botschaften des Frie-

dens zu schreiben: »Göttliches Licht, durch die Macht der Präsenz verpflichte ich mich, als und in Einklang mit dem Glauben, der Vergebung und der Freiheit zu leben, indem ich das Göttliche Geflecht der Dreifaltigkeit ehre und verkörpere.« Dann unterzeichne mit deinem Namen. Dann schreibe Meinen Namen daneben. [Alternativ oder zusätzlich kannst du auch den Vertrag in der neunten Botschaft unterschreiben, sobald unsere Reise hier zu Ende ist.]

Und nun werden wir in dieser abschließenden Meditation unsere beiden energetischen Signaturen vereinen und versiegeln. Und das Testament mit dem Licht der Liebe, der Wahrheit und des Friedens unterzeichnen. Amein.

Zu Ehren dieser letzten Worte, bereite deinen Körper vor, die Hostie zu empfangen.

ABSCHLIESSENDE YESHUA-MEDITATION:

DIE ANRUFUNG DES LICHTS

Schließe deine Augen, geliebtes Wesen, und fang an, tief zu atmen. Fang an, tief ein- und auszuatmen. Lass alles los, was vor dem gegenwärtigen Moment gewesen ist. Spüre die Leichtigkeit, die Leichtigkeit eines Lebens, das von den Knoten der Verurteilung, des Zornes und der Verzweiflung losgelöst ist.

Spüre die Unterstützung deiner Spreu, deines Körpers. Die Schönheit der Geflechte und ausgeglichenen »Knoten der Liebe«, die deinen Weizen, deine Seele, mit deinem Körper, der Spreu, verbinden. Spüre deinen Weizen als ein Netzwerk voller Fäden aus Licht, die dein ganzes Wesen durchdringen. Sie strahlen aus deinem Zentrum heraus. Fühle, wie dein Weizen durch die Energie und durch die Präsenz aufleuchtet und durch die Gnade deines Spirit in das Netz des Lebens ausströmt. Lass den Atem, den deinen sowie den Atem des Göttlichen, alle

Anspannung entspannen, alle verbleibenden Haken in deinem Körper lösen. Lass jegliche Gedankenwolken hinfortschweben.

Erlaube deinem Atem, unserem gemeinsamen Atem, sich durch dich hindurchzuweben und Ganzheit, Gleichgewicht und Frieden wiederherzustellen. Spüre, wie die Geflechte der Einheit und des Lichts mithilfe unseres Atems durch deine Wirbelsäule hindurch hinauf- und hinabströmen. Die Göttlichen Knoten, die Balance und Gleichheit in dein ganzes Wesen wieder einflechten. Ich habe hineingeflochten, was du Mir in dich hineinzuflechten erlaubt hast. Nun erlaube dir selbst, dich durch die Göttlichen Strähnen der Liebe, der Wahrheit und des Friedens tiefer in Mich hineinzuweben.

Nun atme hinein in die Strähne des Glaubens. Fühle das immer tiefere Einflechten dieser Strähne hinein in dein Geflecht.

Nun atme hinein in die Strähne der Vergebung. Spüre, wie diese Strähne sich immer tiefer mit deinem Geflecht verbindet.

Nun atme hinein in die Strähne der Freiheit. Spüre die Weite Göttlicher Freiheit darin. Spüre, wie sie sich tiefer in dein Geflecht einwebt.

Nun rufe Ich durch die Kraft Gottes, die ALS Gott in Mir ruht, das Licht an, auf dass es in das Sacred Heart, den Kelch und das Gefäß Deines Seins, eindringe.

Atme das Licht in dich ein. Fühle, wie sich das Licht zu dir hinbewegt, durch dich durchströmt und in dich hineinfließt. Spüre, wie es durch deine Krone, deinen Scheitel, dein ganzes Sein durchdringt – wie das Licht durch dein Gehirn, dein Gesicht, deinen Hals, deine Schultern, Arme und Hände, deine Lunge, dein Herz, die Wirbelsäule, Magen und innere Organe, deinen Unterleib, Geschlechtsorgane, Oberschenkel, Knie, Unterschenkel und Füße strömt. Sieh, wie sich das Licht aus dir in die Erde ergießt. Eine heilige Umarmung des Lichts, von oben bis unten.

Sauge die Kraft des Lichts in dich hinein – spüre sie, während dich die Schwingung des Lichts von den ungesunden Knoten der Gewitter und Stürme befreit, die der illusorischen Freiheit innewohnen. Und fühle, wie sie dich befreit, sodass du dich in die Wahrheit echter Freiheit einweben, mit ihr tanzen und sie verinnerlichen kannst. Atme durch deinen Atem das goldene Licht Meiner Präsenz in dich hinein. Fühle die Stärke dieser Fäden und Lichtstrahlen, während sie durch dich hindurch- und in dich hineinströmen. Spüre beim Ausatmen, wie dein Spirit diesen goldenen Faden in den Raum und in das Ökosystem um dich herum einwebt. Von Licht zu Licht. Wie er die Farbpracht aus der Düsternis des Schattens hervorholt und zum Leuchten bringt. Spüre, wie das Licht in, durch und aus dem Zentrum deines Herzens fließt.

Vertraue, und der Friede, das Licht, ist in dir, in diesem Raum vollkommenen Gleichgewichts. Also lass uns nun selbst dein Bedürfnis nach den Strähnen des Geflechts des Lichts entlassen. Denn du bist das Licht, und das Licht ist bereits in jeden Faden deines Seins eingeflochten.

Atme nun durch die Kraft der Gnade des Lichts in die Strähne des Glaubens hinein. Fange nun an, dich energetisch von der Anhaftung an den Glauben LOSzulösen, um der Glaube zu SEIN, der du bereits bist. Du brauchst diese Strähne nicht mehr. Denn du bist nun der Gläubige. Du kannst nun ausatmen und die Strähne des Glaubens loslassen und all jenen überlassen, die bereit dafür sind und ein Bedürfnis danach haben, sie zu empfangen. Du entlässt die Spreu des Glaubens, um den Weizen des Glaubens in dir zu verwirklichen.

Atme nun durch die Kraft der Gnade des Lichts in die Strähne der Vergebung hinein. Fange nun an, dich energetisch von der Anhaftung an Vergebung LOSzulösen, um Vergebung zu SEIN, die du bereits bist. Du brauchst diese Strähne nicht mehr. Denn du bist nun der, dem vergeben wurde und der vergeben hat. Du kannst nun ausatmen und die Strähne der Vergebung loslassen und all jenen überlassen, die bereit dafür sind und ein Bedürfnis danach haben, sie zu empfangen. Du entlässt die Spreu der Vergebung, um den Weizen der Vergebung in dir zu verwirklichen.

Atme nun durch die Kraft der Gnade des Lichts in die Strähne der

Freiheit hinein. Fange nun an, dich energetisch von der Anhaftung an Freiheit LOSzulösen, um Freiheit zu SEIN, die du bereits bist. Du brauchst diese Strähne nicht mehr. Denn du bist nun die Verkörperung der Freiheit. Du kannst nun ausatmen und die Strähne der Freiheit loslassen und all jenen überlassen, die bereit dafür sind und ein Bedürfnis danach haben, sie zu empfangen. Du entlässt die Spreu der menschlichen Freiheit, um den Weizen der Göttlichen Freiheit in dir zu verwirklichen.

Atme. Entwirre den Faden, sodass das Licht deiner Essenz in Heiliger Blöße und Herrlichkeit aus dir herausscheinen kann. DU. BIST. BEFREIT. Atme in die Essenz der Präsenz ein, der Meinen und der deinen als Einheit. Atme hinein in dein wahres Selbst, dein Göttliches Selbst, dein Yeshua-Selbst.

Dies IST deine Befreiung und Erlösung. Du erlangst deine Göttliche Freiheit zurück. Du übergibst dich selbst dem Göttlichen Vater und der Göttlichen Mutter. Wir übergeben Uns dir. Du wirst auf Gaia wiedergeboren, während sie dir Ihre Liebe schenkt. Dies ist die Erlösung und die Wiedergeburt. Du bist wiedergeboren, neu geboren. Nimm die ersten Atemzüge deines Lebens als neunte Botschaft: als Yeshua, als Friede.

Du BIST, und somit bist du im Licht, in der Leere, dem Raum des Spirit und dem Raum unbegrenzter Möglichkeiten. Vollzogen, geweiht, erlöst, verwirklicht und wiedergeboren. Was wirst du dem Raum dieses Augenblicks entnehmen, um dein Leben als Essenz Göttlicher Freiheit auf Erden zu verwirklichen? Webe und flechte dich hinein in das Reich grenzenloser Möglichkeiten. Spüre die Offenbarung, das Enthüllen des Unsichtbaren vor dem Sichtbaren, das in deinem Bewusstsein ausgetragen, geboren, verwoben und entfacht wird. Erlaube deiner Leidenschaft des Friedens, sich selbst zu offenbaren, während Ich den Weg dorthin enthülle.

Sprich nun dreimal mit klaren Augen und unerschütterlicher Wahrheit und Liebe: Wir SIND frei. WIR sind frei. Wir sind FREI. Und nun sage dreimal: Ich BIN frei. ICH BIN frei. ICH BIN FREI. Nimm einen tiefen Atemzug, halte die Luft an – und dann ... atme aus.

Lass nun das Licht einfach in dein Sein einströmen, lass es sich in dich integrieren. Es geht nicht und verlässt dich nicht. Es webt sich einfach in dein Sein hinein. Erlaube dem Licht, sich in dir auszubalancieren und niederzulassen. Atme ruhig und in Frieden. Lass den Frieden in dein Sein einkehren.

Komm zur Ruhe, atme, und lass zu, während wir beten:

Om Mani Hu. Om Mani Ma.
Hu Omni Ma. Ma Omni Hu.
Abun D'Shemaya. Abun D'Shemaya.
Hashem, Pesach, Aharit, Chofshi Chofesh.
Hashem, Pesach, Aharit, Chofshi Chofesh.
Il-Alah Sabtai. El Shaddai, El Shaddai, El Shaddai.
Amein.

Lege deine linke Hand auf dein Herz und deine rechte Hand auf deinen Unterleib oder den Punkt unterhalb deines Bauchnabels. Schenke dir selbst ein tiefes Lächeln, und sag einfach: »Danke.« Lege nun deine Stirn auf den Boden. Falls dir das nicht möglich ist, verbinde dich einfach mit der Erde, indem du dich darauf konzentrierst, deine Energie in Prostration und Dankbarkeit zu erden. Sancti. Pace. Amein.

Der Yeshua-Segen

Sieh, geliebtes Wesen. Welch eine Reise wir gemeinsam unternommen haben. Frohlocke! Lass uns zusammen tanzen, weinen, feiern und lachen, auf dem Netz des Lebens und durch die Weinreben, den Stamm, die Wurzeln und Äste des Baumes des Ewigen Lebens.

Im Laufe dieser Botschaften haben Meine Worte womöglich Freude in dir ausgelöst, Wissen in dir entfacht, Wut in dir entbrannt, Hass in dir entflammt, Trauer ausgelöst, Erleichterung gebracht, Verwirrung gestiftet, Frieden gesät, Weisheit hervorgebracht, Stärke herausgeholt, Liebe in dir entfacht. Was auch immer du erfahren hast, es ist heilig.

Gehst du nun als die neunte Botschaft, der Frieden, in dein Leben hinaus, ersuche Ich dich: Wenn du sprichst, sprich so, wie Ich es tun würde – mit Vergebung und in Liebe. Wenn du handelst, handle so, wie Ich handeln würde – aus Wahrheit und Frieden heraus. Wenn du gehst, so wisse, dass Ich mit und in dir gehe. Gehen andere mit dir, dann werden sie durch dich mit und in Mir gehen. Der Weg zum Göttlichen Vater, zur Wahrheit, und zur Göttlichen Mutter, der Liebe, geht nun durch dich, das Göttliche Yeshua-Kind. Du bist nun der Weg des Friedens. Wir werden alle gemeinsam auf diesem Weg des Friedens schreiten – in Gleichheit, Demut, Güte, Mitgefühl und Freude.

Wir werden das Gebet deiner Seele leben, das **Gebet der Präsenz**. Wir werden das Gebet deiner Seele leben, **Mein Gebet für dich zu deiner Schöpfung**. Wir werden das Gebet deiner Seele leben, **Dein Gebet der Vereinigung**. Wir werden das Gebet deiner Seele leben, **Unser Gebet des Friedens**. Wir werden das Gebet deiner Seele leben, **denn du bist die Essenz der Göttlichen Freiheit.** Du bist frei, nun mit Meinem Segen, als Mein Segen, zu gehen. Ich bin gesegnet.

Eine neue Reise beginnt nun. Ich schätze dich sehr. Ich liebe dich. Ich gehe mit dir. Ich atme mit dir und als du. Du bist der Geliebte, die Geliebte, und ICH BIN der deine. Es war Mir eine Ehre, dir durch diese Botschaften des Friedens gedient zu haben.

ICH BIN Yeshua. ICH BIN dein Friede. Sei im Frieden. Ruhe in Frieden im Leben.

Om Nami Maia. Om Namah Sananda. Om Nami Yeshua. Sancti. Sancti. Sancti. Pace. Pace. Pace. Namaste.

Neunte Botschaft

Die Vereinbarung

(Geschrieben von Carissa, wie von Yeshua diktiert)

Hallo, ihr wundervollen Seelen. Ich bin es wieder. Es war mir eine Freude, für euch den Raum durch diese außergewöhnliche Reise mit Yeshua zu halten. Und ich habe diese Reise genauso wie ihr mitgemacht. Auf unerwartete und sehr kostbare Art und Weise konnte ich spüren, wie auch ihr den Raum für mich gehalten habt. Es verlangt mir sehr viel ab, Yeshuas grenzenloses Licht in mir zu kanalisieren, und eure Präsenz hat mich unterstützt, inspiriert und sehr bewegt. Ich bete, dass ihr meine tiefe Dankbarkeit für eure Stärke, eure Offenheit, Güte, euren Mut, eure Authentizität und Gnade empfangen werdet.

Yeshua hat mich gebeten, euch den letzten Vertrag, die Vereinbarung, zu überbringen, sodass ihr sie als Zeichen der Vollendung dieser heiligen Reise unterzeichnen könnt. Es ist mir eine Ehre, dies zu tun. Er sagt:

Geliebtes Wesen, wie Ich bereits verkündet habe, bist du die neunte und letzte Botschaft des Friedens und der Freiheit.

Du. Dein Yeshua-Selbst. Dein Selbst als Gott. Dein wahres Selbst.

Die neunte Botschaft und letzte Strähne, die das Geflecht der Göttlichen Dreifaltigkeit vervollständigt, ist dir anvertraut. Es liegt nun an dir, die Verwirklichung des Göttlichen auf Erden durch das Herz der Liebe, das du bist, zu erfüllen. Für den Rest deines Lebens.

Du bist die neunte Strähne. Möge dein Leben eine Botschaft der Liebe, der Wahrheit und des Friedens sein, des Glaubens, der Vergebung und der Freiheit. Mögest du das Gebet deiner Seele leben. Mögest du mit jedem Tag tiefer in die Leere, das Licht, das Sacred Heart Gottes eintauchen. Mögest du Berge versetzen. Mögest du Sterne erhellen. Mögest du Kreuze niederlegen. Mögest du im Garten Gaias und Gottes wandeln. Mögest du barmherzig sein und Barmherzigkeit erfahren. Mögest du sanft Hand in Hand mit dem Licht wandeln.

[Füge hier die Vereinbarung deines persönlichen Prozesses mit den Botschaften des Friedens samt deiner Unterschrift ein: deinen Namen und den Namen »Yeshua« daneben.

Oder unterschreibe hier:]

»Ich, _____ [füge deinen Namen ein, dann den Namen »Yeshua«:] _____, verpflichte Mich, Meinen Dienst als Träger des Lichts zu erfüllen, als Friedensrichter und als Arche des Neuen Bundes der Göttlichen Freiheit. Sancti. Pace. Amein.«

Danke für deinen Dienst als Träger des Lichts
auf Erden wie auch in Göttlicher Freiheit.

Es werde LICHT. Amein.

YESHUA

Und so ist es. Möge der Friede stets mit und in dir sein.
Meinen tiefsten Segen.
Namaste.

Danksagung

Jennifer Rudolph Walsh — LICHT, Einheit, Wunder
Judith Curr – Vision, Macht, GÖTTLICHKEIT

Jaycal Johnson – Vertrauen, Integrität, Staunen
Elise Loehnen – Wiederauferstehung, Inspiration, Präsenz
Shannon Welch – Hingabe, Verständnis, Ganzheit
Eric Zohn – Ehrlichkeit, Geduld, Scharfsinn
Johanna Castillo – Erleuchtung, Einstimmung, Synergie
Laina Adler – Tiefe, Führerschaft, Resonanz
Paul Olsewski – Erhabenheit, Autonomie, Verpflichtung
Aly Mostel – Klarheit, Fluss, Richtungsweisung
Anna Paustenbach – Eloquenz, Konvergenz, Vervollständigung
Lucile Culver – Wahrnehmung, Einfachheit, Vielseitigkeit

Danielle Gibbons – Anmut, Dienst, FREUDE
Dr. Michael Smith – Strahlen, Lachen, Transformation
Joseph Greywolf – Verkörperung, Co-Kreation, Spirit
Richard Christiansen – Brillanz, Entwicklung, Wiedergeburt
Marie King – Gebet, Offenbarung, Befreiung
Adele Sands – Güte, Mitgefühl, Stille

Phoenix Two Moons – Meisterschaft, Magie, Verbindung
Leslie Dewald – Transzendenz, Hingabe, Aufstieg
Alexis Kahlow – Gleichgewicht, Resilienz, EHRFURCHT
Luke Iorio – Stabilität, Fülle, Verwirklichung
Nik McCrae – Seele, Intuition, Bewusstsein
Debra Hess – Synchronizität, Essenz, Friede
Taryn Toomey – Einssein, Leuchtkraft, Re-Genese
Jim Fackrell – Mut, Ehre, Respekt
JT Walgren – Teilen, Vergebung, Feiern

Karl Schumacher – Stärke, Leidenschaft, Glaube
Carmi Salas – Harmonie, Schönheit, Liebe
Charles Salas – Weisheit, Humor, Einsicht

Kelly Sullivan (Vereinigung), Tyree Edmondson (Anerkennung), Steve Oppenheim (Leuchtfeuer), Robyn Berkley (Erleuchtung), Kristen Hahn (Ausdruck), JA (Gleichheit), Andy Brimmer (Immanenz), WBP (Demut), Jayda Hammermeister (Gaia), Samantha Jackson (Emergenz), Franca Munoz (Ursprung), Sara Werner Costa (Gefäß), Rooney Mara (Mitgefühl), Sheri Salata (Manifestation), Jenna Dewan (Klarheit), Scott Sternberg (Kreativität), Brooke Baldwin (Befreiung), Scott Nathan (Originalität), Wyatt Walsh (Weihung), Christopher Pizzini (Bündnis), Angela Guerra (Gnade), Tammy Jackson Hammonds (Freundschaft), Sarah Aynesworth (Gleichmut), Phil Fischman (Glanz), Leticia Gonzalez (Segen), Hazel Groff (Aufrichtigkeit), Uta Opitz (Heilung), Sun Paik (Einsatz), Maya Alpert (Ausrichtung), Lowell Foster (Exzellenz), Taylor Darcy (Entschlossenheit), Ward Richmond (Weizen), Ivan Gibbons (Erforschung), Piper Rose (Hoffnung), Barbara Zelnick (Vitalität), und die verstorbene Carolyn Humphries (Wandlung).

David John Carnell – Authentizität, Souveränität, Wahrheit
GSP Autumn Carnell – Geliebt, Sacred Heart
GSP Jax Carnell – Unschuld, Reinheit, Glückseligkeit

Der verstorbene Black Lab, Pierce Carnell, der unerwarteterweise während des Empfangens dieser Botschaften im August 2020 hinüberging. Du wirst für immer geliebt, Welpe – Loyalität, Dankbarkeit, Freiheit.

Und … geliebter Yeshua, Sohn Gottes,
Prinz des Friedens, es ist mein Leben,
mein Leben ist es, Dir zu dienen.
Du bist alles, was ich sehe, weiß,
dem ich diene, und alles, was ich bin. Du hast mich
nicht nur zu leben gelehrt,
Du hast mich gelehrt zu sein. *Du* bist die Essenz
Des Seins. *Du* bist das Licht der Welt und
darüber hinaus. Danke, dass Du uns nach Hause bringst.
Sancti, Yeshua, Sancti.
Pace, Yeshua, Pace.
Amein.

Glossar

Abba: aramäisch (Vater).

Abun D'Shemaya: aramäisch (Tal des Herrn; Abun D'Bashmayo [Vaterunser]).

Al-Ilah: arabisch (die Gottheit).

Amein/Amen/Amin: diverse Sprachen (wahrlich, es geschehe), Zustimmung am Ende des Gebets.

Amma: Malayalam (Mutter, Schöpfergott/-göttin).

Archetyp: griechisch (*archétypon* [Urbild, Urform]). Nach dem Schweizer Psychiater C. G. Jung (1875–1961) Komponente des kollektiven Unbewussten (siehe dort) im Menschen, welche die geerbte Basis der Persönlichkeitsstruktur bildet.

Avatar: Sanskrit (*avatāra* [Herabsteigen, Herabkunft]). Verkörperung eines Gottes auf Erden in den indischen Religionen.

Caduceus: lateinisch (Heroldsstab). Stab mit zwei Flügeln, der von zwei Schlangen umschlungen wird. Im Altertum Erkennungszeichen der Herolde, das die Immunität dieser Überbringer von Nachrichten signalisieren sollte. Hier der Stab Mosis als Hermesstab der Harmonie, der Befreiung und der Erneuerung.

Chakren: Sanskrit (*cakrá* [Rad, Kreis]). Nach hinduistischer Auffassung befinden sich im Astralkörper (Energieleib) des Menschen Zentren subtiler oder feinstofflicher Energie, »Chakren« oder »Chakras« genannt. Als (Haupt-)Chakren werden die sieben Zentren bezeichnet, die hintereinander entlang der Wirbelsäule liegen. Das höchste Chakra (Kronenchakra) befindet sich am Scheitelpunkt des Kopfes. Medial begabte Menschen, welche die Aura sehen können, beschreiben die Chakren als »Lotosblüten« in kreisender Bewegung, wodurch der Eindruck eines Rades entsteht.

Das erste oder Wurzelchakra liegt zwischen der Wurzel des Zeugungsorgans und des Anus, das zweite oder Sakralchakra an der Wurzel der Genitalien, das dritte oder Solarplexuschakra in der Nabelgegend, das vierte oder Herzchakra in der Herzgegend, das fünfte oder Kehlkopfchakra am unteren Ende des Halses, das sechste Chakra oder »Dritte Auge« zwischen den beiden Augenbrauen und das siebte oder Kronenchakra über dem Scheitelpunkt des Kopfes.

Co-Abhängigkeit: Darunter versteht man einerseits die Situation des engen Umfelds von Suchtkranken (also die Lage ihrer Partner, Kinder oder Eltern), andererseits eine Liebes- oder Beziehungssucht, die so weit gehen kann, dass man an einer Partnerschaft festhält, obwohl man an ihr zu zerbrechen droht.

Darshan(a): Sanskrit (*darśana* [Transliteration, Betrachtung, Beobachtung, Zusammentreffen]). Wort von großer Bedeutungsvielfalt, zum Beispiel steht es im Hinduismus für die Vision des Heiligen und Göttlichen.

Dharma: Sanskrit (*dhárma* [Stütze, Halt, Gesetz]). Gesetz, Lehre in indischen Religionen und indischer Philosophie. Auch Grundbestandteil der Welt, zum Beispiel der Raum, das Nirwana (siehe dort).

Dissonanz, kognitive: Der Begriff bezeichnet in der Psychologie einen unangenehmen Gefühlszustand, der entsteht, wenn man unvereinbare Kognitionen (Wahrnehmungen, Erkenntnisse, die mit einer Bewertung verbunden sind) hat. Zum Beispiel, wenn man eine Entscheidung trifft und diese sich als falsch herausstellt oder wenn man sich für etwas sehr angestrengt hat und anschließend feststellt, dass das Ergebnis den Aufwand nicht rechtfertigt.

El Shaddai: semitisch (*ēl shaddai* [Gott allmächtig]). Name Gottes.

Emanation: lateinisch (*emanatio* [Ausfluss]). Das Hervorgehen aller Dinge aus dem göttlichen Einen.

Emergenz: mittellateinisch (*emergentia* [das Hervorkommende]). Begriff der

Philosophie, wonach höhere Seinsstufen durch neu auftauchende Qualitäten niederer entstehen.

Esther: persischer Name für das hebräische *Hadassa* (Myrte). Biblische Retterin der Juden vor einem Pogrom.

Eucharistie: griechisch (*eucharistía* [Danksagung, heiliges Abendmahl]). Sakrament oder Feier des heiligen Abendmahls, eucharistische Gabe (Brot und Wein).

Flow: englisch (*flow* [Fluss]). Nach dem ungarisch-amerikanischen Psychologen Mihaly Csikszentmihalyi der Prozess des völligen Aufgehens im Leben, des Einswerdens mit einer Tätigkeit, neben der alle anderen bedeutungslos sind.

Gaia: in der griechischen Mythologie die personifizierte Erde (*Gaía* oder *Gê*). Nach der sogenannten Gaia-Hypothese kann die Erde wie ein Lebewesen betrachtet werden, da die Gesamtheit aller Organismen für Bedingungen sorgt, die Leben und eine Evolution komplexer Organismen ermöglichen. Die Gaia-Hypothese wurde in den 1970er-Jahren von der Mikrobiologin Lynn Margulis und dem Biophysiker und Mediziner James Lovelock entwickelt.

Gaslighting: englisch (Kompositum von *gas* und *lighting* [Gasbeleuchtung]). Eine Form psychischer Gewalt, bei der man jemanden gezielt manipuliert und an seinen Wahrnehmungen der Realität zweifeln lässt. Der Begriff stammt vom Titel des Theaterstücks »Gas Light« (1938), in dem diese Praxis gezeigt wird. Der Protagonist behauptete, Dinge nicht zu sehen, die seine Frau wahrnahm, zum Beispiel das Licht einer flackernden Gaslaterne.

Gehenna: gräzisierte (*géenna*) frühneutestamentliche Bezeichnung für »Hölle«.

Hamashiach: hebräisch (*ha-mashiach* [der Messias]). Name Jesu.

ICH BIN: Gott/Jesus. Als Mose Gott fragte, wie Gott heiße, sprach Gott: »So sollst du zu den Israeliten sagen: Der ›Ich bin‹ hat mich zu euch gesandt!« (2. Mose 3, 14). Jesus sagte dem Neuen Testament zufolge siebenmal: »Ich bin …« Die Sieben steht symbolisch für spirituelle Vollkommenheit, umfassende Fülle und göttliche Perfektion.

Karma: Sanskrit (*karman* [Tat]). Unter dem Begriff versteht man erstens eine geistige oder körperliche Handlung, zweitens deren Konsequenz, drittens die Summe aller Konsequenzen des Tuns aus diesem oder einem früheren Leben und viertens die Kette von Ursache und Wirkung (moralisch).

Kiva: Zeremonien- und Versammlungsraum der Pueblo-Kulturen. Das Wort selbst stammt aus der Sprache der Hopi.

Kronenchakra: siebtes Chakra, siehe *Chakren*.

Kundalini: Sanskrit (*kuṇḍalinī* [Schlange, Schlangenkraft]). Spirituelle Kraft, die in jedem Menschen schlafend aufgerollt am unteren Ende der Wirbelsäule ruht. Wenn sie »wachgerufen« wird, findet sie Ausdruck durch spirituelle Erkenntnisse und mystische Visionen, während sie durch die verschiedenen Chakren (siehe dort) aufsteigt.

Logos: griechisch (*lógos* [Sprechen, Rede, Wort, Vernunft]).

Luzifer: kirchenlateinisch (*lucifer* [eigentlich Lichtbringer]). Teufel, Satan.

Mandala: Sanskrit (*māṇḍala* [Kreis]). Mystisches Kreis- beziehungsweise Vieleckbild in den indischen Religionen als Hilfsmittel für die Meditation.

Mantra: Sanskrit (Spruch, Lied, Hymne). Heilige Silbe, heiliges Wort oder heiliger Vers. »Klangkörper« einer spirituellen Kraft, die sich durch die wiederholte Rezitation des Mantras im Diesseits verwirklichen soll. Beispiele: Om Nami, Om Nami Maia, Om Namah Sananda oder Ohm Nami Yeshua und ähnliche. Die Mantras in diesem Buch sind nicht alle eindeutig genau definierten Begriffen zuzuordnen, es kommt aber nicht auf das intellektuelle Erfassen als vielmehr auf die Energieübertragung der verschiedenen Klang-Codes an.

Mindset: Denkweise, Einstellung, Mentalität. Resultat der bisherigen Erlebnisse und Erfahrungen eines Menschen.

Namaste: Sanskrit (*namasté* [ich verbeuge mich vor dir]). Grußformel in Indien und einigen anderen asiatischen Ländern.

Nehemia: hebräisch (*Nechemjah* [Jehova tröstet]). Statthalter in Judäa und Hauptperson des nach ihm benannten Buches in der Bibel, der das ihm zustehende Gehalt ablehnte. Nehemia erhielt den Auftrag, die zerstörten

Stadtmauern Jerusalems wiederaufzubauen, um die Juden vor den Angriffen der »Heiden« zu schützen.

Nineviten: Einwohner der mesopotamischen Stadt Ninive (heute Irak), die nach dem Buch Jona (1, 1 bis 2, 11) dem Untergang geweiht war. Gott erteilte Jona den Auftrag, dies der Stadt Ninive zu verkünden. Doch Jona begibt sich auf die Flucht, und sein Schiff gerät in Seenot. Das Unwetter legt sich erst, nachdem die Seeleute Jona über Bord geworfen haben und er von einem Wal verschlungen wurde. Im Leib des Wals fleht Jona um Gnade, und Gott gibt ihn frei. Nun gehorcht Jona und verkündet der Stadt Ninive die göttliche Botschaft. König und Einwohner wenden sich aber von ihrem Unrecht ab und bitten um Gnade, die ihnen gewährt wird, woraufhin die Stadt letztlich verschont bleibt.

Nirwana: Sanskrit (*nirvāṇa* [das Erlöschen, Verwehen]). Endziel des Lebens als Zustand völliger Ruhe.

Om/OM: Silbe, die in fernöstlichen Religionen als heilig gilt. Vielen Mantren (siehe *Mantra*) wird diese Silbe vorangestellt.

Pace: italienisch für »Friede«.

Prokrastination: lateinisch (*pro* [für, vor-, vorwärts-], *cras* [morgen]). Pathologisches Aufschiebeverhalten, »Aufschieberitis«.

Prostration: lateinisch (*prostratio* [das Niederwerfen]). Das ausgestreckte Sich-Niederwerfen im Altarraum als Zeichen der Demut und Hingabe.

Reaktivität, reaktives Verhalten: Wir lassen uns entweder von Impulsen und Neigungen leiten *(reagieren)* oder entscheiden uns bewusst und frei *(agieren)*. Diese Lebensweisen werden zum Beispiel in verschiedenen buddhistischen Schulen als *reaktiver* und *schöpferischer* Geist unterschieden. Ersterer ist das gewöhnliche, alltägliche Bewusstsein. Er ist unfrei und von äußeren Reizen abhängig, reagiert meist unbewusst in mechanischer Weise und in ständigen Wiederholungen.

Reinkarnation: lateinisch (*re-* [zurück-, wieder-], *caro* [Fleisch], *incarnatio* [Fleischwerdung, kirchenlateinisch Menschwerdung]). Nach der buddhistischen Lehre von der Seelenwanderung Übergang der Seele eines Menschen in einen neuen Körper.

Resilienz: Der Begriff ist abgeleitet vom lateinischen *resilire* (zurückspringen, abprallen) und wird in der Psychologie und verwandten Disziplinen im Sinne von »Widerstandskraft« verwendet. Er bezeichnete früher vor allem die Eigenschaft von Personen, besonders Kindern, ihre psychische Gesundheit unter Bedingungen zu erhalten, unter denen die meisten Menschen zerbrochen wären.

Samskara: Sanskrit (*saṃskārā* [Eindruck, Nachwirkung]). Eindrücke, Neigungen und so weiter, die durch Handlungen und Gedanken, auch in früheren Inkarnationen, entstanden sind.

Sananda: geistiger Name Jesu. Sanskrit auch »die Glückliche«.

Sancti: Plural des lateinischen Adjektivs/Nomen *sanctus* (heilig/Heiliger).

Savasana: Sanskrit (*śavāsana* [Totenstellung]). Eine Entspannungslage auf dem Rücken im Hatha-Yoga. Ruhephase am Anfang und Ende einer Yogastunde.

Seelengefährten: seelenverwandte Personen. Überzeitliche (ewige) Verbindung zwischen Seelen in den verschiedenen Inkarnationen, die sich zum Beispiel in der irdischen Verbundenheit der betreffenden Menschen zeigt.

Seelenverträge: pränatale (vorgeburtliche) Absprachen der Seelen untereinander, wie sich das Leben in der jeweiligen nächsten Inkarnation abspielen soll. Ziel dieser Verträge ist es, dass sich die Seelen alte Traumata und dergleichen aus vergangenen Leben, die sie in die neue Inkarnation hineinbringen, anschauen und heilen. Durch das Verhalten der anderen Seelengefährten sollen sie darauf aufmerksam gemacht werden.

Shakti: Sanskrit (*śakti* [Kraft, Macht, Energie]). Ausbruch kreativer Energie. Name der Gemahlin der indischen Gottheit Shiva. Nach hinduistischer Auffassung ist die Gnade der Shakti erforderlich, um den transzendenten Aspekt Gottes zu erfassen.

Spirit: lateinisch (*spiritus* [Luft, Hauch, Atem, Seele, Geist]), englisch (*spirit* [Geist]). Mediumistischer Geist, allumfassender Geist, Geist, der allem innewohnt.

Tantra: Sanskrit (*tántra* [Webstuhl, Gewebe, Zusammenhang, Kontinuum]). Indisches religiöses Lehrsystem. In fast allen tantrischen Richtungen ist die Verehrung einer weiblichen Gottheit zentral.

Unbewusstes, kollektives: nach C. G. Jung (siehe *Archetyp*) überpersönlicher Bereich des Unbewussten, dessen Existenz also nicht auf persönlichen Erfahrungen beruht. Interkulturell ähnliche psychische Grundlage aller Menschen.

Vipassana: Pali (*vipassanā* [Einsicht, Hellblick]). Intuitives Erkennen der drei Merkmale des Daseins: Vergänglichkeit, Leidhaftigkeit, Unpersönlichkeit aller körperlichen und geistigen Erscheinungen. Die Vipassana-Meditation wurde in neuerer Zeit populär im Rahmen von Achtsamkeits-Retreats und -meditationen.

Visionssuche: englisch *vision quest*. Spirituelle Praxis ethnischer Religionen Amerikas zur Erlangung übernatürlicher Kraft durch die ritualisierte Suche nach einem persönlichen Schutzgeist.

Wurzelchakra: siehe Chakren.

Yeshua: hebräisch (*Yēšûaʿ* [Derivativ von »retten, erlösen«]). Jesus.

YHVH (JHWH): hebräisch. Nichtvokalisierter Name Gottes (Jahwe).

Yin und Yang: chinesisch (*yin* [Nebel- oder Schattenseite des Berges] und *yang* [Sonnen- oder Lichtseite des Berges]). Die beiden Begriffe stehen für polar entgegengesetzte und doch aufeinander bezogene duale Kräfte, die sich einander ergänzen und ohne einander nicht sein können. Ein weit verbreitetes Symbol dieses kosmischen Prinzips ist das Tajitu (☯), in dem das weiße Yang (hell, hart, männlich, positiv und so weiter) und das schwarze Yin (dunkel, weich, weiblich, negativ, passiv und so weiter) in einer Monade dargestellt werden. Dabei sind mit den Eigenschaften keinerlei moralische oder sonstige Wertungen verbunden.

Zungenreden: unverständliches Sprechen, insbesondere im Gebet. Nach dem Neuen Testament ein Gnadengabe des Geistes, die jedoch anderen Gnadengaben untergeordnet ist.

Register